La Bardem

La Bardem

mis memorias

Pilar Bardem con la colaboración de Carlos Bardem

PLAZA & JANÉS

Primera edición: abril, 2005
Segunda edición: mayo, 2005
Tercera edición: mayo, 2005

Printed in Spain – Impreso en España

ISBN: 84-01-30533-0
Depósito legal: B. 24.044-2005

Fotocomposición: Fotocomposición 2000, S. A.

Impreso en A & M Gràfic, S. L.
Santa Perpètua de Mogoda (Barcelona)

L 3 0 5 3 3 0

A Rafael y Matilde,
por su amor infinito y enseñarme lo que es la honestidad.
A Carlos, Mónica y Javier,
por darme siempre ilusión para vivir y perdonar mis errores.
A todos aquellos que se cruzaron en mi camino
y supieron apoyarme desde el amor y la solidaridad.
Y a Pablo,
que con su risa me demuestra que vivir es maravilloso.

Índice general

Y tomando la mano de la niña, le dice: «*Talitá Kum*», que quiere decir: «Muchacha, a ti te digo, levántate». La muchacha se levantó al instante y se puso a andar.

Marcos, 6-8

1

Claro que es una niña y además se llama Pilar

—¡Mira Rafa, un desfile!

—No Matilde, es la guerra.

Doña Matilde Muñoz Sampedro, mi madre, y don Rafael Bardem Soler, mi padre, salían de misa cuando se toparon con una columna de soldados marchando. Era el 18 de julio de 1936. Mis padres estaban en una compañía de teatro de gira por Vitoria y en Madrid habían quedado sus hijos Juan Antonio y Pilar al cuidado de la tata. Como a tantas familias, la sublevación militar contra la legalidad republicana los había separado. La tata se llamaba doña Salvadora Freixas, era la viuda de un músico y había ido a ver a mi padre que estaba de gira por Argentina, a pedirle ayuda porque se había quedado sin un duro tirada en Buenos Aires. Mi padre se la trajo de vuelta como tata de la familia. Fue Salvadora quien crió tanto a mi hermano Juan como a «la niña», la otra Pilar. La que murió en el 37. Siempre se le llamó «la niña».

Mi hermano, con «la niña» y la tata se fueron a Barcelona, a casa del tío Fernando y las primas Conchita y Magda. Desde allí pasaron a Francia por Hendaya. Se reunieron con mis padres, ya en el 37, en San Sebastián. Estaban trabajando allí en el Teatro Kursaal. No se encontraron en un primer momento porque el día que llegaron mis padres estaban fuera de la ciudad, haciendo un bolo en un pueblo, así que la primera noche en San Sebastián la pasaron mis hermanos y la tata durmiendo junto a otros refugiados y desplazados en el puente del Kursaal. Pudieron reunirse por fin al atardecer del día siguiente, momento en el que la tata, muy mayor y agotada, le dijo a mi madre que le entregaba a sus hijos y que ya se podía morir tranquila. Mujer de palabra, dicho esto doña Salvadora se murió allí mismo de una angina de pecho.

La tata era un icono familiar, una especie de abuela postiza, una madre para mi madre. No tenía nada que ver con el servicio doméstico. Ella sólo se ocupaba de cuidar a los niños. Era un personaje muy frecuente, casi indispensable, en las familias de cómicos, quizá por lo largas y lejanas que eran las giras en aquellos días. Las compañías no sólo eran estables sino que estaban compuestas por muchísimos miembros: el primer actor, la primera actriz, la dama joven, el galán, la segunda que era la que hacía los papeles de malvada, la actriz de carácter, el actor de carácter. Se requería toda una intendencia, y más si había niños, para mover a tanta gente durante meses, de ahí la importancia de las tatas. Aquellos elencos interminables eran verdaderas familias ambulantes, a medio camino aún entre los antiguos cómicos de la legua y las modernas compañías, mucho más reducidas y sobre las que bromea Fernando Fernán Gómez —o sea, Dios Padre— cuando dice que ahora es muy difícil hacer los repartos porque todos son primeros actores. En fin, eran otros tiempos.

Mi padre siempre me contaba anécdotas, entre heroicas y divertidas, de sus inicios. Como cuando les pagaron en un pueblo con alpargatas para llegar al siguiente destino a golpe de pie. O cuando en otro pueblo hacían la representación en un lagar y les pagaron en especie, o sea en panes y chorizos. La gente llegaba al lagar con sus sillas de enea y sus chorizos para los cómicos. Obviamente no había maquinaria de telón y éste, una pesada manta, se alzaba mediante una cuerda y una piedra. El invento no funcionó y el telón se quedó trabado a media altura, ni subía ni bajaba, así que ante la imposibilidad de llevar a cabo la representación los campesinos empezaron a reclamar airados la devolución de sus panes y sus chorizos. Pese a los gritos y las ondulantes garrotas, los cómicos tomaron la decisión de hacer la función antes que devolver las doradas hogazas y los preciosos embutidos. Como no se podía alzar el telón hicieron toda la obra de rodillas, como si fueran enanitos y soltando cosas como «¡Vamonó a la reja, Rosariyo!», porque casi siempre tocaba algo de los hermanos Álvarez Quintero. Cualquier cosa antes que soltar los chorizos. Siempre me fascinó oír a mi padre contar estas historias que yo, niña asombrada, encontraba tan divertidas como el mejor de los cuentos y con la ventaja añadida de no tener que imaginarme al héroe. Era mi papá.

Así pues, el hogar lo formaban Rafael, Matilde, la tata y los niños. Ése era el núcleo familiar y por ello la muerte de Salvadora fue un golpe terrible. Pero cuando las cosas van mal —y en aquellos días terribles todo iba mal para todo el mundo— siempre pueden ir peor. Pilar, la niña, se enfermó nada más llegar a San Sebastián. Al poco tiempo murió de meningitis tuberculosa. Su muerte fue una tragedia que marcó para siempre a mi familia. La muerte de un hijo es un golpe desmesurado, algo para lo que nadie está preparado. Yo lo comprendí años más tarde cuando me tocó perder a uno y a mi madre revivirlo. A la niña la enterraron en la tumba de la familia Arozamena, uno de los cuales era un músico muy vinculado al teatro, quienes permitieron a mis padres colocar una lápida en su panteón:

Aquí yace la niña Pilar Bardem Muñoz
que subió al cielo a los ocho años de edad.

Mi madre después del entierro tuvo que irse a hacer una función infantil, con lo que eso implicaba. Se desmayó varias veces entre cajas y le tuvieron que dar sales. Hubo que vigilarla durante aquellos días porque intentó tirarse por el balcón. Mi madre era muy de sufrir hacia fuera. Mi padre todo lo contrario, el dolor por dentro, se puso una corbata negra y nunca se la quitó mientras vivió salvo para trabajar. Siempre de luto por aquella niña angelical, de ojos azules y rizos dorados, cuya muerte marcó para siempre nuestras vidas. Mucho más tarde y muy jocosamente mi madre me contó que yo fui el último polvo de mi padre. Cuando yo nací mi madre tenía, con el riesgo que esto suponía en aquellos tiempos, cuarenta años y mi padre cincuenta y tres. Así que yo fui ese último polvo, hecho con todo el amor y la necesidad del mundo. Sí, necesidad, y sé de lo que hablo porque yo lo sentí más tarde, de reemplazar lo irreemplazable, de llenar el hueco feroz que deja el hijo muerto con otro hijo. Es curioso. Yo tengo creencias esotéricas y hay conocimientos, libros, que aseguran que siempre que muere una persona del signo Escorpión en una familia, el siguiente miembro en nacer será Piscis. Mi hermana era Escorpión y yo Piscis. A mí se me murió un hijo Escorpión y después nació Javier, otro Piscis. No sé si esto ratifica la teoría, pero yo lo leí, lo viví y así lo cuento.

La muerte de la niña. La guerra, la muerte de tantos niños. La Muerte.

Es asombroso cómo el ser humano busca, adaptándose como puede, la normalidad dentro del mayor horror. Aferrarse a algo cotidiano para que la locura no los arrastre, no los destruya. Durante aquellos años de guerra mis padres siguieron de gira, trabajando. El año 1939 estaban en Sevilla, mi madre embarazadísima de mí. Allí mi hermano Juan terminó el bachillerato. Mi hermano lo pasaba fatal porque mi madre era muy menuda, aniñada, y él parecía ya un hombrecito, mayor de los diecisiete años que en realidad tenía, y sus compañeros se reían de él y le atribuían el embarazo de mi madre. Juan evitaba por todos los medios que le vieran junto a ella, siempre encontraba una excusa.

Mis padres vivían en una pensión de gentes de mal vivir, o sea cómicos y estudiantes, que regentaba una tal doña Pepita. Uno de mis muchos nombres es por esta señora. La pensión estaba en la calle Redes, donde años más tarde se instaló una sede del papa Clemente, el del Palmar de Troya. Yo digo que siempre fue refugio de gentes teatreras y de mal vivir. Era pensión con derecho a cocina, mi madre se alternaba para guisar con una chacha que tenía por entonces y que se llamaba Lali. Ellas dos cocinaban para el resto de la familia y espanto de la tal doña Pepita. Si les veía preparar el desayuno preguntaba:

—Pero ¿ya vaí ustede a comé?

Si más tarde Lali preparaba un caldo a mi madre, se asombraba y decía:

—Pero ¿ya vaí ustede a comé otra vé?

Al preparar el almuerzo:

—Pero ¿ya vaí ustede a comé?

—¡Señora, pero si son las dos, la hora de comer!

Parece ser que doña Pepita tenía un trato difícil, quien sabe si impuesto por los tiempos, con el trámite de alimentarse. Se confirmó cuando para sorpresa general se lanzó sobre los fogones y anunció muy ufana que ese día guisaba ella. Dicho y hecho, bajó una canastilla desde el balcón a la calle y la volvió a subir con dos pollos vivos en ella, los metió sin matarlos en dos ollas con agua hirviendo y los tapó. Como los pollos se resistían y asomaban desesperados las crestas fuera de las ollas, doña Pepita puso dos planchas encima de las tapas. Finalmente los pollos entregaron el alma, pero una vez secos no hubo quien los desplumara y no se pudieron comer. A partir de ese día doña Pepita no volvió a preguntar sobre los manejos y hábitos alimentarios de mi familia.

A las dos de la mañana del 14 de marzo, mi padre llegó del teatro y mi madre le dijo: «Rafa, avisa a la comadrona que estoy de parto»; a lo que mi padre contestó: «Por favor Matilde calla, que el que viene malo soy yo». Mi padre estaba con anginas, siempre padeció de ellas, y cuarenta de fiebre por lo que pensó que era mucho más importante meterse en la cama a sudar y poder hacer la función al día siguiente, que lanzarse a la calle a buscar una comadrona. Sólo cuando mi madre rompió aguas horas después, se decidió a ir a por ella y volvió con una señora con peineta y mantilla porque la mujer se estaba preparando para ir a la primera misa. Esto tiene su importancia porque mi madre se pasó todo el parto gritándole a la comadrona que se quitara esa mantilla que veía moverse entre sus piernas. Bueno, eso y que se lavara las manos porque tenía las uñas negras.

—¡Tranquila señora, que no é mugre, que é del yo!

Del yodo quería decir. De una tintura de yodo que habría usado vaya usted a saber cuándo. Por cierto que ahí perdió mi padre el escaso pelo que le quedaba cuando al agacharse solícito y preguntar: «Matildita, querida, ¿cómo estás?», mi madre gritó a todo pulmón: «¡Ay, Rafa de mi vida!». Y se le agarró a los pelos durante el resto del parto hasta quedarse con ellos en la mano.

Nací y la comadrona anunció que era una niña.

—Claro que es una niña y además se llama Pilar —respondió mi padre.

Mi padre me crió siempre en la certeza de que yo era dos. Siempre me llamaron la nena o Pili, nunca la niña. La que llevó más lejos este convencimiento familiar de que yo era cuando menos dos, yo y la otra, fue mi tía Guadita que me llamaba Pili Pili.

Se me bautizó el 1 de abril, día de la victoria franquista, lo que dio lugar con el tiempo a una pequeña vergüenza familiar, sobre todo para mi hermano Juan, que fue mi padrino. El caso es que me bautizaron Pilar por mi difunta hermana, Matilde porque tuve el detalle de nacer el 14 de marzo y santo de mi madre, santa Matilde Reina, Victoria y, he aquí la gran tragedia por el día del bautizo, Concepción por la hermana de mi padre, Conchita Bardem, que debía figurar como madrina y Josefa por doña Pepita, la de la pensión, que estuvo allí ejerciendo de madrina sustituta. ¡Ah! Y Vicenta porque me bautizaron en la iglesia de San Vicente.

A los pocos días mi padre siguió de gira mientras mi madre y los niños nos quedábamos tres meses en Sevilla.

De allí marchamos a Barcelona para llegar finalmente a Madrid, a la casa familiar en la calle Lope de Rueda.

A casa.

2

De calderas y pájaros de fuego

Lope de Rueda 29, el útero materno. Cuando ya de casada vivía en Canarias pensando siempre en el regreso, mi marido me decía: «Tú no quieres volver a Madrid, tú quieres volver a Lope de Rueda». Esa calle, ¡no!, ni siquiera toda la calle, el tramo comprendido entre Doctor Castelo y O'Donnell; entrar en el portal, en esa casa, ha sido durante toda mi vida como cruzar el espejo para volver a un tiempo de felicidad, mi niñez, y a la compañía de mis padres. Ellos siguen ahí, cuidándome y dándome consejo. Nunca, ni de casada cuando viví en otras casas, dejé un solo día de visitar a mis padres en Lope de Rueda.

Mi madre inauguró la casa estando embarazada de la primera Pilar y ya nunca la abandonaron. Aquí siguen o al menos yo así lo siento.

Mi calle fue siempre la zona pobre del barrio de Salamanca, de Goya hacia el Niño Jesús, donde estaba la estación de Arganda. Una parte nueva de Madrid que crecía entre desmontes y en la que aún se mezclaban campo y ciudad, como cuando mi madre veía pasar los toros camino de la plaza que había en lo que hoy es Felipe II, anterior a la construcción de la Monumental de Las Ventas. Era un poco un mundo por hacer, ideal para las ensoñaciones y juegos de una niña y que quizá por esa falta de jerarquía social, por ser una especie de tierra de nadie atrajo como pobladores a muchas parejas de actores jóvenes como mis padres.

Mis primeros recuerdos tienen ese halo de irrealidad, de dimensiones inabarcables y alteradas que tienen las cosas cuando somos pequeños. Todo era enorme y aquellos desmontes que la ciudad aún no ocupaba me parecían tan extensos y misteriosos como la estepa siberiana. Y desde luego tan fríos como ella. ¡Qué frío hacía siempre! También tengo retratos fugaces, casi impresionistas por ser pinceladas incompletas pero intensas en mi alma, de personas. Aún vivía mi abuelo Miguel, anticuario y luego tapicero, negocios ambos que se fueron al traste debido a su pasión por la bicicleta, velocípedo se llamaba entonces, y el jamón. El abuelo Miguel abandonaba el negocio en cuanto le surgía la oportunidad de irse de excursión o a alguna carrera y dar cuenta luego de un jamón junto a los amigos. Él decía que yo era la nieta que más le quería, supongo que porque era la más pequeña.

Yo siempre tuve la sensación de haber nacido a destiempo en esta familia. El tiempo curiosamente nos va igualando a todos a partir de ciertas edades, pero cuando eres una niña esas diferencias de años se tornan insalvables. Por ejemplo, la diferencia de edad respecto a mi prima Carmen, la más cercana a mí. Cuando yo era una cría ella era ya una jovencita guapísima que, doy fe de ello porque lo vi, paraba la circulación por la calle. Más años me separaban de mi prima Luchy Soto. Esto me hizo ser una niña muy callada, muy reflexiva, muy de oír a los demás porque cuando había cualquier reunión familiar y los jóvenes se marchaban por ahí a divertirse, yo me quedaba con mi madre y las tías, con las Sampedro. Me divertía mucho porque eran, cada una a su manera, muy graciosas y ocurrentes, muy cómicas y, por qué no, un pelín estrafalarias. Recuerdo cómo se pasaron una tarde entera las cuatro Sampedro discutiendo cómo se llamaba Franco de apellido, ante mi estupor porque yo ya iba al colegio y me sabía de memoria el nombre y los dos apellidos del invicto Caudillo. Ellas discutieron durante horas, soltando verdaderos disparates, hasta que la tía Nati, que era la más letrada y hacía uso de cierta autoridad, decidió que Franco era el apellido.

La casa de Lope de Rueda tiene un pasillo muy largo, unos quince metros, con las habitaciones a un lado. Casi al final, antes del recodo que lleva al salón y a la cocina hay, hubo siempre, un entrante que era el rincón de la caldera. Ahí es donde se hacía la vida familiar, un poco como en las cocinas de las casas de pueblo, durante aquellos años de frío polar. Allí estaba la caldera y las losas del suelo estaban calentitas, así que yo me recuerdo sentada en el suelo mientras mi madre zurcía. Y me recuerdo feliz. Ahí estudiaba mi hermano, en ese rincón. Juan se divertía mandándome por ese largo y oscuro pasillo a por el periódico que, ¡ziiip!, alguien metía por debajo de la puerta, para asustarme tarareando con voz profunda una melodía que a mí me parecía terrorífica hasta hacerme gritar. Esto era cada día y yo cada día volvía a picar. Juan lo escribió hace años para un homenaje que me dieron en los cines Renoir:

> Todavía en aquellos tiempos (1947), ya de anochecida, el quiosquero de la esquina llevaba el periódico a domicilio y te pasaba el *Madrid* por debajo de la puerta, allá, al final de ese largo, larguísimo pasillo. Yo estudiaba en el otro extremo, en el comedor y la colegiala de Nuestra Señora de Loreto, recién llegada, y aún de uniforme, terminaba de merendar junto a mí. Tenía ocho años y se llamaba Pilar. Cuando yo oía el roce del periódico deslizándose bajo la puerta, obligaba —con autoridad y cariño— a Pilar a que fuese por él y me lo trajese. La niña Pilar, servicial y confiada, lo hacía. Recorría ese largo, larguísimo pasillo a oscuras y justo en el momento en que cogía el periódico yo empezaba a entonar con voz alta, grave y profunda los primeros compases de *El pájaro de fuego* (de Igor Stravisnky, claro; no confundir con una caca que cantaba por aquella época una vedette puní, fascista y legionaria, por favor). Pilar se llevaba un susto de muerte y volvía corriendo a toda prisa, protestando. Luego nos reíamos.
>
> J. A. BARDEM, director
> Madrid 17/5/96

Mi hermano, al llevarme diecisiete años, no es que jugara conmigo, es que me usaba de conejillo de Indias. Por ejemplo, tenía la sana costumbre de hacerme correr por el pasillo —¡Nena, ven, corre!— y salir por sorpresa de alguna de las habitaciones que lo flanqueaban y placarme porque jugaba al rugby y, decía, así entrenaba. Cosa esta que reviví años más tarde con mis hijos, también los dos jugadores de rugby, que para fortalecerlo levantaban con el cuello un sofá en el cual yo estaba sentada. Criaturas. Tuvimos que dejarlo porque ellos cada vez tenían más fuerza y yo pesaba menos, peligrando la vida del artista.

Las cosas siempre se repiten y esto es algo que me ha llevado a muchas meditaciones, a preguntarme el porqué de las cosas. No he creído casi nunca en las casualidades, he creído en las causalidades. Siempre he pensado que si algo pasa es porque te conduce a otra cosa. El yo y mis circunstancias de Ortega es evidentemente cierto y si vamos por un camino y no otro, provocando un cambio o una situación nueva y no otra es por algo que habita muy dentro de nosotros. Por eso no creo en el arrepentimiento y quizá por lo mismo tampoco he sido nunca una mujer de proyectos. Me he levantado y he vivido el día a día. Sueños sí, todos, sobre todo sueños sobre el futuro de mis hijos. Sueños no de gloria pero sí de un futuro de salud, de felicidad. De estabilidad tanto emocional como económica. Sí, porque es algo que ha marcado mi vida desde mi nacimiento hasta la fecha. Mi madre, a raíz de la muerte de mi hermana y mi nacimiento, no dejó totalmente de trabajar pero sí se retiró del teatro. Ella no quería separarse de mí, tenía una obsesión —que yo reviví más tarde con el nacimiento de mi último hijo, el segundo Javier. Otra vez la vida que se repite, que se revuelve feroz y viene a por nosotros— por no dejarme sola ni un instante, por protegerme de cualquier mal. Siguió haciendo cine de vez en cuando, pero no volvió a los escenarios con la consiguiente merma en los ingresos familiares, que quedaron reducidos a la nómina de mi padre. Las nóminas de los actores, en contra de lo que mucha gente piensa, nunca han sido una maravilla y más si tenemos en cuenta que no es un trabajo estable, que se puede pasar mucho tiempo parado. Yo recuerdo haber visto a mi madre tirar el dinero por los aires gritando: «¿Qué hago yo con esto?». En mi visión de niña pequeña esos billetes y monedas que volaban eran mucho dinero y creía que los gritos de mi madre eran de alegría, que éramos poco menos que ricos, cuando eran de desesperación absoluta ante la imposibilidad de llegar a fin de mes. Es curioso cómo a los ojos de un niño todo, o casi todo, puede ser favorable quizá porque a esas edades aún pueden más nuestros deseos que la realidad.

Mi padre siempre, y esto es un recuerdo permanente, cobraba la nómina y la entregaba íntegra a mi madre, que iba haciendo luego sus apartados: para la luz, para el agua, etc.; cosa que no conseguí yo nunca en mi matrimonio. Mi marido, las pocas veces que trabajó, jamás me entregó una nómina. Él me daba un dinero y me decía que ya traería más, algo que difícilmente se cumplía.

Mi madre quiso para mí lo que ya habían conseguido para mi hermano. Juan había estudiado en el Pilar, colegio elitista donde fue condiscípulo de nombres famosos en la historia de este país, gente que luego se dedicaría a la política y del no menos famoso Jarabo, célebre por sus asesinatos. El colegio del Pilar estaba dirigido por los padres marianistas, así que mi hermano se definiría con posterioridad como «marianista-leninista».

Mi madre a mí me metió en el colegio de Nuestra Señora de Loreto, perteneciente a las Esclavas Concepcionistas del Divino Corazón. Otro colegio absolutamente elitista y fuera de las posibilidades reales de mi familia, síntoma de un afán por romper con la clase social a la que pertenecíamos. Esto sin duda obedecía al deseo de darnos a sus hijos algo mejor que lo que ellos tuvieron pero que, sin embargo, nos llevó a algo tan terrible como el desclasamiento y el querer y no poder. A arrancarnos del entorno al que pertenecíamos para dejarnos caer en otro que no era el nuestro, por fuerza hostil y contradictorio con tus posibilidades reales. Quizá porque era una chica muy observadora y reflexiva no salí de allí excesivamente imbécil, pero lo pasé fatal y sé que mis padres sufrieron lo indecible para equipararme con las hijas de un estatus que no era el nuestro. Por eso yo, cuando llegó mi momento, inscribí a mis hijos en la escuela pública. Lo normal, concienciación social y exigencia de una escuela pública digna aparte, es que mis hijos tuvieran por compañeros a los hijos de la portera de al lado o de la señora que vivía enfrente. Sacar a los niños de su entorno, desclasarlos, es crearles un estado de irrealidad que tarde o temprano se vuelve contra ellos, un desconcierto entre lo que ven en el colegio y la realidad que les espera en casa y que el egoísmo primario de los niños —es difícil hasta llegar a cierta edad que puedan entender las dificultades y estrecheces de los padres— resuelve mal. Yo fui comprendiendo con los años estos sacrificios y he amado a mis padres. Los sigo amando, pero a la que he llegado a tener absoluta devoción y no hay día de mi vida que no recuerde es a mi madre. Quizá la unión con mi padre comenzó antes, siendo más niña cuando él me llamaba «mi novia», pero a medida que fui creciendo iba viendo a aquella doña Matilde, comprendiéndola, amándola. ¿Por qué llevaba siempre el mismo abrigo, invierno tras invierno? ¿O el mismo traje? Para que su hija abriera el armario y tuviera colgados tres abrigos y varios trajecitos. ¿Por qué no salía ni gastaba en nada? Para que su hija pudiera llevar un ramo de flores, en el mes de mayo, más aparente y que resistiera la comparación con el de las otras niñas del colegio. Yo tengo a mi favor que nunca he sido consumista, ni de niña. Mi madre, ¡mira tú por dónde!, me decía que yo había nacido para monja porque me puse el uniforme del colegio y por mí no me lo habría quitado hasta que se me cayera a trozos. Yo no me moría por quitármelo y vestir trajecitos como la mayoría de las otras niñas. A mí me daba igual, simplemente. Algo que me sigue pasando hoy en día, me pongo un pantalón y un jersey y tiro con ellos años —debidamente limpios, que una es muy limpia—, cosa que ha puesto de los nervios a mis hijos desde siempre e incluso motivó el ofrecimiento de una compañera de comprarme ropa porque le resultaba muy molesto verme vestida siempre con lo mismo.

En fin, que el hábito no hace a la monja.

3

Esmeralda y Rubí

Cómo mi madre consiguió meterme en ese colegio fue siempre un misterio como el de la Santísima Trinidad porque, creo recordar, que a la mismísima Imperio Argentina —un mito viviente de la época— le negaron la inscripción de su hija. Mi madre era de mucho rezar así que debió de ser a fuerza de novenas y triduos. De la mía al colegio había muy pocas casas, en la esquina de O'Donnell con Narváez estaba la SAFA, la Sagrada Familia, donde estudiaban Fernando Delgado, hijo de doña Julia Delgado Caro, Juanjo Menéndez, que vivía en Ibiza, y Agustín González, que vivía en Jorge Juan. Allí los conocí, sufriendo sus bromas camino del Loreto. Luego la vida nos reuniría en muy diversas ocasiones.

En la esquina de O'Donnell con Lope de Rueda había un cuartel y de ahí hacia el Retiro eran todo chalets. Había uno que le decían «del niño de los millones», pero el que más nos atraía a todos era uno rodeado de una verja alta y oxidada, con buhardillas y chapiteles que parecía medio abandonado y que habitaban dos seres ancianos que, de cuando en cuando, se dejaban ver tras una ventana del piso superior. Lo más parecido que he visto luego a ese palacete fue el de *Psicosis* de Hitchcock. Ocupaba toda la manzana de lo que es ahora el VIPS y lo llegaron a conocer mis hijos mayores que se colaban a jugar en él con otros chicos del barrio, en una especie de rito obligado de iniciación en el que había que superar el miedo que el lugar producía y adentrarse en él. Desde ahí y un poco más abajo, en la esquina de Menéndez Pelayo y O'Donnell, estaba el cuartel de los bomberos. Era muy bonito y nos acercábamos a verles entrenar en el patio. Justo ahí es donde años más tarde un alcalde franquista permitió levantar la Torre de Valencia y jodió para siempre las postales del Retiro y de la Puerta de Alcalá.

El Madrid de posguerra que yo recuerdo era, sacándole el brillo que la infancia pone en cualquier cosa, muy gris y muy oscuro. Quizá también, cortes de luz por racionamiento aparte, porque las bombillas eran muy bajas. Recuerdo eso, una ciudad gris, mucho frío y sobre todo mucho silencio. Un silencio que lo cubría todo, que estaba presente en la relación con los demás, con los vecinos. Yo jamás, hasta que años más tarde detuvieron por primera vez a mi hermano, oí a nadie en ningún sitio hablar de política. Por eso entrar en casa era como cruzar el espejo de Alicia, el frío y el silencio acusador, desconfiado, de la calle se transmutaba en el calor de mi familia, en el amor de mis padres y mi hermano, sus bromas. Eran dos mundos diferentes.

Mi colegio estaba al lado de la maternidad, de estilo neomudéjar, y enfrente de la Inclusa, cosa que con el tiempo me llevó a curiosas reflexiones sobre si todo era un azar urbanístico o fruto de una excelente planificación. Y alrededor nada, el campo.

La sensación de frío viene quizá acentuada por ese reunirse de la familia en torno a la caldera. Y por la nieve, aquellas nevadas que lo cubrían todo. Yo iba al colegio andando sobre nieve virgen, nevadas que metían el campo en la ciudad y que ya no se dan supongo que por el calentamiento que produce hoy una gran urbe como Madrid y por el más que probable cambio climático.

El Retiro en otoño era el lugar donde mi padre recogía ramas, escondiéndolas entre su espalda y el abrigo para llevarlas a casa y echarlas en la caldera. Otra vez el frío y el miedo cuando de la mano de mi padre, al que asomaban las ramitas por debajo del abrigo, pasábamos junto al guarda del parque que con su escopeta y su correaje cruzado parecía cualquier cosa menos divertido.

El Retiro era también, por el contrario, el buen tiempo y la alegría. El sitio donde mi madre me llevaba de excursión y en el que te ibas adentrando a medida que ganabas autonomía y eras más mayor, explorándolo como un bosque encantado y lleno de secretos que me esperaban a mí y sólo a mí para mostrarse. Llegar desde la puerta principal más cercana a mi casa, más o menos frente a la calle Menorca, hasta el Palacio de Cristal era una especie de puesta de largo.

Mi madre siempre sumergía la botella de leche en algún canalillo de riego, para que estuviera fresquita a la hora de merendar. El Retiro era el lugar de largas y profundas siestas estivales que yo esperaba ansiosa. Sí, a la mayoría de los niños no les gusta dormir la siesta, les obligan a estarse quietos y dormir —¡qué aburrido!—, pero yo la esperaba con ansia porque era durante la siesta cuando yo hablaba con la otra Pilar, con mi hermana muerta. Me inventé un cuento de dos princesas que se llamaban Esmeralda y Rubí. Esmeralda era la guapa, mi hermana, y Rubí la que no era guapa, yo. Esmeralda era la buena y Rubí, la mala, que luego se descubría que no, que Rubí no era mala, que era buena y que era la hermana la que le echaba las culpas de todo porque no era guapa. Éste era el psicoanálisis que yo me hacía de niña durante las horas de la siesta en el Retiro, el jardín encantado de esas dos princesas. Supongo que todo tiene su explicación más o menos freudiana. Yo me crié usando vestidos de mi hermana y escuchando frases tipo: «Ten cuidado, que era de tu hermana» o «No lo rompas, que era de tu hermana». Luego por la calle no faltaba nunca el comentario de las vecinas: «Ay, doña Matilde, qué guapa era la otra niña y qué simpática es Pili». Tú, me decían una y otra vez, eres muy graciosa, muy simpática. Con lo cual toda mi vida se convirtió en un esfuerzo titánico, y tiránico, por seguir siendo simpática dado que se me había negado la belleza. Es curioso que ahora, a mis sesenta y cinco años, cuando veo fotos mías de joven me doy cuenta de que yo era una señora que estaba muy bien.

El Retiro supuso también mi primer contacto con la música a través de los conciertos de la banda municipal. Mi padre siempre se sentaba detrás del señor que tocaba los timbales, el bombo y los platillos. Por eso lloro siempre cuando veo una orquesta y al señor que toca los timbales. Porque me acuerdo de mi padre, de mi niñez y porque en esta familia hemos salido todos de lágrima fácil.

El colegio fue para mí muy importante y, pese a todo, lo recuerdo como una época felicísima y extensa. Entré a los cuatro años y salí a los diecisiete. La kafkiana formación espiritual aparte, supuso el encuentro con las amigas. Con Amelia, la hermana que nunca tuve y siempre deseé. Salí de un entorno muy cerrado, de estar en casa sola con mis padres dado que por la diferencia de edad mi hermano ya estaba estudiando la carrera de ingeniero agrónomo, estudios que sacó a fuerza de inteligencia, de irse muchas veces andando hasta la ciudad universitaria porque no había ni para tranvías, y de dar clases al hijo del marqués de Urquijo.

Mi primer recuerdo del colegio está ya, curiosamente, vinculado al teatro y fue mi debut en una «estampa misionera», curioso artefacto teatral en el que varias niñas salíamos disfrazadas de crías de otras razas exaltando los valores de la fe. A mí me tocó la negrita, me pintaron la cara con un corcho y me sentaron bajo una cruz, que miraba arrebatada. Apellido familiar aparte, las monjitas debieron ver algo en mí porque desde ese día me convertí en la primera actriz de las representaciones escolares. Bueno, mejor dicho, en el primer actor porque como siempre fui alta, flaca y con voz grave, hice todos los galanes de las obras de Marquina y los Álvarez Quintero. Llegué incluso a introducir una innovación revolucionaria: conseguí sacar pantalones. Hasta entonces el galán se ponía el baby negro, que usábamos para proteger el hermoso uniforme, a guisa de pantalones enrollándolo a la cintura y usando las mangas como perneras. Yo dije que aquello no era serio, que en mi familia todos eran cómicos profesionales y que eso no podía ser así, con lo cual me dieron unos pantalones enormes que pertenecían al jardinero. Años más tarde, y no sin cierto escándalo, introduje un pitillo en escena justificándolo con que así lo ponía en el libreto. Lo que más me divertía era vestirme de época, por ejemplo cuando hacíamos cosas tipo *La santa virreina* de Marquina, con chambergo, jubón y botas altas. Al hilo de esto una anécdota. En el Loreto cuando llegabas a bachillerato tenías profesores laicos —las monjitas ya no se bastaban— y una profesora de literatura que tuve me dijo:

—Como chica no vale usted nada, pero de hombre está usted muy guapa.

Nunca me he podido quitar de la cabeza que hubo algo sexual en aquella observación.

¡Ah, la primera comunión! Era un acto solemne. Yo la hice un año más tarde del que me tocaba porque, en su momento, no había dinero para el traje. Las monjas le propusieron a mi madre que hiciera la comunión con las gratuitas, las niñas de Santa Teresa. Se conoce que los colegios religiosos debían de tener un cupo para la enseñanza de pobres de solemnidad, en este caso las gratuitas. Niñas que nunca se mezclaban con las de pago. Yo en trece años sólo me crucé una vez con una, juraría que con un baby a rayas. Nunca más las vi. No compartían el único jardín, hermosísimo con aquella gruta artificial con la Virgen de Lourdes y sus murciélagos. Aquellas niñas no tenían presencia física. Eran un poco como *Los otros* de Amenábar.

Mi madre se negó al arreglo y ahorró durante un año para mi traje. Hice la comunión como el resto de las compañeras, por todo lo alto y nunca mejor dicho porque la Virgen de Loreto era la madrina del arma de aviación. Nuestros abriguitos azules eran réplicas exactas del de los soldados del Ejército del Aire, que venían siempre a formar en los actos solemnes del colegio. Allí estudiaban, por supuesto, las hijas del general Gallarza, héroe de la aviación franquista.

Yo la comunión la hice al lado de Amelia, mi mejor amiga, las dos juntas en el coro. Amelia era la voz solista cuando cantábamos el «*Domine non sunt dignus*». Tenía una voz blanca maravillosa pero sufrió el miedo escénico y la pobre no arrancaba a cantar. Yo, muy seria, no paré de darle codazos hasta que superó los nervios y cantó maravillosamente. A mí me eligieron para leer unos hermosos versos al señor que nos daba la comunión, que no era otro que el nuncio en España de Su Santidad Pío XII, monseñor Cicognani. ¡Casi ná! Ahí hice yo mi primer monólogo y como lo había ensayado mucho con mi papá no tuve ningún miedo escénico y me salió estupendo. ¡Qué gran verdad es esa de que interpretar consiste en saberse bien el texto y no tropezarse con los muebles!

En la comunión había que renovar las promesas del bautismo. Aún me recuerdo con la mano derecha en los Evangelios y diciendo:

—«Yo, María del Pilar Bardem Muñoz, renuncio a Satanás, a sus pompas y a sus obras y prometo seguir a Jesucristo hasta la muerte. Amén».

La verdad es que hay que reconocerle a la Iglesia, a las monjas, su magnífico diseño de producción. La comunión era impresionante y todas las niñas creíamos firmemente en los valores que representaba. Cómo sería esto que cuando regresé a casa, subiendo en el ascensor pensé qué bonito sería que se cayera y yo muriera allí mismo, en ese preciso momento de mi vida. Iría directamente al Cielo porque mi alma estaba tan blanca como mi traje y, decían las monjas, como la nieve recién caída y sin pisar que luego la vida y los hombres van ensuciando. Las monjitas nos hablaban mucho de los niños santos: san Tarsicio, por ejemplo, que murió apedreado antes de soltar la sagrada forma. Para las madres no existía nada salvo la pureza y el amor a la Virgen, todo era como muy pueril y destinado a moldear en una especie de infantilismo perpetuo nuestras mentes. Hace poco leí en un periódico unas frases sacadas de un catecismo que me recordaron mis años escolares. Esto es un ejemplo de lo que nos enseñaban a los de mi generación:

LOS JUDÍOS MATAN A UN NIÑO

En España había muchos judíos. Y odiaban a los cristianos y les daba mucha rabia que los niños quisieran a la Virgen y al Señor. Por eso mataron a santo Dominguito (...).
Un judío le echó de pronto un lienzo encima y lo metió en su casa. A medianoche se juntaron todos los judíos principales, quitaron a Dominguito su crucifijo y le dijeron que lo pisase, pero él contestó con valentía:
—Eso nunca. Es mi Dios.
—Pues como tu Dios has de morir.
Y le pusieron una corona de espinas, y lo clavaron en la cruz.

(De «La Historia que nos enseñaron. 1937-1975», de Ángel Luis Abós, en el diario *El Mundo*, 24-XI-2003)

Viéndolo desde la distancia de los años es una auténtica bestialidad de la que puede llevar toda una vida desprogramarse.

Amelia y el coro. Yo me metí en el coro porque vi que era un buen invento para saltarse clases y también porque a los cuatro años me había examinado de primero de solfeo en el conservatorio de Madrid. Me tuvieron que bajar el atril y subirme en un taburete. Me examinaron el padre Sopeña —que luego se salió de cura y se casó— y el maestro Sorozábal. Así que entré en el coro, donde hacía la tercera voz. Era muy gracioso porque las voces blancas iban haciéndose grisáceas, con lo cual las monjas iban bajándoles octavas y, en consecuencia, mi voz ya de por sí grave adquiría tonalidades francamente cavernícolas. Llegó un día en que la gente comentó: «¡Qué bien canta el cura!». La verdad es que era un coro precioso, una maravilla. Nada de cancioncillas infantiles: Mozart, Haendel, Gounod...

El cura con el que me confundían al cantar era don Paulino, todo un personaje. Nos daba clase de religión y era el hombre más bruto que he visto en mi vida, heredero directo de aquellos curas trabucaires y decidores de nuestro siglo XIX. Se pasaba el tiempo exclamando sonoramente ¡coño!, para espanto de niñas y monjas celadoras. El ¡coño! más grande que yo le oí a don Paulino fue el que soltó mirándome entre sorprendido y apenado cuando se hizo pública la detención por rojo de mi hermano. Don Paulino era muy mal orador, monocorde, y sólo elevaba súbitamente el tono cuando notaba que alguna nos dormíamos.

Otro cura que nos dio clases fue don Luis Cantero y Cuadrado, luego obispo y miembro de las Cortes franquistas hasta la muerte del dictador.

También recuerdo a un profesor de inglés que se llamaba míster Smith y que iba siempre con bombín y paraguas, hablaba español con acento británico y tomaba té. Vamos, que no podía ser más inglés. Todavía veo su cara de terror cuando nos lo encontramos de paseo con su señora, sin bombín ni paraguas y comiendo pipas, y nos tuvo que confesar que era de Cuenca y que se hacía pasar por inglés para encontrar trabajo. Eran tiempos difíciles, había mucha hambre y mucha gente necesitada de otra personalidad que les hiciera la vida un poco más fácil. La victoria y los años de paz, no lo olvidemos nunca, se construyeron sobre la derrota y el sufrimiento cotidiano de la otra media España.

4

Baúles mágicos

Me gustaría volver al útero materno, a la casa de Lope de Rueda, especie de sanctasanctórum en torno al que ha girado —salvo las veces que mi matrimonio me llevó lejos— siempre mi vida y que explica mucho de lo que soy ahora por lo que fui aquí. Eso creo. Firmemente. Somos nuestros recuerdos, nuestros muertos y todos los míos viven aún entre las paredes de Lope de Rueda.

En la entrada, a la derecha, había una habitación que mi madre llamaba el saloncito, donde estaba el piano con el que yo estudiaba. Las clases eran de una hora que mi madre controlaba mediante un reloj de cuco que había en el comedor, al otro lado de la casa. Yo solía cruzar de puntillas el pasillo y tapando con la mano la puertecita del cuco, adelantarlo quince o veinte minutos.

—¡Qué barbaridad, cómo pasa el tiempo! —decía mi madre.

—Pues sí —decía yo.

Mi madre volvía a sus quehaceres y yo, tapando de nuevo la salida del cuco, volvía a atrasar el reloj. Digamos que, sin tener idea al respecto, yo ya ponía en práctica nociones como la relatividad, el tiempo elástico y esas cosas que había descubierto Einstein.

Aquel saloncito era también para recibir a las visitas importantes pero, a decir verdad, yo no recuerdo que nunca se recibiera a nadie allí.

La siguiente habitación era mucho más pequeña y se le decía «el cuarto de la chica», lo que sería ahora el cuarto del servicio o de la trabajadora del hogar. Es curioso señalar que de acuerdo con los patrones de diseño de la época, aquella habitación era la única que no tenía radiador. Suponiendo quizá que las criadas no tenían frío. En aquella habitación había un enorme armario ropero y en ella se guardaban los baúles de mis padres. Así que para mí aquel cuarto frío y abarrotado escondía en su interior toda la magia del mundo, el encantamiento del teatro y las galas de sus magos principales, mis padres. Eso era lo que significaba para una niña abrir los baúles y encontrar en ellos las capas, las espadas, los chambergos, los trajes y polisones, las perlas. Hay que recordar que antiguamente un actor tenía que aportar a la compañía que le contrataba su ropa para escena, lo que se llamaba «la ropa esencial» y que se guardaba en baúles más o menos maravillosos según la categoría del intérprete. Los de mis padres eran hermosos. La ropa esencial de un actor se componía siempre de un chaqué, un esmoquin para la alta comedia, la comedia de salón, trajes de época, indefectiblemente ropa para el Tenorio, etc. El teatro, generador de dichos y anécdotas sin fin, creó su propio eufemismo para explicar que un actor o una actriz se habían liado: «Han juntado los baúles». La obligación de aportar el propio vestuario y la clara contradicción que esto suponía respecto a los posibles económicos de la mayoría de los actores, especialmente los que estaban empezando, fue siempre otra fuente inagotable de historias y situaciones absurdas. En aquellas compañías existía una figura que se llamaba «el partiquino», quien cobraba una miseria por hacer los papeles más pequeños y tenía por debajo sólo al meritorio, que directamente no cobraba nada, se supone que por tener el privilegio de pisar un escenario sacando una lanza o una bandeja. El partiquino también tenía que aportar su ropa y si no la tenía en propiedad, alquilarla. Bueno, es famosa la historia de cierto partiquino que trabajaba en una alta comedia, de condes, lores y marqueses. Durante toda la obra y sin que él apareciera, el resto de los personajes ponderaban la exquisita elegancia del tal marqués —papel que encarnaba dicho partiquino—, verdadero árbitro del buen gusto y demás. Finalmente aparece el partiquino con un frac mugriento y que se le caía a trozos, diciendo: «Hola, vengo de la ópera». Se montó tal choteo entre el público que no se pudo continuar durante un buen rato y el partiquino allí, aguantando estoicamente el tipo. Esperó así hasta que se calmaron las risas y los bufidos y entonces muy serio dijo: «Vengo de la ópera y, por supuesto, no me han dejado entrar». No sólo salvó la situación sino que recibió una entusiasta ovación del público y creó otro dicho que ha quedado en la profesión. Cada vez que alguien decía «Vengo de tal sitio» se le replicaba «Y, por supuesto, no te han dejado entrar».

Mi padre me contaba todas estas historias sobre los tiempos heroicos del teatro y sobre la especial relación —¡aquello sí que eran montajes interactivos!— entre público y actores. Por ejemplo, la historia de una excelente actriz cómica que se llamaba Loreto Prado, graciosísima y con compañía propia —Loreto Prado y Chicote, su marido— pero con una alarmante mala memoria. Vamos, que se le iba la letra con mucha facilidad. Entonces era costumbre que cuando un actor o una actriz hacían muy bien una escena y el público se la aplaudía mucho, la repitieran allí mismo sobre la marcha. El público aplaudía y el actor repetía. La gente adoraba a Loreto Prado así que a veces, cuando tenía el día especialmente malo y no recordaba bien el texto, la aplaudían entusiasmados tantas veces como fuera necesario hasta que recordaba bien la escena. Entonces, indefectiblemente, se alzaba una voz del patio de butacas que preguntaba jocosa: «¿Qué, Loreto, ya te la sabes?».

El público no dudaba en participar en el desarrollo de la obra, con más o menos mala leche según le gustara o no. Otra historia que me contó mi padre. Se estaba representando en un teatro *La tempestad*, la zarzuela, no el drama de Shakespeare, y cuando el barítono cantaba aquello de: «La lluvia ha cesado, apágase el trueno», desde el público alguien gritó: «¡Pues aprovechando la clarita, vámonos todos!». Parece ser que los espectadores no estaban muy conformes con la calidad de la representación porque, tras carcajearse, se puso en pie y abandonó la sala. Entonces sí que había un diálogo directo en las dos direcciones y se rompía la cuarta pared.

Volviendo a Lope de Rueda, los baúles y los disfraces, recuerdo también cómo los usaba para jugar con las Teretes, tres hermanas que se llamaban así por la de en medio, Terete, y que aún viven. La mayor se llamaba Minín, Terete que era de mi edad y Emilita, la pequeña. Las tres bellísimas y la madre aún más guapa que las tres hijas juntas. El padre tenía una tienda de ultramarinos enorme. Yo siempre las veía salir a la calle arregladísimas, las observaba desde mi balcón y jugaba a adivinar qué falda o qué blusa se habían intercambiado ese día entre ellas. Siempre tan guapas. Lo curioso, eran otros tiempos, es que a estas niñas las educaron para buscar primogénitos de buena posición para casarse, convirtiendo sus vidas en un cúmulo de situaciones propias de los folletines románticos. Por ejemplo, la mayor se echó un buen novio al que le faltaban unos años para acabar ingeniero industrial y la pequeña, Emilita, que había encontrado a un dentista, tuvo que esperar alargando su noviazgo a que el otro acabara la carrera y se casara con su hermana mayor. Así que todos vivíamos pendientes de la marcha académica del muchacho.

Yo siempre envidié sanamente su unión y ese mundo de hermanas que nunca viví.

Jugábamos en la calle siempre que el tiempo lo permitía; allí instalábamos nuestras cocinitas, acunábamos a nuestros muñecos. Yo tenía un muñeco de miraguano vestido con la ropa de un bebé y exactamente igual a uno de verdad. Cómo sería de realista que cuando, años más tarde y yo casada, mi madre lo llevó a Canarias para Moniquita le pidieron el pasaje en Barajas porque pensaron que era un niño de verdad. Es curioso lo de este muñeco. Siempre se resistió a morir y durante la niñez de mis hijos, ya descascarillado y con un ojo cerrado pero aún con la ropita de bebé, aparecía recurrentemente en los sitios más insospechados. La verdad es que ya daba grima verlo, así que lo arrinconamos en una especie de trastero que teníamos. Pasó el tiempo, mis hijos crecieron y se decidió hacer una reforma del piso. Nadie se acordaba ya del muñeco, así que cuando movimos una pila de trastos y descolgó un bracito y media cara acusadora ante nosotros, el grito que dimos todos se debió escuchar hasta la otra punta de Madrid. ¡Qué susto nos dio el condenado! Nos castigó por haberlo arrinconado. Aquélla fue su última aparición por sorpresa. Hoy está sentadito en mi habitación.

Volviendo a los juegos yo era lo que se decía un chicazo y mis preferidos eran la peonza, el clavo, silbar con los dedos en la boca y hacerme toda clase de heridas y arañazos. Salvo el muñeco antedicho jamás me gustaron las muñecas, nunca entendí el placer de jugar con ellas y mi madre se indignaba cuando yo, al llegar los primeros fríos, no abrigaba a la Mariquita Pérez que me habían traído los Reyes.

—¡Abrígala, Pili, ponle un abriguito que se va a enfriar!

—Pero mamá, ¿cómo se va a enfriar si es una muñeca?

En fin...

Después de la de la chica estaba mi habitación y la de Juan, luego el rincón célebre de la caldera. Siendo yo muy pequeña mi hermano tuvo la escarlatina y mi madre impuso la cuarentena casera, cortando en dos aquel largo pasillo con una cuerda que yo no podía traspasar. Me trasladaron al cuarto de mis padres y a la altura de la caldera una soga marcaba el cordón sanitario. Aquel pasillo era tan largo que daba para hacer cuarentenas y hacer de todo. Yo aprendí en él a patinar antes de bajar a la calle O'Donnell, igual lo haría luego mi hija y Carlos, a montar en bici —eso sí, sólo en línea recta— hasta que pude ir al Retiro. Aún hoy el pasillo, a diferencia de otras cosas, no ha encogido y me sigue pareciendo muy, muy largo. Una buena metáfora de la vida: un largo pasillo con puertas a los lados y tras cada puerta un mundo, un error o un acierto. Algunas nunca deberíamos abrirlas, otras siempre deberían estar abiertas para todos.

5

«Niña, yo no creo en Dios»

Íbamos a comprar a los «estraperlistas del barrio». Pobrecitos, todos eran gente buena y dispuesta a ayudar que nada tenía que ver con los verdaderos estraperlistas, con los que hicieron fortunas a costa del hambre y la miseria del país durante la posguerra. No, yo me refiero a vecinos a los que todos conocíamos y que se las apañaban para conseguir de algún pariente de pueblo alimentos que por entonces, días de racionamiento, eran escasos y casi imposibles de encontrar en Madrid. Estaba, por ejemplo, Concha la de los huevos, una bellísima persona a la que íbamos a comprar uno, dos o tres huevos. Llegábamos a su casa, ella cogía a mi madre de la mano y la llevaba hasta el borde de una cama bajo la cual guardaba los huevos. Yo me recuerdo muy niña buscando disimuladamente a las gallinas que tenían forzosamente que vivir escondidas y asustadas, ¡no hacían ningún ruido!, bajo esa cama de la que constantemente salían huevos y más huevos. También estaban la mujer de un guardia civil que vendía aceite, muy simpáticos los dos. Y en el 27 de Lope de Rueda había una mujer que vendía café. A ésta la visitábamos muy de tarde en tarde.

En aquellos días grises, fríos y de escasez las cosas más mínimas tomaban un valor especial, el cariño con que se hacían, el esfuerzo, las dotaban de un brillo cálido —así lo recuerdo— de precioso oro viejo. Un brillo que el tiempo pule y pule hasta llenar de amor esos tiempos de penuria. La noche de Reyes mi padre siempre preparaba con gran solemnidad el recibimiento a los Magos de Oriente, les ponía en el saloncito tres copitas de coñac y pan duro para los camellos. Luego cerraba a cal y canto aquella habitación colocando en la puerta una placa metálica —¡vaya usted a saber de dónde la habría sacado!— en la que estaba escrito: PROHIBIDO EL PASO. Yo me despertaba a las cinco de la mañana de esos 6 de enero con un frío horroroso, las calderas se encendían más tarde para caldear las casas antes de las heladas nocturnas, y corría a despertar a mi hermano que, normalmente, se había pasado la noche estudiando.

—¡Juan, los Reyes, los Reyes!

—Nena, no... Déjame dormir.

—¡Pero Juan, pero que han venido los Reyes!

—Si ya sé que me han dejado cuchillas de afeitar...

Los Reyes eran para mí. El único dinero que se podía gastar en eso era para mis regalos. A mi hermano le ponían una cajita de cuchillas de afeitar Iberia, a mi padre unos calcetines que a lo peor no eran ni nuevos y a mi madre no sé, por ahí un peine y unas horquillas. Luego venían los Reyes de la nena. A mí me traumatizaba el desinterés de mi hermano. Este hombre, me decía, no tiene ilusión. De los Reyes más hermosos que tuve fue cuando me pusieron una casa de muñecas. Tenía dos pisos, de todo. Hasta papel higiénico en los váteres y una lámpara de araña en el salón. Yo quedé fascinada al verla. El horror vino cuando toqué el tejado y se me quedó la pintura roja en la mano. Cara de terror de mis padres y mi hermano. Se había roto el hechizo. Yo me volví asustada hacia ellos...

—Me he manchado, me he manchado de pintura al tocarla.

Juan, por algo sería luego un magnífico director de cine, un contador de historias, reaccionó de inmediato y me dijo que tenía que comprender a los pobres Reyes Magos, atravesando el desierto con ese calor terrible que cuarteaba y derretía la pintura de los juguetes. Yo me lo tomé al pie de la letra y nunca sospeché que mi hermano había terminado de darle a la casita la última mano de pintura un rato antes. Como ya he dicho las cosas se repiten y yo siempre dejé el coñac y el pan duro a los Reyes y sus camellos durante la infancia de mis tres hijos —espero que Mónica siga la tradición con su hijo Pablo—, así como en otra época muy difícil de mi vida le tocó a mi hijo Carlos, el mayor, pintar un montón de indios y vaqueros de plástico para unos Reyes de su hermano Javier. Se secaron justo a tiempo y quizá lo más bonito fue la cara de satisfacción de mi hijo mayor al ver jugar a su hermano con esos muñecos.

Recuerdo a mi padre mezclando tabaco de varias clases distintas y liarse, uno a uno con paciente perfección, todos los cigarrillos que luego fumaría. Recuerdo sus ojos azules, su sonrisa y el aroma del tabaco. Quizá de ahí viene que a los doce años robara uno de aquellos pitillos de mi padre y me lo fumara. Casi me muero del susto y del asco que me dio, pero me lo fumé. Luego me enjuagué la boca con colonia para que mi madre no lo oliera y me la abrasé. De modo que me fumé mi primer pitillo a los doce y el último a los sesenta y dos, cincuenta años redondos de humo.

Mi padre era muy taurino pero dejó de ir a los toros, según mi madre, porque presenció la muerte de Granero —al que le metió un toro un cuerno por un ojo y le levantó la tapa de los sesos— y le impresionó muchísimo. Pero era un gran aficionado y volvió a ver festejos conmigo de la mano. Desde entonces me gustan los toros y, pese a todos los argumentos en contra que entiendo y respeto, me parecen un espectáculo fascinante. Años más tarde me casé con el hijo de un ganadero salmantino y se afianzó más si cabe mi afición. Iba un día sí y otro también, sobre todo de novia con Carlos. Me colaba. Tenía una contraseña con el portero de la entrada del tendido, golpeaba la puerta con ese repique que parece decir: «Una copita de ojén», ¡pam papapan pam pam! Me tenía que abrir porque por entonces yo estaba pasando como maniquí y llegábamos tarde. Vi torear a Bienvenida, a Luis Miguel Dominguín que lo hacía tan bien que parecía que el toro nunca podía cogerle y le quitaba emoción, a Ordóñez... Yo siempre fui vitista, del Viti. Mi taurofilia se inició con mi padre, siguió con el novio y luego marido, con el que una vez separada fue mi gran amor y, más tarde, con el director de mi vida, el que me ha dado el papel más hermoso hasta hoy, con Tano, don Agustín Díaz Yanes. ¿Casualidad o causalidad? Estamos ahormados a ciertos gustos o personas. Sí, creo que sí.

De niña iba también todos los domingos al cine, a la primera sesión de alguna sala de la Gran Vía. Iba con mi padre y sacábamos entradas para el último piso, el gallinero. Un día hablando con Amelia, esa amiga del colegio que para mí era como una hermana, me preguntó qué iría a ver ese domingo.

—*Jeromín* —contesté yo.

—¡Ah, yo también! —se alegró ella.

Inmediatamente pensé que ella iría abajo, al patio de butacas. Podía permitirse una entrada de las más caras. No le dije por qué pero imploré a mi padre que ese domingo fuéramos al patio de butacas. Él intentó razonar con mi egoísmo infantil, me dijo que arriba se veía igual de bien pero yo no atendí a razones. Lo único que quería era encontrarme con mi amiga en un plano de igualdad. No me paré a pensar que ese gasto extra pudiera descabalar, tan ajustadamente vivíamos, el presupuesto familiar. Mi padre accedió y no fue la última vez que le puse en un brete semejante, fruto del desclasamiento que vivía en aquel colegio de monjas para niñas bien e intentar acomodarme a una realidad material que no era la mía. Pasaba continuamente. Por ejemplo cada acto, ceremonia o fiesta del colegio estiraba un poco más la cuerda, siempre a punto de romperse, entre lo que mis padres deseaban para mí y lo que realmente podían pagar. En Nochebuena era costumbre construir un portalito de Belén que las monjas montaban con las donaciones de las alumnas. Según lo que dieras, ellas te expedían, sobre una estampita y con una caligrafía preciosa, un certificado de qué elemento del portalito habías ayudado a pagar. Yo aún conservo una estampita en la que está escrito que ayudé a comprar la sabanita del Niño Jesús a cambio de un óbolo que debió costarle sangre a mi madre.

Las monjitas fomentaban valores tan dudosos entre nosotras como la competitividad más feroz mediante un termómetro, que había en las clases y en el que se marcaba con lápiz rojo quién recaudaba más dinero postulando para el Domund. A mí eso se me daba bien. La verdad es que yo me apuntaba a cualquier cosa con tal de salir a la calle. Es curioso esto. A mí la calle me parecía fascinante, seguramente porque los padres no te dejaban ir nunca sola, y más fascinante aún recorrerla de la mano de mi mejor amiga, cosa excepcional dado que las monjitas no nos dejaban ir de dos en dos a ningún otro sitio. Ni siquiera en el recreo. Decían que era pecado. De tres en tres sí, pero de dos en dos nunca salvo durante las cuestaciones. Yo iba siempre con mi amiga Paloma, hija de un doctor famosísimo y guapísima, y se nos daba muy bien porque éramos muy intrépidas. Nos metíamos en salas de fiestas a postular, ¡nos sentíamos mártires que entraban a combatir el pecado en sus propias guaridas! Allí nos metíamos con quince años, nuestro uniforme del Loreto y nuestra hucha en forma de cabeza de chinito como todopoderoso «detente bala». También nos acercábamos a la facultad de San Bernardo y ligábamos muchísimo, especialmente Paloma, que era una belleza. Los chavales nos decían de todo y nos metían en la hucha sus números de teléfono, su dirección, poemas o cupones de ciegos. De todo menos dinero porque estaban caninos. En una de estas cuestaciones dije yo: «¡Para las misiones!», meneando el chinito al bulto y me encontré frente a un señor alto, pelirrojo, Fernando Fernán Gómez, al que conocía de vista por mi hermano y que contestó muy serio: «Niña, yo no creo en Dios». Yo me quedé completamente sobrecogida, espantada, y llegué a casa llorando y gritándole a Juan que tenía un amigo que no creía en Nuestro Señor y que era un hereje que se iba a condenar.

Pasados los años me contó Fernando la bronca que le echó mi hermano el rojo, diciéndole que era un animal y que cómo le decía eso a su hermana, que a la niña que iba a las monjas no se le podían decir esas cosas porque la niña no entiende nada de eso y que hasta ahí podíamos llegar, que qué tontería era esa de no creer en Dios.

Mi hermano sólo quería protegerme y sabía lo que hacía. Yo por entonces rezaba todos los días un rosario por la salvación de los rusos, unos señores muy malos que se comían a las niñas como yo, por el regreso del *Semíramis* con los prisioneros de la División Azul. Creía firmemente en lo que rezaba, en lo que me enseñaban. Hoy sé cuánto hay que desconfiar de quien demoniza a otro ser humano, de quien reza por alguien porque cree que vive en el error, o sea porque no está de acuerdo con él. Hoy sé que nadie tiene toda la razón porque nadie está totalmente equivocado. En fin, diálogo y tolerancia, tolerancia, tolerancia...

6

Teatro, la niñez es puro teatro

Mi niñez, su recuerdo, está jalonada de teatros. Cada uno asociado para siempre a tal o cual cosa, con momentos que conformaron el tránsito de la infancia a la adolescencia como puertas sucesivas que te hacen mayor al cruzarlas.

Eché a andar en el Infanta Isabel. Mi padre estaba de primer actor en la compañía de doña Isabel Garcés y Arturo Serrano, empresario este que era un absoluto impresentable —por decirlo finamente— y que tenía sojuzgadas a dos familias: a la Sampedro y a la Caba Alba. Mi padre hacía el famoso Carballeira y doña Isabel Garcés era Chiruca, la moza gallega protagonista de la obra y cuyo acento conservó la actriz a manera de gracieta para los restos. Ella pensaba que era muy graciosa. Isabel Garcés se portó muy mal con mi madre justo antes de que ella muriera y la vida, es cierto que pone a cada uno en su sitio, me dio años después, cuando empecé a trabajar profesionalmente como actriz, la posibilidad de demostrarle mi desprecio. Arturo Serrano, su pareja y compañero de maldades, fue una fuente inagotable de anécdotas. Tenía su despacho sobre el escenario, su ventana daba directamente a él, y era frecuente que los actores estuvieran en medio de la representación y escucharan los gritos, insultos y humillaciones que aquel negrero profería contra alguno de ellos.

Es famoso el ocurrido siguiente. Durante una función de las de antes, dividida en tres actos, un actor que en ese momento no estaba en escena y que había solicitado un pequeño aumento de sueldo fue llamado por don Arturo Serrano a su despacho. Corría el final del segundo acto cuando todos sus compañeros pudieron oír los habituales gritos, insultos y amenazas. Durante ese último entreacto el actor abandonó desolado la oficina y fue a sentarse en el patio de butacas, entre el público. Cuando de nuevo se alzó el telón comentó con el señor de al lado:

—¿Qué, le gusta la función?

—Sí, mucho.

—Pues ahora sí que se va a poner interesante porque tengo que salir yo y estoy aquí sentado con usted.

En esta compañía estaban también doña Irene Caba Alba y su marido don Emilio Gutiérrez, padres de Irene, Julia y Emilio Gutiérrez Caba. También trabajaba mi tía Mercedes Muñoz Sampedro. Las hijas de ambas, Irene y Julia y mi prima Carmen hacían una función infantil que se llamaba *Pipo y Pipa*. Allí se juntaron dos dinastías de cómicos que siempre hemos presumido de ser las más antiguas de este país. Si nosotros teníamos a doña Mercedes Sampedro, mi tía abuela, ellos tenían su origen en doña Leocadia Alba. Desde aquí mando todo mi cariño a esa otra familia de grandes actrices y actores. De todo corazón.

El María Guerrero representa los recuerdos más hermosos de una niña ya consciente, colegiala que se enamora para siempre de la magia del teatro. Curiosamente mi historia de amor con este teatro en particular comenzó con un desengaño. El caso es que mi padre estaba esperando que le contrataran para la compañía del María Guerrero, siempre les oía a mi madre y a él comentar lo maravilloso que sería que le dieran el trabajo. Debí oírlo muchas veces porque decidí intervenir y, ni corta ni perezosa, acudir a las más altas instancias. Le escribí una carta a la Virgen que entregué a las monjas, pidiéndole ese contrato para mi papá y ofreciéndole a cambio todo tipo de rezos y penitencias. Bueno, ¡pues funcionó! Un día vi a mis padres abrazarse muy contentos, celebrando la entrada de don Rafael Bardem en la compañía del María Guerrero. Yo no daba crédito y lo atribuía todo a la intercesión de la Virgen, a mi carta secreta y su respuesta, muestra concreta de mi especial relación con la Madre de Dios. Me llevé un chasco horroroso cuando mi madre me habló muy alegremente del contenido de aquella carta y de lo buena que había sido al escribirla. ¡Horror, pensé, mi correspondencia con la Virgen ha sido violada no sólo por las monjas sino también por mi madre! Para mi confianza en las monjitas fue un golpe terrible.

En el María Guerrero eran los años dorados de la dirección de Luis Escobar y su ayudante Pérez de la Ossa, años de montajes mágicos y reveladores. A la niña que yo era se le dio el privilegio de ver transformarse a sus seres más queridos, sus padres y sus amigos, en personajes. Una transición fabulosa de persona a personaje en virtud de un traje y unas palabras que daban paso de la normalidad oscura de las bambalinas al mundo de sueños sobreiluminados del escenario. El mismo que conversaba contigo de cualquier cosa, susurrando en la penumbra, al oír determinada frase, «el pie», cruzaba la línea de la sombra y traspasaba todo el teatro con voz poderosa. Caracterizado con trajes y maquillajes fantásticos que sólo revelaban su importancia y daban lo mejor de sí bajo los focos y ante las candilejas. A los niños normales les contaban cuentos, yo hablaba con los personajes de los cuentos todos los días.

Recuerdo especialmente el estreno de *El anticuario*, una adaptación del *Cuento de Navidad* de Dickens, en la que mi padre interpretaba al socio del malvado Scrooge y salía arrastrando cadenas, pintado y vestido de verde. Yo le miraba boquiabierta. Sí, era mi padre pero, por primera vez, yo veía a otra persona, alguien distinto que contaba una historia. Una historia fantástica que resultaba, curiosamente, totalmente creíble. Ésa es la magia del teatro. En aquel montaje estaban también unos jovencísimos José María Rodero, Agustín González y José María Mompín. Eran los espíritus de la Navidad, cada uno vestido y maquillado en un color y con unas chisteras que, al quitárselas de la cabeza, arrojaban luz. Eran unos montajes maravillosos y yo recuerdo aquella compañía como una gran familia, una familia que nos engullía y abrazaba a mis padres y a mí para hacernos formar parte de algo mayor. Allí conocí esa fraternidad entre actores que tan bien retrataría mi hermano Juan en su película *Cómicos*. A este respecto recuerdo una anécdota. No sé si el contrato de mi padre le permitía hacer cine mientras estaba en la compañía, supongo que no porque no era lo normal. En cualquier caso, entonces como ahora, compaginar cine y teatro ha sido siempre una fuente inagotable de sufrimiento y sobresaltos para los pobres actores, obligados siempre a aceptar el trabajo que les sale. Siempre con el miedo a no llegar a la función, viendo cómo el rodaje se demora y se demora sin que tú hayas filmado. El reloj corre inmisericorde y el equipo de rodaje trata en vano de tranquilizarte: «Ya falta poco, enseguida acabamos, ahora hacemos lo tuyo» o «Un plano más, te necesitamos para un planito más» son las frases habituales. Lo único que consiguen es ponerte más histérico, que te invada un sudor frío y tengas pesadillas con los ojos abiertos. La pesadilla eterna del actor, que se alce el telón y tú no estés. El caso es que mi padre debía estar rodando y la pesadilla se hizo realidad, no llegaba. La situación la salvó Guillermo Marín, don Guillermo Marín, que se cargó un forillo de una patada y retrasó la función hasta que lo reparasen para darle tiempo a su compañero. Era una gran familia.

También entonces me pasó algo que me ha venido ocurriendo hasta hoy mismo sin remedio. Mi padre representaba una obra extranjera, *Tren de madrugada*, en la que alguien le disparaba y moría. Mi madre, de camino para el teatro, me previno: «Tú te vas a impresionar». «No mamá», le contesté con todo el aplomo que me daban mis ocho años. «Te vas a impresionar —me repitió—, no te asustes que ya sabes que es mentira, no te asustes, Pili». Yo estaba preparada para lo peor pero se les olvidó contarme un pequeño detalle. Efectivamente, nada más comenzar la obra disparaban a mi padre, éste caía muerto al suelo y bajaban telón. Me sobresalté pero me dije que no pasaba nada, que pronto se levantaría y proseguiría la función. Lo que nadie me dijo es que aquello era un prólogo a la acción posterior y cuando se volvió a alzar el telón allí seguía mi padre muerto. Me dio un ataque y me fui corriendo al camerino con mi madre detrás, regañándome: «¡Te lo dije, te lo dije!». Yo moqueaba y le decía que no, que lloraba por la música de violín que servía de fondo a la escena. Más o menos la tenía convencida de mi hipersensibilidad musical cuando se abrió la puerta del camerino y entró mi padre como si tal cosa. Grité: «¡Papá!». Y me abracé a él llorando como lo que era, como una niña. Años más tarde, más crecidita me pasó lo mismo viendo *La mies es mucha*, una película de Sáenz de Heredia. El protagonista era Fernán Gómez, que hacía de misionero español. Mi padre hacía de misionero anglicano. Resulta que los malos, muy malos, querían matar al misionero español. De pronto un plano de un hombre vestido de blanco y muerto, boca abajo. Le dan la vuelta y era mi padre con un tiro en la cabeza. Aquello me causó un espanto horroroso y empecé a llorar pese a que tenía a mi padre sentado al lado y diciéndome: «Nena, que estoy aquí, que estoy aquí». A día de hoy esto se mantiene como tradición familiar y cada vez que Javier se muere en una película, desde *El detective y la muerte* a *Antes que anochezca*, sus hermanos y yo somos presa de ataques incontenibles de llanto. No sé qué pasará cuando estrene *Mar adentro*. Debe ir en los genes.

Aquella compañía del María Guerrero estrenó el Tenorio de Dalí. Algo verdaderamente excepcional, sinceramente vanguardista. Mi padre hacía el comendador, extrañado de tanta modernidad: «Matildita, a mí esto de hacer el comendador con capa de tul... No sé, no sé».

De aquellos días me quedo con una frase de doña Matilde que aún me hace reír y admirarme. Y es que a mi madre cada día la quiero más, cada día canta mejor como dicen los argentinos de Gardel. Las dificultades económicas de mi familia debían de ser grandes dado el panorama: un padre actor, una madre casi retirada para cuidar a sus hijos, mi hermano que estudiaba y daba clases para pagarse la carrera y una niña en el Loreto. La nómina de mi padre difícilmente debía de alcanzar para todo. Mi padre tenía una galanura enorme, elegante, que lo mismo le permitía hacer de señor mayor que enamorar aún a los personajes femeninos. Era un hombre muy atractivo pese a estar ya cerca de los sesenta. Teniendo en cuenta esto, las insolubles dificultades económicas y el auge de cierta camarilla en la dirección del teatro, mi madre le dijo un día:

—Rafa, hazte marica.

Supongo que relacionaba el cambio de orientación sexual con un mejor futuro laboral. Debía estar muy desesperada la pobre.

Por entonces tuve mi primer ataque de apendicitis. Once años tenía y fue camino del Bernabéu, esperando un día de mucho frío una camioneta que te llevaba Castellana abajo, hacia el campo, y que cogíamos a la salida del metro de Colón. Allí me entró un dolor que me moría, me quedé doblada pero entre que he sido siempre más bien bruta y que era muy futbolera me lo aguanté y no le dije nada a mi padre. En el fútbol se me pasó. La cosa remitió hasta que unos días más tarde sufrí un segundo ataque en el colegio, que fue a peor cuando las monjitas decidieron que era un enfriamiento y me sentaron un buen rato pegada a un radiador. El caso es que hubo que llamar al doctor Vital Aza que, como su propio nombre indica, era hijo del autor teatral Vital Aza, un señor maravilloso que en el lecho de muerte le pidió a su hijo que no cobrara nunca las consultas a los cómicos. En efecto nunca lo hizo y fue toda la vida el médico de las Sampedro y de mucha gente más. Él me operó cuando ya estaba al borde de una peritonitis y me sacó, entre otras cosas, un montón de gusanos parásitos llamados oxiuros.

Como he dicho antes el primer ataque me dio camino del fútbol. Yo iba siempre con mi padre, que dejó de llevarme a los doce años —cuando todo el mundo empieza a ir, más o menos— por forofa. Mi padre, que siempre fue un señor, se quedó espantado un día que me levanté y le grité con toda mi alma a un defensa llamado Puchades que era un cafre y un rubio teñido. Decidió no volver a llevarme al campo, medida que no sirvió para corregirme pues a día de hoy sigo siendo bastante forofa de mi equipo, el Barça, y poco objetiva en lo que a arbitrajes se refiere.

Mi padre volvió al María Guerrero cuando pasó a dirigirlo Claudio de la Torre y fue entonces cuando la compañía fue elegida para viajar al Festival del Teatro de las Naciones, ¡en el París de la Francia! Por la operación y porque yo había sacado muy buenas notas, mi padre decidió premiarme llevándome con él y con la compañía que iba allí a representar *La malquerida*. El elenco era de ensueño: doña Tina Gascó, que hacía de Raimunda, don Enrique Diosdado, que hacía de Esteban, Amparo Rivelles como la Acacia, mi prima Luchy Soto, que hacía el papel de su amiga, y Luis Peña, su marido, encarnando al Perfecto, mi padre interpretando al Tío Eusebio, Romero Marchent, Miguel Ángel como el Rubio, Aurora Redondo hacía de Juliana... Vivíamos en el hotel Crillon, ¡en la plaza de *Un americano en París!*, y la compañía pagaba alojamiento, desayuno y una dieta mísera que no daba ni para hacer cantar a un ciego. Nadie hablaba francés salvo mi prima Luchy, que había estudiado en San Luis de los Franceses, y yo que lo chapurreaba por mis monjitas, el resto nada de nada y esto daba pie a equívocos constantes. Recuerdo que alguien pidió una botella de agua a recepción y le subieron una maleta. Nos movíamos todos juntos en grupo como suelen hacer los cómicos de gira y más en tierra extraña. La única que iba a su aire y vivía por su cuenta era la Rivelles, una chica muy joven por entonces. Yo era aún una cría pero muy alta para mi edad con lo que un par de veces, al llegar la compañía a una recepción, me entregaron a mí un ramo de flores pensando que era Amparo. Esto le causaba un gran desconcierto a los demás, especialmente a Aurora Redondo, que siempre preguntaba por qué le daban flores a la niña.

Otro día estaba paseando con Aurora y Tina Gascó por los alrededores de la Torre Eiffel cuando se me acercó una señora y me habló sonriente. Yo no la entendía muy bien y entonces se acercó la Redondo preguntándole, con aquella voz aguda que tenía, que qué decía, que éramos españolas y no entendíamos nada. Fue oír lo de españolas y a la mujer se le iluminó la cara. Se puso a decir más sonriente si cabe: «¡Tortilla, tortilla!». Aurora y Tina se pusieron hechas unas furias: «¡Desgraciada, decirle eso a una niña!». La llamaron de todo, hasta francesa como si eso fuera algo horrible. Yo no entendía nada. Muchos años después, trabajando juntas en *Maribel y la extraña familia*, Aurora aún se acordaba entre divertida y avergonzada: «¡Hay que ver cómo me puse!».

Ahí no terminaron los equívocos y los choteos. Como he dicho mi padre era muy guapo, aún con sus sesenta, y yo parecía mayor de mis doce con lo que cada vez que salíamos juntos nos tomaban por amantes. Visto desde ahora, yo estaba encantada de sentirme la novia de papá.

París fue irreal, un sueño, algo que no podía ser de este mundo. El que yo conocía hasta entonces era ese Madrid frío, gris y silencioso, habitado por sombras miedosas, vigilantes y vigiladas. Aquello no tenía nada que ver con ese París donde todos parecían felices y veía a gente besarse en los puentes. Allí visité entre asustada y divertida, flanqueada en todo momento por mi padre y mi primo Luis, el cabaret de Madame Arthur, donde las mujeres se vestían de hombres, o el Lido, en el que una bailarina le puso una teta en el hombro a Enrique Diosdado. Un mundo de fábula que luego sólo vería en algunas películas de los programas dobles: «¡Yo he estado ahí, yo he estado ahí!». No podía evitar gritarlo. «Sí claro, anda cállate bonita», me replicaban con chufla o cabreo desde la oscuridad.

En el Teatro Español mi padre vuelve a trabajar con Guillermo Marín. En la compañía estaban además Gabriel Llopart y su mujer Esperanza Grases, Cándida Losada —para mí una de las grandes actrices que ha dado este país—, Margarita Robles, María Jesús Valdés... El director era Cayetano Luca de Tena, que hizo montajes de lo más variopintos. Algunos de ellos sonoros fracasos. La cosa volvió a su cauce con *Llama un inspector*, obra de Priestley que se estrenó después de varios fiascos, así que la noche del estreno mi madre, mi hermano y yo nos la pasamos comiéndonos literalmente los programas por los nervios. Era un texto muy complejo y todos iban muy cortos de ensayos. En un momento de la representación mi padre le daba una bofetada al actor Jacinto Martín, que hacía de su hijo y lo hizo con tan mala suerte que el otro se cayó y se pegó con la esquina de un mueble. El pobre empezó a sangrar por una pequeña brecha y nosotros casi nos morimos del susto. Afortunadamente el público lo tomó como parte del montaje y aplaudía impresionado por tanto verismo. ¡Fue un estreno maravilloso!

Siguieron otras obras. Recuerdo especialmente *La tejedora de sueños*, de Buero Vallejo, sobre el mito de Penélope e interpretada por María Jesús Valdés, porque fue la primera vez que vi a un hombre en calzoncillos. Alberto Bové, un actor joven que interpretaba a uno de los pretendientes, llegó tarde y empezó a desnudarse en el mismo pasillo de los camerinos mientras en escena el resto de los pretendientes se repartían sus frases como podían para tapar su ausencia. Eso, el no llegar, es la pesadilla recurrente de cualquier actor. Ya me lo advirtió mi padre años más tarde, al debutar yo como profesional: «A partir de ahora la pesadilla será que no llegas a la función». ¡Qué razón tenía! Recuerdo cuando mi padre estaba haciendo *Hamlet*. En aquella época había unos tranvías más modernos, que tenían un reloj sobre el asiento del conductor. Un día íbamos camino de la plaza de Santa Ana, al teatro, mi padre, mi madre y yo en uno de esos tranvías cuyos relojes, dicho sea de paso, no solían estar nunca en hora o siquiera funcionando. Allí íbamos los tres tan panchos cuando mi padre le comentó distraído al conductor:

—Hay que ver estos relojes que nunca funcionan. Pues no pone que son las siete.

—No, no, es que son las siete. Lo acabo de poner en hora.

Mi padre calló, se puso blanco como una sábana y sin decir más se arrojó del tranvía en marcha. Después se tiró mi madre ante lo cual yo deduje que también debía saltar. Entonces vi cómo mi padre se ponía de rodillas y con los brazos en cruz en mitad del empedrado de la calle Narváez para detener el tráfico, afortunadamente para todos mucho menor que el actual. Se paró un coche, mi padre le contó lo que le sucedía y sin mediar palabra el gentil conductor se lo llevó corriendo al teatro. Minutos después mi madre y yo conseguimos un taxi. Cuando llegamos al Español, con la representación ya empezada, vimos en el escenario a mi padre con la corona, la capa y asomándole por debajo los pantalones y los zapatos de calle. Aquí es conveniente hacer un inciso. Justo en aquellos días mi pobre padre estaba pasando una gripe fortísima, con fiebres muy altas. El médico le había recomendado, por supuesto, reposo absoluto pero él no dejó —no podía— de ir un solo día al trabajo. Se pasaba el tiempo libre en casa sudando envuelto en una manta hasta que llegaba la hora de irse al Español. La verdad es que estaba muy enfermo. Bueno, pues así estaban las cosas cuando acaba el primer acto de *Hamlet* y vamos a reunirnos con mi padre. Salió de escena tiritando bajo el armiño real, mitad del susto y mitad de la fiebre. Mi madre se le abrazó llorando.

—¡Qué alegría Rafita, qué alegría lo que ha pasado!

—Pero ¿cómo qué alegría, Matildita? ¡Qué susto, qué espanto!

—¡No, qué alegría!

—Pero ¿por qué, Matilde?

—¡Porque el médico ha dicho que padecías del corazón y es mentira porque te habrías muerto!

Mi madre era una optimista a prueba de bombas.

Hace unos pocos años yo también me alegré de descubrir que no estaba mal del corazón. Estaba en el aeropuerto de Bruselas, adonde había ido como parte de una delegación de apoyo a las mujeres saharauis, a punto de embarcar para volver a Madrid y me di cuenta de que mi DNI se había quedado en las oficinas del Parlamento Europeo donde nos habíamos reunido. «No llego, no llego —me repetía a mí misma—, no llego.» De pronto me dio por reír y hablar con mi madre: «¡Qué alegría, Matilde, yo tampoco tengo nada de corazón!». Al final todo se arregló para bien y pude volar a tiempo para hacer la función.

Cayetano Luca de Tena dejó el Teatro Español para formar una compañía propia llamada La Máscara. Lo curioso es que todos los actores se fueron con él: Guillermo Marín, Llopart, mi padre, Cándida Losada, la Grases; prácticamente todos. Aquel cambio de compañía lo recuerdo muy bien, yo tenía trece años, porque fue la primera vez que acompañé a mis padres en una gira y la primera que subí en avión. Me fui en Navidades con mi hermano a Palma de Mallorca, donde se encontraba ya la compañía. Me sentía toda una mujercita, la vida me daba un espaldarazo que dejaba a la niña atrás y lanzaba a la nueva mujer de mundo al escenario. Ahí estaba yo, ¡viajando con mi hermano, los dos solos y en avión! Era la primera vez que compartíamos algo de esa manera. Me sentía sobreexcitada, en una nube. Mi hermano Juan me bajó de ella. Aclaremos una cosa. La mayor diversión de mi hermano era aterrorizarme, tenía una mente verdaderamente privilegiada, ya muy cinematográfica, para crear con casi nada una tensión creciente que sólo se resolvía con mi grito. Que lo hacía muy bien lo demuestra el que su otra víctima favorita, nuestra madre, aun sabiendo que era él se encerraba con llave cuando Juan empezaba con los sustos. A mí me tenía frita y quizá de aquellos sobresaltos continuos viene mi terror a cualquier película o historia de miedo, monstruos del cine incluidos. Mi padre, recuerdo, me llevó a un programa doble: *Abbot y Costello contra los fantasmas* y *Romeo y Julieta*. Era en el cine Alcántara. Ante el estupor de mi padre yo me metí bajo la butaca mientras el resto de los niños se reían, horrorizada por aquella cosa de Abbot y Costello que se suponía que era de mucha risa. Eso sí, me fascinó aquel *Romeo y Julieta* con Leslie Howard.

Volvamos al avión. Allí estaba yo dándomelas de cosmopolita cuando ya en pleno vuelo se nos acercó un señor uniformado.

—Mira Pili, éste es fulano, mi amigo. Es el piloto del avión —me dijo Juan sonriente.

—¿Cómo el piloto? ¿Y quién lleva el avión? —pregunté yo alarmada.

—Nadie —contestó Juan con cara de preocupación.

—¡Aaaah!

Yo no concebía que aquel trasto pudiera volar sin el piloto a los mandos o que hubiera otro en la cabina. Mi hermano y su amigo se morían de risa y yo me transformé de golpe, otra vez, en una niña asustada y un poco ridícula que se ovillaba enfurruñada en su asiento. En aquellos sustos, en las atmósferas y en las subversiones del orden normal de las cosas que Juan creaba para mí constantemente están, sin duda, los orígenes de mis miedos infantiles, que me han impedido disfrutar con Frankenstein, Drácula, momias y hasta ciertos dibujos animados para niños.

En Palma viví por primera vez el modo de viajar de los cómicos en gira: el primer día ver la catedral y algo más que quede a mano, los demás se dividen entre el teatro y la pensión.

Si la ida a Palma fue mi bautismo en el aire, la vuelta a Valencia fue mi bautismo por mar. Regresamos a la Península en barco. Viaje horroroso de la muerte. Mi padre me preparó como si fuéramos a cruzar el Atlántico y me dijo que me quedara acostada hasta que el barco llevara un rato navegando. Todo iba perfectamente hasta que nos pusimos a jugar a los dados y vi el cubilete deslizarse solo por la mesa. Me entraron unas arcadas terribles y me pasé el resto de la travesía vomitando. Desde entonces mi relación con la náutica ha sido poca y esa poca, conflictiva.

Cuando llegó el verano la compañía seguía de gira por el norte de España y yo, de vacaciones, me reuní con ellos. Fue un tiempo maravilloso. Yo era la nena de los Bardem, la niña mimada de la compañía. Además fue la primera vez que anduve enamoriscada. Fue de Ricardo Lucia, que era muy joven y el galancito del elenco. Yo estaba encantada. Era la primera vez que pasaba más de cinco minutos seguidos con un joven que no fuera mi hermano, y Ricardo era tan bueno y tan simpático conmigo... Me pasaba el rato mirándole embobada y me parecía el chico más guapo del mundo. Hoy le sigo queriendo, adorando, y nos reímos cuando le recuerdo aquel enamoramiento.

Estuvimos en Barcelona en casa de mi tío Fernando y el último día allí nos fuimos a la Barceloneta a comer toda la compañía. Paella y sangría. Ahí pasé otro rito iniciático en el camino a ser una mujer de mundo. La sangría estaba tan fresquita y yo era tan feliz allí con mis papás, con todos, que me cogí una borrachera horrorosa. La cosa se descubrió cuando quise atornillar una cámara que me habían regalado a su funda de cuero. Veía varios agujeros y no atinaba, así que me fui a pedir ayuda a mis padres.

—Oye papá, que no sé cuál es el agujero...

—¡Aaaah, Dios mío —gritó mi madre—, la niña está borracha! ¡Trece años y borracha!

—Por Dios, Matilde —terció mi padre—, no digas eso.

La verdad es que llevaba una curda como una pianola y me puse malísima.

Siguió la tournée. En aquella compañía había un tipo inolvidable, el regidor. Era Eduardo Lalama hijo, pero todos le llamaban Chapete. Hablaba cheli igual que los personajes de Arniches. Él me puso un mote, Esterilla Williams, porque me vio nadar, muy fina yo, con la cabeza fuera del agua y sonriendo. Predijo que sería una gran nadadora. Buen regidor, mal pitoniso. Mi estilo no ha mejorado nada desde aquellas primeras brazadas.

Fue mi primera gira de aquellas que se hacían antiguamente, interminables y maravillosas. Recorrí junto a mis padres y mi familia adoptiva todas las playas del norte. Fue mi iniciación a la vida al tiempo que la ficción teatral se llenaba de títulos maravillosos, como *La importancia de llamarse Ernesto* o *El espíritu burlón*. También fue mi primer contacto con el desgarro tremebundo de la copla. Nuestra compañía solía coincidir, plaza por plaza, en las diferentes Semanas Grandes del norte con la de la cantante Antoñita Moreno, así que cuando me aburría de ver los montajes que ya me sabía de memoria me iba al teatro donde ella cantaba.

Era una niña feliz que se tomaba como las vacaciones más bonitas de su vida la dureza de la gira, las estrecheces y las pensiones, la pobreza con que topábamos por todas partes en aquella España donde cualquier cosa era difícil o escasa.

En San Sebastián, por ejemplo, dormíamos en una pensión que estaba sobre una panadería y cuando nos levantábamos todos teníamos las narices negras, del hollín de los hornos que respirábamos durante la noche. Yo me reía. Allí vi por mi ventana, con trece años, un Cristo resplandeciente flotando en la noche y entre las enseñanzas de las monjas, mis rezos diarios y quién sabe si tanto humo tragado, corrí a decir a mis padres que se me había aparecido Dios. Obviamente no fue así. Era la estatua sobre el monte Urgull, que la iluminaban de noche y el asunto fue objeto de bromas y cachondeos varios durante el resto de la gira. Quizá eso sea la infancia, la ignorancia de los límites entre fantasía y realidad, la confusión entre ambas. Lo que no era sino una durísima gira de unos trabajadores lo viví como mi verano más hermoso, una estatua iluminada como una aparición.

Los teatros. En Madrid siempre teníamos la tradición familiar de pasarnos el domingo por el Reina Victoria, a ver a la tía Guadita. Guadalupe Muñoz Sampedro era la más famosa de las tres hermanas actrices y tenía compañía propia, dirigida por Manuel Soto, su marido. En ella trabajaba su hija Luchy y el marido de ésta, Luis Peña, mi prima Conchita Bardem era la segunda, la mala. También estaba Manolo Gómez Bur haciendo sus primeras cosas. Ir a ver a la tía Guadita era la forma de pasar los domingos. Mi tía era una actriz prodigiosa y una mujer muy graciosa, aunque también terriblemente despistada. Llegaba tarde a todas partes. El camerino principal del Reina Victoria está pegado al escenario, así que como muchas veces llegaba tarde se inventó eso tan moderno —luego se ha usado como recurso escénico en multitud de montajes— de empezar a hablar desde fuera del escenario. Concretamente desde su camerino mientras terminaba de cambiarse y darse algún retoque. Esto propició no pocas situaciones absurdas, como el día que llegó una sombrerera a entregar un pedido, preguntó por mi tía y acabó en escena con sombrerera y todo. Era una función cómica, *Jaimito se casa*, y los actores salieron del paso fingiendo un desmayo colectivo tras el cual cayó el telón. De lo que ocurrió luego entre cajas sólo diré que no fue precisamente la vida de la artista la que corrió serio peligro.

Por último hablar del Teatro de la Comedia. Allí trabajó mucho mi tía Mercedes con Alberto Closas. Recuerdo funciones preciosas, sobre todo una que interpretaban Ismael Merlo y mi padre, titulada *El cielo en el gallinero*. Mi padre hacía de Dios, de un dios muy bueno y a mí me parecía que sí, que Dios debía de ser así de bueno y de guapo. Como he dicho allí trabajó mucho Alberto Closas que, curiosamente, pidió a mis padres no una sino tres veces que me dejaran debutar en diferentes montajes. Por una cosa u otra no llegué entonces a pisar el escenario. Cuando nació la primera hija de Alberto, mi tía Mercedes le regaló una medallita de oro grabada y como no sabía cómo se iba a llamar puso «Niña Closas» y la fecha.

Recuerdo también de aquellos días el respeto con que nos referíamos siempre propios y extraños a los grandes de la profesión. Había un tratamiento que no dejaba de ser curioso. A los hombres se les mostraba respeto diciéndoles «don»: don Rafael Rivelles, don Ricardo Calvo, etcétera. A las mujeres con un «la»: la Xirgu, la Membrives. La única que gozó del doña fue, por supuesto, doña María Guerrero. Y aquí tengo que contar que cuando se descubrió un busto a doña María Guerrero, que hoy está en el Teatro Español, entre los convidados estaba mi tía Guadita, ya muy mayor. Se sucedían los elogios y las glosas cuando mi tía fue requerida a decir algo. Sólo torció la boca y dijo: «¡Y a mí qué, doña María...!». Las Sampedro eran mucho Sampedro...

Una última sombra sobre aquellas luces. Por esas compañías y teatros, sobre todo al principio, estuvo aquel señor Fernández de Córdoba, que era muy mal actor pero que como fue quien dio el célebre parte de «Vencido y derrotado el ejército rojo...», se colocó de por vida e incluso dio clases en la Escuela de Arte Dramático. Era muy cursi y muy malo, no hay más que verle en películas antiguas. Pensándolo bien, la España de los vencedores también era muy cursi y terrible.

7

¡La niña es mujer!

A los trece años mi madre, en aquella observación continua y casi compulsiva de su hija que practicaba, descubrió que yo estaba desganada. Yo era muy vital y de pronto me puse mustia, apática y tristona. Mi madre se alarmó muchísimo y me llevó a Muñoz Hierro, que era un gran pediatra de la época y cuya nieta María Teresa era muy amiga mía y compañera en el Loreto. El caso es que me recomendó reposo y tuvo la amabilidad de mandarme a un chalet que tenía por Navacerrada. Allí había un pastor alemán que se me echó encima nada más llegar, quizá confundiéndome con María Teresa. Yo empecé a correr y el perro a correr detrás de mí, yo empecé a gritar y el perro a ladrar. Sentí un pánico que aún me dura y que hace que cuando veo un perro me cambie de acera. La cosa puede tener un origen casi mitológico: estando yo en el seno materno un perro mordió a mi madre en el talón y le arrancó un trozo de zapato. Con menos de esto los griegos creaban un mito. En fin. Yo y los perros. Mi relación con ellos mejoró algo durante mi noviazgo con Carlos porque éste tenía un perro encantador. Se llamaba Flofy, era maravilloso y sabía repartir el correo. Lo juro. Luego, años más tarde, mi hijo Carlos se encontró una perrita en la calle, Laika, que vivió muchos años con nosotros. Ya llegaremos a esas excepciones. Los perros me siguen dando pánico.

Bueno, la niña no mejoraba, estaba mal y nadie sabía lo que tenía. Un médico recomienda que en vez de llevarme al Retiro me lleven a Rosales porque, según parece, está más alto y tiene un aire más puro. Donde acabé fue en la consulta de don Carlos Jiménez Díaz, una verdadera institución de la medicina española. Me miró por rayos y fue el único hasta el momento que me pidió que levantara los brazos y cerrara las manos detrás de la nuca. Resultó que tenía una infiltración en el pulmón izquierdo, ya prácticamente cicatrizada. Tranquilizó a mi madre y le dijo que era algo común en la época de desarrollo, que estaba casi curada y que sólo necesitaba un poco de reposo. Curiosamente todos aquellos tranquilizadores argumentos causaron el efecto contrario en mi madre. Le dio una alferecía mientras pensaba que Margarita Gautier era un roble a mi lado y que yo sufría la peor clase de tuberculosis. ¡Pobre madre mía, vivió mi enfermedad como un fracaso personal! Le aterraba la idea de perder otra vez a su hija. Todo parecía indicar que el aire de la sierra era lo mejor así que haciendo un esfuerzo económico sobrehumano, allí me dejó y digo me dejó porque, seguramente para poder pagar mi estancia, tanto ella como mi padre estaban trabajando. Mi madre confiaba en esa especie de precoz madurez que yo parecía tener. Así pues me vi allí arriba sola, tomando los aires y alojada en una pensión que se llamaba Las Brañas. Era una casa rural pequeñita y cerca de otra pensión llamada Ochoa, que era de los bisabuelos de la luego famosa dinastía de esquiadores. El paisaje lo completaban un hotelito de los hermanos Arias, cerca de la estación, la casa de la famosa deportista Lilí Álvarez y un albergue de Falange, una mole fea y escurialense como solían ser las construcciones del franquismo. De la sierra recuerdo que me aburría y me aburría, que sentía una terrible soledad y vivir un encierro en aquel paradójicamente abierto paisaje. Me hice amiga de los ferroviarios que servían al trenecito y que, tras el último viaje del día, hacían noche en Las Brañas. Se pasaban el tiempo jugando al mus y yo observándoles para distraerme. La cosa se complicó porque empecé a opinar. Si uno decía «pares no», yo le corregía en voz alta y le decía que sí, que tenía un dos.

—Bonita cállate, anda.

Tanto les di la lata que optaron por enseñarme a jugar al mus y que me uniera a ellos. Es un juego que sigo practicando y que adoro.

Subí a Navacerrada durante muchísimos veranos, llevada allí por la obsesión de mi madre por el aire puro. Ella lo asociaba con los pinos y demás coníferas, así que era ver un arbolito de éstos y decir: «Nena respira, respira hondo». Lo hacía con los pinos del Retiro, de Rosales y ante el despliegue boscoso de Navacerrada se pasaba el día respirando hondo.

Navacerrada fue creciendo, llenándose de gente que iba a esquiar y esto encendió de inmediato el mecanismo interno de mi madre de querer para su hija lo mejor, lo que por clase o medios no nos correspondía, provocando de nuevo situaciones cómicas o embarazosas. Mi madre decidió que fuéramos ella y yo una Semana Santa a esquiar. Me hizo un equipo de esquí a medida en Moisés Sancha, una tienda carísima de deportes. Carísima, ahora que lo pienso, porque entonces aquello de hacer deporte era una extravagancia de gente de dinero. El deporte que entretenía a la mayoría del país era sobrevivir y deslomarse a trabajar. Aquel equipo debió de costar una pequeña fortuna y se ve que se le acabó el dinero conmigo, ella se vistió como pudo con cosas de su vestuario teatral. La procedencia diversa de estas piezas junto a su original interpretación de la vestimenta que requería la práctica del esquí, dieron como resultado una imagen cuando menos chocante. Vamos, que cuando la vi salir a la nieve me quise morir: botas de montar, un pantalón bombacho que le había prestado una de sus hermanas, chal y un gorro indescifrable. Nuestra entrada en el Club Peñalara, un hotel de esquiadores, fue memorable. La salida también porque yo me puse los esquís y me estrellé contra el árbol más cercano, un pino ante el cual no sólo respiré hondo sino que también di un alarido. Fue mi primer y último descenso, todo bajo la mirada amorosa de mi estrafalaria madre. A Navacerrada volví muchas veces más, pero en verano para hacer excursiones por los Siete Picos, la laguna de Peñalara y demás. Nada de esquí, nada de nieve. La odio.

En éstas me vino la regla. Por supuesto nadie me había informado de nada al respecto. Recuerdo que me estaba bañando y de repente vi que todo se teñía de rojo, de sangre. Me llevé un susto de muerte, salí horrorizada y llamé a Julili, la tata, que a su vez se puso a gritar muy alegre por la casa.

—¡La niña es mujer, la niña es mujer!

Apareció muy sonriente mi padre y me regaló una pulserita que tenía prevista para la ocasión. Yo seguía aterrada y no entendía que se celebrara tan alegremente el que me estuviera desangrando. El caso es que mi madre estaba fuera, en Andalucía, rodando *La puebla de las mujeres*. A ella que siempre estaba a mi lado, observando atenta cualquier cosa que me pudiera pasar, le pilló fuera ese momento trascendental y confuso de mi vida. Mi hermano, bromista que fue siempre, la llamó por teléfono muerto de risa:

—¡Mamá, mamá, que la Pili ya es mujer y yo soy hombre!

Yo no entendía nada. Seguía muerta de miedo y de repugnancia. La parafernalia de los tiempos no ayudaba, pasabas de no saber nada del asunto a tener que ponerte, a modo de compresas, una cinturilla blanca que tenía dos apéndices en los cuales había que colocar una toallita enrollada. Una cosa poco menos que medieval y que no ayudaba a aliviar el susto. Una vez de vuelta mi madre sí me explicó que no tenía que echar nunca esas compresas a lavar con el resto de la ropa, que eran una cosa muy íntima y tenía que lavarlas yo a mano. Creo que de ese trato temprano y familiar con nuestra menstruación viene el que las mujeres no le tengamos ese pavor que tienen los hombres a la sangre.

Por lo demás, nadie se molestó en explicarme nada sobre suceso tan terrible. Me dijeron que ya era una mujercita y que eso me pasaría todos los meses. Era la educación de la época, la regla era algo secreto y vergonzante pese a la extraña alegría que provocaba en tu entorno más próximo. Con el tiempo he hablado con amigas de mi edad y para todas fue más o menos traumático. Por ejemplo, yo tenía unos dolores menstruales terribles y la respuesta de los médicos, la que al parecer nos daban a todas, era que cuando nos casáramos se nos pasarían. Punto, ni una palabra más.

8

¡Un ángel, un ángel!

En el colegio se hacían regularmente, para las niñas ya un poco más mayores, ejercicios espirituales. Consistía el asunto en una semana dedicada al recogimiento, la meditación y la oración, creo recordar que siempre cerca de la Semana Santa. Había durante esos siete días un silencio total y un ambiente próximo al de un convento. Yo me aburría muchísimo, tanto que me compré una barajita minúscula y hacía solitarios a escondidas. Ahora que lo pienso es curioso, a lo largo de mi vida las barajas crecieron pero yo siempre he seguido haciendo solitarios.

Los ejercicios espirituales no me infundían ninguna paz o amoroso sentimiento. Todo era más bien tétrico y se hablaba mucho del pecado, el infierno y la condenación. Apareció por allí un jesuita enorme, el padre Granda, pelirrojo y con una voz que no le pegaba nada, muy aguda, y que cada cinco minutos nos decía: «Medita joven, medita, si es que eres capaz de meditar».

Todo cambió con la llegada de otro jesuita, el padre Carlos María Sthaellin. Como su apellido se pronunciaba Stalin una monja muy vieja tuvo un rapto de fervor que le hizo decir. «Veis niñas que Dios es Todopoderoso, que hasta Stalin se ha convertido». Lo decía muy en serio y ya medio levitando. El padre Sthaellin, de origen familiar suizo creo, era alto, rubio y con los ojos muy azules. A mí me causó una impresión tremenda, tanta que mi madre me dijo un día, mucho tiempo después, que yo estaba enamorada de él y fue la única vez en mi vida que casi llegué a las manos con doña Matilde. Era sin duda un hombre atractivo pero, visto desde hoy, no creo que fuera amor, al menos no consciente, sino una profunda amistad y respeto mutuo que habría de durar años. Creo que poca gente supo alguna vez de mí tanto como aquel jesuita y amigo.

Lo primero que hizo el padre Sthaellin fue dejar de lado las *Meditaciones* de san Ignacio de Loyola, base tradicional de los ejercicios, y agarrar los Evangelios para desentrañarlos, explicarlos. Fue un descubrimiento, algo luminoso y potente que rompía en mil pedazos la oscuridad anterior. Aparte de las pláticas y meditaciones en solitario, tras las cuales habías de escribir en una especie de diario el fruto de tus reflexiones —¡pobres niñas, adiestradas desde tan pronto en el miedo al mundo y al pecado!—, el padre Sthaellin instauró unas charlas individuales en su despacho. Allí podíamos hablar y plantear nuestras dudas. Fue una revelación. Lo curioso de este hombre es que de todas las que entramos en aquel despacho queriendo ser monjas, la mayoría, sólo una profesó después. Ésta apareció muchos años después en el teatro donde trabajaba; se había casado y tenía una hija. El padre Sthaellin escuchaba en silencio, todo comprensión, la sarta de barbaridades que soltábamos por la boca y luego te decía que lo último que se podía ser en este mundo era monja, que iba contra natura. Que todavía la vida de los sacerdotes o incluso los monjes eran otra cosa pero que lo de las congregaciones de monjas no tenía nombre, que era un mundo lleno de intrigas y envidias absolutamente malsano. Teníamos el ejemplo inmediato de nuestro propio colegio donde existía una nada disimulada división entre las madres y las hermanas, estas últimas eran las que por su origen humilde habían aportado una dote escasa o inexistente a la orden al profesar en ella. Existía un clasismo terrible que convertía a las hermanas —la hermana portera, la hermana cocinera o la que tocaba la campana— en criadas de las madres, aquellas que habían aportado una dote espléndida a sus bodas con Dios.

El padre Sthaellin me descubrió un mundo distinto, nos hablaba del amor al prójimo, de la comprensión y de la caridad como ayudas a los demás, efectivas y no hipócritas, como compromiso profundo con nuestros semejantes. Nos explicaba que había cosas mucho más importantes que la obsesión por la pureza y el largo de las mangas. Él hablaba, por el contrario y en definitiva, de algo tan hermoso como la solidaridad. A mí me cambió la vida y se convirtió para siempre en mi director espiritual. Fue un salto cualitativo.

A mí las monjas me llamaban desde pequeña la abogada de las causas perdidas, riéndose más o menos cariñosamente de mi defensa de los débiles, actitud que no ha sido nunca otra cosa que una profunda rebeldía ante lo injusto, la no aceptación del abuso de poder. ¡Que nadie se metiera con mi amiga Magdalena, tan tímida que el menor reproche le hacía llorar, porque ahí estaba yo para saltarle encima! El padre Sthaellin avivó algo que era innato en mí y digo que fue un salto cualitativo porque hice, aquél fue el comienzo, del compromiso una forma de vida. Para mí es evidente, lo es ahora, que hay un vínculo fortísimo entre la ética cristiana más pura, la de los Evangelios y el Nuevo Testamento, y la ética socialista. Una especie de camino bien empedrado que te lleva de una a otra sin el menor esfuerzo. A mí me puso en ese camino el padre Sthaellin. Claro que eso lo he comprendido años después porque en aquella España fría y asustada de la posguerra nadie te hablaba de política, de modo que todo lo encauzabas mediante la religión. La primera reflexión política que oí en mi vida fue una observación de mi hermano Juan sobre las ayudas que llevábamos a los pobres de la Ventilla. Me dijo que eso que yo hacía estaba muy bien pero que debería hacerlo el Estado. Hay que decir en honor al señor Bardem que nunca hizo proselitismo conmigo, siendo como él era miembro del Partido Comunista y yo su hermana y alumna de las monjas del Loreto.

La Ventilla —curiosamente Almodóvar la retrataba muchísimos años después en *Carne trémula* y seguía reconociéndola—

era un mundo de mugre, desolación y miseria que se extendía a un costado de la plaza de Castilla. Un vestíbulo de pobreza a la entrada de la ciudad. Mis amigas y yo, las cinco niñitas del Loreto, íbamos allí los sábados. Primero comprábamos con nuestros ahorros azúcar, sal, algo de aceite a granel, garbanzos y bacalao, de aquel seco y salado que cortaban en los ultramarinos con una guillotina. Tenía cualidades de madera, de mala madera. Creo que ahí le tomé odio al bacalao, nunca lo he podido comer y me he cruzado con él en ocasiones señaladas y lugares como Lisboa y Macao.

La ingenuidad de la buena voluntad. ¿Cómo podíamos pensar que con lo que llevábamos se podía mantener siquiera una de aquellas familias de la Ventilla, siempre con cuatro o cinco hijos cada una? Vista desde hoy aquella ingenuidad tenía algo de obsesión, de pasión por hacer el bien y acercarnos a la santidad aunque fuera de aquella forma insuficiente e irracional. Quizá de sublimación de otros instintos y energías aún sin definir pero ya latentes.

El primer golpe de realidad nos lo dio el padre Sthaellin al conducirnos hasta el párroco de la Ventilla. Había pobres y pobres, nos explicó este buen señor, y no todos eran merecedores de nuestra caridad ansiosa. El párroco nos señaló las chabolas de las familias que él sabía más necesitadas, previniéndonos sobre otras que exageraban su pobreza —real sin duda alguna, nadie vivía allí por gusto— mediante disfraces cuando, por ejemplo, sabían que iban a visitarles las Damas de San Vicente de Paul. Éstas eran unas señoras muy ricas que llegaban a hacer la caridad en tremendos haigas, con chófer y arropadas en sus abrigos de piel.

La Ventilla fue para todas nosotras un golpe terrible, el fin de la ingenuidad. Aquellos pobres, el párroco nos advirtió sobre el tema, eran gente conflictiva y terrible, rabiosa y promiscua. Las familias se hacinaban sobre el pequeño cuadrado de tierra en el que erigían su chabola. Uno o dos colchones para todos y un infiernillo para cocinar. Ni hablar de sanitarios. Eran frecuentes el alcoholismo, las peleas a cuchilladas y la tuberculosis. Recuerdo cuando compramos entre Amelia, Magdalena, Janusa y yo un colchón en Cuatro Caminos. Era para una familia cuyo padre tenía tuberculosis, pensamos que si comprábamos otro colchón en el que los niños pudieran dormir separados de él evitaríamos el contagio. Mientras, intentamos también internar al padre en alguna institución benéfica. Nos sentíamos útiles y felices, con nuestros catorce años bajando desde Cuatro Caminos con el colchón de borra sobre la cabeza. Lo más fino que nos dijeron a lo largo de aquel camino fue que echáramos el colchón al suelo, que íbamos a ver lo que nos hacían. Era maravilloso porque cuantas más burradas nos decían, sufriéndolas en silencio, más cerca de la santidad y el martirio nos sentíamos.

Allí en la Ventilla aprendí mucho sobre la dignidad del ser humano. Recuerdo a gente que aún en medio de aquella miseria luchaba por sentirse más persona, por interponer algo entre ellos y el fango del suelo, que recogían mil fragmentos dispersos de losetas, de mosaicos, para solar el piso de tierra de su chabola. Otros apañaban con trapos trasparentes de mil lavados unos visillos que impidieran la visión de su miseria. Aprendí de gente que con todo en su contra no se rendía y que de nada sacaba mucho.

Fui a la Ventilla durante cinco o seis años y ya de más mayor viví un hecho que para mí, entonces, fue algo muy romántico en el sentido más espiritual de la palabra.

Había una ley, no escrita creo yo, según la cual si te construías una chabola durante la noche y la techabas antes del amanecer no te la podían derribar ni echarte del trozo de tierra que ocupaba. Yo tuve la oportunidad de ayudar en una de esas construcciones contra reloj para una familia recién llegada y en la que la mujer estaba a punto de dar a luz. Recuerdo cómo los hombres ayudaban al esposo a poner ladrillos y cómo la mujer y yo bajábamos a una especie de arroyo, un canalillo turbio, a por agua para la argamasa. La casa se construía sin ventanas, sin ninguna ventilación salvo la puerta, porque no había tiempo para otra cosa que no fuera alzar cuatro paredes y techarlas antes de la salida del sol. Lo lograron y nada más amanecer la chica dio a luz ayudada por otras mujeres del poblado. Fue hermoso, terrible pero hermoso. Más tarde Vittorio de Sica hizo una película con un argumento muy similar, *El techo* se tituló. Pero en la película no había parto, así que la mía fue mucho más bonita. Una curiosidad. Años más tarde estando yo ya casada y embarazada de mi primer hijo me atendió José Antonio Hernández, ginecólogo que fue precursor en España del parto sin dolor. Yo le conté la historia de aquella mujer tan activa y que, evidentemente, sólo se puso de parto cuando vio techada su chabola. José Antonio se sonrió y me explicó que aquella mujer había practicado sin saberlo el método del parto sin dolor, basado en ocupar tu mente en otras cuestiones y no en lo que te está ocurriendo, ni en las contracciones ni en el dolor. Aquella mujer tenía como prioridad acarrear agua para que los hombres pudieran techar la chabola. Luego habría tiempo de parir.

La experiencia de la Ventilla duró como he dicho varios años pero se fue diluyendo al darnos cuenta, casi como en la reflexión que hizo mi hermano, de que éramos una gota en aquel mar de necesidades. Unas niñas que no podían tener a su cargo la manutención de familias enteras, combatir una riada de pobreza que se embalsaba allí, de gente sin nada que venía en busca de un futuro mejor a aquel Madrid desangelado y lleno de cicatrices. De miedo.

Durante algún tiempo compatibilicé mis visitas a la Ventilla con las que hacía los domingos al Cotolengo, que estaba en Carabanchel Alto, General Ricardos arriba. Una parada de tranvía antes de la última, la de la cárcel. El Cotolengo me impresionó mucho. La primera vez que fui, aún no sabía bien dónde estaba, pregunté por él a una señora en la calle.

—Perdone señora, ¿sabe usted dónde está el Cotolengo?

—¿Vas a entrar ahí?

—Sí.

—No lo vas a poder resistir.

Me miró con pena y luego me indicó un chalecito. La puerta estaba abierta, no había timbre ni campanilla. Extrañada empujé la puerta, ésta cedió y entré. Lo primero que me encontré fue a una monja en un pasillo que ante mi estupor empezó a gritar: «¡Un ángel, un ángel!». Yo miré a mi espalda y a ambos lados y no vi a nadie, así que deduje que yo debía de ser la criatura celestial en cuestión. Luego me enteré de que precisamente esa mañana les había fallado otra voluntaria y al verme pensó que venía caída del cielo, poco menos que enviada como refuerzo por Dios Nuestro Señor. La monja me preguntó algunas cosas y dado el interés y preocupación que mostré por los niños, decidió que empezaría en ese mismo momento a ayudar en la sala de éstos. Allí estaban recogidos niños y niñas abandonados, con terribles enfermedades algunos. Críos de los que nadie quería saber nada. El panorama era espantoso. Algunos estaban atados a las camas con correas. Había una niña preciosa pero a la que habían amputado una pierna por encima de la rodilla. Como la falta de medios era total y no había para muletas, para andar la niña apoyaba el muñón en una sillita de enea, de esas pequeñitas como para muñecas, metiendo el respaldo bajo el sobaco y usándolo de agarre. La niña ayudaba, hacía pequeños recados por la casa. Un día rompió algo, no recuerdo bien el qué, y la monja le echó una bronca terrible, llamándola torpe y demás. A mí aquella regañina me pareció una falta de caridad absoluta. Así se lo dije a la monja en un aparte, acusándola incluso de no tener corazón.

—¿No te das cuenta —me dijo muy seria, apenada— de que esta niña es la única normal entre todos ellos? A ella sólo le falta una pierna, ¡pobrecita!, pero le funciona la cabeza, los brazos, el resto del cuerpo. Ella es normal y hay que exigirle más que a los otros.

Miré alrededor y comprendí. Tenía razón.

Yo empecé allí limpiando, fregando suelos y lavando sábanas. El Cotolengo era una orden que fundó, si mal no recuerdo, el padre Alegre, un italiano que basándose en la divina providencia —el famoso «Dios proveerá»— iba recogiendo pobres por la calle y los acogía en su casa. Esto era así hasta el punto, algo que no dejó de sorprenderme, de que una de sus reglas fuera el no pedir, cosa del todo inusual entre las órdenes religiosas. Efectivamente estas monjas nunca te pedían dinero ni nada. Ciertamente funcionaba lo de la providencia divina. Por ejemplo, hablabas con tus amigas y alguien decía: «Mi madre ha comprado sábanas nuevas, ¿te valen las viejas?». Entonces aparecías por allí con las sábanas y la monja siempre te decía: «¡Mira qué bien, justo lo que necesitábamos!». Como necesitaban de todo era fácil acertar. De hecho el chalecito era una donación que había hecho una marquesa a la orden.

Había entre los niños uno que tenía no sé qué enfermedad que le impedía crecer. Tenía cerca de tres años y aún parecía un bebé bellísimo: pelo negro rizado, unas pestañas enormes y grandes ojos asombrados... Le ponían siempre de Niño Jesús en el Belén de Navidad. Como digo, no podía desarrollarse y tras una crisis murió.

Poco a poco me convertí en persona de confianza de las monjas, me dejaban atender a los niños y darles de desayunar. Aquello no tenía nada que ver con la imagen idílica de darle cucharaditas mientras juegas a un crío encantador, era alimentar a niños epilépticos, esquizofrénicos, que te vomitaban encima o a los que tienes que atar para que no te tiren todo a manotazos. Era duro, terrible, pero soportable. Nada comparado con el pabellón de los mayores en el que, un día de mucho trabajo, una de las monjas me pidió que ayudara. Era lo mismo que lo de los niños pero con ancianos, con personas definitivamente rotas. No lo pude aguantar, para mí no era lo mismo limpiar el culo a un niño que quitarle la mierda o los orines a un viejo de la ropa o de la cama. Me dejó muy tocada, me hizo ver que no era ni tan buena ni tan valiente como yo creía. Me sentía una imbécil y me asaltaron un montón de dudas. Sí, el padre Sthaellin me había enseñado aquello de «poder es querer» pero yo no podía. ¿Era, entonces, que yo no quería? Tuve una crisis de conciencia. Fallé, fallé ante la decrepitud, ante la ancianidad desvalida y terrible, carente de belleza. Es curioso pero la vida siempre te da una segunda oportunidad, te enfrenta a la misma prueba otra vez. Pasados muchos años mi padre, ya viudo, sufrió demencia senil y yo tuve que cuidar de él, limpiarlo y alimentarlo hasta que murió. Fue espantoso pero esta vez sí pude y pude porque sí quise. Porque le amaba.

La conciencia no es más que el fruto de no cerrar los ojos ni apartarlos ante la verdad, ante lo terrible de la vida. La Ventilla y el Cotolengo fueron para mí, aquella niña del Loreto, dos baños de gélida realidad. Efectivamente, ¿dónde estaba el Estado? ¿Qué podían unos paquetitos de lentejas y unas sábanas contra la miseria, el abandono y la enfermedad? La conciencia... Un día por entonces, mi hermano Juan me dijo: «¿A ti te importaría ir el domingo que viene andando al Cotolengo? Tómatelo como un sacrificio». Así lo hice y me fui a pie en vez de coger el metro hasta Sol y allí el tranvía hasta Carabanchel Alto. Más tarde supe que había colaborado con una de las primeras huelgas encubiertas del franquismo, la del transporte en Madrid. Como la huelga no era legal los servicios seguían funcionando pero, por ejemplo, los tranvías pasaban vacíos. La gente simplemente no se subía.

Hoy veo claro que tanto la Ventilla como el Cotolengo se alimentaban de la inmensa legión de derrotados, de personas que todo lo habían perdido —incluso la razón—, de niños sin padres, que había dejado como legado la monstruosidad fratricida de la Guerra Civil y la no menos horrible voluntad de los vencedores de prolongar su victoria indefinidamente en la derrota vital, perenne, de los vencidos. Por eso pido, ahora más que nunca, solidaridad para con los derrotados de nuestro tiempo, ayuda y comprensión por parte de quienes fuimos también un país de vencidos, de pobres y de emigrantes. Hoy siguen llegando gentes que nada tienen salvo su voluntad de sobrevivir, inmigrantes que ahorran o se empeñan y pagan a precio de oro un billete para la lotería mortal de las pateras.

O para hacinarse en pisos indignos creando nuevas bolsas de pobreza. Hay que luchar contra la desigualdad, recordar de dónde venimos y quiénes fuimos no hace tanto, cómo este país vivió durante años de la emigración tanto interior como exterior. ¡Aquellas remesas de divisas, de marcos alemanes y francos suizos! Hoy nos comportamos como nuevos ricos. Que no se globalice sólo la desigualdad, que se globalice también la sanidad, la cultura y la justicia. Pongámonos siempre junto al ser humano. Nos necesitamos.

9

Chorizo y cilicio

Mi relación con el padre Sthaellin crecía con el tiempo, tanto en calidad como en cantidad. Sentía que mi alma, lo que era por entonces una voluntad en formación y, por tanto, plagada de erróneas seguridades y certezas, encontraba en los consejos de este cura una horma perfecta a la que se adaptaba de forma natural. Mi padre, don Rafael, pronto admiró también al jesuita. Le decía que era un gran actor y esto el padre Sthaellin lo tomaba como un cumplido maravilloso, consciente siempre del carácter dramático de un buen sermón, de cómo tenía que captar la atención del público para hacerles llegar su mensaje. Decía siempre la misa de las siete o siete y media, no recuerdo bien, en los jesuitas de Serrano. Era la primera misa, cosa que a él le agradaba mucho porque sostenía preferir poca gente pero atenta a la palabra y porque a esa hora no había beatas. A la una daba otra plática o reunión. A ésta era a la que acudía mi padre como quien iba a ver una buena representación teatral. Sus sermones siempre tenían como tema los Evangelios y llegó a hacer de éstos una interpretación tan poco ortodoxa que le prohibieron hablar. La peculiaridad de sus interpretaciones estaba en una lucidez y practicidad que aplicadas rigurosamente a los textos bíblicos terminaban por ser demoledoras para los mitos, algo que hoy creo que tenía por finalidad desnudar de leyendas y símbolos lo verdaderamente importante, lo revolucionario y aplicable al día a día: la ética cristiana. Incluso escribió un libro sobre milagros y apariciones de la Virgen, negando desde la razón la mayoría de ellos. Creo que sólo se salvaba y con reparos la Virgen de Lourdes. La de Fátima no pasaba la criba. Trabajaba también mucho en casos de estigmatizados, en aquella época hubo varios. A una la descubrió tendiéndole una trampa que mezclaba la sutilidad teológica con la picaresca: le ofreció chorizo en viernes y la estigmatizada se lo comió, ¡había mucha hambre en esos días!, contraviniendo así la vigilia y la supuesta posesión celestial. Era un hombre que te bajaba a la tierra. Por ejemplo, yo a veces volvía de una visita al Cotolengo y me sentía mal, le pedía confesión y le hablaba de mi miedo a no ser lo bastante buena, poco menos que mi frustración por no ser santa. El buen padre me miraba estupefacto y me interrumpía vehemente:

—¡No, nada de eso! Estás así por el tiempo. Mira, vete a la farmacia y cómprate Irguina. Tú lo que tienes es la tensión baja.

Así, de una andanada te desarbolaba cualquier misticismo.

Mi relación con el padre Sthaellin abarcaba muchos otros intereses y problemas. Por ejemplo, el último año de colegio me fui con Magdalena y su familia a Unquera, un pueblo de Santander, de vacaciones. Allí viví en la pensión Alegría, cuya patrona al ver que a mí no me gustaba el café con leche para desayunar decidió atiborrarme, con verdadero afán, con bocadillos de membrillo. Luego había también unos hojaldres alargados, las corbatas, que estaban riquísimos. Durante aquel mes de vacaciones no había otra cosa que hacer que pasear y sentarse a comer corbatas en el único bar de Unquera. En un mes engordé diecisiete kilos, tanto que cuando volví ni mi madre me reconoció. Estaba hermosa, abundante, lo que se decía una chica de piropo de albañil. El padre Sthaellin decidió que yo no podía empezar así mi primer año de universidad y me mandó leer un libro que se titulaba *Cómo adelgazar sin dejar de comer*. No recuerdo el nombre del autor pero sí que era norteamericano, estas cosas siempre las escriben norteamericanos.

Siempre me ayudó, nos ayudó a todos los que nos acercamos a él. Había dos formas de verle, una en confesión y la otra acercándose a la casa madre de los jesuitas. Allí preguntaba por él y nos reuníamos en una habitación acristalada, charlando como con un amigo. Con el tiempo lo fue y de los mejores y nos llamábamos de tú. Una de las primeras veces que fui allí él me notó algo raro.

—A ti te pasa algo, ¿no?

—No padre, estoy bien. No me pasa nada.

—Sí, te pasa algo... Tú llevas puesto un cilicio.

Efectivamente, yo me había puesto un cilicio que había comprado en una tienda religiosa frente al Albéniz, una tira con pinchos de unos tres dedos de ancho que se ataba al muslo mediante unas cintas rojas. Las púas eran metálicas y se clavaban profundamente en la carne, hasta hacerla sangrar si lo apretabas mucho. Un verdadero instrumento de tortura medieval. Aún lo conservo como recuerdo, ¡no está una ya para penitencias!, y está colgado a la cabecera de mi cama. Bien, el padre Sthaellin me ordenó que fuera al lavabo y me lo quitara inmediatamente. A mi vuelta me preguntó indignado por qué me había puesto esa barbaridad. Yo balbuceé disculpas y argumentos confusos, le dije que sólo pretendía ofrecer el sacrificio de mi dolor a Jesús, que era una muestra de mi entrega. El padre Sthaellin me contestó que me dejara de cilicios y que si quería hacer verdaderos sacrificios tratara con cariño y escuchara, por ejemplo, a las personas que me caían mal. Me explicó que mucho más doloroso que esos pinchos era, sin duda, aceptar que no siempre tenía razón y dar mi brazo a torcer. También me habló de gente que ponía los dedos bajo las rodillas mientras rezaba, de otros que se flagelaban y me hizo ver que la religión no era eso.

—No es esto Pilar, no es esto. No puede ser. Hay cosas mucho más racionales que cuestan mucho, que son verdaderos sacrificios. Para ti es a lo mejor más fácil llevar un cilicio que reconocer que te has equivocado y pedir disculpas a los que has ofendido.

Seguí visitándole durante años. Me enseñó a hacer examen de conciencia, algo muy parecido a la meditación ahora tan de moda, al fin y al cabo una reflexión antes de dormir sobre las cosas que has hecho durante el día. Si han sido buenas o no. Sí, buenas con todas las cosas maravillosas que encierra ese adjetivo. Ésta es una costumbre que no he perdido y aún la practico todas las noches, analizando en qué he podido fallar y si tendría que haber hecho otra cosa. O si he ofendido a alguien. En aquel tiempo, para aquella joven por formar que yo era, hacer estos exámenes de conciencia significó iniciar un camino de autoconocimiento. Viéndolo con la perspectiva que dan los años me parece que es una práctica muy cercana en espíritu, no sé si tanto en la forma, a la meditación de las religiones orientales, a la búsqueda del yo y el control que éstas proponen. Una prueba más de que tras todas las banderas y símbolos que nos separan, los seres humanos somos iguales y ansiamos las mismas cosas.

Hablando con el padre Sthaellin descubrí que yo era una persona muy exigente conmigo misma. Que las cosas que yo hacía, como irme a la Ventilla o al Cotolengo, no eran fruto de una voluntad desinteresada por hacer el bien, sino porque yo necesitaba sentirme la mejor, la más buena. ¿El fantasma de Esmeralda me perseguía y era mi forma de derrotarlo? A mí sólo me atraía lo difícil, despreciaba lo fácil, y el padre Sthaellin me hizo ver que eso no era sino soberbia, el famoso pecado de soberbia.

Tanta reflexión a los catorce y quince años conformó mi carácter, marcó para siempre mi actuación posterior en la vida. Sobre todo reflexioné sobre mi soledad, sobre el aislamiento en que crecí dado la avanzada edad de mis padres y la diferencia de años con mi hermano. Por eso eran tan importantes para mí mis amigas del colegio, niñas como yo con las que hablar y compartir sueños. He tenido un síndrome de soledad muy grande, profunda. Yo siempre he sido muy celebrada por ser capaz de hablar durante horas de cosas muy divertidas, de reírme y no contar, sin embargo, nada de mí misma. Mis problemas, mis angustias, mis soledades, me las he ido tragando, meditando, quizá víctima de la etiqueta de persona fuerte que me colgaron desde muy temprano y que yo asumí. Aún me pasa, tengo un don que hace que incluso por la calle se me acerquen perfectos desconocidos a contarme sus problemas. Mi primo Luis Peña siempre lo decía: «¡Qué bien escucha esta niña!». Escuchar a los demás es la mejor forma de aprender. Sin duda me he topado con pesadeces pero creo que, en conjunto, es mucho más lo que he aprendido de otros que lo que he tenido que sufrir. Y sin embargo, esa supuesta fuerza que transmito —hubo un tiempo en que mis propios hijos se reían de mí y me llamaban John Wayne— nunca fue tanta o tan real.

Seguí, como he dicho, asistiendo a ejercicios espirituales con el padre Sthaellin. Salvo los primeros, los demás fueron ya fuera del colegio del Loreto. Digamos que su estilo no fue bien aceptado ni por las monjas ni por la gran mayoría de las alumnas que, al menos en aquellos días escolares, soñaban con ser ellas mismas monjitas algún día. Los ejercicios duraban siempre una semana, de lunes a domingo, y de tanto meditar, reflexionar y escribir estos pensamientos críticos, estas dudas, llegaba un momento —siempre en torno al miércoles o el jueves— que a mí me entraba una fiebre espantosa, una especie de éxtasis febril. La primera vez me asusté, luego me acostumbré y lo consideraba una parte más de los ejercicios. El último al que asistí fue ya de novia del que sería mi marido. Ahí se habló ya de cosas como mi obsesión por la maternidad, presente en todo lo que escribía y que luego comentábamos juntos. Yo había hecho una especie de votos particulares a la madre Teresa de Calcuta, es más, inicié la carrera de medicina para unirme en el futuro a las monjas misioneras que eran las únicas que le parecían encomiables al padre Sthaellin. A mí me fascinaba el sari de las monjas de la madre Teresa, por entonces aún una desconocida para el gran público, frente al horror de las tocas almidonadas de las monjas docentes. No sé realmente qué me atraía más, si la idea de irme a la India a cuidar pobres o la de ponerme el sari. Estaba muy confusa. Además, entonces no existían opciones laicas por las que encauzar una voluntad de ayuda, cosas tan maravillosas como Médicos sin Fronteras u otras oenegés. Pero a pesar de todo esto de los votos se imponía la obsesión, cada vez más fuerte, de los niños, de ser madre. Tanto fue así que un día el padre Sthaellin me dijo que me dejara de fantasías misioneras, que yo lo que tenía que hacer era encontrar un buen hombre, casarme y tener hijos.

—Si no lo haces, te sentirás frustrada toda la vida.

El consejo fue bueno, quizá el cura y yo no estuvimos muy finos en la elección del padre pero creo que tengo tres hijos maravillosos.

10

Hay un rojo que no es malo, el mío

Fui muy feliz en el colegio, con aquellas amigas que sentía como hermanas, cantando en el coro y haciendo todo tipo de travesuras. Hacía todos los galanes en las representaciones, los papeles eran cada vez más importantes. Descubrí el cine, aquellas sesiones continuas de los cines de barrio que te permitían ver una y otra vez el programa. Las sesiones continuas con las amigas, revoltosas, y los domingos con mi padre a las salas de estreno de la Gran Vía. El cine me fascinó, me atrapó para siempre. Era una chica feliz, pero crecía dentro de mí cierta desazón, una incomodidad vital ante ciertas cosas. Cada vez más tomaba conciencia de la importancia de determinadas cosas, de los colores fuertes de la realidad imponiéndose a la suave acuarela de la niñez. Empecé a mirar a mi madre de otro modo según iba entendiendo, entre sorprendida y admirada, los increíbles sacrificios que había hecho, aceptado, para construirme sin apenas recursos esa felicidad colegial y adolescente.

Los colores fuertes de la realidad. Sí, cuando eres niño vives en una suavidad protectora —en mi caso fue así— frente a la violencia del mundo real y de los sentimientos que ésta genera. Alguien dijo que ser niño es creerse inmortal, vivir ajeno a que la felicidad no es eterna sino más bien excepcional, a que dejarás de ver a esas amigas hermanas sin las cuales la vida te resulta inimaginable. Yo diría que un rasgo definitorio de la infancia puede ser ése, la ignorancia de los cambios. Pero ¡ay!, éstos llegan. Se suelen presentar de improviso y romper, total o parcialmente, para siempre esa ilusión de «nunca pasa nada» que es la infancia. En mi caso sucedió a los catorce años, con la primera detención de mi hermano.

Frente a la puerta de mi dormitorio había una mesita en la que estaba el teléfono. Una noche sonó a una hora intempestiva, yo ya dormía, y oí a mi madre llorar, carreras por el pasillo y a mi padre hablar muy alterado. Yo intentaba no escuchar, oía pero no escuchaba. Por supuesto no salí a ver qué pasaba, intuyendo quizá que fuera, en ese largo pasillo, me esperaba el cambio que destrozaría para siempre el país de nunca jamás de mi niñez. Seguí oyendo los lloros de mi madre, las palabras nerviosas de mi padre y cómo éste salía, ¡a esa hora!, corriendo de casa. Con su salida todo se calmó. Recuerdo que me arrebujé aún más bajo la manta y pensé que todo sería un disgusto por cosas de trabajo. Que mi madre era una mujer muy temperamental, muy de sacar los sentimientos hacia fuera. No sería nada importante. Me dormí.

A la mañana siguiente, cuando llegué al colegio una monja me esperaba para decirme que la madre superiora quería hablar conmigo. Me extrañó porque ninguna hablábamos con ella más de una o dos veces al año, siempre en algún acto del colegio. Fui a su despacho.

—Pilar, ¿es cierto que tu hermano está detenido, que está en la cárcel por rojo?

Así me enteré yo, de improviso y en el colegio —ese mundo infantil, pueril por vocación, de las monjitas—, de que ese hermano tan listo, tan estudioso, tan bueno, tan trabajador, tan guapo, tan fuerte, tan alto y al que yo tanto quería era un rojo. Uno de esos monstruos que se comían niños crudos, quemaban iglesias, mataban monjas y por cuya conversión rezábamos diariamente. El golpe fue terrible, arrasador. Yo amaba a mis padres pero era a mi hermano a quien admiraba de manera total, incondicional, ese hermano que ahora resultaba ser la encarnación del Mal sobre la tierra. Los rojos eran el enemigo, la anti-

España, los culpables de la Guerra Civil, ¡crucificaron curas!... El Mal estaba en mi propia casa y era mi hermano.

Pasé unos días, unas semanas, terribles, en los que gran parte de las certezas sobre las que se sostenía mi mundo infantil de misas, coros y ofrendas a la Virgen, de juegos sin preocupaciones, se vino abajo ante la irrupción despiadada del mundo real. De una España fratricida de rojos y fascistas, posguerra interminable y vengativa, de dictadura y cárceles. ¿Así que esto era la vida? ¡Pues alguien me había engañado! Mi hermano era una bellísima persona, un chico que se pagaba la carrera dando clases particulares. Un hermano cariñoso, gracioso y, a veces, juguetón —sustos aparte— pese a la enorme diferencia de edad. Definitivamente alguien me había estado engañando porque si mi hermano no era el Mal —y no lo era—, ¿eran las monjitas y el mundo que representaban el Bien? Todo en mí era confusión y entonces no pude avanzar más ni en las preguntas ni en las respuestas. La niña que yo era salvó la situación diciéndose:

—Hay un rojo que no es malo, el mío.

Más tarde supe que el portazo que dio mi padre al salir de casa fue porque se marchó corriendo a ver a don Carlos Jiménez Díaz, en la clínica de la Concepción, un doctor importantísimo en la época, toda una celebridad y el que me diagnosticó aquella infiltración. Mi padre y él eran muy amigos. Pese a esto mi padre se arrodilló ante él, llorando, suplicando que soltaran a su hijo y le arrestaran a él si querían, que siempre fue republicano. No funcionó.

Mi hermano estaba rodando *Calle Mayor* cuando le detuvieron. Se presentaron en Logroño y se lo llevaron, según la versión que nos dieron, para protegerle. Días antes le habían pegado un tiro a un joven falangista en la calle Alberto Aguilera, en Madrid. Estaba muy grave y sus camaradas habían elaborado unas listas de gente sobre las que ejecutar sus represalias. Su venganza. Mi hermano, decían, estaba en una de esas listas y le detuvieron para preservar su vida. Este curioso afán protector se tradujo en quince días de incomunicación, tras los cuales nos autorizaron a visitarle en los sótanos de la DGS. Para mí fue terrible ver a mi hermano en ese estado, sucio, asustado, sin cinturón, cordones y gafas. «Les quitamos eso —nos dijeron con sorna—, para que no hagan tonterías.» O sea, que les protegían de sí mismos.

Durante su arresto se paró el rodaje y fue emocionante ver cómo ningún otro director español se ofreció para sustituirle y cómo Betsy Blair, la actriz protagonista, se negó también a esa posibilidad diciendo que ella había firmado un contrato para ser dirigida por el señor Bardem y que no aceptaría a ningún otro.

En sus memorias mi hermano cuenta que allí, en los sótanos de la DGS, yo le dije que menos llorar y más rezar. No lo recuerdo, pero dado el estado de nervios y los años de inmersión cultural en el nacional catolicismo quizá tuve esa salida de pata de banco. Lo que sí recuerdo perfectamente es que allí llorábamos todos; los Bardem y los Muñoz Sampedro somos de natural llorones y en aquel calabozo había razones de sobra para llorar, y que a mí me parecía que aquello no bastaba, que teníamos que hacer algo más. Evidentemente no lo hice yo. Hubo una movilización entre los intelectuales europeos pidiendo la libertad del señor Bardem, manifestaciones y cartas de apoyo. Uno de los firmantes fue Jean Cocteau. Otro apoyo curioso fue la paella que le envió a la cárcel el famoso Camorra, hostelero muy reputado que solía enviar sus arroces por avión al mismísimo Festival de Cannes.

Llegó el final del colegio y justo aquel último curso cambiaron la tradicional reválida por el Preu. Este cambio no lo debieron explicar muy bien y tanto las monjas como los docentes andaban algo confusos respecto a lo que hacer y, sobre todo, enseñar. Aquélla no era una sociedad ágil, vital, y el menor cambio dejaba fuera de juego a mucha gente. Yo creo que es porque el miedo paraliza y sólo las personas libres pueden afrontar lo nuevo con rapidez y decisión. Bien, las monjas resolvieron sus dudas decidiendo llevarnos a ver museos. Fue una época muy bonita porque todas sentíamos la excitación propia de quien sabe que llega al final de algo, el colegio y la niñez, y está a punto de entrar en paisajes mucho más complejos, la universidad o el matrimonio. Días felices, todo el tiempo en la calle, visitando el museo Arqueológico, el Prado, el museo Sorolla... Las monjas incluso nos autorizaron a quitarnos el uniforme e ir con nuestra propia ropa, si así lo deseábamos, durante las visitas. Nos sentíamos mujercitas, adultas. Además nos examinaban del Preu en el instituto o incluso en la célebre facultad de San Bernardo, como fue mi caso. Yo hice los dos preuniversitarios, el de ciencias y el de letras, porque se me daban muy bien las matemáticas y el latín. Éste lo traducía sin diccionario y las monjas se llenaban de orgullo en los exámenes al decirle al profesor que no, que a mí no me hacía falta el diccionario y que no me lo dejaran usar. Hice los dos para no separarme de mis amigas, mis hermanas, ya que Amelia y Magdalena optaron por ciencias y Janusa por letras. Yo me veía muy capaz de poder con los dos y decidí que así, yendo yo de unas clases a otras, el grupo permanecería unido. Nos queríamos tanto, habíamos crecido juntas, inseparables, alegres pero preocupadas —entonces las palabras compromiso o conciencia social no se usaban— por las desigualdades sociales y la injusticia que representa la miseria. Tanto nos habían absorbido estos asuntos que yo, por ejemplo, no me había planteado hasta entonces el tema de la sexualidad. Ahora pienso que todo lo sublimábamos en aquellos fervores religiosos y caritativos. En mi caso, además, estaban aquellas borrosas fantasías misioneras. Pero llegada al puerto del Preu, a las puertas de la universidad, creí necesario enterarme del mecanismo de la sexualidad. Mis ideas al respecto eran cualquier cosa menos acertadas. Yo de pequeña pasé un miedo horroroso cuando vi que la cigüeña se equivocaba y dejaba a Dumbo en otra casa. «¿Y si se hubiera equivocado conmigo —pensé angustiada— con lo que yo quiero a mis padres y a mi hermano?» ¡Qué horror! Sentí un gran alivio cuando me enteré de que los niños crecían en el vientre de la madre, cosa que de inmediato me pareció hermosa y fascinante. Lo que no tenía claro es cómo llegaba allí la semillita. Así que un día me decidí, agarré a doña Matilde y le hice la pregunta del millón: ¿qué era el acto sexual? Yo no he visto a nadie pasarlo peor en los días de mi vida, ¡pobrecita mía! Ella era una mujer inculta y me lo explicó de una manera rápida y fría, con prisa por salir del trance: el hombre tiene una cosa que mete dentro de la mujer y ya está. Así fue, ni más ni menos. Yo no sólo no me enteré de nada sino que además saqué la conclusión, sin duda influida por el mal rato que estaba pasando mi adorada madre, de que debía ser algo terriblemente desagradable. Recurrí, ¡cómo no!, al padre Sthaellin. Lo primero que hizo fue felicitarme por el valor de mi madre al intentar explicármelo.

—Hay muchos padres que me mandan directamente a sus hijas e hijos cuando les preguntan. ¡A mí, un cura! No deja de ser muy embarazoso. Bueno, verás...

Y me lo explicó. Y lo entendí.

El desconocimiento sexual de la época era tan grande que en los primeros meses de la universidad se me acercó una chica algo mayor que yo. De nuevo se me acercaba alguien para que le escuchara. Me había identificado como ex alumna del Loreto por una medallita de las Hijas de María que yo llevaba, con el «Talita kum» grabado, y me pidió hablar un rato. La chica estaba angustiada y necesitaba descargarse con alguien, con otra muchacha como ella. Tras unos cuantos rodeos me vino a decir que creía que estaba embarazada ¡porque se había estado besando con el novio! Se la veía verdaderamente aterrada. Yo no daba crédito, esto me lo decía una chica mayor, una universitaria. Carraspeé, ahuequé la voz y le expliqué lo mejor que pude que hacía falta algo más profundo que un beso para embarazarla.

Aquella desinformación y la deseducación sexual que imponían la religión y el Estado tenían efectos perversos. Como besarte con el novio era ya pecado mortal y garantía de condenación eterna, una vez roto ese primer tabú lo demás venía por añadidura. Tras el beso, definitivamente perdida, ya no había nada que pudieras hacer que fuera a empeorar tu situación. De lo que no te librabas era de vivirlo todo con un sentimiento de culpa horroroso, con miedo a quedar marcada y excluida socialmente. Nada de esto ayudaba a vivir una sexualidad sana, abierta. Así y todo algo habíamos avanzado respecto a los tiempos de mi madre, que se casó virgen y se dio cuenta de por dónde venían los hijos ya pariendo porque ella creía que salían por el ombligo.

11

¡Las Sampedro...

Antes de salir de casa camino de la universidad, antes de dejar de ser niña, me detengo un instante en la puerta de mi casa, la mano sobre el tirador de la puerta, para hablar de las Sampedro, mi familia. Bueno, las Muñoz Sampedro, Muñoz inexcusable dado que a la primera actriz de la saga, Mercedes Sampedro, todos la llamaban la Sampedro y el padre se enfadó muchísimo y preguntaba qué pasaba con él y con el Muñoz. Mi abuelo, el padre de mi madre, se llamaba Muñoz San Juan, con lo cual mi madre era Muñoz Sampedro San Juan. Y de joven tuvo un pretendiente apellidado San José, con lo que hubiera copado el santoral.

Las Muñoz Sampedro eran cuatro hermanas. Natividad, la mayor, era la que había vivido las vacas gordas del matrimonio de sus padres, lo que le permitió estudiar el bachillerato y acabar la carrera de piano. Para todos era la tía Nati, salvo para mi madre que, a veces, la llamaba Tivi o Tividonga. Mi madre era muy dada a motejar a la gente con extraños nombres y onomatopeyas. Llegaba incluso a no acordarse del nombre de alguien y llamarle con diversos sonidos entrecortados, atropellándose, para acabar gritándole «¡Ven aquí!».

La historia de la tía Nati es muy curiosa. Cuando yo nací la tía era ya una mujer viuda que se ganaba la vida dando clases de piano. Vivía en Monteleón 8, en un ático sin ascensor que convertía en un acto heroico el visitarla, y vivía sola por lo que el resto de las hermanas la llamaban «el hombrecito de la familia». Se ganaba la vida gracias a esa carrera de piano que estudió en su niñez y juventud como parte de la educación de una perfecta señorita de su época.

La tía Nati venía a comer a nuestra casa todos los domingos, sin fallar uno. Siempre hablaba de Guillermo, ¡ay, mi Guillermo!, y de lo sola que la había dejado. Siendo yo ya una mocita me llevé una sorpresa cuando le pregunté por Guillermo, su marido.

—¿Guillermo? No, no, mi marido se llamaba Víctor —me contestó.

—Pero tú siempre hablas de un tal Guillermo.

—¡Ah, no! Guillermo fue un novio que tuve.

El amor de su vida, que cayó tuberculoso, estuvo internado y, cuando volvió curado, lo rechazó mi abuela. La tía Nati se casó muy tarde para los usos de su tiempo —mi madre, por ejemplo, lo hizo a los dieciocho—, entrada ya en la treintena. Iba para solterona cuando se casó con el tal Víctor, que ahora no recuerdo si era médico o farmacéutico. Su vida juntos parecía discurrir sin sobresaltos hasta que una noche la tía Nati lo llamó: «¡Víctor, Víctor! ¿No vienes a la cama?». Como no le contestó fue a buscarle. Lo encontró muerto en la cocina, se había suicidado clavándose un cuchillo en la ingle. Quedó viudita porque era muy menudita y el matrimonio le había durado muy poquito. Empezó a ganarse la vida con las clases de piano. Era monárquica. Tanto que todo lo que ahorraba se lo gastaba en medallitas con la cara del rey. Es más, recuerdo siendo yo ya una mujer, una bronca terrible entre las Sampedro cuando la tía Nati confesó que había dado un donativo, ¡ella que seguía dando clases con noventa años!, para la canastilla del hijo del entonces príncipe Juan Carlos.

La tía Nati era la carabina oficial de las jóvenes de la familia, especialmente de mi prima Carmen. Tocó un tiempo en una orquesta de señoritas de un cafetín de la Puerta del Sol.

La tía Nati se enfermó en un chalecito que compró mi prima Luchy. Fue cosa de un día, dijo que se encontraba mal y la trasladamos a Madrid en una ambulancia, a una clínica que estaba en el mismo edificio que la consulta del doctor Vital Aza. Yo acababa de parir a Mónica. Le hicieron una transfusión, al parecer sin los controles previos suficientes, y a la primera gota que le entró la tía Nati se murió. Allí estábamos mi tía Guadita, ya viuda, mis padres, mi primo Luis Peña, hombre de mucho carácter que al estar recién operado de unos nódulos expresaba su hirviente cabreo por señas, y yo. Les hice a los demás la observación de que la tía Nati, como todas sus hermanas, era muy católica y que no habíamos llamado a un cura. Se hizo venir a uno que cuando vio a mi tía ya cadáver se puso muy borde y empezó a decir que para qué le habíamos llamado, que él poco podía hacer ya, ante lo cual yo le di gratis toda una clase de buena doctrina y le hablé de cómo para la Iglesia el alma no abandona el cuerpo hasta pasado un cierto tiempo...

—¡Y haga usted el favor de darle la absolución a mi tía, que además era una santa!

—Bueno —contestó muy achulado el páter—, eso nunca se sabe.

Luis, como no podía hablar y menos gritar, se tiró directamente al cuello del cura emitiendo gruñidos, ante lo cual éste se avino amablemente a darle los últimos sacramentos.

La clínica no tenía previsto ningún sitio donde velar a los muertos y nos propusieron llevarnos a casa el cadáver.

—¿Cómo me voy a quedar con la muerta en mi casa yo sola? —protestó Guadita.

—¿Cómo voy yo a meterla así en casa? Le puede dar algo a Rafita —argumentó mi madre abrazándose a mi padre.

—¿Cómo voy a llevármela yo a casa con dos niños pequeños? —dije yo horrorizada.

Luis no dijo nada, alzó los hombros y bufó.

Yo ya tenía veinticuatro años y el carácter de ahora, así que monté un pifostio de padre y muy señor mío, explicándole al responsable que tenía suerte de que la muerta fuera mi tía, a la que quería mucho, y no mi madre, a la que adoraba, porque entonces la clínica ardía por los cuatro costados. Finalmente se decidieron a cooperar y habilitaron un espacio en el garaje de la finca donde instalar el velatorio, una plaza de aparcamiento que no estaba ocupada. Allí la bajaron y la pusieron en el suelo sin más, dado que no habían llegado todavía los reclinatorios, el catafalco, los cirios y las flores que mandaba la cofradía del Santo Entierro a la que pertenecía la tía Nati. Aún recuerdo las caras de los vecinos que tras aparcar su coche se encontraban con unas improvisadas exequias en su garaje. La tía Guadita y mi madre no se bajaron del reclinatorio en todo el tiempo que estuvimos allí, por las ratas.

La tía Guadita, Guadalupe Muñoz Sampedro, estaba casada con Manuel Soto, también actor, y tuvieron dos hijos, Luchy y Manolo, que eran verdaderos ángeles bajados a la tierra: guapos, buenos, perfectos. Yo aún recuerdo la sonrisa de mi prima Luchy como una de las cosas más bonitas que he visto en mi vida. Tenía los ojos del color del cielo.

La tía Guadita era la más famosa de las Sampedro, tenía compañía propia y estrenó obras de Jardiel, que escribió papeles para ella. Estrenó *Nosotros, ella y el duende* de Carlos Llopis, un autor que era muy gracioso. Recuerdo al tío Manolo como un hombre poco hablador, aunque no sé si era de natural callado o porque la tía Guadita hablaba por todos. Por la diferencia de edad respecto a mis primos, todos mayores que yo, a mí me tocó siempre quedarme con mi madre y sus hermanas cuando había reunión familiar. Mis primos tenían ya edad de salir y se marchaban por ahí, yo que era aún una niña —ahora me veo con cariño, sola, en un rincón, escuchando— me quedaba rodeada de aquellas mujeres sabias y parlanchinas, extremadas, divertidas hasta el surrealismo y capaces de pasar una tarde entera discutiendo cómo se apellidaba Franco.

Mi tía Guadita era, como ya he dicho, muy habladora y divertida. Las hermanas compartían muchos dichos, a todo el mundo le llamaban «hijito» y cuando ponían a parir a un actor siempre acababan diciendo «pero es muy buen hijo». A las putas las llamaban «tapus». No eran de mucho cotilleo porque ellas, junto a las Caba Alba, se consideraban «las decentes de la profesión» y no solían ocuparse, por tanto, de deslices ajenos.

La tía Guadita era también muy despistada. Cuentan de ella que de gira por España se encontró en la calle con un joven actor.

—¡Hola, hijito! ¿Cómo te van las cosas? ¡Qué buena cara tienes!

—Sí señora, estoy contento.

—¿Estás trabajando?

—Sí, señora, en su compañía.

El despiste era real pero también lo utilizaba con su pelín de mala leche cuando le convenía. Nunca le gustó la boda de su hija Luchy con Luis Peña, por entonces una estrella del cine, un galán de CIFESA. Tras el matrimonio Luis entró como galán en la compañía de su suegra y ésta siempre le hacía lo mismo...

—¡A ver ese chiquito, el nuevo! ¿Cómo te llamas, hijito?

—Luis, me llamo Luis. Soy su yerno, doña Guadalupe.

—¡Uy, sí. Qué cabeza la mía!

A mi tía Guadita también le fascinaba hablar en italiano, cosa de mucho mérito dado que no tenía el menor conocimiento de dicha lengua ni la había estudiado nunca. Trufaba sus conversaciones con frases y coletillas en lo que ella creía italiano. De cuando en cuando hablaba de sus hermanas y ella como las Sampetrinis.

Luego estaba la tía Mercedes, casada con Luis Lozano y madre de mi prima Carmen. Enviudó pronto, cuando su hija tenía sólo tres años. Era una magnífica actriz, dueña de unos ojos verdes increíbles. También de un carácter muy fuerte, un tanto desconfiada, dura porque se vio muy pronto sola y luchando por sacar adelante una hija. Y decente, sobre todo muy decente. Algo que puede dar una idea de lo que era España es que mi tía Mercedes practicaba «la decencia de los serenos», consistente en ir acompañada del teatro a su casa por los serenos de cada calle que atravesaba, que se relevaban en escoltarla desde el principio hasta el final de sus respectivas calles para que nunca vieran a una mujer sola a esas horas, noche cerrada ya cuando salía del teatro y volvía a su casa. Trabajó mucho con Alberto Closas, que la llamaba para todas sus funciones, y cuando éste tuvo su primera hija, la tía Mercedes le regaló una medallita de oro grabada con la fecha del alumbramiento y como no sabía aún el nombre grabó «Niña Closas». Tenía una voz muy ronca, profunda y con el tiempo empezó a ahogarse en escena. Le diagnosticaron una hernia de diafragma y acabó por dormir sentada en la cama. Recuerdo una vez que tuvo una crisis y mi prima nos llamó a todos y cuando digo todos es todos, estaba hasta mi hermano Juan que era ya el más internacional y despegado de la familia. Mi tía Mercedes nos miró, hizo recuento y dijo:

—Debo estar muriéndome porque habéis venido todos.

Aquello nos tranquilizó, la tía Mercedes estaba bien. Murió años más tarde.

Mi primo Manolo Soto, hijo de Guadita, era un cielo. Escribía muy bien y llegó a crear varias obras para su madre, aunque creo que no se llegaron a representar. Su boda fue mi primer acto en sociedad importante. Me vistieron con un traje que mi madre hizo con tiras bordadas de las enaguas de un traje de flamenca, propiedad de alguna aristócrata venida a menos ya que lo había tenido que vender y de allí lo sacó mi madre. De aquellas tiras bordadas me hicieron a mí un traje monísimo, me lo almidonaron y le pusieron dos lazos enormes. La mañana de la boda la pasé de pie por no arrugarlo, ilusionadísima porque iba a llevar la cola del traje de la novia. Pero al llegar a la iglesia mi tía Guadita me dijo que no llevaría la cola, que la novia había elegido para eso a alguien de su familia. Yo caí en una gran decepción y lloré un mar de lágrimas, tanto que mi tía Guadita se conmovió y me dijo:

—Pili, Pili, no llores que pasado mañana se casa Luchy y tú vas a llevar la cola.

—Pero ¿cómo se va a casar si ni siquiera tiene novio? —contesté yo sorbiéndome lágrimas y mocos.

Luchy tenía el mismo novio desde pequeña. Ella iba a San Luis de los Franceses y a un colegio cercano iba un tal Luisito Peña, hijo también de actores. Mi abuelo Miguel lo espantaba a garrotazos, pero Luis no cejaba y le siguió los pasos a Luchy hasta que se hicieron novios. Su relación siempre fue tormentosa, llena de discusiones y rupturas más o menos largas, pero parecía que el cielo los había predestinado a estar juntos y, realmente, formaban una pareja fantástica. Se habían vuelto a pelear y andaban separados cuando se encontraron frente a un escaparate en la Gran Vía. Luchy le explicó que estaba buscando un vestido porque su hermano Manolo se casaba.

—Eso es lo que tendríamos que hacer nosotros. Dejarnos de tonterías y casarnos de una vez —contestó Luis.

Y tal cual. En dos días se casaron. Y ahí sí, me volvieron a almidonar el traje y llevé la cola con gran felicidad de mi corazón. Luego la cola me llevó a mí con un susto no menos grande. No habíamos calculado que por entonces Luis y Luchy eran dos de las estrellas de CIFESA, dos mitos, y cuando llegamos a la iglesia del Perpetuo Socorro había allí ya una multitud esperando. Un gentío enorme, principalmente venidos del mercado que había al lado, todos con sus mandiles y cestas en la cabeza. El cura gritaba pidiendo a la masa que desalojara porque no podían entrar ni familia ni cortejo. Por fin se hizo un pasillo y Luchy entró del brazo de su padre. Una mano salió de entre la gente e intentó arrancarle el velo a mi prima. Yo me sentía en el paso del mar Rojo a punto de cerrarse, me aferré a la cola del vestido tan fuerte que la dejé toda arrugada, segura de que si la soltaba me tragaría el mar. Toda la ceremonia transcurrió con relativa paz y yo empecé a tranquilizarme. ¡Craso error! En cuanto enfilamos hacia la salida la gente se abalanzó sobre Luchy tratando de arrancarle trozos del vestido como recuerdo. Pasó de todo y nada bueno. A mí me pisotearon sin contemplaciones. Luchy y Luis huyeron a refugiarse dentro del coche, zarandeado por la multitud, y ahí fue Galiana, que era chófer de la tía Guadita y actor en su compañía, quien les preguntó por mí.

Silencio y caras de terror en mis primos. Galiana salió corriendo, se abrió paso a empujones y me encontró dentro, por los suelos y con el traje de tiras bordadas lleno de sangre.

Luchy era un ser mágico, la alegría encarnada, bellísima y muy buena actriz. Lo demostró tarde porque pasó muchos años haciendo de dama joven en la compañía de su madre. Luis era muy divertido aunque tenía un carácter terrible, en extremo irascible. Estaba muy fuerte, se pasaba el día haciendo pesas, tanto que alguna vez que iba pasadito de copas se dedicaba a levantar a pulso los Topolinos, unos coches minúsculos que había entonces, que encontraba aparcados en la Gran Vía. Salir con Luis era como la puesta de largo para las chicas de la familia, la entrada en sociedad. Yo esperaba ansiosa cruzar esa barrera que me alejaba de la niña y me aproximaba a la mujer. Me llegó el turno a los catorce años, un día que Luis decidió llevarme al cine. El problema de salir con él era que tú ibas agarrada de su brazo, por ejemplo por la Gran Vía, y un señor giraba la cabeza, por ejemplo para llamar un taxi, y ya la teníamos liada.

—Usted ¿qué mira? A ver, ¿qué pasa? ¿Por qué mira usted a mi prima?

O se encontraba a alguien.

—Mira ésta es Pili, mi prima. Bueno, prima de Luchy…

—Ya, ya. Prima.

—¿Cómo que ya, ya?

Y se volvía a liar.

De las Sampedro recuerdo también una vez que fuimos todos al cementerio el día de los difuntos. La tía Guadita llevaba el plano de los pasillos, vueltas y revueltas, que debíamos hacer para visitar las respectivas tumbas. Ella era la guardiana del plano necesario para un viaje tan complicado que una vez ella murió, nadie supo reconstruir el camino que se debía seguir y se suspendieron las visitas. Yo llevaba un cántaro y un cepillo de cerdas para limpiar las tumbas. A la primera erramos y me puse a fregar una que no era. Nadie se dio cuenta en un principio y ya relucía cuando, entre carraspeos, salimos de allí pitando hacia la tumba correcta. Era la de aquel Luis que fue marido de la tía Mercedes, quien nada más verla, muy trágica, se abalanzó desconsolada sobre la lápida y gritando: «¡Luis, ay, mi Luis!». Parece que el tal Luis no había dejado un gran recuerdo en el resto de la familia y mi padre reconvino a la tía Mercedes: «¡Tanto Luis, tanto Luis, con la vida que te dio!». De allí fuimos al panteón de la tía Guadita, que tenía uno porque para eso era la rica de la familia. Allí estaba ya enterrada una señora que yo conocí, prima hermana del tío Manolo, una viejecita muy guapa con el pelo blanco y a quien yo llamaba tía Lucía. El panteón estaba situado en lo que entonces era la parte más moderna del cementerio de la Almudena y fue allí, contemplando el paisaje, cuando mi madre se volvió a mi padre y le dijo con toda la seriedad del mundo.

—Aquí es donde nos compramos el terreno, que tiene muy buenas vistas.

De allí íbamos a la parte más antigua del camposanto, a buscar el tambor. Éste era el nombre que le daban a un aro de metal pelado que había junto a la tumba de los abuelos. Allí todo estaba roto y lleno de tumbas destripadas, así que la búsqueda del tambor no dejaba de ser difícil y todos gritamos de alegría al encontrarlo. Por último se visitaba la tumba de la tía abuela Mercedes Sampedro, la primera cómica de la familia, en cuya lápida estaba escrito:

Mercedes Sampedro
Actriz
Tu sobrina no te olvida.

Ahí se montaba la gresca. «¿Por qué tu sobrina —reprochaban año tras año sus tres hermanas a la tía Nati—, es que las demás no somos sobrinas?» Y año tras año, como en un ritual de desagravio, la tía Nati tenía que contar la misma historia en su descargo: fue un error del que hizo la inscripción, luego no hubo tiempo ni dinero para arreglarlo. Después, tras algún reproche aislado más, las hermanas hacían las paces y se producía el éxtasis final con todas ellas llorando sobre la tumba, besando la lápida y gritando con toda la fuerza de sus pulmones: «¡Buena cómica, que tú sí que eras buena y no nosotras! ¡Tú sí que eras grande!...». Un cura se acercó con el hisopo a ver si pagábamos por una bendición, éramos muchos, y salió espantado. La gente, que abarrotaba el cementerio en el día de Difuntos, nos miraba y nos señalaba. Unos se santiguaban y otros se reían.

Aquélla fue primera y última visita. Me dio tal ataque de risa que no he podido volver a tomarme en serio un camposanto en mi vida. Toda esta historia la conté años después, en el Café Gijón, a Pepito Morales, el hermano de Gracita y muy gracioso también él. Pepito hizo de esta historia su número estrella y se pasó la vida contándolo por ahí, lo cual enfadó mucho a mi tía Mercedes, que me llamó bocona para los restos.

Eran cómicas de raza, dentro y fuera de escena. Únicas. Mi tía Guadita sufrió una hemorragia cerebral en escena, en el estreno de *La vidente* por la compañía de María Luisa Ponte. Yo estaba en aquel estreno en el teatro Club, junto al Palacio de la Música, con Luchy y Antonio Ferrandis. Sentados allí vimos cómo la tía Guadita trastabillaba por un momento en escena, ya casi al final, y se apoyaba en un sillón. Cayó el telón e inmediatamente salió María Luisa Ponte pidiendo un médico porque Guadita se había puesto mala. Había tenido una hemorragia cerebral y siguió hablando, nos dijo luego, porque pensó que si se callaba el público creería que no se sabía el papel. Acabó la función como debe hacer un buen cómico y luego se cayó redonda. Hubo que sedarla porque seguía hablando desde el suelo. Le quedó el labio torcido y parálisis en el lado izquierdo del cuerpo.

La pusieron en tratamiento, la visitaba el doctor Sanfiz quien siempre encarecía a sus hijos que ¡por Dios! no le dijeran que no iba a volver a trabajar, a subirse a un escenario, porque de esa ilusión sacaba fuerzas para curarse. La única preocupación de mi tía en esos días era haber hundido el estreno a la pobre María Luisa, la faena que creía haber hecho a la compañía con su enfermedad.

Efectivamente, a los quince días mi tía estaba como una rosa y les costó Dios y ayuda a sus hijos convencerla de que dejara la paliza del teatro por la comodidad del cine.

Años más tarde, estando yo ya casada y viviendo en Canarias, leí en la prensa que Luchy Soto había sido sustituida en *Las mujeres sabias* por enfermedad. Enseguida pensé, no sé por qué, que todo tenía que ver con una operación en el pecho que le habían practicado seis años antes. Seis años, ésa parece ser la barrera fatídica que marca la diferencia entre la vida y la muerte en caso de intervención por cáncer. Espero romperla, hacerla añicos, ¡me queda tanto por vivir! Yo llamé a casa de Luchy y se puso su madre, la tía Guadita. Me tranquilizó y me dijo que no era nada, que no me preocupara. Volví a llamar y eso ya alertó a Guadita, que no sabía nada de la gravedad de la enfermedad de su hija. Empezó a no dormir, a velar a su hija. Tanto que el médico le dijo que la que iba a morir si no descansaba era ella. Contrataron a una enfermera para que pasara la noche con Luchy. Se durmió. Encontraron a mi prima muerta en el suelo, a medio camino entre la cama y la ventana. Tenía una metástasis terminal y sufría unos dolores terribles, mi hermano Juan me contó que tenían que administrarle morfina. Yo creo que intentó llegar a la ventana para matarse.

Volví de Canarias a Madrid justo a tiempo de asistir al funeral de Luchy. Dejé los niños en casa de mi padre, con la criada de éste, y me fui. Lo primero que hice fue sacar de allí a la tía Guadita, que estaba a punto del colapso. Nunca superó el dolor de la muerte de Luchy, su gran pregunta era por qué ella se había salvado de una hemorragia cerebral para ver morir a su hija de cáncer.

Guadita murió unos años más tarde de una manera que para mí siempre ha supuesto un misterio, ya he dicho que no creo en las casualidades. Mi hermano Juan había ido a correos, en Cibeles, a llevar o recoger algo. Cuando salió vio gente apiñada en torno a su coche y se acercó alarmado.

—¿Qué pasa, qué pasa?... El coche es mío.

—Ná, una vieja que está ahí medio muerta.

La vieja agonizante sobre el capó del coche era la tía Guadita.

¿Casualidad? No lo creo. Yo soy esotérica y no creo, no puedo creer que aquello fuera porque sí y no tuviera algún significado. Años más tarde, durmiendo una noche de primavera tan cálida que todas las ventanas estaban abiertas, sentí de pronto un frío inexplicable, una corriente gélida que me despertó y me hizo incorporarme aterida. A los pies de la cama estaba mi tía Guadita.

—Pili, ayúdame a morir.

Yo no sentí miedo, ni estupor. Sólo miraba a mi alrededor, a las agujas del reloj moviéndose para asegurarme de que no estaba soñando. Llegué a tomarla físicamente de la mano.

—Pili, ayúdame a morir.

—Pero tía, si tú estás muerta. Hace muchísimo tiempo que estás muerta.

—Pili, ayúdame a morir.

Entonces recordé algo que había leído. Le expliqué que aquí ya no le quedaba nadie, que su hijo Manolo también había muerto hacía tiempo. Que lo que debía hacer era reunirse con Luchy y con él, a los que siempre quiso tanto, en la luz. Empecé a rezar y la tía Guadita se deshizo, igualito igualito que en la película *Ghost*, en un montón de lucecitas. Acto seguido llamé a un amigo Rosacruz que tenía, un auténtico iniciado, que me explicó que lo que había hecho era liberar el alma de mi tía, atada a este mundo por el amor a su hijo y el desconocimiento de la muerte de éste. Esas ligaduras están tras multitud de apariciones y casas encantadas, de presencias inexplicables pero vistas o sentidas. Ya hablaré de mis creencias más adelante, sin ánimo de convencer a nadie ni de demostrar lo indemostrable.

Yo creo y basta.

El legado que me han dejado las Sampedro es un sentido vitalista de la existencia, de la responsabilidad y del trabajo. También una vena tragicómica muy fuerte y que mis propios hijos me han reprochado alguna vez. Curioso, yo hacía lo mismo con mi madre, le criticaba que era una magnífica actriz sobre el escenario pero que en la vida no sabía disimular lo más mínimo. Sufría mucho por todo, tanto incluso por lo más nimio que yo me acostumbré a ocultarle mis problemas más gordos. De niña aprendí a llorar con la cara enterrada entre los albornoces del cuarto de baño, para que ella no me oyera. ¡Pero también qué vis cómica! Yo siempre digo que para lo cómico uso a las Sampedro y para lo dramático a los Bardem. Espero haber heredado también su honestidad en el trabajo y ganarme el respeto que ellas tuvieron siempre de sus compañeros, yo de los míos. ¡Quiero a los cómicos! Me parece que mi profesión y la gente que la habita son los mejores del mundo.

12

… Los Bardem!

Por parte de la familia paterna había también una actriz, mi prima Conchita Bardem. Era hija de mi tío Fernando, el hermano mayor de mi padre, y de Mercedes, una mujer muy dulce. Conchita era una mujer bellísima, rubia con ojos azules, muy en el tipo de Michelle Morgan. A mi madre le traumatizaba mucho verla porque le recordaba a la Pili muerta, como habría sido su hija de haber vivido.

Conchita trabajó mucho en la compañía de Antonio Vico y Carmen Carbonell y en la de la tía Guadita. Era una más de la familia a todos los efectos y Luchy la adoraba.

Conchita era una mujer que entraba en Lope de Rueda y una vez cerrada la puerta se transformaba en la persona más divertida del mundo. Cantaba, bailaba y hacía piruetas. Yo le decía a Chita, así la llamábamos, que por qué no se dedicaba a la revista y ella se reía de la ocurrencia. Ahora, era cruzar esa puerta en sentido inverso, o sea, hacia el mundo exterior y se le ponía una cara de sargento que daba miedo verla. Mi madre siempre le reprochaba eso.

—¡Las Sampedro hemos sido siempre muy decentes pero muy simpáticas y muy graciosas. Para ser decente no hace falta ir por ahí con esa cara de palo!

Conchita se quedó soltera y cansada de no acceder más que a pequeños papeles de reparto, ya cuarentona se marchó a Suiza a hacer un curso de esteticista con la casa Payot. Se colocó de *au pair*, cuidando una niña, algo que entonces no estaba tan bien visto como ahora y que te daba rango poco menos que de criada. Se fue con una amiga de Barcelona, una chica morena muy guapa que se casó con un suizo al poco de llegar, un viudo con posibles. Mi prima tuvo siempre grandes problemas con los ovarios, que Vital Aza achacaba por supuesto a su falta de actividad sexual, así que la señora a la que ayudaba la llevó a su ginecóloga. Aquí se dio un sucedido curioso que la misma Conchita contaba con mucha gracia, aunque la cosa no la tuviera, y que es muy ilustrativo del país en que vivíamos. Resulta que Conchita llegó a la consulta, rubia, ojos azules y hablando perfectamente francés. Le explicó a la doctora que tenía unos dolores fortísimos. La ginecóloga la exploró y muy sorprendida la miró a los ojos.

—¿Usted es española? —le preguntó.

—Sí, ¿cómo lo sabe?

—Porque a su edad y virgen sólo se puede ser española.

Luego le dijo que en esas condiciones ella no podía hacer una exploración a fondo, que tenía que romper el himen pero que si quería ella le expediría un certificado. Mi prima se negó, dijo que a sus años cómo iba a rompérselo otra mujer con un dedo y se fue con sus dolores a otra parte. A día de hoy, Conchita vive, tiene unos ochenta y cinco años espléndidos y debe ser la última virgen de este país, convertida para siempre en la «tieta» de Serrat, una segunda madre para los hijos de su hermana Magda y una abuela para los hijos de éstos.

El tío Fernando, el hermano mayor de mi padre, era un hombre que tenía una vida muy dura que siempre sobrellevó practicando un optimismo vital a ultranza. Él lo cifraba todo en una coletilla que utilizaba y que se convirtió poco menos que en un lema familiar: «Tot arribarà». Sólo una preocupación nublaba su ánimo, el miedo a que el apellido Bardem desapareciera. Los Bardem somos todos familia, no hay más Bardem que los Bardem y esto obsesionaba al tío Fernando que miraba a su alrededor y sólo veía niñas. Además, el único que podía transmitir el apellido era mi hermano Juan y no se casaba. A tanto llegó su miedo a la extinción que ya de mayor le dijo a Mercedes, su mujer, que si supiera que iba a tener un hijo le pediría permiso para poder preñar a otra. A propósito de esto, una curiosidad etimológica. Parece ser que Bardem es apellido de origen judío alemán, quiere decir «hijo de Dem». Bar sería hijo y Dem la tribu o apellido. Las gentes que lo llevaban llegaron hace un par de siglos al Ampurdán, emigrados o huidos, para establecerse. Otra reflexión sobre los apellidos familiares: dado que es sabido que los apellidos toponímicos, como Valenciano o Toledano, de origen profesional, como Mercader o Herrador, o tomados del santoral, como el Sampedro y San Juan de mi familia materna, se utilizaban en el medioevo para bautizar a los judíos conversos, resulta que amén de roja soy judía por los cuatro costados. Poco menos que el diablo de la antiEspaña para algunos. ¡Qué le vamos a hacer!

Cuando nació María, la primogénita de Juan, el tío Fernando se llevó un disgusto espantoso. Murió de un cáncer de garganta antes de nacer el segundo hijo de mi hermano, un varón llamado Juan, pero estoy segura de que se puso muy contento dondequiera que estuviera.

13

Lo mejor de los dos mundos: mis padres

Mi madre dejó el colegio muy temprano porque, según ella misma explicaba, tenía que cuidar los noviazgos de las hermanas. Cuando una de ellas estaba con el novio en, digamos, el saloncito, no podía hacerlo sola y allí estaba siempre mi madre de pequeña carabina.

Debutó a los ocho años en el Coliseo Imperial, donde ya trabajaban Guadita y Mercedes. Allí iban las tres con su tartera vacía, para hacer ver que cenaban como todo hijo de vecino.

Mi madre era prácticamente analfabeta, conocía apenas las cuatro reglas. Con el tiempo, cuando estaba fuera rodando, nos escribió unas cartas que según mi hermano Juan eran el crimen perfecto. Las encabezaba: «Hijos míos Rafa de mi vida». Punto. Y luego seguían cinco pliegos sin ningún otro signo de puntuación, con lo cual te asfixiabas al leerlas. Advertida mi madre de lo peligrosa que era su escritura para nuestra salud empezó, en cartas posteriores, a incluir algunos puntos y comas. Los disponía a su albur, uno por aquí y otro por allí para hacer bonito, con lo que nos ahogábamos un poco menos pero sus cartas se convirtieron en ininteligibles. Definitivamente debía de haber un problema entre las Sampedro y el género epistolar porque la tía Guadita, de gira por América, nos escribió también una carta pidiéndonos que le mandásemos la partitura de una canción que hacía furor en la época. Infelizmente no recordaba ni el título ni el autor, así que para que supiéramos cuál era nos la tarareó por escrito: «Es esa de tarará tara tararará rará tarí taró tarirariraró ro...». Tal cual, un pliego y medio así. Nunca supimos a qué canción se refería.

Se conoce que mi madre, que trabajó desde muy niña en el teatro, aprendía frases de las funciones y luego las soltaba. Decía cosas muy bonitas. Por ejemplo, cuando había cualquier pequeña discusión doméstica ella decía: «Haya paz entre los príncipes cristianos». Yo siempre pensé que era de mi madre hasta que hace no muchos años, vivía aún José María Rodero, se la oí a este magnífico actor en una representación de *Las mocedades del Cid*. Otra cosa que le gustaba decir cuando nos veía muy pensativo a alguno era: «¡Ah, soliloquio del alma afligida!». Ésta, a día de hoy, no sé de qué obra es. A mí me hacía especial gracia cuando te llamaba y no le contestabas, que te decía: «Sólo el eco respondió a sus voces».

A diferencia de mi padre que de joven fue escribiente y empaquetador en una carbonería y había desarrollado una ortografía perfecta y una letra muy bonita, que le permitieron escribir un montón de bellísimas cartas de amor a mi madre —cartas que pude leer cuando las encontré a la muerte de mi padre para avergonzarme, casi de inmediato, por romper esa intimidad—, así como también él aprendió del teatro y sus textos una más que lucida cultura; doña Matilde tomó del teatro lo que quiso y lo que pudo. Pero era lista, rápida, muy bruta porque soltaba por su boca lo primero que se le pasaba por la cabeza pero muy viva. Nunca la vi equivocarse respecto a alguien, podía tener falta de tacto pero no de juicio. No lo hacía con malicia pero, a veces, resultaba demoledora.

Sentía adoración por sus hijos. Juan fue siempre una fuente de satisfacciones por su brillantez. En mí admiraba, creo, la educación que ella no pudo tener. Cuando tuvo su momento de gran popularidad a raíz de *El último cuplé*, yo le escribí un texto tipo para los autógrafos, una cosa sin «b» ni «h» y esto la hizo muy feliz.

Don Rafael, mi padre, siempre me llamó «mi novia». Me decía que yo era dos. Al parecer era espiritualista, cosa que me contaron luego otras personas, y había incluso inventado una especie de aparato de escritura automática. También junto a su compañero don José Vivó, apagaron y encendieron las luces del teatro Arriaga de Bilbao durante sesiones espiritistas. Quizá haya heredado de él ciertas habilidades e interés por lo esotérico.

Cuando se casaron mi madre tenía apenas dieciocho años y parecía tener aún menos. Mi padre le sacaba doce. Tras la ceremonia se fueron en tren a Zaragoza, donde estaban contratados, y durante el viaje Matilde no hacía sino pedirle un besito a Rafael, a lo que éste contestaba siempre con un «calla nena» y algún mimo, cortado por la presencia en el compartimiento de un cura. El mismo cura que antes de bajarse lo felicitó por la dulzura con la que trataba a su hija.

Tuvieron una primera hija, Matildita, que murió de una cosa que entonces se llamaba «colerín infantil» y luego mi madre cogió el tifus. Estuvo tan grave que llegaron a hacerle el ataúd para enterrarla. Sobrevivió y se embarcó con mi padre para América, adonde iban de gira. Parece ser que en el barco se montaron unas partidas de pinacle, juego al que mi padre tenía gran afición, y que en ellas participaba un señor asturiano que llevaba un montón de dinero para montar una fábrica de sidra en Argentina. Entre mi padre, el pínchale y dos bailarinas de una compañía de revista que viajaban en el barco desplumaron al buen señor, que llegó a Buenos Aires desesperado y con lo puesto. Mi madre, que no veía el pelo a mi padre, afanado en los naipes, bajó un día a buscarle. «Matildita —le explicó mi padre—, ¿tú crees que esos helados que te comes salen de la nómina? No, mujer, salen de lo que le estoy ganando al señor de la sidra. Tú sigue disfrutando del viaje, que yo tengo que seguir ganando para que así sea.» En fin.

Mi hermano Juan asistió en la Puerta de Sol, subido en los hombros de mi padre, a la proclamación de la Segunda República. Nunca lo olvidó.

Matildita, la primera hija, murió y mis padres decidieron evitar tal nombre para su segunda hija, a la que llamaron Pilar.

Dado que ésta también murió y que a mí me pusieron, entre otros, Pilar Matilde, yo siempre discutí con mis padres que aquello no era acertado y que reducía mis posibilidades de supervivencia. Nunca me gustaron los nombres compuestos. A mi primer hijo lo tuvimos boca abajo sobre la pila hasta que se puso morado, discutiendo su padre y yo contra la opinión de sus abuelas.

—Carlos, sólo Carlos —decíamos nosotros.

—Pero ¿cómo sólo Carlos? Ponedle Carlos María al menos —protestaban las abuelas.

—¡Que no, que sólo Carlos!

Y el niño cada vez más rojo. Al final nos salimos con la nuestra. Con Mónica no hubo manera de evitar el obligado María, que en aquella época no tan lejana debía acompañar cualquier nombre de mujer... Y Javier, el Javier actor, se llama Javier Ángel porque el día 1 de marzo es el Ángel de la Guarda y, ahí sí, mi suegra me pidió por caridad cristiana que dado que había muerto otro Javierito antes le pusiera Javier Ángel.

Mis padres aparecerán muchas veces, casi constantemente, a lo largo de gran parte de estas memorias porque fueron una presencia fundamental en mi vida. Yo he pasado del amor a mi padre, le amé y le amo porque fue un hombre maravilloso, a la absoluta idolatría por doña Matilde. A medida que he ido creciendo como ser humano he sabido apreciar su increíble personalidad, ¡qué luchadora!, y los sacrificios que hizo para darme una vida mejor que la suya. Esfuerzos enormes que siempre escondió tras una sonrisa, con esa manera de ser extrovertida que parecía decir ¡nunca pasa nada!

Una de las últimas cosas que le dije a mi madre fue: «Daría mi vida por que mis hijos me quisieran la mitad de lo que yo te quiero a ti».

14

¿Quién es Pilar Bardem?

La llegada a la universidad, vista con la perspectiva del tiempo, no me supuso ninguna conmoción política. Primero, insisto, por el silencio que lo cubría todo como una manta, nadie hablaba de esas cosas ni allí ni fuera. Y segundo porque la minoría de chicas que empezábamos medicina no teníamos el menor contacto con la facultad de políticas de San Bernardo, único foco de alguna —tampoco mucha— agitación.

Yo empiezo medicina porque tengo el deseo real de marcharme con la madre Teresa de Calcuta y quiero aportar el bagaje de unos estudios que sean útiles en las misiones. La decisión la había tomado hacía dos años, antes incluso de iniciar el Preu, cuando visitaba el Cotolengo y la Ventilla. El padre Sthaellin, ya lo he contado, no tenía muy buena opinión de las monjas de clausura o de las dedicadas a la enseñanza de señoritas, pero se deshacía en elogios hacia la labor de las misioneras. Sin duda esto me influyó y yo veía la labor misionera como el molde perfecto donde verter el ansia de sacrificio y el amor a los niños que, lo digo sin sonrojo, me devoraba. Yo estudié medicina por eso, porque quería ser útil y no sólo una buena persona.

El primer año de medicina era común con ciencias, así que allí estábamos con los de físicas, químicas y exactas. Aquello me desilusionó mucho porque yo esperaba estar curando gente más o menos a la semana de entrar. Además me encontré de frente con mi gran enemiga, la física. La odiaba y con ella ocurrió lo peor que podía ocurrir. Éramos cuatro chicas en el primer curso: María Victoria, compañera mía del colegio e hija de médico, que acabó la carrera y ejerce; una chica muy guapa que luego se descubrió, porque se enamoró locamente un muchacho de ella, que era una monja javeriana, la primera orden que permitía a sus miembros ir de seglar por la calle, con su falda, su blusa y chaquetita; otra chica de Toledo que lo dejó por problemas familiares nada más entrar y yo. Estando pues esperando el inicio de la primera clase de física entablamos conversación con un chico andaluz que nos contó que se había venido a Madrid huyendo de un profesor de allí, con el que no había manera de aprobar. En éstas estábamos cuando entró un bedel y nos comunicó que la asignatura ya no la impartiría el profesor Palacios, que se acababa de jubilar y que le sustituiría el profesor Bru. El chico de Sevilla se puso blanco y se desmayó. Era el profesor de Sevilla. El tal Bru, al césar lo que es del césar, era un tipo muy pintón, guapo, y él lo sabía. Puso a las chicas, o sea, a nosotras tres, en la primera fila y nos colmó de simpatías y galanuras. Todo perfecto salvo el pequeño detalle de que era imposible aprobar con él. En vista de lo mal que llevábamos la física, María Victoria y yo decidimos tomar clases particulares en casa y buscamos, en el tablón de anuncios de los jesuitas de Serrano, un estudiante que nos las diera. ¡Oh, casualidad! El joven que se nos presentó era un tal Bru, sobrino del fatídico guaperas, que nos rogó encarecidamente que su tío no se enterase de que estaba dando clases particulares. A su vez mi amiga Janusa estudiaba filosofía y letras y se había hecho íntima de una compañera que no tardó en presentarnos. Era Margarita Bru, hija del profesor Bru. Consecuencia, un día en clase...

—¿Quién es Pilar Bardem? —preguntó el profesor Bru.

—Yo —contesté con la voz trémula. Éramos tres, así que a ver si no sabía quién era yo.

—No piense usted que por hacer amistad con la familia le voy a aprobar —me dijo delante de toda la clase, recreándose en la suerte—. Yo no admito recomendaciones.

Lo acabé de arreglar protestando la calificación de un examen, lo cual no mejoró en absoluto nuestra relación. Consideré que había sido objeto de una injusticia y protesté como he hecho toda mi vida. Nada se resuelve callando, ni ante un suspenso injusto ni ante un despido o un maltrato. Sólo denunciando lo que está mal podemos empezar a arreglarlo. Así lo he creído siempre y he actuado en consecuencia.

Otro profesor que recuerdo era el de biología, asignatura que me gustaba mucho quizá porque la veía más próxima a la medicina, el profesor Socias. Era un tipo algo petulante y que tenía un ayudante, creo recordar que con un defecto físico, al que anulaba, insultaba y menospreciaba ante todo el mundo. Socias gustaba de ponerle en ridículo a la menor ocasión y podía ser muy cruel.

Un día Socias nos dijo que se había roto una bombilla del laboratorio y nos pidió a cada alumno 0,50 céntimos para reponerla. Ante el estupor de propios y extraños yo me levanté como por un resorte y dije que a 0,50 céntimos por alumno podíamos poner alumbrado nuevo a toda la universidad. Socias me miró en silencio, calibrando la amenaza de revuelta.

—Su nombre.

—Pilar Bardem Muñoz.

—¿Es usted delegada de curso?

—No, no sabía que existiese un delegado de curso.

—Muy bien. Siéntese.

Esto fue determinante para que en junio suspendiera biología, la asignatura que llevaba mejor preparada. Prueba de ello es que todos a los que pasé mi examen para que copiaran sacaron un sobresaliente. Aquélla era una sociedad autoritaria, fascista, en la que la discrepancia siempre se castigaba según su importancia: suspensos, marginación, despidos, cárcel o exilio. Muerte, incluso.

Cuando llegué en septiembre a examinarme me encontré al ayudante en la puerta del aula. Me dijo que él haría el examen porque el profesor Socias había muerto —se tragó un trasplante de amebas al aspirar por una pipeta— que mi examen de junio estaba perfecto y el difunto me había cargado por lo de la bombilla, así que si no quería repetir la prueba no hacía falta. Se lo agradecí de todo corazón pero traía la asignatura tan bien preparada que quería hacer el examen. Saqué muy buena nota.

Este año 57 fue cuando yo, un 24 de octubre, hice pellas y me fui a ver a Amelia y a Magdalena, que estudiaban económicas, a su facultad. Tenía yo dieciocho añitos. Ese día conocí a quien sería luego mi novio, mi marido y el padre de mis tres hijos. Así que empecé el segundo año llena de ilusiones y proyectos: era novia, era maniquí y era estudiante para médico y misionera. Una mezcolanza extraña en la que la vida empezaba a tirar de mí y alejarme de mis sueños infantiles. ¡Ahora veo cuánta confusión y amor mal canalizado había en ellos!

En segundo año empezamos anatomía y con ella las bromas pesadas —dedos dentro de bocadillos, por ejemplo—, los copazos para aguantar las disecciones y el olor a formol. Recuerdo las historias, que no sé por qué a mí me recuerdan a Poe, del profesor que donó el cuerpo de su hija o la del estudiante frío que sólo se impresionó cuando tuvo que diseccionar un brazo en cuya mano llevaba un anillo —cosa extraña porque solían despojarlos— y únicamente entonces comprendió que aquello era parte de un ser humano, de una vida. Esa mano había acariciado, trabajado, golpeado... El estudiante se derrumbó en plena clase de anatomía.

Yo también empecé a dudar. ¿Para qué iba a ser médico si ya no quería ir a las misiones? Mi meta en la vida había cambiado, ahora lo que deseaba era casarme para tener hijos. Abandoné la carrera ante el disgusto enorme de mi hermano Juan —creo que fue la primera y última vez que me echó una bronca tan grande— y del padre de mi amiga Paloma, un doctor muy famoso que tenía el siguiente y valleinclanesco lema: «En la vida hay que ser católico, español, médico y madridista». A su hija Paloma, que era la guapa de la pandilla, su padre no le permitía salir con nadie que no cumpliera las cuatro condiciones.

Paloma se enamoró de Francisco Javier, quien cumplía tales exigencias salvo la de médico porque era el hijo del dueño de la gestoría Toledo, así que durante su noviazgo o gran parte de él, Francisco Javier me escribía a mí las cartas de amor y yo luego se las leía a Paloma, siendo yo una especie de Cyrano de Bergerac a la inversa. Bien, el día que el padre acabó enterándose me llevó a su presencia y me reprendió muy severamente, aunque dijo que me perdonaba por ser yo estudiante de medicina. Le contesté que estaba pensando abandonar la carrera y ahí sí, me dijo de todo. Parecía molestarle más eso que el enamoramiento de su hija. En cualquier caso, Paloma y Francisco Javier contrajeron matrimonio —y fueron muy felices— y yo dejé los estudios.

Volvamos al 24 de octubre de 1957 y mis novillos. Fui a la facultad de San Bernardo, donde estaban los de políticas y económicas. Como llegué muy pronto me puse a hablar con un bedel del que me había hecho amiga en anteriores visitas. Proféticamente, se llamaba Celestino. La vida siempre nos manda avisos y señales, sólo hay que pararse a descifrarlos. En fin. Estaba sentada con Celestino cuando apareció un hombre alto, uno noventa y dos exactamente, joven pero mayor —yo tenía dieciocho y él veintitantos—, un señor. Venía a hablar con Celestino sobre un cocidito que se había jugado al mus y que el bedel había perdido. Quedaron para comérselo en una tasca de Noviciado y Celestino dijo que él iría con su mujer, a lo que el hombre alto contestó que entonces él no podía ir solo, que se aburriría y me preguntó si no le acompañaría. Enseguida saltó Celestino hablando maravillas de mí, de lo buena chica y lo seria que era, lo que no deja de ser peculiar porque a mí no me conocía de otra cosa que de hacer novillos. Allí que me fui a comer cocido con Celestino, su señora y el susodicho: José Carlos Encinas Doussinague. Yo enseguida decidí que se llamaba Carlos, ya he dicho que odio los nombres compuestos.

Fuimos a la salida a buscar a Amelia y Magdalena porque él me convidó a su casa, según me dijo, en el Niño Jesús a escuchar unos discos de la Piaf y de Brassens. Yo dije que sin mis amigas yo no iba a ningún sitio. Las esperamos y nos fuimos todos al piso del Niño Jesús, que evidentemente no era su casa y estaba lleno de vasos sucios y restos de patatas fritas. A la vista del panorama nosotras tres, que éramos muy pías y de comunión diaria, nos miramos aterrorizadas, pensando que estábamos en un verdadero nido de pecado y concupiscencia. Él puso sus discos, hizo una llamada, sonó el timbre de la puerta y aparecieron dos amigos suyos. Tres para tres. Pusieron otros discos y nos invitaron a bailar, a lo que las tres al unísono respondimos: «¡Nosotras no bailamos!». Vamos, que en cuanto se activaron las alarmas nos salió de inmediato la programación de toda una vida en las monjas del Loreto, de carteles en los que se veía a una chica bailando agarrada con el diablo, rojo con rabo y cuernos, y la leyenda: «Joven, diviértete de otra manera». No se criaba una en la España del Nacional Catolicismo para ponerse a bailar así sin más, ¡con canciones francesas!, a la primera de cambio. Creo que hasta olimos azufre en aquel piso. Derivamos el asunto a una cháchara inocente.

Carlos me contó que su padre era ganadero y me preguntó si me gustaría ir a ver sus toros a Salamanca. Yo contesté que sí, sin reparar dados mis nulos conocimientos de geografía que, en aquellos tiempos, ir a Salamanca suponía hacer noche allí. Así que tanto hacerme la pura y la casta con lo del baile, tiré mi imagen por los suelos por puro desconocimiento geográfico al darle a entender que pasaría gustosa una noche por ahí con él. Si es que hay que estudiar, yo siempre lo he dicho. Carlos me contó ya de novios la confusión que le produjo aquel sí al posible viaje. Acabó la tarde y cada uno de los chicos acompañó a una de nosotras. A mí me llevó Carlos a casa en un taxi y al despedirnos me besó. Yo casi me desmayé, ¡me besó en público y en nuestra primera cita, si es que aquello era una cita! Además me besó con lengua y eso me dio un asco horroroso. Nadie lo había hecho nunca, ni siquiera en la boca. Yo estaba convencida de que los besos eran como en el cine, juntando los labios con fuerza y ya está. Luego venía el rapto amoroso, quién sabe si un pequeño desmayo. Lo de la lengua fue para mí un descubrimiento repugnante. Carlos era muy listo —luego descubrí que yo era, putas aparte, su novia formal número trece—, así que a partir de ese día, en citas posteriores, estuvimos mucho tiempo haciendo manitas y despidiéndonos con besos de lo más castos.

Se había dado perfectamente cuenta de mi susto y tuvo la paciencia de ir besándome la mano y las mejillas hasta que, naturaleza manda, se despertó mi sexualidad y yo misma busqué sus labios y su lengua. Una, muchas veces, extrayendo siempre placer de sus besos sabios.

Desde aquel primer día empecé a ver a Carlos casi a diario, él me presentó a sus amigos y yo los hice míos. Recuerdo especialmente al Cristo, parecía totalmente pintado por El Greco, y al Papa, un tío muy simpático que se había doctorado en historia del papado y sabía más que nadie de tan apasionante materia. Eran un grupito singular.

Fue con Carlos y en San Bernardo cuando vi, en el patio que hacía de Paraninfo, agitarse y gritar a algunos chicos pidiendo que las cosas cambiaran. Fue la primera vez que oí gritar la palabra «libertad» y, en consecuencia, la primera también que vi actuar a los grises. Gritar libertad y aparecer ellos era todo uno. Entraban en la facultad un día sí y otro también, luego venían las carreras por San Bernardo hasta Gran Vía. Yo no participé en ellas, las veía pegadita a Carlos a través de los cristales de los bares y sus anuncios multicolores de cocidos y bocadillos de calamares, superpuestos a las carreras, los gritos y los porrazos de la calle. Yo no era una persona activa en aquel momento pero lo que veía me hacía plantearme muchas dudas, ofendía mi sentido innato de la justicia. Esos hombres con cascos y botas, uniformados y con porras en la mano, ¿por qué pegaban a los chicos? ¿Por pedir libertad? ¿Por hablar? A los jóvenes de ahora les puede resultar un ejercicio de abstracción imposible imaginarse una España en la que te pegaban y te detenían por hablar con otras personas en la calle, por pedir libertad. Para ellos expresar su opinión es algo tan natural como girar la llave del grifo y que caiga agua por la canilla. No siempre fue así, por eso creo que nunca se ha de callar y dejar que el silencio aliente la injusticia. Hay que hablar, gritar siempre contra los que quieren callarnos, contra los que no quieren oír otras voces e ideas que las suyas. Contra los que nos mienten para aferrarse al poder. Contra el terror, venga de donde venga. Contra el silencio. Costó mucho romperlo. Hablad, gritad, votad, salid a la calle. Así se conserva la libertad.

Ya he dicho que no tomé parte activa en aquellas primeras demandas pero, sin duda, iniciaron en mí un proceso de cambio. Los que gritaban pidiendo libertad y justicia social, gritaban contra la pobreza que, a mi modo, yo había querido combatir en la Ventilla y el Cotolengo. Gritaban contra los que detenían a mi hermano —¡el mejor hermano del mundo!— por rojo. Aquellos que gritaban y corrían lo hacían contra injusticias que me resultaban cada vez más evidentes: el hambre, la corrupción y el estraperlo, mi padre robando ramas en un parque y mi madre comprando uno o dos huevos a precio de oro. Yo conocía la España oficial, la de la Victoria y los Años de Paz, la que me contaban a diario las monjas. ¡Cantaba en el coro y era Hija de María! Pero también había visto de primera mano la otra media España, la que sustentaba a la otra mitad con su derrota interminable, con su humillación y su pobreza. Esos chicos que protestaban no hacían sino poner en frases políticas lo que yo había sentido durante mucho tiempo. Se despertó en mí una inquietud social y política que fue inmediatamente alentada por Carlos con todo tipo de lecturas. Tenía una cultura vastísima y fue el hombre que me enseñó a leer. Mi novio y luego mi marido tenía el vicio, entre otros aunque éste positivo, de los libros. Daba igual que no hubiera dinero para nada, él pasaba por delante de una librería, entraba en ella y no salía sin tres o cuatro libros. Los adoraba, tanto el objeto en sí como el conocimiento que encerraban, porque Carlos no sólo compraba libros —mucha gente lo hace— sino que ¡se los leía todos! Ya de novios vendió una biblioteca entera para sacar a un amigo de la cárcel, un gesto maravilloso. Ya de casados, en Canarias, nos embargaron por culpa de otra biblioteca.

En aquellos días contacté con unos amigos de Janusa, gente de derecho y filosofía, que habían formado un grupo de teatro. No eran del famoso TEU, éstos iban por libre. Eran gente bien, supongo que de derechas porque ensayábamos en unas casas maravillosas y enormes por la Castellana. Janusa les debió contar que mis padres eran actores, así que de buenas a primeras me propusieron protagonizar *A Electra le sienta bien el luto*, de Eugene O'Neill. Dicho y hecho, la montamos y la estrenamos en el Paraninfo de filosofía y letras. Yo sabía perfectamente que estábamos perpetrando un crimen con la obra. No sé cómo me oían a mí los demás, pero yo a ellos les oía fatal. Eso sí, mala actriz pero guapa porque dado que me sentaba bien el luto me alquilé para la representación un traje negro, precioso, que Marta Santaolalla —una cantante estupenda— utilizó para *La viuda alegre*. Como actriz estuve horrorosa, ya digo, pero mona, monísima.

Al poco tiempo, estando ya con Carlos, contactamos con otro grupo que dirigía Javier Laffleur y en el que estaban Carlos Ballesteros, Rosa Álvarez, Margarita Calahorra, Roberto Llamas... León Revuelta se encargaba de los decorados. Gente maravillosa. Se denominaban Los Independientes y hacían honor al nombre porque no se podía, y entonces menos, hacer teatro más independiente que aquél. Allí empecé a ver una calidad en los montajes y, sobre todo, una ambición que me gustó. Javier Laffleur era un director maravilloso, imaginativo, lleno de ideas fantásticas. Vi al magnífico Roberto Llamas y a Rosa Álvarez haciendo *Esperando a Godot*, de Beckett, cosas de Ionesco. Todo era teatro absolutamente vanguardista y hecho con los mínimos medios, dado que estos montajes sólo se representaban un día. En aquellos días había una escena teatral universitaria muy animada. En el TEU estaba Gustavo Pérez Puig, que montó *Tres sombreros de copa*, de Miguel Mihura, con Juanjo Menéndez.

También estrenó *Escuadra hacia la muerte* de Alfonso Sastre. El TEU, eso sí, estaba más oficializado y manejado por la Falange que otros grupos. ¡Claro que a ver qué no estaba manejado por la Falange en aquellos días! Los demás, nosotros por ejemplo, éramos unos loquitos que hacíamos teatro vanguardista y sobre todo inédito con más coraje que medios.

Es curioso que por entonces yo no me planteaba ser actriz. Había conocido a Carlos y mi idea era casarme y cumplir mi sueño de tener hijos, dejar medicina. Pese a haberme criado en teatros, o quizá por ello, nunca pensé en mí misma como actriz. Es algo que les suele pasar a los hijos de los cómicos, ni ellos quieren seguir ni sus padres que continúen con la tradición familiar y, sin embargo, finalmente pocos se escapan al embrujo del escenario o la cámara. A la magia de ser muchos, de ser otros.

El ambiente en Los Independientes era estupendo y me fui metiendo cada vez más en el grupo. Javier me ofreció protagonizar el montaje de *El paraíso de los imprudentes*. Los estrenamos con fausto y esplendor en el teatro Eslava porque el autor era un diplomático americano que pagó y llevó a todos sus conocidos de la *high society*. Yo me cambié en el camerino de una de las bailarinas, María Luisa Merlo, del ballet de *Te espero en el Eslava* y que era amiga mía porque había dado clases de piano con mi tía Nati. El estreno fue movidito. En aquellos tiempos cuando en el texto pasaba algo malo, como un adulterio o cualquier situación promiscua, la acción se situaba automáticamente en el extranjero, fuera de la católica España. Yo me convertí, por tanto, en una chica francesa, malvada, alocada y con un toque de *femme fatale*. Vamos, un tipo de señorita que, al parecer, no entraba en lo posible que fuera española. Recordemos que en este país el adulterio de *Mogambo* lo quisieron ocultar haciendo hermanos a Grace Kelly y a su marido. Lo único que consiguieron fue darle un toque mucho más perverso y confuso a la película. Volviendo a nuestro montaje, en él estaban también Carlos Ballesteros, Manolito Gil y Anna Farra. Todo discurría en una especie de buhardilla y en aquel decorado había, ¡oh, sorpresa!, una bandera comunista. Se alzó el telón y lo siguiente es que alguien llamó a la policía y en cinco minutos llegaron los grises. Gran discusión, que eso no podía ser, que la representación quedaba inmediatamente suspendida... Entre el diplomático y Javier consiguieron convencerles de que nos dejaran terminar el primer acto, que si el teatro estaba lleno, la gente sentada y aquello iba a ser un escándalo, que si había importantes invitados, damas de la aristocracia... Javier les aseguró que nada más caer el telón tras el primer acto quitaría la bandera, que era una banderita muy pequeña y que por supuesto no aparecería más. Lo que no les explicó es que según el propio texto la banderita desaparecía al final del primer acto. Ahí estuvo muy listo, les coló la bandera y respetó la integridad del texto.

A todo esto, en un palco y asistiendo a mi estreno en un teatro como el Eslava, con público y grises de la porra, estaban las Sampedro. Allí aguantaron carros y carretas, no entendían nada, hasta que Carlitos Ballesteros me decía: «¡Calla zorra, mujer caliente!»; momento tras el cual mi madre y sus hermanas abandonaron el teatro en estampida al grito de «¡Jesús, qué cosas le dicen a la niña!».

Pese a todo yo lo viví como un gran éxito personal. Resulta que entre el público estaba Fernando Rey que luego, cuando llegó a México para rodar *Sonatas*, le dijo a mi hermano lo buena actriz que yo le había parecido y Juan me escribió una carta maravillosa felicitándome por mi incorporación a la tradición familiar. Sin embargo fue mi última interpretación para Los Independientes de Laffleur, los montajes eran cada vez más esporádicos y difíciles de estrenar.

Mi vida corría en otra dirección.

15

El demonio y la carne

El 10 de marzo de 1958 fue un día muy importante en mi vida, ocurrió una de esas cosas que marcan un antes y un después. Ese día salí con Carlos y sus amigos a celebrar que habían aprobado un examen de economía. El festejo consistió en que a cada dos vinos, nos clavábamos todos un tercero brindando a la salud de Adam Smith, «padre de la economía moderna». Los brindis fueron muchos, el señor Smith desde dondequiera que esté debió de sentirse muy honrado. Yo iba con el estómago vacío y la borrachera que agarré fue de órdago. Me sentía muy mal y además tenía que volver pronto a casa, no ya por la cosa de la decencia —que también— sino porque tenía que acompañar a mi madre al estreno, en el Carlos III, de *Julia y el celacanto*, película protagonizada por Concha Velasco y Tony Leblanc. Así pues, mis bascas y yo nos subimos con Carlos en un taxi camino de Lope de Rueda, pero fue sentarme en el coche y empezar a darme todo vueltas. Mi novio hizo lo que todos los novios, se puso muy nervioso y empezó a regañarme y a decirme que no se me ocurriera vomitar allí.

Paró el taxi y pagó mientras yo salía despavorida tapándome la boca, camino de una cafetería que había junto a la joyería Alexandre en la esquina de Gran Vía con Montera —hoy, desgraciadamente, es un McDonald's—, bajé a los servicios y empecé a vomitar. Se me acercó la señora de los lavabos, entonces siempre había una.

—Pobrecita, es usted primeriza —me dijo.

La buena mujer pensó que yo estaba embarazada, en aquellos tiempos era la única explicación para los mareos de una chica joven y bien a esas horas de la tarde. Un embarazo.

Cuando salí, ya más despejada, a reunirme con Carlos en la puerta de la cafetería, empezó a lloviznar. Él tuvo la feliz idea de hacerme levantar la cara al cielo para que las gotas me refrescasen. En eso estábamos cuando de la llovizna pasamos a la nevada del siglo, un 10 de marzo. La gente corría pero nosotros seguíamos allí mirando al cielo. Carlos estaba también un poco perjudicado e insistió en que nos mantuviéramos bajo la nevada. Yo me empapé y así no podía ir al estreno. Decidimos pasar por su casa, en la plaza de Chueca, para secarnos. Allí estaba su madre, doña Flora, quien tenía la sana costumbre de irse todos los días a la bendición, a eso de las siete de la tarde, en la iglesia de San José. La costumbre era, como digo, muy sana y muy católica pero el diablo no descansa nunca, que dirían mis monjitas. Años más tarde lo discutí con la misma Flora, ¿cómo era posible que dejara solos en aquella casa a dos jóvenes, enamorados y con las ropas empapadas, para irse tranquilamente a la bendición?

Ocurrió lo inevitable, aquel 10 de marzo de 1958 perdí la virginidad. Yo ya había descubierto con Carlos lo bonito de besarse y abrazarse, de tocarse y demás, pero nunca habíamos llegado a la penetración. No resultó agradable. Perdí la virginidad en un sofá de cuero marrón, de la forma más tonta. Quedé bien porque sangré un poquito, para susto de ambos, pero la rotura de mi himen me supuso una hecatombe personal. No podía asumir mi tránsito de ser una chica absolutamente religiosa, de comunión y misa diaria, a una perdida condenada por toda la eternidad. Las monjas nos martillearon toda la infancia con esa simple ecuación: pérdida de la virginidad igual a condenación eterna. Yo no entendía nada, sentía una culpa espantosa y que el mundo, mi mundo, se derrumbaba.

Llamé a mi madre para decirle que iba directamente al estreno —las medias estaban aún puestas a secar— y que nos veíamos allí. La película no la recuerdo. Yo no hacía más que darle vueltas a lo ocurrido y, sobre todo, miraba de reojo a mi madre. «¡Dios mío —pensaba—, si esta mujer supiera lo que me ha pasado se moría del disgusto!» Creí, equivocadamente, que yo era la única mujer del mundo que había perdido su virginidad así, deprisa y corriendo, aún mareada, con el novio en un sofá. No tenía a nadie con quien hablar de esto, no podía hacerlo siquiera con mis amigas. No me atrevía. Ante semejante desastre lo que hice fue ir, al día siguiente y tras una noche en vela en la que pude sentir el fuego del infierno quemándome la piel, a confesarme con el penitenciario de San Francisco el Grande. Éste era un sacerdote investido con la capacidad de absolverte de pecados que otros curas no podían. Una especie de confesor de guardia para perdonar pecados terribles. A grandes males, grandes remedios.

Yo salí del metro de Sol corriendo, llorando horrorizada por el pecado que manchaba mi alma. Allí, en Sol, me atropelló un taxi, poquito pero me dio. Creo que se asustó más el taxista que yo, pero no lo sé porque salí de allí corriendo y llorando como una Magdalena. El penitenciario no estaba en el confesionario. Tenías que tocar un timbre, el cura aparecía, entraba en uno y te escuchaba los pecados horribles que hubieras cometido... Aquí un inciso. Yo siempre he tenido problemas de audición y tenía que confesar en el lugar de los hombres, de frente al cura para verle los labios y no arrodillada en un lateral como hacen las mujeres. Por eso pude ver la cara de estupor de aquel hombre cuando le dije que había perdido la virginidad, sin más, y él se dio cuenta de que eso era todo. Que simplemente por eso había cruzado Madrid llorando y recurrido al penitenciario. Me tranquilizó y me dio la absolución. Yo sentí que me escapaba por los pelos del infierno y que mi alma se tornaba ligera otra vez. Nieve casi sin pisar por los hombres y el mundo.

Visto que la cosa no era tan terrible y las facilidades que nos daba doña Flora, con lo de irse a la bendición, una vez despierta nuestra sexualidad —la mía porque él ya había hecho sus cosas—, aquello se convirtió en un hábito muy placentero. Yo caí en un trasiego interminable entre el placer y la culpa, entre la cama y el confesionario. Pecar y confesar, pecar y confesar... Seguí en esta confusión un tiempo, hasta que hablé ¡cómo no! con un jesuita. No, esta vez no fue el padre Sthaellin, me sentía demasiado sucia para contárselo. Sentía un miedo irracional a defraudarle, a que pensara que finalmente le había fallado. Él había conocido y guiado a una chica extremadamente espiritual, dispuesta al martirio, y yo pensé que comprendería mal mi súbita transformación en una perdida, poco menos que una mujer de la calle.

Carlos estaba haciendo ICADE en los Luises y allí conocí a varios jesuitas, los padres Díaz Alegría y Garralda entre ellos, con los que entablé amistad. Fue hablando con uno de aquellos jesuitas de pie en un pasillo, lejos de un confesionario, cuando le comenté mi angustioso problema. Me dijo algo que me impresionó.

—No te confieses más. Sin haberos casado vosotros ya sois un matrimonio y actuáis como tal.

La educación que te daban era culpable de aquella esquizofrenia. Luego lo he comentado con amigas de aquella época y mujeres de mi edad. Para todas, la pérdida de la virginidad, el descubrimiento del sexo, fue algo traumático. Empezaban por enseñarte que un beso en la boca, ¡ni mencionar el asunto de la lengua!, era pecado mortal. Vivíamos en una ignorancia absoluta del sexo y de nuestro propio cuerpo. De la virginidad te hablaban constantemente, pero siempre como si de algo abstracto, casi una cualidad espiritual, se tratase. Ni la más mínima referencia o información fisiológica: ¿Qué era el himen? ¿Qué pasaba cuando se rompía?... Pues nada, que te llevabas un susto horroroso al que había que sumar la repentina seguridad de que al abrir las piernas también te habías abierto las puertas del infierno. Existía una demonización total del sexo que convertía el hecho de perder la virginidad en algo terrorífico y asqueroso, porque no sólo no te daban información sino que la poca que te daban era exagerada y tendenciosa: dolor insoportable y mares de sangre era lo que podías esperar. Entonces claro, cuando descubres tu propia sexualidad te das cuenta de que es algo muy agradable pero chocas con todo lo que te han enseñado. Como niña y luego adolescente solitaria, yo me pasaba la vida preguntándome cosas, formulando mis particulares silogismos: si todos los rojos eran unos canallas y mi hermano era rojo, ¿era mi hermano un canalla? No, no lo era, así que quizá no todos los rojos fueran unos monstruos. Si todo lo del sexo era pecado y una guarrería asquerosa pero estar con el novio era algo gratificante y hermosísimo, alguien me había mentido tanto respecto a esto como a lo de los rojos con cuernos y rabo. Me sentía confusa, engañada, nada valía todo lo que durante años me habían enseñado, las creencias que me habían conformado como ser humano. Y la culpa, sobre todo la culpa. Tuve que revivir todas estas sensaciones años más tarde, las cosas no cambian tan fácilmente y las ideas de la gente menos tras cuarenta años de paz franquista y de ultracatolicismo. Fue durante el proceso de mi separación ante el tribunal eclesiástico, en la calle de la Pasa. Allí me interrogaron de forma morbosa acerca de mi sexualidad. Si cuando era una jovencita hablar de aquello me asustaba, ya de mujer y con tres hijos tener que dar explicaciones sobre mi vida marital me resultó desagradable y ofensivo.

Aquellas primeras protestas y carreras que presencié, la anterior detención de Juan y el trauma terrible de la pérdida de la virginidad fueron sucesivos aldabonazos en mi conciencia dormida. ¿Por qué? Yo me pasaba la vida preguntándome por qué. Mi personalidad se iba definiendo, perdiendo los juicios vaporosos de la infancia, las nociones ingenuas a golpes de vida. A la rebeldía innata frente a cualquier tipo de soberbia y de injusticia, se añadieron las dudas que surgían del choque entre las creencias y el mundo real. El sexo era pecado, pero también era gozoso. ¿Quiénes mentían? Los que me contaban o mis sentidos.

Otra vez el silencio, el lóbrego silencio. Había una asfixia moral y mental que condenaba al individuo a descubrir por sí solo, con todos los fallos que eso supone, los hechos de la vida y, en mi caso, elaborar un vocabulario propio donde la palabra «caridad» dejó paso a justicia social y pecado a libertad de pensamiento, alcanzada a través de la experiencia y el error. No podía estar bien una sociedad en la que comprar un condón era una aventura de película o algo parecido a ir a comprar drogas. Carlos se iba a un puesto de pipas donde había un señor que conocía a otro señor que te vendía las gomas sueltas. Eran tan caras y difíciles de conseguir que claro, al final no las usabas y todos recurríamos al famoso «bajarse en marcha». Así que al asunto de la condenación y la culpa, añadíamos el terror al infierno en vida que suponía un embarazo no deseado, algo que significaba la desgracia y la exclusión inmediata de la sociedad. Todo era pecado, todo estaba prohibido. ¡Si ir a misa sin el velo ya era un pecado venial! O ir al cine. Yo vi *Duelo al sol* porque siempre estuve enamorada de mi Gregorio Peck, pero como la película estaba clasificada 3R y por tanto desaconsejada para una jovencita como yo, nada más salir del cine corrí a confesarme. Otra vez se contradecían el gozo de ver la película y el pecado de hacerlo.

Como viví esto en mis carnes, luego siempre he estado a favor de la libertad y la información, de acuerdo con eso he educado a mis hijos. Pensando que darles datos era darles la capacidad de elegir y eso es precisamente la libertad.

16

Montañas nevadas, banderas al viento

El noviazgo con Carlos duró cuatro años exactos, yo le conocí el 24 de octubre de 1957 y nos casamos el 24 de octubre de 1961. Fue una época de rápida evolución personal, pasé de niña a mujer, de santa a pecadora, de la ignorancia o la despreocupación por lo que me rodeaba —y me hacía sufrir— a una progresiva toma de conciencia. Cambiaron mis metas, seguí un tiempo con los estudios de medicina pero ya sin la ilusión del comienzo. Ahora sólo quería casarme y tener mis hijos. También por entonces empecé a trabajar de maniquí y, poco después, a cantar. Es curioso, nunca he sido una mujer de hacer planes y he acabado haciendo muchas cosas. Ya era así en esos días, la vida me proponía cosas y yo aceptaba. ¿Por qué no? Fueron tiempos muy intensos, descubrí junto a Carlos y su entorno lo que era la vida. Por fin se rompía mi soledad infantil, encontraba gente joven, de mi edad, que me hablaban y con los que ¡oh, sorpresa! tenía mucho en común. El mundo se vuelve algo fascinante y la vida se mueve a mi alrededor, corre tanto que me cuesta alcanzarla. Me paso las horas entre estudiantes de la facultad de San Bernardo, la de Carlos, entro en las aulas como oyente y tengo el honor de asistir a las clases de un catedrático llamado don Manuel Fraga Iribarne. Un tipo ya bastante compulsivo en su manera de enseñar, tanto que cuando algún alumno le discutía su exposición, Fraga gustaba de quitarse la chaqueta y emplazarle en el claustro para arreglarlo todo a bofetadas. Lo de ¡la calle es mía! ya se veía venir. Lo lleva dentro. Corría una anécdota, puede que apócrifa, sobre él. Tenía don Manuel un ayudante de cátedra, un estudiante avanzado que vivía avasallado por él, al que avisó un día.

—El martes nos vamos a Salamanca en el tren de las diez de la mañana.

En efecto, tal día y hora llega don Manuel a la estación y se encuentra al ayudante con su maletilla esperándole.

—¿Usted qué hace aquí?

—Como usted dijo que nos íbamos a Salamanca... —le contesta sorprendido el ayudante.

—No. Nos, la cátedra. Usted no viene.

Siempre hay que desconfiar de la gente que habla de sí misma en tercera persona. Se consideran mejores que los demás. Aquélla era la España de los rangos, los carnés con yugos y flechas y la dichosa frase de ¡usted no sabe con quién está hablando! La división entre vencedores y vencidos contaminaba cualquier forma de trato social.

Para mí todo era nuevo y excitante. Conocí mundos singulares. Había, por ejemplo, una pensión en la Corredera Baja esquina con la calle de la Luna. La pensión Barcala. Allí vivían en plan la casa de la Troya pero a lo bestia, estudiantes, gentes de mal vivir y artistas del circo Price. Allí me encontré por primera vez con José Luis Coll, con el que jugábamos todas las tardes al mus en una tasca, el As de Oros, que había enfrente. Yo fui a la boda de José Luis, que recuerdo como una de las cosas más divertidas del mundo porque el viaje de la comitiva se hizo en metro. Alguien le había regalado un montón de billetes y allí que nos fuimos, novios y cortejo con nuestras mejores galas.

Recuerdo a otro estudiante. Se llamaba Matesanz y su ilusión era que lo metieran preso. Era el más beligerante y daba discursos en el claustro un día sí y otro también. Pronto consiguió lo que deseaba.

Íbamos a la piscina de la Playa de Madrid, una de las pocas que había. Vamos, que yo recuerde, en Madrid y pública sólo había otra, la del Parque Sindical y a ésa era imposible ir porque no cabía ni un alma. Su apertura daba inicio informativo al verano, siempre sacaban *ABC*, *El Alcázar* o *Arriba* unas portadas diciendo: «Ha llegado el verano. Los trabajadores disfrutan del sol en el Parque Sindical...». Era patético porque en las fotos no se veía nunca el agua, sólo un mar de cabezas.

Luego estaba la Playa de Madrid, en un recodo del Manzanares donde habían puesto arena. Allí iba con Carlos a bañarme. Fue también allí donde Carlos conoció a una chica muy guapa, que recordaba a la actriz francesa Marina Vlady, y algo debió de pasar entre ellos. Yo me di cuenta y tuvimos una bronca muy fuerte, nuestra relación se enfrió. Nos distanciamos, espaciamos los encuentros. En eso estábamos cuando Carlos se marchó a Begur, un pueblito de la Costa Brava. Se fue a un albergue de la Sección Femenina que durante el verano se usaba como colonia de vacaciones para chicos. Me llamó desde allí, me lloró y me dijo que me echaba mucho de menos, que por qué no iba a verle. Le perdoné, claro, y empecé otra vez a pergeñar el engaño a mi madre que me permitiera ir a reunirme con él. Le dije a doña Matilde que me iba a Bagur a completar el Servicio Social, del que yo ya había hecho parte durante el primer año de carrera, en las vacaciones de verano.

Todas las chicas de España teníamos que hacer el Servicio Social, a cuyo fin te daban una chapita azul con dos eses en blanco y una cartilla. Un susto y un pelín nazi el asunto. Te ibas a hacer el campamento a un sitio en el campo donde había vaquitas, dormitorios para quince o veinte y duchas al aire libre. Yo lo hice en San Rafael, en la sierra de Madrid. Allí te daban una cosa que se llamaba Formación del Espíritu Nacional. Te levantabas con el alba y te ibas a izar bandera, con tu uniforme que, creo recordar, se componía de una falda azul y una blusa blanca, mientras cantabas el «Cara al sol».

Yo conseguí librarme de cantarlo al poco tiempo de estar allí. Hablé con una jefa que teníamos, una señora que se llamaba Lula de Lara y que luego estuvo en las Cortes de Franco, y le dije que era un himno demasiado hermoso para cantarlo porque sí y que quienes no lo sintiésemos con toda el alma, quienes no fuéramos miembros de la Falange, no debíamos ofenderlo con nuestra tibieza. Aquello le pareció muy puesto en razón y me dijo que si no lo quería cantar pues nada, que no lo cantase.

Pasabas el tiempo entre clases de doctrina, verdaderamente surrealistas, y cantar cancioncillas. Siempre había alguna que tocaba la guitarra y se las sabía todas.

Nos daban clases: los puntos de José Antonio. El día que te daban suelta te tenías que ir a lavar a un hotel en San Rafael, pagando tú y haciendo cola, para quitarte la mugre acumulada durante el campamento. A las siete de la mañana con una vaca junto a la ducha, digamos que todas nos lavábamos más bien por encima y deprisita.

Había que hacer el Servicio Social para que luego te dieran el pasaporte; era el equivalente para todas las chicas solteras de España del servicio militar de los chicos. Aquello se complementaba luego con una cosa que se llamaba el LAC y que se hacía en Madrid. Yo aprobé el campamento, pensé que ya había tenido mi ración de montañas nevadas, banderas al viento, así que falsifiqué los sellos que me faltaban y me salté el LAC. Algún sello me debí dejar sin poner —¡Ah, la burocracia franquista con su pasión por los sellos, timbres, compulsas, la fe de bautismo y de penales. Nunca acababas de tenerlo todo, de ir a la última ventanilla!—, porque no conseguí el pasaporte hasta ser ya una mujer casada. Ilustrativo esto del país en que vivíamos: si eras soltera sólo te daban el pasaporte si habías realizado a la perfección tus bodas con el Estado franquista, el Servicio Social. En caso contrario, la mujer debía esperar a casarse para viajar bajo la tutela del hombre, del marido. En cualquier caso, social y culturalmente la mujer era considerada como una eterna menor de edad que necesitaba la aprobación sucesiva del padre, del Estado, del marido y, en caso de enviudar, de los hijos varones para algo tan elemental como poder desplazarse o, algo peor por ser más cotidiano en un país donde nadie viajaba, para poder tener una cuenta bancaria. Ni rastro de la igualdad que se consiguió durante la República. La mujer era en la España de Franco patrimonio de los hombres que la rodeaban y, sobre todo, del superhombre que nos jodía finalmente a todos sin distinción de sexos: el Estado. De aquellos polvos vienen estos lodos, la cosificación fascista de la mujer conduce directamente a una idea injusta y errónea de posesión en el hombre. Al triste «la maté porque era mía» que sufrimos a diario. Se respeta a un igual, no a una pertenencia. Así, el Estado fascista, en el que todos éramos pertenencias y para nada iguales, se prolongaba en los hogares a través de la relación matrimonial y paternofilial, convertido el hombre en pequeño caudillo de su familia. Las estructuras sociales y políticas cambian más rápido que las mentalidades y el resultado de esa contradicción son las decenas de mujeres asesinadas por sus maridos.

Recapitulemos: yo para irme a Begur a ver a Carlos le dije a mi madre que me iba un mes a un albergue de la Sección Femenina. A terminar el Servicio Social. Mi madre, que era muy lista y desconfiada, llamó para preguntar si allí había tal albergue y, evidentemente, le dijeron que sí. Yo no sé si eran imaginaciones mías, o mi mala conciencia por estar engañándola, pero a mí me parecía que mi madre no estaba muy convencida, así que para agilizar el trámite, le pedí prestado el dinero del billete al frutero. Solidaridad vecinal de nuevo. Estas personas que mi madre llamó siempre «mi gente» y que yo, años después, volví a llamar igual, vecinos del barrio que siempre estaban dispuestos a ayudarse entre sí. A socorrerse ante cualquier urgencia. Un abrazo a todos, los tiempos duros lo fueron menos gracias a ellos.

Me compré mi billete y mi padre me acompañó a coger el tren para Barcelona, donde cambiaría a otro para Begur. Yo que era una niña mona, de diecinueve añitos, y muy poco coqueta —iba con los rulos cogidos porque a mí lo que me importaba era que mi novio me viera guapa y no los que me cruzara en el viaje—, vestida con unos vaqueros y una blusa a cuadros, fui encomendada por mi padre al policía que, por entonces, siempre viajaba en los trenes.

Era finales de julio y en el compartimiento viajábamos el policía de paisano, el revisor y un guardia civil con tricornio y uniforme. El inspector de policía estuvo muy amable, me dijo que conocía a mi padre como actor y que lo admiraba mucho, se preocupó por darme conversación y que me sintiera cómoda. Luego entre los tres me enseñaron a jugar al tute. Me entró sueño y me explicaron que era mejor permanecer despierto hasta Zaragoza, que a partir de ahí ya no subía más gente y nos podríamos repartir los coches cama que quedaran sin ocupar. En efecto, pasada esa estación el policía y el revisor se marcharon para que yo pudiera estirarme en el asiento y descansar. El guardia civil se quedó en el de enfrente.

—No hay pestillo —dijo al cerrar el compartimiento.

—¿Y para qué quiere usted el pestillo? —pregunté yo tontamente.

Me dormí. Y me desperté con el guardia civil encima. Gracias a Dios o a la vida, tengo el don de sentir una profunda calma en los momentos de más tensión. No grité ni me defendí, simplemente le razoné al guardia que aquel policía era amigo de mi padre, que iba a ser un escándalo si le detenía y que pensara en el lío en que se podía meter. Todo esto se lo dije en un tono muy firme, regañándole, mientras él seguía encima de mí con el miembro fuera. El hombre se puso colorado, se azoró y empezó a pedir disculpas.

—Está bien, no se preocupe, si usted se comporta como espero yo no diré nada —le dije con toda la seriedad del mundo.

El guardia civil se sentó enfrente y seguimos en silencio hasta Barcelona.

Por supuesto del susto no pegué ojo y además me bajó la regla. Al dejar el tren me temblaban las piernas.

Curiosamente al llegar al albergue de Begur, Carlos, que llevaba ya tiempo allí y había hecho amigos, me presentó a otro guardia civil, muy simpático, el cabo Pulido. Nos paraba los coches y les hacía llevarnos al pueblo de al lado. Con los días le conté lo sucedido y me recomendó hacer una denuncia. Carlos y yo lo pensamos y los dos decidimos que era mejor no hacerlo, ¡una chica viajando sola y que acusa a un guardia civil de intento de violación! Lo menos que podía esperar es que me dijeran que yo le había provocado, alguna burrada así. Vuelvo a lo de la represión de la mujer. Yo estaba harta de ver en el metro la siguiente escena.

—¡Eh! Pero ¿qué hace? Me está usted tocando —gritaba siempre una chica entre asustada y ofendida.

—¡Qué más quisieras tú que te tocara! —contestaba agresivo un hombre cualquiera—. Si mira cómo vas...

No quería pasar por eso. Sé que fui cobarde y ahora no haría lo mismo, claro, pero eran otros tiempos y tuve miedo. Me quedó una frustración terrible y la sensación, por primera vez, de que ser mujer estaba penado socialmente.

Por lo demás, los días en Begur fueron muy bonitos. Me presionó la belleza agreste de la Costa Brava. Vivía en una casa particular a pie de playa, en la que me alquilaron una cama. No tenía casi dinero, así que comía coca catalana, ¡tan rica!, y pimientos morrones que los chicos robaban para mí en el albergue. Con esta dieta un día me desmayé en la playa. Hice las paces con Carlos y era feliz. Me reía al pensar que mi madre se echaría las manos a la cabeza si supiera que estaba allí con el novio y que, paradójicamente, era la vez que menos pecábamos. Nunca estábamos solos, siempre rodeados de otros chicos y recorriendo pueblos y calas. O en el barquito que recorría las playas. Íbamos a Blanes, a Palafruguell, había bailes, fiestas y peleas a botellazos en pubs, nosotros siempre bajo la protección de nuestro particular ángel de la guardia: el cabo Pulido. Y es que descubrí que ser la única chica entre tanto chico despertaba su instinto de protección y era motivo de constantes broncas con los extraños. Siempre había alguien que dudaba, o eso nos parecía, de mi honorabilidad y allí saltaba mi novio como un tigre a liarse a bofetadas. Por entonces me encantaba lo que yo denominaba su fuerte carácter. Pasó en los distintos pueblos de la Costa Brava y pasó, a la vuelta, en Madrid. Recuerdo que un día salimos de vinos con unos amigos de Carlos por la Corredera Baja, por donde la pensión Barcala. El caso es que según Carlos un señor me había mirado de mala manera.

—Oiga, ¿está usted mirando a mi novia?

—Y a su madre no porque no está.

¡Pa qué más! Se lió una ensalada de bofetadas terrible. Vino la policía y nos llevó a todos detenidos a comisaría. Yo iba asustadísima, no por ir presa sino por llegar tarde a casa y encontrarme con el portal cerrado. Nos pusieron de pie frente al comisario mientras le relataban los hechos y yo no paraba de interrumpir.

—¡Por favor, que me cierran el portal!

La escena era de sainete. Tuve ocasión, una vez más, de disfrutar de la amplia cultura de mi novio, que comenzó su alegato con una frase que luego le oiría en otras ocasiones.

—Facella bien y no erralla. Más si erralla, mantenella.

A lo que el señor con el que se había pegado contestó raudo:

—Yo no soy tan culto como éste pero eso es mentira. Además ma' insultao, ma' mandao a tomar por el culo.

A lo que el señor comisario le respondió.

—Eso no es un insulto, es una recomendación que usted puede seguir o no.

Frase histórica.

Todo se resolvió con un apercibimiento por parte del comisario y yo salí corriendo para mi casa.

Al poco tiempo iba yo una noche por la Gran Vía del brazo de mi padre, muy guapo él y muy mona yo, cuando nos dimos de frente con el comisario. Me sonrió sarcástico. Estoy segura de que pensó que yo era una puta y mi padre un cliente. Don Rafael se dio cuenta de todo y me preguntó enfadado de qué se reía ese señor. Yo no podía explicar nada, claro, y ahí quedó la cosa.

17

¡Qué alta, qué flaca!

Fue en esta época cuando a mi madre le llegó una invitación de una modista llamada Asunción Bastida, una catalana que tenía la casa madre en Barcelona. La invitación era para un desfile en su casa de Madrid, en la calle Hermosilla enfrente de lo que ahora es el Teatriz, Teatro Beatriz entonces. Mi madre no tenía ningún contacto con el mundo de la alta costura y pienso que se conocerían de alguna película que rodó en Barcelona. La cuestión es que acompañé a mi madre, muy excitada ante la posibilidad de conocer un mundo que era tanto o más elitista que ahora. Las clientas que se podían pagar uno de esos trajes se contaban con los dedos de la mano y de las maniquíes, entonces nadie las llamaba modelos, se sabía lo que veíamos en algún NODO.

Cuando llegué y ante mi estupor, la encargada me midió con la vista y empezó a decir entusiasmada: «¡Qué alta, qué flaca! ¿Por qué no pasas algo de la colección?».

Se le había puesto enferma una maniquí y esta señora decidió sobre la marcha que con mi uno setenta y cuatro y donaire natural podía ser una buena solución. Al principio me resistí con todo tipo de argumentos, pero la seguridad de la encargada me convenció. Así que en vez de sentarme al lado suyo, mi asustada madre se dispuso a verme pasar la colección. Desfilamos una chica encantadora llamada Adela, otra que resultaba impresionante porque llevaba el pelo teñido de rubio platino y yo. Más tarde coincidiría en esa casa con Paloma Cela.

Pasé la colección, los de Bastida quedaron encantados y a mí me hizo gracia aquel invento. Me dijeron que volviese al día siguiente para aprender algo de la profesión. Me hicieron eso que yo había visto en el NODO, poner libros sobre la cabeza y andar sin que se cayeran, enderezar los pies al andar, ir recta. Bueno, a mí me pareció divertido y una buena manera de ganar algo de dinero. Además ya tenía decidido dejar los estudios y era una oportunidad de ocuparme en algo inmediatamente.

Me convertí en maniquí.

Este cambio hay que relacionarlo con un hecho que sucedió por entonces. A Carlos le habían llamado apresuradamente del Ministerio del Ejército. Mi novio no había hecho la mili cuando le tocaba porque, corriendo en San Fermín, se había roto una pierna. Según él mismo contaba con mucha gracia, el médico que le atendió estaba todavía más borracho que él y le escayoló la pierna torcida. Le quedó una leve cojera de por vida, una escora tipo Gary Cooper. La llamada del Ministerio fue por tanto una sorpresa. Se presentó y...

—¿Es usted religioso? —le preguntaron de sopetón.

—Mucho, de misa diaria —contestó Carlos de inmediato.

—No, hombre, no. ¿Que si es usted cura?

—No, cura no soy. ¡Pero religioso...!

Había habido una confusión con los apellidos de otro señor y los suyos, el José Carlos Encinas Doussinague de mi novio se había convertido por arte de birlibirloque en José Carlos Encinas Domínguez y tenían a dicho señor marcando el paso en un cuartel, cosa que le molestó mucho por ser cura y estar éstos exentos del servicio militar. Rectificaron los militares de inmediato y casi sin tiempo de despedirnos mandaron a Carlos al Pinar de Antequera, antes de llegar a Valladolid, a un cuartel de artillería. Claro, vino la primera tragedia por el dichoso asunto de la decencia y el qué dirán: no se puede ir una sola a ver al novio. Eso era algo que mi madre no aceptaría nunca. Inmersa en este dilema me entero de que mi amiga Paloma y sus padres se van a Valladolid a ver a unos familiares y consigo, mi amiga sabía lo que estaba sufriendo, que me lleven con ellos. Ya no hay problema con la decencia, mi madre los conoce y sabe que son gente seria. Pese a ello doña Matilde no se resistió a hablar con los padres de Paloma y confirmar, con todo detalle, lo que yo le había contado. ¡Era tan feliz al saber que vería a Carlos! Bien, pues esa misma noche Paloma me llamó para decirme que se anulaba el viaje. Sentí que me moría y aquí la Bardem, hecha toda una Julieta, se puso a hacer sus cálculos: si yo me cojo el primer tren que sale para Valladolid, voy, veo al novio y me vuelvo en el siguiente, doña Matilde no se entera de nada. Dicho y hecho, cogí el tren, me bajé en el Pinar de Antequera y entré en el cuartel sin que nadie me pidiera el santo y seña. Iba yo muy mona con una blusa y una falda de tubo negra que me había hecho y que tenía muy mosca a mi madre, extrañada de que la cremallera estuviera a un lado, no detrás, y que se abriera de arriba a abajo. Facilidades para las prisas. Yo la había diseñado así pensando en el novio y en ponerla y quitarla más rápidamente. Bueno, pues así entré en el cuartel y al segundo se me vino encima una turba de soldados vociferantes. Cómo sería la cosa que un cabo se abrió paso hasta mí dándoles hebillazos con el cinturón y amenazando con dar de hostias al que se acercara. Una vez controlado el tumulto me preguntó qué quería.

—Ver al soldado José Carlos Encinas.

Me sacó del cuartel y me dijo que tendría que esperar a la hora del paseo para verle, que él le avisaría de que estaba allí. En efecto, tras un buen rato salió Carlos y nos alejamos de allí. Descubrí una cosa curiosa sobre los usos sociales en las capitales de provincia con guarnición militar. Yo tiraba de Carlos hacía una calle cuando éste se detuvo y me explicó que era la calle Santiago, la principal de Valladolid, y que en ella estaba prohibida que pasearan militares con grado inferior al de sargento, que éstos tenían que ir por calles menos lucidas, quedando aquélla reservada a oficiales y suboficiales. Es un apunte de la España de *Calle Mayor*, tan real.

Acabamos recorriendo unas callejuelas y Carlos me llevó a un bar que estaba sobre la carretera que llevaba al Pinar. Se llamaba Blancamari, un sitio curioso con unos reservados tipo vagón de tren, con puertas corredizas. Años más tarde me enteré, por un compañero de Valladolid, de que era una afamada casa de putas. Pedimos vino y unas aceitunas, cerramos la puerta e hicimos el amor sobre un banco corrido.

El drama surgió cuando yo tuve que volver y no había tren en que hacerlo. Únicamente quedaba un tren correo que paraba en todos los pueblos entre Valladolid y Madrid, y llegaba a las siete de la mañana. Lo primero que se me ocurrió fue llamar a mi futura suegra. Es curioso que cuando me encontraba en un problema yo siempre recurría a ella, creo que como Flora fumaba a mí me parecía una mujer mucho más moderna que mi madre. Le conté lo que había pasado y le rogué que hablara ella con doña Matilde, que le explicara que la familia con la que me había venido se quedaba un poco más y llegaríamos más tarde. Cualquier cosa. Yo lo único que quería era que mi madre se acostara tranquila a las doce y que estuviese durmiendo cuando yo llegara, fuera la hora que fuese. Flora llamó a mi madre y le contó lo convenido, pero doña Matilde, que era muy larga, inmediatamente telefoneó a casa de Paloma y supo que no se habían movido de Madrid. Cuando me bajé del tren correo estaba allí la guardia civil, esperando para llevarme a casa. Mi madre estaba furiosa y me prohibió tajantemente ver a Carlos nunca más. Lo de Romeo y Julieta era un chiste al lado del dolor que yo sentía al pensar que no podría verle, al menos hasta que acabara la mili y volviese de Valladolid. Me entregué a un llanto delicioso que me duró cinco días y finalmente decidí llamarle. La ingenuidad a veces tiene premio, desconocer los posibles problemas hace que no nos paralicen de antemano, porque llamé, pregunté por el soldado José Carlos Encinas y me contestaron: «¿De parte de quién, señor?». Ahí descubrí el poder de mi voz por teléfono, tan grave que podía pasar por la de un hombre.

—¡A usted qué le importa, que se ponga! —ladré de inmediato.

Se puso.

Seguí llamándole cuando quise y llegué a conseguir que le relevaran de alguna guardia. Debían de pensar que era un general.

Y en eso estábamos cuando empecé de maniquí y ¡oh, sorpresa!, al poco tiempo, me dicen que me quieren enviar a Valladolid a hacer un pase de la colección. Daba saltos de alegría. Le mandé un telegrama a Carlos diciéndole que llegaba tal día como maniquí de Asunción Bastida. Él me contestó que me esperaba a las cinco en el Pinar. Carlos no sabía nada de mi nuevo trabajo y se mostró muy sorprendido primero y halagado después porque, tras el pase en el hotel Felipe II, todos los oficiales vieron con envidia cómo las maniquíes, o sea yo y mis compañeras al tanto de mi tragedia sentimental, corríamos cariñosas hacia un soldado larguirucho, o sea él. Fue un gran éxito social del soldado Encinas.

Era curioso aquel mundo de la moda, supongo que muy distinto del fenómeno de hoy.

Una de las chicas que trabajaba conmigo era una muchacha muy delgada, guapa y de aspecto aniñado. Creo que era más joven que yo. Al poco de conocernos, en uno de los primeros desfiles que hicimos juntas, volvió de la pasarela con los ojos llenos de lágrimas a donde estábamos las demás cambiándonos. Le pregunté qué le pasaba y me dijo sollozando que nada, que era por un señor al que había visto en una de las mesas, que le había dicho algo. Yo no le di importancia y salí a desfilar. Al pasar junto a una mesa del lado izquierdo, un señor que casualmente era el presidente del jurado para elegir a la Reina de la Fiesta de la Primavera o algo así, me dijo en un tono perfectamente audible que me iba a comer el lunar. Se refería a uno que tengo en el cuello, abultado, casi una verruguilla. Me paré en seco sobre la pasarela y ¡zas!, de golpe y porrazo me convertí en la feminista que no he dejado de ser. Le agarré por la solapa y, para asombro de los presentes, le dije que por favor repitiera para todos lo que me acababa de decir. El hombre se puso rojo, verde, de todos los colores. El suceso fue muy comentado y cuando terminó el desfile se me acercaron los periodistas a saber qué había pasado, cómo era posible aquello. Al darles yo mi apellido, Bardem, el follón fue aún más gordo y hubo quien me preguntó que cómo la hermana de Juan Antonio se podía dedicar a «eso». Yo le pregunté a mi vez qué quería decir «eso». Carraspeos, medias palabras, toses y, con sorpresa, descubro que para la sociedad española maniquí quería decir también puta.

A las dos semanas viví un trato completamente diferente. Fuimos a Avilés porque muchos de los ingenieros que allí trabajaban eran franceses y habían organizado una fiesta, contratando a Bastida para hacer un desfile. Nos trataron como a diosas, atentos al más mínimo de nuestros deseos o necesidades. Era la cultura francesa de la alta costura frente a eso tan español de todas putas menos mi madre y mi hermana, todas putas hasta que se demuestre lo contrario.

Historia ilustrativa al canto. Una de mis compañeras era una chica que cuando se habló de este viaje a Avilés pidió compartir habitación conmigo. Insistió mucho. Era la chica del pelo platino. Estando en el cuarto la primera noche me mostró la foto de una niña.

—Mírala, ¿a que es guapa?

—Una preciosidad —le contesté.

Claro, cuando una chica joven, soltera, te enseñaba la foto de una cría te alarmabas porque no sabías cómo preguntar por el espinoso tema de una posible maternidad. Insisto en que por entonces ser madre soltera era un baldón que suponía la exclusión social inmediata.

—¿Es tu hermanita, tu ahijada?

—No, mi hija.

Empezó a contar. La rubia platino era hija de un militar de una plaza africana, Ceuta o Melilla, y vivía feliz con su familia. Tenía un novio, militar también. Todo iba bien hasta que se quedó preñada, el novio dijo ¡adiós, muy buenas!, y su propia madre le recomendó que, ante posibles represalias del padre, se marchara y desapareciera para siempre. En efecto, se fue sola, embarazada y sin un duro a Madrid. El único contacto que allí tenía era el de una maniquí, que había sido de Bastida, y a la que conoció durante un desfile en la plaza de su padre. Esta mujer la acogió en su casa y allí tuvo a su hija. La rubia se puso a su vez a trabajar de maniquí y dejaba a la niña en una especie de guardería *avant la lettre* que tenía una señora por el Viso, una casa en la que cuidaban niños de madres solteras trabajadoras. Todo muy secreto y sin mezclarlos con los niños «normales», pues el estigma se transmitía de inmediato a los niños. Tanta discreción era cara y la rubia, como maniquí fija de la casa, cobraba una miseria. Una aclaración. Entonces las maniquíes ganaban muy poco, nada que ver con lo de las modelos de ahora. Yo ganaba un poco más por ser lo que se llamaba una maniquí volante, a la que contrataban en primavera y otoño para mostrar las colecciones de temporada. Si tenías suerte y no coincidían las fechas podía pasar para dos o tres casas distintas. La maniquí fija ganaba mucho menos, pertenecían a una casa y tenían que estar allí siempre disponibles para pasar en cualquier momento los vestidos a las clientas, presas por un sueldo de hambre. Por eso las maniquíes, puros percheros, solían ser hijas de las costureras de la propia casa. Era un mundo sórdido, muy duro.

La rubia platino quería que yo, una vez más, le aconsejara. Había conocido a un chico que le hablaba de casarse, meta de cualquier mujer española de entonces, aun sabiendo que era madre soltera. Ella estaba ansiosa pero no quería presionarle y perderle, no sabía cómo manejar la situación. La pobre vivía en precario y, además, cada vez se sentía más acosada por la incitación a la prostitución que la rodeaba. La encargada le recriminó un día que viniera trabajar con unos zapatos tan gastados.

—Soy maniquí, no puta —le contestó la rubia.

Yo lo presenciaba constantemente. Siempre había alguien que te dejaba una nota, o venía la encargada y te explicaba que tal señor, casi siempre el marido de una clienta, estaría encantado de verte después. Tampoco ayudaba vivir en un lujo de mentira, siquiera por unas horas, ponerte encima aquellos trajes maravillosos para luego quitártelos, vestirte con tu blusita y coger el tranvía para volver a casa. Muchas se liaban con señores solamente para que alguien les comprara lo que habían pasado.

La rubia platino se sentía acosada y temía perderse y perder también aquella oportunidad de casarse y reingresar en la sociedad, en el mundo de la gente normal. Sufría mucho.

No todo era malo, por supuesto, en el mundo de la moda. Había gente maravillosa y los más maravillosos de todos eran los hermanos Blanco. Eran muchos y tenían una peluquería inmensa en la calle Noviciado en la que trabajaban todos, el padre y los hijos. El primero en emanciparse fue Daniel, que montó un salón en Almirante. El más famoso sería Isaac, que puso otra peluquería en lo que era General Mola. Eran todos unos tíos estupendos que peinaban gratis a las modelos a cambio de que luego les pasaras, también sin cobrar, sus peinados. Eran adorables y cuando tenían mucho follón acababas ayudándoles a poner rulos.

Yo a mi madre le sisaba pidiéndole para la peluquería y guardándomelo. Me creía muy espabilada. Pero, claro, un día me tocó devolver tanto favor de los Blanco y me tiñeron el pelo de rojo, ¡de rojo! Si aún hoy es chocante, en 1959 era absolutamente extravagante. No me pude negar. Era para una exhibición de peinados de fantasía. Llegué a casa con un pañuelo en la cabeza pero, obviamente, me lo tuve que quitar. Mis padres casi se mueren del susto y, además, tuve que explicarle a mi madre mis tratos con los Blanco. Se me acabó la paga para peluquería.

Fui muy amiga de Daniel Blanco, quien vino a casa a peinarme para mi boda.

Aquello de trabajar y tener, poco a poco, cierta autonomía económica me gustó y seguí adentrándome en el oficio. Después de Bastida entré en una firma que se llamaba Crippa, que estaba en la calle Alfonso XII. Era una casa de modas pequeña y su dueña era muy agradable. Nos mandaba a hacernos unas fajas en una tienda que se llamaba Canut, en los bajos de la iglesia de la Concepción, fajas que no eran esas cosas horribles llenas de ballenas —que tampoco necesitábamos—, sino una especie de bañador en *peau d'ange* que servía para unificar el cuerpo y que no se vieran marcas de la ropa interior al pasar los trajes, todos ceñidísimos.

Estando en Crippa apareció una chica llamada Matilde de la que me hice muy amiga y con la que trabajé muchos años. Decíamos en broma, aunque lo pensábamos bastante seriamente, que juntas hacíamos la mujer perfecta juntando sus pechos y mis piernas. Tenía el par de tetas más grandes y más bonitas que he visto en mi vida.

Matilde tenía un novio. Hablaba siempre de su Julito. Coincidimos un día en Vargas y Ochagavía, casa de dos modistos y en la que yo realmente aprendí a desfilar. Jesús Vargas era el tío más gracioso del mundo y me explicó el asunto muy claramente.

—Vamos a ver, Pilar. Esto es lo más sencillo del mundo. Se trata de que tú, tan flaca y tan divina, caminas por la pasarela con mucha cara de asco, mirando a las gordas que se sientan abajo, que nunca entrarían en tu traje, y repitiendo mentalmente: me cago en tu padre, me cago en tu madre, me cago en tu padre, me cago en tu madre... Con muy mala leche porque tú eres muy joven y agraciada pero no tienes un duro y ellas son gordas y viejas, pero pueden comprarse los modelos.

¡Cómo me hacía reír y cuánto me ayudó a mi vuelta de Canarias! Bien, pues allí me hablaba Matilde de su Julito, un chico guapísimo y de muy buena familia, enamorado de ella desde que eran dos niños. Era su felicidad y Matilde no hacía sino ahorrar para su ajuar y hacer planes con Julito.

Un día apareció con muy mala cara.

—Se ha matado Julito.

Murió en un accidente de moto, yendo de paquete con un amigo. Creímos que Matilde también se moría de pena, fue terrible. Pero la tragedia fue a más porque la familia del chico se apoderó de Matilde de una manera perversa, la utilizó para mantener vivo una especie de culto al hijo muerto. La metían en casa, en el cuarto del muchacho y le hacían hablar de él, recordar los momentos y cosas que habían pasado juntos. ¿Y te acuerdas de esto o de aquello?, le preguntaban constantemente. Toda la casa se convirtió en una mala réplica de Manderley y la familia en el ama de llaves de Rebeca. La pobre Matilde casi acabó internada en una institución psiquiátrica. Más adelante nos encontramos en Loewe. Era dependienta y maniquí. Su mentalidad había cambiado por completo, si antes se lo gastaba todo en el ajuar y en que las monjitas le bordaran las sábanas, ahora pensaba que la vida había que vivirla a tope y echaba encima de su cuerpo todo lo que ganaba. Yo le decía que así asustaba a los chicos normales, que ninguno se acercaría a una mujer tan bella y vestida tan lujosamente. Matilde se reía con un punto de perfidia.

En Vargas y Ochagavía coincidí con otra modelo, también con una historia tremebunda hija de los tiempos que vivíamos. Esta chica era absolutamente graciosa, genial y generosa al punto de que si llovía y otra compañera se quejaba de que no traía chaqueta, ella se quitaba la suya y se la regalaba. La verdad es que manejaba más dinero que ninguna y presumía directamente de ser puta. Le gustaba hacerse de menos. Yo siempre le regañaba y le decía que lo que tenía era un corazón de oro. Era la mayor de tres hermanos y una de sus hermanas se quedó embarazada. El padre, que era guardia civil, le exigió que se fuera de casa y la chiquilla se negó, alegando que era menor de edad. El bestia del padre se enfureció y no se le ocurrió otra cosa que llevar a la niña a juicio, acusándola de haberle deshonrado y no sin antes llevarla a un médico para que certificara que estaba embarazada. Finalmente la chiquilla se tuvo que ir de su hogar y su hermana mayor, la modelo, decidió irse con ella a cuidarla.

—Yo haré lo que sea pero mi hermana será una señora —se juramentó en plan Escarlata O'Hara.

Así lo hizo: costeó una buena educación para su hermana y ésta se casó con un chico de buena familia, con el que luego acudía a ver sus desfiles.

Seguí trabajando de maniquí durante todo mi noviazgo, hasta el día de mi boda cuando Carlos dijo, frase típica tópica...

—Bueno, se te acabó el trabajar.

Me casé en octubre y en enero estaba otra vez desfilando. Seguí con Vargas y Ochagavía. Fui madre de mi primer hijo y seguí pasando. Embarazada de Mónica, Vargas y Ochagavía me hicieron un traje especial, una especie de túnica griega de color blanco, cortada sobre el pecho y sin cintura, y un abrigo recamado y bordado encima que pesaba cinco kilos y medio, con el que desfilé en la Feria de la Seda de Barcelona. Poco después pasé una colección de pieles de un peletero norteamericano junto a otras modelos estadounidenses. Como eran abrigos y peleteros de aquí le habían hablado muy bien de mi profesionalidad, al diseñador yanqui no le importó mi embarazo. El desfile, aún lo recuerdo, fue en el Hilton y lo presentó Adolfo Marsillach. Entonces se usaba que el presentador describiera el traje mientras tú lo pasabas, diciendo cursiladas del estilo: «Este modelo es Amanecer en el lago Wichita. La pedrería nos recuerda las gotas del rocío de esa zona y bla, bla, bla...». Adolfo siempre me pidió que no le recordase aquello. Yo pasé un abrigo de visón blanco y todo iba perfecto hasta que dijeron el precio. Del susto se me dobló un tobillo y casi me mato. Era una indecencia absoluta.

Pasé una temporada en Balenciaga. Luego seguí a Matilde a Loewe, donde estaba de encargado el señor Dobao, tío de unas compañeras mías del colegio y magnífica persona. Desfilé en la hípica del San Sebastián y en sitios maravillosos. Recuerdo uno en el hotel Alfonso XIII de Sevilla, todo lujo y lleno de marquesas. Tuvieron la deferencia de invitarnos a las señoritas maniquíes, o sea a Matilde y a mí, al ágape posterior. Fue mi primer contacto con la aristocracia andaluza y me parecieron unos seres absurdos, como de otro mundo y con tendencia a despreciar

—con más o menos gracia, más bien poca— a los demás. Una excepción, siempre la hay, fue un señor correctísimo y muy agradable al que llamaban «TT», Tomás Terry. Un verdadero caballero, muy guapo y que se daba un aire a Paul Newman. Los demás ya digo, impresentables. Nosotras pura decoración para su fiesta.

18

El meritoriaje

Al mismo tiempo que me iniciaba como maniquí me fui acercando al teatro, no ya a través de mis padres y sus trabajos sino de un interés propio en el asunto. Aproximación que no dejó de ser chocante al principio. Recuerdo, por ejemplo, el estreno de *El vampiro*, primer montaje comercial de un joven autor amigo nuestro, Leopoldo Martínez Fresno. Sus cosas anteriores eran como muy experimentales y duraban un par de días en cartel, si es que se llegaban a estrenar. Como digo, *El vampiro* fue su oportunidad de entrar en el circuito comercial, el elenco contaba con magníficos actores como Jorge Vico y Mari Paz Ballesteros, amén de un señor que se llamaba Bonifacio de la Fuente y que hacía el papel del vampiro. Yo colaboré, como otros amigos, en la preparación de la obra. A Carlos y a mí nos encargaron ir a la calle Arenal a comprar el ataúd. Fuimos, elegimos uno y le pedimos al señor de la tienda que retirara el crucifijo de la tapa. El señor no lo entendía.

—¿Por qué hay que quitarle el crucifijo?

—Porque es para un vampiro.

El buen hombre nos miró muy serio, como con pena, y nos dijo que esperásemos, que iba a llamar a la policía para que les contásemos eso del vampiro. Finalmente, quizá deberíamos haber empezado por ahí, le explicamos que era para usarlo en una obra de teatro y accedió a vendérnoslo. ¡En la ultracatólica España era imposible quitarle el crucifijo a un ataúd aunque fuese para un vampiro!

El estreno de la función, al que asistimos todos los amigos de Leopoldo, fue muy concurrido, lleno de rostros populares de la profesión. La cosa empezó bien pero al poco tiempo, los amigos decidimos subirnos todos al gallinero ante el cachondeo generalizado en que derivó la representación. La verdad es que queríamos participar de él, poder reírnos a gusto. La obra era un despropósito, pretendía ser seria, terrorífica, pero la gente se partía de risa. Recuerdo que cuando ya habían aparecido cinco muertos con las marcas de la mordedura en el cuello, Jorgito Vico decía aquello de «¡Estamos a merced de un vampiro!». Si Leopoldo hubiera escrito una comedia no hubiera conseguido que la gente se riera ni la mitad. El público no se quería ir al terminar la representación y no sé ni cómo ni por qué, de repente aquello se lleno de boy-scouts salidos de un autobús que había parado a la puerta del teatro de la Comedia.

La indignación del empresario, don Tirso Escudero, fue tal que cuando llegaron los actores a hacer la función al día siguiente, se encontraron con el decorado desmontado y apilado en el vestíbulo. Los amigos sugerimos al autor una solución de urgencia, que cambiara el título por *El vampiro se llama Bonifacio* y la reestrenara de inmediato como comedia hilarante. Leopoldo, que era muy serio, nos dijo que no se había entendido su mensaje y se ofendió muchísimo.

Javier Laffleur, aquel director de Los Independientes con el que yo había hecho teatro universitario, entró a dirigir una función en la compañía de Manolo Gómez Bur y me llamó para trabajar con él. Como ya he dicho, yo era maniquí volante y sólo desfilaba en determinadas épocas del año. Aquélla no era una de ellas y acepté. Era un papelito muy pequeño y con el que hice lo que en la profesión se llamaba el meritoriaje. El invento consistía en estar trabajando gratis durante cuatro meses para conseguir el carné del sindicato vertical, documento sin el cual no se podía uno contratar. En el que figuraba aquello de «teatro, circo y variedades» y lo teníamos en común actores, actrices, domadores, equilibristas, trapecistas, tragasables diversos y putas. Un tótum revolútum inclasificable. En el cine era aún peor, sólo te daban el carné cuando tenías cuatro trabajos en películas y en éstas no te contrataban si no tenías el dichoso documento. Otra vez la dichosa burocracia.

Como yo era muy mía hablé con Gómez Bur, un señor estupendo, y le dije que de gratis nada. Que me pagara aunque fuera poquito. Él había trabajado mucho con la tía Guadita, me tenía cariño y me llamaba Pili, así que no puso ningún problema. En la obra él se debatía entre dos mujeres, dos amores. Yo salía al principio y era la novia pobre y buena. A él le tocaba la lotería y me dejaba por una pelandusca sofisticada y mala que sólo le quería por su dinero. Al final de la función yo volvía a salir porque él, arrepentido y arruinado, volvía conmigo porque era buena y lo había querido siempre, incluso cuando era pobre. Bueno, no volvía a salir a escena, en realidad teníamos una conversación por teléfono. Así que yo tenía que esperar durante toda la representación en el camerino para luego cruzar esas líneas de diálogo sin que se me viera. Al poco tiempo, muy moderna yo, le propuse dejarlo grabado en un magnetófono para ahorrarme aquel aburrimiento espantoso de esperar para soltar cuatro frases entre cajas. Gómez Bur me miraba sin entender nada.

—Pero ¿qué es lo que dices, Pili?

No lo conseguí. En esta compañía estaban mi tía Mercedes, Lola Herrera, que era la «damita joven» y con la que hice una gran amistad que dura hasta nuestros días, Margot Coten, espléndida actriz y persona, Valeriano «Valito» Andrés que usó todos los trucos del mundo para hacerme reír en escena y me curó para siempre —a mí nadie me hace reír en escena—, y una gran actriz llamada Olga Peiró, madura pero muy hermosa y famosa entre la profesión por su pulcritud. En cuanto llegaba al teatro se echaba al suelo con cepillo y lejía y desinfectaba el piso de su camerino. La pobre había hecho muchas giras y consideraba que los camerinos eran sitios muy sucios. Debutamos en el Reina Victoria, un teatro que yo conocía bien por lo mucho que mi tía Guadita había trabajado en él y que tenía un curioso defecto. Al terminar su construcción se dieron cuenta de que no habían hecho los camerinos para los cómicos, lo que solucionaron comprando parte de la casa de al lado. Por eso los camerinos están repartidos por pisos. Al teatro de la Comedia le pasó algo parecido. Mi camerino estaba en el último piso, debajo estaba Lola Herrera y otro piso más abajo estaba Valito. Yo me llevé mi *pick up* y arriba, en mi camerino, poníamos discos de Nat King Cole. Carlos venía a verme. Tomábamos café enfrente, en el Buffet Italiano, luego hacíamos el amor sobre las baldosas sin fregar de mi camerino. Era feliz.

Mientras representábamos esta función empezamos a ensayar la siguiente, en la que yo tenía un pequeño papel prácticamente mudo, la chica de los bongos. Tenía que ir al teatro a las tres para ensayar, más luego hacer dos funciones. Llegaba a casa reventada. El asunto empezó fatigarme. Les dije a mis padres que no me gustaba el teatro, que era una profesión horrible, agotadora y aburrida, ¡que no podía ver al novio! Pese a todo llegué a hacer una tercera función en la que tenía el papel por excelencia del meritoriaje, el de doncellita que salía con una bandeja. Es cierto que me aburría y me resultaba muy duro, pero también hubo cosas buenas. En realidad la mayoría, como ya he dicho era feliz. Fue una época de amistad y complicidad con Lola Herrera. Ella tenía un novio muy guapo, un actor llamado Daniel Dicenta, del que estaba tan enamorada como yo del mío. Curiosamente ella me decía que mi novio era simpatiquísimo pero que no me debía casar con él. Yo le decía lo mismo, que el suyo era guapísimo y divertidísimo pero que no le convenía. Las dos vimos los defectos del novio ajeno pero no del propio. Las dos nos casamos y las dos la cagamos. Las dos fuimos teniendo hijos casi a la vez, hijos maravillosos que en cualquier caso justifican de sobra el error con los padres.

Acabó la temporada tras lo de la doncellita y yo ya no salí de gira. Me quedé en mi casa e intenté hacer una pequeña trampa, algo que sirve para ilustrar la cerrazón mental de la época. Dado que yo todas las noches volvía del teatro a las dos de la mañana y sola, se me ocurrió decirle a mi madre que me iba una noche al cine con Carlos.

—¿Dónde vas, qué dices, pero cómo se te ocurre? —saltó de inmediato—. ¿Tú sabes lo que van a hablar?... ¿Y la decencia?

—Pero madre, yo llevo meses llegando de madrugada y sola...

—¡Pero vienes de trabajar!

—¡Y la gente qué sabe! Yo no vengo en el autobús con un cartel: «Soy muy decente y vengo de trabajar».

—¡No, no, yo sí lo sé y para mí es completamente distinto!

No lo conseguí. Para mi madre, para todas las madres de entonces, andar de noche y con el novio era sinónimo de pecado. ¡Qué ingenua! No le cabía en la cabeza que te pudieras acostar con él a las cuatro de la tarde. O durante la misa de siete... A veces estuve tentada de decírselo, de romper esa burbuja en la que vivía. Tan lista para unas cosas y tan ingenua para otras. Bueno, todos somos así, ¿no?

La temporada siguiente Manolo Gómez Bur consiguió reabrir como teatro, era tremendamente popular, el cine Fuencarral y repuso una de las obras, creo recordar que la de las dos mujeres. De lo que me acuerdo a la perfección, ¡aún hoy se me ponen los pelos de punta!, es de que un día en escena Manolo se me agarró y me dijo: «¡Pili, no veo!». Se había quedado ciego pero acabó la función como pudo. Es curioso, el público nunca se entera de estas cosas. Le llevaron a urgencias y le dejaron internado. Casi inmediatamente le operaron de un tumor en la cabeza. Gracias a Dios se repuso totalmente y siguió trabajando muchísimos años. Entonces le sustituyó un señor llamado Paco de Osca y seguimos con las representaciones. Precisamente en este teatro Fuencarral me pasó lo que mi padre me había augurado un día, el terror a no llegar. Repetí lo que le vi hacer a él y paré un coche en la calle O'Donnell. Afortunadamente la obra no era de época y según me bajé del auto entré en escena. Es una sensación horrorosa, terrible y que yo creo que está tras la muerte por infarto de varios actores y actrices. Hay mil historias. Una de mi padre. Tendría yo unos quince o dieciséis años. Luis Escobar inauguró una sala que se puso muy de moda, el teatro Recoletos, el llamado «teatro de bolsillo» porque tenía un aforo más reducido de lo normal. Era una sala bellísima, tapizada en malva. Hoy es una discoteca. Allí estrenaron un montaje que protagonizaron don Enrique Diosdado y Cándida Losada, dos verdaderos monstruos de la escena. Fue de las primeras veces, si no la primera, que se puso en un cartel eso de «con la colaboración» y fue por mi padre, que tenía un papel muy pequeño. Vamos, que si salía a las ocho y cuarto, había terminado a las ocho y media. Diosdado y Losada eran dos religiosos, aunque vestían de paisano porque la obra era sobre los conflictos de los curas y monjas seglares que trabajaban en la calle. Entonces, al final, llegaba el señor obispo, mi padre, que tenía una sola escena. Un domingo malhadado, estando yo estudiando vino la muchacha y me preguntó si yo había despertado a mi padre. Le dije que a mí nadie me había dicho nada de despertarle. Miré el reloj, vi que eran las ocho y cuarto y comprendí que no llegaba a hacer la función. Es curioso, los actores cuando nos dormimos siempre nos despertamos a la hora de salir a escena, tenemos una especie de reloj interno. Supongo que también pasará en otras profesiones, no lo sé. Mi padre apareció sobresaltado y salió corriendo mientras amenazaba de muerte a la muchacha. Lo bonito fue lo que ocurrió mientras en el teatro. El regidor tiene la obligación de comprobar que los actores están en sus camerinos pero dado que la función empezaba sin el señor Bardem, un profesional contrastado, nadie se preocupó por que no estuviera. Suponían que llegaría enseguida, con tiempo de sobra para prepararse y salir. Cuando llegó el momento y el regidor seguía sin ver a mi padre subió corriendo al camerino y se lo encontró cerrado. Volvió a bajar, hizo una señal a Diosdado entre cajas y le susurró nervioso: «¡Bardem no está, Bardem no está!». Entonces Diosdado vuelve a escena y le dice a Cándida Losada, que le miraba sin comprender...

—Vengo a darle una mala noticia.

—¡Bardem ha muerto! —gritó Cándida y se desmayó.

No podía suponer que mi padre no hubiera llegado al teatro salvo por algo tan inexcusable como su propia muerte.

Diosdado intentó reanimar a Cándida. «No, no —le decía—, ha habido una llamada del señor obispo» y siguió con toda la parrafada que tenía que soltar mi padre. Hizo la escena por él. Los compañeros querían y respetaban a don Rafael Bardem, lo que no le libró de algunas bromas.

—Rafael —le decían luego—, esto de tu colaboración está muy bien. Si no vienes no pasa nada, se suelta lo tuyo en cinco minutos y ya está.

Por mi parte, por fin me dieron mi carné de teatro, circo y variedades.

19

La voz más cálida de Europa

Así pues yo ya era novia, maniquí y actriz, pero no acabó ahí la cosa. Otra vez apareció en mi vida Javier Laffleur. En 1960, él y Moncho Aguirre, otro amigo, tuvieron una idea brillante. El caso es que yo me pasaba el día cantando, especialmente cosas de *La corte del faraón* y ellos decidieron que lo hacía muy bien. Me propusieron cantar de manera profesional en un local que alquilaron, en la calle General Moscardó, y que bautizaron como Blues de Laffleur. Un sitio donde se iba exclusivamente a oírme cantar, no había ni baile ni ningún otro espectáculo. Copas y yo cantando, cosa bastante atípica porque por entonces incluso con cantantes consagrados la gente salía a la pista mientras actuaban. Allí no. Eso sí, el local tenía además un piso bajo en el que se hacían exposiciones de pintura.

Yo cantaba, nada más y nada menos, poemas de Nietzsche musicados por Moncho Aguirre y composiciones originales que hacía para mí, muy en la línea de la canción francesa de Juliet Gréco o la Piaf. Se montó un follón muy grande porque Amestoy escribió en *Pueblo* que había nacido el «neovitalismo», cosa que a mí me sonó muy rara —a publicidad del Pelargón— y a la censura franquista todavía más. A él le echaron del periódico y a nosotros nos cerraba el local la policía un día sí y otro también. ¡La hermana del rojo cantando cosas incomprensibles! Debió de parecerles un peligroso contubernio.

Yo cantaba descalza y vestida toda de negro. Muy existencialista. Lo de quitarse los zapatitos bajos con los que salí la primera vez fue, en realidad, porque estaba tan nerviosa que los tacones repiqueteaban contra el escenario. Por eso me los quité, pero la cosa quedó muy bonita y absolutamente francesa. Mi madre, claro está, no entendía nada de nada pero allí estaba apoyando a su Pili. El éxito, ante mi estupor, fue total. Por allí desfilaron un montón de personajes de la época: el productor Cesáreo González con Paquita Rico, Antonio Molina, un hombre encantador, una jovencísima Natalia Figueroa, de la que creo recordar que también quería cantar. Rostros de la profesión que iban a ver a la niña de los Bardem. Un montón de estrellas. Años más tarde Fernán Gómez me dijo que cuando montó un Brecht me estuvo buscando, yo estaba en Canarias, porque me oyó cantar allí y me quería para un papel. Finalmente lo hizo Massiel y fue un gran éxito.

La Gaceta Ilustrada, una revista de entonces, me anunciaba como «la voz más cálida de Europa». Fueron tiempos muy divertidos. Tico Medina encontró trabajando de cerillera, a la puerta de la plaza de Las Ventas, a la señora del billete de veinte duros, la que posó para Romero de Torres, y le hicimos un homenaje. Pese a los cierres policiales la cosa iba cada vez mejor, al punto de que la discográfica RCA, creo recordar que ésa era, me propuso grabar un disco. Para sorpresa de Moncho y Javier dije que no, que lo que quería era casarme con mi novio y tener hijos.

Cantaba acompañada por un piano y una batería. Las canciones eran hermosas. Elvira Quintillá quiso que una fuera al Festival de Benidorm, todo un acontecimiento en la España sin acontecimientos de entonces, pero cantado por otra. Moncho se negó, le dijo que él escribía sus canciones para mí y que yo debía cantarlas.

Eso sí, ganar no ganaba nada. En cuatro meses de cantar sólo me dio para comprarme el disco de la película *El apartamento*, que me volvía loca. Mi novio se pasaba el día allí, bebiendo whisky escocés y oyéndome cantar. Luego me tocaba pagar a mí las consumiciones, él nunca llevaba dinero, así que en eso se fue mi escaso sueldo.

Curiosidades de la vida. El primer sitio donde viví de casada fue un apartamento justo enfrente del Blues.

Cantar es de las cosas que he hecho que más me ha gustado, de todas esas propuestas que la vida me ha hecho y yo no he dudado en aceptar. Para mí era como una interpretación muy intensa en un lapso breve de tiempo. Si lloraba en la canción, lloraba de verdad. Lo vivía, lo disfrutaba. Tenía una voz de negra, grave. Bueno, ya de pequeña dijeron aquello de «¡Qué bien canta el cura!». Disfrutaba mucho porque además Moncho escribía todo pensando en mi voz y esos registros graves. Me lo ponía muy fácil.

Era tan feliz.

20

Conocí a la familia del novio...

Casarme, casarme y tener hijos. Ésa era mi única obsesión, mi sueño. Lo conseguí, pero ¿con quién me casaba? ¿Quién era mi novio y cuál su circunstancia? Echemos un vistazo a Carlos y a su familia.

Mi novio se llamaba, en realidad, José Carlos Encinas Doussinague. A esto él añadía Lancaster —se decía descendiente lejano de Ricardo Corazón de León y una princesa navarra— y Mc Farell. Hijo de José Encinas y Flora Doussinague, quien las pocas veces que habló de su marido —su recuerdo le causaba una profunda tristeza— le llamaba Pepe. Cuando yo me casé, de la familia de mi marido sabía poca cosa, que su madre era viuda, él hijo único y que tenía varias tías, a las que fui conociendo con el tiempo. No las traté mucho porque tampoco era cosa de estar todo el día con las hermanas de mi suegra.

Pepe, el padre, era ganadero de reses bravas, ganadero salmantino. Tenía la finca en Guijuelo. Era un hombre muy guapo, grande y con un parecido extraordinario a John Wayne —Flora nunca pudo ver películas de este actor por la tristeza antes mencionada—, pero tenía un gran defecto. Le gustaba el juego. Demasiado.

En el viaje de novios saltó la banca del casino de Biarritz, algo excepcional al punto que tapaban la mesa con un paño negro en señal de luto y ponían una placa conmemorativa con la fecha luctuosa y el nombre del culpable. La mala suerte es que lo hizo un sábado por la noche y el domingo los bancos estaban cerrados, así que volvió al casino, perdió lo ganado y mucho más. Tuvo que ir hasta Biarritz el mayoral de la ganadería con dinero para rescatarles y traerles de vuelta. Por supuesto ahí acabó la luna de miel. Luego, mi suegra me contó con los años, que se fue jugando la ganadería y la pequeña fortuna que Flora aportó al matrimonio. Todo, hasta arruinarse. Entonces se fue a Sudamérica y allí se pegó un tiro.

La noticia del suicidio llegó precisamente el día de San José, onomástica de padre e hijo y que celebraban yendo a los toros. Mi suegra siempre alardeó de ser una mujer de mucho carácter, lo tenía en verdad fortísimo, así que decidió no decirle nada a su hijo, nada de la muerte y nada de la ruina, y llevárselo a los toros. Posteriormente yo llegué a la conclusión de que ése fue, quizá, el primer gran error en la educación de mi marido, el no contarle la verdad de las cosas. Tenía dieciocho años cuando sucedió aquella tragedia, se la ocultaron durante mucho tiempo y él aprendió a negar la realidad cuando no le gustaba. Eso es muy peligroso porque deriva siempre en irresponsabilidad, en esperar que algo o alguien te solucione tus problemas.

Ante su nueva situación personal y económica, mi suegra se puso a trabajar de gobernanta en el hotel Palace, cosa muy de admirar dado que provenía de una familia de la alta burguesía vasca, criada en aquel San Sebastián que era balneario de la realeza, y nunca pensó que se vería en la tesitura de tener que ganarse el pan. Flora venía de una familia de once hermanos. Los primeros cinco fueron hombres y buscando una niña vinieron seis, una detrás de otra. Cuando yo conocí a Flora ya no quedaba ningún hermano vivo, sólo mujeres que se organizaban en una curiosa ginecocracia muy jerarquizada. Al frente estaba, quizá por títulos y un indudable liderazgo natural, la tía Blanca. Era la auténtica jefa del clan y tuvo una presencia puntual, aunque muy importante, en mi vida posterior. Siempre admiré la ecuanimidad de esta mujer, su capacidad pese a nuestro escaso trato de analizar los problemas que, con el tiempo, tuve con su sobrino y tomar partido.

Tía Blanca era marquesa viuda de Inicio. Su marido fue un general laureado. Conservo una foto de los dos, él con su sable, sus entorchados y un bigote a lo káiser.

Después estaba la tía Babel, casada con don Tiburcio de Mencos, un hombre graciosísimo al que llegué conocer y que dormía con bigotera para preservar su también hermoso mostacho. Había sido alcalde de Pamplona y, me contó Carlos que de joven vivió en un palacio por Olite o Tafalla, no recuerdo, en el que tenía un maniquí de mujer vestido a la usanza de la época, con miriñaques y polisones. El bueno de don Tiburcio apostaba con los amigos y cronometraba el tiempo que tardaba en desnudarlo. Era un hombre absolutamente entrañable y divertido, una de esas personas a las que ves que saben divertirse. La tía Babel era muy tierna y muy melosa.

Luego venía la tía Marichu, que tenía dos hijos: Carlos Vigneau, casado con Lola Badarán, un hombre tan alto como mi marido; y Blanchi, una mujer de la que guardo muy buen recuerdo.

A la tía Irene, que estaba soltera, la traté menos porque vivía en San Sebastián. Recuerdo que era también muy graciosa porque coincidimos alguna vez cazando —toda la familia de mi novio era muy aficionada— y ella salía con los ojeadores para levantar la caza. Lo hacía dando con un palo en las matas mientras cantaba aquello de «Ola, ola, ola, ola / no vengas sola/ Ola, ola, ola, ola / ven con mi amor». Los conejos y las perdices salían por todas partes.

La más joven de las hermanas de Flora era Chelo, que a mí me parecía la más moderna. Era viuda de un médico y también muy agradable.

Ésta era la familia con la que entronqué.

La petición de mano fue ya un tanto singular porque fue Flora, la madre del novio, quien fue a pedir mi mano a mis padres. Carlos me regaló un anillo precioso, que por supuesto murió en la casa de empeño. Y yo a él un reloj Longines extraplano. La cosa iba bien pero a punto estuvo de irse al garete cuando mi futura suegra abrió el bolso, sacó un paquete de tabaco y se puso a ¡fumar! Ante el terror absoluto de doña Matilde.

—Pero ¿usted fuma? —gritó mi madre.

—Pues sí, ya ve usted —contestó Flora no menos recia.

—Sí, ya veo, ya veo —mascullό mi madre con asco.

Doña Matilde odió, sabia mujer, el tabaco toda su vida y detestaba verme fumar. Cuando me veía encender un pitillo siempre me decía, aunque yo no entendía la posible relación, que más me valía comerme un filete. De las primeras cosas que dijo mi hijo Carlos, aparte de papá y mamá, fue una frase que mi madre le enseñó en secreto y que mi niño soltaba indiscriminadamente a quien viera fumar.

—¡No fumes, guarra!

Aún recuerdo la primera vez que se acercó a otra señora en la peluquería y se la soltó.

Mi madre y la de Carlos nunca congeniaron. No tenían nada que ver. Otro motivo de roce entre ellas eran sus distintas experiencias laborales. A mi madre le ponía de los nervios que Flora dijera aquello de «cuando yo trabajaba», refiriéndose a sus años en el Palace, porque mi madre empezó a trabajar de niña y no había parado. Veía lo de Flora como poco menos que una extravagancia.

Curiosamente, y adorando yo a mi madre como la adoraba, muchas veces en los años siguientes busqué la complicidad de Flora, con la que siempre tuve una especial sintonía.

El cuadro lo completaban una muchacha que servía en casa de mi suegra, Mariacho se llamaba, y que había sido cocinera de un obispo, y un perro que fue la excepción al pánico que yo sentía ante estos animales. Era un caniche llamado Flofy, tenía tanto o más pedigrí que un duque y era anticlerical porque Carlos le había enseñado a ladrar a los curas y a las monjas. Lo hacía furiosamente con sólo oír la palabra «cura». También repartía el correo, cogía las cartas con la boca y las iba dejando caer en el regazo del destinatario sin equivocarse. Era de circo. Ya muy mayor hubo que sacrificarlo y yo no he visto llorar a nadie como a Flora entonces.

La diferencia social entre mi madre, la única a la que trataron alguna vez, y la familia de Carlos era insalvable, imposible de paliar. Recuerdo una vez que coincidimos en el Retiro, mi madre y yo paseando a Carlitos, con Flora y Marichu. Esta última comentó muy preocupada la tragedia que, en ese momento, había en casa de su nuera, Lola Badarán: ¡se les había ido de un día para otro y sin avisar la segunda doncella! Mi madre casi se atragantó al oírlo y empezó a decir, atropellándose como hacía cuando estaba nerviosa, que para tragedia la de su niña allí presente que no tenía ni primera ni segunda doncella ni nadie que la ayudara, embarazada y con un niño.

Eran mundos opuestos y casi antagónicos. Un ejemplo. El día que me casé, tras la ceremonia y antes del banquete me llevaron en coche, junto a Carlos, a una casa de la zona de Serrano. Era un lugar sombrío, lleno de cuadros y con casi todos los postigos cerrados. Una casa donde la luz no era bien recibida y en la que, pensé, hacía mucho que el tiempo se había detenido. Me condujeron hasta un dormitorio, allí estaba una mujer muy mayor recostada en una cama que me recordó a una góndola. Se cubría con una toquilla. Me la presentaron entre susurros, parecía que nadie quería hablar alto por miedo a que todo aquello se deshiciera como las cosas muy antiguas al roce de los dedos. La mujer era la madre de los García Noblejas, emparentados en su día por matrimonio con la familia de Carlos, una señora que durante la Guerra Civil perdió a su marido y a cinco hijos, algunos de ellos cofundadores de la Falange junto a José Antonio. Le presenté mis respetos como al miembro más anciano de la familia, me devolvieron a mi boda y nunca más volví a verla. Estos García Noblejas eran primos de mi novio. Con los que más trato tuve, una pareja de nuestra edad y una gente estupenda, fue con Maipa y su marido Javier, un cirujano estupendo que operó de una hernia a mi primer hijo siendo éste muy pequeño y por el que pusimos Javier al siguiente varón. Tenían una finca en Villaviciosa de Odón en la que se cumplía con el rito familiar de la caza. Carlos era un entusiasta, era su pasión. Algo muy importante para él y que intentó inculcarme. Empezó por comprarme una escopeta femenina, algo más ligera y de menos calibre que las normales del doce. El primer día que me llevó a cazar a esta finca fue cuando vi a la tía Irene levantando las piezas. Yo estaba allí, apostada junto a Carlos, disfrutando del día en el campo y su exaltación venatoria. Todo iba bien hasta que vi el primer conejo y no se me ocurrió otra cosa que ponerme ante la escopeta gritando: «¡No lo mates, no lo mates!». Espanté las piezas y estuve a punto de provocar un accidente, tras lo cual se me invitó amablemente a que, en futuras jornadas, permaneciera en la casa al amor de la lumbre.

Esto de la caza motivó otro de esos raros encuentros entre las dos familias y que siempre derivaban en situaciones embarazosas. Carlos le habló a mi hermano de la caza con búho, con reclamo, y esto a Juan le pareció muy cinematográfico. La cosa consistía en poner un búho de señuelo en un día de cielo raso para que atrajera aguiluchos y otras rapaces. Juan pidió un búho de atrezzo y allí nos fuimos todos, él con su mujer, sus niños y Auri, su muchacha. La jornada cinegética, que exigía absoluta quietud y silencio ante los agudos sentidos de las posibles presas, fue un desastre total. Formábamos un estruendo terrible pero ¡oh, sorpresa!, así y todo apareció un aguilucho. Se desataron los nervios, se movieron las escopetas, sonó un disparo y Auri recibió una perdigonada en el trasero. Yo juré odio eterno a la caza y, por extensión, al campo.

Las dos familias fuimos siempre como el aceite y el agua, imposibles de mezclar.

21

… Y me casé!

Un buen día Carlos me dijo: «¡Nos casamos!». Y yo dije: «¡Pues vale!». Cerrando otro círculo nos casamos el 24 de octubre de 1961, tras cuatro años exactos de noviazgo.

El traje de novia me lo diseñó el figurinista León Revuelta, al que conocía desde Los Independientes y amigo eterno. Yo no quería tocados o velos de tul, que me parecían pasados de moda, así que León me diseñó un velo de organdí como los de la Primera Comunión, que iba sujeto al pelo con alfileres. Muy sencillo y muy elegante. La hechura me la regaló una señora que fue encargada de la casa de Asunción Bastida y que se había establecido por su cuenta, montando en un piso un pequeño taller de costura. Evidentemente no hacía desfiles, pero yo le serví de maniquí viviente para que midiera sobre mí los modelos que diseñaba. A cambio de ese trabajo me regaló el coste y la hechura de mi traje de novia. Yo soy una señora que siempre he salido muy barata.

Me casé en la iglesia de Santa Gema, porque tanto mi madre como mi suegra —¡rara coincidencia!— eran fervientes devotas de esta santa. Así descubrí una cosa curiosa por no pertenecer yo a dicha parroquia. Resulta que si tú quieres casarte o bautizar un hijo en el sitio que no te corresponde, la iglesia de tu barrio, tienes que pagar un canon a todas las parroquias que hay entre la tuya y la elegida. Unos tipos listos los curas.

Me casé a las cinco de la tarde, como en el poema, por la filia taurina de mi novio.

Me peinó Daniel Blanco en mi casa y allí también nos hizo fotos Javier, un amigo de Carlos Ballesteros. Yo no quise fotos oficiales y eso que el gran Gienes, que cuando cantaba me hizo unas fotos preciosas de estudio, me había ofrecido hacerme unos retratos de novia gratis porque, me dijo en un estreno en la Gran Vía, le encantaba mi boca. Hay pocas fotos de la boda y ninguna es la típica de los novios y padrinos ante el altar. Siempre pensé que eran ridículas y que, con los años, mis hijos se reirían de ellas. Bueno, ése fue el pretexto que me di a mí misma. No permití más fotos que las que hizo Javier porque yo no quería testimonios del estado de ánimo con el que me casé.

Yo ya no estaba enamorada de Carlos. Le quería mucho, teníamos un sexo estupendo y seguía con la obsesión de los hijos, con todo lo cual yo supuse que sobre la base de ese cariño, ya que el amor se había desinflado, y las afinidades que habíamos desarrollado durante el noviazgo yo conseguiría lo que deseaba: mi propia familia y mis hijos. Era muy joven, veintidós años, ahormé la realidad a mis deseos y tardé poco en comprender que fue un terrible error. El caso es que en las pocas fotos de la boda que hay yo tengo una expresión seria, para nada de estar en el día más feliz de mi vida. Era consciente de que mi vida ya no iba a ser igual tras esa ceremonia. Ya nada sería lo mismo. Sentía por dentro, callada, una tremenda confusión: no le amaba pero le quería, ansiaba mis hijos pero no me casé con la idea de utilizarlo como padre. O sí. También de alguna manera ese matrimonio sin amor era una forma de cumplir con mi educación, con él había perdido la virginidad y no me veía con tiempo o ganas de buscar a otro hombre. Cuando él me propuso casarme me pareció lo más lógico ya que con él pasé de santa a pecadora, de querer irme a las misiones a disfrutar del sexo y querer tener hijos.

Ya no amaba a Carlos, así que me casé consciente de sus defectos. Durante el noviazgo ya había tenido ocasión de presenciar fuertes discusiones entre Flora y él, peleas terribles en las que yo, evidentemente, me colocaba al margen pensando que no debía tomar partido. Con los años sí lo tomé, me quedó claro quién tenía razón y quién no. Ya he dicho que de novia encontraba fascinantes aquellas explosiones de Carlos. ¡Es un hombre de carácter!, pensaba sin darme cuenta de que pronto yo me convertiría en el blanco de aquellas explosiones de ira, de sus pérdidas de control. Así y todo me casé, contra viento, marea y la ineptitud del cura que no supo pronunciar aquello de Doussinague y me preguntó si tomaba por esposo a José Carlos Encinas Sonsonique. No coló. Para más inri, tiempo después me enteré de que ese mismo sacerdote colgó los hábitos a los dos días de la boda.

El banquete fue un bufé que sirvió José Luis en el claustro de Santa Gema. Estuvieron los compañeros del teatro, de Los Independientes, de la universidad, mis amigas y las familias. Carlos y yo nos quedamos hasta que se marchó el último invitado y nos fuimos a cenar a un restaurante que estaba arriba del Edificio España. Cené pato a la naranja, plato que no he vuelto a comer nunca más.

Estaba agotada y mis últimas fuerzas las acabó una discusión con mi madre acerca de por qué mi ramo de novia sólo era de rosas blancas y no llevaba nada de azahar. Le dije que lo del azahar no me gustaba y ella, traspasándome con la mirada, me preguntó si es que yo tenía algo que ocultar. La flor de azahar era símbolo de la virginidad. Mi madre se murió pensando que yo me casé virgen.

Yo no deseaba otra cosa que irme a la cama a dormir, pero me parecía muy poco elegante siquiera sugerirlo y Carlos parecía encantado y fresco como una lechuga. Finalmente se acabó la cena y me llevó a nuestro primer apartamento, el que había alquilado enfrente del Blues. Estaba en el bajo de una finca señorial y era muy amplio y bonito. Además contaba con una ventaja suplementaria, estaba junto al cuarto de calderas y era muy calentito. Las madres nos amueblaron la casa.

En la noche de bodas y dado que ya llevábamos años acostándonos, yo pensé que no sería más que hacer libremente, ¡por fin de manera santa!, lo de siempre. Me sorprendió que no dejó de ser, al menos para mí, algo distinto. No me sentí más libre sino más tímida y nerviosa. Fue una noche hermosa y feliz.

Al día siguiente habíamos quedado con Flora para que nos prestara dinero para el viaje de novios, primer aviso de la corrida en que iba a convertirse mi vida.

22

Llanto en Lisboa

El viaje de novios empezó en Sevilla por dos motivos. Uno, decidimos pasar allí los días necesarios para que mi suegra me tramitara, como mujer casada que ya era, el pasaporte que me permitiría viajar a Portugal, nuestro verdadero destino. Dos, cumplir una vieja ilusión de mi padre, que conociera Sevilla dado que había nacido allí. Él nunca pudo llevarme porque o estaba trabajando y no podía, o estaba en paro y no tenía con qué. ¡Ésa es la vida del actor! Estuvimos en el hotel Colón y Sevilla me fascinó. Todavía lo hace. Recuerdo que me impresionó ver barcos en el Guadalquivir.

—¡Huy! ¿Este río aguanta barcos tan gordos? —le pregunté a mi marido, que me miró sin saber si reírse de mí o conmigo. Como ya he dicho, la geografía nunca fue mi fuerte.

El pasaporte se demoró una semana y salimos para Lisboa en un avión de hélice. Caía un diluvio terrible y yo me subí muy nerviosa, ánimo que no mejoró cuando nos distribuyeron por peso, para darle más estabilidad al aeroplano nos dijeron. Dado que Carlos medía uno noventa y dos y pasaba de los cien kilos, nos separaron e hicimos el viaje cada uno en una punta de la cabina de pasaje. No fue lo peor o más absurdo de mi luna de miel. Por ejemplo, Carlos, que durante nuestro matrimonio cambió más de diez veces de empleo y se pasó la mitad de su vida sin dar palo al agua, se puso a trabajar de firme según llegamos a Lisboa. Se marchaba a trabajar por la mañana y yo me quedaba sola hasta la hora de comer, ahí nos veíamos y él se volvía a ir hasta la noche. Así pues, el recuerdo que tengo de Lisboa es el de una ciudad muy bonita en la que me sentí muy sola otra vez. Mi estado melancólico se acentuó cuando me bajó la regla y vi con tristeza que no estaba embarazada. Lágrimas y fados.

Me daba mis paseos y no dejaron de sorprenderme algunas particularidades de la dictadura portuguesa. Para empezar, cuando llegamos faltaban unos días para la celebración de ¡elecciones! Te sentabas en los veladores de la Praça do Rossio y podías escuchar a oradores criticando al dictador Salazar y leer octavillas pro abortistas. Yo no entendía nada, así que le pregunté a un camarero del hotel con el que había adquirido cierta confianza. Le comenté las diferencias con España.

—¡Ah, sí, pero ya verá!

No me dijo más. Lo entendí cuando llegó la víspera de las elecciones y todos los periódicos sacaron el mismo titular: «La oposición desiste de presentarse a las elecciones». Se convocaban comicios, sí, pero como finalmente no concurría nadie salvo el general Salazar y su partido, el dictador ganaba por «democrática» goleada. Y no se presentaba nadie más porque, un par de días antes, encarcelaba a todos los opositores.

De Lisboa nos fuimos a Oporto, donde Carlos también tenía fijadas citas de negocios. Estaba trabajando para una marca de impermeables, Piuma d'oro, que eran preciosos. Yo cuando vi uno dije: «¡Qué bonito. Que llueva para ponérmelo!»; y lo cogieron como eslogan. En Oporto había un posible comprador, un señor de allí que nos llevó a comer a su casa. Nos sirvió una receta que había sido, nos dijo, premio de gastronomía y que estaba hecha con bacalao. Yo siempre he sido muy rarita con las comidas, lo reconozco, y si hay algo que nunca he podido comer es bacalao. Así se lo hice ver a nuestro anfitrión, pese a las patadas que Carlos me daba bajo la mesa. El caballero se deshizo en disculpas, yo también saqué mi exquisita educación de las monjas y la comida prosiguió. Carlos empezó a explicarle el interés que tenía la empresa en el posible acuerdo, tanto que no había dudado en sacrificar su luna de miel exclusivamente por reunirse con él. Yo, que escuchaba en silencio, creí conveniente recordarle algo que sin duda había olvidado.

—Bueno, cariño, acuérdate de que en Lisboa también has visto a otro señor.

Se hizo un silencio sepulcral. Carlos ya no me daba patadas, quizá ocupado en controlar el ligero temblor de sus manos e impedir que los ojos se le salieran de las órbitas.

—Señora, es usted la persona más inocente que conozco —rompió el silencio nuestro anfitrión.

Acto seguido se levantó, abrió una antigua alacena y me regaló una sopera de cerámica del siglo XII que sacó de ella.

Recuerdo que fuimos al casino de Estoril, donde no me dejaron entrar porque la mayoría de edad allí era los veinticinco y yo tenía veintidós, cosa que no sólo no me molestó sino que me alegró. También a la Boca do Inferno. De vuelta en Lisboa pude por fin ver *El apartamento*, allí sí la ponían, y además la primera de B. B., *Y Dios creó a la mujer*, aquella de Roger Vadim en la que se le pegaban las sábanas al cuerpo, de veras lujurioso, de la Bardot y que en la España de entonces estaba directamente considerada como pornografía.

Carlos y yo nos sentíamos muy modernos mientras volvíamos a Madrid.

23

«No se te ocurra parir sin mí»

La primera comida que yo hice en Madrid fue un cocido, en recuerdo de aquel que nos uniera un día de novillos. Hablé con mi madre para pedirle la receta y las medidas exactas. ¡Dios mío, estaba tan ilusionada con hacerlo bien! Mi madre era una cocinera fantástica, así que el error debió de ser mío. Donde ella me dijo un puñado de garbanzos por persona yo entendí dos, a los que añadí aún otros dos más conociendo el saque de mi marido. Empezaron a salir garbanzos del puchero de forma alarmante y estuvimos comiendo cocido, garbanzos sofritos, puré de garbanzos y así durante varios días. Conchita, la hermana de mi padre, estaba en Madrid y se vino a casa a hacernos buñuelos de garbanzos.

—Pilar, yo ya no puedo comer más garbanzos —me dijo un día Carlos, ciertamente sofocado.

—¡Lo que pasa es que tú ya no me quieres! —contesté yo.

Carlos decidió ponerse a régimen y, claro, la que empezó a adelgazar fui yo. No iba a cocinar para dos, así que yo comía también de dieta. Mientras yo desaparecía progresivamente Carlos, por contra, no perdía ni un gramo. Luego descubrí que se pasaba el día picando cosillas por ahí, que si un poquito de tortilla de patatas, que si un bocadillo de chorizo y así. Pese a estos alivios se puso de una mala leche espantosa y tuvimos varias broncas. La última fue en la calle y le dije que tenía que elegir, o el régimen o yo, que había que acabar con aquello, que él seguía igual de gordo y yo estaba consumida. Le dije también que le prefería gordo y con buen humor a flaco y amargado. Él asintió y nos metimos en la primera tasca a ponernos morados.

En aquellos días fui a José Antonio, mi ginecólogo, a preguntarle muy preocupada si es que yo no podía tener hijos. Aquella menstruación de Lisboa fue una terrible decepción y como todas mis primas se quedaban embarazadas prontísimo, yo pensaba que casarse y preñarse era todo uno. Fui con mi madre. José Antonio me examinó y me dijo que tenía una pequeña úlcera en el cuello de la matriz.

—¿Y eso por qué? —saltó mi madre de inmediato.

—Pues señora, yo qué sé. Porque la tiene.

—Sí, sí, hijito, pero ¿por qué no la ha visto antes? —insistió doña Matilde.

—Pues señora, porque a una señorita que es virgen no se le puede explorar ahí. De todas formas eso no tiene nada que ver con quedarse o no embarazada...

—Ya.

—... y lo que tenemos que hacer es curar esa úlcera.

—Ya.

José Antonio también vio que tenía, según sus palabras, la matriz un poco echada hacia atrás, así que decidió tirar un poco de ella con unas pinzas. Fue muy doloroso, sentí como si me despegaran algo de la espina dorsal, pero me fui feliz pensando que pronto me quedaría embarazada.

La primera falta me llegó en Benicàssim, adonde había ido con mis padres de veraneo y a cuidar a los hijos de mi hermano. Juan y su mujer se habían ido a Argentina por trabajo y dejaron allí a los chicos, en una casa preciosa que alquilaban, al cuidado de Auri y de nosotros. Llamé a José Antonio excitadísima y me dijo que buscara un ginecólogo por la zona y me hiciera unos análisis. Encontré uno en la guía de Castellón, hablé con él por teléfono y me pidió que guardara la orina de por la mañana en un bote y se la llevara. Así lo hice, trémula de emoción, y para Castellón que me fui cantando de felicidad con mi preciado botecito. Nos vimos, charlamos, le dejé allí mi tesoro y él quedó en llamarme a los dos días.

Efectivamente, llamó un tanto alterado.

—¿Usted bebe? —me soltó a manera de saludo.

—Pero ¿qué dice? —contesté muy ofendida.

—¡Pues que se me han muerto las ranas!

Había hecho la prueba de la rana con mi orina y al inyectársela a los batracios se murieron, por lo que el doctor dio en pensar que yo era, como poco, alcohólica. Yo le mandé a la mierda, llamé a José Antonio y éste, tras reírse un buen rato de lo que consideró directamente curandería, me dijo que me olvidara del tal doctor y me buscara uno que me hiciera análisis de sangre.

Lo hice y ¡albricias, estaba embarazada! Iba a ser madre y me sentía la mujer más feliz y completa del mundo. Aún me estremezco al recordarlo, fue una de las alegrías más grandes de mi vida. Claro que cada alegría genera una nueva tristeza o un miedo, ¡curioso sistema de compensación del alma humana o del destino! Y en aquellos días Rafita, el hijo de Juan, se nos cayó por un terraplén. El niño no se hizo nada pero el susto fue tremendo y yo enseguida me culpé de no haberle vigilado lo suficiente. De esto pasé inmediatamente a pensar que sería un desastre como madre y que no sabría cuidar de mi bebé. Supongo que hasta lo que deseamos con más fuerza, en cuanto entraña un cambio significa también un miedo ante los nuevos retos que plantea. Pero eso es la vida, ¿no? Buscar los sueños, encarar los cambios y los miedos.

Volví a Madrid feliz. Todo estaba bien, en orden. Me había casado, Carlos trabajaba e íbamos a ser padres. Perfecto hasta que, de repente, mi marido dejó de trabajar. El porqué nunca lo supe, él me dijo simplemente que «había tocado techo». Lo que sí sé es que pasé un hambre terrible durante aquel primer embarazo. Me rugían las tripas pero era feliz. Me alimentaba de pasta como de churros —harina, agua y sal—, que Carlos freía para los dos. Yo lo compensaba cuando visitaba a mi madre o a mi suegra, aunque siempre intentando que el ansia de comer no les descubriera nuestra situación.

Carlos tampoco me dio más explicaciones cuando alquiló un despacho en la calle Jacometrezo y montó su propia empresa de exportación e importación, algo que quedaba muy bien en las primorosas tarjetas de visita que se imprimió. Por cierto, ahora que lo pienso, Carlos tampoco adelgazó pese a aquella dieta forzada.

Yo empecé a prepararme con José Antonio para el parto sin dolor, del que era precursor en nuestro país y que ya había atendido a mi cuñada en sus alumbramientos. Iba a los ejercicios acompañada de Carlos, aprendí a respirar sobre la llama de una vela sin apagarla y cosas por el estilo para controlar las contracciones. Me sentía dichosa.

Era el 6 de marzo, cumpleaños de mi madre, y había ido con ella a Pontejos, a comprar unas cosas que me faltaban para la cunita. Nos separamos en Sol, cada una en una parada de autobús camino de nuestras respectivas casas. Allí estábamos, sonriéndonos de lejos, cuando mi madre me miró muy seria y se me acercó.

—Tú te estás poniendo de parto.

—Pero ¿qué dices, mamá? ¡Qué tontería!

—Que sí, que sí. Se te está poniendo cara de parto.

Yo negué la mayor. Mi madre se marchaba al día siguiente a San Sebastián a rodar una película. Al separarnos me dijo algo hermosísimo, con la cara llena de amor y ternura me rogó que no se me ocurriera parir sin ella al lado. ¡Como si aquello se pudiera parar!

Llegué a mi barrio en el autobús, haciendo mis respiraciones, y me fui a hacer la compra en General Moscardó en un sitio muy moderno para la época, que tenía carritos de la compra. Por allí andaba yo, empujando el carro y deteniéndome cada tanto para hacer mis respiraciones y jadear. La gente me miraba asombrada, una chica con un bombo enorme inspirando y expirando exageradamente, y se acercaba a preguntarme si estaba bien. Debía parecerles una loca. Me fui al apartamento y llamé a mi marido.

—¡Carlos, estoy de parto! —dije muy alegre.

—¿Qué me dices? —contesto él no menos jovial—. ¿Cada cuánto tienes las contracciones?

—Tranquilo, muy espaciadas.

—Bien, bien. Como José Antonio dice que te tienes que distraer, voy a buscarte y vamos al cine.

—Ah, pues muy bien.

Nos fuimos a cenar al Vesubio, un italiano de toda la vida que había detrás del SEPU de Gran Vía, y seguí con mis respiraciones entre espagueti y espagueti. De ahí nos fuimos al Palacio de la Música a ver *El día más largo*. Las contracciones se fueron acelerando y la butaca se me volvió terriblemente incómoda. En la escena en que empiezan a caer los paracaidistas le dije a mi marido que me sacara de allí. El acomodador se asustó muchísimo y quería pedir una ambulancia. Le dijimos que no y nos fuimos encantados de conocernos a nuestro apartamento. Yo avisé a mi hermano, que quería estar en el parto. No lo hice con mi madre para no darle un disgusto pues se iba al día siguiente. Mi hermano empezó a controlarme con un reloj el ritmo de las contracciones y la respiración, todo muy científico. Tanto que cuando no se sucedían regularmente, Juan me miraba severo y me decía que aquello no era serio. Yo recordaba algo que José Antonio me solía repetir, que los maridos se ponían nerviosos y a las primeras contracciones solían llevar corriendo a sus mujeres al hospital. Una vez allí dejaban de ser su responsabilidad y ellos se quedaban más tranquilos dentro de su histerismo. Él se metía mucho con esto, así que cuando Carlos quiso llamarle yo le dije que no, que esperásemos. Pasado ya un buen rato las contracciones se hicieron más fuertes y llamé.

—José Antonio, que estoy de parto.

—Vaya, de noche tenía que ser —contestó medio dormido—. ¿Cada cuánto tienes las contracciones?

—Cada veinte minutos.

—¡¿Qué?! ¡Tú eres una bestia! —gritó—. ¡Tú no llegas, vas a parir en tu casa…!

Había aguantado demasiado, así que nos fuimos corriendo a la clínica del Rosario. Cuando llegó José Antonio se extrañó de no ver allí a mi madre.

—¿Cómo no la has avisado?

—Se va mañana y no quiero que se marche disgustada por no poder verlo.

—No, llámala porque el niño a las siete de la mañana ya habrá nacido.

Carlos la llamó y doña Matilde llegó como un ciclón. Cuando me vio absolutamente relajada, a Carlos pasándome tranquilamente un pañuelo con colonia por la frente y a Juan cronometrándome, no entendió nada y se puso muy nerviosa.

—¡No tiene fuerzas! Yo gritaba: «¡Rafa de mi vida!». Y paría.

Mi hermano la regañó y le pidió que se calmara, que la niña lo estaba haciendo muy bien. Por fin entré en el paritorio, acompañada de Carlos, de Juan y su mujer. Mi madre no entró, aquellas moderneces le resultaban incomprensibles y, por tanto, sospechosas.

Y parí. Aquel acto, lo he dicho y lo mantengo, me pareció el acto más sublime y bello de la existencia. Sentí que era Dios, que estaba creando a otro ser humano… No sé, aún me emociono. El problema viene luego, al criarlo, pero dar a luz a un hijo es la sensación más hermosa del mundo. Y eso que mi hijo Carlos nació pesando cuatro kilos, ancho de espaldas y costó sacarlo.

José Antonio tenía además la costumbre de mostrar al niño a la madre antes que a nadie, para que ella descubriera su sexo.

—¿Qué es? —me preguntó mientras lo sostenía.

—No sé —dije yo, contemplándolo embobada.

—¿No sabes distinguir el sexo? —se rió.

—Es un niño —le dije por fin.

El bebé me echó una meadita y ésa fue la señal para que mi hermano saliera corriendo y gritando: «¡Es un niño, es un niño y con unos cojones enormes!».

Carlos nació el 7 de marzo de 1963 a las siete de la mañana. Carlos fue un bebé enorme, precioso... Mi indio. De niño decían que tenía carita de chino, pero es de indio. Yo siempre he pensado que es porque durante el embarazo leí una novela sobre la Conquista, *El dios de la lluvia llora sobre México*. Sacó rasgos de indio y el pelo negro pese a que también me pasaba el día mirando una foto de un bebé rubito con ojos azules.

Ahí puedo decir que Pilar Bardem fue la mujer más feliz del mundo.

24

¡Poco dura la felicidad en casa del pobre!

La niña que había sido se iba quedando atrás, se despedía con una sonrisa y se llevaba con ella toda la soledad y el ansia. Dejaba su lugar a una mujer joven, a la que le estallaba dentro la felicidad con la fuerza de un sol mientras acunaba a su niño, ¡su propio hijo! Me veo desde fuera, desde ahora y disfruto con un punto de amargura de aquella madre poseída por una alegría que creía eterna. A todos nos pasa igual de jóvenes, ¿no? Pensamos que la dicha es perfecta, que la conseguimos al cumplir un sueño. ¡Qué poco duran los sueños! El mío, como en el cuento de la lechera, se me rompió allí mismo, en la habitación de la clínica donde miraba asombrada a mi Carlitos. Apareció Flora llorando, diciendo que le quitaban el piso del Niño Jesús —aquel al que me llevó Carlos para oír discos, aquel que dijo que era suyo—. Mi suegra repetía entre sollozos la palabra «embargo», que luego me perseguiría durante toda mi vida. La tía Chelo, que estaba allí presente dijo que ella pagaría las deudas y luego compraría el piso a Flora, haciendo a continuación la solemne promesa de que ese piso sería, cuando ella muriese, para el niño que acababa de nacer. La tía Chelo, mujer encantadora donde las hubiese, no cumplió su voluntad y Carlitos nunca heredó. Una lástima viendo cómo está el asunto de la vivienda.

De la clínica me fui a Lope de Rueda a pasar la cuarentena, reponiéndome junto a mi madre a fuerza de calditos y mimos.

Carlitos se pasaba el día agarrado a la teta, mamaba mucho pero no parecía aprovecharle. El caso es que yo tenía mucha leche pero mala, floja. El niño mamaba y al rato se ponía a llorar. Mi madre me decía que eso era porque tenía hambre y yo me ponía de los nervios. Carlitos lloraba y lloraba y si le acercaba el chupete, se tiraba a él con la boca abierta, desesperado. El niño tenía hambre y doña Matilde razón, pero una era primeriza y no quería dar mi brazo a torcer. Apareció un nuevo problema. Entre que la comida no le aprovechaba y que el niño era estreñido, el pobre Carlitos no hacía caca. Otra vez surgió doña Matilde con su sabiduría popular en ristre.

—Hay que hacerle una calita de perejil —dijo mi madre.

—¡Por Dios, señora! —Mi marido montó en cólera—. ¡Que estamos en el siglo XX!

Aclaración pertinente. Dado que un bebé tiene el ano muy pequeño y no existen supositorios tan mínimos, hacer una calita significa frotárselo con una ramita de perejil y aceite, para así excitar el conducto y provocar la expulsión de las deposiciones. Como digo, mi marido se enfureció y le dijo todo tipo de barbaridades a mi madre —creo que hubo hasta veladas acusaciones de incitación a una futura sodomía de nuestro hijo—, discusión que se zanjó llamando al pediatra. El especialista hizo un estudio minucioso y llegó a dos conclusiones: una, que el niño tenía hambre por la mala calidad de mi leche. Dos, que había que hacerle una calita con perejil. La expresión de mi madre no se me olvidará jamás, era el vivo retrato de la victoria.

Y así estábamos, felices y contentos de nuevo, cuando un buen día apareció Carlos muy nervioso.

—¡Nos han desahuciado! —Otra palabra que me persiguió durante años.

Carlos nunca me dio explicaciones de lo que ganaba o no, del dinero del que disponíamos, así que aquello me pilló absolutamente por sorpresa. Recuerdo que estaba en el salón de Lope de Rueda dándole el pecho a mi hijo. Mi madre también estaba presente y dijo una de aquellas cosas que parecían de una mujer de pueblo, de alguien muy en contacto con los procesos naturales.

—No le digas eso que se le va a cortar la leche del disgusto.

Entonces me pareció otra conseja absurda pero al poco tiempo, efectivamente, se me retiró la leche. Una de las hazañas de mi marido es que, la muerte del primer Javier aparte, tras cada parto consiguió cortarme la leche de un sonoro disgusto.

Mi madre nos dejó dinero, pero aun así se produjo el desahucio y el propietario se quedó con todos los muebles salvo el dormitorio. Yo ya no pude volver a aquel apartamento y como tras la frase de mi madre sobre no darme disgustos, se montó una bronca tremenda entre Carlos y ella, mi marido me hizo hacer la maleta, agarrar niño y cuna y marcharnos a las once de la noche a casa de mi suegra. Allí nos instalamos. Yo muerta de pena. Había pasado en unas horas de la felicidad de estar en Lope de Rueda con mi madre, de sus mimos, a vivir de realquilada, así me sentía en la casa de mi suegra. Por entonces no había entre nosotras el conocimiento y profundo cariño que nos tendríamos después. Estuvimos allí un tiempo que se me hizo eterno y durante el cual empecé a tener muchas dudas sobre Carlos, sobre nuestra pareja, a sentir un miedo al error que me traspasaba como agujas. El miedo al fracaso.

Al poco tiempo nos mudamos a un piso en la calle Narváez, frente al cine. ¡No me podía creer tanta felicidad! ¡Iba a ser vecina de mi madre, vivir a una calle de ella! La casa era interior pero daba a un enorme patio de manzana y estaba llena de luz. Dicha sobre dicha. Mi marido, que había dejado lo de las gabardinas sin darme una mínima explicación, encontró un trabajo nuevo. Esta vez en Biona, una marca de piensos compuestos para cerdos, pollos y patos. Andaba todo el día de aquí para allá y la empresa le proporcionó su primer coche, una furgoneta dos caballos con el rótulo de los piensos. Carlos lo quiso celebrar y no se le ocurrió otra cosa que llevarme a un restaurante muy fino, en la carretera de La Coruña. Cuando nos vieron llegar en la furgoneta de los piensos, por supuesto y como en la anécdota teatral, no nos dejaron entrar. Carlos se enfadó mucho y soltó, creo recordar, el consabido «usted no sabe quién soy yo», a lo que le contestaron muy finamente que, en efecto, no tenían la menor idea de quién era él y que no estaban interesados en comprar pienso. Cenamos en casa.

Yo iba todos los días al Retiro y mi madre tenía la bendita costumbre de presentarse armada con un bocadillo de jamón serrano. Allí nos reuníamos ella, el niño y yo. Un cuadro feliz y armonioso. Un día me miró preocupada.

—Pili, que te conozco —me dijo—, por Dios no vayas a querer tener otro hijo corriendo. Ahora que tu marido empieza a trabajar y las cosas van a mejorar.

—Claro que no, mamá. Tranquila.

Mentí. ¿Cómo iba a decirle que ya estaba embarazada de nuevo? Mi hijo mayor y mi hija se llevan menos de catorce meses. Yo desde siempre había querido gemelos y como tuve un niño me hice el siguiente razonamiento: «Si tengo otro corriendo, prácticamente serán gemelos». Dicho y hecho.

Es en este momento en el que apareció en mi vida, ¡quién sabe si enviada por el cielo!, alguien que estuvo a mi lado durante muchos años y a quien guardo el mayor de los afectos: Merche, mi Merche. La Merche. Cuando entró en casa a servir debía tener quince años y apenas sabía leer y escribir. Aún la recuerdo haciendo palotes y planas que yo le ponía. Me convertí para ella en una amiga y ella para mí en una hermana pequeña, alguien a quien ayudar y querer. Esta relación especial se inició cuando, al poco de conocernos, se presentó en casa un primo suyo.

—Hola, vengo a cobrar lo de la Merche.

—Usted no cobra nada porque aquí la que trabaja es ella.

—Sí, pero es que ella es una menor.

—Si es mayor para trabajar también es mayor para cobrar.

—¡Pero oiga...!

—¡Ni oiga ni oigo, aquí no toca nadie un duro de la chica!

Le cerré la puerta en las narices. Otra vez la mujer, en este caso sus ingresos, como posesión de los hombres. Yo le mostré a esa chiquilla que era posible romper la cadena, decir no. Hice por ella lo que hacía por mí. Merche me devolvió a cambio cosas tan valiosas como amistad, fidelidad a prueba de bombas y la certeza de que hay ángeles viviendo entre nosotros. Era extremeña, menuda, morena y muy pizpireta. Me llamaba «sita Pili» y a mi marido, «el jefe».

Y entonces llegó Mónica.

25

Mónica

Así como el nacimiento de Carlos fue toda una efeméride y una reunión familiar, en este segundo parto nadie me hizo ni caso.

Para empezar el médico me dijo que sería un niño y que nacería el 3 de mayo, cosa que acepté a pies juntillas dado que con Carlos no marró ni por una hora. Empezaron las contracciones y mi marido se fue a trabajar. Llamé a José Antonio y me dijo que como eran muy lentas me fuera dando un paseo a la clínica, así que yo le dije a Merche que se llevara al niño al Retiro y que si se encontraba con mi madre y ésta le preguntaba por mí, le dijera que yo estaba haciendo un encargo.

Cogí mi neceser, me pinté la raya del ojo y muy mona me presenté en la clínica del Rosario, a parir. La monja que me recibió no salía de su asombro.

—Pero ¿cómo viene usted así, sola? ¿Está de parto, segura?

—Que sí, hermana.

—Será una falsa alarma.

—Que no, que he parido hace trece meses y aún me acuerdo.

Llegó José Antonio y allí seguía yo sola. Como digo mi marido estaba trabajando y, dada su escasa vocación para el asunto, pensé que era mejor no distraerla con la menudencia de un parto. Mi hermano Juan estaba de viaje con su mujer. Mi padre ni pensarlo, se impresionaba demasiado. Mi madre siempre le protegía de tales excesos emocionales pero, dado el carácter de doña Matilde, ¿quién me protegía a mí de la impresión de tenerla al lado mientras paría? Nadie salvo yo misma y mi deseo de tener un pacífico parto sin dolor. Por eso se lo oculté. Flora, bueno, era mi suegra.

Además, el parto de Carlitos fue tan bien y yo era tan moderna que pensaba que era un trámite gozoso y en absoluto preocupante: iría, daría a luz y luego vendrían todos a ver al bebé. Yo siempre fui muy hombre para todo.

La dilatación era lenta y José Antonio me dijo que la cosa iba para largo, que me lo tomara con calma, y se fue. Allí me dejó con Rosa, su comadrona, una señora que debía de ser muy buena en lo suyo pero que, curiosamente, no estaba adiestrada en el parto sin dolor que tanto preconizaba su jefe. Cinco minutos con ella y su saber tradicional bastaron para destruir por completo la labor del otro. Fue marcharse mi ginecólogo y darse la vuelta el parto. Las contracciones se aceleraron y vinieron cada vez más fuertes.

—Oiga Rosa, que esto va muy deprisa, que ha cambiado. Mire a ver —le pedí un poco asustada.

—¡Ah, no! —contestó muy ofuscada—. Al doctor no le gusta que me meta en sus cosas. No me da permiso.

—¡Pero es que estoy de parto!

—Bueno, a ver, no será para tanto. El doctor ha dicho... ¡Aaah, corriendo una camilla, que me pare aquí!

En ese momento se fue al garete todo el trabajo previo de mentalización para el parto sin dolor, el control de las respiraciones, la calma. Camino del paritorio, yo en la camilla y gritando, me crucé con José Antonio corriendo en dirección contraria a por una bata. Me tiré a su chaqueta y la agarré tan fuerte que la destrocé. La cosa se complicaba por momentos, tanto que José Antonio me clasificó de inmediato como «parto a esconder». Él tenía la costumbre de, si el parto sin dolor funcionaba como debía, invitar a presenciar tal maravilla a todo el que pasaba por los pasillos. Él había introducido esa técnica en España y estaba orgulloso de ello. Además, no dejaba de ser una publicidad directa y contundente de su producto. Ahora claro, cuando le salía mal —como era esta vez mi caso—, el paritorio se cerraba a cal y canto para ocultar hecho tan vergonzante.

Apareció por allí Carlos, a tiempo de escuchar a José Antonio poco menos que insultarme.

—¡Parece mentira, con lo bien que lo hiciste la otra vez! ¡Qué burra, me has destrozado la chaqueta!

Y vino mi niña, Mónica. Empecemos por el nombre. Lo elegí porque entonces el 4 de mayo, día en que nació, era el de santa Mónica. Las dos abuelas estaban empeñadas en que se llamase Gema, pues ambas eran muy devotas de esa santa. A mí me pareció bien en principio, pero luego pensé que la llamarían Gemita y no me gustó. Si hay algo que odio son los diminutivos y los nombres compuestos, tanto que mi hijo Carlos se puso morado de estar cabeza abajo sobre la pila bautismal mientras discutíamos su padre y yo, en eso estábamos de acuerdo, con el cura.

—Carlos ¿qué? —insistía el religioso.

—Carlos —decíamos nosotros.

—Pero Carlos ¿qué? —De nuevo el cura.

—¡Carlos Tomás, Carlos María, Carlos José! —se oía por detrás a las abuelas.

—Carlos, sólo Carlos —resistíamos nosotros.

Era como en el chiste de Gila, como aquel que sólo tenía un nombre porque era pobre. Bueno, pues Carlos, sólo Carlos porque nuestro niño también era pobre.

Mónica me pareció un nombre precioso y lo elegí para mi hija. La niña nació un poco calva por arriba pero con melena por la nuca y unas cejas enormes, tupidas. Su aspecto causó una gran discusión en el paritorio. Yo pregunté por mi bebé —esta vez no me la habían mostrado antes o con los nervios yo no la había visto —y José Antonio me dijo que era una niña, que estaba bien pero que era un poco feíta.

—Te va a costar casarla —añadió.

Mi marido saltó de inmediato, indignado, que cómo decía eso de su hija, que se la dejara ver.

—Pues sí que es un poco feíta, sí —sancionó Carlos también.

—Bueno, bueno, todos los niños cuando nacen son así —terció conciliadora una monja y se acercó a verla—. La verdad es que mona no es, no.

Yo monté en cólera y empecé a gritar que me dieran a mi hija. Lo hicieron y los eché de allí, a todos. Era una niña preciosa, lo que pasa es que nació con esa hermosura de cejas que tiene, iguales, e impresionaban en una cara tan pequeña. Fue una niña preciosa y hoy es una mujer preciosa, llena de luz y madre feliz de Pablo, el niño más guapo del mundo y no es amor de abuela. Lo es.

De vuelta en mi habitación estaba allí mi madre y volvió la felicidad y la paz al grupo familiar.

Ya tenía la parejita y sentí que, a veces, los sueños se consiguen.

26

Sentía un diluvio sobre mí

Carlitos acababa de empezar a andar y Mónica estaba recién nacida, así que al Retiro iba yo, toda feliz, haciendo malabarismos con dos cochecitos, uno en cada mano, sobre los irregulares adoquines de una calle Narváez aún sin asfaltar. Entre esto, la dieta más o menos obligada por el poco dinero, el trajín de los niños y una tabla de gimnasia que seguí un tiempo por indicación de José Antonio —era demasiado moderno para aconsejarme una faja al uso de época—, recuperé enseguida la figura. Yo venía a coger quince kilos exactos en cada embarazo, que sólo se me notaba a partir del sexto mes, y luego volvía a mi peso. Tenía un vestidito que me habían regalado Vargas y Ochagavía y que me servía para ver cuándo había recuperado la línea. Pasé por cuatro partos y tras cada uno de ellos me siguió quedando igual de bien el modelito.

Afortunadamente tenía a doña Matilde cerca y, un día sí y otro también, venía a ayudarme.

En el Retiro me reunía con un grupo de madres jóvenes, casi todas también con dos críos muy seguidos en edad. Nos juntábamos en un quiosco que había junto a la puerta de Menorca. Allí pasábamos la mañana con una Coca-Cola o una caña, hablando todas de lo mismo, de nuestros niños. Siempre igual hasta que un día apareció una del grupo muy excitada. Era la mujer de un médico.

—Bueno, bueno, ¡lo que he descubierto! Oíd chicas...

Y allí que fuimos a oír todas. Parece ser que el marido de esta mujer le comentó que había recibido unas pastillas nuevas, una cosa del extranjero, para regular las reglas y que, como efecto secundario, resultaban ser anticonceptivos. Esta mujer se trajo una resma de pastillas, las repartió y, sin encomendarnos ni a Dios ni al diablo, nos las tomamos. Yo, pensé, ya tenía la parejita y calmado por completo mi reloj biológico. La economía no estaba para más bocas. Me dio muchas y yo las tomaba todos los días, como ella nos había advertido que lo hiciéramos.

Pasado un tiempo fui a una revisión de rutina a José Antonio y le comenté, como quien no quiere la cosa, lo de las pastillas.

—Pero ¿qué dices? Tú eres muy burra, no te puedes automedicar así. ¿Quién te ha recetado eso? —Estaba verdaderamente enfadado—. ¿Tú sabes que te estás tomando la píldora antibaby?

—Pues no, bueno sí. Me dijeron que eran buenas para normalizar las reglas...

José Antonio me cambió las que tomaba y me dio una receta. Y es que éste era el quid de su enfado. La antibaby era algo por completo novedoso en aquella España, que se vendía de tapadillo y con receta. Cuando la pedías en la farmacia lo hacías en voz baja y sabiendo que te miraban de arriba abajo. Las boticas se convertían en tribunales inquisitoriales. Miraban y remiraban la receta, luego a ti, otra vez el papel. Finalmente cuchicheaban entre ellos y te la sellaban. Pasabas una vergüenza horrorosa hasta conseguirla. Bueno, eso si te la daban, porque había farmacéuticos que directamente se negaban a venderla. O doctores a prescribirla. Aquella España de 1964... La píldora estaba demonizada por Estado e Iglesia —uno siempre deseoso de ciudadanos a los que mandar, la otra de fieles a los que salvar de sí mismos—, mal vista por casi todos porque, al fin y al cabo, suponía darle a la mujer un espacio de libertad, su útero, que escapaba al control del hombre. Aquel país ahogaba y todo a tu alrededor funcionaba para recordarte que salirte de lo establecido era abrirte las puertas del infierno, de la condenación. Son éstas palabras que pueden decirle poco a la gente de ahora, pero que entonces tenían socialmente una función disuasoria muy efectiva: ir contracorriente era igual a perderse para siempre. Para mí la cosa era ya menos grave, había tenido oportunidad de conocer la hipocresía del sistema, en especial del religioso, desde dentro y mi gusto moral se había decantado ya hacia un aprovechamiento ético de lo bueno que hay en el cristianismo, descartando definitivamente lo que de represor o condenatorio hay en el catolicismo. No diré que me sentía cómoda comprando la píldora, era imposible, pero cada vez me daba más igual lo que pensaran los demás al respecto, consciente ya de que las grandes batallas sociales se empiezan a ganar desde las pequeñas luchas cotidianas de cada uno.

Volvamos al Retiro. Fue en aquellos días en el parque cuando tuve mi primera, gran y única bronca con mi suegra, con Flora. Surgió como lo hacen estas cosas, de una nimiedad. Cualquier madre sabe que los horarios de los niños pequeños son sagrados, que hay que respetar al minuto sus horas de comer, de jugar o de dormir. Si no se descabalan por completo. Mi suegra me llamó porque quería que fuésemos hasta el Niño Jesús para enseñarle, creo que ésa sería la palabra, mi hija Mónica a la tía Blanca. Nadie de la familia de Carlos se acercó al hospital a conocerla. La sugerencia de Flora me pareció bien, no suponía sino dar un paseo desde la puerta de Menéndez Pelayo hacia abajo, siguiendo la verja hasta la que daba al Niño Jesús. Quedamos en el parque, pero dado que mi suegra andaba siempre en rezos y misas llegó tarde a la cita. Tarde y con prisas.

—¡Vamos, vamos, Pilar!

—No, perdóneme Flora, no. Es la hora de comer de los niños y me los llevo a casa.

—¡Ah, tú siempre poniendo pegas a ver a mi familia! —empezó a exaltarse.

—No, no es eso, Flora. Pero ya que lo menciona, ¿por qué tengo yo que llevar a mi hija a enseñarla y no pueden venir sus hermanas a mi casa a verla? ¿Qué pasa, que mi casa no es digna para recibirlas? ¿No es más fácil que se transporte la señora marquesa, que para eso tiene un Mercedes y un chófer, a que vaya yo empujando el carrito hasta su casa? Mire, además, lo primero son los niños y sus comidas, así que me los llevo...

De ahí pasamos a otras cosas, empezamos las dos a elevar el tono y Flora se puso de los nervios. Empezó a vomitar acusaciones que me dejaron helada, descompuesta.

—¡Tú me has quitado a mi hijo, justo ahora que empieza a trabajar! —me gritó—. ¡Te aprovechas de él!

—¡Pero qué me voy a aprovechar, si ya nos han desahuciado de una casa! ¿Qué me está usted contando? ¡Si Carlos tiene un sentido de la responsabilidad nulo y hay que estar siempre sacándole las castañas del fuego!

Algo se rompió allí en el alma de Flora, algún cerrojo saltó y de pronto aquella mujer empezó a hablar y hablar, para mí pero también para ella, como contándose en voz alta lo que nunca había querido oír de su hijo y del padre de éste. Aquella mujer menuda pero fuerte, recia, hizo desfilar ante mí todos sus monstruos, las criaturas deformes que nacen y se alimentan de nosotros cuando nos negamos la verdad, cuando en vez de afrontar un problema lo tapamos y miramos a otro lado: Pepe, su marido, era un jugador que les dejó en la ruina. Sólo su coraje para ocultárselo a su hijo les sacó adelante, les salvó de la vergüenza...

Hasta ahí yo oí en silencio sus confesiones, entonces la interrumpí.

—Mal, Flora, muy mal. Carlos no era un niño cuando se mató su padre. Era ya un muchacho, casi un hombre. No debió ocultarle la verdad ni la gravedad de la situación. No debió engañarle sobre su posición y acostumbrarle a que siempre haya alguien que le salve. Le hizo un flaco favor, nos hizo un flaco favor a todos, a usted y a mí. Lo convirtió en un irresponsable.

—No, Pilar. Él lo pasó muy mal. Estuvo incluso viendo a un psiquiatra...

A lo largo de aquella discusión empecé a conocer cosas de mi marido, de su formación como ser humano, que resultaron tristes y preocupantes. Datos que iluminaban espacios en sombra y confirmaron mis intuiciones sobre él y su cada vez más explosivo carácter.

Carlos nunca me hablaba de su padre y cuando yo le preguntaba sólo me respondía vaguedades: que había sido muy guapo, un tío muy pintón y un jugador, que por eso él tenía un odio visceral al juego. A Carlos lo único que le gustaba era el mus y las carreras de caballos. Esto último lo justificaba diciendo que si estudiabas bien las variables —raza, años, peso del jinete, estado del terreno y demás—, era más una ciencia matemática que un juego. La verdad es que se pasaba el día con sus tablas, haciendo números y solía acertar.

Tras aquella discusión con mi suegra en la que temblaron los árboles del Retiro, en la que me planté por primera vez ante el hecho, para mí absurdo, de tener que ir a rendir pleitesía a alguien y mostrarle mi hija, había un mar de fondo que crecía y se agitaba dentro de Flora. Unos días después se convirtió en un tifón, en otra bronca tan importante que hizo que me fuera de mi propia casa. Debía de ser septiembre porque yo había cobrado un dinero por hacer unos pases de una colección de moda. Compré en De Pablos, en la calle Narváez, una exquisita zapatería infantil, unas botitas azules y rojas a mi hijo Carlos. Era la primera cosa que yo compraba a mi niño. Hasta ese momento nunca había dispuesto de dinero suficiente. Mi marido no sólo no rendía cuentas de lo que ganaba sino que me pedía lo que ganaba yo como modelo para pagar luz, agua y teléfono. Hasta ese día todo lo que necesitaban los niños —ropa, patucos, pañales y demás— lo había comprado doña Matilde. Esto creó primero una rivalidad y luego una franca animadversión de mi suegra hacia mi madre. La situación económica de Flora no era precisamente boyante. La pobre mujer siempre llegaba tarde.

—Parece que llega el frío —decía—, habrá que comprar el abriguito.

—Ya lo ha comprado mi madre, Flora, pero gracias de todos modos.

Mi madre no era desde luego rica, pero sí gozaba de cierto estatus profesional y todo lo gastaba en sus nietos, los niños de Juan y los míos. Además tenía un carácter extremado e impulsivo, si notaba que refrescaba entraba en la primera tienda y salía con el abriguito y los dos jerséis.

Para mí fue también una especie de realización personal comprar aquellas botitas, comprarle por fin algo a mi hijo. Llegué a casa feliz y se armó la de Dios es Cristo. Mi suegra me acusó de ningunearla y de humillarla, me dijo que me había avisado de que ella iba a comprar las botitas. Flora volcó su frustración y sus celos de mi madre sobre mí. Mi marido enseguida se unió a ella y juro que se movían los cuadros de los gritos que pegaba.

—Yo me voy —dije ante semejante desbarajuste mental.

Y sí, me fui a caminar. No llovía pero yo sentía un diluvio sobre mí. Tratando de ordenar mis ideas y de comprender todo ese odio que acababa de sentir contra mí llegué hasta Neguri, una cafetería de la calle Goya donde ahora está Nebraska. Estaba allí sentada cuando se me acercó Adolfo Marsillach, al que había conocido presentando aquel desfile de moda. Se extrañó de verme allí sola y estuvimos charlando un rato. Por aquel entonces aún no éramos amigos —luego sí tuve la enorme fortuna de serlo, Adolfo fue un ser humano excepcional—, pero su conversación consiguió apaciguarme y volví a casa.

Merche me informó de que al irme yo la bronca había seguido, esta vez entre madre e hijo, con energías redobladas. Los dos eran de carácter fuerte y dados al grito. Esto se convertiría en una constante en mi matrimonio y tendría, desdichadamente, la oportunidad de presenciar muchas de sus discusiones. Siempre me pregunté si Carlos no culpaba de alguna manera a su madre de la muerte de su padre. Eso explicaría su ferocidad con ella.

¡Ah, Merche! Cuánto me ayudó su alegría y vivacidad, su lealtad. Ahora me doy cuenta de que sólo éramos dos chicas jóvenes, de que aprendimos muchas cosas juntas. Yo la veía como una hermana pequeña a la que debía cuidar. Quizá cumplí en Merche aquel deseo de tener una hermana, aquella con la que soñé tanto de niña y por eso nuestra relación fue tan especial.

Todo iba más o menos bien hasta que una mañana apareció un señor. Carlos me lo presentó muy serio. El señor parecía azorado ante la situación. Sacó una orden de desahucio. Al parecer mi marido no le había pagado durante meses. Yo miraba a Carlos sin entender nada. ¿Si estaba trabajando a qué venía no pagar la casa? ¿En qué se gastaba el dinero? ¿Se había despedido y no me había dicho nada? Y entonces, ¿dónde pasaba el día? Me sentí estúpida y humillada.

El propietario nos dio un mes para levantar el campamento.

De aquellos días sólo recuerdo, mis niños aparte, una alegría. Mi debut en el cine. María Luisa Ponte me llamó y me dijo que Fernán Gómez quería verme para una película. Era para un papel que, inicialmente, iba a hacer mi prima Carmen. Pero se había quedado embarazada y se le notaba ya mucho. Como era para hacer de maniquí, la buena de María Luisa se acordó de mí, de «la niña» que era como me conocían en la profesión, y se lo propuso a Fernando. Yo ya había aprendido a darle a la aguja, así que me cosí mi trajecito y me fui a ver a Fernando. Cuando me encontré con él quise impresionarle.

—¡Ah, qué bien! Esta historia está basada en la novela de... —y dije el nombre del autor, gafe reputado.

Fernando me miró serio.

—No estrenaremos nunca la película —dijo con voz profunda.

Efectivamente, tardó unos diez años en poder estrenar *El mundo sigue*, que está muy bien como película. Sobre el novelista gafe hay varias anécdotas que certifican el mal fario de su nombre. Una vez en una reunión en el Café Gijón alguien quiso saber su nombre.

—Pues el innombrable. No se puede decir.

—Bueno, pues escríbelo en este papel para que yo lo lea y luego lo quemamos.

Así lo hicieron y arrojaron las cenizas por una rendija. Resultó haber un escape de gas y por poco no volaron por los aires.

27

Al destierro

Cuando se nos anunció este segundo desahucio, Carlos ya se había despedido de Biona. Según él porque había tocado techo, lo que debía significar que había llegado a lo máximo en el mundo de los piensos compuestos. Me parece totalmente lógico y de admirar que una persona desee prosperar en su trabajo, ascender, buscar una mayor proyección. Pero claro, soltar un trabajo sin tener previsto el pequeño detalle, desde luego insignificante para Carlos, de tener ya otro nos llevó a la ruina total.

Este segundo desahucio fue un golpe terrible para mí. Siempre es horroroso que la realidad confirme tus peores sospechas. Entendí que aquello no sería algo excepcional en nuestra vida, no era ya el primero y seguro que no sería el último. En esta ocasión, la necesidad es la madre de la ciencia, tuve mi primer contacto con el asunto del embalaje y las mudanzas. Aquí, niños aparte, había ya una casa totalmente amueblada. Mi marido pese a estar desempleado no me ayudó a embalarlo todo, nunca estaba para estas cosas, y lo tuve que hacer sola con Merche, mientras cuidaba de un niño de un año y un bebé.

Encontramos piso en la calle Clara del Rey, pero quinientas pesetas más caro que el que abandonábamos por impago, lo que ya de entrada no era un buen augurio dado que estábamos en la ruina y mi marido sin trabajo. Apareció la tía Blanca —lo haría varias veces a lo largo de mi vida y siempre en momentos cruciales—, quizá elegida por esa rígida jerarquía que gobernaba la familia de Carlos. Nos convocó a una reunión en su casa. Allí le dijo a Carlos que ella pagaría esos cien duros de diferencia durante un año, que así no supondrían una carga extra para nosotros. Sacó el dinero y se lo dio a su sobrino, lo de todo el año, cantidad que se esfumó de inmediato. No sé en qué, pero tras pagar la mudanza empezamos ya en nuestra nueva casa con deudas.

Clara del Rey era una zona agradable, de casas nuevas y matrimonios jóvenes, pero para mí supuso el destierro más terrible. Irme de mi barrio de siempre, del Retiro, de ser la vecindad de mi madre, a un sitio en mitad de la nada, entonces poco menos que un desmonte por el que pasaban a menudo los pastores con sus rebaños y donde nadie se conocía fue horroroso para mí.

Pese a aquel rotundo «a partir de ahora no tendrás que trabajar» que me dijo Carlos al casarnos, yo seguía pasando como maniquí. En aquella época fue cuando entré en Loewe, donde estaba de vendedora y maniquí mi amiga Matilde. Me levantaba muy temprano porque tenía que ir a peinarme a una peluquería que se llamaba Caritas, en la calle Jorge Juan, antes de ir al Loewe de Serrano. La casa tenía un acuerdo con ellos para que peinaran a sus maniquís. Así pues, me levantaba con el alba, llevaba los niños a casa de mi madre para que los cuidara e intentaba llegar siempre la primera a Caritas. El problema es que tenía el pelo muy largo y tardaban mucho conmigo, así que me dejaban siempre para lo último. Salía con el tiempo justo para maquillarme y empezar a trabajar. Corté por lo sano, me fui a mis amigos los Blanco y les dije que me lo dejaran muy corto. Perdí pelo pero gané tiempo para mí y para mis niños.

Carlos encontró trabajo como ejecutivo en una empresa de exportación e importación llamada Rosal de Carbones, sita en la Carrera de San Jerónimo. Me dijo que tenía que comprarse un par de corbatas, cosa que me pareció muy bien dentro de la alegría por la nueva situación. Pero no se compró dos, se compró diez. Yo me atreví, por primera vez en mi vida, a cuestionarle su actitud dada la situación económica en la que vivíamos. El comentario no le gustó.

—¡Yo con mi dinero hago lo que quiero, que para eso lo gano! —me gritó a la cara.

Tuvo una reacción desmedida. Una explosión que no podía ser sólo por mis palabras. Sentí su odio, su furia. Me callé, estaba asustada, no entendía nada. Me hizo entonces una amenaza que me desarmó por completo.

—¡Ahora mismo voy a tu casa a contarle a tu madre que no te casaste virgen!

Hoy esto puede parecer un chiste malo. Pero entonces y para mí, a pesar de ser una mujer casada y con dos hijos, aquello reavivó vergüenzas pasadas y, sobre todo, el miedo al dolor que eso causaría a mi madre. Pensé que aquello, saber que su Pili no había ido virgen al matrimonio, la destrozaría. Sentía terror y recurrí a mi suegra, siempre viéndola como una mujer más moderna y comprensiva. Ella trató de calmarme, me razonó mi condición de esposa y madre. Yo seguía nerviosa, aterrada por el dolor y la vergüenza. Finalmente me dijo que ella conocía muy bien a su hijo y que estaba segura de que no iría a ver a mi madre, que no tendría valor para ello. Efectivamente, un rato después Flora tuvo el detalle de salir de su casa, ir a una cabina y llamarme para que supiera que Carlos estaba en su casa, que no había ido a ningún otro lado.

Pasaban los días y yo no podía dejar de pensar en lo ocurrido. La actitud de Carlos, esa saña o crueldad con la que me atacó, hizo que se me cayera la venda de los ojos. Recordé la conversación que tuve con Flora tras nuestra discusión en el parque, recordé lo que me contó sobre un psiquiatra que Carlos estuvo visitando tras la muerte de su padre, le busqué y me fui a verle. No quiero recordar su nombre, digamos sólo que tenía su consulta por detrás de la iglesia de San Manuel y San Benito. Cuando entré, aquel señor me dijo, para mi sorpresa, que antes de que le explicara nada quería verme por rayos X. No es un chiste ni está sacado de una película del landismo más cutre. Yo fui muy obediente, tenía veinticuatro años y un gran respeto por la profesión médica, me quedé en sujetador y me miró por rayos. Una vez cumplido este trámite pasamos a su despacho y allí le expuse lo que me había pasado y mis temores. El psiquiatra me interrumpió y me preguntó si era sexualmente feliz. Le dije que sí y traté de volver a lo que me preocupaba, al porqué de esas reacciones desmesuradas de mi marido y cómo lidiarlas. El insigne galeno me interrumpió de nuevo y me dijo que yo lo que debía hacer era actuar con paciencia y humildad para con mi esposo. ¡Toma ya fino diagnóstico! A esto añadió que las próximas consultas podíamos hacerlas en su casa porque así me saldrían más baratas. Le di las gracias, le dije a la enfermera que pagaría en la siguiente visita, salí más confusa que entré y llena de asco. No volví jamás.

Me acordé, ¡cómo no!, del padre Sthaellin y dirigí mis pasos a la calle Maldonado, donde estaba la casa de los jesuitas. Fue un encuentro muy emocionante, hacía seis años que no hablaba con él. Le conté que me había casado. Al principio me costó hablar. Él me miraba en silencio, asentía, pero su sola presencia me dio confianza. Se rompieron los diques y las palabras se desbordaron libres, sin miedo. Me sentí otra vez la niña, Pili, ante su confesor. Cuando por fin habló, el padre Sthaellin me dijo algo que me causó estupor.

—Bueno, Pilar, ya tienes lo que tanto querías, tus dos hijos. Sepárate.

La cabeza me daba vueltas. ¿Cómo era el asunto? ¿Cómo era el país en que vivía? Surrealista, desde luego. El psiquiatra, seudocientífico atrezado con su consulta, enfermera y diplomas, me recomendaba paciencia y humildad ante los arrebatos de mi esposo y señor. Sumisión. Pero el cura, convenientemente ambientado en la sobriedad de la casa de su orden, me recomendaba separarme. De locos. Lo que no dejaba de ser un drama personal al colocarlo en el trasfondo social de la época —somos hijos del tiempo, estamos hechos de la conciencia de éste—, el muro de la caverna sobre el que se proyectan nuestras sombras.

Los problemas de los seres humanos, creo, son siempre los mismos y es el momento social en el que viven lo que los agrava o los alivia. Aquella España de 1964, vergonzosa y vergonzante, no ayudaba nada. Sólo la libertad cura y esto lo digo en el sentido literal de la palabra. El nacionalcatolicismo recetaba paciencia y humildad ante la injusticia, ante la tiranía: del esposo, del jefe, del Generalísimo.

El consejo del padre Sthaellin era simplemente irrealizable, lo descarté de inmediato, digamos que no estaba programada para ello. Caí en la desesperación. Carlos era un hombre encantador, con un gran sentido del humor y muy inteligente. Gran conversador. Lo era la mayoría del tiempo pero cuando le daban esos raptos de enfado, de furia, yo no sabía qué hacer. Si me callaba era no te calles, si hablaba era no me des la razón como a los locos. Si me iba, tú te quedas aquí para escucharme. Si contestaba, tú a mí no me replicas. Las posibilidades de diálogo eran nulas. Me sentía desarmada, sin opciones, salvo la ilusoria de desvanecerme en el aire o que me tragara la tierra. Sólo tenía una cosa clara cuando volví a mi casa, que lo único que me importaba en este mundo eran mis hijos.

Por ellos aguantaría lo que fuese.

28

El arañazo y la gangrena

Seguía trabajando. Pasé del Loewe de Serrano al de Gran Vía, donde estaba de encargada por entonces una señora bastante desagradable y de quien no diremos el nombre. Tuvo conmigo un detalle bastante curioso. Se me acercó un día y me dijo que yo era una gran maniquí pero que iba muy modestamente vestida, que me agradecería que en lo sucesivo entrara por la puerta de atrás cuando fuera a trabajar. Por un callejón. Podía ser una maniquí maravillosa y exquisita pero no dejaba de ser una trabajadora, siempre había alguien que se ocupaba de recordártelo y ponerte en tu sitio. Digamos que una dictadura fascista no es precisamente el paradigma de la movilidad social. Cada golpe, cada nuevo desconcierto te va tallando moralmente. Es lo que negamos, contra lo que nos rebelamos —la humillación en casa, en el trabajo… por ser mujer, por ser trabajadora— lo que nos acaba definiendo. Es en la negación donde reside la esencia de la libertad. Pero entonces, con veinte años, la negación ¿a qué? Pues a la mentira pequeño burguesa, de moralidad pretendida y pretenciosa, en la que me había criado y en la que vivía. Todo se derrumbaba. La realidad golpeaba cruel. Una niña educada por las monjas, sí, pero ¡por favor! entre usted por atrás. Poco a poco, la vida me sacaba de las soleadas avenidas y me llevaba a los callejones más oscuros, en el matrimonio, en el trabajo.

El que yo hable tanto de mi madre, mucho más que de mi padre a quien también adoraba, se debe a que yo me pasé toda mi vida mintiéndole. Yo, que he presumido de ser una mujer que siempre ha ido con la verdad por delante, engañé a mi madre desde que tuve uso de razón. Ella era exagerada en sus afectos y preocupaciones. Cuando te hacías un arañazo en la pierna ella actuaba como si tuvieras la gangrena, así que cuando al fin te la rompías tratabas de ocultárselo. Podía ser agobiante. Igual que de niña adelantaba el reloj de cuco para acortar las clases de piano, empecé a mentir a mi madre sobre Carlos. A ella nunca le gustó mi marido, siempre sintió hacia él mucha desconfianza. Al principio de mi noviazgo aún me enfrenté con ella por defenderle —el arañazo y la gangrena—, pero cuando mi matrimonio empezó a romperse definitivamente opté por ocultárselo. Por perpetuar la mentira burguesa del matrimonio. Siempre disculpaba a Carlos: tiene mala suerte, los trabajos buenos son difíciles de conseguir, él se esfuerza...

En aquellos días descubrí también otra cosa. Carlos seguía en Rosal de Carbones, viajaba mucho y yo me quedaba en casa con los niños. Merche me ayudaba. Sus ausencias se me fueron haciendo deseables, placenteras. Me era más fácil quererle cuando no estaba. Me gustaba echarle de menos. Sin él la casa se llenaba de paz, de risas. Una luz tranquila, sin contrastes ni sombras dramáticas, lo inundaba todo. Aquello me preocupó, obviamente, no podía ser bueno desear que mi marido se fuese. Además, cuando volvía se producía un inevitable desencuentro, una decepción.

Faltaba dinero, como siempre. Encontré un truco. Llamaba a mi madre y, como quien no quiere la cosa, le preguntaba qué iba a poner para comer en su casa. Luego decía que me daba pereza guisar. Mi madre que no era precisamente tonta, sabía —años más tarde me lo dijo— que no es que no tuviera ganas de guisar, es que no tenía con qué. No tenía qué ponerles a mis hijos sobre la mesa.

—¡Pues hala, vente! —Era siempre su contestación.

—Vale, yo llevo el pan. —Era la mía.

Sentaba a Carlitos en su silla, a Mónica entre las piernas de éste y así me iba andando, por descampados neorrealistas, hasta la casa de mi madre.

Allí mis padres me recibían siempre alegres.

—*Un plat de seques per qui porta el pa* —me gritaba don Rafael al entrar.

Era una frase que se decía en Cataluña en las casas de comidas más pobres y donde se hacía un precio especial al que llevaba su propio pan.

Comíamos, pasábamos la tarde y luego mi padre me daba lo bastante para que volviera a casa, a Clara del Rey, en taxi con los niños. Taxi que yo nunca cogía. Me guardaba el dinero y volvía andando.

Así pasaban los días cuando llegó la gran debacle. Como ya he dicho, yo no pedía explicaciones de dinero o nóminas al cabeza de familia. De pronto nos cortaron por impago todos los servicios, todos. Me vi en la necesidad de pedirle dinero prestado a mis padres. Recurrí a esto en muy contadas ocasiones, sólo ante situaciones excepcionales y ésta fue una de ellas. Sentí vergüenza y dolor al hacerlo. Fui a ver a mi madre con el propósito de pedirle ayuda y estando allí llegó mi padre de viaje. Venía de rodar en Italia y se quejaba amargamente de las cosas que, como actor, aún le pedían que hiciera. Pese a su edad. Había interpretado a un inspector de policía —una de sus especialidades junto a banqueros y religiosos varios —y en una escena había tenido que trepar por la escalerilla exterior de un depósito de agua. Había pasado un miedo espantoso. Al oírle me dio un ataque de llanto, imposible de reprimir, que dejó asustados a mis padres. Oía una voz en mi interior que me preguntaba cómo iba yo a pedirle dinero, sabiendo que no podría devolverlo nunca —importante matiz que todos conocíamos y dejábamos de lado elegantemente—, a este pobre señor que se mataba a trabajar y pasaba miedo al hacerlo. Me sentía doblemente culpable al hacerlo, porque mi petición implicaba volver a justificar a mi marido ante mi madre, a mentirle de nuevo. Volver a negar la mayor: tiene mala suerte, no hay trabajos para él, no los encuentra. Me sentía estúpida y todo era doblemente doloroso al yo saber que Carlos era un hombre inteligentísimo, culto, con varios idiomas. Sus capacidades hacían más terrible su irresponsabilidad y mi vergüenza.

De pronto nos convertimos en refugiados con la necesidad urgente de buscar alojamiento. Mi madre planteó directamente que ella podía acogernos en Lope de Rueda, pero sólo a los niños y a mí. En ningún caso a mi marido. Carlos se fue a casa de su madre. Merche hizo una resistencia numantina en Clara del Rey, sin luz ni gas, a fuerza de pan y mortadela que pedía fiados. Fue un momento terriblemente desagradable, extraño y doloroso. Como el ensayo general para una futura separación, triste escena final de mi matrimonio. Me encontraba con mi suegra a medio camino, en Recoletos, para que viera a sus nietos. Otras veces era Carlos quien pedía ver a sus hijos —sería lo que fuese pero adoraba a los niños— y quedábamos en el Retiro. Allí nos sentábamos en un banco y, ahora me doy cuenta, no recuerdo que habláramos de nada. Curioso. Supongo que ya no teníamos nada que decirnos.

Un día, igualmente sin explicaciones, Carlos pagó los recibos y volvimos a Clara del Rey. Nunca supe cómo consiguió dinero o si había cambiado de trabajo. No me arriesgué a preguntárselo y él, desde luego, no se molestó en compartir conmigo siquiera eso, lo que podría haber sido una pequeña alegría. Nada. Silencio. Silencio y miedo.

Hablé con Merche y le dije que la situación económica era insostenible y que yo no podía dejar de sentirme responsable de ella, que aunque me dolía en el alma —de verdad la quería— debía buscarse otra casa donde servir. Un sitio donde le pagaran. Merche, en su afán de no separarse de los niños y de mí, se fue a servir al piso de arriba. Allí vivía otro matrimonio con niños, que le puso un uniforme azul con cuadritos. Nos encontrábamos en la panadería. Duró muy poco en la casa de arriba porque se pasaba el día diciendo que sus niños de abajo, o sea los míos, sí que eran guapos y listos. La despidieron y volvió con nosotros.

Merche era genial, tenía mucha mano con los niños. Para que comieran les servía la comida en el suelo, sobre una manta, como si estuvieran de picnic en la feraz campiña. Más que cuidarlos jugaba con los críos porque ella misma era poco más que una niña.

Carlos llegó un día muy contento.

—He encontrado trabajo —dijo satisfecho.

—Bien —contesté.

—Nos vamos a Canarias —añadió.

—Bien —dije yo pensando que se refería a una calle de Madrid.

Me equivoqué.

29

¡No hay plátanos en Canarias!

Carlos se había despedido de Rosal de Carbones y se iba contratado a Canarias por un tal señor Fuster, que era competencia directa de la anterior empresa de mi marido. Le ofreció mayor responsabilidad, expectativas y mejoras económicas. Carlos no lo dudó, no se paró ni un instante a pensar la conmoción familiar que causaría nuestra marcha. Flora se quedaba sola, sin su hijo, sus nietos y una nuera con la que cada vez estaba más unida. A mi madre se le iba su Pili y sus nietos. Nos marchábamos además sin fecha de vuelta, quizá para siempre.

Me tocó otra vez ser la fuerte, animar a todos, tomarlo a risa y maravillarme ante el montón de cosas nuevas, exóticas, que nos esperaban allí: las playas, el sol, el paraíso.

Carlos se fue y me quedé yo, con los niños, para embalar —¡una vez más!— toda la casa. Merche había vuelto a su pueblo. Iba por las noches a casa de mis padres y dejaba allí a los niños, durmiendo. Luego buscaba cajas de cartón y cuerda, y embalaba y embalaba. Mi padre me enseñó a empaquetar y a hacer los nudos como él había aprendido en su juventud, ayudando en la carbonería. Lo hice yo todo por ahorrar dinero.

Tres meses después llegó el día de la despedida, el 26 de junio de 1965. Carlitos tenía dos años y Mónica uno. Mis padres nos llevaron al aeropuerto. Mi madre lloraba de una forma terrible.

—¡Mi Pili, mis niños, mis nietos!

—Pero Matilde, mujer, qué exagerada eres —trataba de calmarla mi padre.

—Tranquila madre, como mucho serán cinco años y pasarán volando. Nada va a cambiar.

Nunca más he vuelto a decir algo así. Efectivamente fueron cinco años, pero no pasaron volando y todo cambió de forma terrible. Que el tiempo es relativo es algo que, aunque sin razonarlo en exceso, todos damos por sabido de Einstein para acá. Y también es algo que todos hemos sufrido o gozado en algún momento de nuestras vidas. La felicidad siempre fugaz, eterna la agonía. Cinco años es en cualquier caso mucho tiempo.

¡Ah, la intuición de doña Matilde! Yo me había comprado en las rebajas varias cosas, entre ellas un picardías que me puse la noche antes de irme, para dormir en casa de mis padres.

—¡Dios mío, tú no estás enamorada de tu marido! —gritó mi madre al verme.

—¿Por qué? ¿Qué estás diciendo, madre?

—Pues que no le quieres. Si te compras esto, tan mono y tan trasparente, lo normal es que lo estrenes allí, en vuestra primera noche juntos. No aquí. Esto es que no tenéis buena relación.

Mi madre se fijaba en todo.

Tomamos el avión y llegamos a Las Palmas de noche. Fuimos a un apartamento que él había alquilado frente a la playa de las Alcaravaneras. El reencuentro fue frío. Había un punto de decepción en la alegría forzada de ambos. Pese a todo nos esforzamos. Supongo que él también intentaba verlo todo como una segunda oportunidad, como un nuevo comienzo en otro lugar. Mi marido, mis hijos y yo juntos ante un nuevo paisaje geográfico y vital. ¿Podría funcionar? Yo deseaba con todas mis fuerzas que así fuese, necesitaba creerlo y, sin embargo, sentía un punto de hielo en mi interior. Un frío que ni el calor de sus abrazos, de su sexo o de las propias islas conseguía extinguir. Yo ya había crecido lo bastante como ser humano para saber que los problemas no desaparecen con cambiar de sitio. Te siguen y crecen en la soledad del desarraigo. ¿Había esperanza? Sí, pero…

Al día siguiente, ¡ah, la influencia en el ánimo de los pequeños detalles!, me levanté y me llevé la primera desilusión: ¡estaba nublado! Carlos me explicó lo de la panza de burro, ese manto de nubes bajo el cual el clima se mantiene estable como en un agradable invernadero. Bajo la panza de burro que cubre siempre el norte de la isla decidieron los conquistadores, que no eran turistas en busca de sol y playa, fundar la ciudad. Bien, me dije, igualmente hace calor, vayamos a la playa. Metí a los niños en el agua y salieron llenos de alquitrán de los barcos del puerto. No había forma de quitárselo. Yo en verdad lo veía todo muy negro.

Carlos se había comprado un Citroën, modelo Tiburón, un coche excelente para la época. Yo perpetué la mentira y mandé a mi madre unas fotos idílicas: el coche, la playa, los niños, algo así como unas larguísimas vacaciones de una familia burguesa. Vacaciones de la pena, del fracaso de Madrid. Le contaba por carta los cambios, le hablaba del nuevo trabajo de Carlos, de esperanza. ¡Un paraíso donde había sol, trabajo y un futuro para nosotros!

Esperábamos que nos acabaran la casa que ya habíamos ido a ver, un piso doce en una torre de la avenida del Generalísimo. Mientras vivíamos en un apartamento con derecho a cocina y me lancé a la calle a conocer el barrio, dónde y cómo comprar. Descubrí una especie de ultramarinos donde podías adquirir casi cualquier cosa. La primera gracia fue cuando quise comprar plátanos para hacer la típica papilla con que se criaba entonces a los niños. Plátanos, zumo de naranja, galletas María y leche condensada. No los encontré y pregunté extrañada.

—Cristiana, es que los plátanos aquí se los llevan verdes para que se los coman ustedes, los godos —me dijeron.

Ahí me enteré de varias cosas. A los peninsulares nos llaman godos. Sólo se encontraban unos plátanos de inferior calidad llamados pintones y, resumiendo, estaba en un lugar donde yo era una extraña con todo por descubrir.

Por fin nos trasladamos al piso nuevo. La casa estaba bien pero lo que llamaba la atención era la espléndida terraza, dispuesta en L y a la que daban todas las habitaciones, con unas vistas espectaculares. Tuvimos que añadir una barandilla más alta por el peligro de que los niños se asomaran y cayeran.

Ya en la nueva casa compré una máquina de coser eléctrica, con la que solucioné un pequeño trauma que me había provocado mi madre. Doña Matilde tenía en su casa una Singer a pedales y siempre me decía...

—¡Siéntate ahí y aprende a coser! ¡Por Dios, una mujer casada y con niños y que no sabe coser a máquina!

Yo me sentaba, daba para adelante y para atrás y el caso es que no lo hacía bien. Entonces saltaba mi madre.

—¡Quita, quita, Pili! ¡Que me rompes la máquina, me la vas a romper!

No hubo forma de aprender a usarla. Me había quedado ese resquemor —¡una madre que no sabe coser!— y decidí comprarme una máquina eléctrica que, mira tú por dónde, fue la solución de mi vida porque los cinco años que estuve en Canarias vestí a mis hijos y a mi marido, al que hacía todo salvo los trajes, sin tener ni idea de corte y confección que se decía entonces.

Las cosas discurrían, al parecer, de manera normal. Y digo al parecer porque Carlos seguía sin darme explicaciones de lo que ganaba o no, haciéndome así vivir pendiente de su benévola generosidad. Él daba un dinero con cuentagotas y cuando se acababa y yo le pedía más para, por ejemplo, ir a la compra, él me decía siempre lo mismo.

—Vale, ya traeré más.

¿Lo ganaba? ¿Lo pedía? ¿Cómo lo conseguía? ¡Ah, misterio! Yo no tenía fuerzas o ganas para pedirle explicaciones. Sabía que algo estaba mal, lo notaba por la inquietud que, aun en esos días de supuesta normalidad, me laceraba el estómago. He pensado mucho en esto que hacía mi marido y creo que era un mecanismo, erróneo sin duda, para demostrarme su poder, su posición preeminente en la familia. Una especie de Dios proveerá. Y de alguna manera yo evitaba los encuentros con un dios tan caprichoso y colérico. Aguantaba al máximo y estiraba hasta lo indecible el poco dinero que me daba. Cuando le decía que se había acabado, es que se había acabado de verdad y no me quedaba un céntimo.

Un día ocurrió lo inevitable.

—Oye Carlos, que no hay un duro y tengo que comprar.

—Ahora vuelvo y te traigo dinero —dijo y se fue.

La espera fue un desgaste nervioso terrible. ¿Ahora vuelvo y te traigo dinero? ¿De dónde iba a volver y de dónde iba a sacarlo? Pasaban las horas y yo veía que me cerraban todo, que ese día no se comía en mi casa... Pienso ahora, reflexiono, que si yo hubiera esperado la vuelta de mi marido con una simple jarra de agua —cosa por otra parte imposible, allí no se podía beber del grifo y tenías que comprar embotellada la célebre Firgas— y un trozo de pan, quizá le hubiera obligado a replantearse la situación, a enfrentarse a ella, a tomar decisiones. En definitiva, a responsabilizarse. Pero dado que había dos niños a los que dar de comer no supe esperar y me puse a buscar una solución. Como siempre, alguien le sacaba las castañas del fuego. Aquí ya no estaban ni su madre ni sus tías, me tocaba mí. ¡Yo, la niña, sola en una isla en la que no conocía a nadie!

En los bajos de esa casa había una peluquería y unos ultramarinos, en los que yo solía comprar antes del desastre. El dueño se llamaba don Justo, nunca mejor puesto un nombre. Bajé con la mayor dignidad posible a explicarle a don Justo, a ese hombre que de nada me conocía, que no tenía dinero para comer.

—Mire, soy la señora que vive en el doce...

—Sí, doña Pilar. Usted dirá.

—Le vengo a decir que es que... Ya sé que no me conoce usted de nada pero no tengo dinero para hacer la compra y si usted me lo pudiera fiar.

—¡Por Dios, señora, faltaría más!

El bueno de don Justo. Igual que me dijo eso me podría haber mandado a freír espárragos. Yo creo que hasta se asustó al ver lo mal que lo estaba pasando. El que te fíen un día la compra puede resultar hasta anecdótico, pero que ese día se alargue otro, otro y otro, así hasta una semana... Hasta que un día bajas ya con cara de no saber qué decir al bueno de don Justo, que me miraba con pena, sonreía y seguía apuntando. Así estuvimos durante casi dos meses. Ahí descubrí lo que significaba morirse de vergüenza, la que le faltaba a mi marido, que seguía sin darse por aludido.

Llegó un momento en el que reuní el valor necesario para preguntarle a Carlos qué ocurría.

—Es que no me ingresan el sueldo.

No podíamos llamar a la Península porque nos habían cortado el teléfono y mi marido siempre dejaba para otro día la necesaria conferencia. Le pedí que fuera a la Magistratura de Trabajo, a denunciar su situación, que no le pagaban.

—No, si yo no tengo ningún contrato de trabajo —soltó por su boca sin inmutarse.

Yo no salía de mi asombro. Le miraba en silencio, boquiabierta, esperando una respuesta, una rectificación. Silencio, sólo silencio. Me quería morir. Ese hombre, mi esposo, había sido capaz de levantar el campamento y arrastrarnos a mí y a sus dos hijos, ¡tan pequeños!, a miles de kilómetros de cualquier ayuda o cara amiga, ¡a empezar de cero sin contrato de trabajo! Nunca pude comprender tanta irresponsabilidad. Así que allí estábamos, en una isla donde no conocíamos a nadie, sin recursos, sin teléfono y dependiendo de la paciente bondad del dueño de unos ultramarinos para comer.

La vida en Las Palmas. Lo primero que hizo Carlos fue llevarnos al Náutico, donde comprobé que, en aquella época al menos, los señores y las señoras hacían vida social separada. Ellos, todos en la barra del bar. Las mujeres, todas jóvenes, en torno a la piscina con los niños. Me acogieron muy bien, eran muy simpáticas. Me preguntaron qué era lo que más me gustaba de la ciudad.

—El Kilo —contesté.

Era una tienda donde se vendían telas al peso y de doble ancho, lugar providencial donde encontraba la materia prima para vestir a Carlos y a los niños. Comíamos de fiado y vestíamos lo que yo cosía.

Las conversaciones de las mujeres derivaban siempre a temas más o menos picantes.

—¿Y a ti tu marido no te pesa mucho en la cama? —me preguntó una sonriendo con picardía.

—¿Perdón? —Yo estaba patidifusa ante la pregunta.

—Sí, hija, que si tu marido te pesa mucho cuando está encima —insistió mirando a Carlos que medía uno noventa y dos y pesaba ciento veinte kilos. Las demás mujeres esperaban mi respuesta también sonriendo. Yo miré a mi alrededor, el sitio era tan fino, las piscinas y los niños jugando, y me mordí la lengua. Decidí que lo mejor era llamar a mi marido.

—Carlos, por favor, explícales a estas señoras las posturas en las que hacemos el amor. Es que están preocupadas por si me aplastas.

Carlos se puso muy colorado y salió del apuro con dificultades. Yo les caí en gracia a aquellas mujeres, que apreciaron el descaro. La verdad es que la gente allí es muy dada a la sensualidad, a hacerlo y a hablarlo. Quizá influye lo del clima y lo pronto que se desarrollan las niñas, algunas mujeres espléndidas con sólo catorce o quince años.

Empecé a hacer amigos. Me encontré por la calle con Manolo Bermejo, que había sido compañero de carrera de mi hermano Juan, y más tarde conocí a su mujer, Aurora. Un ser maravilloso, magnífica persona y que fue mi primera amiga de verdad en Las Palmas. Me dio un consejo que me ayudó mucho por entonces.

—Vamos a ver, Pilar. Aquí hay dos maneras de estar. O te haces a la idea de quedarte para siempre, y entonces te relajas y gozas, o piensas en volver a Madrid. Si es así lucha, porque aquí el clima puede contigo. —Se refería al célebre aplatanamiento, esa especie de mórbido dejarse llevar que preside la vida de las islas.

Ante esta perspectiva, terrorífica para mí, hice un ejercicio de autoafirmación, reforcé mis señas de identidad: el deje madrileño en el hablar. Pasé, en efecto, a ser conocida como la madrileña entre la gente de las pocas tiendas que podía visitar y los que atendían el mercado Cruz Mayor.

También conocí a Manolo del Río, amigo de mi marido, y a María Esther, su esposa. Otra pareja deliciosa. Ella se convirtió en mi otra amiga. Manolo del Río pertenecía a una familia de la alta burguesía de la isla y poseían una hermosa finca llamada Los Ríos.

En éstas andábamos cuando aparecieron, poco menos que sin avisar, doña Matilde y don Rafael para pasar la Nochebuena con nosotros. Conmigo, que les escribía una carta diaria contándoles lo maravilloso de nuestra vida allí, del trabajo de Carlos, el sol, de nuestros amigos, del Náutico y las playas, del futuro que nos esperaba. Con nosotros, que teníamos el teléfono cortado y vivíamos de prestado.

La alegría del encuentro, del recibimiento, de ver ellos a los niños y yo a mis padres. Pero de inmediato la constancia de que allí pasaba algo, de que la situación no era buena ni nuestra vida una estancia temporal en el paraíso. Tuve que contarles todo y mi madre, sin decir ni pío, se bajó al ultramarinos y saldó la deuda con don Justo. Luego empezó a insistir en preguntar que cómo podía decir que era feliz.

Gracias a ellos pasamos unas Navidades felices, aderezadas por la aparición en nuestras vidas de un vecino insólito. El pintoresco personaje se llamaba el *signore* Tartagni, vivía en el piso catorce y como buen italiano daba clases de canto y música. Coincidimos un día en el ascensor, me pidió información sobre el barrio y nos caímos muy bien, tanto que el buen señor me adoptó. Bajaba una vez por semana con una olla llena de salsa para espagueti, «*il succo*», me decía. Aquella Nochebuena la quisimos celebrar por todo lo alto por estar mis padres y, con gran esfuerzo y su ayuda, compré angulas y decidí invitar al *signore* Tartagni a cenar.

—¡Gusanos no, gusanos no! —gritó despavorido ante la cazuelita y no hubo manera de que se las comiera y dejara de mover las manos.

Durante los años que fuimos vecinos, el *signore* Tartagni tenía la costumbre de hacer la quiniela conmigo. Padecía un fuerte estrabismo, así que se ponía el boleto cerca del ojo digamos bueno.

—*Io non vedo ma che con questo ochio, ma é il vero ochio del ciclope* —decía y se moría de risa. Luego invocaba a los espíritus para hacer la quiniela.

A veces también pasaba por mi casa antes de salir, a que yo le diera el visto bueno. Siempre iba muy elegante, con chaqueta y pañuelo al cuello, muy repeinado. Pese a ser un hombre mayor era muy pintón.

—¿Cómo me encuentra la *signorina*?

El *signore* Tartagni, a falta de alumnos, se dedicaba también a pasear y sacar a bailar a señoras mayores de paso por Las Palmas. Era una especie de gigoló. Todo un personaje. Lamenté mucho perderle de vista cuando nos tuvimos que mudar.

Carlos encontró trabajo en la empresa inmobiliaria de un ex guardia civil, que se había metido a constructor y operaba en el barrio de Escaleritas. Era éste un curioso lugar donde una vez, de visita con mis hijos, rodeé un edificio y descubrí que era como un decorado, una fachada balconada pero sin casa detrás. Había varios trampantojos de éstos, construidos con motivo de una visita de Franco. Algo así como los pueblos falsos que levantaban al paso de Catalina la Grande, en Rusia, para que no viera la miseria en la que chapoteaban sus *mujiks*. Detrás de aquellas fachadas de Escaleritas no había nada salvo pobreza, desnuda y terrible. En aquel barrio trabajaba el nuevo jefe de mi marido.

Con algo, no mucho, de dinero en el bolsillo empecé a frecuentar los mercados. En el de Cruz Mayor conseguí, a fuerza de reclamaciones, que etiquetaran los productos también en castellano y no sólo en sueco, alemán o inglés. También iba al

Mercado Central, en el bellísimo barrio de Vegueta, donde descubrí que regalaban las criadillas, que esa carne deliciosa que en Madrid se daba tanto a los niños por su blandura allí no la aprovechaban. Como digo, el carnicero no tuvo inconveniente en regalarme cuantas criadillas quisiera, pero dejando bien claro que él no las limpiaba porque le daban mucho asco. Yo me las llevaba entonces al pollero, un chico llamado Isidro, que sí me las cortaba en lonchas muy finas y me las limpiaba. Al final el carnicero se avivó y decidió cobrarme las criadillas.

Yo no sabía coser hasta entonces y, tras comprar unas telas en el Kilo, me puse a experimentar con la máquina eléctrica. Me di cuenta de que tenía un don. Empecé a cortar patrones, a hacer trajes a mi madre y mi suegra con las medidas que ellas me enviaban. Fue la salvación, ¡no dependía de nadie para vestir a mis hijos!, y también una terapia psicológica estupenda. Las horas que me pasaba sentada en la máquina me libraban de pensar en cosas más desagradables. La verdad es que cosía de manera compulsiva, ahora lo veo claro.

De alguna manera aquellos días fueron casi felices por ser normales. Hasta que ocurrió un hecho. Yo me había llevado muchas recetas firmadas por José Antonio, mi ginecólogo de Madrid, para poder comprar la píldora en Canarias. Pero el tiempo pasaba y las recetas se acababan. Fui al farmacéutico de mi barrio, le expuse mi problema y el hombre se excusó diciendo que le era imposible dármela sin receta, que le ponía en un compromiso, que era ilegal.

—Bueno, pues nada, si me quedo embarazada espero que le pague usted los estudios al niño.

—¡Ay, qué graciosa la madrileña!

Y me quedé embarazada.

30

Piensa que no has oído su voz

Cuando lo supe a ciencia cierta me presenté en la farmacia a una hora en que estaba llena de clientes.

—¿Y ahora qué hacemos? —le pregunté al boticario en voz muy alta y con la mayor seriedad—. Porque me he quedado embarazada. ¿Va usted a pagarle la carrera al niño?

—¡Por Dios, no le hagan caso que es una señora de Madrid que es muy bromista! —El pobre hombre estaba rojo como un tomate y no sabía dónde esconderse. Más que una señora bromista debió de pensar que yo era una maldita loca.

Saqué al buen señor del apuro confesándome una mujer decente, explicando que mi marido era el padre y que, ¡eso sí!, hacía en parte responsable al farmacéutico por no querer venderme la píldora. Algunas señoras se santiguaron y otras celebraron la broma.

Así pues esperaba mi tercer hijo. José Antonio me atendió por teléfono y yo ya tenía experiencia, de modo que llevé el embarazo a la perfección. Lo único que sí quería era que el niño naciera en Madrid, ser atendida por mi ginecólogo y mi pediatra. A Carlos mi deseo le pareció bien pero no hacía sino retrasar mi partida y yo me vine casi fuera de cuentas, con Mónica, la cuna y el coche. Me fui tranquila porque mi marido se quedaba con Carlitos pero estaban allí Flora, que se había venido para ayudarle, y Merche. A Merche se la había encontrado Carlos por la calle en un viaje de trabajo que hizo a Madrid. Le dijo que yo estaba embarazada. Merche le preguntó entonces que dónde quedaban las Canarias. Mi marido se lo mostró en un globo terráqueo, ella lo pensó un instante y se vino con él para cuidar de su sita Pili.

El niño nació el 21 de noviembre de 1967, tras un parto bastante complicado. Era un bebé muy guapo y que nació con un diente. Yo le daba pecho y biberón, a sabiendas de que mi leche era floja. Mi bebé nunca lloraba para comer.

«Me va a costar criarlo», pensé.

Estando ya en casa de mi madre el niño empezó a vomitar. No era el vómito normal de después de mamar, no, lo hacía como un caño, como un surtidor y llegó a manchar las paredes. Al limpiarlo tras una de esas crisis yo recogí de la cuna algo como una membranilla, como un pellejo. Lo guardé en una gasita porque al día siguiente iba a ver al pediatra, antes de volver a Canarias.

Este doctor, pese a cobrar muy caras sus consultas, no dedicaba más de minuto y medio a cada bebé. Aguardabas en una lujosa sala de espera a que una enfermera llamara al «niño fulanito» y entrabas. Así lo hice y mi madre, que me había acompañado, se quedó en la sala. Le mostré al médico el pellejo y le dije cómo lo había encontrado.

—Nada, mujer, no te preocupes. Son cosas que echan los niños.

Claro, esta estupidez de respuesta, esta obviedad sin sentido era justo lo que yo, madre angustiada, necesitaba creer. Si me hubiera dicho que era normal que el crío vomitara pianos de cola también lo hubiera creído. Me tranquilicé. El niño está bien porque este doctor, que es una eminencia, dice que lo está. Lo único que me dijo es que íbamos a cambiar la composición de la leche porque, quizá, era demasiado fuerte. También me mandó unas gotas.

Estaba despidiéndome cuando entró en la consulta mi madre, muy en Sampedro, gesticulando y alzando la voz.

—¿Nena, le has dicho lo del pellejito? —Estaba hecha un manojo de nervios.

El doctor se molestó, reiteró que allí no pasaba nada y nos mandó salir.

El vuelo de vuelta fue horrible, me lo pasé de rodillas en un pasillo viendo a mi hijo vomitar y vomitar. No recuerdo que una sola de las azafatas de Iberia viniera a ayudarme. Es más, cuando aterrizamos la única persona que me ayudó —yo iba cargada con un bebé, un capacho, bolsa y una niña pequeña y asustada— fue una pasajera de primera, una señora con un visón. Debía de ser alguien porque días después vi una foto en la prensa de las dos bajando por la escalerilla.

Javier, mi bebé, empezó a vomitar menos con el tratamiento y la leche nueva. Nos fuimos de excursión con Flora y los niños. Comimos en el campo. En unos pinares. El niño volvió a vomitar en el coche, echaba algo parecido a la cuajada. Le limpié y, ya en casa, le dejé en la cunita mientras preparaba su baño. Cuando el agua estuvo caliente fui a por él. Estaba dormidito, lo saqué de la cuna. Empecé a desnudarle y no se despertaba de lo dormidito que seguía. Lo metí en la bañera. No se movió y yo pegué un alarido. Aunque me abrasaran viva no podría volver a gritar así. Aún lo escucho, lo sufro.

Apareció corriendo mi suegra.

—¿Qué pasa?

—¡Está muerto, el niño está muerto!

Mi suegra actuó con gran calma, lo sacó del agua y empezó a masajearle el pechito. Javier recuperó la respiración. Carlos fue a por el coche y salimos corriendo, él tocando el claxon y yo agitando un pañuelo blanco por la ventana mientras sostenía a mi bebé en el regazo. Llamamos al pediatra de Las Palmas, que ya en la clínica mandó que le hicieran una absorción en los bronquios. Al niño le sacaron una cantidad ingente de leche cuajada de los pulmones. Luego me lo entregaron sobre un almohadón y así nos dirigimos a una habitación. Una monja nos preguntó si la queríamos con vistas a la playa, pese a que era ya de noche y a nuestras caras. El pediatra, a su vez, nos dijo que se iba al cine.

Carlos y yo quedamos en silencio, sentados observando el

cuerpo inmóvil de nuestro hijo sobre un almohadón. Entonces entró otra monja.

—¡Anda, este niño está más muerto que vivo! —gritó con voz chillona.

Tuve que agarrar a Carlos porque se tiró a abofetearla.

—Hermana —le dije—, su opinión no nos importa porque somos los padres y, efectivamente, sabemos que el niño está más muerto que vivo.

Luego apareció otra monja y pidió disculpas por la intervención de la anterior. Allí se quedó con nosotros, en silencio, mientras veíamos apagarse la vida de nuestro hijo. Mientras agonizaba. Y murió.

Me derrumbé.

—¿Por qué, por qué? —repetía histérica sin que Carlos y la monja pudieran sostenerme en pie. Alguien me metió unas cápsulas en la boca. Eran dos Valium. Nunca había tomado nada parecido y me hicieron efecto rápidamente.

La vuelta a casa la hicimos Carlos y yo en el más absoluto silencio. El cuerpo de mi hijo se había quedado en la clínica y yo hice el trayecto abrazada a su toquilla azul. Cuando mi suegra abrió la puerta y vio mi cara no hizo falta explicar nada. Carlos me agarró y se echó a llorar.

—Ayúdame tú, que eres muy fuerte —me pidió.

Una vez más me exigían ser fuerte, mantenerme entera cuando ni yo misma podía contar los pedazos en que me había roto.

Me metí en la cama con la toquilla de Javierito y me dormí. Prácticamente veinticuatro horas. Mi marido, acompañado de su jefe, enterró al niño. Siempre, siempre me reprochó que yo no estuviera presente.

Cuando desperté Merche, quizá pensando que si yo no veía nada del niño no sufriría tanto, había escondido todas sus cosas. Ocultó el más mínimo objeto y nunca supe dónde. Ni bañera, ni cuna, ni coche, ni ropa, ni chupetes, ¡nada! Si no hubiera sido por aquella toquilla a la que me aferraba podría haber pensado que todo fue un mal sueño.

Era un 8 de diciembre y aquellas Navidades hubo que hacer un gran esfuerzo para cantar villancicos y que mis otros hijos, Carlos y Mónica, no vieran la pena que nos mataba. Sigo sin poder escuchar ese de «El chiquirriquitín».

La muerte de Javier me dejó sumida en un vacío tremendo. Mis dos hijos mayores ya iban al *kindergarten* y mi cronómetro vital, biológico, estaba programado para atender las necesidades de un bebé que ya no existía.

La noticia fue un golpe demoledor para mi madre, que inmediatamente revivió la tragedia de la muerte de su otra Pilar. Me llamaba continuamente para darme ánimos, para ayudarme y creo que también un poco para asegurarse de que estaba viva. Tan mal me vio. Me decía todo tipo de cosas para consolarme.

—Piensa que has tenido la suerte de no oírle la voz —me dijo un día y me impresionó saber que ella aún escuchaba a su hija muerta llamarla. Efectivamente, mi dolor era terrible pero peor era la muerte de un hijo más mayor, de uno del cual ya tienes recuerdos, de su voz, de sus gestos. De su vida.

Yo iba todos los días al cementerio. Un sitio hermoso con geranios en lugar de lápidas, un enorme jardín sobre el mar. Pasé allí las mañanas hasta que me hice una pequeña reflexión, que aquello sólo me estaba causando una tristeza infinita por la que no podía dejarme arrastrar, en la que no me debía instalar. Ahí también descubrí que entre mi madre y yo existía una especie de cordón umbilical, emocional o sensorial, porque cada vez que yo tenía un bajón, automáticamente, mi madre telefoneaba. Esto me ayudaba pero también me añadía presión, me daba la sensación de que tenía que remontar mis depresiones como fuera, constantemente, porque mi madre también las sentía. Tenía que luchar por ella, por mis hijos.

Hay que seguir, me repetía, seguir por tus hijos, por tu madre. Nunca por mí. Yo había desaparecido por completo en la niebla de la tristeza absoluta, la que cubre todo, se filtra por cualquier rendija hasta lo más hondo de ti y lo borra todo.

Y la culpa. Mi culpa en la muerte de mi hijo. Los vómitos de Javier venían perfectamente descritos en un libro de texto para madres, uno de esos que siempre te lees cuando estás embarazada para aprender a cuidar a tu bebé. Ahí se explicaba muy claramente que ese vómito fuerte, proyectado, al cabo de unos minutos de haber mamado se debe a una cosa, creo recordar, llamada estenosis de píloro. Esto es, la entrada al estómago está cerrada y cuando la comida llega es expulsada. Algo que, incluso en aquella época, se solucionaba con una pequeña operación. Mi hijo murió asfixiado y no tenía por qué haber muerto, yo tenía que haber visto aquello, haber pedido otra opinión, buscado otro médico.

Mi madre tuvo una reacción lógica. Se fue a la consulta del eminente pediatra y lo insultó con furia. Éste le contestó con esa célebre frase que usan los de su profesión en sus fracasos.

—Señora, yo no soy Dios.

Carlos seguía trabajando con el ex guardia civil, como gerente de su inmobiliaria. Empezó a detectar irregularidades y decidió avisar a un hermano de su jefe, un franciscano por el que éste decía sentir gran cariño y admiración.

—Voy a llamar al franciscano para que hable con él porque este hombre está perdiendo la cabeza.

El franciscano apareció de inmediato. Claro que lo primero que hizo fue colgar los hábitos y ponerse a trabajar con su hermano. El tal ex guardia civil era un hombre muy simpático y bien dispuesto, creo que realmente apreciaba a mi marido, pero lo que no era es delicado.

—Bueno Pilar, piense que se ha evitado el criarlo —me dijo con su mejor voluntad como consuelo por la muerte de mi hijo.

Yo pasaba por las calles y los días como ida, asombrada de que el mundo no se hubiera detenido con la muerte de mi niño.

¿Cómo podía yo andar entre los vivos sin que notaran que estaba muerta?

31

Calenturas, rezaos y fósiles vivientes

Hice una recapitulación matrimonial, una nueva reflexión. Mis relaciones con Carlos no eran fáciles. Yo ya me había casado con un déficit de amor, sintiendo un gran cariño pero sin estar enamorada. Pero esto había pasado a un segundo plano al estar yo concentrada, absolutamente, en mis hijos y en procurar ayudar con mi trabajo a sacar la casa adelante, en aprender a pedir fiado o a empeñar lo poco que tenía. En defender siempre a mi marido frente a las más que lógicas dudas de mi madre.

Me di cuenta de que no me había parado a pensar en nosotros, a pensar mi matrimonio y averiguar qué era lo que fallaba.

Por ejemplo, había un gran problema. Mi marido era un hombre que necesitaba una actividad sexual muy fuerte y constante. No podía pasar dos días sin hacer el amor, al tercero había allí más que palabras. Con él las excusas se podían prolongar eso, dos días, al tercero había que cumplir sí o sí. He de reconocer que yo era muy feliz sexualmente, era un gran amante y conocía perfectamente mi cuerpo, pero aun así para mí era algo que requería una fuerte mentalización: no era acostarme con la persona que amaba, tenía que separar cualquier sentimiento hacia él pues sólo los tenía negativos, verlo simplemente como sexo entre un hombre y una mujer. Y también, desgraciadamente, como un requisito inexcusable para que mi hogar estuviera en paz. Si pensaba que me iba a la cama con mi marido la cosa no funcionaba. Aun así, a veces no podía evitar que nuestras relaciones sexuales resultaran frías —de las otras mejor no hablar, apenas nos hablábamos— y empezaran los reproches por su parte.

—¿Se te ha acabado la libido? Hay que ver, con lo cachonda que eras de novia. Te has debido volver lesbiana.

Tanto me repetía este tipo de burradas que llegó a crearme dudas. Cuando vine a parir a Javierito a Madrid fui a una revisión con José Antonio y le pregunté si la píldora podía atenuar el deseo sexual. Él me miró en silencio y me hizo la pregunta del millón.

—¿Tú sigues enamorada de tu marido?

—No —me oí contestar como desde fuera.

—Ya..., entonces qué libido ni qué nada.

Explicado todo lo anterior es fácil comprender la sorpresa y la alegría de Carlos cuando, sin previo aviso, inicié una persecución sexual de su persona. Le buscaba a todas horas, donde fuese, porque tras la muerte de mi hijo caí en la obsesión de volver a quedarme embarazada. Volví a ser una mujer melosa, cariñosa, dispuesta todas las noches a hacer el amor, a ser la novia cachonda. Él lo tomó como una vuelta a la fogosidad de aquellos días, quizá al amor. Nunca lo saqué de su error porque nunca hablamos de nuestro matrimonio.

Conseguí mi objetivo. Me quedé embarazada de mi hijo Javier y entré en una especie de frenesí supersticioso por cambiarlo todo respecto al embarazo anterior. Procuraba no pasar por las mismas calles y si en el otro había tomado el sol, ahora no pisaba la playa. Sentía que tenía que poner todo de mi parte para que ahora saliera bien. Y es que en esa decisión de evitar cualquier gesto anterior había mucho de ritual propiciatorio, de magia simpática. En Canarias había conocido a una mujer, la primera asistenta que tuve antes de que llegara Merche, una señora de unos cuarenta años que me introdujo en las creencias locales. A veces, pocas la verdad, llegaba tarde pero entonces siempre se disculpaba igual.

—Perdone, pero es que he ido a echar el rezao.

Ella creía firmemente en el mal de ojo y el rezao, su antídoto. Y no sólo ella, era algo muy extendido entre todas las clases sociales, incluso las más preparadas culturalmente. Yo lo comenté a manera de broma con mi amiga María Esther.

—¡No, no te rías de eso nunca! —me contestó muy seria, tajante.

Esa sensación de temor, de amenaza inconcreta —cualquiera te puede echar mal de ojo, aun sin él saberlo— estaba muy presente y creo que por eso empezó esa obsesión mía por cambiar todos mis pasos en este nuevo embarazo.

La situación económica se deterioró totalmente y de improviso. Los pisos que construían el ex guardia civil y el ex franciscano, su hermano, resultaron ser extremadamente rentables dado que, Carlos lo había descubierto, los vendían varias veces a distintas familias. Los dos hermanos estaban realizando una estafa de dos pares de narices. Además, como pasa siempre, sus víctimas eran familias obreras, gente que ponía en ese piso todo lo que tenía. Acabaron en la cárcel y, por una vez, hubo que alegrarse de la irresponsabilidad de mi marido: no había firmado ningún contrato ni figuraba en parte alguna como responsable de nada.

Eso sí, Carlos se quedó otra vez sin trabajo.

Merche seguía viviendo con nosotros. Nunca salía si no era conmigo y con los niños. Yo intentaba que lo hiciera, que paseara y conociera gente.

—No, sita Pili, ¿para qué?

Se resistía. Finalmente la convencí y un día salió sola. Vino encantada porque había conocido a un muchacho. Inmediatamente me sentí responsable de mi hermana pequeña y me dediqué a espiar, desde el balcón de mi piso doce y con unos prismáticos, sus primeros encuentros. El chico venía con una caja de bombones y parecía serio, aseado. Aquello me tranquilizó y así se lo dije a Merche. Se veían para pasear todas las tardes pero cuando llegó el sábado, el mozo desapareció durante todo el fin de semana. Aquello nos extrañó y al segundo fin de semana que no se presentó, sus excusas ya no bastaron. Decidimos seguirle y descubrimos que estaba casado. Merche se llevó un disgusto terrible. Pero está visto que cuando algo nuevo se abre en nosotros luego es difícil cerrarlo y volver a lo anterior. El caso es que Merche le había cogido gusto a eso de pasear con un joven como ella al lado. A través de las chicas de la peluquería del primero conoció a otro chico. Éste vino desde el principio con sus hermanas y por ellas supimos que estaba soltero. Se llamaba Miguel, era albañil y su noviazgo con Merche lo incorporó de inmediato a la familia. Íbamos todos juntos a la playa.

¡Ah, la playa! Mi marido —aún no sé con qué— había alquilado una casita deliciosa en una playa, lo recordaré siempre, que se llamaba del Cabrón. En Las Palmas eran frecuentes estos nombres: la punta del Descojonado, la playa de las Tetas. En esta playa del Cabrón se daba una duplicidad toponímica, allí había instalado un albergue de la Sección Femenina y habían rebautizado el lugar con un mucho más aceptable playa del Carbón. Lo único negro que había allí era su arena volcánica, sus hermosas rocas. La casita estaba construida en la misma playa, tanto que cuando subía la marea o había fuerte oleaje teníamos que echar los postigos para que el agua no se metiera dentro. Media casa era rupestre, con dos habitaciones excavadas en la roca. Era muy curiosa y yo la decoré con todo el cariño del mundo. Comíamos fuera, bajo un emparrado. Allí los niños eran felices y todos —incluidos Merche y su novio— nos sentíamos un poco salvajes, libres. La pena es que estos lujos eran siempre fruto de la incapacidad de Carlos para vivir de acuerdo con nuestras posibilidades reales, así que tarde o temprano se volvían una carga o simplemente las perdíamos. Por ejemplo, Carlos amaba el mar en general y la pesca submarina en particular, así que sin consultar a nadie se compró un día una lancha neumática y rifles para arponear peces. Se pasaba el tiempo en el agua y muchas veces, al césar lo que es del césar, comíamos lo que pescaba: gallos y lenguados sabrosísimos. Hay una anécdota al respecto. Tras la muerte de Javierito, Carlos quiso que nos

1. Mis padres, Matilde Muñoz Sampedro y Rafael Bardem. Aquí empezó todo.

2. Matilde con la primera hija muerta.

3. Mercedes Sampedro, primera actriz de la familia y madrina de Juan.

4. Yo, renunciando a Satanás.

5. Mis padres con Juan y la primera Pilar, de gira por San Sebastián.

6. Con mis padres y mi hermano.

7. Esmeralda (primera Pilar, guapísima).

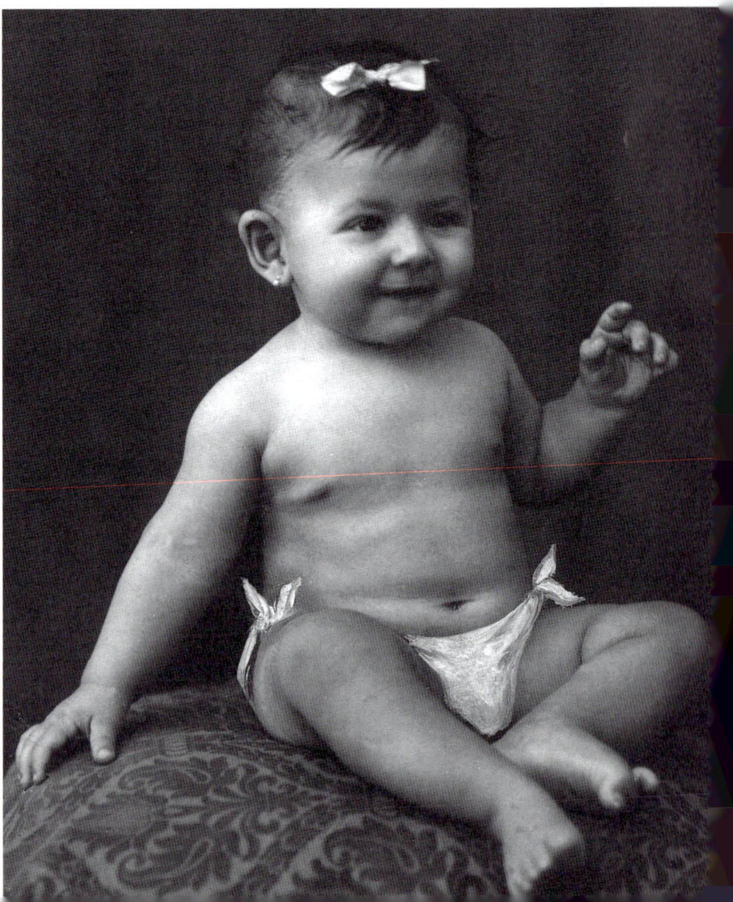

8. Rubi (la segunda Pilar, que era muy graciosa).

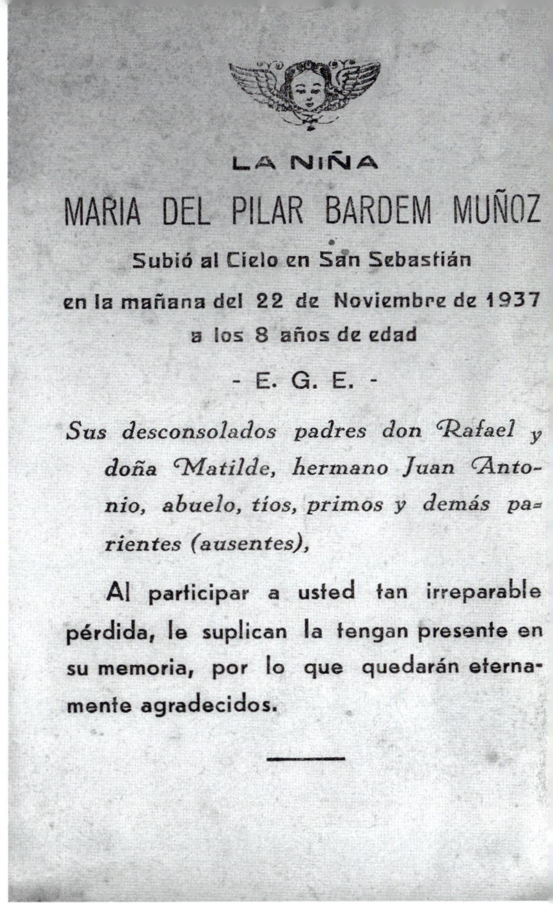

LA NIÑA

MARIA DEL PILAR BARDEM MUÑOZ

Subió al Cielo en San Sebastián
en la mañana del 22 de Noviembre de 1937
a los 8 años de edad

- E. G. E. -

Sus desconsolados padres don Rafael y doña Matilde, hermano Juan Antonio, abuelo, tíos, primos y demás parientes (ausentes),

Al participar a usted tan irreparable pérdida, le suplican la tengan presente en su memoria, por lo que quedarán eternamente agradecidos.

9. Recordatorio de la muerte de la otra Pilar.

10. Esquiando con mi madre.

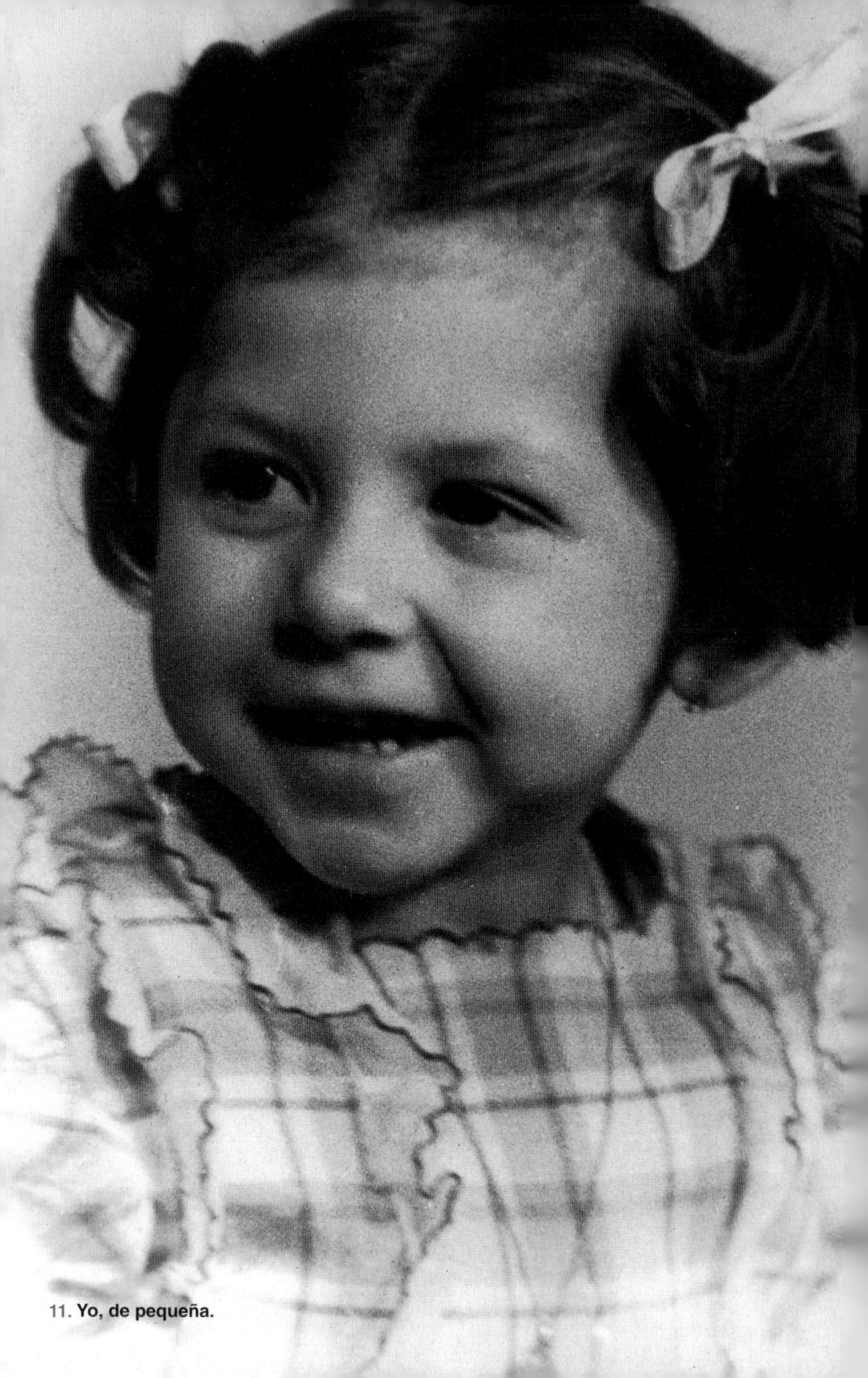

11. Yo, de pequeña.

12. Con unos kilos de más a la vuelta de las vacaciones. Primera foto dedicada a Carlos.

13. Foto de Gyenes de cuando yo cantaba.

14. Reconciliación con Carlos, el padre de mis hijos, en Begur.

15. Época del meritoriaje.

16. Carlos en El Pinar de Antequera.

17. En Valladolid, de maniquí de Bastida.

18. **La voz más cálida de Europa, cantando en el Blues.**

19. **La noche antes de casarme. Obsérvese la cara de mi madre, profética.**

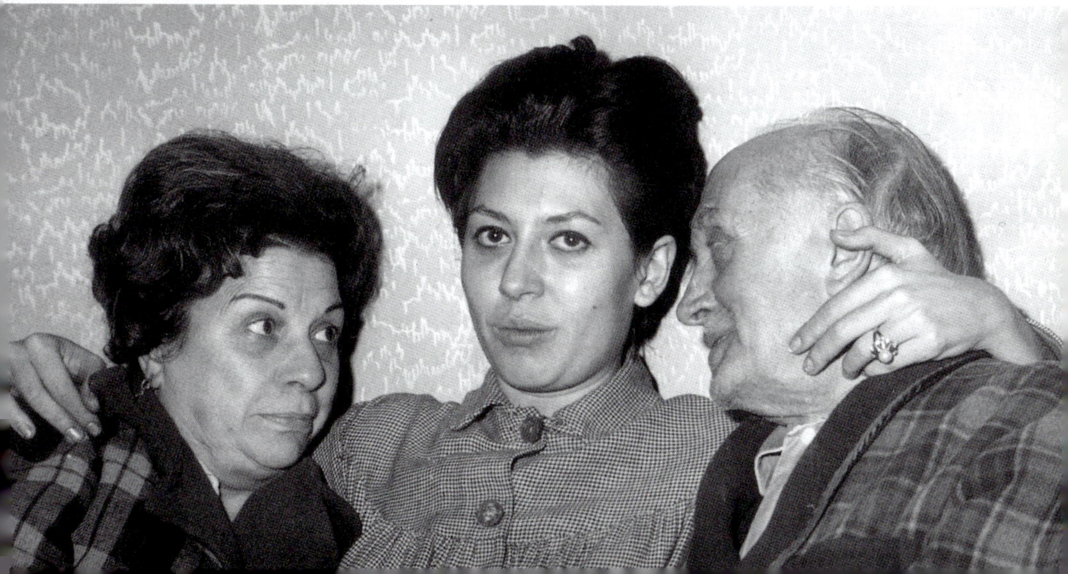

20. Debut teatral en *El Paraíso de los imprudentes,* estreno que las Sampedro abandonaron escandalizadas.

21. Mi boda. Mi padre, Carlos, yo, la madre de Carlos y el cura, que se salió al poco tiempo. Obsérvese mi cara en el día más feliz de mi vida.

22. Viaje de novios en Sevilla.

23. Bailando en *¿Quién teme al lobo feroz?*, un café teatro. Por esta época me estaba separando.

24. **En el programa de Iñigo con Jesús Puente y Manuel Gallardo. Mi primer protagonista en teatro, *Juegos de medianoche*.**

25. **Foto para el programa de *Juegos de medianoche*.**

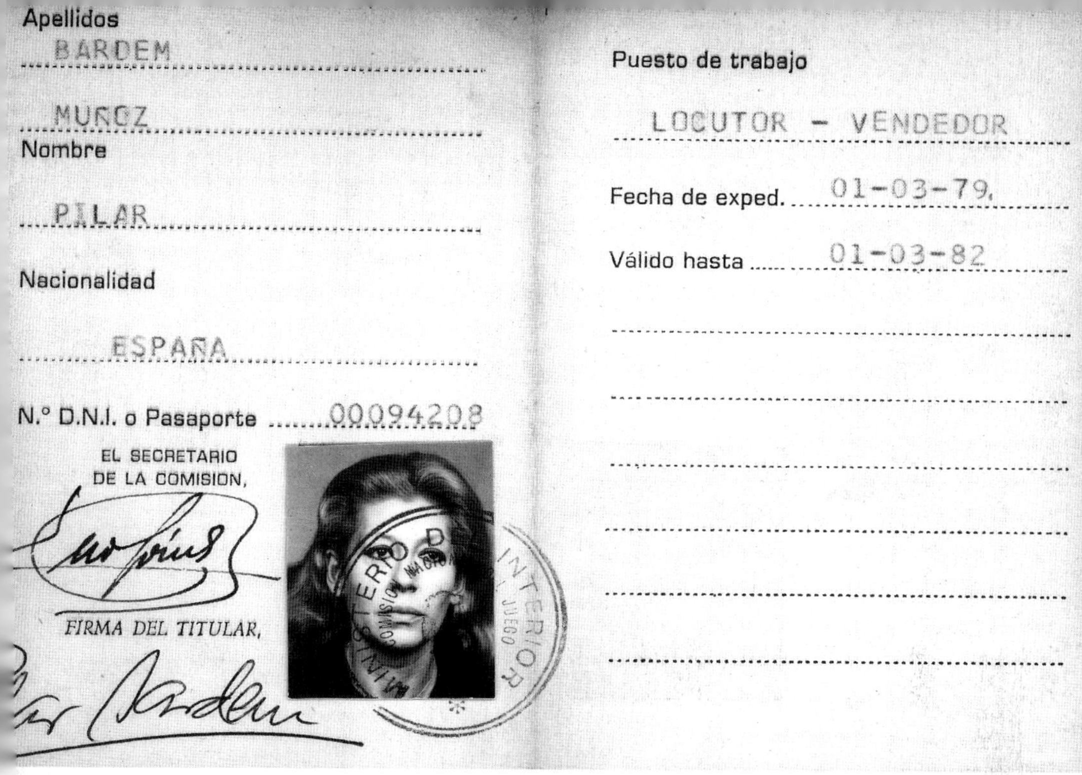

Apellidos

BARDEM

MUÑOZ

Nombre

PILAR

Nacionalidad

ESPAÑA

N.º D.N.I. o Pasaporte 00094208

EL SECRETARIO
DE LA COMISION,

FIRMA DEL TITULAR,

Puesto de trabajo

LOCUTOR - VENDEDOR

Fecha de exped. 01-03-79.

Válido hasta 01-03-82

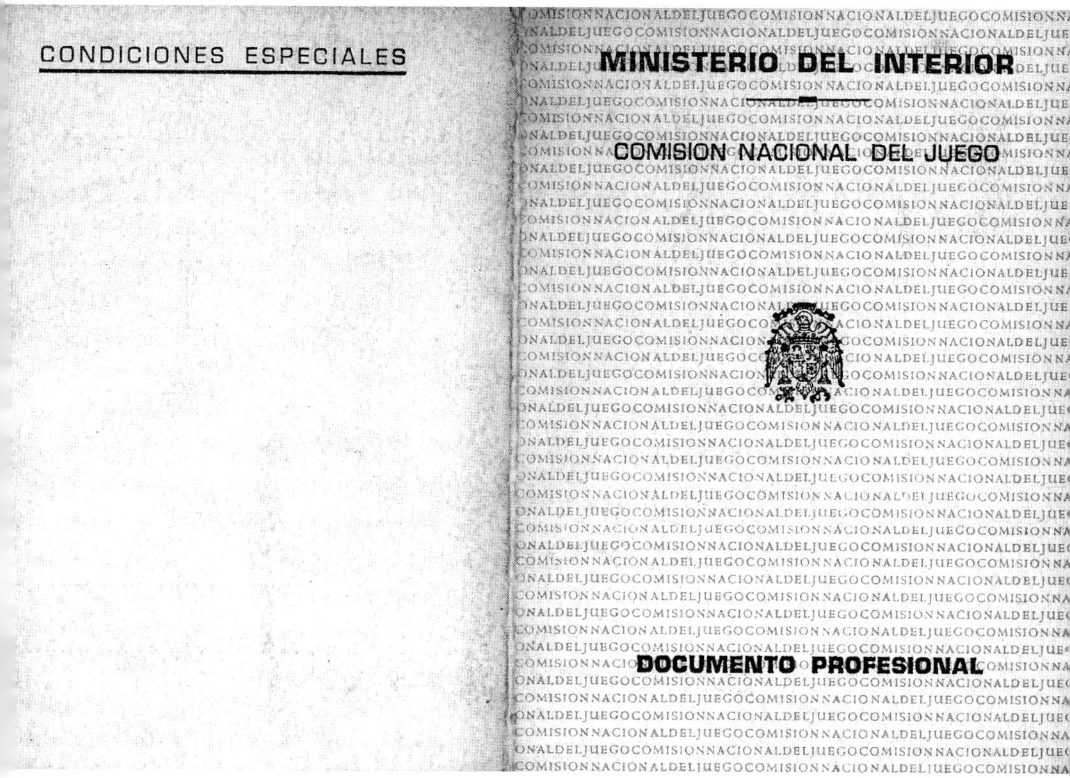

CONDICIONES ESPECIALES

MINISTERIO DEL INTERIOR

COMISION NACIONAL DEL JUEGO

DOCUMENTO PROFESIONAL

26. Mi carnet de binguera.

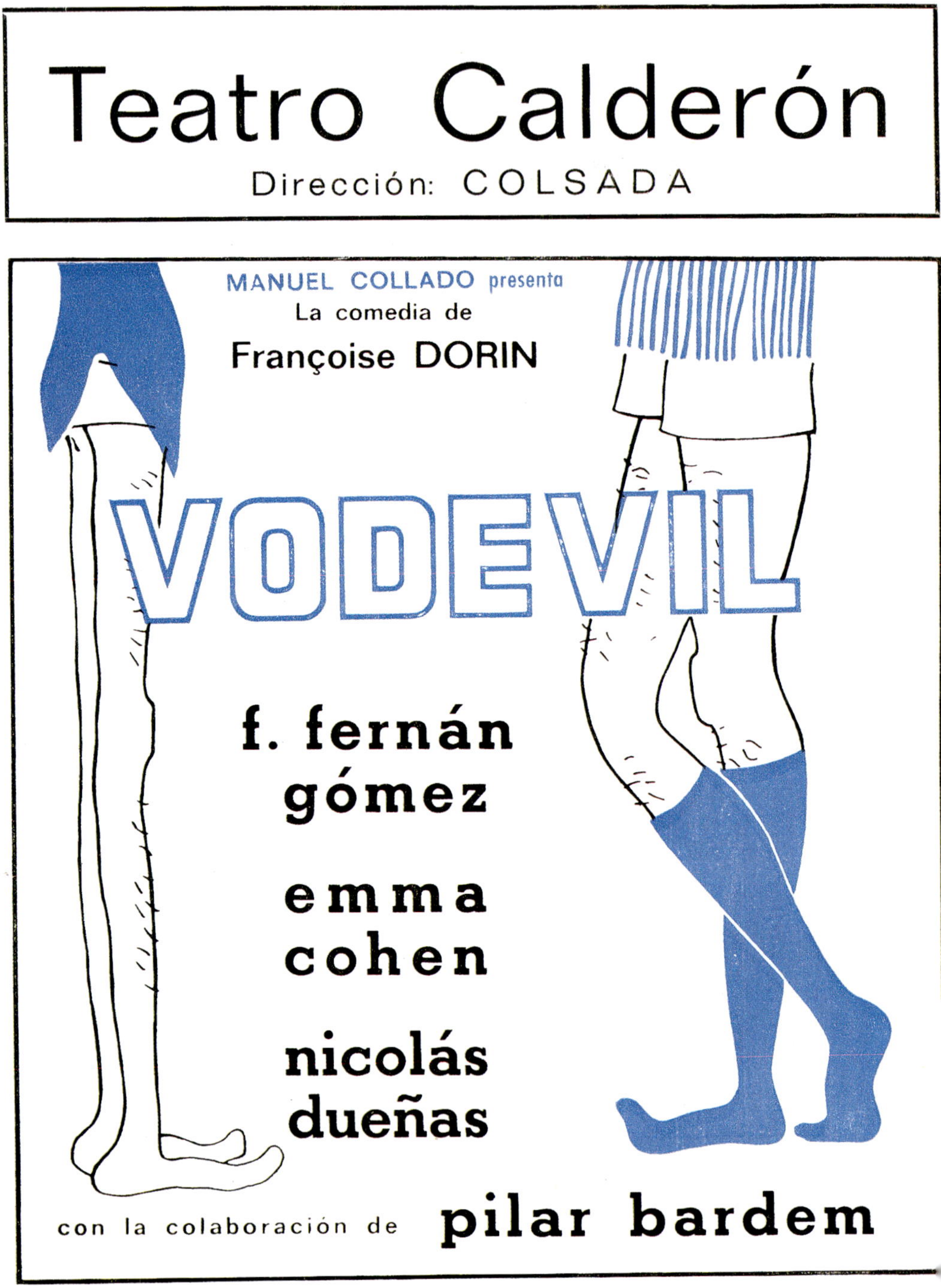

27. Mis primeras actuaciones en el teatro como «actriz invitada».

fuésemos una semana a Lanzarote, de vacaciones con los niños. Estuvimos en un pueblo precioso, sin luz ni teléfono, Playablanca se llamaba, un sitio tranquilo donde el amanecer y el ocaso regían la vida diaria. Aquella paz encajaba a la perfección con mi tristeza y me sentía a gusto allí, en la playa con los niños. Carlos se iba a bucear y yo sabía que seguía vivo porque, de cuando en cuando, asomaba el tubito escupiendo agua entre las olas. Se pasaba horas en el agua fría del Atlántico, quizá protegido por su gordura. Una vez volvió a la playa cargado de peces. Venía especialmente contento con una de sus capturas, un pez horroroso de feo, lleno de bultos, verrugas y pinchos. Se fue corriendo hasta nuestro alojamiento por la cámara, convencido de que había pescado algo extraño, excepcional. La verdad es que el pobre iba dando saltos de alegría. Yo me quedé allí sola, con los peces sobre la arena. Se acercaron unos niños semidesnudos y muy flacos. Miraron a los peces, me miraron a mí y me pidieron algo para comer. Yo les entregué todos los pescados y se fueron.

Carlos volvió jadeante y miró a su alrededor sin entender nada.

—¿Dónde están mis peces?

Yo le conté lo de los niños y que se los había dado. Montó en cólera, pero pese a tener allí sus arpones no morí asesinada. Eso sí, nunca me lo perdonó. Más tarde buscó el dichoso pez en varias enciclopedias y tratados de ictiología y me mostraba furioso dibujos y reseñas. Al parecer había atrapado una especie de fósil viviente, un bicho raro y que se daba por extinguido desde hacía milenios. La verdad es que yo sólo podía pensar en lo feo que era el pez y en el hambre que había que tener para comerse eso.

32

¡Anda, que si no te quisiera!

El embarazo de Javier fue, como los anteriores, espléndido. No tuve ninguna molestia y me sentía exultante, llena de una felicidad nueva que había desplazado la anterior tristeza. Desplazado, mitigado, nunca extinguida porque esa pena vivirá en mí mientras yo lo haga.

Me puse de parto un sábado. Dejé a los niños en casa de Aurora Bermejo y una nota a Merche, que andaba con el novio. En la clínica no dejaron entrar a Carlos en el paritorio y ahí se me empezó a desmontar el parto sin dolor. Sí entró, no sé cómo, un conocido de mi marido y de los médicos.

—Hola, me envía Carlos a ver cómo estás.

—¡Aaaargh! —Me agarré a su corbata y no la solté mientras duró el parto.

Nació un bebé enorme y precioso a las 21.30 del 1 de marzo de 1969, una criatura que pesó cuatro kilos y medio.

Yo tenía claro que el nombre de aquel niño sería Javier. Se repitió la historia familiar: nació un Piscis de la muerte de un Escorpión y se le puso el mismo nombre, exactamente igual que ocurrió con mi hermana y conmigo.

La única concesión que hice, más tarde, fue añadirle Ángel a instancias de mi suegra, dado que este nuevo Javier había nacido el día del Santo Ángel de la Guarda y todos, cada uno a su manera, pensábamos que su nacimiento estaba claramente vinculado con la muerte del otro. Ya en la habitación me enseñaron al niño, envuelto en pobres pañales porque en aquella clínica era costumbre que la familia trajera la ropita del bebé y nosotros no lo habíamos hecho. Así pues, me lo presentaron como un niño pobre y yo lo miraba embobada de felicidad, sintiendo que algo o alguien había reparado una terrible injusticia. Lo primero que hice, tras contarle los dedos de las manos y de los pies a mi bebé, fue preguntarle al pediatra si tenía estenosis de píloro. El hombre me miraba alucinado.

Aquella noche, pensando y pensando en tonterías que a mí me da por pensar —obsesión que heredé de doña Matilde, a quien mi padre siempre pedía que dejara la cabeza quieta—, descubrí que los números que componen las fechas de nacimiento de mis hijos suman siempre 29, que luego son once y, finalmente, dos. ¿Significa algo? No lo sé. Una curiosidad quizá.

Teniendo en cuenta que parí el sábado, que mis padres llegaban el lunes y que Carlos estaba otra vez sin trabajo, pensé que con un día en la clínica, que no era precisamente barata, era bastante. A la mañana siguiente estaba yo en el mercado, haciendo la compra. Poca, por cierto. Los de los puestos me miraban asombrados.

Llegaron mis padres y se bautizó al bebé. Yo tenía cerca a mis seres más queridos y me sentía feliz. Además la suerte parecía haber cambiado, Carlos encontró trabajo en una empresa importante, Huarte y Compañía. Vivía una placidez perfecta, que las inexistentes relaciones con mi marido no interrumpían. No hablábamos, no hacíamos el amor. Casi no lo veía.

Pero la procesión iba por dentro y es difícil ocultarle cosas a una madre. Mi hijo Carlos me pidió un día un juguete y yo le dije que no, se puso a llorar y me contestó que lo que pasaba era que yo no lo quería.

—¡Anda, que si no te quisiera! —no dije más. No hizo falta. Mi madre lo había presenciado todo.

—¡Lo has dicho, lo has dicho!

—¿El qué, mamá?

—¡Acaba la frase, hija, dile: Anda, que si no te quisiera iba yo a aguantar a tu padre!

—¡Madre, no te hagas novelas en la cabeza!

—No, no, tú no eres feliz.

Mi madre no se dejaba engañar por las historias de ilusión, amor y felicidad que llenaban mis cartas diarias. Por otra parte, no había sino que mirar a nuestro alrededor para ver que las cosas no iban bien. Por eso se atrevió, en la manera desmesurada con que vivía todo, a terminarme la frase y decir lo que yo misma me negaba a oír.

La paz del momento se esfumó enseguida. Merche regañó a Carlitos por no saber atarse los cordones de los zapatos y mi marido lo vio. Él se comportaba con Merche de forma muy distinta según fuese su estado de ánimo. Si estaba de buenas era todo llamarse de tú, simpatía y maneras campechanas. Él siempre tuvo a gala una educación que le permitía, o eso pensaba, alternar por igual con embajadores que con obreros, marqueses o pastores. Pero si estaba cruzado, el trato con Merche cambiaba por completo.

—¡Usted tiene que obedecerme, usted es una sirvienta y usted le ata los cordones al niño!

Merche había crecido mucho mentalmente y, sobre todo, las había pasado canutas por estar a mi lado, aquello fue demasiado para ella.

—Mire, jefe, yo por mi sita Pili hago lo que sea pero a mí no me habla nadie así. Yo me caso dentro de dos meses y me marcho ahora mismo a casa de mis suegros. ¡Váyase usted a la mierda!

Dicho y hecho.

Así se rompió una amistad de años y perdí a mi única compañía y ayuda. Me quedé sola, aún debilitada y en la cuarentena, teniendo que cuidar de dos niños pequeños y un bebé, de la casa y de mi esposo.

Mis padres se tenían que ir, ambos iban a trabajar en una película llamada *Del amor y otras soledades*, interpretando a los padres de Lucía Bosé. Ocurrió algo curioso. Yo siempre, desde niña, le tomaba los papeles a mi madre, que necesitaba repetirlos una y otra vez en voz alta para aprendérselos. Mi padre no, él lo hacía en silencio. Días antes de marchar a Madrid estábamos en el salón mi madre y yo, pasando su papel. Ella insistía mucho en que repasáramos una escena determinada. Carlos leía en un rincón de la misma habitación. Empezamos y comprobé asustada lo que había en aquella escena, en el diálogo que mi madre empezó a declamar, en tono alto y claro.

—Hija mía, nunca hemos estado de acuerdo con este marido que tú has elegido pero, por cariño a ti, nosotros respetamos... —y de ahí para adelante.

Parecía que lo habían escrito ex profeso para que mi madre lo soltara en aquella habitación y ante nosotros.

Carlos me miraba, primero molesto y luego ya furioso. Yo no hacía sino repetir: «¡Qué bonito guión!». Además, mi madre era una magnífica actriz y se lo dedicó en todo momento a mi marido, interpretándolo como si ya lo hubiera ensayado por su cuenta varias veces. Viviéndolo. Fue un momento de una intensidad desagradable pero, si esto es posible, también mágico.

Fue en aquellos días cuando mi madre sufrió, durante una siesta, sus primeros ahogos. Mi pobre madre tenía la columna absolutamente desviada porque, contaba, de muy niña tuvo que ayudar en una mudanza y cargar con un armario. El caso es que siempre que le dolía algo, ya fuera la garganta o un pie, ella lo atribuía a este problema.

—¡Ay, mi espinita! ¡Ay, cómo me duele mi espinita!

De ahí venían según ella todos sus problemas de salud, pocos porque la tenía de hierro.

Otro apunte. En la esquina que cruzaba desde mi casa para ir al supermercado, estaba siempre una mujer muy guapa, de cuarenta y tantos años. Mendigaba pero la llamaban por su porte La Reina Mora. No pedía limosna, la exigía con una mirada o un ademán imperioso. Nunca te hablaba. Se limitaba a extender la mano como una reina, con una elegancia que casi te daba ganas de besársela. Siempre me impresionaba cuando la veía y, pese a que mi propia economía estaba para pocas caridades, siempre tenía listas unas monedas para dárselas si aparecía. Pocos días antes de que mi madre se volviese nos topamos con ella, con La Reina Mora. Mi madre se escandalizó cuando me vio hurgar buscando unos céntimos.

—¡Pero Pili, por Dios, en tu situación! Y usted, señora, aún es joven para trabajar. Aquí hay mucho turismo, búsquese un hotel para limpiar, que tiene usted muy buena pinta...

La Reina Mora no dijo nada ante la verborrea reprobatoria de mi madre. No movió un músculo, se limitó a mirarla fijamente a los ojos. Yo sudaba de miedo y no hacía más que tirar de mi madre para sacarla de allí.

—¡Trabaje usted, que se la ve muy sana!

Por fin conseguí arrancar a mi madre. Se sorprendió mucho cuando le expresé mi prevención ante la fama de esa mujer, reputadísima echadora de mal de ojo. La mañana que se iban a Madrid yo me cité con mi madre en la plaza del Cabildo, para darle los billetes que había ido a recoger y dar un paseo. Cuando llegué la vi sentada en un banco y rodeada de perros.

Me miró y sonrió. Me senté a su lado.

—Pero ¿tú me quieres? —me preguntó. Mi madre era muy cariñosa y yo, por el contrario, poco dada a los mimos.

—El día que mis hijos sean mayores, con que me quieran la mitad de lo que yo te quiero a ti me daré por satisfecha —contesté.

Mi madre llegó a Madrid, rodó la película y al día siguiente de acabar se murió.

33

¡Madre, madre, madre!

Tras partir mi madre de Las Palmas, a los pocos días, llegaron a casa dos postales de Iberia, de esas de aviones que regalaban y que me había escrito durante el vuelo. No llegaron juntas y recibí primero la última, la segunda que redactó y que era, además, continuación de la primera. Me hablaba de los niños, del Javier recién nacido, de cómo ella volvería enseguida para estar a mi lado. Que esta vez vendría sola porque mi padre estaba muy mayor y le convenía quedarse en Madrid, que no le hacían bien los cambios de comida. Ella sí, ella volvería porque sabía lo difícil de mi situación.

Unos días después me llamó para decirme que había ido al médico. A mí me extrañó porque mi madre era una mujer que se curaba sola o visitando a don Rafael, un farmacéutico que había en la calle Lope de Rueda. Yo siempre le criticaba esta costumbre, le decía que los médicos habían hecho una carrera tan larga para algo. El caso es que se debió encontrar muy mal para decidirse a buscar un doctor. Al parecer éste la reconoció enseguida, le dijo que la admiraba mucho y que qué graciosa era. Del dolor que sentía sólo le dijo que era un problema de gases. Mi madre también me comentó su disgusto porque no le habían respetado su puesto en la obra que hacía junto a Lola Herrera. El maldito Arturo Serrano se lo había prometido y no lo cumplió. Mi madre se molestó muchísimo y decidió llamar a Isabelita Garcés, mujer del empresario pero actriz como ella. Aquella bruja le colgó el teléfono sin escucharla. La vida me dio ocasión de devolverle el desprecio.

En esto Carlos se había ido a Tenerife por cuestiones de trabajo. Yo estaba sola y agotada, así que me acostaba muy pronto. Estaba profundamente dormida cuando sonó el teléfono en el salón. Me levanté. Era Carlos para decirme en qué hotel estaba. Me volví a la cama maldiciendo la llamada, ¡qué me importaba a mí en qué hotel estuviera! Me dormí. Volvió a sonar el aparato, me levanté rezongando, pensando que sería otra vez Carlos.

—¿Sí?

Colgaron.

Tres veces llamaron y tres veces se cortó la comunicación. A la cuarta oí por fin la voz de mi hermano.

—Nena, ha pasado algo.

—¡Se ha muerto papá! —grité de inmediato, sin pensar.

—No, no, papá está bien. Es mamá, se ha puesto bastante mala.

Yo no hacía sino repetir que mi padre se había muerto y Juan me repetía una y otra vez que no, que era mamá la que estaba muy enferma y que intentara ir lo antes posible. Yo insistía en lo de mi padre porque él, hombre tranquilo y con ese *seny* catalán, lo tenía todo previsto para esa contingencia. Siempre me decía con mucha calma que cuando él muriese yo tenía que ir a vivir a Lope de Rueda, hacer esto y lo otro, cuidar de mi madre. Curiosamente, tenía muchísimos planes para después de muerto. Mi madre era todo lo contrario, la vitalista a la que el día se le quedaba corto para ir y venir, hacer y deshacer.

—El día que veáis un entierro que va muy deprisa es el mío, que llego tarde —bromeaba mi madre.

Mi padre era el hombre ya viejo, lleno de achaques y fumador empedernido. Cuando colgué el teléfono me quedó la sensación de que Juan me estaba mintiendo. Llamé a Carlos y, paradojas del destino, lo pude localizar gracias a su llamada anterior, algo que no solía hacer cuando viajaba.

—Me ha llamado mi hermano y creo que mi madre ha muerto —me sorprendí a mí misma diciendo esto.

—No, mujer, no. Te ha dicho solamente que está mala. Acuérdate de tu tía Guadita, lo grave que estuvo y cómo se recuperó. Son mujeres muy fuertes.

—No, llama a mi hermano porque a mí no se atreve a decírmelo. Mi madre ha muerto.

Así lo hizo Carlos y, efectivamente, Juan se lo contó a él y él a mí.

Mi primera reacción fue salir al balcón, a gritar fuera para no despertar a mis hijos que dormían.

—¡Madre, madre, madre! —Sólo podía gritar esto, llamarla a voces para que me oyese, para que no se fuera sin su niña, sin su Pili. Para que me la devolvieran.

Yo creo que ha sido el momento más triste de mi vida, mucho más incluso que la muerte de aquel hijo del que, ¡ahora entendía la frase!, no llegué a oír la voz.

Llamé a Iberia. No había billetes hasta al cabo de dos días. Me dio un ataque de pánico, sentí la claustrofobia de no poder salir de aquella isla. Me moría de dolor pensando que no podría ir al entierro de mi madre. Pronto surgió un segundo pero importante problema: ¿con quién dejaba a los niños, uno de ellos un bebé de un mes y pico? Corrí a la calle y busqué al vigilante del edificio.

—¡Por favor, busque a Merche! —le supliqué tras contarle lo ocurrido.

—Bueno, señora, tranquilícese. Yo voy a buscarla, ¿dónde vive?

—¡No lo sé, no sé la dirección!

Aquel hombre maravilloso se fue a buscarla con las escasas indicaciones que pude darle sobre el barrio donde vivían los suegros de Merche, de quienes no sabía ni los nombres. La encontró y la trajo.

El tema de los billetes me lo solucionaron Manolo Bermejo y Aurora, su mujer, que consiguieron que pudiera embarcarme en un avión como extra, utilizando el transportín de la azafata. Aurora también me dejó un abrigo negro.

En Barajas me recibió mi primo Manolo. Apenas hablamos durante el camino, yo lo hice pensando cómo reaccionar ante mi padre. No llores, me decía, porque si te derrumbas lo matas y los tienes que enterrar juntos. Mi padre era el menos preparado para lo ocurrido, se quedaba solo a los ochenta y tres años, sin su compañera, su motor, su enfermera. Su todo. Yo llegué a casa para el entierro como si viniera para un bautizo, diciéndole cosas preciosas a mi padre, llamándole guapo y con una sonrisa en la cara que sentía como una obligación hacia él, que estaba como ausente y totalmente inexpresivo.

Me contaron por fin cómo había sucedido todo. Murió un 14 de abril, dos días después de terminar en la película, aniversario de la República y consagrado a santa Gema Galgani, santa de la que ella era tan devota. Se disponía a ir a rezarla cuando se encontró mal. A mi padre le extrañó que no fuera a la iglesia, le asustó que justo ese día mi madre se sintiera incapaz de cumplir con su devoción y decidió llamar a Juan. Mi hermano se presentó con Pedro Caba, el cardiólogo amigo suyo. Mi madre había sufrido un ataque al corazón. Pareció restablecerse, así que Juan y el doctor se fueron. Pasadas unas horas tuvo otra crisis y mi padre volvió a llamar a mi hermano. Mi madre había querido ir al baño y al levantarse empezó a faltarle el aire. Regresó Juan con María, su mujer. Fue en los brazos de mi cuñada en los que murió mi madre. En sus brazos y llamándome a mí.

Siempre me culpé de no haber estado a su lado, siempre pensé que podía haber hecho más.

Ya en casa entré en el dormitorio donde estaba el ataúd con mi madre. El resto de la gente estaba en el salón, consolando a mi padre. Todos menos mi tía Mercedes, que de pie frente al féretro repetía sin cesar la misma frase.

—Debía haberme muerto yo, no tú.

Mi madre estaba hermosa. La muerte la había sorprendido, no estuvo enferma ni medicada. Bella pese a estar sin enterrar más horas de las legales porque Pedro Caba falsificó el certificado de defunción para darme tiempo a llegar y que pudiese verla, para que mi madre me esperara. Me pasé la noche mirándola. Mi madre, guapa, dormida, con el peinado aún de su última película.

Me obsesioné tanto que creí verla respirar y sentí el terror de que íbamos a enterrarla viva. Recordé la historia de Kempis, ahí me fueron a salir las monjitas, al que abrieron la tumba cuando lo fueron a canonizar y lo encontraron con los dedos engarfiados de arañar la tapa. Lo habían enterrado vivo.

Por la mañana entraron a poner la tapa y yo cubrí la cara de mi madre con un pañuelito de encaje, uno con una custodia bordada que ella guardaba desde mi niñez. Me lo había traído Juan de Canarias por mi Primera Comunión. Entonces me derrumbé. Mi hermano me alzó por los hombros y me dijo, una vez más, que yo era fuerte. Me tragué las lágrimas.

El cariño de la profesión fue sorprendente. Dibildos, el productor, vino al entierro con una pierna escayolada. La calle Lope de Rueda se colapsó con la gente, compañeros o no, que acudió al sepelio de mi madre. En el cementerio revivimos la búsqueda del tambor, dado que hubo que localizar las tumbas de los abuelos para poder enterrar allí a mi madre.

A los dos días hubo un funeral en la iglesia de los Antonianos. Allí le juré a mi padre que volvería pronto. Una vez acabado el funeral mi hermano me indicó que debíamos hacer el reparto de las joyas, pobres y escasas, de mamá. Lo poco que había se repartió entre mi cuñada, su hija María y yo. A mí me duraron poco, tuve que empeñarlas para comer.

34

El final de la inocencia

De vuelta a Las Palmas, Carlos me pidió que no llorase. Por los niños, me dijo. Nunca entendí esta obsesión que tenía todo el mundo por no dejarme llorar. Mi marido hizo una extraña trasposición filosófica, decidió que la mejor manera de luchar contra la muerte era con un acto de vida y me hizo el amor. Yo no tenía, lógicamente, ningunas ganas y por eso digo que me lo hizo. No entendía nada de aquella perorata sobre Eros y Tanatos. No diré que me obligó, cosa que sí haría más adelante. Pero sí que con tal de que me dejara en paz me obligué a mí misma.

Una coincidencia. A los pocos días pasaron por televisión *Calle Mayor* y lloré viendo a mi madre decirle a Betsy Blair: «Niña, ¿eres feliz?». Años más tarde, ¡muchos!, Canal + produjo unas piezas cortas llena de efectos digitales de posproducción que te permitían alternar con personas de otras épocas, tipo los falsos documentales de *Forrest Gump*, y me propusieron protagonizar uno. Yo acepté a cambio de que incluyeran un trucaje que me permitiera sentarme en su regazo y contestarle a esa pregunta, decirle que sí, que al fin era feliz. No se pudo hacer porque resultaba carísimo. Al final la cosa quedó en una historieta en la que yo era una especie de teniente Ripley, la de *Alien*, que me exiliaba de la Tierra porque no dejaban ya fumar en ningún sitio. Por aquel entonces yo era una fumadora compulsiva y tenía siempre un cigarrillo entre los dedos. Lo que sí conseguí fue encontrarme con la voz de mi madre en aquella odisea espacial y tener con ella una pequeña conversación.

Merche me entregó a Javier sano y salvo, fuerte y gordo, y se fue. Curiosamente en aquel maremagno de sexo y luto, de pena reprimida, Merche fue la única persona que me permitió derrumbarme. Volvió aquella noche con un milhojas.

—Tome, sita Pili, que no habrá cenado.

Me hizo llorar con su ternura, por su cariño. Necesitaba llorar y lo hice sin freno, hasta que me quedé sin lágrimas.

Cuando yo enterré a mi madre le dije algo a Juan.

—Se ha muerto la única persona que me amaba con toda su alma, ahora sólo me queda amar a mí.

Como buen guionista y director apreció la frase y lo que significaba.

—Es muy bonito eso que has dicho —contestó.

Y es que cuando sepulté a mi madre todo cambió, en ese momento exacto terminó mi niñez, cambié de piel y viví mi particular final de la inocencia. Ha muerto, pensé, la única persona a la que yo he tenido que mentir durante años para sostener la ilusión de mi matrimonio feliz. Ya no existía mi madre. Yo creo en un más allá, en que hay algo después de esta vida, algo donde nos espera la energía de las personas que amamos y ya no están. Mi madre se encontraba ahora en ese escalón superior y, simplemente por ello y desde el instante mismo de su muerte, conocía perfectamente mi mentira. Sabía lo que en vida sólo había podido intuir. Ella me veía, me ve, desde ese éter y ya no podía, no tenía sentido, seguir mintiéndole y aparentando felicidad. Además, este viaje de mi madre suponía otra cosa para mí, la certeza de que me escuchaba, de que podía comunicarme con ella en un diálogo permanente y esperando recibir su consejo. Durante aquellos primeros días sin ella lo sentía de una manera tan fuerte, tan aguda, que le hablaba en voz alta. Por la noche, cuando había cumplido mis deberes maritales y Carlos dormía, yo me encerraba en el cuartito donde hacía a máquina la ropa de mi familia. Allí pasaba horas cosiendo, en silencio.

Una noche serían las cuatro de la mañana, me faltaba por coser una manguita a una cazadora que le había hecho al mayor. La manga no aparecía y yo empecé a pensar que era mi madre la que me la había escondido para que dejara ya la labor y me fuese a dormir.

—¡No me hagas esto, madre, porque da igual. Necesito seguir cosiendo y terminar la cazadora de Carlitos! —le recriminaba en voz alta mientras revolvía.

Esto pasó varias veces y, por fin, una noche mi marido se despertó y me escuchó regañar a doña Matilde. Al día siguiente llamó a Juan para decirle que me había vuelto loca.

También muchas noches, al acostarme rendida, la sentía arroparme. Aún lo hace.

Al mes de su muerte mi hijo Javier empezó a tener fiebre alta y a llorar sin cesar. Me volvieron todos los miedos y llamé de inmediato a mi pediatra. Me dijo que no podía venir porque le habían extirpado un quiste de un muslo y que le llevara al niño. Así lo hice, corriendo. Hacía frío y lo envolví en una manta. Algo iba mal, muy mal. Cuando llegué le expliqué al pediatra los síntomas.

—¡Bueno, por favor, no te pongas histérica! —me contestó. Cosa que me sorprendió porque no lo estaba. Es más, desde siempre me ha invadido una extraña serenidad en los momentos más graves, casi gélida, como si cuanto peor fuera la situación más tranquila me encontrase.

—No estoy histérica, simplemente creo que el niño está mal y habría que ingresarlo.

El que estaba verdaderamente nervioso y con cara de no saber qué tenía el niño era él, el mismo que me dejó con un hijo agonizando sobre un almohadón para irse al cine. Quizá le inquietaba recordarlo. El caso es que insistió en quitarle importancia, me recetó unas inyecciones y me dijo que volviera a casa con Javier. Vino un practicante, pinchó al niño y la fiebre no bajó ni una décima. Mi hijo lloraba y lloraba, sin parar, un llanto que tengo grabado para toda mi vida. Como un cuchillo en el cerebro. En éstas, de repente, con Carlos y yo desesperados, Javier sin dejar de llorar y sus hermanos asustados, apareció Merche vestida de novia. Venía, toda contenta, para que yo la viera con el traje puesto. Carlos le había permitido venir a cuidar a los niños cuando yo me fui al entierro de mi madre, pero pasada la excepcionalidad del momento me prohibió volver a verla y, por supuesto, ir a la boda. Por eso se presentó allí Merche, para que yo —su única amiga— viera el traje que ella misma se había hecho. Lo copió de uno que sacaba la protagonista de *Bohemios*, película de Juan Orduña sobre la zarzuela del mismo título. De la profunda tristeza que le causó lo que vio allí, aquel niño al que adoraba tan enfermo y a mí absolutamente desesperada, me contó, años más tarde, que no pudo consumar su noche de bodas.

Pero las cosas siempre pueden ir peor. Hablando con Merche descubrí a Mónica acurrucada en un rincón. Malo, me dije, los niños son vitalistas y si hacen eso es que algo les pasa. Me acerqué, la miré, vi que tenía fiebre, le hice sacar la lengua y descubrí que mi hija tenía el sarampión. La metí en la cama muerta de miedo porque yo no había pasado dicha enfermedad y si había algo que tenía claro era que yo no podía caer enferma.

Javier dejó de llorar por agotamiento. La fiebre no le había bajado. Aproveché para echar una cabezada agarrada a la cuna. Al despertar vi que Javier tenía los ojos en blanco y las manos y los pies morados, estaba en lo que se llama estado cianótico. Casi muerto.

Se volvió a repetir la historia. Carlos conduciendo, tocando el claxon, y yo con un pañuelo blanco y con el niño en brazos. Era revivir al año la pesadilla del otro Javierito. En la clínica le hicieron unas placas que llevamos corriendo al pediatra.

—Bueno, ahora llevarlo a este otorrino. Que le haga unas punciones en los tímpanos.

La cara del otorrino al ver al niño, que evidentemente se moría, fue un poema y de inmediato entendí que aquello no iba a servir para nada, que ni el propio especialista creía en lo que iba a hacer. Pese a lo que duelen dichas punciones, el niño ni lloró ni se quejó. Simplemente ya no sentía nada. Ya en casa, recibimos la visita del pediatra que se dignó a pasar para ver a Mónica, que efectivamente tenía el sarampión. Por supuesto vio a Javier y ahora sí consideró oportuno ingresarle y hacerle pruebas. Luego dijo que se iba el fin de semana a la playa... Si hubiera tenido una pistola lo habría matado.

Cogimos al niño y volvimos a la clínica, la misma donde había nacido. No más allá de la puerta lo miraron un par de médicos.

—Señora, es mejor que se lleve usted al niño a su casa para que muera allí.

Yo los miraba sin comprender. ¿Eso era todo? ¿Que muriera en casa? Entonces de la oscuridad surgió un hombre joven, otro médico. Sus compañeros ya se habían alejado. Miró al niño, luego a mí.

—Soy un interno, estoy acabando la carrera. ¿Me deja usted que lo intente?

Me explicó que él suponía que lo que tenía el niño era una congestión pulmonar y me advirtió de que las posibilidades de supervivencia en esos casos eran mínimas. Acepté mientras no dejaba de culparme y preguntarme qué había hecho mal ahora, qué estaba pagando con la muerte de otro hijo.

Al niño lo pusieron de través en una cama, le afeitaron la cabeza y le pusieron goteros por todo el cuerpo. Parecía un alfiletero. Mi marido se volvió a casa para cuidar de nuestros otros dos hijos. La orden que le di fue que, inmediatamente, metiera a Carlitos en la cama con Mónica para que se contagiara del sarampión, que los alimentara con la misma cuchara. Yo no podía dejar de pensar que es la madre la que inmuniza al hijo y que al no haber pasado yo el sarampión, quizá Javier se moría porque se había contagiado de Mónica.

Javierito seguía como muerto, tumbado en aquella cama con las palmas de las manitas hacia arriba. Yo lo miraba llorando, le pedía que no me dejase y le acariciaba con los índices aquellas manitas abiertas. Entonces sucedió el milagro: cerró los puñitos y me agarró los dedos. Resucitó. Y allí, sola con él, lloré y reí al mismo tiempo. No recuerdo el nombre de aquel joven médico y esto sí que lo siento porque a él le debo la vida de mi hijo Javier. Desde aquí mi más profunda gratitud.

Una vez que Javier reaccionó al tratamiento lo metieron en una incubadora, para protegerle de cualquier otro virus y tenerlo absolutamente controlado, incubadora que estaba tras un ventanal que daba a un pasillo muy concurrido de la clínica. Enfrente había un banco de madera en el que yo me sentaba. Yo tenía absolutamente prohibido cualquier contacto con el niño, aún podía contagiarle el sarampión, y eran las enfermeras, todas muy jóvenes y guapas, quienes lo alimentaban y cuidaban. La gente que pasaba por el ventanal solía mirar de reojo y detenerse boquiabiertos al ver a Javier, un niño enorme de nueve kilos y que casi se salía de la máquina. Tuve que contar cientos de veces que no, que el niño no era prematuro, que estaba ahí por otra cosa... Javier estuvo en la incubadora tanto como Noé en su arca, cuarenta días y cuarenta noches, tiempo durante el cual toda mi vida discurrió en torno a aquella urna de cristal. A las siete de la mañana abandonaba el banco de madera donde pasaba la noche viendo respirar —simplemente eso me bastaba— a mi hijo y me iba andando hasta casa, a preparar el desayuno a los niños y a Carlos, que por entonces seguía trabajando. Él se iba de inmediato y yo me quedaba allí hasta que volvía, entonces regresaba a la clínica no sin dejar claras instrucciones para que mi hijo mayor agarrara de una vez el sarampión. Ocupaba mi puesto de guardia en el banco y velaba otra noche a Javier. Siempre fui flaca, así y todo perdí quince kilos en una semana.

Una noche camino de la clínica, vestida aún de luto por mi madre, con quince kilos menos y una bolsa en la que se leía «ropa de mi bebé» al hombro, al dar la vuelta a la catedral en la plaza del Cabildo, de repente alguien me agarró por detrás, me arrancó las bragas y me tiró al suelo. Sólo sentí un chasquido en el corazón, quizá el susto, y una profunda tristeza. Mucha pena.

Pensé que me daba igual que me violara, no encontré un gramo de fuerza en mí para oponerme. No olvidaré jamás ni la cara ni la risa de aquel chico, un joven rubio. Se oyó el ruido de un coche y mi atacante huyó corriendo. El conductor del coche lo vio todo, una chica en el suelo, con las bragas rotas y por los tobillos y un hombre que corría. Se bajó para ayudarme.

—Tranquila señorita, cálmese, ya ha pasado todo —me decía. Yo estaba aterrada y no me salía la voz del cuerpo—. Tranquila, tranquila. Mire, aquí cerca hay una clínica y si quiere yo la acompaño para que la miren...

Me montó en el coche y me llevó a la clínica donde estaba mi hijo metido en una incubadora. En la puerta, como un novio, me esperaba cada noche el interno que había salvado a Javier. Nos vio llegar y se acercó corriendo.

—Mire, por favor, a esta señorita la han... —empezó a explicar el hombre del coche.

—No me diga —le interrumpió el joven médico— que le han pasado más cosas porque no lo va a poder aguantar.

Aquella frase aflojó algo en mi interior y me dio un ataque de risa histérica.

—¡Me han querido violar! —repetía riéndome como una loca.

Mi madre solía decir siempre: «¡Qué Dios no nos mande todo lo que podemos aguantar!». Un niño muerto, mi madre muerta e inmediatamente mi hijo pequeño agonizando. Luego me intentan violar. Yo siempre busco lecciones, consecuencias. Aquello no podía ser casualidad. O mala suerte. No, la vida quería enseñarme algo. De aquellos días saqué una conclusión que he intentado aplicar al resto de mi vida: no hay que refocilarse en la pena porque siempre nos espera otra mayor. No, hay que vivir, luchar y levantarse tras cada caída. Si te hundes la vida te pega otra hostia y te dice ¡eh, un momentito, que todavía hay más! No, hay que poner voluntad, sacar fuerza de donde sea para buscar soluciones. Sin arrogancia, sin desesperación. A los problemas se los vence con soluciones.

Aquella noche la pasé también en el banco del pasillo pero sedada. Cuando llegué a casa para preparar el desayuno, Carlos hizo un fino alarde de psicología.

—Tienes mala cara —me dijo.

—Sí, es que aparte de lo del niño, anoche me han intentado violar —contesté cansada.

Conseguimos que Carlitos cogiera un leve sarampión y yo me dispuse a desinfectar toda la casa. Por fin podía volver Javier al hogar, vivo, gordo y guapo.

La vida sigue. Ésa es la lección. La vida siempre sigue y no se detiene por nada ni por nadie, así que es mejor seguir con ella.

35

Cartas a la novia

El panorama familiar quedó más o menos así: Carlos trabajaba para una empresa seria, Huarte y Compañía, muy solvente. Creo que fue el mejor empleo que tuvo de los que yo le conocí, así que en ese sentido había algo más de tranquilidad. Mis hijos estaban bien, sanos. El tiempo se alargó, las horas se estiraron y empecé a tener ocasión de contemplarme. ¡Sorpresa! Con la muerte del primer Javier me habían brotado unas manchas rojas, siempre de cintura para abajo. Se escamaban y desaparecían cuando iba a la playa y tomaba el sol. Yo lo atribuí al shock. Con la muerte de mi madre reaparecieron en más número y se hicieron crónicas con la enfermedad del segundo Javier. Los nervios, me decía. También perdía mucha sangre, tenía hemorragias. Me dolía el cuerpo pero yo lo achacaba a la dureza del trabajo doméstico: criada, cocinera, limpiadora, niñera y fontanera a tiempo completo. Una noche me di cuenta de que orinaba sangre. Me asusté. Carlos sólo me dijo: «¡Qué barbaridad, deberías ir a ver a un médico!». Se lo comenté a María Esther, mi amiga, que inmediatamente me llevó a su ginecólogo. Me diagnosticó una cistitis y me mandó Micturol sedante. Tomé el tratamiento, se fue el dolor y la hemorragia, pero tan pronto lo dejé volvieron los síntomas. Esta vez María Esther me buscó un urólogo. Me hizo una exploración de los riñones.

—¿Le duele aquí? —me preguntó palpándome un costado.

—A mí me duele todo el cuerpo…

—Pero ¿desde cuando echa usted sangre?

—Pues desde hace tres meses.

—Señora, con todos mis respetos, es usted una bestia —concluyó el galeno.

Me mandó unos análisis y unas pastillas.

—Tenga cuidado porque producen soñolencia —me advirtió—. ¿Usted conduce?

—Sí, el cochecito.

—¿Tiene un coche pequeño?

—No, el cochecito de mi bebé.

—Señora, es usted muy graciosa —dijo, ahora muy serio.

Durante las pruebas estaba tan cansada que me quedaba dormida. El resultado mostró que tenía el riñón izquierdo casi completamente atrofiado y no drenaba lo suficiente. Me prescribió una medicación bastante fuerte, que había que tomar cada doce horas. Dado que yo nunca he desayunado y que como supo ver el doctor era bastante burra, cuando llegaba la noche me hacía un cóctel molotov de pastillas: las dos del riñón, el laxante y la antibaby. A las dos semanas me había conseguido envenenar y el médico me daba como un caso perdido de estupidez. También me dijo que si persistían los dolores me operaría. Yo inmediatamente visualicé la posibilidad de morir en Canarias y desde ese momento hasta el día de hoy, el riñón no me ha vuelto a doler.

Mi suegra vino de nuevo a Las Palmas. Pasaba mucho tiempo con nosotros dado que ella no trabajaba. Durante aquellas largas estancias desarrollamos una profunda y duradera amistad. A Flora había que echarla de comer aparte, tenía un carácter dificilísimo, pero conmigo se comportaba de una manera estupenda. Me enseñó muchas cosas, especialmente a hacer todo tipo de arreglos eléctricos. Era una mujer muy dura, muy seca. Si su marido se parecía a John Wayne, por seguir con el símil, ella podría haber sido una ranchera en cualquier western de Ford. Tenía unas broncas terroríficas con su hijo. En aquellos días tuvo una que terminó con ella saliendo por la puerta y desapareciendo una noche entera. Supongo que se metería en una iglesia. Aquellas situaciones yo las interiorizaba con temor: ¿Cómo es posible que le grite así a su madre? Además a mí siempre me parecía que era Flora la que llevaba la razón, me ponía de su parte y de ahí salió una medio broma que yo diría bastante en el futuro: me tenía que haber casado con mi suegra, no con su hijo.

Me di cuenta de otro detalle inquietante y era que Carlos se cargaba de razón cuando trabajaba, cuando se sentía realmente el cabeza de familia y el factor de cierto bienestar, de una economía de la que, por otra parte, seguía sin darme cuenta alguna. Su ego se insuflaba de autoridad para gritarle a Dios y a su madre.

Así estuvimos un tiempo y por eso me sorprendió la suavidad con la que un día Carlos me pidió que yo recibiera al casero, que nos iba a visitar esa misma tarde. No le pedí más explicaciones, lo miré y comprendí de inmediato que se me venía encima otro desahucio.

—Carlos, por favor, ¿por qué me haces pasar estos tragos? —le dije—. Sal tú, que con tu carácter te lo ganas enseguida y seguro que acabáis tomando una copa juntos. Yo no valgo para esto porque entiendo que este señor tiene, si no le has pagado, toda la razón del mundo para echarnos.

Mi suegra se unió a mi petición. No sirvió para nada. Por la tarde llamaron a la puerta. Abrí y vi a un hombre.

—Por favor, quisiera hablar con su marido —me dijo muy educadamente.

—Pues en este momento no está —le contesté con voz temblorosa y me puse a llorar.

El pobre hombre se deshizo en disculpas y se fue. Entonces empezó una discusión terrible en casa. ¿Por qué no pagaba el alquiler si trabajaba? ¡Ah, misterio! ¿En qué se gastaba el dinero? A mí me daba para la compra y basta. Él se compraba sellos, en aquella época le dio por la filatelia, y libros. Miles de libros que llegué a odiar y que me apartaron durante años de la letra impresa por una especie de reflejo pavloviano según el cual libro era igual a penurias, desahucios y empeños. Curioso, el mismo hombre que me enseñó a amarlos consiguió que los detestara luego, así pues está claro que son las personas las que llenan de contenido las cosas que nos rodean.

Justo en aquellos días mi padre empezó con lo que yo llamaría «las cartas a la novia». Mi padre me recuperó como aquella novia que yo era para él de niña. Escribía poesía pura y las cartas eran absolutamente desgarradoras en su belleza, una exposición feroz de amor. Yo al leerlas me imaginaba a mi padre solo en Lope de Rueda, con ochenta y tres años y habiéndose derrumbado todo su mundo con la muerte de mi madre. Yo lloraba y juraba y perjuraba que con mi padre no me podía volver a pasar lo mismo, que no se moriría sin estar yo a su lado. Se me juntó todo las cartas, el desahucio, lo del riñón... No entendía qué demonios hacíamos en Las Palmas si nada bueno nos ataba allí y podíamos llevarnos con nosotros a nuestros hijos. Mi desasosiego crecía por días y atosigaba a Carlos, suplicándole una y otra vez que nos fuéramos. Un día se rindió.

—Vale —me dijo—, embálalo todo que nos vamos a Madrid.

Creo que tardé cuarenta y ocho horas en desmontar y empaquetar toda la casa. Sólo dejé fuera un par de sartenes y una maletita con ropa de los niños. Pero Carlos no acababa de traer los billetes, siempre surgía algo, siempre lo dejaba para el día siguiente. Vivimos dos semanas casi como refugiados en nuestra propia casa porque yo presentía que si llegaba a deshacer las maletas, no nos iríamos nunca de allí. Los días siguieron pasando y como siempre hay que buscarle el lado bueno a la vida, digamos que todo aquello sirvió para que tuviera todo listo cuando, finalmente, llegó el desahucio. La mudanza fue más fácil.

Nos fuimos a la calle Bravo Murillo. Allí, ante la belleza de la vivienda y de la persona que me tocó por vecina, estuve a punto de arrojar la toalla y abandonar mi sueño de volver. La casa tenía tres pisos y una fachada muy hermosa. Aquéllos eran bellísimos, de habitaciones dobles, con un hall enorme y con vidrieras que con el sol llenaban la casa de colores. Tenían azulejos antiguos en el suelo. Cuartos tan grandes que Carlos se quedó con uno para montar el scalextric, ese que se compran todos los hombres diciendo que es para el hijo, ese que luego nunca desmontan. Yo pude hacer un cuarto de juegos para los niños y pinté toda una pared de negro brillante, para que la usaran como un gigantesco encerado y la llenaran de dibujos. Se acostumbraron a hacerlo allí y dejaron en paz el resto de la casa.

Mi vecina se llamaba María y estaba casada con un señor que se llamaba Manuel Benítez. Era hermosa, gorda pero con ese algo caribeño y gracioso que tienen las mujeres de las islas. Tenía tres hijos, la mayor era una chica bellísima, el de en medio era un chico que tocaba la batería y la pequeña, aún colegiala, era la encarnación más exacta que he visto en mi vida del estereotipo de Lolita. Había que ver la cara de mi marido y sus amigos cuando aquella niña, no tendría más de doce años, nos visitaba. La casa de María, siendo tan grande como la mía, estaba totalmente abarrotada, llena de cosas. María me adoptó y si compraba tela en el Kilo para hacerle algo a sus hijas, era costurera profesional, me compraba la misma cantidad para mí. Con ella rematé mi aprendizaje y me convertí en una virtuosa de la máquina de coser. María era la mujer más dulce y cariñosa del mundo. El primer día que fui al piso, para fregarlo antes de la mudanza, vio la puerta abierta y entró. Se me presentó con una enorme sonrisa. Yo le pedí un poco de agua para seguir fregando. Me la trajo y sin una palabra se arrodilló a mi lado y me ayudó con el resto de la casa. A veces te cruzas con verdaderos ángeles.

Merche se encontró con María Esther y le pidió mi teléfono. Hablamos. Siguió llamándome a casa de María por la prohibición de Carlos de que nos viéramos. Se dio la situación, ridícula, de que dos mujeres adultas, dos amigas, nos tuviésemos que citar a escondidas en un parque para vernos. Merche me mostró su hijo y su desencanto. El matrimonio no era lo que le habían pintado. Tampoco era feliz. Nos veíamos en el parque San Telmo. Allí había una tómbola permanente en la que yo siempre jugaba unas perras. Los premios iban por puntos. La gente no solía tener paciencia y en vez de juntar los puntos los canjeaban de inmediato por premios pequeños. Yo no, si algo tenía era paciencia y juntando puntos día tras día saqué de aquella tómbola los Reyes de mis hijos, una olla exprés, un colchón y un cuadro de un pintor canario muy famoso y que aún conservo.

Aquél fue un tiempo de felicidad, de serenidad. No me dolía nada, María me arropaba con su cariño, los niños estaban bien y continuaba el romance epistolar con mi padre. Puse la cuna de Javier en el cuarto de los mayores, que dormían en unas literas, y ésa fue la excusa perfecta para mudarme yo allí también y dejar de dormir con Carlos. Por cierto, Carlitos, el mayor, estuvo literalmente a punto de romperse la cabeza cuando una noche se cayó desde la de arriba. Y se cayó porque su padre le quitó la escalera que el niño usaba para bajar de la litera si, por ejemplo, le entraban ganas de orinar por la noche. Se la quitó precisamente porque noches antes el niño, absolutamente dormido y sin despertarse, se nos acercó mientras leíamos en la cama, se sacó el pito y orinó parsimonioso sobre la enorme barriga de su progenitor, al que yo rogaba por gestos que no gritara, a ver si le iba a pasar algo al niño por despertarlo así. Como digo le quitó la escalerilla y el cabezazo de Carlitos contra el suelo retumbó en toda la casa. De modo que puse allí la cuna y me mudé, dije, para vigilarlos.

36

«Cuando haces esto quiero más a mamá»

La vida conyugal discurría plácidamente. Carlos estaba tranquilo gracias a su empleo en Huarte y Compañía, donde, además, le habían regalado con no se sabe, o sí, qué aviesas intenciones el libro *Camino*, de monseñor Escrivá de Balaguer. Parecía que por fin habíamos encontrado la estabilidad económica y, quizá por eso mismo, pasó algo curioso. Desaparecida la tensión diaria por la supervivencia llegó el momento de inquietudes más sutiles, más intelectuales: ¿qué le pasaba a mi matrimonio? Me puse, otra vez, a reflexionar. ¿Cuál era mi relación con Carlos? ¿Por qué él redoblaba su agresividad cuando se sentía más poderoso económicamente? ¿Por qué estrellaba platos contra las paredes al ver una servilleta distinta sobre la mesa? Ese día me levanté de la mesa, le dejé allí dando gritos y me encerré en una habitación. Al rato oí a Carlitos decirle a su padre: «Cuando haces esto quiero más mamá». Lloré pero también fue la primera vez que me sentí con fuerzas para encararle.

—Me da igual que actúes así, ya lo has hecho otras veces —le dije—. Así lo único que vas a conseguir es que tus hijos no te quieran.

Un día leí que la actriz Luchy Soto, mi prima adorada, había sido sustituida en el teatro por enfermedad. Inmediatamente llamé a su casa. Me atendió la tía Guadita, su madre.

—¿Qué pasa, tía?

—¡Ay, Pili Pili, nada! Luchy se ha puesto mala de una cosa intestinal.

Algo me decía que aquello no era del todo cierto. Llamé a Juan, quien me dijo sin ambages que Luchy tenía metástasis, un cáncer terminal y se estaba muriendo. Era curioso lo de mi hermano, tan decidido para unas cosas y tan cobarde ante la muerte. Le aterrorizaba. Cuando murió la niña de mi prima Carmen no pudo ni entrar a verla. Con Luchy le pasaba lo mismo.

—Es horroroso, no puedo ir a verla —Juan la adoraba—, no puedo verla morirse. Quisiera que existiese la eutanasia...

Aquello me conmocionó terriblemente y decidí llamar a mi pobre tía. Nadie la sacaba de su error y ella se negaba a creer que lo de su hija fuera algo peor que una oclusión intestinal. La llamé tres veces seguidas y esto acabó por mosquearla.

—Vamos a ver, Pili Pili, ¿tú por qué llamas tanto con lo mal que estás siempre de dinero? ¿No te he dicho que no es grave?

Tuve que dejar de llamar para no alertarla, pero esa congoja fue la gota que colmó el vaso. Decidí volver a Madrid.

Dado que las cartas de mi padre seguían llegando y mostraban un deterioro cada vez mayor, dado que yo sentía fuerzas para plantarme y que la reflexión sobre mi matrimonio me mostraba que aquello no tenía solución, le dije a Carlos que yo no podía seguir separada de mi padre. Que estaba muy mayor, enfermo, y que quería cuidar de él. Él tenía un buen trabajo en Canarias y debía conservarlo hasta que le dieran el traslado. Yo viviría con los niños en casa de mi padre y buscaría trabajo para no serle una carga. Carlos no dijo nada, ni bueno ni malo.

Volví a embalarlo todo. Por última vez. Me brotaron de nuevo las manchas rojas y un farmacéutico me dijo que aquello era soriasis: «Enfermedad más antigua que la lepra, hereditaria e incurable». Me pegué un susto tremendo. El hombre me tranquilizó y me explicó que no era contagiosa ni grave. Aún la padezco y he aprendido a vivir con ella.

En el avión de vuelta hacia la Península desfilaron, inconexos, ante mis ojos los recuerdos de cinco años, ¡los cinco años que le dije a mi madre al partir! Un tiempo largo, terrible y lleno de tragedias que no acabó conmigo gracias a la buena gente, solidaria decimos ahora, que allí encontré. Males que soporté también, por qué no decirlo, gracias al sol y a la belleza de la isla, a su suave alegría... Entiendo que la gente que vive en sitios oscuros y lluviosos se suicide más, quizá en otro lugar yo me hubiera tirado por el balcón. Allí dejaba un hijo muerto y las últimas esperanzas sobre mi marido. Estando allí perdía a mi madre, la persona a la que más he querido. Casi perdí otro hijo. Sufrí más de lo que nunca pensé que pudiera soportar y, sin embargo, sigo recordando Canarias como un lugar bellísimo y a sus gentes con enorme gratitud y cariño... Recordé las cuevas de los guanches, las dunas del sur, las zafras del tomate. Aquella gente sobre la que mi hermano quiso hacer una película... Recordé en aquel vuelo la impresión que me causó la pobreza desnuda que vi a mi llegada, aliviada por el buen clima y habitada por unos niños descalzos que en Madrid eran ya un recuerdo de posguerra... Evoqué el choque inicial entre mis prisas y el famoso aplatanamiento canario, al que al final sucumbí ayudada por mi tensión siempre baja... La gracia que me hizo ver a los canarios abrigar con bufandas a sus hijos a partir de octubre para protegerles de un invierno que nunca llegaba... Muchísimos recuerdos, sobre todo de gente estupenda... Las licenciosas costumbres de su burguesía... La sexualidad temprana... Los ronitos... También el resquemor hacia los godos, de los que decían que íbamos allí a enriquecernos y luego nos marchábamos... La llegada del hombre a la Luna, que la oí mientras planchaba y lloré... El *signore* Tartagni y el ojo del cíclope... Mi lucha por no perder el acento, por volver... Las visitas de mis padres y mis mentiras... La amistad de Flora, nuestras largas conversaciones... María, mi vecina, y el joven interno que salvó a Javier... Al final, las personas. Ellas son el último paisaje que recuerdas.

Llegué a Madrid un 24 de octubre y me fui a casa de mi padre con mis tres hijos. Mi pregunta fue: «¿Y ahora qué?».

37

La venta de la memoria

Llegamos a Lope de Rueda con un par de maletas, sin saber lo que se nos venía encima a mis hijos y a mí. El encuentro con mi padre fue emocionante. Le vi muy mayor, descolocado por la muerte de mi madre, perdido. Yo estaba muy alegre por mi vuelta y, pese a todo, él también parecía feliz.

En la casa había una mujer de servicio, una señora mayor llamada María y que llevaba varios años trabajando para mis padres. Había pactado con mi madre un sueldo muy bajo a cambio de poder vivir allí y no trabajar demasiado. Me recibió muy seca y me dijo que esperaba recibir de mí respeto y cariño. «Por supuesto», le contesté, mi madre me había enseñado a respetar desde pequeña. El cariño, le dije también, es algo que se gana uno con el tiempo. María me dejó muy claro que ella era la muchacha de mi padre. Lo dijo en un tono que me mostró inmediatamente que esa mujer no pensaba, como así hizo, ni lavar un pañal. Es más, durante el tiempo que siguió en casa, ella guisaba en un fuego de la cocina y yo en otro. Nada de ayuda, absolutamente nada. Nunca.

El día que llegué fue el funeral de Luchy. Dejé a los niños y me fui a la iglesia. Me encontré con una manifestación pública de dolor, a Luchy la quería todo el mundo. Supongo que era lo más cercano a una verdadera santa que conoceré en mi vida. Me llamó la atención y me preocupó muchísimo el derrumbe de mi tía Guadita. Apenas se mantenía en pie, sollozaba sin parar. Me acerqué y decidí que había que sacarla de allí. El resto de la familia estuvo de acuerdo. Cuando nos íbamos nos salió al paso, cariñosísima como siempre, Carmen Sevilla, que nos ofreció su coche. Dejé a mi tía en su casa.

La distribución de Lope de Rueda había cambiado dado que mi padre, desde la muerte de mamá, se había ido a la que llamábamos la habitación de Juan. Allí le instalé un timbre conectado con la cocina por si se despertaba a media noche. Como no habían llegado mis camas, Carlitos y Javier pasaron a dormir en la que fue la cama matrimonial de mis padres. Mónica y yo lo hacíamos en el que fue mi cuarto de soltera.

Inmediatamente tuve que ponerme a buscar trabajo. Venía sin un duro. La primera decisión fue poner en orden las finanzas de mi padre, a lo que éste no se opuso. En realidad ya no se oponía a nada. Era una ausencia. Mi padre cobraba una pensión de la cual le daba a María el dinero para los gastos de la casa y la compra. Decidí ir yo al mercado, cosa que a esa señora le sentó muy mal porque, lo descubrí al instante, robaba a mi padre. Le sacaba los dineros malamente, de modo que cuando yo puse algo de control sobre lo que él le daba resultó que con esa cifra podíamos comer los seis. Esto, evidentemente, no mejoró mi relación con la susodicha.

Yo llamé a varios anuncios de compraventa y empecé a vender, con gran dolor de mi corazón, cosas de mi madre. Me refiero a maravillosos abanicos de nácar y plumas, ropas de teatro, sombreros, tesoros acumulados durante toda una vida sobre los escenarios. Sufrí tanto que le dije a uno de los señores que vino que lo único que le pedía, con lágrimas en los ojos, era que no se fuera riendo de mí cuando bajara las escaleras y viendo lo que valían realmente las cosas que se llevaba. Que estaba en una situación de absoluta necesidad —Carlos me había dejado ir con los niños y con lo puesto, no giraba ningún dinero— y que me veía obligada a vender todo aquello, los recuerdos de mi madre. El hombre pareció tomarse en serio mi situación y aseguró darme un buen precio por todo. De allí salieron cosas raras, preciosas, discos antiguos de Carusso o de Tito Schippa, sillas antiguas de madera y cuero repujado, jamugas aprendí que se llamaban, el piano en el que estudié. El hombre mostró especial interés en una muñeca de porcelana, completamente articulada y a la que se le abrían y cerraban, al mecerla, unos enormes ojos de cristal azul con larguísimas pestañas. Tenía el pelo rubio y vestía un trajecito hecho a bolillos por mi tía Nati. Estaba en mi casa desde tiempos de mi abuelo Miguel. Avelinita se llamaba.

Me dolió desprenderme de todo aquello, sentir que de algún modo y aun después de muerta mi madre tenía que seguir ayudándome, que tenía que vender su memoria para que sus nietos y yo pudiéramos sobrevivir. Como el Cid, mi madre hasta después de muerta seguía echándome una mano. Durante todo este proceso no dejó de sorprenderme la indiferencia de mi padre ante lo que ocurría. Supongo que cuando somos realmente viejos nos volvemos más egoístas, nos preocupamos exclusivamente de mantener ciertos mínimos, determinado bienestar. Así mi padre, a quien yo consultaba cada venta pensando que también era su memoria, no se opuso nunca a vender pero tampoco se interesó nunca por la situación que me obligaba a hacerlo. Él pensaba que yo había vuelto exclusivamente para cuidarlo, por aquellas cartas que me escribía contándome de su soledad. Nunca me preguntó por mis problemas matrimoniales.

Cuando murió mi madre, que era la que se preocupaba y le mantenía informado, bajó el telón, dejó de querer saber. No se oponía a nada pero, entretanto, sí eché de menos algún por qué. Me sentí sola, como siempre sola.

Escolaricé a Carlos y a Mónica en la escuela pública, en el colegio Nuestra Señora de la Almudena. Javier tenía un año y desde ese momento se convirtió en un apéndice más de mi cuerpo. Iba conmigo a todas partes, cogido de mi mano. A trabajar, a vender, a comprar o a pignorar. Yo era una mujer a un niño pegada.

La vuelta al barrio tuvo cosas muy positivas. El reencuentro con mi gente, con los vecinos que me conocían desde niña, me hizo sentirme arropada, un poco menos desvalida. Fue dejar la intemperie para volver a un mundo conocido, familiar y más cálido.

El siguiente paso fue la búsqueda de trabajo. Lo primero que hice fue ir a Loewe, al de Serrano, a ver al señor Dobao. Le habían ascendido y estuvo encantador, pero no funcionó porque la firma había dejado de pasar. Me dijo que me llamaría si se hacían catálogos o alguna presentación. Me presentó también a la nueva encargada, una francesa elegante y rubia, a quien me recomendó mucho. No volví a saber de ellos.

El segundo paso fue algo que venía meditando desde Canarias. Allí se veía la televisión gracias a unas conexiones que se hacían con determinados programas, tanto de la primera cadena como de la UHF, a lo largo del día. Programas en los que yo veía a Roberto Llamas, a quien conocía de Los Independientes, el grupo de teatro de Javier Laffleur. Me presenté en Prado del Rey y pregunté por Roberto. Le expuse mi situación.

—Estoy de vuelta con tres hijos y sin trabajo…

—Pero bueno, Pilar, ¿tú sabes quién es aquí dios padre?

—No.

—Gustavo Pérez Puig.

A Gustavo le conocía también de la época de la facultad, del TEU y el estreno de *Tres sombreros de copa*. Me recibió cariñosísimo.

—Gustavo —le dije—, necesito trabajar. Escucha bien el verbo, necesito. No es que quiera o que me gustaría, es que lo necesito. Si hablo poco da igual. Y si no hablo nada también da igual. Da igual todo.

—¡Por Dios, Pilar, una actriz como tú!

Aquello me pareció una salida de pata de banco porque yo no era, desde luego, Margarita Xirgu. Había hecho teatro en la universidad y participado en un montaje de Gómez Bur, ahí acababa mi currículo teatral.

—Gustavito, no me darás trabajo nunca —le contesté, verdad que fue profética durante muchísimos años, tiempo en el que no dejé de mandarle recados vía amigos comunes y compañeros. Acabaría trabajando con él y con su mujer, Mara Recatero, varias veces.

Moncho Aguirre, el que componía las canciones que cantaba en el Blues, vino a verme y me habló de una posible sustitución de una compañera, que se había quedado embarazada, en la compañía de Gemma Cuervo y Fernando Guillén. Me dijo que le había hablado a Fernando de mí y que a éste le parecía bien. La obra era *Todo en el jardín*, de Edward Albee, y la estaban representando en el teatro Fígaro. Era un texto fuerte para la época. Hablaba del afán consumista del ser humano, de tres mujeres que por tener más cosas en el jardín, más lujos de los que ya les permite el alto poder adquisitivo de sus maridos, se prostituyen en casa de una madame. Yo sustituí a una embarazadísima Mari Luz Olier, que interpretaba a una de estas tres mujeres junto a su marido en la vida real, Juan Antonio Gálvez. Me cosí en una noche la ropa de escena, ensayé un poco antes y salí triunfalmente al escenario. Lo cierto es que cuando salí, a una le ha quedado siempre bien la ropa, me recibió un murmullo admirativo. Cuando acabamos, Gemma me sugirió amablemente que no usara más esos bonitos pendientes y collar que había sacado porque distraían la atención del público, recomendación que seguí al pie de la letra como otras que me hizo durante los cortos ensayos: usar zapato bajo, cosa rara con un traje de noche, y el pelo tirante hacia atrás. Bueno, me dije, lo importante es trabajar y donde hay patrón no manda marinero, nada de discusiones con la primera actriz. Con la primera que hice amistad en la compañía fue con Pilar Muñoz, actriz y persona magnífica, que interpretaba a la madame. Ella me acogía siempre en su camerino. Allí jugábamos a las cartas con la apuntadora. A los tres días de hacer la función me decidí a preguntar, para sorpresa de Pilar Muñoz, cuánto me iban a pagar. Tenía tanta necesidad de trabajar que ni lo había hablado por miedo a meter la pata. El gerente intentó enfriarme de entrada.

—Verás, Mari Luz y Juan Antonio son matrimonio, así que cobran un poco más...

—Bien —interrumpí—. Gemma aparte, a las tres que hacemos las mujeres de los otros matrimonios, puestas en un cartel no nos conoce ni dios a ninguna. Quizá a mí más porque me llamo Bardem y les puede sonar el apellido de la familia. O sea, no quiero ni más ni menos. Quiero exactamente lo mismo que cobran el resto de las compañeras.

Así se firmó.

Entonces, ¡ahora parece increíble!, no existía el día de descanso. Hacíamos dos funciones, tarde y noche, todos los días mientras la obra estuviera en cartel. Empecé a vivir experiencias entrañables, a conocer compañeros de profesión y la vida del teatro. Entre función y función, yo me iba en metro a casa a hacer la cena a mis hijos, dado que la tal María había dejado bien claro que ella sólo cocinaba para mi padre. Estaba con los niños el tiempo que podía y me relevaba mi suegra, aquella mujer maravillosa. Una de estas noches me crucé en el portal con Flora, que se bajaba de un taxi.

—¡Flora, no despida usted el coche que lo cojo yo para volver al teatro!

—Vale, hija, adiós.

Yo iba maquillada como en escena, o sea pintada como una puerta. No me lo limpiaba al terminar la primera función para no perder tiempo y no tener que rehacerlo luego. El taxista me miraba suspicaz por el retrovisor.

—¡Qué graciosa esa señora, pues no le ha llamado a usted hija! —soltó guasón.

—Pues porque soy su hija.

—¿Usted hija de esa señora? —El taxista remarcó mucho lo de señora porque mi suegra lo era en toda la extensión de la palabra. Le chocaba al buen señor que una mujer tan pintada y camino de un teatro, o sea o actriz o puta que al caso parecía ser lo mismo, pudiera ser hija de una dama.

—Pues sí, soy su hija y además es marquesa —añadí de mi cosecha para joderle.

La función fue un éxito arrollador. Se dieron circunstancias curiosas. Por ejemplo, el Fígaro está en la calle Doctor Cortezo, frente al antiguo frontón y muy cerca del teatro Calderón donde, por entonces, llenaba día tras día Manolo Escobar. Las colas para verle daban la vuelta a la esquina. Había gente que ante la imposibilidad de ver al cantante acababa metiéndose en nuestro teatro. Que fans de Manolo Escobar se enfrentaran sin previo aviso al texto de Edward Albee provocaba situaciones, digamos, pintorescas. Una noche, cuando el personaje de Pilar Muñoz descubría al resto que las esposas se dedicaban a la prostitución, se alzaron voces desde el patio de butacas.

—¡Llámalas putas, que son unas peazo de putas!

La gente traía la garganta caliente, dispuesta a jalear al rey de la copla, y no quería quedarse sin participar. A Gemma Cuervo le dio un ataque de nervios y quería que Fernando saliera a pegarse con el público.

En esa compañía entablé amistad con un compañero que me enseñó algo muy útil. Yo veía que él y otros llegaban con ropa nueva cada dos por tres.

—Mira qué bonito lo que he adquirido —decían siempre.

Yo pensaba que debían ganar mucho porque siempre estrenaban ropa. Y así seguí hasta que, entablada amistad, me iniciaron en su secreto. Adquirir era un eufemismo para no decir robar. A mí aquello me pareció un invento, algo que debía de ser muy fácil dado que todos, o casi todos, lo hacían. Un día mi compañero se ofreció a llevarme con él, entre función y función, a Simago para mostrarme in situ la mecánica del asunto. Era Navidad y los almacenes tenían horario especial. Lo primero que vi, nada más entrar, fue un *pinball* que mi hijo Carlos le había pedido a los Reyes. Pobre niño inocente que no sabía que los Reyes eran su mamá. Cuando yo vi el juguete se me iluminó la cara.

—¡Dios mío, lo que ha pedido Carlos! —Agarré el cacharro y lo saqué en brazos de Simago, sin preocuparme de disimular lo más mínimo. Salí por la puerta andando con él.

—¡No es así, no es así! —gritaba mi compañero mientras seguía preso de un ataque de nervios.

La carta de Reyes de Carlitos me puso en otro brete. Yo siempre he intentado educar a mis hijos en la responsabilidad y la solidaridad con los demás, tratando de inculcarles cierta austeridad en sus demandas a los Reyes diciéndoles que había muchos niños más necesitados y que los pobres monarcas no tenían juguetes para todos. Mi hijo Carlos escribió en un acto sublime de amor:

«Ya sé que los Reyes no tienen regalos para todos los niños pero yo lo que quisiera es que a mi mamá, que no tiene dinero, le traigáis un abrigo de los que están de moda».

Yo me angustié porque no podía comprar uno de esos abrigos. Lo adquirí una noche antes en una tienda de Montera. Mi hijo y yo fuimos felices esos Reyes.

El compañero que me inició en las adquisiciones me fue revelando sus trucos. Íbamos a un gran almacén. Marcábamos lo que queríamos mostrándonos el objeto y diciendo, con grandes aspavientos y voces, que ¡qué horror, qué cosa más fea! Luego volvíamos por separado, él adquiría las cosas de mujer y yo las de hombre. A mí aquello no acababa de convencerme, lo veía lento y engorroso. Además, a mí siempre me ha gustado ir por libre, así que pronto me dediqué a agarrar lo que me gustaba y largarme sin más. Ayudada eso sí, y aun diría que incitada, por la proverbial morosidad de las señoritas dependientas a la hora de atender a los supuestos clientes. Todavía recuerdo el sombrero que me puse en la cabeza y me llevé con la etiqueta colgando. Acabamos convirtiéndonos, junto a otros compañeros, en una pequeña banda armada que azotaba inmisericorde las boutiques de Serrano, atendidas todas por niñas pijas que jugaban a trabajar y que tenían a gala ignorar a los clientes. Mi buena amiga Gemma Cuervo no entendía nada y se preocupaba por mí.

—Pero oye, Pilar, en tu situación económica…, con los niños…, no te gastes tanto en ropa.

—No Gemma, si no me gasto nada. ¡Que rebusco y encuentro chollos rebajadísimos!

—¡Ah!

Esto de las adquisiciones tenía también su lado menos festivo, más serio: el supermercado. A pesar de la pequeña cantidad que daba mi padre para la compra aquello acabó por no cuadrar. Yo me iba a un súper que había en la calle Goya —como se dice en el argot, yo nunca trabajaba mi zona—, con un abrigo que me había hecho con bolsillos que llegaban hasta el fondo del forro. Me había puesto al tanto de la legislación y ésta castigaba especialmente el robo de cosas superfluas, cosas que en aquella España eran consideradas artículos de lujo: desodorantes, pasta dentífrica, colonia, champú... Así pues lo que yo me llevaba por delante eran latas de sardinas, de estofado, pescado congelado y demás. Comida. Necesidades básicas. Un día yendo hacia la caja noté una mirada en el cogote, ¡me habían pillado! Un chico muy correcto me pidió que lo acompañara a un despacho. Allí me esperaba el encargado.

—Señora, sabemos que ha metido algunos productos en su bolso. Sáquelos, por favor.

—En el bolso y en más sitios —contesté y para estupor del buen hombre empecé a vaciarme los bolsillos sin fondo del abrigo. Cuando acabé de sacar la compra le puse también ante los ojos el carné de identidad y el del Sindicato Vertical, de teatro y cine. Tuvo la delicadeza de ni mirarlos. O quizá lo hizo de reojo y le impresionaron el yugo y las flechas sobre los colores de Falange de las tapas del carné de teatro.

—Usted, señora, no se dedica a esto. ¿Verdad?

—No, deje que le explique mi situación. Yo gano setecientas cincuenta pesetas y con eso en mi casa comemos seis personas. No me alcanza. Como verá usted, no hay nada de lujo, todo son productos de primera necesidad y está usted en su perfecto derecho de denunciarme.

—Señora, lo único que puedo hacer es que se lo lleve usted y me lo vaya pagando cuando buenamente pueda.

El encargado, un auténtico señor, estaba visiblemente incómodo y pasándolo fatal. Le dije que esas setecientas cincuenta pesetas tampoco eran fijas, que quizá dejaría de ganarlas pronto y que, aun agradeciéndoselo mucho, no podía aceptar esa deuda con el supermercado. Me llevé únicamente lo poco que pude pagar con las cuatro perras que tenía.

Muchos años después, decenios, abrieron otro supermercado de esa cadena a la vuelta de mi casa. Compro allí. El encargado siempre me miraba.

—Doña Pilar, y yo que la conozco a usted… —se atrevió a decirme por fin.

—De la televisión, hijo, de la televisión.

Yo sí me acordaba de él. Era el chico que me clavó los ojos en la caja y me llevó a la oficina.

38

¡Hay que ver lo que vales!

Pasaron las Navidades del setenta y los Reyes sin noticias de Carlos. Se presentó poco después.

—Os echaba mucho de menos y me he despedido. —Esa fue la única explicación que dio.

Con él llegaron los muebles de Canarias, que distribuimos por la casa de Lope de Rueda. Los niños dormían ahora en el que fue mi cuarto de soltera. Recompuesta la dichosa unidad familiar éramos siete bocas que alimentar, incluida la muchacha, y allí no había más dinero que el que yo ganaba y la pensión de mi padre. Mi marido no trajo ni arena de la playa en los bolsillos.

Todo en el jardín terminaba en Madrid y se iba de gira, en la que yo no podía participar por tener que cuidar de los niños, así que las perspectivas económicas eran otra vez negras. Mi padre pagaba con su pensión sus gastos y los de María, su criada. Una mujer peculiar esa María. Tenía dos ritos diarios inalterables. Primero iba a misa y luego al médico del seguro, siempre con dolencias crónicas e indeterminadas. Luego ya empezaba con sus tareas en el hogar, las que consideraba propias y desde luego ninguna que me pudiera ayudar a mí.

Comencé una búsqueda compulsiva de trabajo. Había una revista de cine llamada *Triunfo*, tenía una sección de anuncios de las películas que se iban a empezar a rodar, sus argumentos, de qué trataban, quiénes eran el productor y el director. Cosas así.

Aquella revista se convirtió en una bolsa de trabajo para mí. Por ejemplo, yo leía que se iba a rodar *Las Ibéricas F.C.*, película de Pedro Masó sobre mujeres futbolistas, cogía a Javier, me ponía un short y un sostencito con relleno, dado que siempre fui plana, y allí marchaba yo muy decidida, a buscar trabajo. Cuando entré en la oficina de Pedro Masó, personaje donde los haya, se me quedó mirando.

—¡Qué pena, con estas piernas y ya no me quedan papeles de futbolista! —dijo con los ojos fijos en mis extremidades inferiores. Luego alzó la vista y sonrió— ¡pero me queda uno, de entrenadora lesbiana!

A mí me extrañó el matiz porque era una sola sesión y, sobre todo, porque estábamos en 1971 y no había lugar a esas sutilezas. Pedro Masó siempre fue muy cariñoso conmigo, vital hasta extremos agotadores y hombre de palabra. Me prometió que volveríamos a trabajar juntos y lo cumplió. En un mes firmé cinco películas, para estupor de mi hermano, que me dijo que eso era imposible. Claro que yo hacía una sesión en cada una. Hay que buscarme al final de los repartos. Yo funcionaba con esa cosa horrible que son las separatas, un par de folios sueltos en los que viene tu escena. Desconoces el resto del guión. Nadie te dice nada y te sientes perdida, un poco como trabajando sin esa red que es saber quién es tu personaje, su función en la historia, sus motivaciones. Al contrario de lo que pueda parecer, es muy difícil llegar un día a rodaje y soltar una o dos frases; te sientes como un paracaidista en medio de un equipo que ya se conoce y tiene pillado el tono.

Las vueltas que da la vida: mi amigo León Revuelta me habló de una función de café teatro, espectáculo de piezas cómicas cortas con música y baile, bien valorado en aquellos días porque Antonio Gala había escrito uno titulado *Spanish Striptease*. El café teatro se representaba en salas de fiestas, sobre un escenario o en la misma pista de baile, con el público sentado a los veladores con sus copas. La gente solía ir a ver el espectáculo, quizá no tan callados como en un teatro convencional, tomar unas copas y luego bailar. Este café teatro se titulaba *Histerias de amor* y, como su propio nombre indica, lo componían cuatro historias en clave de humor. Clásicos como el Tenorio o Antígona tomados a coña marinera. El autor y uno de los actores era Luis Corominas, luego estaban Manuel de Blas y Clara Benayas, que tenía una voz fabulosa y la carrera de piano porque mi tía Nati se la había dado gratuitamente por ser la hija de su portera. Me contrataron.

Al mismo tiempo seguía haciendo papelitos en todo tipo de películas. Una de ellas fue *La novicia rebelde*, de Luis Lucia, donde tuve una de esas pequeñas satisfacciones que te da la vida. Yo tenía una sesión, hacía una monja que cogía el teléfono y pedía una ambulancia. En maquillaje coincidí, silla con silla, con Isabelita Garcés, aquella señora que le colgó el teléfono a mi madre poco antes de su muerte. Vino el director, que conocía a mis padres.

—Mire, doña Isabelita. Esta niña es la hija de Rafael Bardem y de Matilde Muñoz Sampedro.

—¡Oh, no me digas! —La tal Isabelita se me vino encima a besarme. Yo la paré con un gesto, la miré de arriba abajo, di media vuelta y me fui, desprecio que le causó un ataque de nervios a aquella vieja cacatúa. Fue muy comentado el desplante de aquella chica, ¡poco menos que una figurante!, a una estrella como Isabel Garcés. Yo no di ninguna explicación. Salvo a mi madre, claro está.

Con Javier de la mano me presenté en la productora de Espartaco Santoni, que iba a producir una película titulada *Las melancólicas*, dirigida por Rafael Moreno Alba con quien luego desarrollé una hermosa amistad. Era una historia de locas, según la nota de *Triunfo*. Le expliqué a Espartaco que necesitaba trabajo, lo que había hecho y demás, allí con el niño de la mano.

—Sí, sí —me dijo él—, hay un papel para ti. La alcohólica, que no habla pero tiene como seis sesiones.

—¿Y esto de qué va, de locas? —pregunté yo para disimular el alegrón por lo de las seis sesiones y los números que estaba haciendo en mi cabeza.

—Sí, es la historia de un médico que cambió las formas de tratar a los locos...

—¡Ah, la historia del doctor Charcot y la Salpêtrière!

Espartaco y el director se miraron boquiabiertos y yo sentí temor. Te has pasado de lista, pensé. Rafael Moreno Alba me confesó después que cuando yo salí se pusieron a buscar en una enciclopedia al tal Charcot. También trabajé en otra película, *La duda*, basada en *El abuelo* de Pérez Galdós y dirigida por Rafael Gil. Claro, yo llamaba a gente que había trabajado con mis padres y, con todos los respetos, me presentaba como la hija de Bardem y Muñoz Sampedro. Nunca decía, por supuesto, soy la hermana de Bardem porque eso era un arma de doble filo: una especie de medalla para algunos y un estigma horroroso, de roja quemaconventos, para otros. Para muchos otros en aquella época. Lo que sí tenía claro era el respeto y el cariño de la profesión por mis padres, a los que convertí en mi mejor tarjeta de visita.

Es curioso. Todo el mundo me ofrecía buenas palabras... Sí, sí, te llamaré y demás monsergas. Pero la única que tuvo una reacción normal fue Pilar Miró. La llamé porque me lo aconsejó mi tía Guadita.

—Llámala Pili Pili, que es muy jovencita pero muy lista.

La telefoneé y le conté que era sobrina de Guadita, que me estaba incorporando a la profesión y le pregunté si tendría algo para mí.

—Hombre, pues pásate para que te vea —no me dijo más pero yo me alegré porque me pareció la única respuesta lógica que había obtenido, la única que podía fructificar. ¡Quería verme, saber cómo era para ver si tenía algo! No como los demás, que me prometían llamar sin siquiera saber si era rubia o morena, baja o alta, gorda o flaca. Llegaríamos a ser grandes amigas.

Mi hermano solía venir a comer los domingos a casa de mi padre. En la mesa comentó que iba a dirigir una nueva película, *Varietés*. Pese al temor reverencial que sentía ante Juan —y que luego afortunadamente perdí—, me atreví a preguntar si había algo para mí.

—No, no hay mujeres —mi hermano siempre fue tajante—, sólo dos: Sara Montiel y Trini Alonso.

Allí se cortó el tema y se siguió comiendo. Al domingo siguiente y sin que nadie le preguntara, volvió a hablar cual oráculo.

—Hay una extra, tiene bastantes sesiones pero no habla. Pero no lo puedes hacer porque tiene que ser una tía que esté muy buena.

Al tercer domingo yo abrí la puerta a mi hermano con el célebre short, el sostencito con relleno, maquillada y con pestañas postizas.

—¿Qué tal?

—No, pues vista así sí.

Conseguí mis sesiones en *Varietés*, donde hacía de una hindú ayudante del faquir. El rodaje de aquella película dio anécdotas como para rodar otra. El primer día de rodaje se hizo en el teatro Rojas de Toledo, allí la peluquera me cogió unos rulos y me metió en el secador. Entonces, de forma inesperada porque se la esperaba más tarde y maquillada de su casa, apareció Antonia, Sara Montiel para el siglo. Se produjo un gran desconcierto ante la presencia de la estrella, cierto nerviosismo y el ayudante de dirección apuró a la peluquera para que la peinase.

—No, no, la señora Bardem no está todavía —se le ocurrió decir a la peluquera ante todo el equipo. No podía callarme sin meterme en un lío.

—Oiga, ¿lo de la señora Bardem lo dice usted porque piensa que soy familia del director?

—Sí, claro.

—Pues no, es una simple coincidencia de apellidos.

—¡Ah, bueno! —respiró aliviada la mujer y cambió de inmediato su tono para conmigo—. Pues venga, fuera del secador.

Me quitó los rulos y pasó a dedicarse a la señora Montiel, como era lógico. Al día siguiente alguien le comentó que, efectivamente, era la hermana del director.

—¡Esto que me has hecho...! —La peluquera estaba verdaderamente enfadada.

Le expliqué que en mi familia siempre ha habido una tradición, que sigue en nuestros días, de que en el trabajo nos llamamos de usted y dejamos fuera las familiaridades. Mi hermano hablaba de usted y de señora Sampedro a nuestra madre cuando la dirigía. A mi padre, señor Bardem.

Rodábamos muy tarde, ya de madrugada, en el María Guerrero, cosa que a mí me venía muy bien porque me daba tiempo a hacer mi café teatro. Trabajábamos a esas horas porque todos los bailarines de la película actuaban en salas de fiestas y había que esperarlos. La gente venía de su jornada laboral y empezaba a rodar pero, pese al cansancio, había muy buen ambiente.

A mí tardaban horas en maquillarme para oscurecerme la piel y dejarme guapísima, a lo que colaboraba el maravilloso vestuario de mi amigo León Revuelta. Un día un técnico me preguntó cuánto medía.

—Uno setenta y cuatro, ¿por qué?

—¡Ah!, nada, por la caja —no me dijo más. Aquello de la caja se convirtió en una broma o timito entre los técnicos, que siempre me preguntaban si hoy iba a rodar lo de la caja. El caso es que llegó el día de hacerlo y me metieron en una caja vertical que, conmigo dentro, debía ser atravesada por varias espadas que iría clavando el faquir. Este señor no era actor, sino un verdadero faquir y llevaba unos días nervioso porque le había costado mucho rodar una escena en la que, de pasada, me tenía que llamar puta. El hombre no conseguía decirlo de forma audible y hubo que repetir varias veces.

—Pero bueno, hombre, dígalo usted más alto —le dijo Juan ya un poco enfadado.

—Pero es que no puedo, no me sale —se disculpó el faquir—, me da mucho apuro. Como sé que es su hermana...

Bien, pues éste era el nervioso individuo que manejaría las espadas. Yo tampoco andaba muy tranquila. Sobre todo porque cuando quise entrar en la caja vi que mi uno setenta y cuatro lo habían convertido en uno sesenta y cuatro y que no me podía mover, retorcida y medio agachada como estaba.

—Oiga —le pregunté tímidamente al faquir—, esto tiene truco, ¿no?

—Sí, sí, claro. Hay pequeñas ranuras, ¿ve? —Me las indicaba con el dedo—. Cuando yo meta una espada por una usted verá que se queda a oscuras, entonces agarra la punta de la espada y la conduce a la luz de la ranura de enfrente.

—¡Cóoomo! ¿Lo tengo que hacer yo?

—Tranquila mujer, que las espadas no están afiladas.

Rodamos y yo no he pasado más miedo en los días de mi vida. El hombre metió las espadas con mi ayuda, luego las sacó y abrió la puerta de la caja, dijo: «¡Alehop!», y salí yo monísima. El señor Bardem gritó: «¡Corten!». Y luego alabó mi interpretación con un sentido «¡Ole tus cojones!»

Coincidiendo con el rodaje, Carlitos y Mónica hicieron la Primera Comunión, vestidos con los trajes que usaron en su día sus primos Rafa y María. Yo me encargué de llevarlos al tinte. También fui a hablar con el cura que iba a oficiar la ceremonia en los Antonianos. Le dije que era actriz, con el temor que se decía eso por entonces, que estaba rodando de madrugada y podía ser que llegara muy justa de tiempo, incluso un poquito tarde. «No se preocupe —me tranquilizó—, además yo soy muy aficionado a eso del cine.» La cuestión es que la noche antes de la ceremonia yo estaba rodando y ya había comentado con varios compañeros que mis hijos hacían la Comunión por la mañana. Como pasa siempre que tienes prisa, esa noche el rodaje empezó a trabarse, hubo que repetir mucho y me inquieté. El señor Bardem se me acercó y ejerciendo de hermano me dijo que estuviera tranquila, que sólo quedaban cuatro planos que irían rápidos pero que, aunque no hablase, la acción exigía que yo estuviese en ellos. Los compañeros comenzaron a sufrir por mí. Primer plano de doña Sara, empieza a hablar y ¡plaplastafutufle!, suelta un camelo horroroso.

—Corten, corten, perdón. Es que me estoy poniendo nerviosa por la pobre Pilar —dijo la buena de Antonia.

El siguiente primer plano era de Emilio Laguna y pasó lo mismo. A mí me empezaron a caer por el maquillaje unos lagrimones enormes, que luego quedaron muy bien porque la escena era muy dramática, pensando que no llegaría a la Primera Comunión de mis hijos. Al final se había creado tal estado de ansiedad que allí se equivocaba todo el mundo. Y si no se equivocaba un actor lo hacía el cámara.

Yo llegué a la ceremonia con mis hijos ya arrodillados ante el altar y con las bocas abiertas. Eso sí, llegué guapísima y de un hindú que tiraba para atrás. Me cabreé al darme cuenta de que mi marido, al vestir a Moniquita no le había quitado la etiqueta del tinte al traje y le colgaba.

Javier iba muy mono con un peto color turquesa que yo había adquirido en Simago. Tras la ceremonia nos fuimos a comer a un salón que se llamaba La Flor de Azahar, que estaba en la calle Alcalá y tenía un jardincillo interior. Mi marido no perdió la oportunidad de herirme, de recriminarme el haber llegado tarde.

—He llegado tarde porque vengo de trabajar para pagar todo esto.

Y es que mientras yo hacía papelitos en cinco películas y un café teatro, mi esposo sólo se dedicaba a llevar las cuentas en una libretita que se había comprado para ello.

—¡Hay que ver lo que vales! —me decía a menudo—. Pero ¿tú sabes cuánto llevas ganado ya?

Comprendí entonces que era la primera vez en mi vida que yo manejaba las finanzas del hogar, que tenía las riendas del pequeñísimo dinero que había en la casa. Yo lo ganaba, yo lo administraba. Me di cuenta también, no sin cierta pena, que ya no contaba con Carlos ni moral ni materialmente. Él se limitaba a admirarme y pedir dinero para pequeños gastos.

De una extraña manera me sentí más fuerte.

Sentí que crecía.

39

¿Hasta dónde estás dispuesta a subirte el camisón?

Un día me encontré por la calle con Emma Penella. Nos queríamos mucho, yo la conocía de haber trabajado con mis padres y luego en *Cómicos*, la maravillosa película de Juan. Además las dos somos Piscis. Nos saludamos y nos contamos las novedades.

—¡Un momento —me interrumpió—, ven que vas a hacer una película conmigo!

Me llevó a la calle San Bernardo, a la oficina del productor Emiliano Piedra, su marido. Iban a hacer una película que se llamaba *La primera entrega*. Emma tenía que rodar en inglés y como no lo hablaba pensaba estudiar sus líneas con la pronunciación figurada, cosa que era más fácil de decir que de hacer ya que era la protagonista y tenía unas parrafadas enormes. Emma quería que yo hiciera un papelito, el de una amiga que llegaba a visitarla.

—Sí, Pilar, así empiezo rodando contigo que eres amiga y se me van los nervios.

Así fue. A mí me dieron una separata también en inglés, pero se olvidaron de darme la traducción en castellano. Yo, tan necesitada de trabajo y de dinero, no les saqué de su error y no dije a nadie que no sabía inglés. Busqué amigos que lo chapurreaban para que me enseñaran, más o menos, a pronunciarlo y me contaran de qué iba lo que decía. Finalmente recurrí a Manolo de Blas, compañero mío en el café teatro y casado con una mujer bellísima y maravillosa, Patty Shepard, norteamericana, hija de diplomático y modelo. Con ella lo practiqué una y otra vez hasta aprenderme de memoria la pronunciación. Mi sorpresa fue cuando llegó el día de rodar, solté un *hello!* con el que empezaba mi texto, el director cortó y me preguntó por qué coño hablaba yo en inglés. Me quedé de piedra. Le expliqué que sólo me habían dado una separata en inglés, que así me lo había estudiado y que ahora había que rodarlo en ese idioma. Hubo cierto desconcierto pero al fin lo hicimos. Con los nervios solté mi texto tan deprisa que cuando me tuve que doblar no había forma de encajarlo. Fue mi primera experiencia laboral con la lengua de Shakespeare. Luego repetiría, con mejor resultado, dos o tres veces más.

Aquellos comienzos en el cine me enfrentaron a muchas cosas nuevas que exigían de mí una rápida adaptación, ya que yo era el último mico, pero que también supusieron momentos curiosos. Volvamos, por ejemplo, a *Las melancólicas*, una película que estuvo llena de anécdotas. La protagonista era Analía Gadé, bellísima, y tuve compañeras como Helga Liné, Teresa Vico o Yelena Samarina. Éramos muchas actrices. Todas hacíamos de locas e íbamos vestidas con andrajos, muy sucias. Un día apareció por el rodaje un hombre joven, le dio un papel a Teresa Vico.

—Toma, léelo.

Allí estaba escrito: «Yo quiero tener polla como mi padre» y «La polla de mi padre es mi obsesión». Teresa Vico llamó al joven.

—Pero usted, gilipollas, ¿quién es?

Aquel tipo nos explicó que era un sicólogo contratado por la productora para motivarnos.

—¿Ve? Como usted hace de lesbiana pues le he escrito esas frases. A esta señorita tengo que motivarla de otra manera —dijo y acto seguido me pegó una bofetada. Yo le di otra a él, claro, y le expliqué que estaba muy confundido con nuestra profesión, que nos podría ayudar dándonos información sobre nuestros personajes, sobre cada tipo de enajenada, pero nunca pegándonos o escribiendo guarrerías. Luego, en otra escena, nos rociaron con mangueras a presión —en todas las fotos yo salgo protegiéndome los ojos— y el psicólogo se quedó maravillado del verismo de nuestros gritos y convulsiones. Le explicamos que, manguerazos aparte, nos dedicábamos todas a actuar y que de eso se trataba el invento, de interpretar no de ser locas. Nos fuimos a Palencia a seguir rodando y allí que se vino el buen hombre. Un día le dio por hacernos el test ese de enseñarte manchas y preguntarte qué ves. Más o menos adrede, empezamos todas a decirle tales burradas que fue él quien se sintió trastornado y se retiró un par de días a un monte, a meditar. Otra ocasión se le ocurrió, para motivarnos, la peregrina idea de llevarnos a visitar el psiquiátrico palentino, una visita totalmente respetuosa pero un tanto estrambótica dado que insistió en que fuéramos vestidas del personaje —o sea, yo con una bota de vino y un camisón mugriento y lleno de manchas, que hedía tanto que un día me mareé—. Allí nos encontramos con unas pacientes que sí, que podían estar enfermas pero que estaban arregladitas como para ir de boda y que nos miraban como si nosotras fuésemos unas pobres locas.

Tuve otro sucedido con Paco Rabal, que hacía de malvado celador. En una escena yo le pedía que me echara en un orinal, todo con gestos porque yo era muda, el licor que llevaba en una petaca y que figuraba ser ginebra. Rodamos, él se ríe ante mi alcohólica petición, vacía burlón la petaca en el orinal, yo me lo bebo ansiosa y resultó ser ginebra de verdad. Yo no corté aquello porque soy muy disciplinada y, además, era el último mono del rodaje, nadie para cortar una toma. Pero creí morir. Se me saltaban las lágrimas. Casi mato a Paco después.

De aquella película saqué una extraordinaria amistad con Helga Liné, una de las actrices más bellas que he conocido. Había un ambiente fantástico en el equipo. Un día, paseando con Helga por Palencia, dimos con una tienda que vendía zurrones y bolsos repujados. Yo me enamoré de uno pero me resultaba muy caro, un lujo fuera de mi alcance. Helga insistió en que me diera el capricho y yo en que no, que no podía. De vuelta en el rodaje tuve la feliz idea de hacer una colecta entre los compañeros. A todos les pareció muy bien y contribuyeron cada uno con cinco duros. Todos menos Espartaco Santoni, al que le costó dios y ayuda soltarlos y sólo lo hizo cuando consiguió que alguien se los prestase. ¡Cuántas veces el destino nos manda señales que no sabemos interpretar! Bueno, me compré el bolso y aún lo conservo. Tiene dentro una dedicatoria hermosísima: «Este bolso está comprado gracias a la colaboración de Paco Rabal, Asunción Balaguer, Rafael Moreno Alba, Helga Liné, Eulalia del Pino, María Asquerino...». Allí están sus firmas y las de muchos otros compañeros.

La aventura de esta película no terminó con su rodaje. Cobrar el último pago me costó sangre. Yo llamaba a Espartaco a su oficina. Nunca estaba, o estaba pero reunido y nunca devolvía la llamada. Agarré a Javier de la mano y me presenté en la productora. Allí me dijeron que no estaba, pese a que se le oía dentro de su despacho. «Bueno —me dije—, esperaremos.» Me senté con mi niño en las escaleras del portal y allí pasé horas, toda la tarde, hasta que cerraron y salió Espartaco.

—O sea que sí estabas —le dije con el crío de la mano—. Vale, esto consiste en que o subimos ahora mismo y me das el cheque, ¡uno con fondos!, o mañana mismo te denuncio en la Magistratura de Trabajo.

—¡Pero Pilar, por Dios... Yo no sabía, nadie me dijo...!

Me pagó pero aquí tampoco acabó el asunto. Un mes o dos después me llamó y me dijo que había que rodar unas escenas más para la película. Yo le pregunté extrañada que cómo era eso y si teníamos que ir otra vez a Palencia.

—No, no —me contestó—, lo rodamos todo aquí en Madrid. Es la escena en la habitación con Paco, Helga y tú, que hay que repetirla.

—Pero si aquello lo rodamos en el palacio de Carlos V. ¿Lo vas a reproducir entero?

—Bueno, ya veremos. Es que me he dado cuenta de que faltan cosas... ¿Tú hasta dónde estás dispuesta a subirte el camisón?

—¡Hasta donde se me vean los cojones! —contesté ante semejante pregunta.

Insistió y me dio unas explicaciones muy confusas. Me citó en los Estudios Ballesteros y allí me encontré con Helga, que estaba con un ánimo que me acabó de inquietar.

—¿Qué te pasa, Helga?

—¡Que no, que yo esto no lo aguanto, que yo llevo muchos años trabajando!

—Pero ¿qué pasa?

—¡Ah, Pilar! ¿Que no sabes lo que venimos a hacer?... ¡Pues una escena erótica, de desnudos!

Ahí entendí lo del camisón. Aparecieron dos chicas muy monas que, evidentemente, no habían trabajado en la película. Por allí, por supuesto, no aparecieron ni Paco Rabal ni Rafael Moreno Alba, el director. Nos subieron a una especie de palomar, donde yo me columpiaba con mi bota de vino y mi camisón mugriento remangado para que se me vieran las piernas. Helga se colocó cerca de las chicas para dar una referencia, lo mismo que Eulalia del Pino, actriz que interpretaba a una monja celadora. Se rodaron un par de tomas y Helga dijo que se iba, que lo de la sábana lo rodaran sólo con las dos chicas. En efecto, a la voz de acción a las muchachas les taparon la cara con una sábana y se quedaron en pelota picada. Hasta ahí, me dije, bien. Si ellas no tienen problemas en desnudarse. Pero es que la siguiente escena era directamente un número lésbico. Yo tragué saliva y me dediqué a columpiarme, la bota de vino al cuello. Estas escenas añadidas se rodaban para la famosa versión para el extranjero. A las flamencas, por ejemplo, las rodaban aquí cantando cubiertas de mantillas y encajes. Luego repetían el plano dejando al aire generosos escotes para la versión para el extranjero. ¡Qué país! Estas hipocresías y disimulos eran, como todo lo que es antinatural y absurdo, fuente inagotable de anécdotas.

Por ejemplo, *Las melancólicas* fue el mayor taquillazo del cine español en Santiago de Compostela, en un solo cine de allí. Iban en autocares a verla y es que se habían confundido de latas y les habían mandado la versión para el extranjero, con todas las escenas extras y el numerito lésbico. Se montó una verdadera peregrinación compostelana.

40

¿Tiene usted ya preparados los baúles?

La muchacha de mi padre, esa que nunca me ayudaba —situación que había empeorado con la llegada de mi marido y sus exigencias de camisas planchadas y comidas más elaboradas que las fuentes de macarrones de los niños—, tuvo un día la feliz idea de subirse a una escalera para limpiar los cristales de las puertas. Se cayó y se rompió una pierna. Carlos no estaba, así que me tocó a mí cargármela a hombros e ir a por un taxi. Las enormes escaleras del ambulatorio de García Noblejas también me tocó subirlas con ella a la espalda, lo que supuso para esta mujer su particular caída camino de Damasco. De pronto yo era un ángel bajado a la tierra y ella una mala mujer que no había sabido ver mi bondad y mi caridad cristiana. La escayolaron y volvió a casa donde, automáticamente, se le enfriaron los fervores por mi persona. Tuvimos una larga charla y le expuse que, ya que no daba ninguna ayuda, lo mejor sería que cuando se recuperara se volviese a su pueblo, a casa de su hermana, para que yo pudiera meter a alguien joven que pudiera con todo el trabajo.

—¡Su padre no dejará que me vaya! —fue su contestación, llena de soberbia y desprecio.

Tomé aire y le contesté que si ella conocía a mi padre, yo le conocía más. Que mi padre era catalán y ejercía, que cuando yo le dijera que a la nueva muchacha la iba a pagar yo en vez de él, mi padre estaría encantado con el trueque. Eso fue exactamente lo que ocurrió.

—Si a ti te parece bien... —me dijo mi padre.

María sanó de la pierna y se fue a su pueblo.

En aquellos días empezaron los primeros síntomas de la enfermedad de mi padre. Le dio por llamarme Matilde en vez de nena, como solía. Las primeras veces que lo hizo me causó una impresión terrible, me quedaba paralizada.

—Bueno, papá, todos nos acordamos de ella —le contestaba para quitar hierro al asunto, más por mí que por él, que parecía pasar de una a otra sin el menor problema.

Pero la cosa fue a más y llegó un momento en que siempre se dirigía a mí como si yo fuese mi madre. Por lo demás seguía dándose sus paseos diarios y trayendo su bolsa de patatas fritas para Javier. A veces me acompañaba al Retiro y allí nos sentábamos los dos al sol, en silencio. Yo le observaba, veía el deterioro progresivo, rápido, veía los ochenta y cuatro años de mi padre ser cada día más pesados y, paradójicamente, más débiles.

Justo entonces, siempre he pensado que mandada desde el cielo por mi santa madre, llamó a mi puerta la Tita, una chica joven y guapa, muy alegre, que se ofreció como muchacha. Se llamaba Andrea, pero fue para siempre la Tita. Así la bautizó Javier. Me contó que venía de servir en una gran casa del Parque de las Naciones, pero que no le había gustado, que buscaba algo más pequeño y familiar. Nos pusimos de acuerdo en el sueldo pese a que yo no podía pagarle mucho y a los horarios extraños a los que obligaba mi profesión. Al revés que el común de las muchachas, le expliqué, ella no podría tener las tardes libres para pasear con el novio porque, precisamente a esas horas, era cuando yo me tenía que ir al teatro. Eso pareció gustarle menos pero ahí estuve rápida y le propuse que ya que ella no podría salir, que subiera el novio a casa. La cara de asombro de la Tita fue eso, asombrosa. A cambio de que estuviera cerca de mi padre y de los niños, de que fuera responsable con el uso de la libertad que le daba, le estaba proporcionando algo muy difícil en aquellos días. Un sitio seguro donde amarse con su novio. Sólo le hice una advertencia más, ya que le facilitaba el dónde y el cómo, me vi en la obligación de recomendarle el uso de la píldora para cortar el drama de un embarazo no deseado.

—Pues mire usted, me ha convencido —me dijo con los ojos haciéndole chiribitas.

Se vino para casa. Siempre nos llamamos de tú —salvo delante de Flora, que no entendía de familiaridades con el servicio— y fuimos la mejor amiga la una de la otra. Su recuerdo es imborrable porque estuvo a mi lado en los años siguientes, los más duros y conflictivos de mi vida, ayudándome como una amiga.

Su novio Paco era un chico tan estupendo como ella, que ayudaba a los niños con los deberes. Yo fui la madrina de Andrea en su boda. Tres años después sonó el timbre de la puerta. Abrí y era Paco.

—Se nos ha muerto, Pilar, se nos ha muerto. —Sólo pudo decir esto antes de romper a llorar.

Ese día también morí yo un poco pues eso es la muerte de los que amamos, el fin de un trozo de nuestra propia vida. Murió de cáncer.

¿Y mi marido? No estaba, iba y venía. Si no cuento adónde es porque no lo sé y si no lo sé es porque no me preocupaba, ni siquiera le preguntaba. Quizá no había roto totalmente los vínculos con Canarias. Nuestra relación era inexistente. Yo, cuando él estaba en casa y volvía del café teatro de madrugada, entraba en casa y en la cama muy, muy despacito, para no despertarle y no tener que hacer el amor. Con eso queda todo dicho. Yo tenía muchas preocupaciones, otras cosas en la cabeza, otras prioridades. Por ejemplo, en aquellos días del 71 un sobrino mío me llamaba a menudo.

—Hola tía, estoy cerca de tu casa y tengo que ir a otra cita. El caso es que voy muy cargado con unas bolsas, ¿te importa si te las dejo ahí? —me decía siempre.

—No, claro que no —contestaba yo.

Venía mi sobrino y me dejaba varios paquetes y bolsas del Corte Inglés. A los tres o cuatro días se repetía la maniobra. A la quinta vez, escamada, decidí echar una ojeada al contenido de esas bolsas. Era propaganda comunista, panfletos y cosas contra el Proceso de Burgos. Llamé a mi sobrino con la prevención que exigía el caso, pues desde la primera detención de Juan aprendí que nunca había que hablar nada comprometedor por teléfono. Simplemente le pedí que pasara por casa, que tenía que hablar con él.

Una vez frente a frente le abronqué.

—¿Tú estás loco? A ver, recapacita. Si no encuentras a tu enlace lo que no puedes hacer es dejarme a mí la propaganda en casa. ¿No ves que tras la vuestra ésta es la segunda en la que van a buscar? Imagínate el follón en que me metes. ¡Que tengo tres hijos pequeños, joder!

Se disculpó y se marchó, pero como no sabía a quién entregar las bolsas me las dejó allí para que yo las destruyera. A mí no se me ocurrió nada mejor que ir rompiendo y quemando los papeles en la taza del inodoro. Consecuencia del experimento de física aplicada fue el estallido del sanitario.

—Pero ¿han sido los niños? —preguntaba estupefacto el fontanero ante el destrozo—. Pero ¿qué han hecho?

—¡No lo sé, si es que son muy burros! Pues no sé qué habrán metido, petardos o cohetes...

—¡Qué animales!

—Oiga, que son mis hijos...

Se estrenó *Varietés*, yo seguía en el café teatro, así que mi marido, que andaba por casa, tuvo que acompañar a mi padre, que se empeñó en ir. Cuando volví a las dos y media de la noche me encontré a mi padre con un balón de oxígeno, a mi hermano, a Pedro Caba —el cardiólogo— y a Carlos. Había sido una crisis que a punto estuvo de matarlo, pero mi padre la había superado y estaba estable. Carlos se fue a dormir.

Yo me quedé sola durante horas, contemplando a mi padre dormir y recordando nuestra vida juntos. De pronto se despertó y me preguntó algo en catalán.

—¿Tiene usted ya preparados los baúles?

—Pero ¿qué dices, papá?

—Usted es la que trabaja en el teatro Romea, ¿no?

Mi padre tuvo una regresión absoluta a sus principios en dicho teatro y habló catalán durante horas, algo que nunca había hecho. Yo no le había oído en mi vida más que frases sueltas, evitaba expresarse en su lengua materna por el miedo que tenían los actores de provincias a tener acento cuando venían a Madrid. Recuerdo cómo recriminaba a mi prima Conchita cuando ésta pasaba temporadas en casa.

—No hables catalán, que te queda el acento.

En su regresión no sabía quién era yo ni quién era nadie. Entró en una demencia senil que ya no le abandonaría. Pedro Caba me recomendó que para que estuviera sedado, le diera un vaso de agua con veinte gotas de Halopelidol. Un tranquilizante muy fuerte y efectivo, tanto que años más tarde lo usó un ministro del Interior para sedar a los inmigrantes que deportaba. A mi padre le entró una obsesión por comer y agarraba las sobras de la cena y las mojaba en el café del desayuno. Estaba cada vez peor y con esa inquietud en el cuerpo, esa sensación de catástrofe, me iba todas las noches a hacer mi café teatro al King, una sala de fiestas. Una noche se abrió la puerta del camerino entre función y función. Era Carlos, cosa que me asustó de inmediato.

—No te asustes —fue lo primero que me dijo, provocándome directamente el pánico.

—¡Mi padre, le ha pasado algo a mi padre! ¿Verdad? —Hice la misma pregunta que cuando murió mi madre.

—No, tu padre está bien —se repetía la historia. Que mi padre estuviera bien contra todo pronóstico sólo podía significar otra tragedia familiar, algo que explicara la presencia de Carlos allí. Javierito se había tomado el vaso con las gotas de Halopelidol. Ahí sí di, por primera y última vez, gracias a Dios porque Carlos hubiera estado en casa. Salvó la vida de nuestro hijo. Una gota del tranquilizante, le dijo luego Pedro Caba, habría bastado para matar al niño. Se había bebido veinte. Mi marido lo llevó corriendo a La Paz y allí le hicieron al niño un lavado de estómago. Javier seguía en la UCI.

A mí me temblaba todo el cuerpo, no podía hacer la segunda función. Don Eusebio, el dueño del King, tras oír lo ocurrido se negó a suspender pese a que a la hora de empezar sólo había dos parejas en la sala. Fueron mis compañeros, ¡ah, cómicos maravillosos!, los que salieron y hablaron directamente con el escaso público.

—Señoras y señores, a nuestra compañera le pasa esto, su hijo está gravísimo, se ha envenenado. Nosotros les invitamos a la consumición pero nos negamos a trabajar.

Nadie protestó.

Manolo de Blas nos llevó a Carlos y a mí al hospital en su coche. Javierito ya estaba despierto. No pude sentir más cosas a un mismo tiempo, reía y lloraba. Era feliz y estaba furiosa por la tenacidad de mi hijo el pequeño en querer morirse. Aquél fue el tercer nacimiento de Javier. En el hospital nos recomendaron que no dejásemos al niño dormir en unas cuantas horas. Una vez en casa reconstruimos los hechos. Carlos había preparado el vaso con las gotas tras acostar a los niños, oyó gritar a mi padre, dejó el vaso en una estantería bastante alta —mi marido medía uno noventa y dos— y fue corriendo a ver qué sucedía. Mi padre deliraba pero se calmó. Cuando volvió a por las gotas fue cuando vio a Javier, que literalmente había trepado por el respaldo de un sillón, acabándose el vaso. Eso salvo la vida de nuestro niño.

41

Hija, ¿dónde me llevas?

Llegó el año 72 y el café teatro terminó. Yo venía asistiendo a unas asambleas multitudinarias en las que se pedía una reclamación histórica de los cómicos, el día de descanso. Sentí inmediatamente un gran interés por aquella embrionaria lucha sindical y por su extensión lógica, la lucha política. Aquí sí era una buena tarjeta de presentación ser la hermana de Bardem, así que conocí a los líderes de aquellas movilizaciones, a los compañeros que voluntariamente dieron un paso al frente a favor de todo el colectivo. El día de descanso se consiguió, finalmente, de una forma que a mí siempre me resultó curiosa, instructiva y dentro de esa ortodoxia marxista que recomienda aprovechar las contradicciones del sistema. Los factores de este éxito fueron el Patri, apócope del Patriarca, un abogado laboralista, y Juanito, que es como llamamos todos a Juan Diego.

Ellos articularon el movimiento asambleario, esas reuniones donde aparecieron por primera vez los chicos de las bufandas, chavales que ninguno conocíamos y que alzaban la voz para dar unos hermosísimos discursos que asombraban a los cómicos más mayores. Evidentemente eran gente del PCE, enviados para aguijonear a la gente a favor de nuestras demandas, verdaderos *agitprops*, gente que trabajaba en el sector de manera más bien colateral —guionistas, técnicos…— pero con una formación política que, salvo honrosas excepciones, no se daba entre los actores.

Las primeras reuniones fueron en un pub llamado Always, propiedad de Mónica Randall y Luis Morris, y como reunirse más de tres personas en un lugar público era ilegal, lo que hacíamos era distribuirnos por las diferentes mesas del local e ir transmitiendo la discusión de una a otra. La policía pasaba a cada rato con lo que el ambiente del pub, que por otra parte seguía abierto al público, era fantástico. Unos whisky en mano, diseñando el contubernio, y otros pistola en el sobaco vigilándonos y ansiosos por soltar el célebre ¡disuélvanse! en cuanto nos vieran a más de tres en una mesa. Luego vinieron las asambleas para discutir con los representantes del Sindicato Vertical franquista. Allí fue donde se levantó el Patri y dio jaque. Fue tan simple como recurrir a las leyes del propio régimen, el Patri se limitó a exponer que según las Leyes Orgánicas del Movimiento y el Fuero de los Trabajadores, todo trabajador tenía derecho a un día de descanso. Ni más ni menos. El abogado del Sindicato Vertical y de los empresarios teatrales cayó en un silencio estupefacto, no sabía qué replicar ni cómo rebatir lo que era una ley fundamental del franquismo. Se consiguió el día de descanso. Los cómicos más viejos no lo podían creer y las Sampedro lloraron. Los empresarios, la mayoría, pronosticaron el fin del teatro español y el mayor de los desastres. A la vista está que no fue así y el teatro sigue gozando de una mala salud de hierro.

A nivel personal aquellos días supusieron una revelación, un vuelco vital. Había encontrado un acicate, una lucha en la que podía ser útil. Resurgió el entusiasmo de aquella niña que quería ser misionera, que iba a la Ventilla y al Cotolengo, pero ahora en el cuerpo y la voluntad de una mujer que había encontrado compañeros igual de dispuestos y objetivos claros por los que luchar. Fui adquiriendo una conciencia política empezando por la base, por el principio, por mejorar las condiciones laborales de mi colectivo. De la profesión de mis antepasados. Aquella implicación fue también como una luz que entró de golpe en la cueva oscura de mi matrimonio, de mis problemas personales. Yo me dedicaba a trabajar todo lo que podía, a mantener a mis hijos, a mi marido —no recuerdo que hiciera nada por entonces— y a mi padre, pero aún encontraba tiempo para reunirme con los compañeros maravillosos que me abrieron la mente y me mostraron cosas por las que alzarse y combatir. Ahí encontré acomodo inmediato a mi sentido de la igualdad, de rebeldía ante la injusticia y la prepotencia. Delante de mí no se humillaba ni a una compañera de colegio ni a un compañero de teatro o rodaje. Ni a nadie. Este camino político no era más que la continuación lógica de aquel amor al prójimo de la niña de las monjas. Ahora el prójimo era definitivamente todo el mundo y quise empezar a mejorar el mundo por lo que tenía más cerca, mi profesión.

Mi padre seguía empeorando. A mí me salió trabajo, otro café teatro llamado *¿Quién teme al lobo feroz?*, escrito y dirigido por Aitor de Goiricelaya y con música de Moncho Aguirre. Era un libreto muy gracioso que daba la vuelta al cuento de Caperucita, de modo que la abuelita era una señora estupenda que estaba liada con el lobo. A mí me ilusionó porque iba a cantar canciones que Moncho había compuesto pensando en mi tesitura de voz. Mi hija la interpretaba Amelia Aparicio, la madre de Manolito Otero. Éste llevó un día a una chica preciosa al espectáculo, a la que yo dije que con esa cara debía dedicarse al cine. Era María José Cantudo. Mi nieta la interpretaba Mari Luz Olier, la compañera a la que sustituí por embarazo. El Lobo era Pedro Pardo. Lo más difícil fueron los bailes. Yo no sé por qué, dado que tengo sentido para la música, estudios de piano y he cantado, pero soy muy torpe bailando. En la obra había varios números complicados incluso para bailarines profesionales. Yo me crezco ante los retos, me dije que lo hacía y lo hice. Llegué hasta a bailar una java en la que me arrastraban por el suelo y luego me arrojaban por los aires. Claro que me costó un desgarro, tiempo después, del plexo solar. Me llevaron a un especialista en lesiones de bailarines y aquel señor me vendó todo el torso y me inyectó calmantes. Llegué al café teatro y me arranqué el vendaje para que no asomara por el escote de la abuelita. Fruto de aquella burrada es una hernia que he arrastrado toda mi vida.

Las críticas fueron muy buenas y yo gozaba mucho con mi trabajo. En ésas estábamos cuando un día, cosa extraña, Carlos se presentó a buscarme en el King, la sala donde trabajaba. Volviendo en un taxi, a la altura de aquella esquina donde nos pilló la nevada de novios, en la Red de San Luis con Gran Vía, mi marido soltó la gran frase.

—Parece que me estás dejando de querer.

—No —me oí decir—, yo hace muchísimos años que no te quiero.

En ese mismo instante sentí alegría, alivio, orgullo, fuerza y haber ganado un poco de dignidad y un mucho de respeto por mí misma. ¡Lo he dicho, lo he dicho! Eso me repetía por dentro, inquieta pero exultante, gozosa.

El resto del trayecto lo hicimos en total silencio. Cuando llegamos a casa, Carlos me pidió que le explicara lo que había dicho en el taxi. Entonces tuvimos una conversación serena, tranquila, donde yo repasé nuestra vida juntos desde el primer día que nos vimos hasta la fecha.

—No sabía que has podido sufrir tanto —me dijo Carlos cuando callé.

Tengo que explicar que mi marido en su estado normal, tranquilo, era un hombre inteligentísimo y capaz de razonar cualquier cosa de manera coherente. Así se comportó en aquel momento. Las cosas que sucedieron después de esa noche sólo son comprensibles en una persona que, en determinadas circunstancias, perdía el equilibrio mental.

Tras esta noche de análisis y discusión civilizada, después de ese reconocimiento de sus errores y mi sufrimiento, Carlos cambió. A mí no se me había pasado la palabra «separación» por la cabeza, un concepto desconocido para la época, y yo lo único que le planteé a mi marido fue el fin de nuestra vida marital. Le dije que podíamos convivir, como madre y padre de nuestros hijos, pero que ahí acababa todo. Igual que me había acostado con él sin papeles por medio, sin papeles quería dejar de hacerlo. Fue él quien sacó a relucir la palabra «separación», después de decir que lo menos que me podía dar era mi libertad.

—Me parece muy bien, empieza a dármela mañana y vete de casa.

Ahí cambió.

—Yo me voy de esta casa, pero me llevo conmigo a mi hijo Carlos porque como es el primero sé que es mío. Los otros, no lo sé.

Fue el inicio de una guerra absoluta. Yo tengo un gran sentido del humor pero también muy mala leche.

—Pues puestos a dudar, no sé por qué estás tan seguro de Carlitos que, además, tiene cara de chino.

No se fue, claro. Unos días después Carlos me abordó y me dijo que necesitaba hablar con alguien de lo que estaba pasando, de lo que sentía. Por un momento pensé que se refería a un psicólogo pero no, lo que hizo fue llamar a una ex novia llamada Vichory. Con el tiempo tuve ocasión de tratarla y llegamos a ser buenas amigas, pero en aquel momento aquello, digámoslo finamente, me irritó. Y no por celos, a esas alturas a mí Carlos ya me daba igual, sino porque para llevarla a cenar y de copas agarró las últimas mil pesetas que había en casa.

—Quítate los pantalones y la camisa —le dije con toda la mala uva del mundo—, que los planche bien. Que no te vea con la ropa arrugada.

Mi única defensa era el cinismo.

Cogió el dinero, el portante y se fue. Al día siguiente me llamó desde casa de su madre.

—No creo que tú lo hagas pero yo he llamado al teléfono de la esperanza. —A mí aquello me dio un poco de risa, por entonces no era algo muy conocido—. Yo he pedido una entrevista pero tú no tendrás el valor de ir.

Fui, claro que fui. La oficina o consulta, no sé cómo definirla, estaba por un callejón cerca de la estación de Atocha. Carlos había pedido cita y nos habían dado a cada uno un número como identificación. La primera la tuvimos cuando me llamaron por el dichoso número.

—A mí llámeme por mi nombre, que tengo nombre, apellidos y DNI. El número lo será el que ha pedido la cita.

Entré en un cuarto, había una especie de jurado formado por dos hombres y una mujer, debían de ser psicólogos. Yo me senté enfrente y dije mi nombre.

—No, señora, no queremos saber su nombre. Usted es la 327...

—Me niego, yo soy Pilar Bardem Muñoz y el 327 lo será él. O me llaman por mi nombre o me voy.

Aceptaron y empezamos a hablar. Uno me dijo que estábamos allí porque yo había tomado una decisión precipitada. Yo empecé a contestar a sus preguntas, a contar mi verdad sobre la vida con Carlos, mis sentimientos y mis temores.

—No sabemos si darle a usted el pésame o la enhorabuena por lo bien que se conoce —me dijo finalmente uno de ellos—. Desde luego la suya no es la decisión apresurada que nos ha contado el 327.

Ahí se terminó nuestra visita al teléfono de la esperanza.

¿Cuál era la situación? Yo en casa con mis tres hijos, un padre demente senil y la ayuda inestimable de la Tita. A los pocos días me llamó Flora, pues Carlos vivía ahora con ella, para quejarse la pobre mujer de que la había tenido toda la noche planchando la misma camisa, que a su hijo siempre le parecía arrugada y decía que con ella no podía ir a buscar trabajo.

—¡Mal —le contesté—, mal, Flora! Usted lo hizo mal y me pasó luego el muerto. Ahora se lo devuelvo. Mal por aguantarle sus caprichos. Tiene veinte camisas y si se empeña en ésa es por joder y no buscar trabajo. Usted le ha tenido siempre terror a su hijo y eso tenemos que hablarlo.

—¿Cómo terror? Imagínate que te estoy llamando desde una cabina porque me ha prohibido hablar contigo.

La ya estrecha relación con mi suegra se intensificó aún más porque, ante el problema de su hijo con su mujer, Flora se encontró con que yo era una mujer trabajadora, que adoraba a sus hijos y que hacía cualquier cosa por sacarlos adelante. De Carlos sólo veía unos prontos violentos, irracionales, cada vez menos espaciados entre sí. Una voluntad caprichosa y despótica. Flora se pasó con armas y bagajes al enemigo, o sea, a mí.

La situación era cada vez más dura. Yo llegaba de trabajar cada noche para pasarlas en vela, sentada vigilante frente a la cama de mi padre, triste hasta lo más profundo viéndole ya loco del todo, incapaz de reconocerme.

—Vamos a ver, padre, ¿quieres que te ayude a levantarte?

—No, no, no se preocupe usted. Yo me valgo solo.

Un día con un pudor infinito coges a tu padre, lo metes en el cuarto de baño y lo desnudas. Entonces ves un esqueleto, con las uñas de los pies curvándose bajo los dedos, lleno de excrementos y orines.

Sentí vergüenza por no haber pensado antes en hacerlo, en forzarle a aceptar mis cuidados, que le limpiase. Por aceptar en mi agotamiento su palabra por buena. Me sentí avergonzada y culpable. La Tita quiso ayudarme y yo no la dejé. Aquello era algo con lo que solamente yo debía cargar. Reviví con mi propio padre los horrores del Cotolengo. Limpiar la mierda de los niños no es nada. Limpiar la de un anciano senil, aunque sea tu padre y lo hagas con todo el amor del mundo, es repugnante. También pasaba miedo viendo, palpando, su fragilidad. Miedo a que se cayera y se quebrara como el cristal.

Un día que lavaba a mi padre sonó el teléfono. Era Carlos, me decía que había encontrado trabajo en Bagdad como ejecutivo de una constructora que iba a edificar allí hoteles, creo que Huarte y Compañía, que se llevaba a Vichory de secretaria y que se iba. Yo no sentí nada al oírlo. Ni recuerdo lo que le contesté. Seguí lavando a mi padre.

A las pocas noches volví del café teatro y no encontré a mi padre en su habitación. Serían las dos y media de la mañana. No sabía qué hacer. Me resistía a llamar a la policía. Demasiada había visto ya en casa de joven. Entonces aún había serenos. Bajé y busqué al de mi calle.

—Buenas noches, ¿ha visto usted bajar a mi padre?

—Pues no, doña Pilar, no estaría yo por aquí.

Me fui a buscarle por la calle. Me lo encontré en la calle Narváez, andando en pijama.

—Pero papá, ¿qué haces aquí? —conseguí decir tragándome las lágrimas.

—Es que he salido a comprar un reloj —me contestó sin conocerme.

A partir de aquel momento yo puse, en la parte más alta de la puerta, un candado enorme para que no se escapase. Noches después mi padre arrancó los cables eléctricos del timbre que había puesto en su cuarto. Sentí terror por los niños, porque pudiera herirlos sin querer o provocar cualquier catástrofe. Incluso temí que los atacara. Sentía miedo de mi padre.

Pedro Caba, al tanto de la situación, le hizo una serie de reflexiones a mi hermano. Le dijo que mi padre padecía demencia profunda pero que, por lo demás, su estado físico era relativamente bueno. Y que la que se iba a morir era yo si seguía sin dormir, cada noche vigilando en un sofá, luego me ocupaba de la casa y después me iba a hacer dos funciones. Mi hermano me dejó sola ante esta situación. Las personas aparecen en estos recuerdos cuando estaban y si no salen es porque no estaban. Sólo una vez en aquellos días vino mi cuñada, con tan mala suerte que yo había salido para llevar a los niños al Retiro. Cuando volví empezó, o lo intentó, con los reproches.

—Pero ¿cómo le has dejado solo? —me dijo mi cuñada.

—Un momento, hagamos una reflexión sin ponernos de los nervios. Estos tres niños tienen una sola cosa en el mundo, su madre, que los tienen que sacar a tomar el sol y a jugar. Mi padre tiene una hija, un hijo, una nuera y un montón de nietos ya mayores. Alguien podría venir alguna vez a pasar un rato para que yo pueda llevar a mis hijos al Retiro.

En fin…

Las cosas no acabaron ahí y todo se complicó un poquito más. Una noche en el café teatro, ya hacia el final de las representaciones y con el paro por todo panorama, apareció mi amigo Isidro, el regidor de TVE, en el camerino del King. Bueno, camerino es mucho nombre para aquel cuarto en el que se apilaban cajas de Coca-Cola y mugre.

—¡Pilar, Pilar, que está ahí Jesús Puente!

—¿Y qué?

—¡Que ha venido a contratarte, mujer!

—¿A mí? Si no me conoce.

Hice la función y, efectivamente, al salir el señor Puente me estaba esperando. Me contó que había formado compañía para representar una función de Santiago Moncada, *Juegos de medianoche*, y que quería que la leyese. Que tenía mucho interés en que hiciera el papel protagonista. Yo me quedé muda. Cuando llegué a casa leí el libreto de un tirón y ¡oh, sorpresa!, mi papel era verdaderamente el protagonista de la obra. Tenía más importancia dramática que el del propio Jesús Puente. Mi personaje no abandonaba el escenario en ningún momento, empezaba en él y en él acababa. Tardé mucho en atreverme a preguntarle a Jesús por qué había ido a buscarme para ese papel. Era como pasar de freír calamares a cocinar un *cordon bleu*. No entendía nada. Me puse tan nerviosa durante los ensayos que yo, que soy famosa entre la profesión por mi memoria, me bloqueé y fui incapaz de aprenderme más allá de las diez primeras páginas. Jesús tuvo una paciencia exquisita, me ayudó y he de decir que fue él quien me enseñó mucho de lo que sé de este oficio.

¡Por fin me ofrecían un trabajo espléndido como actriz! Al firmar se habló de salir de gira. Jesús había formado la compañía con la intención, desde un principio, de salir de gira todo el verano, de mediados de julio a mediados de septiembre, para rentabilizar la popularidad que le había dado a nivel nacional una serie de televisión. Yo no podía permitirme, ni económica ni artísticamente, despreciar un trabajo así. Tenía que irme de gira. ¿Qué haría con mi padre? Hablé con Juan, le dije que los niños se iban a quedar con Flora y le pregunté por qué no se llevaba a papá de veraneo con ellos, que se iban a la casa de Benicàssim. Ante esta disyuntiva Juan decidió que lo mejor era ingresar a nuestro padre en una residencia. Él la buscó, la mejor, prácticamente un hotel de cinco estrellas. «Papá —me dijo Juan—, va a estar fabulosamente bien atendido.» El problema era pagarla porque era muy cara. Juan se ofreció a asumir el coste a cambio de que le cediera la pensión de mi padre. Ésa fue mi contribución a la residencia.

Le pedí a Pedro Caba que viniera a casa y le explicara a mi padre que lo íbamos a internar, en un sitio muy bueno donde estaría mejor…

—Pero si da igual Pilar, si tu padre ya no sabe quiénes somos ni dónde vive.

—Hazlo por mí, Pedro, por favor. Por mi tranquilidad.

Vino y habló a mi padre, que le oía en silencio como quien oye llover. A mi padre le compré el ajuar, pijamas nuevos, calzoncillos, batín y zapatillas. El ajuar de un novio. Hice la maleta y cuando la estaba cerrando mi padre recuperó la lucidez.

—Hija, ¿dónde me llevas? —me dijo clavándome sus ojos, tan azules.

No le deseo esta situación a nadie en su vida. Viví el horror, me vinieron a la cabeza todas las imágenes tristes, patéticas o crueles, que recibimos desde niños sobre el abandono, sobre el esconder a nuestros viejos molestos en asilos. Toda la coartada que había construido sobre su demencia, sobre su supuesta insensibilidad, se derrumbó. Hecha un mar de lágrimas intenté razonar con él, repetirle los argumentos que había oído antes a Pedro Caba. Al momento apareció a buscarnos Juan y cuando llegó mi padre no reconocía ya a nadie ni recordaba nada. Fue un momento de lucidez que yo me tragué con un dolor que me durará mientras viva.

Cuando llegamos a la residencia, le preguntaron y no recordaba tener hijos o familia. Ni siquiera era capaz de recordar su nombre. ¿Por qué me tocó a mí ese segundo infinito, pues aún dura en mi memoria, de lucidez? Daría cualquier cosa por no haberlo vivido, por no sentir la culpa.

En la residencia todavía hubo tiempo para un detalle de ternura que encajaría bien en una película de Capra. Yendo hacia la habitación nos cruzamos con una viejecita que se le quedó mirando con dulzura.

—¡Qué ojos azules tan hermosos, qué guapo es!

42

¡Hay que repartirse a la Bardem!

¿Cuál era la situación? Mi marido se había ido a Bagdad, así que estaba separada *de ipso*; mi padre internado en una residencia, bien cuidado. Yo me había quedado sola con mis hijos, triste pero también aliviada, descargada de un peso que me aplastaba. Profesionalmente no podía pedir más. El estreno de *Juegos de medianoche* recibió críticas estupendas, aún guardo alguna que decía cosas como «ha nacido una gran actriz». Mi trabajo, por primera vez, se convertía en diversión. Me apasionaba y contaba las horas, los minutos que faltaban cada día para subir de nuevo al escenario. Jesús Puente era un magnífico actor, uno de los mejores que yo he visto, y a su lado aprendía algo nuevo a cada momento. Tenía, así lo sentí por primera vez en mucho tiempo, vida por delante, horizonte. Me sentí renacer, libre, nueva e ilusionada. Tenía las veinticuatro horas del día para mis hijos y para mí. Me levantaba, hacía bocadillos y nos íbamos a la piscina del Hogar del Empleado a pasar el día. Luego dejaba a los niños en casa con la Tita y me marchaba al teatro. A veces incluso jugaba un partidillo de fútbol en el Retiro, con los amigos del mayor. Un tiempo con cada equipo.

Me faltaban horas al día para disfrutar, para trabajar y sentirme viva. Incluso empecé a ir a bailar por la noche, a Carrusel, tras el teatro. A bailar por primera vez en mi vida dado que mi marido cuando éramos novios vio en *Fantasía*, le película de Walt Disney, a los elefantes que bailaban con tutú, se sintió aludido, dijo que aquello era ridículo y se negó a bailar. Así pues, yo era una joven que no había bailado. El tema que llenaba las pistas en aquel año 72 era «Palomitas de maíz». Me defendía bien con lo suelto, el drama llegaba a la hora del agarrado, momento de las lentas que había entonces en todas las boîtes y discotecas. A mí me venían inmediatamente a la cabeza los consejos de las monjas y sus advertencias, estiraba los brazos para alejar a mi pareja y trataba de mantener mi cuerpo lo más separado posible del suyo. Veía aquellos carteles franquistas en los que se mostraba a una chica bailando con el diablo. Los compañeros se indignaban, me decían que aquello era una ruina y que así no se podía bailar. Aquellas monjas y Walt Disney me habían desgraciado para el baile. Otros se choteaban y me recordaban salaces que era una mujer casada, madre de tres hijos y no una virginal florecilla. Poco a poco lo fui superando y hasta le cogí el gusto a eso de las lentas.

Tanta intensidad vital hizo que entre función y función —habíamos conquistado el día de descanso pero seguíamos haciendo dos representaciones diarias—, yo me quedara a descansar en el camerino, dormida en una chaise longue. Una noche cuando me desperté vi que alguien me había tapado con una chaqueta y me había traído un bocadillo de calamares y una Coca-Cola. Había sido el señor Puente que, en un rasgo de cariño, había decidido que tenía que cuidarme un poquito, a mí, a su primera actriz. Me sentí mimada y me enamoré. Quiero decir que yo me enamoré por lo que para él sólo fue un gesto de ternura. Empecé a mirarle de un modo distinto, con los ojos del amor adolescente. Recuperé la novia que no pude ser porque con Carlos, siendo poco más que una niña, tuve que jugar a ser una mujer fatal. Me enamoré como una chiquilla por primera vez en mi vida.

La cosa empezó a complicarse por un puro juego escénico. La obra hablaba de un matrimonio que había perdido la ilusión, de cómo ella quería recuperarla. Había un momento en el que yo hablaba y hablaba sobre nuestro matrimonio mientras el personaje de Jesús garabateaba en unos papeles de su escritorio. Luego la situación se invertía, él hacía las reflexiones y yo espiaba las notas. Así día tras día, hasta uno en que vi allí escrito, varias veces y en diferentes tamaños, la frase «Te quiero». Yo no sabía qué pensar, pero sentí una punzada de ilusión. Le pregunté qué era aquello y me dijo que nada, mensajes que mandaba. Rió. A partir de ese día se estableció un juego entre nosotros, casi colegial. Él escribía cosas para que yo, no mi personaje, las leyera y yo esperaba ansiosa el momento de la obra en que mi personaje me llevara a esas notas.

Se creó entre nosotros una relación amorosa casi adolescente y totalmente platónica, construida a fuerza de complicidades y notitas que luego Jesús rompía en escena y arrojaba a una papelera. Yo me desesperaba, cogía los trozos tras la representación y los pegaba con celofán. ¡Era tan feliz!

La función arrancó bien, cosa difícil por ser una reposición. Hicimos solamente una salida, un bolo, que fue un 18 de julio, fecha infausta, a una localidad cercana a Madrid. Ahí trabajamos en la plaza de toros. Yo estaba paralizada de terror porque, pensaba, yo no era nada conocida y hacía la protagonista absoluta, temía que la gente empezara a gritar y preguntar: «¿Quién es ella?». Para un miedo tan tonto encontré, obviamente, un tonto consuelo. Me dije que como era alta, desde lejos y en aquella plaza tan grande, a lo mejor me confundían con Julia Gutiérrez Caba. Para mí un mito como actriz y como persona. No se dio el caso y la gente dio por buena la interpretación de aquella novata. Y eso que no faltaron incidentes. Para hacer el bolo no se llevaron los muebles que teníamos en el teatro, en Madrid, sino que se alquilaron unos allí. Unos muebles rarísimos, metálicos, de oficina. En un momento de la obra, yo toda elegante, me fui a sentar en el brazo de un sillón como hacía habitualmente en esa escena y ¡zas!, resultó ser una butaca con ruedas y en ella me fui rodando hacia el precipicio negro que era el fin del escenario. Si me caigo me mato o me muero de vergüenza. Gracias a Dios no fue así.

Mi camerino, como especial deferencia a la primera actriz, lo pusieron en lo que era la enfermería de la plaza. Me entraron ganas de mear y una mujer que allí había me dijo que no, que los lavabos eran un sitio horrible y que esperase. Me trajo una jarra de latón. Superada la impresión pudo más la necesidad, me arremangué el elegante vestido de noche y oriné en ella. ¡Ah, el glamour del teatro!

Tras unos días en Madrid empezó la gira. Los niños se quedaron con su abuela y la Tita iba a visitarlos y echar una mano. Por ese lado estaba tranquila. Yo giraba puntualmente las nóminas a mi suegra y vivía de las dietas.

Aquella gira fue para mí estreno y aprendizaje en estas lides, en la difícil pero apasionante vida de los cómicos en la carretera, las ferias y los Días Grandes. En las dificultades cotidianas como mantener planchado el mismo traje de noche durante meses, listo para usarlo en escena noche tras noche. Pese a todo era una gira cómoda, porque Jesús había alquilado un enorme Dodge Dart para que viajásemos los cuatro actores del elenco, él incluido como chófer, y el regidor, mi gran amigo Paquito de Osca.

Descubrí España porque era mi primera gira, todavía no estaba baqueteada y no había caído en la costumbre de cómico viejo de conocer solo el hotel, el café de enfrente, la plaza y el teatro. No, yo tenía ganas de ver, de caminar. Mis ojos eran nuevos. Por ejemplo, Zamora fue un gran descubrimiento, sobre todo su parte medieval... Caminando por aquellas callejuelas me parecía estar en una función de Tamayo y recitaba diálogos y versos mentalmente. Me divirtió ver la famosa estatua de Viriato y el pomo pene de su espada (para el que no lo sepa, hay que ir a Zamora, buscar la estatua y colocarse en determinada posición para ver tan ingenioso juego visual). Trataba de contagiar a mis más duchos compañeros mi entusiasmo infantil. Jesús estaba horrorizado por mi hiperactividad.

—Pero ¿tú cuándo duermes, cómo te vas a levantar a las siete para ir a pasear? ¡Si son las cuatro de la mañana!... ¡Qué barbaridad! Pero ¿cómo te has ido hasta esa playa? ¡Hay que repartirse a la Bardem! —concluía siempre mirando a los compañeros—. Que uno la acompañe a bailar, otro a hacer turismo y otro de compras. O acabará con nosotros.

Yo como chica del grupo me adjudiqué la intendencia y cuidé a los hombres. Preparaba unas cestas con comida, estupendas para viajar. Cuando íbamos bien de tiempo parábamos en la amena campiña, extendíamos el mantel y hacíamos un picnic.

El famoso coche se estropeó en Palencia y nuestra siguiente plaza era San Sebastián. Perdimos mucho tiempo y Jesús, los nervios. Cuando por fin se arregló la avería se puso a correr como un loco hacia el norte, tanto que nos paró la Guardia Civil. Él les explicó lo que sucedía, nos amonestaron y nos dejaron seguir. Llegamos a debutar en San Sebastián tan justos que Jesús ni aparcó el coche, lo dejó tirado a la puerta del teatro, nos cambiamos y salimos a hacer la función. Allí tuve una tremenda hemorragia que me manchó el traje y que yo, entre sorprendida y asustada, atribuí a los sobresaltos del viaje. Acabé exhausta. Todos lo estábamos y Jesús consiguió, supongo que gracias a su popularidad, que nos admitieran por una noche en el hotel María Cristina. En el ascensor topé con un señor muy amable que me ayudó con unas cajas que yo llevaba, y al que reconocí enseguida. Era Fraga, que estaba allí porque en esa ciudad celebraba Franco los consejos de ministros en verano.

Fue en San Sebastián cuando, al llegar al teatro un día, el portero me dijo que una señora le había dicho que tras la función pasaría a saludarme.

—¡Y qué graciosa, me ha dejado esta tarjeta y pone que es marquesa! —El portero me mostró divertido la tarjeta de visita en la que se leía el nombre de tía Blanca, la hermana de Flora, y su título de marquesa viuda de Inicio.

Tía Blanca entró en mi camerino tras la representación. Nos saludamos con cariño y entró directamente en materia.

—Pilar, Flora me ha dicho que has roto tu matrimonio con Carlos.

—Sí, así es.

—Sólo quiero decirte que si tomas la decisión de separarte mis abogados están a tu disposición, así como mi testimonio ante cualquier tribunal.

Me emocioné: aquella mujer era tía carnal de Carlos y ante lo que sabía que ocurría en nuestro matrimonio tomaba partido por mí, me ofrecía su ayuda. Aquello me dio una enorme paz de espíritu y mucho en que pensar. Otra vez oía la palabra «separación», en otra boca pero refiriéndose a mí, justo a mí, que no se me había educado para ello, que no tenía esa idea en la cabeza. Yo, como todas las mujeres entonces, sólo sabía que mi matrimonio era para siempre, que nada lo rompería y que debía aguantarme con esa situación. Aguantarse, ésa era la solución que proponía aquella sociedad ante la muerte del amor, la infidelidad recurrente o cualquier otra catástrofe de la pareja. Nada quedaba en el imaginario de la experiencia divorcista y liberadora de la República. En la España de Franco lo que tocaba era aguantarse y disimular.

El siguiente paso desde las Semanas Grandes del norte era viajar al Festival de Verano de Cádiz, o sea, cruzar todo el país. Fuimos en coche a Madrid, de allí en avión a Sevilla y de allí en un trencito chucuchú a Cádiz, una cosa como de película antigua. Fue en ese trencito donde Jesús me cogió y empezó a besar. Y nos besamos hasta tal punto que una señora que viajaba en el compartimiento sonrió pícara y nos felicitó, pensando que éramos recién casados. Llegamos a Cádiz, hicimos la función y como no había alojamiento volvimos en taxi a Sevilla. Allí, ya muy tarde y tras varios intentos frustrados, a eso de las tres de la mañana nos paramos frente al hotel Colón, el mismo donde empecé mi luna de miel. Curioso, pensé, aquí es donde va a ocurrir. Y así fue, ahí tuve mi primera noche de amor con Jesús. Un amor tierno, divertido, mimoso y regado con zumo de naranja. Seguíamos con el jugueteo adolescente y eso resultó ser muy hermoso.

El tema de los hoteles fue otra fuente inagotable de anécdotas. Yo vivía una contradicción porque era la primera actriz pero no cobraba como tal, por aquello de la gran oportunidad y blablablá. Lo que ganaba lo giraba casi íntegramente para la manutención de los niños —el padre seguía desaparecido— e iba tirando con las escasas dietas. De modo que me tenía que alojar en pensiones como el resto de mis compañeros, salvo Jesús que sí iba a buenos hoteles. El primer problema era que las pensiones suelen tener ducha y yo soy de bañarme. Y con el agua hirviendo. Solución, a veces me iba a bañar al hotel del primer actor. Esto que ahora parece algo sencillo, en la España de Franco desataba de continuo situaciones absurdas y kafkianas. En un hotel de Bilbao le pedí a Jesús usar el baño. Me dio la llave y se quedó abajo, en el bar, tomando una copa con un compañero. Cuando bajé de nuevo les encontré muertos de risa.

—¿Qué os pasa?

—Pues nada, que al poco tiempo de subir tú —empezó a contar Jesús— yo me he dirigido al ascensor para subir y se ha interpuesto el conserje. ¡Me ha dicho que no podía subir porque había una señorita en mi cuarto! Cuando le he dicho que sólo quería recoger una cosa y que mi compañero podría subir conmigo, ha sido peor. Que si con dos, que qué vergüenza y que tenía orden de la propietaria de llamar a la policía si dábamos el menor escándalo.

Al hilo de esto, otro par de ejemplos de la hostelería franquista. Durante una bronca matrimonial mi admirado Fernán Gómez se mudó a un célebre hotel madrileño. La chica que teníau de servicio en su casa fue a llevarle camisas y mudas limpias, pero no la dejaron subir a la habitación de un hombre solo, de Fernando. Por allí apareció Manuel Alexandre, a visitar a su amigo, y fue él quien subió la ropa. Fernando se indignó y salió gritando que qué coño era eso de dejar subir a un hombre a visitar a otro.

—¡O sea, que maricón sí puedo ser! —vociferaba por los pasillos.

Tanta era la vigilancia sobre hombres y mujeres que un primo de mi marido, Juancho, que tenía un aspecto muy aniñado, tenía que mostrar en los hoteles el libro de familia para que vieran que no era un menor y le dejaran dormir con su esposa.

Ningún tiempo pasado fue mejor.

Respecto a Jesús y a mí, dadas estas facilidades, nuestro amor colegial lo consumábamos en cualquier sitio. En las escaleras, en los portales... Nuestra relación fue secreta y nadie supo nada en la compañía. Cuando terminábamos la función él se iba para un lado y yo para el otro, él a su hotel y yo a mi pensión, pero luego nos encontrábamos en los sitios que, previamente, él me escribía en aquellas famosas notas de escena. Casi siempre una discoteca. Bailábamos mucho y de aquella época viene mi adoración por las canciones de Mina, la banda sonora de ese amor.

Los dos sabíamos que era una relación con plazo fijo, que éramos adultos jugando a ser adolescentes y que el recreo terminaría el mismo día que la gira. Entonces volveríamos a nuestras vidas, a nuestros problemas. Pero no hablábamos de ello, entregados por completo al juego del amor. Quizá por esto fue tan hermoso.

43

Versos de amor

La gira llegó a Santiago de Compostela. *Juegos de medianoche* terminaba con mi personaje, esta mujer que intentaba arreglar su matrimonio, hablando a un magnetófono mientras escribía una carta a su hijo aún por nacer, contándole que sería el fruto del amor recobrado esa noche por sus padres. Algo muy poético, una escena muy bonita y bien escrita. Acabada la función de la tarde vino el regidor y me dijo que había llamado mi suegra. Me asusté, claro, pensé que algo había pasado con los niños. Me fui al bar más cercano y puse una conferencia.

—¿Sí? —Era la voz de Carlos, mi marido.

—¿Qué haces ahí? —fue lo único que se me ocurrió preguntarle.

—He vuelto porque vengo a llevarme a los niños.

—¡Tú no puedes hacerme esto! Estoy trabajando, ¡estoy en Santiago de Compostela! —Me temblaba la voz—. No puedo irme y dejar colgada a la compañía...

—Simplemente quería comunicarte esto. —Y colgó.

Yo hice la función como buenamente pude pero cuando llegó el momento en la que hablaba a mi hijo, me eché a llorar. Jesús me cogió en brazos y me sacó del escenario. El público estaba encantado de tanta emoción pero Jesús se dio cuenta enseguida de que algo iba terriblemente mal. Tan pronto como estuvimos entre cajas me preguntó qué me pasaba. Se lo conté ahogándome con mis lágrimas.

—¿Qué vas a hacer?

—No puedo dejar que se lleve a mis hijos. Tengo que verle, hablarle... —conseguí decir al fin.

Entonces Jesús hizo algo que me demostró su categoría como ser humano, algo para lo que hacía falta ser muy buena persona. Cogió el coche, nos fuimos a Vigo, que era la siguiente plaza, dejamos mi maleta en la pensión y de ahí nos fuimos al aeropuerto.

—No te preocupes si no hay billetes, Pilar. Hacemos lista de espera hasta que encuentres plaza, te puedas ir y arreglar este problema —me dijo para tranquilizarme.

—Pero ¿debutamos?

—No te preocupes por eso. Yo retraso el estreno. —Aquello, yo lo sabía, sería un fuerte varapalo económico para Jesús, que anteponía mis problemas a su beneficio como empresario—. Pongo cualquier excusa, que hay problemas con el decorado, pero tú te vas a Madrid y solucionas esto. Cuando vuelvas estrenamos.

Por fin, tras varias horas en el aeropuerto que pasamos juntos y en silencio, encontré plaza en un vuelo. Ya en Madrid me fui directamente a la plaza de Chueca, a casa de Flora. Carlos abrió la puerta y se quedó helado.

—Pero ¿tú qué haces aquí? —Ahora el sorprendido era él.

—Vengo a que me digas a la cara que te vas a llevar a los niños.

Entramos dentro. Flora estaba también allí, muy nerviosa. Ni esperaba a su hijo, y menos con aquellos planteamientos, ni me esperaba a mí. Hablamos y Carlos empezó por recordarme que como esposo mío tenía el poder legal de impedirme trabajar, de prohibírmelo. Yo intenté razonarle que no podía hacer eso, que había una empresa y otras personas que dependían de mí, que por destrozar mi carrera iba a perjudicar a muchos otros compañeros, gente que nunca le había hecho nada, y que sería una mezquindad. Carlos hacía siempre lo mismo, iba a hacer el daño y una vez lo había conseguido parecía recoger velas, entrar en razón y estar dispuesto a discutir razonablemente cualquier cosa. Me dijo que de acuerdo, que no se llevaría a los niños, que me volviera tranquila a hacer mi función que él se iría a Bagdad en unos días.

Cuando llegué a Vigo, aquella misma noche, me fui a mi pensión. La patrona me dijo al verme que mi equipaje no estaba allí, que alguien había venido por él y se lo había llevado dejando una tarjeta. Era de Jesús. «Lo menos que te mereces es un buen hotel y un poquito de paz y mar», eso estaba escrito en ella. Me llevó al hotel Samil Playa, en el que él se alojaba y que daba a una hermosísima playa.

Carlos se volvió a Irak y yo seguí mi gira, feliz. Acabamos en Jaén y Jesús removió cielo y tierra para que el representante de la compañía, en la que nadie estaba al tanto de lo nuestro, me alojara en el parador donde él también estaría. Aquélla fue la primera y única noche que pasamos juntos, nuestro único amanecer y desayuno. Allí, en el jardín del parador y viendo todo Jaén a nuestros pies, Jesús quiso explicarme su vida, sus circunstancias. Aquello me causó una gran ternura.

—Yo tengo una vida complicada. Soy un hombre casado, con dos hijos, y amante estable.

Intentaba decirme por qué nuestra relación no podía continuar. Le tranquilicé, le dije que los dos habíamos disfrutado de un juego maravilloso, de enamorarnos, pero que también éramos adultos y sabíamos perfectamente que ese juego terminaba exactamente el 8 de octubre, día en que acababa la gira. Y que si él tenía una vida complicada la mía no lo era menos. Que por eso habían sido tan maravillosos esos días al margen de la realidad, la fantasía adolescente y despreocupada que habíamos creado juntos. Y que nadie nos podría quitar eso nunca. Amar es ser generoso y yo amé mucho a Jesús.

La última representación fue en Toledo. En las célebres hojas que Jesús escribía en escena me dejó un regalo, un cuento hermosísimo llamado *El guerrero*. Era la historia de un guerrero de yelmo y coraza resplandeciente, que todas las mañanas salía al mundo a pelear por la justicia, por los niños y las mujeres, por los débiles. Un día le hieren a traición, le llevan a su castillo y al quitarle su armadura descubren que es una niña.

Yo le escribí unos versos, los primeros de mi vida.

Mi amor por ti,
está ahí.
Escondido. Callado.
Lo guardé una vez
de madrugada,
cuando, nada, otra vez
me esperaba delante.
Y sólo espera,
tu voz, tu pensamiento,
para volverse aire
y acariciar tu alma
con ternura
y tu cuerpo, con hambre.

Vivía a gusto en mi soledad.
¡La conocía tanto!
Sabía en qué rincón
guardaba mis recuerdos.
Un día instalaste a mi lado,
tu soledad,
y como buenos vecinos,
nos hicimos regalos.
Yo te di mis recuerdos
de niña y tú, los de soldado.
Un día, en mi soledad,
encontré lo olvidado.
Encontré el amor y fui a regalártelo.
Tú miraste, reíste.
Y no me diste nada a cambio.

No serían mis últimos versos.

44

Una mujer con un niño y un paquete de galletas

A los pocos días de volver a casa llegó una carta de Carlos, de Bagdad. Era hermosísima, estaba dirigida a nuestros hijos y en ella les decía que, pasara lo que pasase entre nosotros, yo era la mejor madre del mundo y los quería sobre todas las cosas. También aceptaba su responsabilidad en nuestro fracaso como pareja y accedía a la separación. Sólo ponía una condición, que yo buscara el abogado y que éste no estuviera relacionado con el mundillo teatral. A cambio él se ofrecía a pagar las costas. Aquella carta me hizo feliz y optimista respecto al futuro.

Seguía haciendo sesiones sueltas en varias películas y económicamente vivíamos al día, defendiéndonos como gato panza arriba, pero yo me sentía fuerte para tirar adelante con todo.

Iba a visitar a mi padre a la residencia. Estaba en Arturo Soria y tenía que ir en taxi, lo que suponía un gasto que no era ninguna broma para un bolsillo tan vacío como el mío. Cogía a Javier de la mano, compraba una caja de galletas de las que le gustaban a mi padre y nos íbamos a verle. Javier había sido el favorito de mi padre cuando aún estaba normal, por ser el pequeño y con el que más tiempo pasaba. Ya no le reconocía, me decía: «¡Qué niño tan guapo!». Y me preguntaba quién era. Es más, si la visita se prolongaba, mi padre, que me hablaba de usted y tampoco sabía quién era yo, me rogaba que me marchara porque llegaba la hora de comer o de su siesta. Hablaba con Javier como lo haría con cualquier otro niño gracioso que apareciera por allí y le diera galletas.

Físicamente estaba bien pero yo sentía una tristeza infinita al verlo apagarse, alejarse de nosotros sin poder traerle de vuelta al mundo de los vivos, a la realidad, ni aun con todo mi cariño. Mi afecto parecía incluso extrañarle, para él no era más que una mujer con un niño y una caja de galletas. Una extraña.

Un día volviendo del mercado de Ibiza, desde la calle vi a la Tita en el balcón. Ella también me vio y empezó a hacerme gestos y a gritar. Al principio no la entendí.

—¡Pilar, Pilar, sube corriendo, que traen a tu padre muerto!

Lo primero que pensé es que no era posible. ¿Cómo que me lo traen muerto? ¿Cómo es que no me han avisado? ¿Quién me ha hecho esta jugarreta? Cuando estuve arriba, la Tita me dijo que habían telefoneado desde la residencia. Ella no sabía más. Cogió a los niños y se los llevó a casa de Flora. Ya había vaciado su cuarto para colocar allí el féretro.

Me quedé allí sola, esperando. Al rato trajeron a mi padre muerto y es más, lo trajeron con los ojos abiertos. Sus hermosos ojos azules. Yo paré aquello en la mitad del pasillo de mi casa, de ese largo corredor donde había un teléfono desde el que tantas veces, de niña, oí a mis padres susurrar tragedias. Allí justo detuve a todo el mundo y telefoneé al médico de la residencia para pedirle explicaciones. Doctor Alegre se llamaba, para más inri.

—Hola doctor, soy Pilar Bardem.

—Le acompaño en el sentimiento...

—No, usted no me acompaña a ningún sitio. Quiero una explicación de por qué no se me ha avisado. No vivo en el extranjero. Ni en Canarias. Vivo en Madrid y por lo que veo han llamado a mi hermano y a mi cuñada y a mí no...

—Bueno, es que usted venía menos a verle.

—¿Usted quién es para saber el cariño que yo tenía a mi padre? ¿Lo mide por el tiempo de visita? ¿Usted quién es para juzgarme?

Hasta el año 91, y por hechos que relataré más adelante, no pude perdonar a mi hermano por esto. Porque yo vine de Canarias para ver morir a mi padre, para estar a su lado y que no me pasara lo mismo que con mi madre. Y esto me lo hurtó la vida y me lo hurtó mi hermano Juan, que no tuvo la gentileza de avisarme cuando lo llamaron. Lo que sí tuvo luego fue la amabilidad de enviarme a casa el cadáver. Con los ojos abiertos.

Cuando dejé instalado el catafalco le dije a Juan que me iba a ensayar. Se sorprendió y me lo reprochó.

—¿Cómo, que ahora no puedo ir a trabajar? Papá ya está muerto y no pude hacer nada por él. Voy a cumplir con mi obligación —contesté desafiante. Estaba furiosa por dentro.

Estaba ensayando un papel, cortito como todos, en una de aquellas novelas que se hacían para televisión, protagonizada por Mónica Randall y Luis Morris. La dirigía el señor Aguado y los ensayos eran en los Estudios Pizarro. Entonces no se pagaban los ensayos, era un trabajo que regalabas, pero todos los aceptábamos por no caer en la lista negra de los conflictivos. Cuando llegué a los estudios los compañeros ya sabían lo de mi padre, lo habían oído por la radio. Todos fueron encantadores y cariñosos, me preguntaron cómo se me había ocurrido ir en esas circunstancias. Yo les contesté que venía a cumplir con mi trabajo y que si el director estaba al tanto, ya me diría él algo y me dispensaría. El señor Aguado no hizo ni el más mínimo comentario, ensayamos hasta bien entrada la tarde y volví a casa para velar el cuerpo.

A la mañana siguiente grababa con Pilar Miró, lo primero que hice con ella, algo muy pequeño.

—Es la protagonista —me dijo bromeando cuando me ofreció el papel. No salía más que al final de la novela pero los demás personajes hablaban de ella constantemente. La Miró tuvo el detalle de llamarme al enterarse y preguntarme si estaba en condición de grabar al día siguiente. Le contesté que sí, que evidentemente estaba destrozada pero que la muerte de mi padre era algo que todos esperábamos y que yo necesitaba trabajar.

Grabé y volví a los ensayos con Aguado. Fue Mónica Randall la que me contó el comentario que hizo al irme yo el día anterior.

—¡Qué fría es esta mujer, su padre de cuerpo presente y ella aquí, ensayando!

Le dije de todo menos bonito. Me pareció cruel. Sabiendo lo que pasaba no sólo no me libró de ensayar, sino que aprovechó eso para insultarme.

Justo entonces me llamó Manolito Collado, el empresario, para sustituir a Terele Pávez en *La Mirandolina*, una adaptación de la obra de Goldoni. Me hizo mucha ilusión hasta que me dijo que tenía un día para aprenderme el texto, que hoy era lunes y que yo tenía que salir a escena el martes. Tuve una reunión con Nuria Torray, la protagonista, y Guerrero Zamora, el director y su marido, en la que me dieron el texto y me explicaron que había ciertos problemas entre ella y Terele, cuestión de caracteres, que querían sustituirla de inmediato. Así pues, tenía esa noche para aprenderme el libreto y actuar al día siguiente, lo que en la profesión se llama «salir al toro». Yo les dije que me comprometía, pese a estar también grabando en televisión, a estar a mi hora en el teatro y con el papel aprendido.

Pasé toda la noche estudiando y cuando llegué a grabar le comenté el embolado a Luis Morris, quien resultó haber estrenado *La Mirandolina* en Barcelona. Luis, ¡qué terrible y dolorosa fue su muerte!, era una de las personas más buenas y generosas que he conocido nunca.

—¿Tú sabías que en la obra hay unas tarantelas, que hay que cantar y bailar? —me preguntó Luis.

—Sí, ya me sé las letras. Pero, claro, la música no y no sé cómo hay que bailarlas.

—Ven —me dijo sonriente—, que te voy a enseñar yo los pasos y los vas a dejar impresionados.

Dicho y hecho. En las pausas de aquella grabación, el bueno de Luis me enseñó las tarantelas y con ellas aprendidas llegué esa tarde al teatro Reina Victoria. Me recibieron bastante nerviosos Guerrero Zamora y Manolito Collado, que me dijeron nada más verme que fuera a esconderme por si venía Terele. Yo protesté y les dije que si estaba ella por allí y quería hacer su papel me parecía muy bien, que era suyo. No me dejaron acabar y me metieron en un cuartito pequeño que había a la derecha del patio de butacas —aún existe—, la contaduría donde se preparaban las nóminas. En efecto, apareció Terele y yo me quedé, pero a ver la función. Cuando cayó el telón tras el primer acto, entre cajas debió de pasar de todo porque al empezar el segundo a Nuria le dio una lipotimia y se desmayó. Se preguntó por un médico en la sala y todo. Siguió la función, que terminaba con el elenco cantando y bailando entre el público una versión española del «Bella Ciao», el canto de los partisanos cuya letra había adaptado Guerrero Zamora. Cuando Terele pasó junto a mí le pedí que me llamara y me contara qué pasaba. Aquí quiero puntualizar que siempre he admirado a Terele como actriz y que somos amigas desde siempre, que nos tenemos verdadero cariño. Terele me llamó, me habló de sus problemas con Nuria, de que se iba a terminar su contrato y que, puesta a que alguien la sustituyese, cosa que sucedería de todas formas, ella estaría encantada de que yo fuese la elegida.

Dos días después expiró su contrato y yo me incorporé a la función. Cuando llegué estaban todos los compañeros, que eran muchos, sentados en el patio de butacas esperando pasar por el cuartito para cobrar. Uno de aquellos compañeros, actor ya fallecido y de quien no diré el nombre, me soltó delante del resto, en tono bien audible y llamándome de usted, que si yo era la que venía a quitarle el trabajo a una compañera. Aquello me dolió mucho, se me revolvió el estómago.

—Yo no vengo a quitarle el trabajo a nadie. Además, la compañera está aquí sentada y puede deciros que hemos hablado y a ella le parece bien, dado que no le renuevan. —Respiré hondo, tragué bilis y seguí—. Por cierto, compañero, ¿tú no eres el que sustituyó a José María Rodero cuando le negaron el día de descanso?

Se hizo un silencio absoluto, gélido.

La gente quería mucho a Terele y a mí me recibió de uñas. Yo opté por no moverme de mi sitio, hacer mi trabajo lo mejor que sabía y esperar acontecimientos en mi camerino. Al poco tiempo empezamos a hablar y hablando se entiende la gente, me los fui ganando a todos. Creo que aún conservo el cariño de todos aquellos compañeros. El papel era precioso, la obra divertida y yo feliz.

Había encontrado un abogado que respondía a las exigencias de Carlos. Le conté el caso, me informó de la documentación que necesitaba y me pidió una provisión de fondos para iniciar los trámites. Veinte mil pesetas de la época, un dineral para mí, que ganaba mil diarias y vivía con el agua al cuello. Escribí una carta a Carlos, tanto o más civilizada y amistosa que la suya, informándole de todo y del dinero que necesitaba. No recibí respuesta.

Seguía con *La Mirandolina*, haciendo mis dos funciones diarias más las cositas de televisión o cine que salían, cuando vino a verme Alfonso Lusón y me ofreció hacer con él un café teatro, una cosa que se llamaba *Love es toro*. El texto era tan horroroso como el chiste del título. Yo era la primera vez que veía a Lusón —no le tenía el profundo cariño que luego he sentido por él—, ganaba lo suficiente con el teatro y mis sesiones. Traté de excusarme. Él rebatía todos mis argumentos y yo no me atrevía a decirle que el texto me parecía muy malo.

—Mira, Alfonso, además es imposible porque yo cobro muchísimo y no vas a tener dinero, no vale la pena seguir…

—¿Cuánto quieres cobrar?

Ahí me pilló y salí del paso diciendo la primera burrada que se me ocurrió.

—Pues mil quinientas diarias. —Cobraba mil por hacer una obra estupenda en el Reina Victoria.

—Yo te las doy.

Me quedé sin palabras por un momento, apenas un segundo.

—Trae la función mañana y se hace el *Love es toro* y lo que haga falta.

Representando aquel espectáculo fue la primera vez que trabajé en una sala en la que había chicas de alterne, en que había descorche y no sólo parejitas normales tomando una copa. A la semana de representaciones fui a dar una réplica y, ante mi estupor, oigo decir la frase a alguien desde la barra. Paré la función e invité a la señorita en cuestión, una de las que alternaba, a que bajara a la pista que hacía de escenario y siguiese ella. Argumenté que yo trabajaba en el teatro, que estaba muy cansada y que si ella se sabía tan bien mi papel me haría un gran favor haciéndolo por mí. La gente se moría de risa.

Para mi sorpresa, quizá para verificar que verdaderamente yo era actriz y hacía algo más que café teatro en picardías, la chica vino a verme. Nos hicimos muy amigas y, ¡cómo no!, ella me contó todas esas tragedias que hay en la vida de esas mujeres: madre soltera, el hijo enfermo en el Niño Jesús...

En éstas estábamos cuando una tarde el portero del teatro me dijo que un hombre había venido a verme, que me esperaba en La Casona, un bar que había enfrente de la puerta de actores.

Entré y vi a Carlos sentado a una mesa. Yo me senté también y nos saludamos con un escueto hola. Tras un momento de incómodo silencio, Carlos extendió con gesto de tahúr un montón de billetes sobre la mesa.

—Aquí tienes el dinero para el abogado. Los hijos, para mí.

—Bien —contesté lo más finamente posible—, el dinero te lo metes en el culo y si es guerra lo que quieres, a la guerra vamos.

No hubo más conversación y yo volví al teatro. Trabajar en esas condiciones era muy duro. Sentía miedo y tristeza justo cuando, tanto en *La Mirandolina* como en el café teatro, tenía que mostrarme alegre y jacarandosa. Mi única confidente y amiga era la Tita. Una mujer que cuando faltó dinero porque yo estaba parada se fue a limpiar una discoteca en Goya y me prestaba lo que ganaba.

Supongo que Carlos se volvió a Bagdad. Aparecía y desaparecía como el comendador y eso era casi peor, porque siempre difería la posible solución o anticipaba un infierno que no acaba de producirse. Era angustioso.

Siguió la temporada, *La Mirandolina* cambió de escenario y pasó al teatro Cómico, con igual o mayor éxito. Me fui calmando. La sombra de Carlos, de sus amenazas, parecía diluirse en el tiempo.

45

Nunca te pegaré en público

Carlos volvió un sábado. Mi suegra me llamó y me dijo que estaba en su casa, que quería ver a los niños. La Tita los sábados los tenía libres, así que yo llevé a los niños a casa de Flora. El reencuentro fue frío pero mi marido parecía estar de un humor amable y dialogante. Mi suegra me dijo que ella estaba muy cansada y que no se veía capaz de cuidar de Carlos y los niños todo el fin de semana. Dado el buen talante de Carlos yo le dije que no se preocupara, que le daría a mi esposo las llaves de Lope de Rueda para que él llevara a los niños y los acostara mientras yo iba a trabajar. Inocente de mí, también le dije a Carlos que se quedara esa noche en casa para cuidarlos. Él se había ofrecido y yo acepté.

Cuando llegué del café teatro a las tres de la mañana, Carlos me esperaba despierto. No me dijo nada. Sólo me mostró un recorte del periódico *Pueblo*, en el que se leía que mientras no existiera sentencia de separación la mujer seguía siendo la esposa y el marido conservaba los derechos que la ley le daba sobre ella. Comprendí perfectamente lo que quería decir con aquel papel y, sobre todo, con su silencio. Le miré fijamente y me desnudé.

Carlos había estado registrando todos mis papeles y había encontrado la carta del abogado en la que me notificaba la presentación de la demanda y el inicio de los trámites. En aquella carta también se daba por enterado de que yo renunciaba al pago de costas por la otra parte y asumía de buen grado los gastos que se originasen. Fue en ese momento cuando Carlos se dio cuenta de que realmente nos separaríamos, de que yo había puesto en marcha el proceso.

—O sea que es verdad. Pues esto te lo vas a tragar.

Y partiéndola en trozos yo me comí aquella carta, con sobre y sellos. Me la comí. Luego Carlos se durmió.

A la mañana siguiente llamé corriendo a Flora, el único árbitro posible entre nosotros en aquel momento, y le conté todo. No sirvió de nada, ella le tenía casi más miedo que yo. Era domingo. Carlos seguía allí, en mi casa, y me recordó de nuevo que sin su autorización no podía trabajar, que si me iba al teatro me mandaría allí a la policía para impedírmelo. Con este buen ánimo me fui al teatro y, una vez allí, al camerino de Nuria Torray. Le expliqué lo que sucedía, las amenazas de Carlos, que todo mi miedo era perjudicar a la compañía. Nuria, aparte de ser una magnífica actriz, tenía los ovarios muy bien puestos. Me tranquilizó.

—¡Que se atreva, que yo le denuncio por alteración de orden público y le hago que me pague el aforo completo del teatro!

Durante aquella representación todos y cada uno de mis compañeros tuvieron un gesto de apoyo, de cariño, para mí. Acabé con las pestañas postizas colgando y el rímel corrido porque no podía parar de llorar.

Mi marido me había ordenado volver a casa entre función y función. Así lo hice para evitar problemas. Me encontré con una estampa idílica: él rodando por los suelos con los niños encima, jugando y riendo. Me senté en un rincón sin hablar.

—¿Qué pensarían mis hijos de mí? —me repetía obsesivamente mientras los miraba—. ¿Qué pensarían de esta mujer triste, que se siente como un perro apaleado?

Miré a Flora y ella me miró en silencio.

Volví al teatro, hice la segunda función y me fui al café teatro. Cuando llegué allí estaba Carlos, sentado con Lusón y charlando divertidos. Me sentí prisionera.

De vuelta a casa me dijo que revisando mis papeles había visto un extracto de mi cuenta corriente, donde estaban las cuatro putas pesetas que había conseguido reunir con mi trabajo.

—Bueno, esto mañana lo sacas y me lo das. Ya sabes que las mujeres casadas no podéis tener cuentas propias.

Era cierto. En aquella España del Caudillo y de los curas, del desarrollismo y el Opus, las mujeres no podían tener dinero propio, ser titulares de una cuenta sin el permiso del macho de la casa, ¡otra vez los caudillos domésticos!, del marido o del padre.

Tú podías sentirte un ser humano pero la realidad se empecinaba en ponerte en tu sitio, en demostrarte que eras la propiedad —eso sí, santificada por la Iglesia— del varón. Que él fuera un ser humano normal y no hiciera uso de lo que la ley le autorizaba era ya una lotería, dependía del ojo que hubieras tenido al elegir a tu hombre.

Hablé con la Tita. Me vio tan angustiada que se ofreció, si yo me fiaba de ella, a guardármelo todo en una cuenta que ella tenía. ¡Si me fiaba! Era un ángel. Por su parte, Carlos podía ser lo que fuese pero no tonto. Había previsto la jugada y me dijo que no me molestara en ir al banco, que allí mismo le hiciera un cheque y que él retiraría todo. Se lo hice y me marché con Javier al banco. Hablé con el director de mi sucursal, un buen amigo, y sólo pudo confirmar mis temores: así era, Carlos era aún mi marido y podía retirar, sin más título que ése, todo el dinero que yo tuviese. Y lo hizo. Desde el despacho del director vi cómo entraba con el cheque y se llevaba las pocas pesetas que yo había ahorrado.

Nos encontramos en la calle.

—Tienes mala cara —me dijo al verme—. Te invito a una cerveza.

Entramos en un bar que había pegado al cine Tívoli. Allí, en voz muy baja, le insulté todo lo que pude y más, intentando provocar en él una reacción, que la gente viera lo violento que era. Quería que aquellos desconocidos fueran testigos de mi sufrimiento y mi humillación. Carlos no perdió el control y me dijo, también muy bajito, que nunca me pegaría en público. Lo cumplió a rajatabla.

Una vez en casa me dijo que cogiera el libro de familia y le siguiera. Me llevó en un taxi a los juzgados de las Salesas. Entramos en un despacho donde había un policía.

—Buenas, vengo a denunciar a mi mujer porque he vuelto de trabajar en el extranjero y la he encontrado desempeñando una profesión que no es digna.

Yo no salía de mi asombro. El agente que escribía a máquina levantó la cabeza del teclado y también lo miró bastante asombrado. Luego a mí.

—¿Cuál? —preguntó al fin.

—Actriz.

—Mire, eso no es un motivo de denuncia —contestó tras otro instante de perplejidad—. Todo lo más un problema que deberían solucionar entre ustedes, ¿no?

Salimos a la calle. Yo no entendía nada. No sentía nada. Era incapaz de moverme, de hablar o de protestar. Sólo lo miraba.

—Hago esto porque veo que te pierdo —me dijo.

Yo no podía articular palabra, razonarle que ésa no era forma de querer a nadie, hacerle ver que así sólo me perdía más y más. Que estaba desvariando. Me pidió que dejara el proceso de separación. Me propuso a cambio ir a un notario y firmarme un papel en el que reconocería mi derecho a vivir separada de él. Yo estaba a punto del colapso, no entendía nada y menos aún de leyes. Él insistió en esa solución. Al día siguiente fuimos al notario y allí, claro, se me ocurrió preguntar qué valor legal tendría ese papel que él quería firmar. El notario me explicó que era algo revocable, que así la separación no sería definitiva y dependería de la buena voluntad de mi marido. Me negué, grité que no, que yo quería papeles llenos de sellos y de timbres y en los que pusiera, bien claro, que yo estaba separada de ese hombre de por vida. Carlos se fue a casa de su madre. Yo me quedé por fin sola con los niños, pero aterrada y al borde del derrumbe nervioso mientras seguía haciendo dos funciones, televisión, café teatro y trataba de aparentar una risueña normalidad ante mis hijos.

A los pocos días nos encontramos, acompañados de nuestros respectivos abogados. Todo muy civilizado. Los letrados hablaron entre ellos mientras Carlos y yo permanecimos callados, una conversación correctísima entre profesionales, trufada de términos jurídicos. De pronto Carlos los interrumpió.

—Quiero decirles que yo puedo aportar tres testigos que se han acostado con mi mujer. Bueno, dos porque el tercero no se puso de acuerdo en el precio.

Yo clavé las uñas en la butaca y controlándome a duras penas le pregunté, lo más suavemente que pude, cuánto pedía para saber lo que cobraba. El abogado de mi marido lo miraba boquiabierto. Cuando se recompuso le hizo ver que ése no era el camino a seguir entre dos personas civilizadas y decididas a separarse. Que yo también podría, por ejemplo, encontrar tres amigos que dijeran haberse acostado con él y acusarle de homosexual.

—Vale, vale —cortó Carlos—, pero si le dan a los hijos, ¿qué tengo que hacer para quitárselos?

Su abogado seguía mirándole alucinado. El mío, por el contrario, parecía cada vez más satisfecho y me susurraba que estuviera tranquila, que se estaba hundiendo solo. El abogado de Carlos le explicó que para que la madre, o sea yo, perdiera la custodia tenía que llevar una vida escandalosa y reprobable. Luego le advirtió que, además, que me quitaran los niños no significaba que se los dieran a él, que nuestros hijos acabarían en una institución de acogida o dados en adopción. Por último le rogó que se callara y le dijo que hablarían fuera de allí. Cuando salimos yo había recobrado la frialdad. Por dentro me moría pero ni una emoción podía desprenderse de mi cara.

Días después volvimos a las Salesas con los abogados. Se presentó la demanda de separación. Se determinaron las ayudas para la manutención de los hijos, cinco mil pesetas por cada uno. El abogado de mi marido me dijo que evidentemente era una cantidad teórica, un mínimo, porque Carlos daría más, lo que hiciera falta. Yo le dije sonriendo que sí, que estaba segura de ello. Por supuesto nunca recibí un duro del padre para los niños. Nunca.

Al mismo tiempo preparé la separación eclesiástica, una historia que recuerdo como macabra y tenebrosa. Yo me presenté en el obispado, en la calle de la Pasa, me recibió un cura y yo, con total ignorancia del proceso, le pregunté qué papeles tenía que aportar para dicha separación. Primera sorpresa.

—¿Separación o divorcio? —me preguntó como quien pregunta «¿Té o café?».

—¿Cómo divorcio? —solté estupefacta y aun diría que, a veces me salían las monjas, escandalizada—. ¡En España no existe el divorcio!

El cura me explicó, de manera un tanto farragosa, que había un procedimiento excepcional y costosísimo de nulidad eclesiástica. Así pues, hecha la ley hecha la trampa, aprendí que en la católica España de 1973, supongo que desde mucho antes, te podías divorciar si tenías bastante dinero para contentar a la Iglesia. Yo calculé mentalmente las cuatro perras que tenía y vi que no me alcanzaba, así que le dije que no, que quería simplemente la separación.

Lo siguiente fue declarar ante otro sacerdote, que me hacía de abogado defensor ante la curia y me indicaba, palabra por palabra, el vocabulario y expresiones que debía utilizar. También había una señorita, con toda la pinta de ser de la Sección Femenina, mecanografiando mi declaración. Ni a mi peor enemigo le deseo la vejación que es contar tu vida, punto por punto, como yo lo tuve que hacer. El sacerdote insistía en los aspectos más escabrosos o abiertamente sexuales, en si nuestras relaciones eran satisfactorias, en su frecuencia y hasta en sus formas. Me sentí violada. Además, todo aquel interrogatorio iba dirigido a demostrarme mi error, a hacerme ver que estaba equivocada al pedir la separación.

—¡Vamos a ver! —exploté—. Si yo con veintidós años era bastante madura para, sin pedir permiso a nadie ni hablar con usted, ir a la iglesia y casarme, ¿por qué se presupone que ahora, a los treinta y tres, no estoy preparada para decidir que este matrimonio se ha terminado? ¿Por qué tengo que darle explicaciones a nadie? ¿Usted me ve cara de ser una loca?

El cura me calmó y proseguimos, cada vez más adentro de aquel absurdo. Me preguntó si había mantenido algún contacto verbal con mi marido. Por entonces yo ya había terminado en el teatro y estaba parada.

—Pues sí, mire usted, le dije que estoy sin trabajo y que me pase la manutención de los niños. A lo que él me ha contestado que si estoy en el paro me lo gane con el coño.

El cura carraspeó y empezó a dictar a la señorita auxiliar.

—Ponga usted que el marido dijo: «Si estás en el paro gánatelo con el comercio de tu cuerpo».

—¡No, no, alto ahí! El comercio de tu cuerpo es una frase retórica preciosa, casi poética. A mí lo que me dijo es que me lo gane con el coño. O usted pone eso o yo me levanto y se acabó esta pantomima.

El cura aceptó a regañadientes y me pidió que llevara testigos que apoyaran mi versión. Los llevé. Recurrí a la tía Blanca, recordando que ella se había ofrecido, pero hubo que esperarla un tiempo porque se hallaba de gira mortuoria. Se había muerto la tía Babel, aquella que estaba casada con don Tiburcio de Mencos, y la llevaban por toda Navarra para que la velaran y le dijeran misas. Yo insistí en esperarla, tenía claro que ante la Iglesia el testimonio a mi favor de una marquesa viuda de general laureado podía pesar lo suyo. También fue a declarar mi hermano Juan, que de mi vida sabía lo justo, lo que yo le había contado. Los curas le preguntaron el nombre y el estado civil, momento que él aprovechó para templar gaitas con la curia al declararse rojo pero casado por la Iglesia. Pasaron más personas, algunos compañeros que atestiguaron mi precaria situación económica y los esfuerzos que hacía para mantener a mis tres hijos.

El padre Sthaellin no llegó a ir pero sí mandó una carta, explicando que era una mujer con la suficiente formación religiosa, ética y moral para hacerme cargo de la educación de mis hijos.

Tras un proceso vejatorio, lleno de absurdos kafkianos y bizantinismos léxicos, conseguí la separación eclesial. Un último detalle que creo ilustrativo de la mentalidad y manejos de aquellos curas. En la sentencia se recoge una aventura que Carlos decía tener en Bagdad con una señorita de por allí. Esto, en el lenguaje anacrónico de la Iglesia, se convertía en que mi marido, cito textual, «andaba en amores con una cananea».

¡Pues eso, que se volviese a Canaán!

46

Señora, esto es un rapto

Efectivamente ésos eran los planes de Carlos, volverse a Irak. Antes entró en una de esas fases de civilizada amabilidad que le daban de cuando en cuando. Quedamos.

—Hay que hablar con tranquilidad —me dijo, afable.

—Yo siempre hablo con tranquilidad.

—¡Cierto, cierto! Porque tú nunca pierdes los nervios.

Carlos me dijo que vivía muy bien en Bagdad, con un buen trabajo y ganando mucho dinero. Que allí vivía poco menos que en un palacio. Yo no decía nada, lo único que me preguntaba era por qué no me daba un duro para los niños. Yo estaba parada y la situación económica en casa era crítica. Carlos prosiguió y me preguntó por qué iba a negarle a nuestros hijos el bienestar que ahora les podía proporcionar. Es más, que nos podía dar a todos. Confieso que escuchándole, tan mesurado y seguro de sí mismo, me hizo dudar y recapacitar sobre la vida de penurias que yo podía ofrecer a los niños, la de hijos de cómica. A lo mejor su padre les podía dar otro futuro… Carlos insistió.

—Pilar, yo te pediría que vinieses con los niños a Bagdad, en Semana Santa. Que vieras como es aquello.

—No, yo no puedo. Tengo que buscar trabajo.

—Pero mujer…

—No, un momento, que quede claro que yo sólo aceptaría ir como madre de mis hijos. Que te quede claro, muy claro, que nuestra relación ha terminado. Yo iría a acompañarles y pasar las vacaciones.

Carlos seguía ponderando su nueva situación, en todo lo que ahora podría dar a los niños si volviésemos a ser, siquiera parcialmente, una familia. El resultado de su cháchara fue que días después me presenté en los juzgados para retirar la demanda de separación. Mi abogado me miró apenado y me dijo que lo sabía, que se imaginaba que terminaría haciendo aquello. Yo le expliqué mis motivos y él me dijo que, en el escrito que presentaría, iba a poner que la madre la retiraba por «el bienestar y amor a mis hijos, pensando que junto a su padre pueden tener un futuro mejor y nunca porque se haya reconciliado con éste». Así se hizo. Carlos se fue a Bagdad y quedamos en vernos allí en Semana Santa.

Justo entonces me llamó Jesús Puente para hacer una función de Alfonso Paso, *El cargo* se titulaba. Pensé que no podía decir que no, que tenía un futuro profesional y una libertad económica que ganarme. Cuando llegaron las vacaciones mandé para Bagdad a Carlitos y a Mónica, a Javier no porque estaba incluido en mi pasaporte, con una carta explicándole a mi esposo que yo me quedaba en Madrid porque me había salido trabajo. Los niños viajaron hasta allí con las mujeres de unos compañeros de Carlos. La noche antes de partir Mónica se la pasó llorando y llorando. No se quería ir y la tuve que convencer diciéndole que pensara en todos los colgantes y sortijas raras que habría allí, con lo que a mí me gustaban, y que me podría traer a su vuelta. Para Bagdad se fueron a pasar la Semana Santa.

A las veinticuatro horas de haberlos despedido recibí un telegrama en inglés, idioma que no hablo en absoluto. Lo leí y lo releí, asombrándome ante lo que creía que estaba allí escrito. Llamé a Juan, le dije que había recibido un telegrama de Carlos y que no lo entendía bien. Me hizo leérselo un par de veces, en mi mal inglés.

—Y tú Pilar, ¿qué has entendido?

—Ven inmediatamente con Javier o no vuelves a ver a los mayores.

—Pues lo has entendido muy bien. Eso pone. ¿Qué vas a hacer?

Lo que hice fue llamar al abogado y volver a poner la demanda de separación.

—Señora, esto es un rapto —me dijo el abogado tras leer el telegrama.

Estuve cerca de dos meses sin saber nada de mis dos hijos. Mi suegra entró en una crisis nerviosa y quería ir a declarar contra su propio hijo en el juicio. No se lo permití, le razoné que era su madre y que algún día le perdonaría como siempre hacemos las madres con los hijos, que cuando eso pasara no quería que me pudiese reprochar haberme aprovechado de sus nervios.

Empecé a ensayar con Jesús la función de Paso. No era ninguna obra de arte. Le conté la situación que estaba pasando y tuvo una idea. Me dijo que Alfonso Paso tenía un cargo oficial en relación con los países árabes, algo relacionado con la cultura, y viajaba mucho por Oriente Medio. Lo trajo una noche. Yo ya había trabajado con él en una película, una cosa llamada *Celos, amor y mercado común* en la que hacía otro papelito de puta, esta vez además tuerta. Fuimos a la cafetería del María Guerrero, a la mesita donde yo me sentaba siempre con mi grupo de amigos, los cinco inseparables que hacíamos las sesiones de espiritismo. Le expliqué a Paso lo de mis niños, que mi marido los había raptado. Él me ofreció varias soluciones, todas bastante pintorescas. Me dijo incluso que allí lo podían matar por muy poco dinero. Lo tomé como una broma de mal gusto y le dije que no, que yo no quería matar a nadie. Sólo quería recuperar a mis hijos.

—Yo lo que le pediría, señor Paso, es que si va por allí por sus asuntos…

—Sí, sí…

—Bueno, yo le daría una cinta grabada para que usted se la entregue al padre de mis hijos. Usted no tendría problemas para localizarle. Una cinta en la que yo pueda mandarle besos a mis niños...

—¡Claro, mujer!

La grabación de aquella cinta me costó la sangre de mis venas. Primero habló Javier, poquito porque era muy pequeño, saludando y tirando besos a sus hermanos. Luego la Tita, diciendo que les echaba de menos. Todo muy alegre porque eso, alegría y amor, era lo que yo quería trasmitirles a Carlitos y a Mónica. Nunca hacerles partícipes de mi dolor, de mi angustia y mis noches sin dormir. Tenía que parar a cada poco porque se me saltaban las lágrimas. Yo le hablaba a Mónica de sus animales. Mi hija era la reencarnación de san Francisco de Asís y recogía todo tipo de bichos. La casa estaba llena de gatos, hámsteres, patos, pollos, tortugas, loros y nuestra perra. A Carlos le hablaba de sus amigos del cole, de cómo preguntaban por él. Yo quería que los niños se acordaran de su vida aquí, de que existíamos.

A la mañana siguiente le llevé la cinta al señor Alfonso Paso, a su chalet. Me recibió con muy buenas palabras y se comprometió a entregarla.

Pasaron los días y yo seguía sin saber nada de mis hijos, haciendo mis dos funciones. Interpretando a una puta con el pelo azul y llamada «la Pelos». Me reunía con mis amigos en el María Guerrero, con María Amparo, Isabel, Tundi, Damián y Paco. Charlábamos de cualquier cosa. Ellos no necesitaban preguntarme, por mi cara veían que no había novedades. Un día ya no lo pude evitar y me entró una especie de alferecía, una locura, y empecé a decirle a Damián, que era un hombre muy fuerte, que iba a jugar a la lotería para conseguir el dinero para dos billetes de avión, que nos iríamos él y yo a Bagdad y, en un descuido del padre, raptaríamos a mis hijos.

—Pilar, te estás volviendo loca.

Puede ser pero no andaba tan descaminada. Años después mi marido me reconoció que esperaba algo así, que yo reaccionara y me presentara allí con alguien, a la batalla.

No me tocó la lotería y los planes de rescate se quedaron en eso, en planes. Volvió Alfonso Paso de su periplo oriental. Inmediatamente se presentó en el teatro.

—¿Cómo están mis hijos? ¿Ha podido verles y hablar con mi marido?

—No... No he podido porque el embajador español me previno. Me dijo que era mejor que no lo viera porque Carlos es un hombre muy peligroso.

Al instante comprendí que aquel señor me estaba engañando, que ni lo había intentado. Lo supe, quiero dejar esto bien claro, porque mi marido tenía un problema conmigo, con su pareja, un desquiciamiento total, pero para con los demás era un hombre exquisito. Culto, divertido y extremadamente civilizado. Mi marido no era peligroso para nadie más que para mí. Le pregunté qué había hecho entonces con la cinta y me dijo que se la había dejado al embajador, a ver si éste se la podía entregar. Le di las gracias, me giré y me marché.

Pasó el tiempo, lento, infernal. Un día sonó mi teléfono.

—Hola Pilar, ¿cómo estás? —Era Carlos.

—¿Cómo están mis hijos? ¡Que se pongan!

—No, no pueden ponerse. No estoy en Bagdad, estoy en Beirut.

—Tú no tienes cojones para venir aquí a que te pegue un tiro —le contesté lo más lentamente posible, desgranando odio y dolor en cada sílaba.

—¡Vaya, por fin has perdido la calma! —respondió y colgó.

Veinte días más tarde volvió a sonar el teléfono.

—Hola, mamá. —Era Mónica—. Estamos en casa de la abuela Flora.

La Tita me tuvo que sujetar porque casi me desmayé. Salí corriendo hacia allí con Javier de la mano. Al llegar lo único que recibí fue un beso, yo diría que muy frío, de mi hijo Carlos. Mónica, aquella niña que lloraba y no se quería ir, ni se me acercó. No me saludó siquiera. Yo me preguntaba qué les habría contado a mis hijos de mí, por qué volvían sin quererme. La sala de mi suegra estaba unida al comedor por un medio arco que formaba dos ambientes diferentes. Flora se llevó con ella a los niños y se sentaron alrededor de la mesa camilla. Carlos y yo nos quedamos en la sala. Me senté en el sofá de cuero que había bajo la biblioteca, el mismo en el que hacía toda una vida perdí la virginidad con aquel hombre que ahora se sentaba frente a mí. ¿Qué ha sido de aquellos chicos?, pensé, ¿cómo hemos llegado a esto? Entonces, tras mirarnos a los ojos, Carlos rompió el silencio.

—Me dijiste que no tenía cojones para venir y que me pegaras un tiro. Aquí tienes. —Me dio una pistola y se quedó mirándome, inexpresivo.

Yo la disparé. Apreté el gatillo dos veces. No estaba cargada. Si no, era imposible fallar a esa distancia, lo hubiera matado.

Al oír el chasquido del arma mi suegra se levantó enloquecida.

—¡Hija, hija! ¿Qué estás haciendo? —gritó viniendo hacia mí. Carlos no se movía ni dejaba de mirarme sosteniendo el arma.

—Esto está muy claro, Flora. Ya no puedo más. Yo lo mato y usted se queda con los niños.

Carlitos y Javier no se enteraron de nada, se habían ido a jugar a otro cuarto. Pero Mónica lo vio todo y le entró un ataque de pánico, no podía parar de llorar. Se puso roja y se ahogaba. Mi suegra se la llevó y yo intenté seguirlas pero mi marido, que era enorme, se interpuso y me tapó la puerta.

—¡Quítate! —le dije con el mayor odio que he sentido nunca. Y se quitó.

Pude calmar a mi hija. Cuando todo se tranquilizó vi que los mayores no querían volver conmigo, a Lope de Rueda, así que cogí a Javierito y me fui. Yo no podía forzarles, me moría por tenerles junto a mí, a ellos, a la razón de mi vida, pero no podía obligarles. Adopté una estrategia de seducción. Con Carlitos opté por traer a los amigos a casa para que le llamaran por teléfono y le contaran cosas del colegio, del Retiro, de su pandilla. Para que le pidieran que viniera por el barrio y les contara cómo había sido su aventura por Bagdad. Quiero recordar a estos chicos, el Fa, los hermanos Brojeras, porque se portaron fabulosamente bien en aquellos días y siendo poco más que niños se tomaron muy en serio el venir a jugar con Javi para que éste no se sintiera solo. Gracias a todos. Conseguí que Carlos quedara con ellos. «Bien —me dije—, si Carlos viene ya no se va.» Así fue, entró en Lope de Rueda, vio a sus colegas y ahí se quedó.

Con Mónica fue más difícil, tardó más tiempo. Seguía con Flora, yo la llamaba y le hablaba de sus animales, le contaba que uno se había puesto malito o cómo jugaba otro. Le preguntaba si quería verlos. Mónica volvió.

Tenía conmigo a mis tres hijos.

47

De piscinas, taxistas y espíritus

Se volvió a la normalidad, entre comillas, que era nuestro día a día. Siempre cortos de dinero pero sobrados de cariño y de buen humor.

La Tita empezó a preparar su boda. La función de Paso salía de gira y yo, una vez más, no pude irme.

Dentro de los momentos trágicos siempre, creo, hay instantes o sucesos muy graciosos. Si los sabes ver, ayudan a superar las dificultades. Llegaron las vacaciones de verano y las piscinas. Mis hijos mayores contaban y no paraban de las maravillas que habían vivido en Bagdad, de lo estupendo que era su padre y la casa rodeada de jardines, con caballos, periquitos y hasta un halcón. Venían deslumbrados y claro, a mí la piscina del Hogar del Empleado se me quedó corta. Decidí hacer un esfuerzo y llevarles a la del Canoe, un sitio con caché, piscina olímpica y trampolín. Allí me los llevaba con mi amiga Isabel. Sorprendentemente mi marido también se apuntaba a la paella que encargábamos para comer pero, como era de esperar, siempre llegaba cuando ya estaba pagada. Nos tumbábamos en el césped amigablemente Isabel, mi marido y yo. Allí, tomando el sol y sonriendo, Carlos me decía que si me concedían la separación y los niños me mataría. Isabel nos miraba atónita, sin dar crédito al infierno que se disimulaba en aquella utopía burguesa de matrimonio, césped y piscinas.

El momento glorioso llegó después de que Carlos, que era un gran nadador, saliera del agua de jugar con los niños y enseñar a bucear a Javierito. Mis críos vinieron corriendo y me hicieron la gran pregunta.

—Mamá, ¿tú no sabes nadar?

Yo no sé nadar. Pero no podía quedar en ridículo ante mis tres hijos.

—No sé, niños, pero me sé tirar del trampolín. —Pude ver perfectamente cómo la desilusión inicial de sus caritas dio paso a una alegría expectante.

Me subí al trampolín olímpico del Canoe, a lo más alto, y me tiré. De pie y apretándome la nariz, pero me tiré. Y me hundí, claro. Además, dado mis escasos conocimientos de hidroestática no pensé que fuera necesario hacer nada para subir. No moví ni piernas ni brazos y, por supuesto, me quedé en el fondo. En lo más hondo de aquella piscina. Estaba por ahogarme cuando se zambulló en mi rescate un compañero de profesión, alarmado al ver que no salía. Su acto fue doblemente heroico porque usaba bisoñé.

Las cosas que hacen las madres por sus hijos.

Hablando de piscinas quiero recordar que mientras los hermanos estaban en Bagdad, yo iba sola con Javierito. Estaba cansada por el trabajo y por los nervios, así que después de comer siempre le pedía al niño que nos tumbáramos y durmiésemos un poco la siesta. Indefectiblemente él decía que no estaba cansado y que quería jugar. Tuve que recurrir a una argucia para conseguir unos minutos de descanso. Yo me ataba el extremo de una cinta a mi muñeca y el otro a la suya, una cinta lo suficientemente corta para que el niño no llegara al agua pero larga para dejarle cierto radio de acción para jugar. Normalmente cuando me despertaba siempre tenía al lado a un hermoso señor, algún guapo mozo que se condolía.

—¡Qué tragedia por Dios, ya me ha contado su niño!

Supongo, porque la escena siempre se desarrollaba conmigo dormida, que los jóvenes en cuestión veían primero a una atractiva mujer con un biquini mínimo y un niño atado a la mano. Se acercaban curiosos y la graciosa locuacidad de Javierito hacía el resto. Allí esperaban a que la bella durmiente despertase para intentar consolarla. Por más que luego regañara al niño, éste lo seguía haciendo.

Y es que por entonces debía estar yo muy mona. Recuerdo otra cosa absurda que me pasó. Un día salí del teatro Arniches, donde representábamos *El cargo*, con prisas. Tenía que ir a casa porque allí me iban a recoger para rodar una cosita de cine. Como llegaba tarde cogí un taxi. Llevaba un pantalón vaquero y una camisa azul con lunares blancos, anudada por debajo del pecho y que dejaba el ombligo al aire. Así iba yo en el taxi, pensando en mis cosas cuando el conductor rompió el silencio.

—¡Cómo me está poniendo usted!

No dije nada. Ni le miré. Esperé unos minutos para hablar.

—¡Y usted a mí! No sabe usted el cogote que tiene. Me estoy reprimiendo para no lanzarme a su cuello a mordérselo.

El taxista me miró espantado por el retrovisor y se estrelló contra un semáforo al girar en Menéndez Pelayo.

—¡Pero bueno!, ¿qué está usted diciendo, señora? ¡Mire el golpe que nos hemos dado…!

—¿A que jode? —contesté—. ¿A que jode que te hablen así? ¿Con qué derecho me dice usted eso? Semejante parida…

—Bueno señora, explicado así…

—¿Eh? ¿A que no va a volver usted a hablarle así a ninguna chica?

—No, no, yo no…

Allí nos despedimos y eso sí, el hombre se negó a cobrarme la carrera. Claro que yo tampoco le cobré la lección de urbanidad.

De los amigos que fueron mi apoyo en aquellos días terribles podría contar muchas cosas, de todos guardo un tierno y divertido recuerdo. Fueron eso, amigos. Ni más ni menos, ¡y qué difícil es encontrarlos en la vida!

Quizá lo más curioso fue nuestra pasión espiritista. Fue José Luis Coll quien nos inició. Vino un día al café Gijón diciendo que volvía de Cuenca, su tierra, que había estado en una sesión y que aquello era el no va más. Dicho y hecho, organizó una velada espiritista en casa de Mauricio, un realizador de televisión, un piso precioso en la Cuesta de Santo Domingo. Fuimos con el velador puesto. Coll se designó como maestro de ceremonias y nos sentó en un orden determinado alrededor del velador, dándonos instrucciones para concentrarnos. Mi amigo Damián no se sentó porque decía que él no creía en esas estupideces. Los demás, ocho personas, sí lo hicimos y juntamos los dedos. No pasó nada.

Coll me dijo que yo llevaba muchos anillos en los dedos y que eso debía ser muy malo, que me saliera del grupo. Fue levantarme yo cuando la mesa empezó a moverse y a perseguirme intentando meterse entre mis piernas.

—¡Mamá, mamá! —grité y me dio un ataque de nervios—. ¡Es mi madre, es mi madre!

Se montó un revuelo espantoso. Cuando nos tranquilizamos me senté de nuevo en la mesa, ya sin los anillos. Empezaron a ocurrir cosas. El velador no paraba de moverse. Tundi llevaba la voz cantante e interrogaba a las presencias, por llamarlas de algún modo, con el sistema de los golpes para afirmar o negar. Uno sí, dos no. Estábamos todos muy impresionados y nos resultó apasionante, máxime cuando luego nos confesaron Mauricio, Coll y Damián, que habían llenado la casa con hilos para mover o hacer caer cosas y que ante lo que estaban viendo no se habían acordado de utilizar ninguno de aquellos efectos. Todo lo que había pasado había sucedido de verdad, fuera lo que fuese esa verdad. Ése es otro tema.

Empezamos a reunirnos a hacer espiritismo en mi casa como el que lo hace para tomar el té. Siempre los mismos: Amparo, Isabel, Tundi, Damián, Paco y Mauricio. Llegamos a hacerlo tan seguido y con tal intensidad que las cosas empezaron a moverse solas por Lope de Rueda. Entonces hablé con Pepe Franco, actor fabuloso y reputado ocultista, un rosacruz, para preguntarle por estos fenómenos.

—Habéis creado un campo de energía. Sois siempre los mismos, a la misma hora y en el mismo lugar. Tu casa se ha convertido en una especie de faro. O de imán que atrae ciertas cosas.

En el grupo había dos tendencias ante aquellos sucesos. Damián lideraba una, que decía que todo era fruto de la energía que liberaban nuestros cuerpos, una especie de aberración física y sin ninguna intervención del más allá. Yo encabezaba la otra y directamente pensaba que hablaba con mi madre y ella me respondía.

Una noche estábamos en la cafetería del María Guerrero, nuestro particular punto de encuentro. Allí bebíamos unas copas, jugábamos a las películas y nos encontrábamos con otros compañeros que, con sus respectivas pandillas, se repartían por las demás mesas. Quiero decir que todos nos conocíamos. Aquella noche, al llegar a nuestro rincón vimos ya sentado a un señor vestido de negro. Recordándole ahora, tenía un aire a Max von Sydow y era como de mucho susto. Ninguno lo conocíamos y todos fuimos pensando que sería amigo de algún otro de la pandilla. Al cabo de un rato se hizo evidente que ninguno sabíamos quién era. Hubo un extraño silencio que rompió el intruso.

—¿Ustedes son los que hacen espiritismo?

Le dijimos que sí, que éramos simples aficionados pero que nos apasionaba el tema. Había algo en aquel hombre, quizá su voz, que te hacía darle explicaciones pero también confiar en él. Le relatamos nuestras experiencias, nuestras sesiones.

—¿A ustedes les importaría que yo asistiese a la próxima? —preguntó.

Le dijimos que no, que estaríamos encantados de que nos acompañase esa misma noche a mi casa. Cuando el hombre entró en mi dormitorio, donde tenían lugar las sesiones y estaba la pequeña mesa cuadrada en torno a la que nos sentábamos, no le gustó. Me preguntó si no tenía una redonda. Le dije que sí, que una mesa de libro, de esas que se pliegan. También le previne que estaba en el comedor y que era toda de caoba, muy pesada.

—Vamos al comedor —fue su respuesta.

Retiramos una alfombra que había y abrimos la mesa. Nos sentamos todos menos él, que se quedó en un rincón observándolo todo. Dijo que quería ver cómo lo hacíamos. Empezamos y enseguida hubo movimientos y golpes. El hombre de negro nos dijo algo.

—La mesa quiere hablar. La mesa habla con el abecedario. El que lleve la sesión que lo deletree. La h no se usa y la b y la v son la misma letra. También la g y la j.

Tundi empezó a recitar el alfabeto y, de cuando en cuando, la mesa daba un golpe afirmativo coincidiendo con determinada letra. El proceso era sorprendentemente rápido y fluido. Fuimos apuntando hasta formar una frase:

«Hijo, dame vino, ¿quieres?»

Todos nos miramos, ninguno sabía qué podía querer decir aquello. El hombre de negro habló desde el rincón.

—Ése es un mensaje para alguno de ustedes.

De repente uno de los chicos se levantó de un salto, furioso.

—¡O sea que eres tú, hijo de puta! ¡Eres mi padre!

Aquella persona era íntimo amigo nuestro y sabíamos de él lo que se sabe de los íntimos, nada en realidad. Pasamos media vida al lado de gente que creemos conocer y, de pronto, algo nos demuestra que no conocemos nada de ella. Resulta, nos contó luego, que el padre de este compañero había sido alcohólico y había arruinado a la familia. Aquello fue como una catarsis para mi amigo, que no podía parar de hablar de aquello.

Nunca más vimos al hombre de negro.

Una noche Javierito se despertó y entró en la habitación. Al día siguiente le contó a mi hijo Carlos que había estado con mamá y que había visto una mesa que se mueve sola. Inmediatamente Carlitos me pidió estar en una de esas sesiones. Yo no me negué porque me parecía algo verdaderamente interesante y porque en nuestras reuniones no había nada tétrico o macabro. En cuanto mi hijo se sentó en la mesa alguien se manifestó pidiendo hablar con él. Yo enseguida tiré para la familia y pregunté si era mi madre, mi padre o alguna de mis tías. La presencia contestó que no y deletreó. Dijo ser un niño que, efectivamente, fue compañero de Carlitos en el *kindergarten* de Canarias y que se mató ante sus padres, que volviendo a casa vieron cómo el crío los saludaba desde el balcón y luego se caía a la calle. A mí me impresionó mucho porque, a ver, a mí que me cuente alguien quién se acordaba de aquella historia. Ni mi propio hijo. ¿Explicación?

Lo dejamos por una simple razón, porque aquello empezó a írsenos de las manos. El primer susto fue cuando días después del atentado que acabó con él, se me metió en casa el almirante Carrero Blanco. Cuando determinamos su identidad, un compañero no pudo reprimirse.

—¡Pues bien muerto estás por hijoputa!

La mesa le pegó tal viaje que le hizo una herida en la rodilla. Una cicatriz que aún conserva.

Pero esto no fue lo peor. Yo había hecho un cuento infantil para televisión, una versión de *El soldadito de plomo*. Hacía de una campesina y Damián de demonio, colorado, con tridente, cuernecitos y rabo. Pepe Franco, que trabajaba en la serie, tenía la costumbre de hacer fotos de los compañeros y luego regalarlas. A mí me hizo una y me la dedicó. Me la mandó con una carta en la que también venía una que le había hecho a Damián vestido de diablillo, pidiéndome que se la entregara ya que él apenas lo conocía. Aquella foto se quedó olvidada en mi dormitorio, dentro del sobre en que la recibí, en una mesa llena de papeles y guiones.

Una noche estábamos en plena sesión y la mesa empezó a moverse mucho, violentamente. La presencia no contestaba a nuestras preguntas, se mostraba rebelde.

—¡Qué barbaridad, pareces el diablo! —dijo Mauricio, que era el más osado preguntando.

Y la mesa dijo sí. Todos nos reímos, quizá para disimular el susto, bromeando sobre la posibilidad de que el demonio viniera a vernos. De todos modos y sin decir nada yo me levanté y fui hasta el cuarto de Mónica, donde yo guardaba el crucifijo que me dieron las monjas de pequeña. Volví al dormitorio con él escondido en la mano y nada más entrar la mesa se abalanzó sobre mí, dejó a todos los que estaban sentados detrás y se tiró contra mí. Sola. Me golpeó en el brazo hasta que abrí la mano. El crucifijo cayó al suelo y aquella mesa lo pisó, una y otra vez, con una de sus patas hasta machacarlo. Aún lo conservo.

Se hizo un silencio total. No nos cabía el miedo en el cuerpo. Nos sentamos y unimos las manos.

—Vamos a ver —dije yo—, si realmente eres el diablo aquí, en este cuarto, hay algo que hace alusión a ti. Vete a buscarlo.

Yo pensaba en la foto de Damián, que según estábamos dispuestos quedaba a mi derecha. La mesa se fue para la izquierda y nosotros con ella. Yo decía que mal, que iba mal, que por allí no estaba la cosa que se refería a él. Entonces la mesa se acercó a la biblioteca y golpeó un estante. Un solo golpe en un solo estante que hizo caer un solo libro. *El diablo*, de Giovanni Papini.

A partir de ahí decidimos no volver a hacer espiritismo en nuestra vida.

Un apunte político de estos días. La muerte de Carrero me pilló muy ocupada con mis problemas personales, la viví con cierta indiferencia. Pero recuerdo que me sorprendió una cosa que me dijo Flora, un día que había llevado a los niños a comer a su casa.

—No está bien lo que han hecho, eso de matar a este almirante. Ahora, ¡hay que ver lo bien que lo han preparado todo! Si es que son vascos —comentó con orgullo mi suegra, mujer de comunión diaria pero a la que le tiraba mucho su sangre y su tierra.

Yo me enteré del atentado por la llamada de un compañero. Me dijo que se habían cargado a Carrero y luego me aconsejó que si tenía dinero lo sacara porque, según él, la cosa se iba a poner mal y habría que irse del país. No bromeaba. Había mucho miedo en alguna gente, los perdedores, los de siempre, y al mínimo sobresalto la posibilidad del exilio se tornaba real.

Yo no estaba metida en política y lo viví como cualquier ciudadano. Pensé como todos que aquello era un duro golpe para la continuidad del régimen. Y digo pensaba porque yo no vi a nadie hablar demasiado del tema, insisto en que seguía habiendo miedo. Yo no ingresé en CC.OO. hasta 1974, fue Juan Diego quien me inició en el sindicalismo a partir de las asambleas por el día de descanso. Luego el padre Sthaellin, cuando fui a pedirle ayuda para la separación eclesiástica y conocer el giro que había tomado mi vida, me dijo que estaba seguro de que me encantaría conocer a una persona. Me remitió al Pozo del Tío Raimundo, donde conocí al padre Llanos, fundador junto a Marcelino Camacho de Comisiones Obreras. Encontré en la lucha sindical un camino propio por el que andar, una lucha, un cauce para mi afán de justicia al margen de la política de partidos de la que siempre me he mantenido aparte. Juan Diego no lo entendía.

—¿Cómo es que no te metes al PCE?

—Para eso ya está mi hermano. A mí no me gustan los carnés.

Otra cosa era colocarme al lado de los míos, de los cómicos. Mis compañeros. Lo que yo he sido siempre es eso, una cómica. Una trabajadora.

48

El lujo redondo

Este año 1973 me llamó Fernando García de la Vega, un realizador de televisión que había hecho programas magníficos como *Escala en Hi-Fi*. Había empezado también a grabar zarzuelas famosas, mezclando cantantes con actores que hacían *playback*. Me fui a su oficina con Javier de la mano, como siempre. Fernando, con el que luego trabajé mucho, me dio una cinta con las canciones y el texto de la señora Rita, de *La verbena de la Paloma*. También me tenía que aprender un verso larguísimo sobre el cierre del teatro Apolo, meca del género chico.

Me citaron en los estudios un lunes. Cogí la furgoneta, llegué, me maquillaron y no grabé. Yo estaba muy nerviosa, no sabía de qué iba aquello y, aprovechando que no trabajaba, me dediqué a preguntarle a los compañeros cómo funcionaba aquel asunto de las zarzuelas. Luego no fue tan difícil y me resultó de especial ayuda el conocimiento que tenía, gracias a mi tía Nati y su piano, de casi todas las piezas más célebres. Yo ya me sabía todas las letras y las músicas, no necesitaba escucharlas demasiado para encajar los movimientos de los labios.

El martes se repitió la historia. Me vistieron, me maquillaron y no grabé. Yo estaba relativamente feliz porque había una especie de ley no escrita en el cine y la tele, por la que una vez que te maquillaban te tenían que pagar el día como trabajado. Aún se hace así. El miércoles por fin grabé el final de mi capítulo, la parte del verso. Nos citaron para seguir el lunes siguiente.

Me dieron otra cinta y ahí sí —¡lo que es la precariedad laboral del cómico y su miedo a perder el trabajo!—, ahí ya me atreví a preguntar cuánto me iban a pagar por día.

Me remitieron a Prado del Rey, a hablar con el señor Monís, Monís para todos, el jefe de contratación. El hombre me conocía por mi familia, trató con mis padres y resultó ser antiguo alumno de mi tía Nati. Me preguntó si quería cobrar un tanto alzado o un fijo por día de trabajo. Yo hice números mentalmente y pensé que llevaba cuatro días de trabajo, que por sesión sería más rentable. Monís me quiso convencer de que firmara por programa y luego discutimos por el número de días, sólo me reconocía dos como trabajados. Salí de allí sin nada claro.

A la mañana siguiente se presentó en la grabación un tipo de contratación. Le conté la conversación con Monís y que había un error, que habían sido cuatro los días trabajados. Mirándome de arriba abajo me habló en un tono absolutamente despectivo.

—Han sido dos días.

El subtexto era: cállate muerta de hambre y si han sido cuatro días, tú tragas con dos. Así lo entendí. Sin saber qué hacer recurrí a un compañero, uno de los protagonistas, como testigo de que había estado allí cuatro días. El compañero, no diremos su nombre, me dijo que por dos días no discutiera.

—¡Me cago en Dios! —No pude evitar blasfemar.

Se hizo un silencio absoluto en el plató y Fernando García de la Vega bajó corriendo, casi cayéndose por las escaleras, desde el control.

Así fue mi entrada en el mundo de la televisión. Eso sí, cobré mis cuatro días. Una vez más la vida me confirmaba que hay que protestar y armar follón simplemente para que respeten tus derechos, para que te den lo que te corresponde. Pero el mundo a veces es justo. Cuando fui a Prado del Rey a cobrar se hicieron un lío tremendo, se equivocaron y me pagaron bastantes más días de los famosos cuatro.

Entonces conocí la famosa cola de Televisión. Consistía en que en RTVE se pagaba los 5, 15 y 24 de cada mes. Había dos ventanillas en las que cobraba todo dios: actores, técnicos, realizadores, administrativos y demás personal. Toda la gran familia mezclados en alegre compañía y todos rezando para que lo suyo hubiese entrado al cobro. En esa cola nos encontrábamos todos y ocurrían muchas cosas. Allí y en la cafetería se establecía un espontáneo mercado de contratación, un intercambio de información sobre futuros trabajos y proyectos por comenzar. O simplemente se charlaba y chismorreaba. Había compañeros que cogían el autobús para ir allí, a Prado del Rey, a pasar el tiempo libre y dejarse ver en la cola aunque no hubiese nada que cobrar —como aquellos hidalgos de la picaresca que disimulaban el hambre migándose las barbas—. O simplemente a reunirse con amigos en la cafetería. Iban allí para que los vieran los realizadores y no pensaran que estaban en Toledo, que es lo que se decía del que andaba desaparecido, o sea en el paro.

—¡Coño, Fulano! Me habían dicho que estabas en Toledo...

—Pues ya ves que no.

—¡Estupendo porque voy a empezar una cosa y hay algo...!

En aquella cafetería me cité varias veces con Jesús Puente, ya terminada nuestra relación pero no nuestra amistad, para charlar.

Y en aquella cola me comentó José Sacristán que se había comprado un piso.

—Sí, en una urbanización en Móstoles. Son muy bonitos y están muy bien de precio. Se llama Villafontana. Podrías ir, como tienes esa obsesión con dejarle algo a tus hijos...

Me pareció una buena idea. Vivíamos subrogados en Lope de Rueda y quizá, pensé, sería inteligente comprar algo en propiedad pensando en los niños.

Me fui al paseo de las Delicias, donde estaba la oficina, y compré un piso en Villafontana. «El lujo redondo» se publicitaba la urbanización porque en los pisos había una bañera circular. Me metí en unas letras que complicaron aún más la situación en casa. Yo trabajaba mucho pero en cosas pequeñas, juntaba muchos pocos y no acababa de sacar la cabeza. Tenía un margen de resistencia mínimo, el hecho de que no trabajara un mes —algo relativamente frecuente en mi profesión— significaba la ruina de mi hogar.

La compra de Villafontana, año 1974, demostró mi absoluta falta de visión inmobiliaria. Yo no pensaba vivir allí, lo había comprado como inversión. Bien, primero se me metió dentro un compañero que, me dijo, se había peleado con la novia y necesitaba un lugar para un par de noches. Estuvo dos años y medio, tiempo durante el que pagué todos los recibos de suministros porque estaban domiciliados en mi banco. Dos años y medio después el compañero decidió, súbitamente, que pillaba muy lejos de Madrid y se fue. La verdad es que vivía austeramente. Una colchoneta y una lámpara fue todo lo que encontré.

Me fui entonces a una oficina de alquiler de pisos que habían montado unas jóvenes, propietarias y vecinas en la urbanización. Yo les caí muy bien, se rieron mucho con mis desgracias y me dijeron que no me preocupase, que ellas me iban a buscar un inquilino ideal.

Me llamaron al poco tiempo y me fui a Móstoles a conocer al caballero en cuestión y mostrarle el piso. Le gustó, firmamos un contrato y me pagó el mes de fianza. Yo me sentía feliz y por fin dentro del negocio inmobiliario. Cuando hubimos firmado todo el hombre me dio una palmada en la espalda y me dijo: «¡Qué bien, camarada!». Yo le contesté que camarada mi hermano y que yo no era camarada ni de mi padre. Él lo encontró muy gracioso.

Nunca más me pagó.

Pasaron dos y tres meses y nada. Además no se ponía al teléfono y las chicas de la oficina se confesaban incapaces de encontrarlo. A los cinco meses cogí a los niños, los monté en el autobús y nos fuimos a Móstoles. Me presenté con un juez en el piso, para que autorizara a abrir la puerta ya que mi inquilino estaba desaparecido. Me impresionó lo que vi. Había polvo, por supuesto, pero la casa estaba como si la hubieran tenido que dejar a la carrera. La cama deshecha y había comida podrida en el frigorífico pero, salvo por esto, reinaba un orden evidente. El juez dio orden de hacer inventario. Con eso de camarada y con todo el rojerío que había en Móstoles, el sujeto este había dejado deudas en impagos a medio pueblo. En eso estábamos cuando Carlitos soltó una exclamación.

—¡Qué desgraciao, encima tiene un jamón!

El niño lo miraba con los ojos como platos y salivando. El juez lo advirtió.

—Bueno, del jamón no digamos nada —ordenó al pasante— y que se lo lleve esta señora.

Fue nuestro primer jamón familiar.

Un dato curioso. Revisando papeles del sinvergüenza este me encontré con que tenía dos carnés, uno del PCE y otro de Alianza Popular. Se conoce que se trabajaba las zonas. Supongo que en Retiro o en el barrio de Salamanca usaría el de AP.

Tras esta experiencia asumí que aquello no era para mí, que no le veía un duro al negocio del alquiler y sólo me daba problemas. Hablé con las chicas de la oficina y en poco tiempo me buscaron unos compradores. Un matrimonio joven en el que todo lo hablaba ella, que además mandaba callar al marido en cuanto éste abría la boca. Me contaron las chicas que el padre de la joven la dejó medio abandonada para irse a hacer las Américas. Y resultó que las hizo. Se forró, recuperó la conciencia paterna y le giraba un dineral a su hija cada mes. Así pues, ella era la que mandaba. Le vendí el piso, lo comido por lo servido. Al poco tiempo la mujer me llamó, muy simpática.

—Para que veas, Pilar, hay que saber hacer negocios. He alquilado el piso a un señor y me ha pagado un año por adelantado.

—Si es que la que vale, vale —dije yo muy impresionada.

Tiempo después vi que ella tampoco había acertado con el inquilino. Salió en las noticias cómo habían detenido en el piso a un narcotraficante. Mostraban imágenes del zulo que había hecho para esconder, bajo la moqueta, la droga.

49

Soltera, casada, viuda y monja

Retomemos la historia de la separación. A Carlos le llegó la citación para el proceso eclesial. Era ya de noche cuando me llamó y me dijo que le preparara a los niños, que se los llevaba. Yo le contesté que estaban durmiendo y que era ya muy tarde, casi la una de la madrugada. Le sugerí, en el mejor de los tonos posibles, que se calmase y que viniera al día siguiente por ellos. Colgó el teléfono y se presentó en mi casa. Llamó a la puerta. A través de la mirilla intenté razonar con él, le dije que no eran horas de molestar a los críos, ni a los vecinos, que lo dejara estar.

—Que sepas que tengo una pistola y te abro la puerta a tiros.

Yo sabía que tenía un arma, claro que sí. Inmediatamente eché todos los cerrojos, incluido el viejo FAX de tiempos de mi madre. La Tita se había despertado y me miraba asustada. No tuve que decirle nada. Se metió en el cuarto en el que dormían los niños y se encerró.

Carlos disparó varias veces contra la puerta. Saltó la cerradura y varios de los cerrojos. El único que resistió fue el pasador de acero del FAX, quizá porque mi madre hacía fuerza también. Yo corrí al teléfono de pared que había tras el recodo del pasillo y llamé a la policía.

—No podemos ir ahora —me contestaron— porque ha estallado el gas en Madrid.

Yo no entendía nada, ¿qué gas?, y le preguntaba al agente si es que no oía los tiros que mi marido seguía descerrajando a la puerta. Me mantenía a cubierto tras el recodo y estiraba mucho el cable del aparato para, ahora me veo ridícula, sacar el auricular al pasillo y que el policía escuchara los disparos.

—Pero ¿los oye?

—Sí, sí, señora, pero que no podemos ir. Lo único que puedo sugerirle es que salga y vaya a denunciarlo a una comisaría.

—¡Pero usted es gilipollas! ¿No ve que si salgo a la que le pegan un tiro es a mí?

—Mire, señora, hay un follón muy gordo por lo del gas y no puedo mandarle a nadie.

Entonces se me ocurrió otra cosa.

—Vale, pues vengan a detenerme por roja. ¡Yo me cago en Franco, en su puta madre y en todo el régimen. Vengan a detenerme por subversiva!

Ni así me hicieron caso. Colgaron. Llamé a Juan y no daba señal. Luego supe por qué. Efectivamente había estallado una conducción del gas por Cea Bermúdez, la calle de mi hermano, y se habían cortado las comunicaciones.

En mi desesperación se me ocurrió llamar a la cafetería del María Guerrero. Atendió Blas, el encargado, y le pregunté si estaba por allí alguno de mis amigos. Me dijo que sí, que estaban todos. Se puso Damián, le expliqué lo que pasaba y me pidió que intentara tranquilizarme, que iba corriendo a la comisaría de la calle de la Luna a denunciarlo.

La puerta estaba hecha astillas, le faltaba un largo cuarterón que había en su mitad. Afortunadamente para mí, Carlos era un hombre grueso, grande, y no pudo meterse por ahí.

Apareció, ¡por fin!, la policía. Venían varios agentes de uniforme y uno de paisano que los dirigía. Nos quedamos mirándonos.

—Pero ¿qué te pasa, Pilar? —me preguntó el secreta.

—¡Dios mío, estamos rodeados! —exclamé. Aquel policía era ayudante de cámara de la escuela de cine. Con él había rodado un corto sobre *La amante*, de Alberto Moravia. Me lo pidió como favor Pilar Miró porque el director era un alumno suyo y aquel policía era el ayudante de cámara, el mismo que durante todo el rodaje me llevó en su moto al teatro. Era un infiltrado en la Escuela de Cine, un lugar lleno de jóvenes no muy adictos al régimen. Días más tarde fui a la escuela y me atendió un chico joven, al que advertí sobre la identidad del supuesto ayudante. Con los años supe que el muchacho con quien hablé era Imanol Uribe, hoy un magnífico director de cine, y que el operador al que el infiltrado ayudaba era Javier Aguirresarobe.

Volvamos a mi casa. Mientras la policía intentaba abrir desde fuera el persistente cerrojo y así poder entrar, yo oía a mi marido hablar con ellos.

—¡Les advierto que es actriz!

Yo creo que no lo decía, o no solamente por eso, por la descalificación personal que él creía suponer mi profesión, sino por si yo montaba un numerito de llantos o algo así. De todas formas, para cuando entraron yo ya estaba perfectamente calmada. Mi control, mi falta de histerismo en los momentos de crisis, si había algo que alterara a Carlos era eso. Quizá porque a él le faltaba. Pasamos todos al saloncito y el policía me explicó que mientras no hubiera una sentencia en firme de separación, mi marido estaba en su derecho si quería llevarse a sus hijos. Como y cuando quisiera. Le contesté que cuando decía llevárselos no quería decir a aquí al lado, es que se los llevaba a Bagdad. El policía me dijo que él no podía hacer nada. Inmediatamente me entró la angustia de cómo levantar a esas horas a mis hijos. Por supuesto se habían despertado y estaban muy asustados. Me inventé una historia y les conté que la abuelita Flora estaba muy malita y quería que ellos la cuidaran, que por eso había venido papá.

Carlos se los llevó a casa de su madre. El policía tuvo, ciertamente, un detalle. Insistió en que al no haber separación no se podía hacer nada, pero se ofreció a acompañarme a la comisaría y atestiguar lo que había visto, los tiros y los destrozos. Se lo agradecí y allí que nos fuimos. Tuve la oportunidad de conocer al que me había atendido por teléfono. Dejémoslo ahí.

Una anécdota sintomática de lo que era el país fue lo que le sucedió a mi amigo Damián en la comisaría de la calle de la Luna.

—Buenas noches, vengo a denunciar que a una amiga mía su marido le está tirando la puerta abajo a tiros.

—¿Y usted es el amigo? —preguntó suspicaz el policía.

—No, yo soy un amigo. No el amigo —explicó puntilloso Damián—. Podría haber venido otro amigo porque esta señora tiene muchos.

—¡Ah, así que tiene varios amigos! —replicó el agente.

—Tiene muchos amigos... Y amigas... Oiga, ¿es que no van a hacer nada?

En aquellos días la mujer era siempre sospechosa, cuando no directamente culpable de lo que sucediera.

A la mañana siguiente Mari Cruz, mi portera, me dijo que los vecinos se habían quejado de que la noche anterior su perra había ladrado mucho. Y yo, como el Tenorio, fijé un cartel en mi puerta. Bueno, en la tabla con que un carpintero había tapado los agujeros.

> Quien tenga cojones que venga a decirme sus quejas sobre la perra.
>
> PILAR

Nadie lo hizo.

Carlos nunca fue a declarar al tribunal eclesiástico y fue declarado en rebeldía. Volvió a Bagdad sin los niños, claro. Yo estaba trabajando por entonces en otro café teatro titulado *¡Flash, flash!*, basado en textos de Jardiel Poncela y dirigido por Javier Laffleur. Tenía como compañeros a Manolo de Blas, Raúl Sender y Josefina Calatayud. Íbamos casi en régimen de cooperativa, así que no vimos dinero aunque, eso sí, el estreno fue precioso. Ese día llegué y me encontré en la sala a Evangelina Jardiel, estaba sentada con una niña. Nos presentaron.

—¡Qué alegría —dijo Evangelina—, otra vez unidos el nombre de Jardiel y el de Bardem!

Yo dije que sí, sonreí y pensé que la buena señora no debía conocer la historia de cómo Jardiel dejó a mis padres en la ruina. Don Rafael formó compañía, con todos los gastos que eso suponía echarse a la espalda, porque Jardiel le cedió los derechos de sus obras para representarlas fuera de Madrid, para hacer con ellas una gran tournée. Mi padre se empeñó hasta las cejas y, aun así, mi tía Guadita tuvo que dejarle dinero. Jardiel cambió de opinión y le quitó las obras. Aún conservo correspondencia entre ellos. Cuando yo nací mi padre estaba ya arruinado.

—¡Va a salir muy bien! —siguió Evangelina—, porque a mi padre, que lo tengo siempre presente, a mi lado, le gustaban mucho estas cosas de la técnica y va a estar junto al chico del magnetófono para que no falle la música.

—¡Pues cojonudo —contesté yo—, porque yo siempre llevo a mi madre encima y va a salir un estreno maravilloso!

Empezamos la representación. Todo fue muy bien hasta que el muchacho del sonido pinchó una música para que yo cantase y aquello no sonó. Lo hice *a cappella* y salimos del paso. Tras la función vino corriendo Evangelina.

—¡No sé, no sé qué ha podido pasar! ¡Estoy convencida de que mi padre estaba al lado!

—¡Seguro! —contesté—, tu padre estaba y también mi madre. Y como tu padre llevó a la ruina a los míos, mi madre le ha debido pegar una hostia a tu padre. Por eso ha fallado el magnetófono.

—¡Ah! ¿Tú crees?

—Digo yo.

Evangelina era la mujer más graciosa del mundo y tiene el mismo sentido del humor que su padre. Fuimos muy amigas.

Las críticas del espectáculo fueron maravillosas y me compensaron el hecho de trabajar por amor al arte. Nunca vi un duro. Lo bueno fue que un día vino a vernos Fernán Gómez con Emma Cohen, ellos eran todo el público de aquel día. Al darse cuenta nos dijeron que por ellos no íbamos a hacer la función, que no hacía falta. Les contestamos que no había problema, que nos divertíamos mucho haciéndola. La representamos para ellos con todas las ganas e ilusión del mundo. Quizá por lo que vio aquella noche, Fernando me contrató meses después para una obra de teatro.

Una vez conseguí la separación, me fui inmediatamente, corriendo, a cambiar el carné de identidad. Llegué, hice mi cola y cuando fue mi turno choqué otra vez con el surrealismo patrio. Veamos, yo le di mi carné al funcionario.

—No está caducado —me dijo tras ojearlo.

—Ya, vengo a modificarlo porque ha cambiado mi estado civil.

—¡Ah!, se ha quedado viuda. Le acompaño en el sentimiento.

—No, no señor. Soy separada.

—Eso no existe.

—¡Hombre, con el dinero que me ha costado no me diga usted que no existe!

—Señora, en España hay cuatro estados civiles: soltera, casada, viuda y monja.

El hombre insistía en que no existía la condición de separada y yo en discutírselo. La cola, lejos de impacientarse, asistía interesada a nuestra conversación.

—Reflexionemos —dije—, ya sé que estoy casada por la Iglesia hasta que la muerte nos separe. Que no existe el divorcio. Pero el carné de identidad es un documento civil y aquí tiene usted otro documento civil, el libro de familia, con un papel en el que dice que estoy legalmente separada, separada judicial. Por lo tanto, si en un documento aparezco casada y en otro separada, que es lo que estoy, habrá que arreglarlo para no incurrir en duplicidad o falsedad.

—Sí, explicado así... —el hombre no parecía muy convencido—, pero a usted ¿qué más le da?

—¿Cómo que qué más me da? Una mujer casada no puede trabajar, no puede vender o pignorar.

—¿Pignoqué?

—¡Pues eso, pignorar! A ver, más claro. Yo me voy a un hotel con un señor y con el DNI soy una adúltera, pero con la sentencia puedo hacer lo que me salga de las narices.

Oí a mi espalda un murmullo que evidenciaba cierta división de opiniones en la cola. El hombre abrió mucho los ojos, me acercó la cara y me habló en secreto.

—Espere usted a que se muera.

Yo me quedé de piedra ante el consejo y no me atreví a preguntarle de quién debía esperar la muerte, si de mi marido o del Caudillo. Supongo que se refería a Su Excelencia. Era poco probable que tuviera nada contra Carlos.

No hubo forma. Seguí casada en el DNI. Con la llegada de la democracia fui otra vez corriendo a cambiarlo. En vez del funcionario me topé con unas chicas muy progres y decididas.

—¿Se puede poner que estoy separada? —pregunté cauta aunque ilusionada.

—¡Claro, mujer! —me contestaron dicharacheras—. Aquí ponemos una S.

—No, porque eso significa soltera —puntualicé.

—¡Ah, pues una D!

—No, no porque eso es divorciada y el divorcio no existe en este país. Todavía.

—¡Claro, claro. Pues ponemos SP!

—No —corregí otra vez—, de ninguna manera. Eso es servicio público.

Finalmente tiraron por la calle de en medio y lo arreglaron con un Sep, por separada, no por el mes. Cuando me entregaron el carné estaba tan feliz que no miré lo demás. No vi que habían puesto sexo: varón. Me quedé con él igual y, ayudado con ciertas confusiones que parecían alentar mi elevada estatura y mi voz ronca, ese carné me hizo ganar muchas apuestas y alguna copa.

La realidad corre siempre más que las leyes, especialmente lentas de reflejos en una dictadura. Cada vez más el país, la gente, iba por un lado y el Gobierno por otro. De ahí surgían estos encontronazos, estas situaciones paradójicas y de tinte surreal. Es curioso que en aquella España de Franco, en cuanto te salías de la norma aparecía un cura o una monja, te topabas con la Iglesia y sus categorías, que ya tenían poco o nada que ver con la vida real de las personas. Si eras, por ejemplo, una separada judicial te convertías en una anomalía dentro del sistema, pasabas a habitar una especie de limbo administrativo. Así y todo, ¡qué gran verdad es esa de que los gobiernos pasan pero los funcionarios no! ¡Cuánta sabiduría hay en los burócratas! Al final tuve que esperar a que se muriera.

50

Vodevil

Fernán Gómez me llamó y me contrató para *Vodevil*, una obra que iba a dirigir e interpretar. Yo hacía un papel hermosísimo, uno de esos que dentro de la profesión se llama «bien colocado». O sea, que tenía cuatro salidas que estaban magníficamente colocadas en el texto. Brillantes. Trabajar con Fernando fue para mí cumplir una ilusión, una felicidad indescriptible aderezada con el puntillo justo de temor —que él me producía— para hacer una aventura diaria de aquel trabajo. Y es que por Fernando yo sentía, siento y sentiré, veneración. Siempre he pensado que es un extraterrestre que algo o alguien, desde un mundo superior, nos ha mandado para enseñar al ser humano cosas de la vida.

Tanto le respetaba que al cuarto día de ensayos, preocupada porque aún no me había dado ninguna indicación, me acerqué temerosa.

—Fernando, no me dices nada... ¿Qué piensas?

—¿Por qué te voy a decir nada si lo haces bien?

Él es así, parco en el halago —y por eso más veraz— y lógico, sobre todo lógico. A él le parece lógico que la gente haga bien su trabajo.

Mi felicidad fue redonda cuando conseguí meter en la compañía a mi amiga Isabel, en el papel de la doncella.

Justo antes de irnos a estrenar a Reus se casó Andrea, la Tita. Nuestra Tita. Ella estaba tan feliz que no pude dejar de alegrarme, aunque con su marcha se iba también mi principal ayuda, mi amiga, más que mi hermana en los años terribles que acababa de pasar. Fue una mezcla extraña de sentimientos, parecido también a que se me casara una hija. Tuve que ponerme a buscar otra chica y me resultó extremadamente fácil. Demasiado. Se había corrido la voz de que en mi casa podían subir a los novios y había cola de muchachas y bofetadas, no exagero, para servir en ella. También sabían que pagaba poco pero esto parecía importarles menos. Antes de irse la Tita me hizo las veces de jefa de personal y me ayudó a elegir a una. Casada la Tita, la nueva muchacha se mudó a Lope de Rueda. Yo le hice la recomendación de rigor, que tomara la píldora.

—¡Ay, por Dios, qué cosas dice usted! ¿Cómo voy a tomar eso?

—Te quedarás embarazada.

Y así fue, al poco tiempo. Quiero decir con esto que, en la vida, das la misma oportunidad y las mismas explicaciones a dos personas y obtienes una respuesta diferente. La Tita lo hizo maravillosamente, consciente y enamorada de su Paco, ayudando a criar a los niños. La siguiente fue una loca de la vida que las armaba tan gordas en mi casa, estando yo de gira, que mi pobre suegra me tuvo que llamar y pedirme que viniera a poner orden. Flora me decía alarmada que cada vez que iba allí había más gente desconocida instalada. En fin...

Me fui a Reus a debutar y me llevé a los niños. Al montar el decorado Fernando vio con estupor que faltaban varias piezas del mismo, así como unos almohadones y unos cuadros. Se organizaron rápidamente dos secciones de trabajo. Isabel y yo nos encargamos de la costura e hicimos los almohadones y alguna otra cosa. Emma Cohen, Nicolás Dueñas y mis hijos, sobre todo ellos, se dedicaron a pintar los cuadros que necesitábamos. Los hicieron con acuarelas y a Fernando le gustaron tanto que los utilizamos durante todas las representaciones de la obra. ¿Dónde estarán tales obras maestras? Recuerdo aquellos días de Reus como unos de los más felices de mi vida. Tenía a mis hijos conmigo, cogíamos un trenecito como del oeste y nos íbamos a la playa de Salou. Reíamos y reíamos. Tan bien lo pasábamos que empezó a sumarse gente a nuestras expediciones.

—Pero ¿de verdad te levantas tan temprano para llevar a los niños a la playa? —La Cohen no se lo creía.

—¡Vamos! Y no veas cómo nos lo pasamos.

Al final se venían casi todos.

De allí nos fuimos a Barcelona, al teatro Calderón. Fernando es una fuente inagotable de anécdotas. Llevaba consigo a un apuntador. Lo protegía y lo ayudaba porque el pobre estaba totalmente alcoholizado y, la verdad, como apuntador no era de gran ayuda. Ya en Madrid, a los dos días de ensayos, Fernando tuvo que recurrir a él.

—Oiga, Fulano, se me ha olvidado la letra. ¿Cómo es este párrafo de ahora?

El apuntador no supo contestar y empezó a girar el libreto, que tenía al revés, y a buscar por todo el texto.

—Véase —dijo Fernando con voz grave y recorriéndonos con la mirada—, que hay que saberse bien el texto.

Todos amarramos bien la letra, conscientes de que si se nos iba no podíamos esperar ninguna ayuda.

En el ensayo general Fernando le dio a este señor la misión de tocar un timbre, que figuraba de la puerta de la casa. Llegó el momento del timbre y no sonó. Fernando se acercó con la calma de siempre, con la pausa que usa para todo.

—Por favor, Fulano, ¿qué ha ocurrido?

—¡Por Dios, don Fernando, perdóneme! Es que me lo han puesto a la izquierda y yo soy diestro...

—Por favor, que alguien le ponga el timbre a la derecha.

Repetimos. Tampoco sonó.

—¡Perdóneme, don Fernando, es que lo han subido mucho! Está muy alto...

—A ver, por favor, que le pongan otro timbre. A la derecha y más bajo.

No sé cuántas veces se repitió esta escena. Al final, el marco de aquella puerta estaba cubierto de timbres por todos lados y alturas, de modo que el buen hombre acertara con uno pusiera la mano donde la pusiera.

Fernando lo pedía y lo hacía todo con una tranquilidad pasmosa. No le importaba, cosa inverosímil en el teatro, suspender un estreno si consideraba que algo no era de su gusto. Éste lo suspendió por un picaporte. Lo cogías y te quedabas con él en la mano, la puerta cerrada y cara de tonta.

—Vamos a ver —decía didáctico Fernando—, el actor aparte de salir con el texto aprendido y hacerlo bien, si tiene que estar pendiente de estas cosas no puede trabajar. Es imposible.

Se solucionaron los problemas y se estrenó. Ya representando la obra, un día no me iluminaron con el foco cenital como solían durante la presentación de mi personaje. «Y ésta es Flo Flo», se decía, y el foco me iluminaba. Bien, no hubo tal luz. Seguimos con el texto, yo a oscuras, y el foco sin encenderse.

—Perdonen un momento —dijo Fernando dirigiéndose al público.

Abandonó el escenario, la obra se paró, y se metió entre cajas. Los técnicos estaban escuchando un partido de fútbol por la radio. Fernando volvió y habló otra vez a los espectadores.

—Se suspende de momento la función porque hay un problema técnico. Vamos, que los técnicos están escuchando el fútbol.

Alguien dijo algo desde bastidores y Fernando asintió.

—Bueno, vamos a retomarla porque ahora sí van a funcionar los focos.

Como había una función dentro de la función y como Fernando habla así, la gente estaba convencida de que aquello era parte del espectáculo. A mí me temblaban las piernas y la polvera mientras, por dentro, me repetía que aquel hombre era un genio.

Pero entre tanta felicidad estalló un problema que se había gestado justo antes de empezar con *Vodevil*. Carlos apareció un día, en una de sus vueltas de Bagdad, y me convenció de que su situación económica era magnífica y, en consecuencia, podíamos darles una mejor educación a los niños. Me convenció de sacarlos de la escuela pública y meterlos en un colegio privado. Uno carísimo que estaba por el Viso. Él, insistía, correría con todos los gastos. Yo me resistí, recordando mi propio desclasamiento al ingresar en el Loreto. Mis hijos poco o nada tendrían que ver con sus compañeros. Estaba segura de que sufrirían. Pero mi marido siguió insistiendo y a mí me atacó de nuevo la duda de si no estaría, con mi más que justificada desconfianza, privando a mis hijos de una buena oportunidad, de un futuro mejor. Quizá a ellos no les fuera como a mí. Finalmente le dije a Carlos que aceptaba si lo pagábamos a medias y los cambié de colegio.

La primera en la frente. Quedé con mi esposo en el Corte Inglés para comprar los uniformes de los tres niños. A este colegio ya podía asistir Javier. La ropita se las traía, todo de Lacoste para arriba, cuando Lacoste era Lacoste y no se vendían imitaciones por la calle. Un dineral. Mi marido no aparecía.

—No va a venir. No te va a dar ni un duro. —Era Carlitos, el mayor, que siempre ha tenido mucho ojo—. Lo vas a tener que pagar tú todo.

Acertó. Cuento esto porque estando ya en Barcelona, representando la obra, llegó septiembre y traje de vuelta a los niños para que empezaran las clases. Lo hice un lunes, el día de descanso, y regresé el martes, dejé el apartamento donde había estado con mis hijos y me mudé a la casa de mi prima Conchita, para ahorrar. La obra era un exitazo y era la primera vez que yo veía en un cartel eso de «con la colaboración de Pilar Bardem». Había subido otro peldaño profesional. Pero una cosa son las letras y otra los sueldos. Con lo que ganaba yo no podía asumir el gasto del nuevo colegio, en el que había metido a los niños fiándome de la palabra de su padre. Carlos había vuelto a desaparecer. Estaba verdaderamente agobiada y Pepe Ruiz Lifante, compañero mío en la obra y ser humano excepcional, me habló de una amiga suya, allí en Barcelona, que buscaba a alguien que pudiera quedarse con su hijita, que estaba enferma, unas horas durante el día, mientras ella trabajaba. La niña sanó pronto, ¡gracias a Dios!, y me quedé sin el trabajo. Busqué algo en el periódico y vi un anuncio en el que pedían una señorita para pasear a una anciana. La mujer estaba en una silla de ruedas y yo la sacaba y le hacía compañía, charlábamos de cualquier cosa. Yo estaba a gusto y el dinero me venía muy bien, pero este trabajo también duró poco.

—¿Qué tal Flo Flo? —me saludó jovial la anciana un día—, ayer la vi.

—¿Ha estado usted en el teatro?

—Pues sí y fíjate, cuando le dije a las amigas que eras la chica que viene a sacarme no se lo creían.

Me invadió un sentimiento de vergüenza horroroso. Por respeto a la compañía de don Fernando Fernán Gómez, a toda la profesión y a mi apellido, que ella ahora conocía, dejé el empleo.

No todo fueron penurias. Allí se enamoró de mí un compañero. Todo el mundo se dio cuenta menos yo. El último día en Barcelona toda la compañía fuimos a tomar una copa y al despedirnos él se echó a llorar. Al ver a tan guapo joven en ese estado no pude por menos que decirle que no se preocupara, que esa noche le visitaría en su hotel y la pasaríamos juntos. Fue una hermosa noche de amor con una persona entrañable y de la que guardo un grandísimo recuerdo.

A la vuelta a Madrid sucedió algo gracioso. Llegaba con la maleta, bolsas, muy cargada y llamé al timbre de mi casa. Me abrió un señor.

—¿Qué quiere? —me preguntó.

—Pues entrar, si a usted no le importa.

—¿Y usted quién es?

Le expliqué que era la señora de la casa. Me dijo que él era el hermano de la chica y me dejó entrar. Una semana antes de que terminásemos en Barcelona, justo el tiempo que prorrogamos, esta muchacha me llamó para decirme que se iba de casa, que se casaba. Yo le pedí que esperase unos días, hasta que yo volviera. Me dijo que no, que no podía esperar más porque estaba embarazada. Dicho y hecho, se fue, pero no sin dejarme a sus huestes instaladas en mi casa. Allí vivían cómodamente un hermano y una hermana, apenas una niña, que se había traído del pueblo. El panorama era desolador. Al hermano lo licencié inmediatamente pero la chiquilla se quedó a mi servicio. Al menos en teoría. Yo jamás le he dicho a nadie lo que tiene que hacer, por lo mismo que a mí nadie nunca me ha tenido que recordar mis obligaciones, pero lo de aquella niña era, cuando menos, curioso. Se levantaba tarde, a media mañana y, aún bostezando y frotándose los ojillos, me preguntaba qué iba a poner para comer. En mi casa comíamos guisos, tipo lentejas o patatas con carne. Nunca le parecía bien el menú y empecé a preguntarme de qué pueblo vendría tan refinada criatura. Tras resoplar y hacer algún mohín se sentaba en un sillón a leer alguna fotonovela o revista. Yo no le veía vocación para servir y tampoco me salía el forzarla. Claro que no podía mantener a mis tres hijos y a esta hermanita del pueblo. Cuando por fin vino su hermana mayor a liquidar cuentas se la devolví.

Acabando el año 73 la situación era la siguiente: el padre de los niños otra vez desaparecido, yo pagando un colegio carísimo y las letras de Villafontana, «El lujo redondo», con mi única nómina del teatro. No podía seguir así. Hablé con doña Oliva, la directora de la escuela pública en la que ya habían estudiado los mayores, el colegio Nuestra Señora de la Almudena. Era una mujer alta, de aspecto severo y fuerte, extremadamente franquista. En aquel colegio se seguía cantando el «Cara al sol» cada día al entrar en clase, en las aulas que presidían intemporales un crucifijo y los retratos de Franco y José Antonio. En 1974, tuvimos algunos encontronazos, no por temas políticos —nadie discutía abiertamente de política y menos con la directora franquista del colegio de sus hijos— sino por motivos personales. Pero he de decir que siempre se portó muy bien conmigo y que me ayudó en este momento de apuro. Carlos y Mónica volvieron a la escuela pública, para Javier encontré a una señora que había montado una pequeña guardería en su piso, en la calle Narváez, donde cuidaba a los niños de madres trabajadoras. Con doña Oliva tuve mi primera fricción cuando me llamó para decirme que mi hijo Carlos había insultado a un compañero, un niño ciertamente bajito y un tanto repelente llamado Jordi. La directora me dijo que mi hijo le había llamado enano. Yo le dije que sería en broma, que a Javierito en casa le llamábamos enano de manera cariñosa.

—No, no —me interrumpió—, lo ha hecho con muy mala intención porque es un niño bajito. Claro que yo le he dicho a Jordi que no se preocupase por esto. Que se fijara en nuestro invicto Caudillo, que siendo bajito es el hombre más grande de España.

—¡Qué razón tiene usted, doña Oliva! —solté mientras me daba cuenta horrorizada de quién estaba a cargo de la educación de mis hijos.

Otro roce fue porque un día llegó Carlos a casa con la espalda señalada a bastonazos, con unos verdugones horribles. Se los había causado un tal don Alfonso, el profesor de francés, con su garrota. Fui a quejarme y me encontré con otros padres que estaban allí por lo mismo. Don Alfonso había resultado ser un sádico, un fervoroso defensor de «la letra con sangre entra». Expuse mis quejas a doña Oliva.

—Déjelo, déjelo, si se va a jubilar pronto. —Ésa era la solución que me daba. Al parecer en aquellos días todo pasaba por esperar a que los tiranos se muriesen o, en su defecto, se jubilasen.

Otro día Carlitos, que ahora que lo pienso era de la piel del diablo, se coló en una imprenta de Falange que había en la calle Ibiza, vio unas hojas con dibujos de soldados y se llevó un buen taco. Lo vieron repartiendo las láminas entre sus amigos y lo siguieron hasta el colegio, donde le denunciaron a doña Oliva. Ella me llamó y no me encontró, así que tuvo la hermosa ocurrencia de telefonear al padre de las criaturas. ¡Para qué más! Se presentó allí y, como primera providencia, le pegó una hostia a su hijo delante de sus compañeros. Acto seguido sacó la chequera.

—¿Qué se debe? —preguntó muy digno a los de la imprenta.

La cosa no pasó de ahí. Al día siguiente fui a ver a doña Oliva. La encontré fascinada por mi marido.

—¡Qué caballero, qué educación! —Se le ponían los ojos en blanco—. ¡Si hasta me ha contado que les ha comprado un caballo a los niños!

—¡Alto ahí! —exploté—. Yo con lo que trabajo no un caballo, les podría comprar toda la cuadra Rosales. Trabajo como una mula. Aquí lo jodido es poner todos los días un filete en la mesa, vestirlos y calzarlos. Este señor a mí no me ha pasado un duro en la vida, así que ya puede tener para caballos.

Carlitos, ¡otra vez él!, llegó una tarde llorando a casa, muy angustiado.

—¡Me expulsan, me expulsan! —Sólo conseguía decir eso y moquear.

Doña Oliva nos citó a una serie de padres. La reunión fue un tanto teatral, parecía una de esas escenas en las que juntan a los sospechosos de un crimen, gente muy diversa, en la misma habitación. Yo aparecí arreglada y muy mona porque de allí me iba para el teatro. Otra de las señoras se había presentado con un mandil de fregar y zapatillas. Era la madre de un chaval del colegio que no es que fuera un poco gamberro, es que era directamente un delincuente juvenil tipo el Vaquilla. La buena mujer pensó que la mejor defensa era un buen ataque y se revolvió contra mí.

—Su hijo es el que es malo. Claro, como usted se queda de copas por las noches.

—Oiga, señora, que yo me tome una copa después de trabajar no es el problema. Por ejemplo, usted se pone morada de vino cada vez que va al mercado de Ibiza, que la he visto yo.

Aquello empezó a parecerse a un sainete. El hijo de esta señora era un ladrón conocido por todos los tenderos del barrio. Era muy flaco y pequeño, rozando el raquitismo, y yo creo que sus propios hermanos lo utilizaban para la comisión de delitos, confiando en que su menoría y su aspecto lo librarían de la policía.

Estábamos allí porque ese chico había robado un ciclomotor, había paseado a todos nuestros hijos, se cayó cuando llevaba a una chica —que se hizo unos raspones— y, como fin de fiesta, quemó la moto en un descampado. A mi hijo y a otros niños los acusaban de ser cómplices en el robo. Yo negué que mi hijo se dedicase a robar motos y doña Oliva me dijo que tenía pruebas, que si no me lo creía me enviaría a la policía a casa. Creo que trataba de impresionarme.

—Haga usted lo que quiera —contesté—. Yo hace muchos años que estoy acostumbrada a ver a la policía en mi casa pidiendo explicaciones. Ahora, o usted me demuestra sus acusaciones o la que la denuncia soy yo.

El padre de la niña herida se me unió, dijo que no se podía acusar así a unos críos y que allí todos sabíamos quién había robado la dichosa moto. Doña Oliva lo reconoció pero también nos explicó que ella tenía un empeño personal en reconducir al chico por el buen camino. No hubo manera de ponerse de acuerdo y mi hijo, junto con otros compañeros, acabó expulsado.

51

¡Pero usted es una señora!

Vodevil se iba a llevar al teatro Goya, pero resulta que lo tiraron para hacer unos apartamentos con la promesa de reconstruirlo en breve. Está visto que los pobres teatros, ¡hubo tantos en Madrid!, son flores delicadas y prontas a desaparecer. Nunca se reabrió ese teatro y la función se quedó en el aire. Volvieron las angustias y empecé el año 74 en el paro. Yo, como todas las españolas, aparte de mi profesión sabía fregar. Busqué trabajo de asistenta en el periódico. Encontré una oferta para ir a limpiar al hotel Mediodía, en la Glorieta de Atocha. Habían reformado la planta de arriba y querían a alguien que limpiase tras la obra las manchas de pintura en los cristales y suelos, restos de yeso, cosas así. A cargo de todo estaba una señora llamada María. Yo, por supuesto, vestía los personajes y me disfracé de chica trabajadora: faldita, camisita lisa con manga corta de mi hijo Carlos y zapato bajo. Me quité todos los anillos y fui con la cara lavada y el pelo recogido. Quedé perfecta. La creación del personaje fue fantástica, lástima que no fuera para una película. Pagaban por horas y en la pausa para comer me dejaban ir al Brillante, a comer un bocata de calamares. Un par de días más tarde María vino a verme y me dijo que había venido la señora, que quería conocerme. La dueña tenía un aspecto extraño, teñida de rubio pero con cuatro dedos de raíz y los rulos puestos. Desde luego la mujer no se arreglaba para conocer al servicio.

—Me ha dicho María que es usted muy callada y muy trabajadora.

—Bueno, gracias María. —¿Qué se puede decir ante tales piropos?

—Bien, bien. —La propietaria me miró de arriba abajo—. Pero usted..., usted es una señora.

—Bueno —dije con el mejor humor posible—, un caballero no soy.

—No, no. Usted me está entendiendo perfectamente. Usted no es una asistenta.

Empecé a explicarle que era una mujer casada y con tres hijos, que estaba pasando por dificultades y había tenido que buscar trabajo. Jamás mencioné que era actriz, por respeto a mi profesión y la de mis antepasados. Mi exposición no convenció demasiado a la buena mujer, que quedó pensativa.

—¿Y usted por qué no se mete a telefonista? —sugirió de pronto. A ella eso le debía parecer un paso adelante en la escala social.

—Pero ¿por qué? Yo aquí estoy contenta y ya le ha dicho María que soy muy trabajadora... —dije algo temerosa ante la insistencia de aquella mujer, que definitivamente se encontraba incómoda.

—Claro, claro. Pero es que la veo y es usted una señora. Yo no voy a saber mandarla —dijo al fin.

Me dieron la liquidación y se acabaron los bocadillos del Brillante, el emporio del calamar.

Recurrí otra vez al periódico, que en aquella época traía muchas menos ofertas de empleo que ahora. Encontré una que pedía señoritas para un club en la calle Leganitos, detrás de Gran Vía. Evidentemente un club de alterne. Pedían buena presencia y yo fui con la mejor, pintada como una puerta, el pelo tirante y mi larga melena caoba —me lo había teñido así para el cine, porque decían que ese tono dulcificaba mis rasgos— formando una cola de caballo. El encargado me miró y nada más entrar me dijo que yo era una señora.

—¡Vaya por Dios, me ha descubierto! Pues sí, soy una mujer. Es lo que piden, ¿no?

—No, es una señora. ¿Y usted qué hace aquí?

Claro, yo por haberlo hecho en el cine sabía perfectamente cómo funcionaba un club de alterne. Le dije que estaba pasando por una mala racha, sin especificar, y que necesitaba dinero.

—Pero señora —me cortó alarmado—, aquí no hay prostitución…

—No, evidentemente. Por eso estoy aquí, porque no es prostitución… Esto es, corríjame si me equivoco, pues estar aquí, que venga un señor y te cuente su vida y que yo le haga consumir el mayor número posible de copas. Y luego la señorita siempre tira la bebida en una planta, que lo he visto en las películas.

—Pero hombre, no… —Me miraba atónito. Por fin pareció decidirse—. Buena presencia tiene. Deme sus datos. ¿Nombre?

—Pilar… —me callé un segundo. No le di el sacrosanto Bardem. Pensé en mi segundo apellido, el mucho más común Muñoz, pero me acordé de Pilar Muñoz, aquella magnífica actriz, y lo deseché. Le di el tercero—. Pilar Soler.

El hombre apuntó diligente. También mi número de teléfono, luego me sonrió amable y me dijo que aunque fuera la última chica sobre la tierra también sería la última a la que llamaría. Siguió diciendo que él no sabía qué catástrofe podía haberme puesto en situación de ir a verle, pero que yo allí lo pasaría muy mal. Sufriría. Y que eso no sería bueno ni para él ni para su negocio. La verdad es que fue encantador y cumplió lo prometido. Jamás me llamó. Cómo iría yo de maquillada y de bien que me encontré en la Gran Vía a Álvaro de Luna y me preguntó si venía de rodar.

Encontré otro anuncio pidiendo una asistenta en Clara del Rey. Visto el poco éxito que había cosechado vistiendo a los personajes, aquí me presenté tal cual era. Llamé, me abrió un ama de casa y me dijo «Pase usted».

—¡Hola, me llamo Pilar y soy una señora! —solté yo como primera providencia—. Una señora separada, con tres hijos y que por razones que no vienen al caso se ve en la necesidad de asistir en una casa. Como toda española sé barrer, fregar, coser y todas las labores del hogar.

La mujer me miraba boquiabierta. Me hizo pasar a un saloncito y allí hablamos. Me contó que era la mujer de un magistrado. Que su suegra vivía con ellos y que la casa no daba mucho trabajo, que no había niños. A ella le preocupaba que yo sí los tuviera.

—¿Y qué pasa si un crío se le pone malo? ¿Cómo atendería el trabajo?

—Si un niño se me enferma pueden pasar dos cosas. Que sea grave, ¡Dios no lo quiera!, y entonces correría a su lado, o que sea algo como un catarro. Entonces no se preocupe, seguiría trabajando porque necesito hacerlo y mi muchacha se encargaría de cuidarle.

—¡Pero cómo! ¿Tiene usted muchacha? —Ahora sí que la pobre no entendía nada.

—Señora, ¿no le digo que necesito trabajar porque tengo un montón de gastos? Uno de ellos es la chica interna que cuida de mis hijos.

La mujer no daba crédito a lo que oía. No muy convencida me dejó que la acompañara a ver la casa. Ahí triunfé. El reino del ama de casa española era la cocina, su feudo. Podías conocer la jerarquía social, el poder adquisitivo y el estilo de vida de una mujer por su cocina. Me iba a explicar los electrodomésticos que tenía cuando saqué un as de la manga.

—No se preocupe, señora. Si tiene usted un lavavajillas como el mío. ¿Qué mejor garantía que yo, que tengo uno igual, que sabré usarlo y no lo estropearé?

Aquello pudo más que sus temores, dudas y extrañezas.

—Pues tiene usted razón. Está contratada.

Allí estuve casi dos meses. Hasta que, afortunadamente, me llamó Pilar Miró para una serie de televisión que había escrito e iba a dirigir Adolfo Marsillach. Ya había dirigido una que se llamó *Silencio, se rueda*. Esta nueva se titulaba *Silencio, se estrena* y retrataba la vida de una compañía de teatro que preparaba un montaje. Pilar Miró era la realizadora y se acordó de mí. El papel era uno de esos que te soluciona la vida, de esos que hablas poco pero sales mucho. Así y todo no era el papel más pequeño, porque en aquella serie debutaron Verónica Forqué y Fernandito Conde, que hacían los jovencitos de la compañía, recién salidos de la escuela de arte dramático. El primer actor era Guillermo Marín, el director lo interpretaba Agustín González, la primera actriz Charo Soriano.

Como dice el dicho, trabajo llama a trabajo —los cómicos hablamos más de esto que de dinero— y en esta profesión o estás parada, canina, o se te viene todo junto. Al tiempo que empecé a ensayar con Adolfo me llamaron para una función, la reposición de una obra titulada *El visón volador* en el teatro Marquina. Para rematar también estaba en un café teatro con *La celestona*, una parodia de *La celestina*. El autor era un compañero, un actor maravilloso llamado Arturo López.

Ensayando *Silencio, se estrena* fue cuando conocí a Adolfo de verdad y nació una amistad que duraría hasta su muerte. Grabábamos con dos capítulos de adelanto sobre la emisión y la historia giraba en torno a las relaciones de un grupo de cómicos, una compañía, que preparaban el estreno de una obra. Adolfo había metido en el saco de estos actores y actrices ficticios un montón de anécdotas reales del teatro español, tantas y tan seguidas que algunos pensamos que se le había ido la mano y que daba una idea grotesca de nuestra profesión. Parecía una compañía de tarados e histéricos en la que nadie se sabía su papel. Sucedió algo curioso, un poco como en el cuento del traje del emperador. Adolfo, gracias a su genio y su carisma, tenía por entonces una especie de séquito de rendidos admiradores, gente que celebraba de continuo sus ocurrencias siempre brillantes. Yo iba por libre, lo acababa de conocer y cuando me preguntó qué se decía en la profesión de su compañía imaginaria le expresé abiertamente las críticas que se le hacían. Mi sinceridad impresionó a Adolfo, que no debía de estar acostumbrado, y me adoptó como oráculo. Yo era la elegida para decirle las verdades del barquero.

Ensayábamos en el estudio de baile de Karen Taft, frente a La Carmencita. Agustín González, a quien conocí de niños cuando él estudiaba en la SAFA y se metía con mis trenzas, interpretaba al director de la compañía. Ya en nuestro primer encuentro sentí que me miraba de una forma rara, especial, y que yo le devolvía esa intensidad. Nos conocíamos de toda la vida y, tras unos años sin vernos, al reencontrarnos ambos nos vimos de una manera distinta. Agustín me confesaría luego que, al verme, pensó: «¡Caramba, cómo ha crecido la niña! ¡Qué mujer se ha hecho!».

Grabábamos en el María Guerrero y cuando cortábamos para comer íbamos a El Comunista. Todo marchaba bien hasta que un día aparecieron los retrasos. Adolfo nos comunicó que teníamos que alargar la jornada, que había hablado con los técnicos y éstos estaban de acuerdo. Esta frase de «He hablado con los técnicos» es algo que, laboralmente, siempre me ha puesto muy nerviosa porque nunca se tiene esa consideración con los actores. A nosotros nadie nos consultaba porque no cobrábamos más si se alargaba la jornada, los técnicos sí. Una vez arreglado el problema con éstos se suponía que el actor no iba a protestar y haría las horas que hicieran falta. Como digo, Adolfo nos lo comunicó y tuvo la gentileza, él era actor también, de preguntarnos si alguno teníamos problemas para hacer más horas. Un coro de voces contestó no, no, no. Yo, muerta de miedo, alcé mi mano.

—¿Qué te pasa, Pilar?

—Pues que yo trabajo en el Marquina y tengo dos funciones. No puedo alargar la jornada.

—Ah, claro, claro —asintió Adolfo—. No habíamos contado con eso. Un momento.

Fue a reunirse de nuevo con los técnicos y volvió con una solución.

—Bien, he hablado con los técnicos y están de acuerdo. Dados los problemas que tiene Pilar con el teatro vamos a hacer una cosa, os lo pido por favor porque vamos muy mal de tiempo, que acabemos la jornada en la hora normal y reanudemos la grabación a la una de la noche.

Aquí la gente murmuró un poco pero se impuso el espíritu de los cómicos, que siempre que les piden un favor se sacrifican. Todos aceptaron. Aterrorizada tuve que levantar otra vez la mano. Adolfo aquí ya se molestó.

—¿Y ahora qué pasa?

—Que después de las dos funciones me voy a hacer un café teatro.

—Pero ¿tú cuánto ganas? —me preguntó sarcástico Adolfo.

—Poco, Adolfo, muy poco. Cuando gane lo que tú, trabajaré menos.

La respuesta le hizo gracia y nuestra relación se estrechó aún más.

Volviendo a *El visón volador*, en la función había un momento en el que Álvaro de Luna decía que me raptaba y me sacaba en brazos de escena. Una noche Álvaro, para terror de ambos, se dio cuenta ya entre cajas de que estaba manchado de sangre. Un reguero rojo le corría por el brazo. Nos palpamos y vi que la sangre era mía, que había tenido una hemorragia vaginal. A partir de ese momento Álvaro decidió que me raptaba de la mano. Esto de las hemorragias tiene su miga. La primera vez que me dio, en el 72, yo estaba dormida y me desperté con la sensación de haberme orinado en la cama. Había un charco rojo en la sábana. Me asusté porque sabía perfectamente que no era la regla, así que fui corriendo a ver a José Antonio, mi ginecólogo. Me hizo pruebas y análisis diversos. Me mandó, por cierto, visitar a Pedro Caba, el cardiólogo amigo suyo y de Juan y miembro también del PCE. Pedro me contó una historia sobre los riesgos coronarios de la clandestinidad que no me resisto a reproducir. Se reunían en un piso secreto miembros de la Junta Democrática, con Ruiz-Giménez y toda aquella gente. Sonó el timbre de la puerta, todos miraron sobresaltados y callaron. Sonó otra vez. Decidieron abrir. Era uno de los suyos que se había retrasado.

—¡Pero hombre, por Dios, a estas cosas hay que venir a su hora. Puntuales! Esto no se puede hacer, compañero, comprende que el corazón no aguanta estos sustos —explicó el cardiólogo.

Llevaban un rato todos reunidos cuando sonó de nuevo el timbre. Se miraron aterrados porque ya no faltaba nadie.

—¡Ahora sí que viene el infarto! —dijo uno.

Pedro Caba me contó esta historia mientras me llenaba de cables —mi hijo Javier me dijo que parecía «Firiquistain»—. Me detectó una arritmia extrasistólica de origen nervioso. Pedro me miró cachazudo y me dijo que tenía que dejar de fumar, de beber café y, sobre todo, vivir con más calma y menos preocupaciones. Me reí y se rió. Cambié el café por el té. Con ron.

Volvamos a José Antonio y la hemorragia.

—Vamos a ver, Pilar, a ti te han educado muy mal. A ti y a todas. Os han dicho que esto del sexo es una cuestión necesaria para el hombre, pero no para las mujeres. Y no es cierto. Tú has roto tu matrimonio y con él un ciclo estable de relaciones sexuales, regulares y frecuentes. Tu cuerpo responde con estas hemorragias a un estímulo sexual que tienes cerca, alguien te lo motiva, pero que luego no culminas.

Ciertamente por aquella época, pese a las burradas que mi marido decía sobre mí, yo no mantenía relaciones con nadie. Seguía viendo al Puente, era su cercanía la que me hacía sangrar, pero no hacíamos el amor. Cuando volvieron las hemorragias y manché a Alvarito supe al momento la causa: Agustín González. Estar cerca de él y no poder amarle. Y ni siquiera creo que pensara en ello conscientemente, no todavía, en aquellos días de miradas, cafés —yo té— y confidencias. Las hemorragias de la Bardem se hicieron famosas en la profesión.

52

Agustín

Seguimos grabando *Silencio, se estrena* y nuestro amor avanzando a pasos agigantados, ya casi saltos ansiosos. Nos buscábamos. Progresos, eso sí, verbales. Nuestro punto de encuentro era la serie, así que yo me pasaba el día esperando volver a grabar para verle de nuevo, para estar a su lado, para charlar en El Comunista durante el almuerzo. Fue comiendo allí donde me enteré de que Adolfo iba a participar en una película sobre *La Regenta*, interpretando precisamente al marido de la protagonista, a quien daría vida mi amiga Emma Penella. Y también supe que Agustín iba a hacer el amigo del regente, aunque no estaba muy convencido porque con la barba y calvo como él, se parecía demasiado a Adolfo. No las tenía todas consigo aunque me pareció, por la forma en que me miró, que se alegraba de oír que yo también haría un papel en la película, una de las amigas de la Regenta.

—Bueno —recapituló Adolfo—, podremos seguir con esta conversación en Oviedo. Para que sigáis mirándoos de esta manera.

Agustín y yo nos callamos, un tanto turbados seguros como estábamos de que nadie sabía nada. Principalmente porque nada había pasado. Pero Adolfo era un búho, no se le escapaba el más mínimo detalle de lo que ocurría a su alrededor. Más tarde se lo comenté.

—Yo lo veo todo —me contestó enigmático.

Las posibilidades de un encuentro más allá de las miradas ardientes y las palabras contenidas se extinguían a medida que se acercaba el final de la serie. El último día de grabación fue en Prado del Rey, adonde habíamos ido a hacer interiores. Al terminar, y como la cosa más normal del mundo, Agustín se ofreció a acercarme a casa en coche. Camino de Madrid cruzamos la Casa de Campo, Agustín me miró, sonrió y me preguntó si me apetecería ir al Parque de Atracciones. Sí, claro, le dije aunque por dentro lo estaba gritando, lo estaba riendo. Sentí un escalofrío de alegría y, curiosamente, recordé que años antes le había comentado algo a otro hombre.

—¡Qué bonito debe ser subir y besarse en la noria!

Yo con Agustín nunca necesité decir demasiado, nunca tenía que pedir o explicar. No hacía falta. Entramos en el Parque y me llevó directamente a la noria, le dio un billete al de la atracción y sólo le dijo que cuando se acabara nos avisase. En esa noria giramos sin fin, abrazándonos y besándonos con ansiedad, como reconociéndonos, reviviendo algo que no había pasado. Fue, quizá, mi momento más bello porque latía toda una vida en aquellos besos nuevos. Nos faltó poco para hacer el amor allí mismo, lo juro. Necesitábamos un sitio donde estar solos, sin niños mirándonos severos mientras comían algodón de azúcar. Llamé a mi amiga María Amparo. Ella, como el resto de mis íntimos, sí estaba al corriente de mi pasión por Agustín y no puso problemas para dejarme su piso.

Nos citamos después de mis dos funciones y del café teatro. Me resultó una espera eterna. Agustín vino a buscarme y fuimos a casa de mi amiga. Volvimos a abrazarnos con locura en un sofá, tanta que perdí una costosísima —para mí todo lo era— pestaña postiza. De ahí pasamos a la habitación donde viví la más maravillosa noche de amor. Antes de irnos busqué desesperada la pestaña y no apareció. Volvió a mí ella sola un par de años más tarde, cuando María Amparo me regaló aquel sofá para sustituir a uno que había tirado por viejo. Lo limpié y allí estaba la pestaña. Y un montón de recuerdos.

Cuento esta relación con Agustín porque, después de mis hijos, ha sido el amor de mi vida. Con Jesús jugué a ser adolescente y como tal me enamoré y lo viví, pero Agustín fue la gran pasión de mi vida. Fue tal el amor, la compenetración, la totalidad e intensidad del sentimiento que, aún hoy, me siento afortunada por haberlo vivido. Pienso que algo así, con suerte, se siente una vez en la vida y yo lo he sentido. Además, aquel amor no se acabó y los amores cuando no terminan se enquistan en el alma para siempre. El amor, como dice la canción, se puede gastar de tanto usarlo. O puede llegar a ser decepcionante. No fue nuestro caso, nos separamos con un «¡Hasta mañana!» sabiendo que no lo habría y lo hicimos en el momento en que más nos amábamos. Una bella historia sin final, sin resolución, en la que siempre me pregunté cómo habría sido el último rollo de la película. El resto de mi vida me ha intrigado saber qué podría haber pasado con nosotros, ¿cómo habría sido mi vida con él? Y una aclaración, si me atrevo a contar esto es con el permiso de Agustín y de Maite, su mujer y mi amiga. Que conste en acta que les pedí permiso para hacerlo cuando nos encontramos en el funeral de Juanjo Menéndez, ya con el proyecto de estas memorias sobre la mesa, y diciéndoles precisamente eso, que quería contar que mi relación con él había sido la más importante de mi vida. Son dos seres maravillosos, generosos y completamente felices.

Agustín empezó a ligar tarde, a los cuarenta, pero entonces se lo ligó todo. Era pareja de hecho de toda la vida de María Luisa Ponte, una magnífica actriz con un carácter que podríamos definir como explosivo. Nadie recordaba a la Ponte sin Agustín o a él sin ella, amor que yo vi nacer en el café Gijón. María Luisa estaba totalmente enamorada de él, de una manera apasionada y completamente posesiva. Sus arranques de celos, más o menos justificados, eran famosos en la profesión. Siempre había alguna anécdota sobre ella, como aquella de que sacó a una compañera de los pelos por la ventanilla de un coche y que luego le tiró unas bragas sucias a la cara en Oliver, un pub que era centro de reunión de la profesión. Como he dicho, mi relación con Agustín se desarrollaba bajo un secreto sumarísimo, pero cuando algún íntimo se enteraba siempre reaccionaba igual.

—¡La Ponte! —gritaban con un brillo de pavor en la mirada.

Yo también desarrollé una respuesta tipo ante estas repetidas exclamaciones.

—No, la Ponte, no. Yo de quien estoy enamorada es de Agustín. Además, ¿por qué habría de preocuparme la Ponte? Es Agustín quien vive con ella.

Solían asentir, pero me seguían mirando como a alguien que sería fusilado al amanecer.

Nuestra relación, como digo, avanzaba en secreto. Él me esperaba a la salida del café teatro y de madrugada hacíamos el amor bajo las estrellas. Como yo nunca lo había hecho, pues un amor total ponía y recibía en cada gesto, en la más mínima caricia. Descubrí el significado profundo de la palabra «romántico».

Un día me llamó la Ponte, que estaba trabajando en el teatro Fígaro.

—Oye, Pilar, que es mi santo y voy a dar una copita, aquí en el teatro. ¿Por qué no te vienes?

Era la primera vez que me invitaba a su santo o a cualquier otro festejo. La Ponte era astuta, muy lista. Traté de poner una excusa, lo corta que andaba de tiempo entre mis funciones y el café teatro. No sirvió, ella insistía en que no le hiciera ese feo. «Hay que ir —me dije—, o sospechará algo si es que no lo hace ya.» Para allí que me fui llena de funestos presagios. ¿Le habrían contado algo? ¿Quién? Pero también sentía una extraña mezcla de miedo y alegría porque, evidentemente, allí vería a Agustín. Luego supe que habían cruzado apuestas en los distintos teatros sobre quién pegaría a quién.

Llegué al Fígaro y allí no había nadie salvo los compañeros de la Ponte, todos comiendo canapés. Así se lo comenté a María Luisa y ella se justificó diciendo que todo el mundo le había contestado lo mismo, que el sarao era muy precipitado y no encontraban un hueco para venir. De modo que había decidido hacer una fiesta en su casa después del teatro. Yo intenté zafarme otra vez diciéndole que yo acababa muy tarde el café teatro.

—No importa, mujer, si seguiremos de festejo. Tú ven que te esperamos. —Me apuntó las señas de su casa y ahí sí que me olí una encerrona.

Al salir del café teatro, monísima de la muerte a mis treinta y cuatro años, busqué un taxi y le di la dirección del Edificio Arichuna, calle Apolonio Morales.

—¿Y eso dónde está?

—Pues no lo sé, caballero. Creo que por Azca.

El taxista no pareció aclararse mucho pero arrancó y nos fuimos. Encontramos la calle, pero no el número o el Edificio Arichuna. Sólo había allí un enorme descampado. Era tardísimo y no había nadie a quien preguntar. El taxista se bajó y se acercó a una caseta iluminada que había ante una casa. Volvió.

—Bueno, es que están edificando y la calle sigue tras el descampado. Pero mira, guapa, yo te hago otra propuesta. Te doy lo mismo que te vayan a pagar y te vienes conmigo.

Yo soy una mujer muy racional, pero ¿cómo explicarle a un taxista que no vas a un servicio de prostitución, pintada como una puerta y a esas horas? Opté por la solución más sencilla.

—Perdóneme, pero es un cliente fijo y no puedo perderlo.

Al tipo pareció convencerle y me llevó hasta el Arichuna.

En el piso de la Ponte no había ninguna fiesta. Ni invitados. Allí sólo estábamos María Luisa, Agustín y yo. Se habló, sobre todo ellos, durante toda la noche y comprendí que lo único que ella quería de mí, por extraño que parezca, era usarme como puente hacia Agustín, hablarme a mí para que él oyera la evocación de la felicidad pasada. Hablarme a mí para acercarse al hombre que amaba desesperadamente y que sentía alejarse. Dirigiéndose a mí, ella sobre todo hizo revivir ante mis ojos sus recuerdos más hermosos. Sin duda María Luisa se olía algo, pero o no sabía o no quería saber. Desde esa noche me hizo una vigilancia muy cercana. Así un día me invitaba a la piscina de su edificio con los niños y otro se pasaban a verme por el café teatro. Siempre con Agustín al lado. Se me hizo más difícil verle a solas y sufrí mucho.

La cosa se arregló un poco cuando Agustín se fue un tiempo a grabar a Barcelona y yo, avión para arriba y para abajo —me considero una pionera del puente aéreo—, me escapaba a verle. Cogía el último avión del día, tras la función del domingo —ya había terminado en el café teatro—, pasaba la noche y el día de descanso con él y volvía en el primer avión de la tarde del martes. Fueron días maravillosos, de intimidad plena entre ambos.

Por fin se inició el rodaje de *La Regenta* y Agustín me llevó en coche hasta Oviedo. Fue un viaje delicioso, ¡todo se ve más limpio y más bello con ojos enamorados! Paramos en León y decidimos ir al hostal San Marcos, que recuerdo como un lugar mágico pues el amor transforma en prodigios las cosas más normales.

En Oviedo me alojé en el hotel Reconquista. Lo primero que hice fue visitar a Emma. Su madre había muerto recientemente y lo estaba pasando muy mal. En aquel hotel compartí habitación con otra actriz, gran amiga al cabo de los años y la única mujer auténticamente guapa —a cara lavada y recién despierta— que he conocido, mi querida Charo López.

El rodaje fue bien y hubo momentos bellísimos, excursiones a ver el románico —siempre me ha gustado más que el gótico— con Agustín. Fuimos a Santa María del Naranco. Nos tendimos en la hierba bajo el sol, cerré los ojos y me quedé dormida. Agustín, siempre que ocurría esto, me decía que no era muy halagador para un hombre que su mujer se durmiera. Yo reía y siempre le contestaba igual:

—No te preocupes, amor. Es porque soy muy feliz, porque cierro los ojos y sé que estás a mi lado. Y eso me da paz.

Después bajamos por aquella ladera cogidos de la mano y cantando a gritos trozos de zarzuelas. Luego él se marchó, había terminado, y yo aún me quedé por allí unos días. Siempre que he visto *La Regenta* he pensado lo mismo, que se me nota en la cara la felicidad que sentía. Estoy guapa, nunca he pensado que lo fuera pero en esa película estoy guapa. ¡Era feliz! Escribí:

Amo al mar, como a ti.
Temo al mar, como a ti
Y me atrae y me ahoga
porque me inunda, como tú.

La hierba fresca. El sol.
Y yo dormida, feliz,
porque tú, en mi despertar,
estás a mi lado.

Un día, mil días,
la vida, guardando
mi amor par dártelo.
Rebosa por mis dedos,
por mi piel.
Y mis ojos,
lo convierten en agua salada.
Ven a bañarte en ella
Porque si no,
me ahogaré en mí misma.

Éstos fueron mis últimos poemas de amor.

53

¿Tú eres la que pide la función única?

Cuando volví del rodaje me contrató Manuel Collado, marido de Julia Gutiérrez Caba, para hacer una obra sobre varios cuentos de Chéjov. Yo no trabajaba más que en uno de ellos, *La amante* se titulaba. Manuel, que es un tío estupendo, tenía una formación absolutamente germánica y vivía pendiente de un cronómetro. Dado que yo también soy puntual hasta límites enfermizos, parecíamos condenados a entendernos. No fue así.

Ocurrió que yo tenía un contrato para un papel en *El pícaro*, una serie de Fernán Gómez para TVE sobre la vida de Lucas Trapaza, un pícaro resumen de todos los demás. El primer día de ensayo me llamaron para grabar. Yo hice mis cálculos y pensé que tenía tiempo de sobra para volver de Prado del Rey y llegar al teatro. Pero héteme aquí que cuando me recogen en el coche me llevan a Chinchón, a las tapias del cementerio. Aún no existían los móviles y no tuve forma de comunicar que no iba a llegar a los ensayos, lo que me provocó el consiguiente ataque de nervios. Me enfermaba sólo con pensar lo que Manolo Collado podría decir, porque yo si he sido algo es responsable y enamorada de mi trabajo. Ni una duda sobre que yo mi profesión me la tomo más en serio que nadie.

Me reencontré con mi adorado Fernando Fernán Gómez y volví a sentir el temor reverencial. Charlamos.

—Oye, Pilar, me han contado algo que, si es verdad, no sé

por qué no ruedo tu vida en lugar de la de este pícaro. ¿Es cierto lo del traje de *El visón volador*?

—Pues sí, Fernando.

Ya he contado aquí que en el teatro, antes y aún entonces, los actores tenían que aportar su vestuario para el personaje. Y si no teníamos lo necesario, comprarlo de nuestro bolsillo. A mí para esa función, en la que hacía de señora finísima, me pidieron que llevara un traje muy elegante. Y caro. Me compré un camisero de seda, ceñido con un cinturón, en Galerías Preciados, traje que usé los cuatro meses que duró la obra. Tuve la previsión de guardar las etiquetas, lo lavé con agua y jabón, se las coloqué y me fui a cambiarlo. Por supuesto construí el personaje y me vestí de joven informal, con vaqueros gastados y una camiseta. También previne a Flora, que siempre me apoyaba en todo.

—Buenos días, señorita —le dije a una dependienta—, vengo a ver si podría devolver este camisero. Me lo ha regalado mi suegra y, bueno, realmente no es mi estilo.

Me miró de arriba abajo.

—Sí, realmente no es su estilo —contestó arrugando ligeramente la nariz.

—Lo que yo le digo.

Me lo cambiaron por un vale con el que vestí a los tres niños.

Acabé de grabar y me fui al teatro. La bronca de Manolo Collado fue monumental, me llamó de todo menos bonita. Fue muy desagradable y no fue a más gracias a que Fernando Delgado puso paz. ¡Ah, Fernando, qué magnífico actor y director pero, sobre todo, qué ser humano! Yo siempre decía que debía ser obligatorio enamorarse de él, curiosamente otro calvo, y siempre nos preguntábamos mutuamente por qué no lo habíamos hecho.

—Porque siempre nos pillamos ocupados —nos contestábamos.

Fernando es, además, el actor que gasta más bromas, surrealistas e inteligentes, cuando trabajas con él. Maravillosa persona.

Días después volví a Prado del Rey a grabar y observé que Fernando tenía un problema.

—No, no, no, éste no me vale. Yo he pedido un niño rubito —se quejaba mesuradamente.

Le trajeron otro crío un poco más moreno que el anterior.

—No, debe ser que yo no me explico bien. Necesito un niño rubito.

Aún le trajeron un tercer niño, éste ya un moreno de verde luna.

—No, no, no. Vamos a ver. Yo tengo entendido que un niño rubito se puede volver moreno de mayor. Pero un niño moreno no se vuelve rubio y el niño tiene que ser rubito para parecerse a Juan Ribó, que es rubio. Además, si esto es muy fácil. —Fernando se giró hacia mí—. Bardem, el niño rubito que tú tienes ¿dónde está?

—¿Quién, Javier? Está con mi suegra. Se lo he dejado para venir a grabar.

—Bien, que producción mande un coche a buscar al niño.

Dicho y hecho. Lo trajeron y lo vistieron de pobre andrajoso. Los de maquillaje me preguntaron si le podían ensuciar y yo les sugerí que, simplemente, le dejaran triscar un poco por el campo —íbamos a rodar exteriores—, que se ambientaría solo. Claro, yo ya había terminado lo mío y, por la bronca anterior, había jurado solemnemente que llegaría en hora al ensayo, pero ante el debut de Javier como actor —¡nada menos que con Fernán Gómez!— me quedé a verlo. Fernando le explicó a mi crío de qué iba la escena.

—Se trata de que viene un señor, te apunta con la pistola y tú lloras.

Ensayaron, vino el actor, apuntó, disparó y Javier, que ya era creativo, en vez de llorar se puso a reír.

—Pues mucho mejor —concluyó Fernando—. Mejor así. Si el niño se ríe ¿por qué va a llorar? Claro, el niño será de mayor un pícaro y ya se burla.

Cuando por fin llegué al ensayo, Manolo estaba a punto de tirar sillas por el aire. Me miró furibundo pero estuve rápida.

—¡Un momento, Manolo, que mi hijo ha debutado con el señor Fernán Gómez! Por eso he llegado tarde. ¿Qué culpa tengo de que me haya salido artista?

Todos lo entendieron. Seguimos adelante preparando el estreno y llegó el día del ensayo general. A Javier lo senté en el patio de butacas y le dije que se meara encima antes de moverse o rechistar porque el señor director era muy serio, mucho más que Fernando, y nos regañaría mucho. Él me miró algo asustado y asintió. Empezó la función y Manolo su monólogo que, según el libreto, era interrumpido por un ruido fuerte que se hacía entre cajas.

—¿Quién ha sido? —gritó Manolo su frase.

Entonces Javier se levantó en el patio de butacas.

—Yo no.

Mientras Manolo gritaba como un loco, ¿qué era eso de que un... un niño, le parase el ensayo general? El resto de los presentes tratamos de contener las carcajadas o, directamente, nos escondíamos para poder reír a gusto. Se ve que yo había asustado tanto a Javier que decidió no cargar con la posible culpa.

Yo sólo actuaba en un cuento y de los primeros, así que si la función empezaba a las siete yo había terminado a las siete y media. Pero no me podía marchar, me tenía que quedar para saludar al final. Tuve la suerte de que mi tía Guadita fue a ver la función. Después doña Guadalupe, como es de rigor entre cómicos, entró en los camerinos. Allí encaró directamente a Manolo Collado.

—¡Huy, pero esta pobre niña con todo lo que tiene en casa! ¿Por qué se tiene que esperar para saludar? Mejor estaría en su casa, haciendo la cena.

A Manolo le pareció bien y me dispensó del saludo final. Claro que tal comodidad no podía durar. Me contrataron para un café teatro, *El Decamerón*, y volví a la espiral de la hora y media de sueño por noche. Acababa mi cuento y me iba a casa a dar la cena a los niños. Luego volvía al teatro para la segunda función y ahí se planteaba el problema. Me parecía muy feo, si me daban permiso para estar en mi casa, quedarme en el teatro hasta la hora de ir al café teatro. Así que me inventé un pequeño engaño, me encerraba en el camerino, con la luz apagada y en silencio, hasta el momento de irme al otro trabajo. Salvador Vives, compañero también en el otro espectáculo, me avisaba cuando se había ido todo el mundo y nos marchábamos.

También seguía grabando cosas en televisión, en aquel momento *Historias con música*, de García de la Vega. Íñigo hacía por entonces un programa en directo, *Las 14.30*, y en la pausa para comer se me acercó su ayudante.

—Oye, Pilar, ¿tú te vendrías al programa de Íñigo?

—¿Quién os ha fallado?

—¡Ya estamos!

—Hombre, que yo no soy tonta. A mí no me conoce nadie, así que si me llamas es porque alguien ha fallado —le dije con toda la dignidad que me permitía el traje de aldeana que llevaba puesto.

Íñigo me presentó como una actriz que en ese momento trabajaba con García de la Vega.

—¿Y después qué haces, Pilar? —me preguntó dicharachero.

—Después al teatro.

—Ya. Y luego a descansar, ¿no?

—No, luego hago un café teatro.

Aquello debió desconcertarle porque en la siguiente pregunta tiró con bala.

—¿Tú eres la que pide la función única?

Como he contado, los actores en aquella época ya habíamos conseguido el día de descanso, así que ahora en las asambleas se planteaba la función única como siguiente reivindicación. Y al parecer yo era célebre por esas asambleas. La verdad es que siempre asistía y participaba en las discusiones. Así que Íñigo me convirtió en «la» que pedía la función única.

Tras aquel programa me di cuenta del poder de la televisión. Me paró una señora, esa misma tarde, por la calle.

—¡La he visto, usted es la que trabaja tanto! Pobrecita.

Me abordó en un recorrido que yo hacía todos los días, del metro de Sol al teatro Reina Victoria, en la Carrera de San Jerónimo. En el mismo donde ocurrió algo curioso en aquellos días. Camino del teatro me encontré con Charo López, que iba de visita. Se nos colocó detrás un señor de esos que yo digo del menú, de los de yo te chupo, yo te muerdo, yo te como todo... Charo y yo nos miramos simplemente, no hizo falta decir nada, y de un empujón metimos al tipo en un portal.

—¡Vamos —dije—, aquí y rapidito! Empiece por mí que tengo más prisa.

—Pero ¿qué dice? ¡Están locas, están locas! —Salió corriendo despavorido. Espero que el susto le sirviera para dejar de decir groserías a las mujeres y hacerse menús de degustación con sus cuerpos.

¡Cómo nos reímos Charo y yo!

54

El amor que no se gasta

Mi relación con Agustín continuaba, pero marcada por frecuentes separaciones. Lo curioso es que, pasara el tiempo que pasase, siempre nos despedíamos como si fuésemos a vernos al día siguiente y nos reencontrábamos como si nos hubiéramos visto ayer. Nos amábamos con locura, cada vez con más fuerza. Un día, comiendo en Casa Alcalde, Agustín dejó caer la pregunta definitiva.

—¿Y si viviésemos juntos?

—Para mí —contesté—, vivir juntos es esto. Jamás meteré a un hombre en mi casa y, por supuesto, tampoco pretendo coger a los tres niños y meterme en la de nadie. Así que esto es vivir juntos, amarnos.

Y lo dije de verdad, porque así lo sentí y me hacía feliz. No echaba de menos nada. Tan feliz era que un tiempo después le dije que había dejado de tomar la píldora, que quería tener un hijo suyo. Los ojos de Agustín se llenaron de agua, ésa es la verdad. Y me quedé embarazada, pero lo perdí de forma natural tras las dos primeras faltas. Muchos años más tarde, Agustín aún llevaba la cuenta de la edad que habría tenido nuestro hijo de haber vivido.

Un día Agustín me llamó por teléfono.

—Lo sabe —sólo dijo eso. No hacía falta más.

Ambos temíamos la posible reacción de María Luisa, famosa por los números que montaba. Había una cafetería en la calle

Príncipe, el Dorín, en la que se reunía media profesión, actores y actrices del teatro Español, del de la Comedia o del Reina Victoria, junto a otros de paso o a la espera de un papel. Yo llevaba allí a Javier a merendar. Y allí, segura de encontrar público numeroso y cualificado para su escena, se presentó María Luisa. Tuvo mala suerte al elegir aquel día porque, extrañamente, no había casi nadie en la cafetería.

—¡Pilar! —gritó.

Cómo vendría que los camareros saltaron la barra y se colocaron ante mí, listos para contener a aquella furia. Yo le pedí a Salva Vives, amigo y miembro de mi compañía, que por favor se llevara al niño al teatro. No lo hizo hasta que le juré que, si sobrevivía, le contaría todo con pelos y señales. Aquello tenía toda la pinta de una pelea entre gatas.

—¿Esto es tuyo? —María Luisa tiró una serie de objetos sobre la mesa.

—No —contesté de la manera más conciliadora posible mientras le ponía una mano amistosa sobre el hombro.

—¡A mí no me toques! —saltó hecha un basilisco.

—Calmémonos, María Luisa. Yo, a la hora que quieras y donde quieras me siento contigo y charlamos de lo que sea. Si lo que buscas es que nos peguemos te digo una cosa, la primera me la das pero luego te hostio porque soy veinte años más joven que tú.

María Luisa se giró y se fue. Los siguientes tres días se plantó en la puerta de actores del Reina Victoria, la que da a la calle Echegaray. Allí me esperaba hasta que salía. Me miraba con una expresión extraña y no decía nada.

—Por favor, ¿me permite? —pedía yo educadamente y ella se apartaba.

No llegó, pues, la sangre al río, ¡pero cuánto debió sufrir esa mujer! Yo la entendía y la compadecía, sí, porque, como ella, yo también amaba a Agustín.

En casa todo iba bien. Los chicos eran felices y había convertido nuestro hogar en algo parecido a la de Pipi Calzaslargas, llevaban a sus amiguitos a jugar y a hacer allí las manualidades del colegio —para alegría, supongo, del resto de las madres—, hasta convertir Lope de Rueda en una especie de comuna infantil. Tupían los lavabos con escayola, saltaban sobre los sofás y pintaban en las paredes, se divertían poseídos por una forma de furor vanguardista por el *arte povera*. Yo me limitaba a advertirles, con toda la tranquilidad del mundo, que cuando algo se rompiera no lo podría reponer. Así fue y al cabo de un par de años la casa se había convertido en una ruina, demolida por la inagotable energía transformadora de mis críos.

El padre de los niños, al que ya por entonces ellos llamaban el Gordo, aparecía y desaparecía. Pero cuando se dignaba a dar señales de vida era para dejar su impronta. En aquellos días fue cuando por primera vez le dio por pedir las notas de los niños. Se las leímos por teléfono. Carlitos, cosa rara, había suspendido bastantes y Mónica, por contra, tenía muy buenas calificaciones. Felicitó a la niña y regañó a su hijo. A mí me preguntó qué medidas iba a tomar.

—¿De pecho o de espalda? —Mi sentido del humor lo irritaba.

Me propuso que encadenara a Carlos a un radiador para que hiciera los deberes. No fue la única chaladura que me aconsejó sobre pedagogía y maternidad responsable. Le contesté que lo único que pensaba hacer era hablar con el niño y explicarle que tenía que estudiar, que sólo tenía esa obligación y que tenía que cumplirla. Que trataría de responsabilizarlo.

A mi ex marido le pareció poca cosa y se despidió refunfuñando. Lo curioso es que a los dos días me volvió a llamar y me pidió que le dejara llevarse a Carlitos a Estocolmo un fin de semana largo. El Gordo, desde ahora le llamaré así pues ése fue ya para siempre su nombre, iba allí invitado por el embajador iraquí en aquel país, un general del ejército de Sadam que aparecerá más adelante en este relato por razones tragicómicas. Al niño se lo llevó de viaje y a Mónica, que lo había sacado todo brillantemente, no le dio ni para caramelos. A mí me parecía que aquélla no era forma de educar a los hijos, así que me reuní en asamblea con los dos mayores —en casa siempre se decidía todo por consenso, por convencimiento y no por imposición— y decidimos establecer otro sistema para informar al Gordo de las notas. Pusimos unas falsas, hechas a gusto del consumidor, frente al teléfono. Le decíamos lo que quería oír y todos tan contentos.

La chica que tenía por entonces, la Larga la llamaban los chicos, hizo oídos sordos a mis consejos sobre la contracepción y se quedó embarazada. Otra. Estaba visto que sólo la Tita fue permeable a los avances en educación sexual. La Larga era muy buena persona, pero tenía problemas. El novio no me gustaba nada y menos después de que ella volviera de un paseo con un moratón en la cara. Ella me juró y me perjuró que no la había pegado. En fin. El día que me dijo que estaba preñada lloró tanto que yo deduje que no era feliz. Al punto me conmovió que le hice una propuesta.

—Si lo que quieres es tener el hijo y no casarte no pasa nada, te quedas en casa y se cría con los míos. Tú me ayudas y yo te ayudo. Donde comen tres comen cuatro.

—Pilar, es usted muy rara —me contestó. Luego añadió algo que me hizo ver que aquella chica nunca sería feliz—. No, no, me voy a casar para joder a mi suegra.

No volví a saber de ella.

Con Javier no, porque aún era muy pequeño, pero con Carlos y con Mónica tenía frecuentes conversaciones en las que, sin ánimo de dramatizar, les explicaba lo difícil de nuestra situación económica. Por qué tenía que trabajar tanto y ellos ayudarme en casa, sobre todo Mónica, siendo responsables. Lo hacía, a veces lo he pensado, para curarme en salud y que no me sucediera lo que a mi suegra con su hijo, a quien convirtió en un irresponsable de por vida a fuerza de ocultarle la verdad. Claro que también hablábamos de otras cosas, de temas que iba imponiendo la biología. Con Mónica no tuve problema, le expliqué sin apuros cómo funcionaba el cuerpo de una mujer, a qué se debían los cambios que notaba. Pero, héteme aquí, ¿cómo se habla con un hijo de lo que pasa en el organismo masculino? Yo estaba muy preocupada porque Carlos, un niño que se comía las piedras, andaba desganado. Lo comenté con los hombres de mi pandilla, con Damián y con Paco.

—¿Cuándo empiezan los niños a hacerse pajas? ¿Y esto cómo es? —preguntaba llena de curiosidad y afán didáctico.

Una noche, arreglada ya para ir al teatro, me senté en la cama de mi hijo mayor.

—Carlos, debemos hablar. A los chicos os llega un momento en que dejáis de ver a las niñas tontas y absurdas, que dejáis de pelearos con ellas... —Yo sudaba por el cogote y el desgraciado de mi hijo me miraba sin entender nada.

—¿Qué quieres decir, mamá?

—Bueno, pues que hay un momento, que yo no sé cuándo es... Tú, hijo mío, ¿te masturbas?

—¿Que si me qué?

Igual de mal que lo pasó mi madre conmigo, lo pasé yo con Carlitos, teniendo que explicarle cosas que, ahí me di cuenta, desconocía. Pero lo hice y le dije que eso, masturbarse, no era malo ni te dejaba tonto o calvo. La verdad es que fui pillando velocidad y acabé haciéndole una propuesta deshonesta.

—Es más, he hecho una gran amistad con una de las..., de las chicas del... café teatro, y lo he hablado con ella. Si tú necesitas..., ¡yo qué sé, esto que hacen los hombres, una iniciación!, pues eso, que ella está dispuesta.

Carlitos me miraba con los ojos como platos. Aquí también fui pionera porque un año después su padre, en tono mucho más machista y tabernario, le ofreció dinero para irse de putas y estrenarse. Mi hijo contestó que no gracias, que llegaba tarde porque eso ya se lo había ofrecido su madre y sin pagar.

Seguíamos representando los cuentos de Chéjov cuando llegó la Navidad de 1974. Entonces en el teatro había una hermosa costumbre, que creo está perdida, la de trabajar la noche de Fin de Año. Al público se le daba con la entrada un pequeño cotillón y se procuraba hacer coincidir el entreacto con las campanadas de la Puerta del Sol. Se conectaba con la radio y artistas y técnicos salían a tomar las uvas en el escenario, junto al público que lo hacía en sus localidades. También venían las familias de los trabajadores y algún que otro compañero que se sumaba al festejo. Siempre se dijo que traía buena suerte tomar las uvas en el escenario. Para los que formaban la compañía la suerte era, evidentemente, que estaban trabajando. Y los que estaban parados venían para eso, para cambiar su suerte y encontrar trabajo. Manolo Collado pensó que eso de conectar con la Puerta del Sol era una vulgaridad y decidió que las campanadas las daría el regidor, ayudándose de un gong y un reloj. Además se negó a que los niños de varios de nosotros tomaran las uvas en el escenario, lo que nos llevó a plantarnos y decirle que si no salían las tomaríamos cada uno encerrado en su camerino con sus hijos. Manolo cedió y el regidor dio las campanadas con un gong. Volaron un par de serpentinas y creo que se oyó el pito de un matasuegras. Aquello era todo un fin de época. Fueron unas campanadas tristes y desangeladas.

Entré pues en 1975 trabajando, aunque la obra no duraría mucho más, y enamorada de Agustín pese a que pasábamos por una separación especialmente larga. Lo teníamos difícil, él trabajaba entonces en Barcelona. Lo curioso de nuestra relación es que nunca nos dijimos adiós. Yo vivía cada día como el último en que le fuera a ver. Él tenía la costumbre de decir «*Ciao!*» Yo siempre contestaba «¡Hasta mañana!», aunque ese mañana podía ser un mes o dos más tarde. No había despedidas y, quizá, ése fue para mí el gran problema a la hora de superar esa relación. El recuerdo del amor vivo, activo cuando no dejado latente, nunca terminado. Cuando el amor fracasa o se gasta, o se desilusiona, es fácil dejarlo atrás. Pero cuando se queda suspendido en el aire, con el mismo brillo e intensidad que el primer día, se convierte en un mito personal, en una leyenda todopoderosa junto a la que cualquier otra historia palidece. Yo siempre he recordado el tiempo con Agustín como mi particular Edad de Oro.

Mi tiempo más feliz.

55

La huelga y la gallina

Se empezaban a celebrar asambleas masivas, multitudinarias. Las realizábamos, por supuesto, al margen del Sindicato Vertical, la organización franquista en la que, en teoría, estaban unidos en amor y compaña el empresario y el trabajador. Una imagen exacta del ideario sindical franquista es esa mina hilarante, feliz e imposible, por la que iba cantando Antonio Molina mientras los jefes y demás compañeros daban palmas y ¡olés!

Las asambleas de 1975 eran otra cosa. Es curioso, el colectivo de los actores —quizá porque el cómico vive precisamente de su individualidad y su capacidad para transformarla—, puede parecer desunido y algo anárquico. Pero a la hora de la verdad, cuando la gente se conciencia de un problema, es de los más unidos y de los primeros que se echan a la calle. Tras la efervescencia de aquellos días en los que se consiguió el día de descanso, lo que se planteaba era un objetivo mucho más ambicioso y puede que utópico. A base de pequeñas pero continuas reivindicaciones se quería, ni más ni menos, derribar el Sindicato Vertical. Se formó la comisión de los once, con notables de la escena española como José María Rodero, elegidos por los demás como nuestros representantes y en contra de los que nos daban ya designados desde el sindicato franquista. Queríamos votar, convocar elecciones. Se comenzó a agitar el sector cinematográfico, luego el teatro. Las asambleas se convocaban en la misma sede del Vertical, principalmente en la que había en avenida de

América y que es ahora de UGT. Se discutía multitudinariamente sobre el carné del Vertical, sobre por qué hacía falta ese documento para ser actor y quién y cómo debía decidir esos criterios de admisión en nuestra profesión. Las asambleas se empezaban tras la última función, cuando cerraban los teatros, y no acababan hasta las nueve o diez de la mañana. Se discutía de todo lo divino y lo humano. Se oían todo tipo de cosas, unas interesantes y otras francamente estúpidas. Había quien pidió castigo para unos compañeros que habían trabajado en su día de descanso y hubo que convencerle de que era a la empresa, que les había obligado o cuando menos inducido, contra quien teníamos que ir.

Tras esta agitación había una estrategia de gente del PCE que buscaba conquistar una serie de cotas, de espacios, frente a un régimen que se debilitaba por momentos. Se buscaba el enfrentamiento mediante reivindicaciones continuas. Por supuesto, no fueron aceptadas y amenazamos con ir a la huelga, la primera de nuestro colectivo y del mundo de la cultura. El diario *Pueblo* sacó un titular enorme: «El estado acepta el reto de los actores». Nosotros también el suyo.

Se fue a la huelga. La idea era paralizar todos los teatros, cabarés, cafés teatro, espectáculos de salas de fiestas, grabaciones de televisión y rodajes del país. Como la palabra «huelga» estaba prohibida se denominó «paro» y a los piquetes, «comisiones informativas». Se formaron grupos de voluntarios con la misión de informar a otros compañeros de las razones de este paro. Yo fui con Lola Herrera, Tina Sainz y Rocío Dúrcal, a hablar con Lola Flores. Tina llevaba la voz cantante y le daba a la Faraona unas explicaciones muy vehementes pero un tanto farragosas.

—¡Qué se calle la ratona! —cortó la Flores—. A ver si lo he entendido bien. Eso de elegir a nuestros representantes es como si yo me voy de gira y decido a quién le dejo mis joyas para que me las cuide, ¿no? Pues de vosotras sólo me fío de mi comadre la Marieta,o sea la Dúrcal, que es a la que conozco. ¿Es eso?

¡Exacto! Era eso. Elegir a los que conocías y en los que confiabas. La Faraona lo entendió muy bien y paró. Aquello fue un hito y tras ella pararon todos los demás, hasta Manolo Escobar. Todo el mundo menos un individuo llamado Patxi Andion. Cuando nos enteramos de que estaba cantando en JJ, una sala de fiestas en los bajos del Palacio de la Prensa, salimos de Oliver varios compañeros entre los que estaban Antonio Iranzo y José Luis Coll. Cuando llegamos los grises no nos dejaron entrar en la sala, así que escuchábamos desde fuera cómo el tipo ese cantaba canciones protesta con su barba y su guitarra. Luego salió e intentó justificarse, dando pie a que Coll soltara una de sus frases míticas.

—¡Cállate, que no dices más que patxiandieces!

Durante la huelga hubo detenciones de muchos compañeros. Unos fueron los que se presentaron en el Bellas Artes como piquete, entre ellos Tina Sainz. Yo me libré por poco, tenía que ir con otros al teatro de la Latina pero me retrasé por hablar con Rodero. Cuando llegué me esperaba en la esquina un compañero. Me dijo que se los habían llevado a todos, a Natalia Duarte, Salvador Vives, Tomás Picó, gente que estuvo encarcelada. A Marieta, la Dúrcal, nada sospechosa de estar politizada, la acusaron de ser maoísta y la encerraron también. Salió gracias a los buenos oficios de gente que nos apoyaba trabajando desde dentro, usando conexiones e influencias, como Fernán Gómez y Marsillach. Lo gracioso es que mi dulce Marieta cuando salió, se enteró de que quedaban muchos compañeros dentro y se quiso volver para la celda. Costó convencerla de lo contrario. El día que reanudó sus recitales fuimos muchos de nosotros a darle una gran ovación, a mostrarle nuestro cariño y respeto por lo que hizo.

La huelga fue un éxito y se aceptó nuestra petición de elecciones para representantes. Se votó primero a los compañeros que queríamos para el sector del cine y perdimos por dos votos, saliendo designados los del Vertical. Fue una derrota, pero la batalla importante era la del teatro, el sector más representativo y combativo. Yo estaba grabando una novela para televisión, *Anna*

Karenina, el día de las votaciones para el teatro que, además, englobaban al circo y las variedades. La dirigía Fernando Delgado y los protagonistas eran María Silva, Paco Valladares y Daniel Dicenta. Todos exigimos parar la grabación para ir a votar. Apareció Agustín para llevarme hasta la Cuesta de Santo Domingo, donde se celebraban los comicios. Había una cola que daba la vuelta a la esquina. Yo llegué maquillada, peinada y vestida de condesa rusa y fui muy jaleada.

¡Ganamos aquellas elecciones y elegimos a nuestros representantes sindicales! Aquello entonces era una conquista social enorme. Un triunfo que acababa, en lo que a nuestra profesión se refiere, con las designaciones a dedo del franquismo.

La primera película que se rodó tras la huelga fue *Yo soy fulana de tal*, protagonizada por mi amiga la Velasco y en la que yo tenía un papel. Se reanudaba el trabajo y estando en la famosa cola de televisión se me acercó un joven. Me hizo una extraña proposición.

—¿Quieres venir a hacer de gallina a Pontevedra?

No estaba yo en un momento personal o laboral especialmente bueno. Hacía tiempo que no veía a Agustín, desde las votaciones, y estaba escasa de ofertas profesionales. Dije que sí, que me iría a Pontevedra. El personaje era para un capítulo de la serie *Cuentos y Leyendas*. Trabajaría luego en varios más. Me fui al despacho de Monís, a contratación, a hablar de dinero. Pedí lo que solía cobrar y Monís se escandalizó, me dijo que aquello no podía ser porque el personaje no hablaba. Ahí me escamé, pero insistí y le dije que hablara o no eso era lo que yo cobraba. Regateamos pero finalmente me dieron lo que pedía, principalmente por la insistencia del director, Jesús García de Dueñas, que estaba empeñado en que lo hiciera yo sí o sí. Firmé y después de hacerlo el director me dio las gracias, me aseguró que iba a ser precioso, que quedaría muy bien, y que el protagonista era Agustín González. Me quise morir de alegría, de pena, de deseo, de miedo...

Fui en tren y llegué al parador donde se alojaba el equipo mientras ellos estaban rodando exteriores, de modo que evité cualquier encuentro. Tuve que compartir habitación con otra compañera por cosas del poco presupuesto, una chiquita que iba a rodar un solo día pero que se lió con el director y se quedó allí toda la grabación.

El encuentro con Agustín fue demoledor para ambos. Él no sabía qué decir y a mí se me puso la carne de gallina, nunca mejor dicho. Fue mirarnos y revivirlo todo, al instante. Él no entendía qué hacía yo allí y se extrañó aún más cuando le expliqué el papel que había venido a interpretar.

—¡Pero si no habla!

—Ya, pero me lo pagan.

Los días fueron pasando y yo no grababa, siempre posponían mi escena, así que aquello se convirtió para mí en unas pequeñas vacaciones pagadas junto al hombre que amaba. Paseaba hasta los exteriores para verle, con mi pelo adornado con flores que recogía por allí como una niña. Me quedaba con el equipo el resto del día y luego volvíamos todos juntos al parador.

Una noche, con el pretexto absurdo de que les invitáramos a una copa de nuestro minibar, Agustín y el director subieron a nuestro cuarto. Yo aguanto mal las pérdidas de tiempo, así que me desnudé inmediatamente.

—Vale, ya hemos jugado a las prendas y yo he perdido. Cada uno con su pareja, que quedan cuatro horas para levantarnos.

Seguían corriendo los días, me había pasado de contrato y no grababa. Además, tenía que volver a Madrid para rodar con mi hermano, que me había dado un pequeño papel en *El poder del deseo*, película que protagonizaría Marisol. Ante mi ultimátum el director, que estaba empeñado en que yo lo hiciera, decidió rodar lo mío al día siguiente. Y hacer en un día lo que, sobre guión, estaba planificado para tres. El resultado fue una de las cosas más surrealistas de la historia de la televisión española.

Para empezar me pusieron sobre una cama.

—¡Bien, ahora que traigan las plumas! —gritó el director.

—¡Las que se me caigan! —replicó Matías Montero, figurinista y amigo mío, gracioso como era. Nadie le había avisado de lo de las plumas y no las tenía previstas. Así que todo el mundo se puso a buscar gallinas y a desplumarlas, pero eran blancas y la historia exigía que las plumas fueran negras. Hubo que teñirlas. Me cubrieron con ellas y yo surgía de mi plumífero escondite para ejecutar una extraña danza alrededor de José Vivó, incitándole a no sé qué pecados horribles. Al parecer, yo no tenía el guión, el cuento iba de un brujo que tenía una gallina y por la noche la convertía en mujer para gozarla. El momento cumbre era una especie de cena y aquelarre. Habían montado una gran mesa, en un extremo estaba Agustín —que además hacía de tuerto— y en el otro yo. Sobre la mesa el grimorio o libro de conjuros, viandas varias y todo tipo de criaturas repugnantes: cucarachas, ranas, lagartijas... Todas clavadas a la mesa con alfileres. Luego, a mi derecha, un macho cabrío grandísimo que representaba al demonio. El problema es que no podía verse que estuviese atado y el animal no se quedaba quieto. El director lo arregló ocultando al cabrero bajo mi falda, para que lo apaciguara con su voz amiga.

—Quieeeto bicho, quieeeto bicho —susurraba el pastor entre mis piernas.

Rodado esto vino el director y me dijo que ahora debía comerme, mirando lasciva a Agustín, un muslo de pollo, luego dejar el hueso, desabrocharme la blusa y enseñar el pecho.

—¡Un momento! —salté yo—. ¿Para qué televisión es esto? ¿Para TVE? ¿Es que se ha muerto Franco y yo no me he enterado?

—No, Pilar, es que te voy a colocar delante un fuego de butano y con las llamas no se te va a ver.

—¿Y si no se me ve para qué me tengo que desnudar?

—¡No te irás a poner estrecha!

Le expliqué al director que yo como particular podía desnudarme donde me diera la gana, pero como actriz no. También le hice ver que yo era una mujer muy plana, con unos pechos muy pequeños y nada vistosos. Allí se rodó eso y más, porque tras abrirme la blusa yo me ponía a cuatro patas y Agustín me cabalgaba mientras me azotaba el culo con una vara. Fue el rodaje más raro de mi vida y he estado en unos cuantos.

Pasado un tiempo lo emitieron. Yo sentía mucha intriga por el probable resultado de escenas tan peculiares. Vi, aliviada, que efectivamente habían añadido tanto fuego que no se veía absolutamente nada. Hubiera dado igual que me abriera yo la blusa o que lo hubiera hecho el cabrero.

Esta vez la despedida de Agustín fue muy dura porque el reencuentro había sido especialmente hermoso.

Cada vez dolía más.

56

¡Mira, un niño como tú que trabaja!

De vuelta a Madrid para incorporarme al rodaje de mi hermano, me encontré con que tenían que operar a Javier de las amígdalas. Lo harían en la clínica del Rosario, la misma donde habían nacido Carlos y Mónica. Apareció el Gordo, mi ex marido, y, como siempre que pasábamos por una fase de trato civilizado, se ofreció a ayudarme con los gastos. Esta vez tampoco pudo ser. La mañana de la operación me levanté, preparé a Javier y entonces me llamó su padre, con voz quejumbrosa.

—No puedo ir a lo del niño porque me han pegado un tiro —me dijo.

—Pues no será muy grave si puedes hablar —le contesté yo.

Efectivamente, le habían dado una perdigonada del calibre doce en una cacería de codornices, precisamente aquel embajador iraquí al que fue a visitar a Estocolmo. Estaba ingresado en el Ruber para que le extrajeran unos doscientos perdigones y, por supuesto, no pagó nada de la operación de nuestro hijo. El único que sacó tajada fue mi hijo Carlos, que se montó una especie de atracción de feria y cobraba cinco duros a sus amigos por llevarles a ver los efectos de la perdigonada.

Javier se llevó al hospital una cinta con la música de *Godspell*, un musical sobre Jesucristo que triunfaba en el Marquina. Yo le llevaba a verla todos los domingos después de visitar a su abuela en Chueca. Entró en la habitación una monjita y escuchó la grabación.

—¡Ay, qué música más bonita! —exclamó.

—La canta Dios en calzoncillos —contestó feliz mi niño.

La monja se escandalizó. Le tuve que explicar que eran canciones de una obra de teatro sobre Nuestro Señor escrita por alguien tan poco sospechoso como don José María Pemán. Ahí mentí un poco porque Pemán sólo era responsable de la adaptación al castellano, pero aquel nombre tranquilizó a la monja.

La operación salió muy bien. La del padre también.

Tras *El poder del deseo*, la película de Juan con Pepa Flores en la que hice de portera y rodé en inglés —idioma que nunca he hablado—, me salió un contrato para hacer piedras. Así se llama en la profesión a trabajar en las ruinas de los teatros romanos. Se trataba de representar *Sónica, la cortesana*, de Blasco Ibáñez, en el teatro de Sagunto. Yo estaba encantada porque, tener trabajo aparte, aquello sería en verano y podría llevarme a los niños. Serían unas vacaciones pagadas en la playa.

Juan Diego hacía de Aníbal y Carlos Ballesteros de romano, cosa muy propia porque parecía talmente un patricio. No había nadie más guapo en el mundo que Carlos Ballesteros vestido de romano. Yo, para variar, interpretaba a una prostituta, una loba del puerto. Que de ahí viene lo de lupanar.

Hubo cientos de anécdotas. Fue muy divertido, tanto para el público como para nosotros. Aún me río viendo a Verónica Luján muriéndose por una flecha que ella misma tenía que sujetar con la mano contra su pecho mientras declamaba. O la escena en que yo huía por la puerta del templo. Se suponía que yo avisaba al personaje de Ballesteros, del que el mío estaba perdidamente enamorado, de la llegada del enemigo y después yo salía de escena por una gran puerta que había en el centro, puerta que mi amigo Carri, regidor histórico de TVE, dejaba siempre entornada.

—¡Huye, mi amo! —Y salía yo despendolada.

Así se hizo en todos los ensayos, incluido el general, pero la noche del estreno la cosa cambió. Primero a alguien se le fue la mano con el volumen de las trompetas y casi nos mata del susto. Cuando me repuse, dije mi frase y corrí a las puertas del templo. Estaban cerradas a cal y canto, no había quien las abriera, así que empecé a golpearlas con los puños. Tras unos momentos se abrieron y entraron por ellas los soldados de los que yo huía. Atravesé el ejército enemigo, tapándome la cara con la mano como todo disfraz y conseguí salir del escenario. Ya entre cajas empecé a blasfemar y a preguntar por qué no se habían abierto las puertas. El director, por el contrario, parecía encantado con el resultado artístico de tal imprevisto.

—¡Magnífico, magnífico, eras el pecado que no podía atravesar las puertas del templo!

El público también estaba encantado y hubo lleno todos los días. Para los niños fueron unas vacaciones entre ruinas clásicas, falsos romanos y la playa. Recuerdo aquélla como una época de tranquilidad. Yo ya tenía apalabrada una función para otoño en Madrid. Por el carácter inestable de nuestro oficio, los actores nunca estamos de vacaciones, estamos en el paro. Saber que me esperaba ese contrato hizo que aquellos días fueran un tiempo de paz y de disfrute.

Harold y Maud era una obra deliciosa, de la que se hizo una versión para el cine, y en ella tuve la suerte de trabajar con doña Carmen Carbonell. Tenía más de los ochenta años que su personaje requería. La función la dirigió José Tamayo y yo hacía la madre de Harold, interpretado éste por Alfredo Alba, un chico que se suicidaba constantemente para llamar la atención de su progenitora. Era un texto alocado y divertidísimo.

Al mismo tiempo que ensayaba esto me llamó Ángel Fernández Montesinos, quien dirigía una compañía de teatro llamada Los Títeres. Esta compañía pertenecía a la Sección Femenina. A su frente estaban las hermanas Larrañaga, dos mujeres muy mayores y la más joven de las cuales había ejercido de ángel tutelar en mi Primera Comunión. Toda la profesión había pasado por esta compañía: las hermanas Goyanes, Jaime Blanch, Valladares, Emilio Laguna, Nicolás Dueñas, Mari Paz Ballesteros. Todo el mundo trabajó en Los Títeres. Era un teatro magnífico, subvencionado por el Estado, lo que permitía hacer unos montajes espectaculares, con figurines de Vitín Cortezo, músicas de Carmelo Bernaola y cosas así. No entiendo por qué en el campo de la cultura, ni en ningún otro, cuando cambian los gobiernos se destruye automáticamente lo bueno que hayan hecho los anteriores. Los Títeres era una compañía muy válida, de calidad, que tenía su sede en un teatro como el María Guerrero, pero la desmontó el primer gobierno del PSOE, una formación de izquierdas que debía tener un especial compromiso con la cultura. Hubiera bastado, digo yo, con cambiarle el nombre, llamarlo Teatro del Pueblo o algo así, pero todo aquello desapareció. Una tradición escénica tan importante, de años y años, aquella escuela de actores, aquellos decorados, trajes y figurines fastuosos. Nadie sabe ya dónde están esos tesoros.

Montesinos me contrató para su próximo montaje, *Platero y yo*. Haría el papel de doña Domitila, la maestra. La gracia es que también contrató a Mónica y a Javier, para el grupo de niños amigos de Platero. El ambiente era magnífico y muy divertido, a lo que contribuyó lo suyo mi impericia coreográfica. Tengo sentido del ritmo, he cantado y estudiado piano, me puedo defender bailando sola. Pero coordinarme con otros seres humanos es tarea imposible, padezco una forma de dislexia danzante. El coreógrafo había inventado un baile colectivo en el que todos movíamos paraguas sin tela, con las varillas al aire. Aquel paraguas y mi poca coordinación con el resto de compañeros se tradujo en un sinfín de golpes y encontronazos, al punto que el baile terminó siendo una especie de gag. Los niños del público se reían mucho con él.

Javier debutó en el teatro y su primera frase fue: «Grillos, grillos, he visto grillos». Costó un poco que no lo dijera muy acelerado, pero se hizo pronto con el ritmo apropiado. La verdad es que lo bordaba. Había un momento en el que moría Platero y todos los niños abandonaban el escenario muy tristes. Entonces entraba Javier, iluminado por un cenital, y hablaba al cielo.

—Platero, amigo, ¿me oyes?

Fue la primera vez que Javier Bardem, el actor, me hizo llorar de emoción con una interpretación. ¡Qué bien lo decía!

Se me planteó un dilema con su sueldo. En aquella compañía, que actuaba sólo sábados y domingos por la mañana, todo el mundo cobraba lo mismo: mil pesetas. A mí me parecía un exceso que un niño como Javier tuviera aquel dinero. Lo solucioné acordando una pequeña pantomima con Blas, el encargado de la cafetería del María Guerrero.

—Dado que los dos trabajamos y ganamos lo mismo, cada uno se paga su merienda —le dije a Javier.

—Sí, claro, mamá.

Él pedía entonces los bollos y colacaos que siempre, aún hoy, le han gustado y preguntaba a Blas qué debía.

—Setecientas pesetas —contestaba éste.

—Es caro —concluía el niño antes de pagar.

Blas le devolvía a Javier trescientas, que ya era dinero para un niño, y me daba a mí el resto. Aquella situación provocaba en mi hijo continuas reflexiones sobre lo cara que estaba la vida, que yo escuchaba divertida y admirada. Javier tiene desde siempre un gran sentido de la responsabilidad y un deseo enorme de ayudar. Por ejemplo, en aquella época mi tía Guadita le regaló un dinero, una cantidad también excesiva para un niño. Él decidió que se iba a comprar un acordeón.

—¿Para qué quieres un acordeón? —Yo estaba intrigada con la ocurrencia.

—Sí, para ir con la perra a tocar en una esquina y sacar más dinero para ayudarte —me explicó muy serio. Aquella idea debió de ser un efecto perverso de la televisión. Entonces había una serie italiana, en la que un niño se iba con un burro y un violín para ayudar a su pobre madre.

Un día nos convocaron las hermanas Larrañaga. Nos pidieron que fuéramos todos antes al teatro porque teníamos que ensayar un saludo especial. La razón es que vendrían la princesa Sofía, hoy reina, con sus hijos. Yo se lo expliqué a los míos.

La respuesta de Javier fue de un republicanismo intuitivo admirable.

—¡Ah!, pues le voy a decir a su hijo: «Mira, un niño como tú que trabaja».

Me costó convencerle de que no lo hiciera. Para los niños es difícil entender el enrevesado mundo de cautelas de los mayores.

¡Bastantes problemas tenía yo ya!

57

¡Franco ha muerto!

Y en éstas estábamos cuando, y no precisamente de repente, se murió este señor. Es curioso que en una sesión de espiritismo que habíamos celebrado un mes antes se nos apareció Carrero Blanco. Le preguntamos si sabía cuándo se iba a morir el individuo este y nos dijo que el 19 de noviembre. O el espíritu mintió, cosa poco probable porque para qué, o al tipo lo mantuvieron vivo para que su fallecimiento coincidiera con la fecha del de José Antonio, convirtiendo así el 20 de noviembre en una fecha simbólica y evocadora para los fascistas españoles.

Evidentemente se suspendieron todas las representaciones teatrales. Yo por la noche fui a casa de unos amigos. Jugamos al póquer y bebimos whisky mientras veíamos por la tele aquellas colas inmensas. ¿Había tanto franquista en España? Yo creo que muchos desfilaron por allí para convencerse de que ese asesino estaba por fin muerto.

Políticamente estábamos todos en estado de alerta, atentos, pero con cierta tranquilidad en cuanto creíamos que nada podía pasar, que la ciudadanía no quería que ocurriese nada terrible y se opondría a quien lo intentara. La duda era la reacción de los fieles al régimen, de los hasta entonces perpetuos vencedores de una posguerra sin cerrar, y hasta dónde estarían dispuestos a ceder pacíficamente.

El paisaje cotidiano sufrió trasformaciones inmediatas. Mi calle, fronteriza con la «zona nacional» del barrio de Salamanca, también. El bar de la esquina, La Cepa Verde, en el que yo tomé mi primera caña de cerveza junto a mi padre, desapareció de la noche a la mañana. Lo pintaron de azul y se convirtió en un bar de Fuerza Nueva. Aparecieron por las calles los famosos «grupos de incontrolados», chicos engominados y bien alimentados, hijos de buena familia que apaleaban y pegaban con cadenas a quienes no pensaran o vistieran como ellos. Todos sabíamos quiénes eran, supongo que la policía también, pero nadie hacía nada contra aquellos perros que mordían a cualquiera que se saliera del redil. Esto, como digo, nos hacía vivir a todos en estado de alerta.

Al poco tiempo murió alguien mucho más importante para mí, mi tía Guadita, en las extrañas circunstancias que ya he relatado, sobre el capó del coche de mi hermano. Don José Tamayo tuvo el detalle de preguntarme si estaba en condiciones de trabajar. Le dije que sí. De todas formas *Harold y Maud* se mantuvo en cartel pocos días más.

Empecé a rodar una película de Miguel Picazo, *El hombre que supo amar*, filmada a mayor gloria de san Juan de Dios. Timothy Dalton era el protagonista. Fue un rodaje peculiar desde el principio, desde el momento en que el director me pidió que me fuera a probar en la oficina de producción. A mí me extrañó porque lo normal es probarse en una de las sastrerías para cine, en Peris o en Cornejo. Cuando entré en el despacho de Miguel estaba allí también un chico, muy guapo, en una silla de ruedas. Tenía amputadas ambas piernas por encima de las rodillas. Miguel comenzó a explicarme que mi papel tenía de todo, que era la típica soldadera que seguía a los ejércitos medievales, además de leprosa, media puta y muda del todo. Yo seguía sin entender qué hacía allí el chico de la silla de ruedas.

—Verás, Pilar —me dijo Miguel—, quiero comprobar si tienes la fuerza necesaria.

A su señal aquel muchacho, sólo sobre sus manos y balanceando el tronco, saltó con una agilidad insospechada al suelo. Allí se metió en un saco y me miró sonriente. El asunto era que yo tenía que llevarle a la espalda durante toda la película. Sus cincuenta y siete kilos. Me eché a temblar pero me agaché, me puse la cincha que tenía el saco sobre la frente y lo levanté. El papel era mío.

El rodaje iba a ser en Granada pero el incendio del hospital de San Juan de Dios, no era cosa de quemar el de verdad, se hizo en decorados en Colmenar. Allí tuve mi primera bronca con los hermanos de la orden, que participaban en la producción de esta loa a su fundador. La cosa fue que aquello estaba lleno de figurantes, con unas pintas de locos y tullidos estupendas, y que Miguel nos dijo que a la de ¡cinco y acción!, se activaría la cañería de gas butano, todo estaría en llamas y tendríamos que salir corriendo lo más despavoridos y raudos posible. Cuando oí lo de correr y me vi allí con el saco y el amputado dentro, confieso que sentí cierta inquietud. Efectivamente, se dio acción y uno de los figurantes se plantó riéndose delante de la cámara.

—¡Ñaca, ñaca! —soltó mirando directamente al objetivo y se largó.

Y me enteré de que los hermanos de San Juan de Dios se habían llevado a los locos de verdad para hacer la figuración, a los enfermos de sus hospitales. Les dije de todo a los buenos frailes que me miraban como a una endemoniada. Hubo que repetirlo todo y aquello de ¡ñaca, ñaca! quedó como un timito, una broma particular entre el equipo durante el resto del rodaje.

En Granada fue peor. Estábamos rodando exteriores y hacía un frío terrible, así que se hizo una gran hoguera —todo muy medieval— para calentarnos. Me acerqué y extendí las manos heladas hacia el fuego, frotándolas, cuando uno de los locos me empujó a las llamas. De haber caído dentro me habría quemado viva, cubierta como estaba de látex de las llagas del maquillaje. Un compañero me agarró in extremis y tiró de mí hacia fuera. No puedo reproducir las barbaridades que salieron por mi boca. Uno de los frailes se me acercó conciliador y me explicó que el loco que me había empujado no soportaba que nadie se le pusiera delante. No acabó aquí la cosa. Al rodaje de la catedral, bajo un sol de justicia ese día, los hermanos llevaron a un montón de paralíticos, algunos apenas niños.

Pero el rodaje también tuvo sus cosas buenas. Tuve la oportunidad de admirar la profesionalidad de Timothy Dalton. El pobre hizo de todo: caminó sobre cristales, se untó de miel para que se lo comieran los tábanos y nunca protestó por nada. Bueno, sólo una vez y por una escena en la que él y yo con mi amputado a cuestas, bajábamos bajo la lluvia una cuesta y nos refugiábamos bajo un puente. Allí soltaba yo mi carga, el personaje de Timothy decía algo y uno de los figurantes que allí estaban le contestaba otra cosa muy corta, no recuerdo el qué. La tuvimos que repetir hasta tres veces, cada vez volviendo cuesta arriba a las primeras posiciones y yo con mi amputado encima, porque el figurante no era capaz de decir su pie. A la cuarta vez Timothy exigió a Miguel, con la ayuda de su intérprete, que cambiara al figurante o suprimiese su frase porque no había derecho a someterme a aquella paliza. Timothy es un hombre maravilloso, muy guapo. Tuve la oportunidad de comprobarlo muy de cerca, ya que tuvo el detalle de invitarme a su caravana varias veces. Yo no hablo nada de inglés pero nos entendimos perfectamente y, digámoslo así, fui una chica Bond *avant la lettre*.

De aquel rodaje me vine también con un gato negro del Albaicín. Me lo dio un compañero que era de allí y lo bauticé como Gitano. Era un gato enorme y guapo, como una pantera. El problema era traerlo, ese mismo día volvía a Madrid, en el avión. Tuve una idea, no sé si demasiado buena, y en el hotel machaqué una pastilla de Aneurol y se lo puse en su platito de leche. El gato se quedó frito y yo calculé que permanecería así hasta llegar a casa. Lo metí en mi bolsa de viaje y me fui con Manolo Pereyro, un compañero maravilloso, al aeropuerto de Granada. Al llegar nos comunicaron que el vuelo estaba retrasado por niebla. Pasamos allí horas, tantas que aún estábamos en Granada cuando el animal se despertó y empezó a brincar y maullar en el bolso. Opté por encerrarme con él en los baños. Manolo venía de cuando en cuando a verme y darme novedades. Cuando por fin entramos en el avión, Manolo y yo lo hicimos gritando como dos locas para tapar los bufidos de Gitano. Sentados y con las puertas ya cerradas se oyó lo que, decididamente, era el rugido de una fiera. Se me acercó una azafata.

—¿Qué lleva ahí, señora?

—¡Huy, nada, un gatito! Un gatito precioso para mis niños. Es que les encantan. Teníamos uno pequeñito y se nos ha muerto, así que...

—No puede llevar animales sueltos en la cabina de pasaje, señora.

—¡No me diga! Si es que me lo han dado y como es tan pequeñito lo he metido en la bolsa.

Vino el comandante. Me dijo que tendría que bajarme porque estaba deteniendo el vuelo. Discutimos. Optaron por abrir las puertas y traer una caja de cartón de la terminal. Dado el estado de excitación de aquella pantera, durante el trasvase de la bolsa a la caja corrió peligro la vida de la artista. Me quisieron cobrar 27,50 pesetas por exceso de equipaje, yo me negué argumentando que nadie me había pesado al gato y que lo estaban calculando a ojo. El cachondeo del pasaje era ya general. El comandante me dijo que con todo aquello había retrasado cuarenta y cinco minutos el despegue. Yo le contesté que más horas nos habían tenido ellos esperando en el aeropuerto. Casi provoqué un motín entre el pasaje.

Por fin llegué al hogar con mi hermoso gato negro, mi Gitano guapo, que miró a su alrededor y descubrió asombrado que venía a ser uno más en el zoológico en que habíamos convertido, Mónica con especial ahínco, nuestra casa. Allí vivíamos en amor y compaña con decenas de hámsteres, la perra Laika —que miraba como una persona, vivió con nosotros catorce años y amamantó a muchos gatos—, y el pato Nito. Éste era uno de esos que te vendían por la calle, graciosos polluelos pintados de verde para regalar a los niños. El problema vino cuando Carlitos, el inventor de la familia, le hizo una incubadora con una caja y una bombilla. El pato Nito creció y creció, hasta convertirse en un monstruo medio verde, medio blanco, pesado, ruidoso y cagón. Al pato le gustaba saltar desde arriba de un armario sobre mi cama, emitiendo unos ¡cuac cuac! que sonaban como un grito de guerra. Era imposible dormir con él allí. Convoqué asamblea familiar, quería dialogar con mis hijos como hacía siempre.

—Hijos, tenéis que comprender la infelicidad del pato Nito en este mundo de seres humanos. ¿Vosotros seríais felices en un mundo de patos? No, querríais estar con otros niños.

Llevamos a Nito al Retiro. Allí lo soltamos en el estanque. Íbamos a verle a menudo, preocupados por el rechazo inicial que sufrió por parte de los demás palmípedos y, sin duda, provocado por el aspecto monstruoso que le confería su plumaje medio verde aún. El racismo cesó cuando él también se volvió completamente blanco.

Además de los diversos animales vivía con nosotros otra chica, una que me había mandado el lechero. Era muy bajita, fea y se llamaba Santi. Era viuda y no parecía correr el riesgo de quedar embarazada, dado que ya conocía los misterios de la vida, las precauciones que debían tomarse y era decididamente antipática. Su relación con los niños se resumía en una coletilla que usaba permanentemente.

—¡Come y calla!

Tenía cierta tendencia a la tragedia que resultaba exasperante, aunque quizá no del todo injustificada. ¡Le pasaban unas cosas! Se echó novio, hay gente pa'to. Pasado un tiempo llegó un día llorando a mares. Me contó que su novio le había vaciado la libreta de ahorros. El tipo le había contado además una milonga, que estaba tomando un café en un bar y unos sujetos le habían ofrecido un cigarrillo muy extraño. Con droga. Luego le habían obligado a ir por la cartilla y después al banco, a sacarle los dineros. Ahí tuvimos la primera bronca gorda porque no pude evitar darle mi opinión, que su novio era un jeta y aquello un cuento chino.

Nuestra relación fue a peor. Su carácter era cada vez más agrio. Un día se quejó de que Carlos la había mandado a la mierda. Regañé al niño pero también le dije a ella que era francamente insoportable y que se fuera. Lo hizo y, tras otra asamblea familiar, mis hijos y yo decidimos quedarnos solos. Quizá ahí empezó la gran tragedia de Mónica, que recibió una carga demasiado pesada para una niña y tuvo que convertirse en la madre de sus hermanos. Ya lo he hecho varias veces desde entonces pero quiero que conste aquí: Mónica, te pido perdón por aquello.

Sé que sufriste mucho y te pido perdón.

Del padre de los niños no sabía nada. Aparecía y desaparecía. Yo no pedía explicaciones, completamente hecha a la idea de que tenía que criar a mis hijos yo sola, sin esperar ayuda de nada ni nadie. Nunca les hablé mal de su padre, confiada en que ellos serían jueces cuando fueran creciendo y tuvieran una mejor perspectiva del asunto. Hoy creo que su veredicto me es completamente favorable.

58

La carroza de plomo candente

Entre hacer sesiones sueltas y buscarme la vida como podía, me llegó una llamada de Vico, un gerente teatral, para que fuese a hablar con un determinado empresario. Siempre agradeceré aquella llamada porque me permitió vivir uno de los momentos más bellos e importantes de mi carrera. El empresario, el señor Redondo, me quería contratar para una obra que iba a producir. Tuvimos una primera charla sobre, ¡cómo no!, el dinero y no nos pusimos de acuerdo, había una diferencia sustancial entre lo que él me ofrecía y lo que ya era mi caché. Ahí parecía acabarse todo, pero Redondo insistió en que, al menos, asistiera a una de las lecturas que habría en su chalé. Fui y me encontré con José Luis Alonso, para mí el mejor director teatral que ha habido en este país, ensayando ya algo con doña Luisa Rodrigo y con Julia Trujillo. En un sofá estaba mi amiga Laly Soldevilla con un libreto. A mí me dieron otro. El texto se titulaba *La carroza de plomo candente* y era de Francisco Nieva. Leí la relación de personajes: el Rey, la Garrafona, el Cura, el Barbero, el Torero y la Venus Calipigia. Yo miré a Laly y me dije que ella sería la tal Garrafona y me extrañó que a mí me llamaran para hacer de Venus. Así se lo comenté a Laly y ella me sacó de mi error. Me dijo que ella sería ¡el Rey! Yo, la Garrafona.

El texto de Nieva me fascinó. Luego he tenido la suerte de volver a trabajar con él. Tuve que hablar de nuevo de dinero con

Redondo. Le mostré mi última nómina y le expliqué que para una actriz, con lo que nos cuesta subir, es imposible e indecente rebajarse el sueldo. Le dije que el texto me gustaba tanto que no le pedía más, sino que simplemente me igualara esa última nómina. No quería más dinero pese a ser un papel protagonista, solamente el mismo que venía cobrando por papeles menores y mi nombre antes del título como era de rigor. Aceptó y empecé a ensayar el papel de la Garrafona, «una bruja rebruja» según decía el texto. Y conocí a Paco Nieva, al que desde ese momento llamé «Maestro Leonardo», un señor que crea como Dios, escribe como Dios, pinta maravillosamente y diseña los decorados, vestuario y maquillajes de sus obras. Mi maquillaje, aún conservo fotos, era como una máscara expresionista llena de luces y sombras. El problema fue luego aprender a hacérmelo sola y deprisita.

El reparto de *La carroza* quedó así: Laly como el Rey, José María Prada como el Cura, Valeriano Andrés como el Torero, Félix Navarro como el Barbero, una jovencísima Rosa Valenty como la Venus Calipigia y yo como la Bruja. Rosa Valenty estaba esplendorosamente bella y hacía el desnudo más hermoso que yo he visto en un teatro. Se desprendía de una túnica transparente y sobre su cuerpo se proyectaban imágenes de olas. Yo, en cambio, salía tirando de una cabra mecánica que tiraba petardos por el culo y con la que casaba al Rey. Se suponía que luego la cabra, que en realidad era la Venus trasformada por mí, paría un hijo del Rey que acabábamos matando entre todos. Era un texto riquísimo, barroco y sorprendente como todos los de Nieva. Fue un placer interpretarlo.

Representada ya la obra hubo una huelga de tramoyistas. Los compañeros y yo les dijimos que, por supuesto, apoyábamos sus reivindicaciones pero que en previsión de sanciones por parte de la empresa acudiríamos todos los días al teatro a nuestra hora. A hacer acto de presencia. Así lo hicimos los tres días que duró la huelga, íbamos y nos quedábamos sentados en los camerinos. Yo advertí a mis compañeros que no firmaran la próxima nómina si era inferior a la normal. Tenía claro que la empresa querría resarcirse de las pérdidas. Así fue, cuando llegó la nómina nos habían descontado los tres días. Rehusamos firmarla y pedimos una reunión con el empresario. Apareció con un pantalón vaquero por cuyos bolsillos asomaban fajos de billetes.

—¿Cuál es tu problema? —se dirigió a mí directamente.

Le expliqué que yo no tenía ninguno y que si no habíamos podido realizar nuestro trabajo no era por culpa nuestra, que la huelga de los tramoyistas lo había hecho del todo imposible.

—¡Tú no has leído bien tu contrato. Ya quería yo pillaros a los cómicos en una de éstas! —me contestó con aire de perdonavidas—. Desde vuestra huelga vais de listos pero yo lo soy más. ¿No has leído la cláusula de que se cobra por función representada?

—Sí, la he leído —respondí lo más tranquila posible—. Tiene usted razón, no puedo cobrar lo de estos tres días porque no he trabajado.

—¿Lo ves?

—Sí, pero entonces me debe usted dos meses de nóminas porque si cobro por función, hago dos al día y usted sólo me paga una. Me debe la otra. O me la paga o me voy a Magistratura con su cláusula.

El hombre se puso blanco. Mis compañeros se sumaron a la moción inmediatamente. Al final aceptó pagar los tres días y se resolvió todo.

Cerraré el recuerdo de aquel montaje excepcional con dos cosas que pasaron, una absurda y otra hermosísima. La absurda ocurrió porque entre función y función la gente salía a cenar. Comenzada ya la de la noche, yo di el pie que marcaba la entrada, oculta por una nube de humo, de Rosa Valenty. No apareció nadie, el pedestal de la Venus estaba completamente vacío. Prada reaccionó con rapidez.

—¡Te ha fallado el conjuro, Garrafona! —gritó y se cortó el

cuadro. Como la función era rara quedó bien y la gente no lo notó en un principio. Seguimos con la representación y, a punto ya de acabar y de manera inesperada, apareció en escena Rosa.

—¡Hola, soy Venus Calipigia! —dijo mientras le caían enormes lagrimones por las mejillas.

Valeriano Andrés, que figuraba estar atado al suelo con cadenas, se levantó, dijo que aquello no se podía tolerar y salió del escenario. Me quedé sola y, a decir verdad, no recuerdo cómo salí de aquel embrollo. Se echó el telón y se montó una bronca terrible entre cajas. La culpa era del regidor, que no puede dar comienzo a la representación sin comprobar que todos los actores están presentes. Además, preguntamos indignados, ¿a qué venía eso de sacar a Rosa luego, de repente? La explicación acabó por enfurecernos. Nos dijeron que como en el cartel se anunciaba su desnudo integral tenía que hacerlo, para que el público no reclamara el dinero de la entrada. Rosa lo pasó fatal, se sentía humillada, y se despidió.

Vayamos con la historia hermosa. Representando *La carroza* Laly enfermó de gravedad, tanta que se nos murió en poco tiempo. La sustituyó Julia Trujillo como Rey, personaje que se pasaba la obra en una cama enorme y barroca que volaba por el escenario. Para paliar la premura de la sustitución y ayudar a Julia con un texto tan complejo, tras el cabecero se ocultó el regidor para apuntarle el papel. Mi entrada en escena, seguida de la cabra pedorra y Valito vestido de torero, la solía marcar el regidor con tres golpes. Yo quedé encargada de darlos y anunciar mi propia entrada. Como he dicho, me considero la persona más seria del mundo mientras trabajo. Ni gasto ni me gusta que me gasten bromas. No sé por qué pero en vez de los tres golpes, quizá tuve una regresión a las Ventas de mi noviazgo al ver a Valito de torero y los cuernos de la cabra, hice «¡pam para pan pam pam pam!». Aquel repique que suena como una copita de ojén, con el que me abrían las puertas de la plaza. Con estupor vi que a José María Prada se le iba el papel. Cuando acabó la función Prada estaba aún muy nervioso y tuvimos un rifirrafe, pese a que intenté disculparme. Me acusó de tomarme mi trabajo a broma y le dije que eso no se lo toleraba ni a él ni a nadie, que en ese mismo instante me despedía. Así lo hice y di a la empresa los quince días reglamentarios. Un par de días después entró en mi camerino un ayudante de José Luis Alonso, venía a decirme que abajo me esperaba Vicente Aleixandre, el poeta. Tardé un poco porque tenía que desmaquillarme. Cuando al fin bajé, Aleixandre se dirigió a mí.

—Señora, ya le he dicho a todo el mundo lo mucho que me ha gustado la función y lo que me alegro por mi amigo Paco Nieva. Pero quería saludarla especialmente a usted. Primero, debo disculparme por no conocerla antes, pero es que voy poco al teatro. Estoy delicado de salud. Pero no quería marcharme sin decirle que estoy fascinado por sus manos porque de sus dedos sale luz.

Yo empecé a llorar. Por sus palabras, por el reconocimiento de alguien como él, por su voz hermosa y por aquellos ojos azules tan bellos, tan parecidos a los de mi padre. Le contesté que no sabía lo importantes que eran para mí sus piropos, que llegaban en el momento justo ya que se me había acusado de tomarme mi trabajo en broma. Que ni un novio podría haberme dicho algo tan hermoso.

—Pues usted será mi novia —me dijo sonriendo.

Nos despedimos. Con el tiempo, siempre que me encontraba con José Luis Alonso éste me decía que Aleixandre le preguntaba por su novia. Yo me azoraba y le contaba que no me atrevía a llamarle, que me daba vergüenza. Cuando le dieron el premio Nobel me decidí a hacerlo, quería felicitarle. Me preguntó mi nombre una mujer.

—Pilar Bardem.

—Un momento, por favor.

Tras un silencio oí la voz de Aleixandre.

—¿Cómo está mi novia?

Rompí a llorar de nuevo. Charlamos unos minutos y recuerdo aquello como un momento de mágica hermosura, de proximidad con un alma bellísima. Guardo el sonido de su voz y el azul de sus ojos en mi memoria como un tesoro.

59

¿Es usted el que insulta a los actores?

No salí de gira con *La carroza* porque me contrataron para hacer *La piel del limón*, obra de Jaime Salom, un gran oculista que invierte todo lo que gana en llevar sus propios textos a escena. El director era Alberto González Vergel, conocido en la profesión por Vergel, terror de los actores por sus broncas y los insultos feroces con que las adornaba. Tuve la suerte de coincidir con él en una exposición de pintura, antes de comenzar con los ensayos. Pese a no conocernos me saludó muy efusivo.

—¿Es usted el que insulta a los actores? —inquirí sonriente.

—¡No, por favor, sólo a los gilipollas! —replicó él no menos jovial.

—¡Ah, bien! Entonces a mí no —sonreí más todavía.

Hicimos los ensayos de mesa, donde los actores leen sus papeles. Yo, medio en broma, decidí seguir por el camino de aquel primer encuentro. «¡Hay que ver —le decía—, las cosas que he oído de usted y lo simpático que es en realidad!» Todo fue como una seda hasta el día en que Vergel bajó a dirigir los ensayos desde el patio de butacas, con los actores ya moviéndose por el escenario. Ahí se arremangó y, quizá por eso, le salió el Kowalski y se puso a gritar. Mis compañeros en el montaje eran Jesús Puente, Charo Soriano, Alejandro Ulloa y Pilar Bayona, la de Pili y Mili, que regresaba a la profesión tras estar un tiempo retirada. Hacía un papel doble y estaba espléndida.

Un día Vergel aulló: «¡Pilar!». Yo pregunté si Bardem o Bayona y le rogué, dado que yo también tenía cierto carácter, que si era a mí a quien gritaba tuviera la bondad, en el futuro, de llamarme por mi apellido. Debió hacerle gracia la chulería porque aceptó el juego y cuando gritaba a los demás, a mí me pedía siempre perdón y me llamaba señora Bardem. Establecimos una relación versallesca.

Un día vino Jaime Salom a los ensayos. Al terminar me preguntó si me apetecía acompañarle a visitar a un amigo suyo. Me llevó a casa de Paco Umbral. Nos presentó y yo felicité muchísimo a Umbral por *Mortal y rosa*, un libro maravilloso, estremecedor, fruto de un gran talento. Pero luego le critiqué con igual entusiasmo *El Giocondo*, libro absolutamente fallido y estúpido donde retrata a actrices y actores como putas y maricones. Aquello no le causó ni frío ni calor y no he vuelto a tener relación con él. Sólo se dignó a mencionar nuestro apellido en su columna a raíz del «No a la guerra», llamando a Javier «el macho de la tribu» o describiéndome a mí como «vieja comicanta cuyo cuerpo se alegra cuando le hacen un cacheo en el Congreso». Era algo así o una parida por el estilo.

Aprovechando la proximidad del teatro Marquina, en el que ensayábamos, con la plaza de Chueca decidí un día visitar a Flora, que llevaba unos días sin llamar. Toqué el timbre y no salió a abrir. Flora tenía la costumbre de dejar una llave bajo el felpudo, miré y allí estaba, así que abrí. Me la encontré medio desvanecida, en un estado lamentable y absolutamente deshidratada. Estaba mal. Llamé inmediatamente a San Andrés del Rey, un pueblo de Guadalajara, donde Carlos tenía una casa para ir a cazar.

—¡Tú no tienes por qué ir a esa casa! —Eso fue lo primero que me soltó mi ex marido a manera de saludo.

—Pues da gracias a que he ido, porque tu madre está muy grave.

Flora superó aquella crisis.

Empecé a rodar *El puente*, película de mi hermano Juan con Alfredo Landa de protagonista. Fue un rodaje muy duro, en exteriores cerca del penal de Ocaña, que no podíamos retratar por falta de permisos. Yo interpretaba a la mujer de un preso político, un papel corto pero bonito.

Estrenamos *La piel del limón*. Llegó el día 8 de diciembre, aniversario de la muerte del primer Javier, ya representándola. Desde hacía años ese día me asaltaba una tristeza profunda, lacerante, que podía sentir moviéndose dentro y me angustiaba hasta lo indecible. Aquel 8 de diciembre fue especialmente intenso, me daban arcadas y vomité varias veces entre cajas según se aproximaba la hora de su fallecimiento, las once y media de la noche. En aquel montaje yo pasaba mucho tiempo en escena, muda y quieta. En la obra los protagonistas hablaban entre sí de la enfermedad y muerte de una niña, de cómo la llevaban en un coche y la llenaban de agujas y goteros en el hospital. Pienso que, inconscientemente, hasta ese día yo había ido asimilando esa ficción con la historia real de mi hijo. Cuando llegó ese momento de la obra, aquel 8 de diciembre, me salí de mi cuerpo. No sé explicarlo de otra manera. Me fui y reviví otra vez el baño, el coche mientras oía a mis compañeros decir sus frases. Les oía, sí, pero yo me sentía incapaz de hablar. Cuando llegó mi turno solté lo mío, no sé cómo, supongo que como una autómata. Los compañeros se preocuparon, vieron que algo me pasaba. Estaba llorando y el rímel me churreteaba por las mejillas. Fue una experiencia extraña y terrible.

Haciendo *La piel del limón* me llamó Adolfo Marsillach para trabajar en su próximo montaje, *Las arrecogías del beaterio de Santa María Egipcíaca*. Me hizo mucha ilusión porque, además, Adolfo cumplía la palabra dada. Cuando hacíamos *Silencio, se estrena* me dijo un día que yo era una gran actriz.

—No será por lo que hago aquí —contesté un tanto cínicamente.

—Yo con las mujeres me confundo en el amor, no en el trabajo. Tú y yo siempre trabajaremos juntos.

Y así fue, siempre que le encajé en el papel contó conmigo. Era un amigo entrañable al que aún añoro.

Se me presentó un problema. Yo tenía contrato en vigor para *La piel del limón* y me pusieron pegas para rescindirlo. Creo que influyó bastante la crispada situación social del país. Los matones de Cristo Rey habían asesinado a Arturo Ruiz, un estudiante. Comisiones Obreras nos planteó un paro de los teatros como acción de repulsa. Nos reunimos y así se decidió. A mí, tras una discusión con los propios compañeros, me tocó explicarle a Kramer, empresario del Marquina, que no era una acción contra él sino nuestra forma de protestar por el asesinato político de un chico en la calle Barquillo. Al final me dejaron ir, seguramente pensando que se libraban de una actriz conflictiva.

Antes de empezar con los ensayos de *Las arrecogías* participé en una película de Miguel Picazo. Yendo con Javier, como siempre, a rodar exteriores en Guadalajara, el coche de producción que nos llevaba paró a recoger a otra compañera. Para mi estupor era María Luisa Ponte. Hubo momentos de tensión en aquel coche y luego en el set, pero al poco tiempo hablamos francamente, de mujer a mujer. A partir de ese instante todo fue como una seda entre nosotras y, para asombro de propios y extraños, llegamos del brazo a los ensayos de *Las arrecogías*, donde seríamos compañeras.

60

El silencio

Las arrecogías era un texto magnífico de José Martín Recuerda sobre el prendimiento, prisión y muerte de Mariana Pineda, una liberal andaluza en tiempos de Fernando VII. Estaba pues basada en hechos históricos y la trama se desarrollaba en el beaterio donde la recluyeron, a ella y a otras, bajo la custodia de unas monjas. La protagonista era una espléndida Concha Velasco, teñida de rubia. Se respiraba el ambiente de lo excepcional ya desde el primer ensayo, se notaba que aquello era algo grande, especial, en la escena teatral del momento. Por la mañana ensayábamos los cantes con un jovencísimo Enrique Morente, un genio, y los bailes con Mario Maya, otro igual.

La obra no tenía descansos ni entreactos, así que cuando las actrices no estábamos en escena el vacío lo llenaban unos estupendos cuadros flamencos, cantando y bailando. Bailaoras como la Repompa o cantaoras como Carmen Linares, todo un lujo de artistas y de mujeres. Las monjas carceleras las interpretaban hombres. Así lo decidió Adolfo para darles más corpulencia frente a nosotras. Pronto pasaron a llamarles «los monjos».

Morente venía y nos enseñaba los cantes entonándolos para nosotras. Cada una tomaba notas como podía, según tuviera más o menos formación musical. El problema era que al día siguiente volvía Morente y el mismo cante lo hacía absolutamente distinto y tanto o más bello. Nos costó convencerle de que nosotras teníamos que cantarlo siempre igual, ¡a él que lo hacía según lo sintiera ese día! Más difícil aún fue el tema de las coreografías flamencas de Mario Maya, especialmente para mí. Pese a todo, aquello se fue ensamblando y comenzamos con la parte dramática. Los papeles principales éramos todos mujeres, salvo dos hombres: Antonio Iranzo que hacía de Pedrosa, el malvado absolutista que perseguía y encerraba a Mariana, y Paco Marsó, que hacía el galán y era mudo porque se suponía que le habían cortado la lengua. Entonces se enamoraron Concha y él.

Un día, en el corte para comer, ocurrió algo. Estábamos sentadas a la mesa varias compañeras, entre ellas la Velasco y la Ponte. María Luisa empezó a hablar. Tenía la costumbre de, hablase de lo que hablase, lo mismo del tiempo que de la pérdida de las Filipinas, llevar la conversación a su tema monográfico: Agustín González. Acabó una larga parrafada con un peculiar aserto.

—Todo lo que Agustín sabe en la cama se lo he enseñado yo.

Me levanté y le di la mano.

—¡Gracias, María Luisa! —le dije muy seria.

A Concha le dio tal ataque de risa que se escondió bajo la mesa.

Pasamos ya a ensayar en el teatro de la Comedia. Un día me llamó Juan Diego.

—¡Anda, que valiente clandestina estás tú hecha! —me dijo con sorna—. Te has dejado el Snoopy en la reunión de anoche.

Se refería a un enorme llavero de madera con la figura del perro de los dibujos, que uno de mis hijos me había hecho en el colegio como trabajo de manualidades. Lo había olvidado en una reunión que habíamos celebrado aquella noche para hablar de un tema laboral, del caso de una compañera que había sufrido un accidente y se había quedado paralítica. Decidí pasarme por el lugar de la reunión antes del ensayo y recoger el llavero. Así lo hice. Pocas horas después alguien llegó con una terrible noticia.

—¡Han asesinado a los abogados de Atocha!

Sentí un escalofrío de terror, luego pena y asco. El despacho de los abogados laboralistas de Atocha era el sitio donde yo me había olvidado el llavero, donde habíamos celebrado la reunión la noche anterior. Con ellos.

Aquella matanza me hirió en lo más hondo. Conocía a la mayoría de esos hombres, era amiga de algunos.

La conmoción social fue tremenda. Al día siguiente fui al entierro. Había tanta gente alrededor de los juzgados de las Salesas, donde se los velaba, que no pude subir por Bárbara de Braganza. Yo iba con unas botas altas negras, con algo de tacón, y una capa también negra. Me paró un policía y me dijo que no podía pasar de donde me encontraba, acceder al velatorio. No hubo modo de convencerle.

—Además, con esas botas y esa capa no vienes muy preparada para correr cuando empiecen las hostias —añadió con una guasa que me pareció el peor de los insultos.

Fui hacia Colón y contemplé el espectáculo más impresionante que recuerdo. Miles y miles de personas en absoluto silencio. Nadie lo rompía. Sólo una voz, evidentemente la de un provocador, gritó pidiendo justicia. Alcancé a ver al tipo unos metros ante mí. Nadie le secundó y un hombre, un ciudadano, que estaba a su lado le agarró por las solapas.

—Aquí lo que queremos es un silencio de muerte —le dijo.

Y volvió el silencio. Sólido, tangible, sólo roto por el zumbido incesante de un helicóptero. Era impresionante.

Mi hermano Juan recogió perfectamente aquel momento en la película que hizo sobre la matanza de Atocha, *Siete días de enero*.

Hicimos dos ensayos generales de *Las arrecogías*. El primero fue el normal de toda compañía. Las presas estábamos repartidas por varias jaulas distribuidas, en diferentes alturas, por todo el escenario. Yo estaba en la que llamábamos de arriba. Mi personaje era la Militara, mujer de carácter. En un momento de la obra tenía que golpear una jarra contra los barrotes. Me dieron una que se rompió y, de pronto, vi que chorreaba sangre por el codo. A mí lo de la sangre nunca me ha impresionado, así que tranquilamente paré el ensayo y dije que me había herido. Adolfo, que era muy hipocondríaco, sí se puso pálido y se asustó. Acabé en urgencias, donde me tuvieron que coser. Aquella herida me dio muchos problemas durante la obra, nos pasábamos el tiempo lavando ropa en el escenario, en unas pilas que habían puesto, y con el agua se reblandecía constantemente. No terminaba de cerrarse nunca.

Hubo un segundo ensayo general, cosa totalmente atípica. En realidad fue una representación privada para don Enrique Llovet, prestigioso crítico y escritor, que salía de viaje para América y no podría estar en el estreno. Así haría una reseña que estuviera lista con la presentación del espectáculo.

La obra comenzaba con las actrices repartidas por el patio de butacas y los palcos, haciendo pintadas que pedían justicia y libertad. Cosa que valía, evidentemente, lo mismo para la España del XIX que para la de ese momento. Acabada la obra en sí, con Mariana ya ajusticiada, nos repartíamos otra vez por los distintos pisos del teatro —¡a mí me tocaba el último y era una paliza!— y gritábamos exigiendo libertad y amnistía para Mariana. Entonces salía Concha Velasco al escenario, sola y ya despojada del personaje de Mariana, y como ella misma pedía también la amnistía. Ésa era la reclamación por activa y por pasiva. Amnistía y libertad, la misma que se reclamaba en la calle. Representar esa obra era una auténtica declaración de principios en aquella España convulsa de 1977. De alguna manera nos sentíamos militantes de una causa en la que creíamos mientras actuábamos. Sentíamos un entusiasmo que nos hacía olvidar la dureza física del montaje, un «matapersonas» que nos dejaba exhaustas.

La obra fue un éxito rotundo. Si en el teatro pedíamos la amnistía era, ya digo, como reflejo de lo que la gente pedía en la calle. Eran momentos de mucha agitación, de violencia ultra e incertidumbre. Se convocó una gran manifestación. Ese día los niños se fueron al colegio como siempre, pero al rato se abrió la puerta. Era Carlos, el mayor.

—Estoy seguro de que piensas ir a la manifestación. Vengo a recordarte que nosotros somos responsabilidad tuya.

Lo dijo muy serio, sereno. Ya decía mi madre que aquel niño hablaba como un catedrático. Lo cierto es que aquella reflexión de un niño de catorce años me hizo quedarme en mi casa. Carlitos acertó. Mi hermano y sus hijos, que sí fueron, acabaron todos detenidos. Yo hubiera caído también.

Llegó la legalización del PCE, de la gente que más y más duro había trabajado contra Franco y por traer la democracia a este país. ¡Qué poco han recogido después! Se celebró una gran fiesta en Torrelodones y allí que me fui con los dos mayores, en el coche de uno de los «monjos» que era amigo. Improvisamos una bandera roja con una toalla de baño enorme y un palo de escoba. Flameó alegre por la ventanilla del coche un rato, justo hasta que cayó el diluvio universal. Parecía que Dios quería ahogar a tanto rojo junto, ¡cómo caía! La entrada por la carretera al recinto de la fiesta estaba colapsada y decidimos volver, pensando que si no tendríamos problemas para llegar en hora al teatro. La toalla había chupado tanta agua que acabamos arrastrándola de manera muy poco digna.

Eran días inevitablemente políticos. A mis sobrinos los soltaron, con unas cuantas hostias encima, a las veinticuatro horas de su arresto. A mi hermano evidentemente no. Lo metieron en Carabanchel. Había muerto el dictador pero seguían metiendo a los rojos en la cárcel. Allí fui a visitarle, con uno de mis sobrinos en un ciclomotor que tenía, siempre con una caja de fresas. Le llevaba la fruta porque la primera vez que fui a verle, sola, recordando lo goloso que era le llevé una tarta de Santiago. Me echó una bronca tremenda porque, me explicó, los presos políticos compartían todo lo que les llevaban y eran tantos que no tocarían a nada de la tarta. No es que la tarta fuera pequeña, es que había mucha gente presa por sus ideas. También me sorprendió el negociete que tenían montado los guardias con la comida que llevábamos. Tú no podías entregársela en sus cajas o envoltorios, fuera lo que fuese tenías que volcarlo todo en unos cubos de plástico que, casualmente, los mismos guardianes te alquilaban. Recuerdo a la mujer de Ramón Tamames echando nécoras y amenazando con armar un escándalo si les faltaba una sola pata cuando llegaran a su marido y sus compañeros. Recuerdo también la humillación de la gente al meter en esos cubos lo que con amor llevaban, mejor o peor, a sus seres queridos.

Pasaron muchas más cosas en aquellos días: se casó la Velasco —la Ponte se despidió de la compañía porque no la invitaron a la ceremonia—, parió nuestra perra Laika atendida por mi hija Mónica, que siempre quiso ser veterinaria, y yo caí enferma. Verdaderamente enferma, con una bronquitis aguda y fiebre muy alta. Que fumara tres paquetes de negro diarios tampoco ayudaba. Fue la primera vez en mi vida que estuve de baja laboral. Me sustituyó otra compañera y me fui a casa. Alicia Sánchez se encargaba de telefonearme a diario. Por ella me enteré de un comentario que me enfureció.

El gerente de la compañía era el señor Igual, que lo había sido antes de la compañía de revista de Colsada, el de *Las alegres chicas de Colsada*. No sé cómo trataría a las pobres alegres bailarinas, pero su trato con las actrices dejaba mucho que desear. Mis compañeras le daban parte de cómo me encontraba, de mi lenta mejoría.

—¡A ésa lo que le hace falta es una buena polla! —fue su comentario.

Cuando regresé por fin al teatro, le encaré en la escalera que llevaba a los camerinos. Le pegué tal hostia que los tres últimos escalones los bajó a la vez. Claro que la cosa no terminó ahí. Luego me regateó veinte duros a la hora de negociar el sueldo de la gira. Yo no cedí y él, que se decía muy interesado en que yo saliera con la compañía, me ofreció una solución. En un leguaje patibulario me dijo que le cortaría los cojones a tres «monjos» para poder darme a mí lo que pedía. Yo avisé a los chicos y lo puse en conocimiento de Concha, que pidió una asamblea sobre el escenario tras la última función. Entonces había esta bonita tradición y todo se discutía colectivamente. Concha se puso de nuestra parte pero yo no conseguí mis veinte duros y no iba a perjudicar a tres compañeros para conseguirlos. Igual lo sabía perfectamente. No salí de gira y me quedé en el paro. Aquella bofetada la pagué muy cara.

61

Hay que presentársela a Marcelino para que vea la especificidad del sector

A inicios de aquel verano de 1977 fui nombrada secretaria general del espectáculo de CC.OO. Hasta entonces ese cargo lo había desempeñado siempre el gordo Palacio, un compañero, pero tuvo que dejar esa labor por cuestiones personales. Se le buscó sustituto en una asamblea, alguien propuso mi nombre, todo el mundo empezó a levantar la mano y me vi convertida en secretaria general. No serían, obviamente, días tranquilos para mí. Al poco tiempo, José Luis García Sánchez inició el rodaje de *Las truchas*, a la que se dio en llamar la película de Comisiones. Evidentemente, el sindicato no invirtió un duro ni participó artísticamente en la producción, bastante tenía con lo suyo, pero era un momento de enfrentamiento político entre UGT y CC.OO., lejos de la actual unión sindical y queriendo diferenciarse en todo una organización de la otra. *Las truchas* pareció convertirse en la película de Comisiones por la cantidad de afiliados suyos que trabajaron en ella.

Las reuniones sindicales de todos los sectores, del metal al cine, se efectuaban en una antigua fábrica de bragas que había en la calle Áncora. Yo en verano siempre iba vestida igual, con una falda larga y un pañuelo anudado a guisa de corpiño, según un extraño mecanismo psicológico de compensación por el que ocultaba lo bonito —las piernas— y mostraba lo menos aparente —mi escaso pecho—. Esconder lo bueno y mostrar los defectos. Seguro que las monjitas estaban en el origen de esa perversión. En cualquier caso no debía estar tan mal como yo misma creía porque los compañeros del sindicato, ya digo que allí nos juntábamos de todas las ramas profesionales, cada vez que me veían soltaban lo mismo.

—Hay que presentársela a Marcelino para que vea la especificidad del sector del espectáculo. ¿A ver qué otro secretario general va medio en cueros a las reuniones?

En la profesión siempre hay una gran angustia por el trabajo, temporal y escaso para la inmensa mayoría de los cómicos. Los compañeros nos preguntamos qué se hace o qué se va a hacer. A mí me preguntaban mucho por *Las truchas*, de qué iba la película, cuál era el reparto... Trasladé estas cuestiones a la productora y luego su respuesta a la asamblea.

—Dicen que, protagonistas aparte, lo que hay es mucho niño.

Comenzó el rodaje y estalló el conflicto. Aparte de niños, que los había, lo que abundaban eran señores y señoras de la calle trabajando como actores. Hombres y mujeres que se ganaban la vida con otras cosas. Todos estábamos de acuerdo en suprimir el carné profesional, en que era actriz o actor quien se dedicara a interpretar. Ahora bien, siempre que esas incorporaciones no perjudicaran al resto del colectivo, que no se produjeran contrataciones a la baja que hundieran nuestros salarios. Éste era el problema de *Las truchas*, yo lo expuse así en asamblea y se paró el rodaje. Aquello desencadenó otra discusión, de fondo mucho más fuerte y profundo, que acabó con mis camaradas sindicales haciéndome una especie de juicio, celebrado en la sede de Áncora. Roberto Bodegas dijo una frase muy bonita para justificar la contratación de no profesionales:

—No olvides, Pilar, que la cámara se enamora.

—Yo entiendo —le contesté— que un director vea por la calle a una señora o a un señor y diga que ésa es la cara que busca. Pero cuando la cámara se enamora de seis o siete es que es un poco puta.

Acto seguido argumenté mi perplejidad al ver que el productor, o sea el empresario, de la película estaba presente como miembro de un sindicato obrero de clase. Insistí en que un director podía contratar a quien le pareciera pero que eso no debía servir para reventar los salarios. Ésta fue mi denuncia y la hice con todo el sentido del humor que pude, desarrollando también todo un discurso de teoría sindical y explicando que era miembro de Comisiones desde hacía mucho tiempo, no así del Partido. Ese Partido que todos denominábamos así, el Partido, y que tenía un secretario general llamado Santiago, sin más, el cual había dicho que en caso de conflicto entre partido y sindicato se debían anteponer los intereses de los trabajadores a los de la formación política. Manifesté finalmente que aquellas contrataciones de *Las truchas* entraban en la categoría de lumpen proletariado y hacían peligrar nuestros puestos de trabajo.

—¡Aquí hay mucho fascista! —dijo tras mi discursito un tipo que tenía un enorme sonotone, un modelo muy antiguo equipado con una petaca que sostenía sobre las rodillas. Me acerqué y pegué la boca al audífono.

—¿Usted escucha por aquí? ¿Sí? Pues es usted un hijo de puta.

Rompí allí mismo el carné y hasta hoy. Terminé mi militancia y corroboré lo que siempre había pensado, que no hay que tener carné de nada. Que hay que luchar por lo que se cree pero por libre, uniéndote a otros como tú puntualmente y para luchas concretas. Cuando tienes carné hay otros que también lo tienen y, curiosamente, se piensan con derecho a decir tonterías. Por libre soy dueña de mis errores y mis aciertos.

Me enteré por Jesús Puente de que iba a hacer una función, muy bonita, de Santiago Moncada. Se titulaba *Violines y trompetas*. Jesús me dijo que había un papel estupendo para mí y que debía hablar con Salinas, el empresario. Una noche saliendo de Bocaccio me encontré con Paco Salinas, le comenté que sabía que iba a montar esa función y que había un papel que yo podía hacer. Entonces él sonrió, me metió un dedo en el ombligo y me dijo que yo no haría esa obra. Ante semejante grosería, dedito incluido, yo reaccioné mal, tanto que tuvo que intervenir Tirso Escudero, el dueño del teatro de la Comedia, para separarme de Salinas.

Pasaron varios meses, acabó el verano, cuando de repente me llamó el mismísimo Paco Salinas.

—Oye Pilar, vente que tenemos que hablar de trabajo.

Yo, evidentemente, me tragué el orgullo y fui, aunque estaba convencida de que su llamada no era para *Violines y trompetas*. Me citó en el teatro Beatriz y cuando entré vi al Puente y a Juanjo Menéndez ensayando, pasando texto. Me dije que yo venía para otra cosa y entré en el despacho de Salinas.

—Bueno, vamos a ver. ¿Quieres hacer *Violines y trompetas*?

Puse cara de póquer pero, confieso, que por dentro sentí una enorme satisfacción, una sensación de victoria sobre aquel tipo que me había vejado en mitad de la calle.

—¿Por qué no? Si la función es bonita y el papel es bueno. Yo vivo de esto.

—Hay una condición —interrumpió él sonriendo—, no te voy a pagar los ensayos.

Nunca hay que cantar victoria de antemano. Decirme a mí aquello era la mayor de las provocaciones. Lo era porque, por supuesto, necesitaba el trabajo y el dinero pero si había luchado por algo, si me había metido a sindicalista y en líos al hacerlo, era por esas conquistas que juzgaba irrenunciables: el día de descanso, la función única y los ensayos pagados. Él, como digo, no lo ignoraba y creo que ésa fue su particular venganza.

—Bien —contesté—, si tú no tienes dinero yo tampoco. Pero lo que sí tengo es dignidad. Ensayaré gratis pero tú me firmas un papel en el que diga que con el dinero de la primera taquilla me pagas los ensayos. Tú eres pobre y yo comprensiva, pero los ensayos, por mi santa madre que los cobro.

Sé que desde fuera estas luchas, también las hubo por el orden de aparición en los carteles, pueden parecer mezquinas. Pero en esta profesión, tan inestable y dura, cuando subes un peldaño, tu nombre un poco más grande o un duro más de caché, hay que defenderlo con uñas y dientes porque siempre habrá —empresarios, productores— quien intente rebajártelo aprovechándose de la precariedad de este oficio.

La función era muy bonita y la dirigió magníficamente Ángel García Moreno, del que me hice muy amiga, así que fue un éxito clamoroso. Estrenamos en el Infanta Isabel, donde se me acercó un acomodador muy mayor y me dijo que aún se acordaba de cuando yo eché a andar en aquel teatro. Ambos nos emocionamos recordando a mis padres.

Al mismo tiempo trabajé en dos películas. Una era *Carne apaleada*, dirigida por Javier Aguirre y protagonizada por Esperanza Roy, un drama carcelario. La otra fue *Soldados*, basada en un texto de Max Aub y en la que tenía que interpretar a una madre incestuosa. Yo tenía treinta y siete años y estaba monísima, así que mi primera preocupación fue saber la edad del actor que haría de mi hijo y con el que me encamaba. Estaba muy inquieta, asustada, porque me dio en imaginar que tendría quince años como mi hijo Carlos. Hice grandes averiguaciones entre mis compañeros y ¡por fin! encontré al hijo de mis entrañas, que también andaba preocupado por saber quién iba a ser su madre. Era Paco Guijar, un chico más joven que yo pero que bajo ningún concepto podía ser mi hijo, cosa que no pareció importarle a nadie. Rodamos en un palacio en Aranjuez, subida yo en un tílburi del que tiraba un caballito que de forma asaz irrespetuosa daba en irse, una y otra vez, contra un arbolito. La película la dirigió Alfonso Ungría y fue al Festival de Cannes.

Una tarde en el teatro me encontré con un anuncio en la tablilla convocando a Violeta Cela a un ensayo. Pregunté cómo era eso de que iba a ensayar ella sola y, por hablar, me dijeron que claro, que efectivamente mejor veníamos todos, los calvos y yo, a ensayar también. Ángel García Moreno quería retomar el rigor inicial de su montaje, el tono que había marcado y que, inevitablemente, con el paso de los meses los actores habíamos olvidado, llevando la función a nuestro terreno. A mí me criticó el haber convertido en cómico un mutis que había montado como más tierno, más dramático.

—No hay problema. Yo tengo dos apellidos que uso indistintamente. Para lo dramático saco el Bardem y para lo cómico a mi señora madre y el resto de las Sampedro. Acabo la escena en cómico porque así la hace ahora Jesús. Yo bailo al son que me tocan.

De paso saqué la cara por Violeta Cela, que tenía un papel muy cortito —su debut en el teatro— pero que interpretaba de manera deliciosa. Tenía un momento especialmente bello, un desnudo que ejecutaba mientras, de lateral a lateral del escenario, Jesús le contaba a Juanjo cómo había reencontrado el amor con esta chica tan joven. Era una escena preciosa que se fue degradando por los guiños, gestos y morcillas que los calvos metían, robándole la escena a la pobre Violeta. Era su momento y lo hundían, quitándole a ella toda su ilusión. Así lo dije. Me abroncaron los calvos y recibí el consabido «¿Y tú por qué te metes?». Mis relaciones con ambos se tornaron tensas.

Justo entonces nos llegó la invitación para almorzar de un señor marqués. Yo argumenté que en mis horas de descanso no aceptaba invitaciones de aristócratas ni participaba de actividades en grupo. Se me recriminó enseguida mi poca disposición. Los calvos me dijeron que parecía mentira, que yo era la primera actriz y debía asistir a la comida. Acepté renegando, me fui para allá y como en la famosa anécdota teatral, por supuesto, no me dejaron entrar. Por aquella época vestía un mono de pana negra, ceñido, una manta gallega y botas altas. Se ve que al portero del elegante restaurante donde se celebraba el convite no debí parecerle a la altura del local. Me cerró el paso en la puerta. Utilizó el famoso «Lo siento, está completamente lleno».

A mí me gusta una discusión más que a un tonto un lápiz, así que insistí en entrar y él en impedírmelo. Eso sí, lamentándolo mucho. Unas catorce veces. Fue entonces cuando me decidí a mencionar al señor marqués, rogándole al cancerbero que le explicara por qué no podía comer con él.

—Pero ¿cómo, usted es amiga del señor marqués? —El hombre se puso pálido—. ¡Por Dios, discúlpeme! ¡Pase, pase!

Éste siempre ha sido un país de castas, de noblezas de sangre e hidalgos, de señores y siervos, de marqueses castizos, obispos feudales y mucho ¡vivan las cadenas! Un país donde a alguien le ponen una gorra de plato y se cree que es un almirante, del «¿Dónde va usted?», de guardianes celosos de las puertas que llevan a los restaurantes o las casas de los ricos. Un país de buenos vasallos que, en el fondo, sólo aspiran a ser ellos señores, el paraíso del «¡Usted no sabe quién soy yo!» tras el que se esconden tantos complejos.

El señor marqués nos daba la comida en un reservado. Allí estaban ya Juanjo, Jesús y Santiago Moncada. También Salinas, el empresario, y otros caballeros amigos del aristócrata. Yo era la única dama en tan selecta compañía. Charlamos amigablemente y yo saqué a relucir la esmerada educación del Loreto, que tantos esfuerzos costó a mis pobres padres. Agarré el panecillo que me correspondía, usé el cubierto adecuado y bebí de la copa correcta bajo el atento escrutinio de los señores. Creo que les decepcionó un poco que la cómica roja no cogiera la comida con la mano. O que no se limpiase con el dorso de la mano y luego eructase.

Comí mucho, cosa que no acostumbro a hacer, y a la mitad del segundo plato empecé a sudar frío y a sentir que se me cerraba el estómago. El señor marqués se preocupó al ver que dejaba el segundo plato casi sin tocar y me preguntó si no estaba a mi gusto. Siguió la comida y con el postre me sentí definitivamente mal.

—¿Se encuentra usted bien? —preguntó solícito nuestro anfitrión.

—No, me encuentro fatal. Verá usted, yo no estoy acostumbrada a comer...

Juanjo saltó como por un resorte y no me dejó acabar la frase.

—¡No hagas política!

Saltaron chispas. Tuve que ir al cuarto de baño a refrescarme y a contar hasta cien.

Lo bonito fue cuando a mi vuelta a la mesa, el noble nos explicó por qué nos había invitado. Todo empezó porque yo le agradecí el almuerzo y le pregunté si le había gustado la función.

—No, no la he visto —contestó con toda naturalidad—. La invitación es porque quiero recuperar una tradición familiar, algo que hacía mi padre.

—Ah, ¿sí? ¿El qué? —pregunté desconcertada porque si aquel tipo no había visto la obra qué coño hacíamos allí.

—Dar de comer a los actores. Es que a mi padre le gustaba mucho rodearse de ellos.

Yo, bajo las atentas y asustadas miradas de mis compañeros, tomé aire y le alabé el gesto. Pero también le recomendé que puesto a dar de comer a los cómicos, los buscara en las listas del paro y no entre los que estábamos trabajando.

Desde luego el marqués era hombre de palabra porque, poco después, cursó otra invitación similar a los compañeros que representaban *Yo quiero a mi mujer*: Alfredo Landa, Paco Valladares, María Luisa Merlo y Josele Román. Creo que no fueron.

Coletazos de la España eterna, costumbrista y de Solana. De la España del señorito y del ¡siente un pobre a su mesa!

62

Piquetes y teatro, mucho teatro

Se convocó de urgencia una asamblea en el teatro Valle-Inclán. El motivo era el encarcelamiento de Albert Boadella y otros miembros de Els Joglars por su último montaje, *La torna*. Eran arrestos políticos y se les acusaba de injuriar a la Guardia Civil. Se decidió ir a la huelga, presionar así para que les liberasen. Intentamos parar a toda la profesión, a toda la gente del espectáculo. Nos reunimos en la Escuela de Arte Dramático, que estaba en el teatro Real, y formamos piquetes, eufemísticamente denominados «comisiones de información». Al pedir voluntarios para una de ellos, para mi sorpresa, María Luisa Ponte alzó la voz.

—Yo me apunto con Pilar y María Asquerino.

Se hizo un silencio expectante en la sala. Las tres habíamos sido amantes de Agustín y la Asquerino y la Ponte no eran precisamente amigas. Nos hicieron una foto juntas para inmortalizar nuestra partida. Nos mandaron al programa que Íñigo hacía en directo desde el Florida Park, una sala de fiestas que hay dentro del Retiro. Nos metimos en un taxi. Las tres muy actrices, con nuestras gafas de sol puestas pese a ser ya casi de noche. Yo iba, a manera de muro de contención, sentada entre ellas. La Ponte y la Asquerino iban en silencio, mirando cada una por su ventanilla. Nadie habló hasta que pasado un rato, María Asquerino se quitó las gafas y mirando al frente nos preguntó si no le notábamos nada en la cara. La miré y vi que tenía los ojos un poco morados. Se lo comenté y ella me contestó que es que se había operado las bolsas.

—Yo creía que te había pegado un par de hostias —soltó la Ponte sin dejar de mirar por su ventanilla. Allí se acabó el diálogo y nadie dijo nada hasta que llegamos al Florida Park. Una vez allí la Asquerino se fue a hablar con Mara Recatero, que era la realizadora del programa, María Luisa se fue a hablar con Íñigo y yo con los que iban actuar, artistas y bailarines. Íñigo se puso verde al vernos.

—¡Pero si este programa es en directo! —protestó asustado.

—¡Por eso! Como es en directo, sales tú y dices que no se emite porque estamos en huelga —razonábamos nosotras.

Íñigo siguió muy reacio y se justificó diciendo que él no podía tomar esa decisión solo, que tenía que consultarlo con sus trabajadores. Hizo una votación muy rara, un tejemaneje con papelitos basado en una pregunta bastante capciosa, del tipo «trabajo sí, huelga no», que no dejó lugar a posibles sorpresas. Yo me fui a los camerinos a intentar parar aquello. Lo primero que encontré fue el camerino del Ballet Zoom, de composición mayoritariamente extranjera.

—*No work, no work!* —repetía yo con mis escasos rudimentos de inglés—. *Stop, no work!*

Los chicos, todos altísimos y guapísimos, sonreían y se miraban entre sí como preguntándose qué querrá la loca esta. El siguiente camerino en el que entré fue el de Pablo Abraira. Le pedí que no cantara, le expliqué que estábamos en huelga y por qué, y él se ofreció a cantar una en vez de las dos canciones que tenía contratadas. En el siguiente camerino me encontré con un tal Daniel Velázquez, horrible individuo y peor cantante. O viceversa. Le dije que venía a informarle de que había una huelga y me empujó contra la pared gritando «¡Roja de mierda!» y lindezas por el estilo. Estuvo a punto de pegarme y tuvieron que venir a ayudarme. Luego le vi, gallardo y altanero, en fotos de mítines de Fuerza Nueva.

Llegó la Asquerino y me dijo que ya había hablado con

Mara, que ésta le había escuchado atentamente, hasta el final, y luego le había dicho que nada, que el programa seguía con su emisión. Así fue.

Durante aquel encarcelamiento de Boadella y sus compañeros se llegó a hablar con el mismísimo general Gutiérrez Mellado, rogándole que intercediera ante la Guardia Civil para templar los ánimos de unos y otros.

—Pero ¿qué me estáis pidiendo? —contestó el militar—. ¡Si están todos en los cuarteles que no los puedo sujetar!

Evidentemente el pobre Gutiérrez Mellado sabía lo que había y luego pasó lo que pasó.

Boadella se fugó dejando atrás a sus compañeros. Él lo justificó diciendo eso de que el primer deber de un prisionero es fugarse. Nos decepcionó a mucha gente, a los que pensábamos que, políticamente, hubiera sido más útil y valiente permanecer preso y demostrar así que aún se encerraba a personas por sus ideas y que la falta de libertad de expresión seguía creando presos, cuestionando la profundidad real de la transición democrática en sí.

Un día, camino del teatro, me encontré con Ángel Fernández Montesinos. Me dijo que iba a dirigir una función y que quería contar conmigo. A la hora de la cena se lo planteé a los calvos.

—Pero ¿qué dices? ¿Cómo vas a dejar una función en pleno éxito? —saltó Juanjo.

—No la conoces —concluyó Jesús.

Sabía lo que decía porque fue el Puente quien me aconsejó, cuando empecé con él, algo que luego he seguido al pie de la letra. Me dijo que lo importante para un cómico es estrenar, estrenar muchísimo. Tan seguido como puedas para que tu nombre suene. Puedes estar, por el contrario, haciendo una función con éxito durante meses y años y que la gente te vaya olvidando.

La conversación quedó ahí porque *Violines y trompetas* era una función que me gustaba y me sentía muy cómoda haciéndola.

Pasados unos días fue el propio Jesús quien me sugirió que aceptase la oferta de Montesinos, si es que aún estaba a tiempo. A mí me extrañó y más todavía cuando Salinas, el empresario, me llamó a casa.

—Te advierto que el Puente quiere que te vayas para darle tu papel a su mujer —me explicó Salinas, no sin cierto regodeo.

Se lo pregunté a Jesús y él me lo negó. Hubo un careo con Salinas, que también negó haberme dicho nada, y yo le dije al Puente que yo le juraba por mis hijos que me lo habían dicho, que por quién me juraba él que aquello no era cierto.

—No, no, hay un malentendido —explicó Jesús—. Yo lo que quiero decir es que cuando llegue el verano tú, Pilar, no vas a poder ir de gira por los niños. Entonces lo normal es que venga mi mujer a hacer la función.

Aquello me dolió. Para empezar estábamos en febrero, así que faltaban meses para tener que tomar una decisión sobre la gira. Luego me molestó que tomaran a mis hijos como excusa para lo que era una decisión profesional. Me despedí allí mismo y me fui a hacer lo que me ofrecía Montesinos. Como soy una señora en vez de los quince días le di un mes a la empresa, para que la mujer de Jesús tuviera más tiempo de ensayos.

Lo mío es de nacimiento era una obra que habían escrito bajo seudónimos Emilio Laguna y el propio Montesinos. El primero la protagonizaba de forma absoluta y el segundo la dirigía. Era, con toda seguridad, el peor texto que yo haya interpretado nunca. Una obra y un montaje absurdos. La crítica de Enrique Llovet, demoledora, resumía aquel despropósito en una disculpa comprensiva: «Sólo hay que pensar que los actores también tienen que comer». La función era mala hasta decir basta. Pero tan ingenuamente mala, tan falta de cualquier pretensión, que se convirtió en profundamente cómica, en una cosa dadaísta con la que la gente se desternillaba de risa. Yo salía en la primera parte, interpretando a una sexóloga que había contratado la tía del personaje de Emilio, mariquita vergonzante, para espabilarle la hombría y, a ser posible, reconducir su extraviada sexualidad.

Luego resultaba que no era sexóloga sino miembro de la Sección Femenina, una virgen que tampoco sabía nada del mundo y de la carne. Nos divertimos mucho haciéndola porque, casi desde el primer día, todo era improvisación y cada función, olvidado por completo el horrible texto, representábamos algo distinto, nuevo y decididamente grotesco. Gamberro. Aquello era una diversión pero también se convirtió en un reto profesional. No es fácil aguantar un escenario sin el soporte de un texto, dinamitarlo continuamente, resolviendo constantemente a base de ingenio y recursos el desafío que te planteaba la improvisación del compañero. Cómo sería esto que cuando no pude —¡otra vez!— salir de gira, hubo que grabar en una cinta los diálogos de un par de ideas para que la compañera que me sustituyó se hiciera una idea de lo que Emilio quería. El libreto se había convertido en algo inútil.

Emilio estaba francamente gracioso y aquella función era, además, su vuelta al trabajo. Había tenido que operarse de las cuerdas vocales y el pobre lo había pasado muy mal. Perdió la mitad de una y desarrolló la obsesión de que no se le oía, cosa que no era cierta, idea que él aliviaba saliendo a escena con un micrófono. Creo que fue el primero en hacerlo en España. En su caso era un simple placebo porque todos sabíamos que el aparato estaba puesto prácticamente a cero, pero a Emilio le bastaba llevarlo para sentirse seguro sobre las tablas.

Lo mío es de nacimiento fue un éxito inenarrable. Yo me alegré especialmente porque sabía que Emilio lo había puesto todo en pie con los ahorros de su madre y su tía. La gente rompía las butacas de la risa espasmódica que les entraba.

La vida plantea paradojas constantemente. En aquellos días a mí sí que me entró la risa cuando, al mismo tiempo que yo hacía este divertidísimo engendro, mi hija Mónica debutó en el teatro con, nada más ni nada menos, *El padre* de Strindberg. Un año antes Mónica ya había estado ensayando con Miguel Narros otra obra de este autor, *Sonata de espectros*. A mí me dieron la función para que se la explicase a la niña, algo que no pude hacer porque no conseguí entender de qué iba. Al final este primer montaje no se llevó a escena. Pero Mónica debió hacerlo muy bien en aquellos ensayos que compartió con Eusebio Poncela y Berta Riaza porque, quizá por consejo de esta última, Luis Lucia, el director, la llamó un año después para *El padre*. Mi hija estaba muy ilusionada y aunque yo le advertí que sería algo muy duro y exigente —tendría que hacer dos funciones y luego ir al colegio por la mañana—, Mónica aceptó. Creo que fue un tiempo de felicidad para ella, puede que porque entre los miembros de la compañía recuperó el rol natural de ser la niña, el papel que yo le había negado al abrumarla con responsabilidades en la casa y designarla como madre vicaria de sus hermanos. Allí, en el teatro, se sintió mimada por todos, tratada como lo que era, como una niña.

Juan Antonio Gálvez, que trabajaba con ella, me la acercaba todas las noches al teatro Maravillas y las dos volvíamos juntitas. Dos cómicas tras el trabajo, cansadas pero felices. Una haciendo *Lo mío es de nacimiento* y la otra *El padre*, de August Strindberg.

Cosas de la vida.

63

¡Así me visto yo para hacer propaganda de Dios!

El país estaba muy revuelto políticamente. La extrema derecha emitía constantes señales de peligro, de ansia involucionista. No es que se hubiera conseguido demasiada libertad pero aún esos tímidos avances, cautelosos, les parecían excesivos.

Un día recibimos un aviso de bomba en la taquilla del teatro. Era absurdo que hubiera amenazas contra nuestra función, un disparate cómico sobre una mariquita loca. Se llamó a la policía. Fue una falsa alarma.

El siguiente susto fue ya más real. Salía una tarde de la estación de metro Bilbao para ir al Maravillas cuando vi al gerente del teatro, un anciano encantador, acosado por cinco matones de Fuerza Nueva. Yo me metí entre ellos sin pensarlo, cosa bastante imprudente por mi parte.

—¿Qué pasa? Este señor es mi marido —dije todo lo enérgicamente que pude.

—¡Queremos que cante el «Cara al sol»! —me gritó uno de los fachas—. ¡Y tú también, a cantar!

—Hombre, si me das el tono —antes de terminar la frase ya me había arrepentido de ser tan bocazas. Los niñatos no apreciaron mi castiza ironía.

—¡A cantar!

Y canté. Aquellos mierdas consiguieron con sus amenazas lo que no pudo la jefa del campamento del Servicio Social, que cantara el himno falangista. El gerente y yo nos fuimos de allí en silencio hasta el teatro, temblando ya no tanto del susto como de rabia por la humillación, por nuestra impotencia y su impunidad. Entonces la extrema derecha controlaba la calle, la había convertido en su particular coto de caza. El del metro no fue mi último encuentro con esa gentuza, no en vano yo vivía en lo que ellos denominaban orgullosos «zona nacional», los barrios de Salamanca y Retiro, por oposición a los barrios obreros de la periferia de Madrid. Una noche volvía a casa cuando vi desde lejos a seis o siete individuos de éstos a la puerta del bar de la esquina, del que fue La Cepa Verde, convertido por entonces en un nido de fachas de gomina y pistola. Traté de pasar entre ellos de la manera más discreta posible, pero mujer y a esas horas...

—¡Rubia! ¿Me das un pitillo?

Me detuve, sonreí y saqué con mucho tiento una bolsita para el tabaco que había comprado el octubre anterior en la fiesta del PCE, decorada con una paloma y la hoz y el martillo. La extraje tratando de ocultar los dibujos y repartí los cigarrillos que me quedaban entre los jóvenes esos.

—¡Mira la rubia, qué simpática! —dijo uno—. Lo mismo también eres de Fuerza Nueva.

—No —me oí decir con estupor.

—¡No me jodas que eres de Suárez! —se rió otro.

—No, tampoco —me escuché otra vez aún más sorprendida de mi propia estupidez.

—¿Eres una jodida roja? —me preguntó otro, ya más agresivo.

—Sí.

Algo me impidió callarme, ocultarme ante ellos, mentirles y mentirme. Seguramente fue una reacción absurda, temeraria, sola como estaba entre ellos y a esas horas. Nadie me habría podido ayudar y entonces te pegaban de hostias por mucho menos. Tuve suerte. Les caí en gracia.

—Hala, hala. Vete que eres muy simpática para ser una puta roja.

Llegué a casa y lloré.

Estábamos ya en 1978 y Javier tenía nueve años aunque, dada su envergadura, incluso parecía mayor. Era un bigardo importante. Mi suegra insistía en preguntar cuándo iba a hacer la Primera Comunión porque, bromeaba, de grande que estaba parecía a punto de hacer la mili. Yo trasladaba esto al padre, añadiendo que si esperábamos un poco más no encontraríamos un traje de marinerito.

Una tarde, para mi sorpresa, se presentó en el teatro mi ex marido con una señorita de Huesca que se llamaba Berta y de la que dijo que era su novia.

—¡Por fin Europa! —exclamé alborozada ante tal modernidad y besé a Berta en las mejillas.

Carlos, sin duda nervioso, sufrió un ataque de incontinencia verbal y entre las múltiples paridas que soltó hubo una que me llamó especialmente la atención. Él dijo que la tal Berta se iba a encargar de preparar a Javier para la Comunión. Ahí se acabó la civilizada Europa y me salió el casticismo ultramontano.

—¡Un momento! Al niño no lo prepara nadie y si lo hace alguien será su santa madre, que para eso estudió en un colegio de monjas.

Días después recapacité. Pensé que sería bueno evitar que la preparación del niño se convirtiese en un pulso entre el padre y yo. Recurrí a Flora para que se hiciera cargo de todo, dado que ella era la que más interés tenía en celebrar ese rito y que, por tanto, era la que más ilusión pondría en ello.

—Mire, Flora, como lo único que realmente necesitamos es el cura, el niño y usted para verlo, organícelo todo y ya me dirá dónde y la fecha.

Llegado el día le pedí a Pepita, mi vecina, un traje gris que había usado su hijo y le di ciertas instrucciones a Javier. Le expliqué que la comunión era un rito, una especie de teatro como cuando el *Platero y yo*, que íbamos a hacer porque la abuela tenía mucha ilusión. Todo consistía en que él debía estar muy serio, muy callado y atento. Entonces le darían una cosa redonda, la sagrada forma, que no debía masticar. Que aunque se le pegaría al paladar y le resultaría molesto, pronto se desharía en su boca.

A la llegada a la iglesia, Flora nos dio unas hojas a Carlos y a mí, algo que había escrito el cura. La mía contenía un ofrecimiento de mi hijo a la Virgen y la de Carlos la renovación de los votos de amor y cuidados del matrimonio.

—Si tú lees eso a mí me da un ataque de risa y se acaba la Comunión —le dije al saberlo.

Llegó también la tía Chelo y todos nos pusimos al pie del altar. Entonces vino el cura, un joven vestido con el famoso *clergyman*. Miró al niño, se quitó la chaqueta y se puso una cosa blanca.

—¿Qué me estoy poniendo? —le preguntó a Javierito que, claro, me miró aterrado.

«El alba», le soplé yo y el niño lo repitió. Luego el cíngulo y lo mismo. Después la casulla e igual. Creí que había salvado la situación cuando el cura, un auténtico showman, hizo una perfecta pausa dramática y le preguntó otra cosa.

—¿Y por qué me pongo yo todo esto?

Yo no supe qué apuntar a Javier y el pobre se quedó petrificado.

—Vamos a ver, Javier —siguió el cura con un tono entre didáctico y entusiasta, yo diría que satisfecho por la intriga que había creado—. Si tú vas por la calle y ves, pintada en la pared, una hoz y un martillo, ¿qué piensas?

Estupor general y el niño con los ojos como platos. Sólo reaccionó mi hijo Carlos, que siempre ha sido muy rápido.

—¡Eso es propaganda comunista!

—¡Muy bien, niño! —exclamó exultante y un punto exaltado el páter—. ¡Pues así me visto yo para hacer propaganda de Dios!

Se inició la misa y yo, que me sé y aún recuerdo la misa en latín y en castellano, me convertí en monaguillo oficioso del cura, contestando a todas sus preguntas y rezos. El hombre me miraba cada vez más asombrado. Sin duda le habían puesto al tanto de mis antecedentes políticos y debía de pensar que se estaba obrando, allí ante sus ojos, el milagro de una conversión. Comulgamos, yo siempre he sido respetuosa con los ritos, y llegó el momento de las lecturas. Mi ex marido sacó el papel con la renovación de votos del bolsillo y empezó a desplegarlo. Yo le miré, juro que sólo le miré, y eso bastó para que lo volviese a guardar. Yo sí leí el ofertorio a la Virgen y me emocioné muchísimo. A mí estas cosas de iglesia siempre me han conmovido. A esas alturas el cura me miraba totalmente desconcertado y, creo yo, admirado. Luego supe que en efecto, Flora le había contado que éramos unos padres separados y que yo era de izquierdas. Supongo que por eso se montó aquel show. La confusión del religioso debió aumentar al ver que Carlitos llevaba colgada al cuello una cruz, que se había encontrado buceando en la piscina de La Elipa, y que Mónica, por contra, llevaba una cadenita de la que pendía una manita de plata haciendo los cuernos. Aquel hombre estaba descolocado ante tanta pluralidad, metáfora perfecta del ánimo de la Iglesia española ante la cambiante realidad social.

Al final acabamos todos en El Pardo comiendo conejo. Reímos y mi ex marido y yo nos agarramos a lo único que ya teníamos en común: la felicidad de nuestros hijos.

64

Los niños de la Pili

Las relaciones con mis vecinos eran prácticamente nulas, pese a conocer a la mayoría desde siempre. Maricruz, la portera, manejaba el cotarro y yo y los míos parecíamos haber entrado en un limbo, apenas roto por algún saludo formulario. Por eso me sorprendió sobremanera, el día que se legalizó el PCE, cuando me crucé con unas hermanas muy mayores con las que en mi vida había intercambiado más que dichos saludos y una de ellas se me acercó sonriente.

—¡Por fin! —me dijo.

Hoy en día me sigue impresionando encontrarme con gente que aún padece miedo a declararse abiertamente de izquierdas, que lleva marcado a fuego el terror al castigo que dejaron los cuarenta años de paz.

La relación fría o inexistente con gran parte de los vecinos venía provocada, creo yo, por una feroz campaña de desprestigio organizada por Maricruz, pequeña caudilla, desde la portería. Al estilo del «Rusia es culpable» de Serrano Suñer, ella había acuñado el «la culpa es de los niños de la Pili» como explicación a cualquier accidente, jaleo o desorden en la finca. Mis hijos ya iban siendo mayores pero la campaña en contra no aflojaba. Un día, por ejemplo, llamaron a mi puerta, abrí y vi a una señora con un traje de chaqueta muy elegante y un huevo que escurría por su hombro derecho.

—Deseo ver a la señora.

—La señora soy yo.

—Mire. —Y señaló el huevo.

—Ya veo. Un huevo, ¿no?

—Sí. Sus hijos.

—¿Y usted cómo lo sabe?

—Porque al tirármelo he entrado en el portal y la portera me ha dicho que ésos eran los niños de la Pili. Y usted es la Pili, ¿verdad?

—Sí, pase por favor. Mire usted qué casualidad, los niños no están porque han ido a ver a su abuelita. Pero le quiero hacer una aclaración. Mis hijos están muy bien educados y no le digo que no puedan tirar una maceta, o un ladrillo, pero huevos o cosas de comer seguro que no. En esta casa pasamos muchas dificultades, ¿sabe?

En el vecindario había personas caritativas, que se acercaban para decirme que había que ver cómo me había criado y cómo me veía ahora; otras desinformadas, que me decían a manera de consuelo que no me preocupara, que mi marido a lo mejor volvería pronto. Yo renunciaba a contarles mi vida pero sí me molestaba en aclararles que él no se había ido, que yo le había echado. Finalmente estaban los vecinos, que eran directamente despreciativos, los que me miraban como a una leprosa por el hecho de ser mujer separada. De todas estas categorías quiero salvar a las Teretes, mis amigas de toda la vida, que siempre me dieron su apoyo y su cariño.

La casa, como profeticé el día en que se convirtió en comuna libertaria para los niños del barrio, se había transformado en zona de desastre. Se caía a trozos. Para mí era imposible reponer lo que se rompía, empezando por la antigua caldera de la calefacción. Por tanto, cuando llegaba el invierno en Lope de Rueda hacía un frío polar, de posguerra, al punto que mi hijo Carlos, que siempre fue muy teatrero, cuando tenía que salir del comedor donde nos hacinábamos alrededor de una estufa de butano, abría la puerta, sacaba un pie al pasillo y lo recogía veloz.

—¡Los pingüinos, los pingüinos nos atacan! ¡Me han mordido!

Hacía frío, sí. Pero amor y buen humor nunca faltaron.

Éste era el panorama cuando llamó el casero, creo que fui la primera vecina en recibir su aviso, para decirme que vendía los pisos. Me remitió a otro señor, un tal Torrejón, quien me recibió. Me explicó que habían estudiado el tipo de familias que vivíamos allí y, dado que todas éramos de un nivel medio bajo, habían tasado las viviendas en un millón doscientas mil pesetas. Del año 78, o sea un fortunón. Yo respiré profundamente y puse mi bolsita de tabaco, con la paloma y la hoz y el martillo sobre la mesa.

—¿Y cómo se supone que vamos a pagar ese dineral unas familias de escaso poder adquisitivo?

—Usted lo tiene muy fácil —contestó el tal Torrejón muy agresivo y clavando los ojos en la bolsita—. ¡A usted que se lo pague el Banco de Bilbao, el que les pagó la campaña!

Acto seguido el señor Torrejón agarró mi bolsita y me la tiró a la cabeza. Aquélla no me pareció forma de venderme un piso. Le pedí explicaciones y me dijo que encantado me las daba, que yo era una puta roja de mierda y él un patriota, un español de Fuerza Nueva. Ahora que lo pienso, había muchísimos patriotas como ése. ¿Dónde están ahora? Al final casi llegamos a las manos y me fui de allí indignada. De vuelta a Lope de Rueda intenté unir fuerzas con el resto de los vecinos, empezando por aquellas viejecitas que se me descubrieron comunistas, pero fue inútil. Cada uno iba a lo suyo. Curiosamente fui la primera a la que avisaron de la venta pero la última, supongo que sería cosa de mi amigo el patriota, con la que se sentaron a negociar. Me citaron en la casa de un marqués, un piso en Almirante con Recoletos, que era el dueño de todo el inmueble y otros muchos por todo Madrid. Yo exigí como condición para hablar que el tal Torrejón no estuviera presente y hacerlo con un joven de ojos verdes que, según noticia de otros vecinos, era extremadamente agradable. En casa del marqués me recibió este joven, quien me pasó a otro despacho en el que estaba el nefasto Torrejón.

—Como usted comprenderá, somos un equipo —se excusó el joven.

—Pues si tiene que estar que esté callado. Que no me provoque.

Empecé a explicar que había intentado buscar el dinero y el Torrejón este, que no se podía callar, me interrumpió.

—¡A usted no le va a dar dinero nadie!

Aquel energúmeno me miró desafiante y me dijo que se había informado en los bancos y que nadie le daría un crédito a una mujer, actriz y separada con tres hijos. Yo le contesté que eso era obvio, que los bancos nunca prestaban dinero a los cómicos por lo irregular de nuestro trabajo. Torrejón se sonrió triunfal pero, le expliqué, daba la casualidad de que yo era muy amiga de un alto directivo de la caja de ahorros, falangista por más señas, que a doña Pilar Bardem Muñoz le prestaría lo que hiciera falta. A Torrejón se le puso una cara de desilusión un tanto infantil.

Compré la casa. Lope de Rueda, la casa habitada, la de mis padres, mi útero, mi sanctasanctórum. Aquella noche mi madre y yo hablamos de todo y reímos juntas. La deuda que contraje para hacerlo me parecía insalvable pero sentí una profunda emoción y alegría al hacerlo, cuando supe que la casa era mía y algún día de mis hijos. Hay algo que me une espiritualmente a estas paredes, cofre de la mayoría de mis recuerdos. Por eso me resistí con uñas y dientes, y buenos argumentos, a la propuesta de mis hijos de vender y marcharnos a otro barrio, a una casa nueva. En Aluche o Moratalaz. La casa estaba destrozada pero estaba muy bien situada, me decían, sería muy fácil venderla. Yo cambié la activa por pasiva y les dije que pensáramos que veníamos de uno de esos barrios al Retiro, a una casa deteriorada pero nuestra. Que la podíamos arreglar. Sólo les pedí imaginación y esfuerzo, ya que no había dinero para hacerlo.

28. Carnets del *Vertical* –teatro, circo y variedades– y el clandestino de CCOO con los pagos al día.

29. Rodaje de *Las Melancólicas*.

30. En *El hombre que supo amar*. Muda, leprosa y, así y todo, ligué.

31. La Garrafona en *La carroza de plomo candente*. El gozo de interpretar.

32. Con Juanjo Menéndez en *Violines y trompetas.*

33. En *Lo mío es de nacimiento*. ¡Cómo nos divertíamos!

34. En *María la Mosca*, esperando a la flota.

35. En el rodaje de *Siete días de enero*, con mi hermano Juan y tres de sus hijos.

36. *Amor y deditos de los pies*. En Macao con mi «hermana» María Elena Flores.

37. En *Sálvate si puedes*, de comisaria de la Unión Europea.

38. En *7000 días juntos*. La alegría de trabajar con Fernando Fernán Gómez. O sea, Dios.

39. En el festival de San Sebastián con Urbizu, dejándome ya las canas para doña Julia (personaje inolvidable de la película *Nadie hablará de nosotras cuando hayamos muerto*).

40. Con la Abril en *Nadie hablará*.... Pues hablaron mucho y bien. ¡Gracias, doña Julia!

41. Candela Peña y Carme Elias me entregaron el Premio de la Unión de Actores. Mis compañeros también premiaron a doña Julia.

42. Un premio muy importante, el del pueblo minero de Guardo a la coherencia.

43. Rodaje de *Perdita Durango*. Los niños de la Pili.

44. La Herme de *Airbag*. Una puta buena.

45. Arrepentida me metí en el convento de *Hermanas.*

46. Cerraron el convento y me fui a la selva de madame. La Chuchupe, otra puta buena.

47. En *Sexo por compasión*. Aquí la puta no era yo.

48. Tanto trabajé que me premiaron los amigos de la UGT. Día Internacional de la Mujer Trabajadora, con Cándido Méndez.

49. Las damas del Teatro. Foto de Javier Salas.

50. Homenaje en la VI Primavera Cinematográfica de Lorca. El que está detrás de Tano es «mi Paco».

51. En el festival de San Sebastián de 2002, abrazada a Bobby.

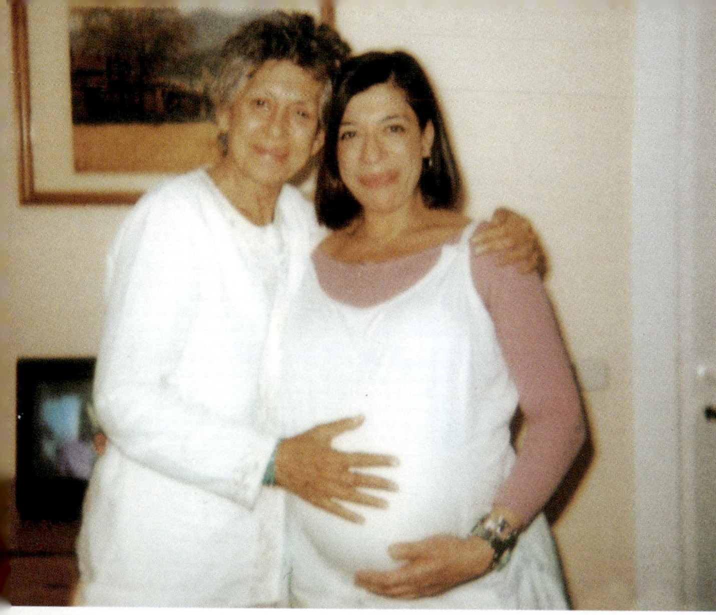

52. Dos caminos. Mi hija se fue a parir y yo entré en el quirófano.

53. ¡Por fin conozco a Pablo!

54. Con los compañeros en la presentación de la Fundación AISGE, festival de San Sebastián de 2003.

55. En *5mujeres.com* ¡Otra vez sobre el escenario!

56. Las cinco mujeres, más Ana Milán, con un amiguete.

57. Foto de la Plataforma de Artistas Contra la Violencia de Género. Aquí nació el CIPOL.

58. Entrega de las firmas en las escaleras del Congreso, con los diputados del PSOE e IU que salieron a buscarnos.

59. Los días del "No a la guerra". Foto de la protesta en el congreso, Jordi Dauder, Juan Echanove, yo y Vicente Gisbert.

60 y 61.
Las manifestaciones de "No a la guerra": una pancarta sin políticos.

62. En los Goya de 2003. Sin comentarios.

63. Los anillos de la Bardem

Empezamos por desguazar muebles viejos, entre ellos un enorme sofá cama con somier retráctil de acero. Lo rompimos a hachazos hasta dejar desnudo el somier. Ahí tuve el segundo encuentro de mi vida con un trapero. El primero fue a la muerte de mi padre, cuando quise deshacerme de un colchón de lana. Los traperos, personajes intemporales, solían venir con un burro y un carro, voceando por la calle y ser como Antonio Vargas Heredia, cetrinos y con la vara de mimbre en la mano. En mis dos encuentros con ellos se repitió la misma escena, lo que supongo que da algún valor estadístico al asunto.

—¿Y no me va a ayudar su marido a bajarlo? —preguntaban ellos.

—Yo no tengo marido —contestaba yo.

—¡Ah! ¿Usted vive sin hombre?

Con los dos tuve que ponerme recia y mencionarles mi habilidad dando patadas en los huevos. Fue para sustituir este sofá cuando llamé a mi amiga María Amparo y ésta me regaló su viejo sofá verde. Al limpiarlo encontré aquella pestaña postiza que, cual ola, volvía a la playa de mi memoria. Me acordé de Agustín y de esas pequeñas cosas que, como canta Serrat, nos hacen llorar cuando nadie nos ve. Llamé a María Amparo para agradecerle el regalo y recriminarle su forma de limpiar.

Seguíamos representando *Lo mío es de nacimiento* con gran éxito pero Emilio, muy mal aconsejado, decidió cortar quince días en agosto para descansar. Yo le dije que una función que colgaba el cartel de «No hay billetes» todos los días y que se había levantado a fuerza del boca a boca no debía parar, pero no me hizo caso. Él era, en definitiva, el empresario, autor y protagonista. Escribió en la tablilla «Felices vacaciones» y yo añadí debajo «Feliz paro», muy mal hecho por mi parte porque en la tablilla está prohibido escribir nada que no sean comunicados de la empresa. Ahí me salté una sacrosanta tradición teatral.

Al volver tras las vacaciones la función no levantaba el vuelo. Además le hicieron una jugarreta muy fea al pobre Emilio en el teatro, de manera que los compañeros decidimos ayudarle y formamos una cooperativa. Nos marchamos al teatro Alfil, que en aquella época era, literalmente, un nido de ratas. Se paseaban por los camerinos y por el patio de butacas, provocando gritos y no precisamente de emoción entre el respetable. Tras las Navidades se salió de gira y yo no fui. Esta vez no fue por los niños, sino por el curioso caso de una compañera que debía mucho dinero, en concepto de adelantos, a la empresa. El caso es que la obra no iba muy bien y no daba, dijeron, para pagar el sueldo de las dos, así que la empresa prefirió mantenerla a ella contratada para así poder cobrar la deuda.

65

¡Si la Bardem no trabaja es que no hay trabajo!

Me quedé en Madrid y fue entonces, a principios de 1979, cuando me llamó Pedro Ruiz para un café teatro que había escrito, titulado *Ordeño y mando*. Era una función muy graciosa y consistía en varias historias independientes. Lo protagonizaba Alfonso Lusón y volví al King, al sitio donde debuté haciendo café teatro. Allí conocí a Moncho Borrajo, humorista que me parece absolutamente genial y con el que me une desde entonces una profunda amistad. Tomando unas copas con él en Bocaccio desapareció mi bolso. No lo encontramos, pasó el tiempo y di el asunto por zanjado. La función, en la que Lusón estaba fabuloso, fue un éxito de crítica pero un fracaso de público, así que íbamos tirando con cierta intranquilidad por el futuro inmediato. Entonces, un día, me llamó un periodista de *El Periódico*, una cabecera de la época, y me dijo que se había encontrado en un taxi mi cartera con mi DNI y otras cosas dentro. Fui a recogerlo a la sede del periódico; el hombre me esperaba en la puerta, me lo dio e intercambiamos los comentarios de rigor, le di las gracias y me fui. Mónica venía conmigo. Nos sentamos en una cafetería y revisamos mi cartera, una de esas marroquíes de piel fina labrada, marrón. Estaba todo menos el dinero, cosa que no me extrañó. Pero había también algo nuevo, un folio blanco de papel cebolla, plegado. Algo que yo no había visto en mi vida. Lo abrí. La parte de arriba estaba recortada y en ella se adivinaban restos de algo que parecía un sello. No se entendía bien lo que ponía. Lo que sí se leía perfectamente era lo que había escrito en cruz un poco más abajo.

A
B
CADABRA
A

Luego en otra y desplazada hacia una esquina.

J
U
TADEO
A
S

Había otras cruces más pequeñas diseminadas por todo el papel, pero yo no conseguí descifrar las palabras que las componían. Además, en el ángulo superior izquierdo había unas manchas pardas rojizas, oscuras. Me quedé de piedra al verlas y Mónica, que inmediatamente dijo que aquello era sangre, asustadísima. Me fui corriendo a ver al marqués de Araciel, un famoso clarividente con el que entablé amistad el año anterior. Era un hombre encantador, de una amabilidad inusual, con el que me reunía a menudo a charlar de lo divino y de lo humano. Te hacía sentir una enorme paz interior con sólo escucharlo. Le mostré el papel. Araciel inspeccionó el sello con una gran lupa y pudo ver que era del juzgado de instrucción número cinco. Arrancamos un trocito de una de las manchas y él se lo quedó.

—Lo voy a mandar analizar.

Nos despedimos. Me llamó un par de días después. Nos vimos y me confirmó que eran manchas de sangre seca. Yo me asusté mucho pero Araciel me tranquilizó, me dijo que nunca debía separarme de ese papel, que con toda seguridad era un mensaje de alguien que me deseaba lo mejor y que era un talismán.

Ordeño y mando no iba bien y yo dejé la función al poco tiempo. Me puse a buscar otra cosa pero no la encontré. En la profesión había un dicho: «¡Si la Bardem no trabaja es que no hay trabajo!». Se refería a mi proverbial capacidad para encontrar siempre algo, ya fuera teatro, unos días de grabación en TVE o unas sesiones sueltas en cine. Esta vez no fue así. Estuve cuatro meses sin trabajo, mi peor racha profesional. Demasiado tiempo para el margen de resistencia de un hogar con cuatro bocas y que vivía al día. Es curioso, yo creo firmemente que tuvo que ver, este parón me sobrevino justo después de que rompiera el dichoso papel con los conjuros. Lo encontraba cada vez que abría la cartera. Ahí, con esas manchas de sangre... Me resultaba desagradable, inquietante dijera lo que dijese Araciel. Lo rompí y me vino la ruina, literal. Me comían las deudas y volví a buscar en las demandas de empleo del periódico. Vi uno en el que pedían señoritas con buena presencia para una sala de bingo, una que se iba a inaugurar en la calle Villanueva. Fui, no me contrataron para adentro, para vender cartones, sino para la recepción. El bingo era en aquella época, aún lo es, muy riguroso con las normas de admisión. Había que exigirle el DNI —en su defecto carné de conducir o pasaporte— y registrar en un libro a todo el que entraba, con la hora del ingreso. Era, en definitivo, un estupendo fichero policial. En esos menesteres estaba cuando ocurrió algo sorprendente. A los dos días de la inauguración apareció allí Carlos, el padre de mis hijos.

—¿Cómo están los niños? —preguntó a manera de saludo, en voz alta, clara y compungida para que todo el mundo fuese testigo de su preocupación.

—Muy bien, gracias —contesté educadamente, muy en personaje—. ¿Me permite el DNI?

Me lo dio y entró. Yo no entendía nada. ¿Qué hacía Carlos allí? Si algo no era es jugador, lo odiaba por la historia de su padre. Al rato me enteré con estupor de que era ¡el gerente del bingo! O sea, todos los días me repetía la visón y la consiguiente escenita. Él preguntaba paternalmente por los niños y yo, muy serena y de usted, le explicaba que muy bien y le pedía la documentación. Al poco tiempo se me había creado una situación nerviosa complicada, viéndole a diario interpretar —muy bien, por cierto— el papel de un digno ejecutivo separado de una actriz. O sea, de una puta.

Cansada de esta situación, un día cuando preguntó por los niños le contesté también en voz alta y clara para que oyeran mis compañeros.

—Mire, señor Encinas. Yo estoy aquí trabajando, así que si usted quiere la verdad de cómo están los niños, me espera usted en la calle, a la salida, donde yo le pueda responder de igual a igual y le hago un informe.

Y sí, me esperó. Mis compañeros, que ya me conocían y me querían, se quedaron a unos metros en previsión de que tuvieran que intervenir.

—Vamos a ver, Carlos. Yo la llevo siempre conmigo, así que si quieres saco la sentencia de separación y la leo en voz alta para que todos sepan quién es quién.

—Te advierto que yo llevo la pistola —me respondió él.

¡Otra vez la puta pistola! Ahí, claro, se acabó el diálogo. Pero desde entonces dejó de preguntarme por los niños en público.

Mi sueldo en el bingo era una miseria —yo no participaba de «la María», la caja de propinas que disfrutaban los vendedores de sala— y ese poco dinero, más las manzanas que algunos compañeros se quitaban de las cenas para mis hijos, no arreglaba la situación en casa. Además, corría el peligro cierto de que los cómicos que fueran a jugar y me vieran corrieran la voz de que me había retirado y no me volviesen a contratar nunca. Tuve cónclave con los niños, valoramos todo y ellos mismos me pidieron que dejara el bingo, que buscase otra cosa. Me fui pero no sin antes organizar una pequeña huelga de celo para protestar por las pésimas condiciones salariales de los empleados de la sala. De aquel bingo saqué, sin embargo, varias cosas muy positivas. Primero, una duradera amistad con muchas de las personas con las que trabajé, amigos y amigas que aún conservo. Segundo y todavía más importante, un colegio estupendo para los niños. Había un hombre joven, de unos treinta y tantos, que iba todos los días a jugar por espacio de una hora. Siempre estaba allí en cuanto abríamos las puertas. Nos fuimos haciendo amigos y un día me contó que era profesor de matemáticas en un instituto. Por aquellos tiempos, Carlitos estudiaba en una academia que había en nuestro mismo edificio, único sitio que le admitió tras su expulsión de la Almudena. Y Mónica iba al Beatriz Galindo, en la calle Goya, acosada por los niñatos de Fuerza Nueva hasta el punto de comprarse una banderita franquista y ponérsela, bien visible, para ir a clase sin que la molestaran. Le conté todo esto a aquel buen señor y él arregló los papeles para que mis hijos pudieran ingresar en su colegio, el Nuestra Señora de Covadonga. El Covacha. Un nido de rojos y progres, a cuyo director y profesores me encontraba en todas las manifestaciones —y mi hijo el mayor por Malasaña—, en el que mis hijos enderezaron definitivamente su vida académica. Javier también asistiría tiempo más tarde pero no enderezó nada y, siguiendo la tradición creada por su hermano, le acabaron expulsando. Pero ésa es otra historia. Carlos se encontró además con la sorpresa de que en el colegio se jugaba al rugby, deporte que tanto él como el pequeño practicarían durante años, jugando en muy buenos equipos. Javier llegó a debutar con la selección española en categoría juvenil.

Las dificultades económicas me impidieron estar al día de los recibos de la comunidad. Llegué a deber varios meses y bajé a una junta de propietarios a explicarme. Siempre me ha gustado dar la cara, así que fui para exponer mi difícil situación laboral y mi intención de ir pagando lo que debía, poco a poco, cuando todo mejorase.

—Mire, señora —me interrumpió un vecino—. Usted tiene una vida muy rara porque, a ver, ¿dónde estaba usted cuando lo del incendio?

Aquella pregunta me dolió. Me llevó de vuelta a un episodio de unos años atrás, algo que había intentado olvidar. Fue en 1975. Yo estaba representando los cuentos de Chéjov y haciendo café teatro. Dejé los macarrones hechos y me fui al teatro. Javier estaba acatarrado, con fiebre, así que lo dejé en mi cuarto cubierto con una manta eléctrica puesta al mínimo para que no sufriera por el frío siberiano que hacía en la casa. Cuando volví de madrugada y entré, lo primero que sentí fue un fuerte olor a quemado y a humo. Corrí al cuarto en el que había dejado al niño. Había ardido. Yo no me atreví a gritar ni a llamar a mis hijos por terror a que no me contestasen. Para lo único para lo que tenía valor era para saltar por el balcón y matarme. Por fin me moví, miré en otro cuarto y vi a los niños, a los tres durmiendo junto a la muchacha. Ésta me contó lo sucedido. Javier se había presentado en su cuarto y la había despertado.

—Hay mucho humo y me ahogo.

La manta eléctrica había causado un cortocircuito y un pequeño incendio, que ayudaron a sofocar una vecina y su marido. Gracias a Dios no pasó nada pero evocar aquello me hizo mucho daño, en la junta contuve las lágrimas a duras penas. Traté de explicarle al vecino que yo era el único sostén de mi familia, que tenía que trabajar mucho para mantener a mis tres hijos, que estaba haciendo teatro y café teatro...

—¡Cállese —me cortó—, a mí no me importa lo que hace la gente de mal vivir!

Me entró tal ataque de nervios que me tuve que ir corriendo, escaleras arriba, a encerrarme en mi casa. Me ahogaba y no podía dejar de llorar. Mi hijo Carlos se asustó mucho al verme así y no paraba de preguntarme qué me pasaba. Yo no pude hablar en un rato y cuando lo hice, tragándome el llanto, las cosas empeoraron. Carlos se puso furioso, tanto que bajó en calzoncillos —era verano— a la junta y sin mediar palabra se tiró a por el vecino, repartiendo a diestro y siniestro. Pepita, vecina y directora de la academia donde mi hijo había estudiado, se interpuso y terminó, la pobre, con un ojo morado que le duró bastantes días. Aquel final de corrala, de sainete al que sólo le faltó el guardia de la porra, no mejoró el concepto del vecindario sobre los hijos de la Pili.

En fin…

66

Pizza y cine, teatro y gira

El parón terminó cuando Ángel García Moreno me llamó para trabajar en *María la mosca*, una obra de Miguel Sierra basada en un hecho real sacado de la crónica de sucesos, la historia de una prostituta que mató a su amante y lo enterró en el jardín de su casa. La protagonista era Verónica Forqué, en lo que era su debut teatral, y el novio lo interpretaba otro chico nuevo, guapísimo y con la voz más maravillosa del mundo, Nacho Osorio. Más tarde se llamaría Nacho Martínez. Quiero dedicarle un recuerdo muy especial porque especial fue nuestra amistad hasta el desgraciado día de su muerte, tan temprana. Carmen Rossi, Carmen Utrilla y yo interpretábamos al resto de las putas, las compañeras de María, y Florinda Chico a la dueña del burdel.

Debutamos ya en 1980 y fue un gran éxito. Pero los problemas empezaron pronto. A los tres días justos de estrenar nos reunió sobre el escenario el representante de la compañía, a quien luego me uniría una gran amistad, don Agustín del Molino. El motivo era que Carmen Rossi había llegado tarde a escena. Ella explicó el porqué, un problema con su vestuario, pero pareció no ser suficiente.

—Bueno, aquí parece ser que hay gente que bebe —dijo el señor Del Molino para nuestra sorpresa.

Se montó al instante una confusa discusión, confusa porque las insinuaciones no eran claras y se acusaba pero sin quedar claro a quién y de qué. El representante sacó a relucir incluso la regulación laboral. Ahí ya salté.

—No me hable a mí de regulación laboral porque la hemos redactado Juan Diego y yo. Todo esto es para despelotarse de risa. Es más, yo me despeloto aquí mismo.

Así lo hice. Me bajé la cremallera del vestido y me quedé en cueros entre mis compañeros. A Verónica Forqué, que no daba crédito a lo que veía, le entró un ataque de risa histérica. Yo argumenté mi acto.

—Mirad, yo creo que desnudos es imposible decir tantas tonterías. Siempre he pensado que si anduviésemos desnudos no habría tantas discusiones, todos seríamos más pacíficos.

Efectivamente, ahí se acabó la discusión y nos fuimos cada uno a nuestros quehaceres. Se salvó aquella pequeña crisis y seguimos con las representaciones de la obra que, como digo, fueron un éxito.

Mi economía fue entrando en vereda, ayudada también por mi participación en *El poderoso influjo de la luna*, la primera película de Antonio del Real y en la que también participaron mis tres hijos como extras. Javier incluso tenía una frase.

—Papá, mira, un suicida.

Creo que aquél fue su debut cinematográfico.

Las cosas iban bien, mejorando, y pude establecer nuevos ritos familiares para mi día de descanso. Los niños y yo íbamos a ver una película a la primera sesión, a las cuatro. Después veíamos otra en la de las siete y acabábamos comiendo pizzas en Casa Gades. Hubo veces en que rizamos el rizo y llegamos a ver una tercera película en la última sesión. Disfrutábamos mucho y nos pasaron cosas divertidas y curiosas. Javier, que siempre fue muy bailón, tenía verdadera obsesión por ver *Fiebre del sábado noche*. Fuimos al Lope de Vega y, como no era tolerada, me acerqué al señor de la puerta y le expliqué que el pequeño no tenía la edad y si podía pasar.

—¡No, no! A usted quizá no le importe pero aquí estoy yo para velar por la moral de su hijo.

No nos dejó entrar y nos fuimos corriendo a otro cine, a ver *El jovencito Frankenstein*. Otra vez tuve que preguntarle al de la puerta.

—Usted sabrá, que es la madre, si a usted no le importa a mí tampoco. Pasen.

Fueron aquéllos días muy felices, días de pizza y cine.

Volvamos al teatro. Todas las putas de *María la mosca* llevábamos pelucas morenas, ya que se suponía que a los soldados yanquis, nuestros supuestos clientes, les gustaban las mujeres de pelo negro. Tenía yo una escena bastante dramática con el personaje de Nacho, que anteriormente había sido mi amante, durante la cual le propuse al director incorporar un par de acciones que remarcaran el patetismo de esa vieja meretriz. Mientras hablaba con él me quitaba la peluca y un sostén con relleno. De esa manera desmontaba a esa mujer, la dejaba un poco más débil a los ojos del espectador. Lo divertido de este asunto es que, en varias ocasiones, hubo gente entre el público que pensó que yo era un travesti. Seguramente por ser tan alta y mi voz grave. Lo saco a colación porque esto de pasar por travesti me ocurrió también varias veces fuera de escena y, al menos en una, me salvó de males mayores. Una noche al salir del teatro, caminando por la calle Augusto Figueroa, me abordaron tres muchachos. Uno me agarró de un brazo, un segundo del otro y el tercero se me puso enfrente.

—A ver, rubia. Vamos a la cama.

—Con los tres va a ser mucho —empecé a hablar intentando ganar tiempo para que alguien pasara—. Además, me estáis haciendo daño.

—Fíjate tú que a mí lo que me gustaría es tocarte el culo.

—Harás muy bien —contesté mirando a los ojos a aquel chico que parecía el cabecilla. No pasaba nadie—. Pero procura no equivocarte y tocarme los cojones.

—¡Anda coño, un travesti! —exclamó entre sorprendido y alarmado.

Los otros me soltaron y yo me alejé lo más rápido que pude,

moviéndome y gritando como la más loca de las mariconas locas, poniendo la voz aún más grave de lo que ya era.

Se planteó salir de gira con *María la mosca*. Yo acepté y la viví, la sentí, como mi primera gira. Sí, había estado en una con Jesús, pero fue muy corta y un tanto atípica ya que la hicimos en su coche. Ésta era verdad, muy larga y en autocar, todas juntas. Salimos del teatro Español y allí fueron Carlos y Mónica a despedirme. A Javier me lo llevé conmigo. Para mí fue un momento muy duro. Quitando cuando el rapto nunca me había separado de ellos por tanto tiempo. Curioso esto de las giras, sus mecanismos internos y sus tradiciones. El autobús está rígidamente jerarquizado, imposible ocupar un lugar que no es el tuyo, como pasa con los camerinos de los teatros. A la derecha del conductor va el gerente o representante de la compañía, para pagar gasolinas, peajes y atender lo que vaya surgiendo. A partir de la primera fila y en el orden en que aparezcan en el cartel de la obra, van el primer actor, la primera actriz, secundarios más importantes y así hasta atrás, donde se amontonan en libertario desorden los maquinistas. Éstos siempre improvisan verdaderos inventos del TBO para hacerse más cómodo el viaje, hamacas y cosas así, ya que son ellos los que más sufren en los largos traslados, cargas y descargas, montajes y desmontajes del decorado. A los actores y actrices nos correspondían dos asientos por persona, un grado más de confort que nos permitía dormir en los viajes, que es lo que hacen los cómicos en gira. Yo no iba tan desahogada, una de mis dos plazas la ocupaba Javier.

Llegó el verano y las vacaciones. Carlos agarró por primera vez un macuto, aquí arrancó su pasión por los viajes, y se marchó a Portugal, al Algarbe. Mónica se reunió con Javier y conmigo en San Sebastián, donde nos alojamos en casa de la tía Marichu. Flora, atenta siempre a mis perennes dificultades económicas, se lo pidió como un favor personal a su hermana y ésta accedió. Así que allí nos metimos, en un piso enorme y señorial a unos pasos de la playa de la Concha. Procuramos molestar lo menos posible, pero así y todo no pudimos evitar ciertos encontronazos y sucesos, más o menos divertidos, fruto del choque entre los hábitos de esta gran señora y su servicio y la vida heterodoxa de una cómica en gira con dos niños. Mi hija Mónica lo cuenta de forma magistralmente divertida en un libro de cocina que publicó hace unos años, titulado *Pimientos rojos rellenos*. En él hace un retrato impagable de aquellos días.

La gira estuvo plagada de momentos divertidos. Recuerdo aquellos días, que transcurrían entre ciudades en fiestas, como llenos de risas, alegres. Risas con mi hija y mi hijo y con mis compañeras, hermanas más que amigas. Cómplices las unas de las otras.

Todo era felicidad hasta que un día Carmen Rossi, mi compañera de habitación, me comentó que le dolía mucho un dedo del pie. Justo entonces la gira llegó a Mieres, de donde era Nacho y donde su padre ejercía como médico. Éste le hizo un reconocimiento a Carmen. El hombre no supo decir a qué se debía el dolor, pero recomendó a Carmen que se lo hiciese mirar con más calma en Salamanca, nuestra siguiente plaza, porque aquello podía ser algo serio.

Nada más llegar, la Utrilla y yo acompañamos a Carmen al hospital. Allí le diagnosticaron un principio de gangrena en el dedo, ocasionada por problemas de riego sanguíneo debidos al tabaco. Carmen, como yo, era fumadora compulsiva. La pobre sufría unos dolores espantosos y hubo que traer, a toda prisa, a otra actriz desde Madrid para sustituirla. El problema llegó a la hora de marchar para continuar con la gira. ¿Cómo íbamos a dejar sola a una compañera en esas condiciones? Sola y enferma en Salamanca. Lo único que pudimos hacer entre todas fue reunir dinero para alquilar una ambulancia que la llevase a Madrid, junto a su familia.

Llegado el otoño los niños regresaron al colegio. Como éramos menos, la Utrilla decidió que ya estaba bien de autocar, que unas pocas nos podíamos desplazar en «la Tomasa», nombre que ella daba a un cochecito que tenía y en el que una vez nos llegamos a meter quince personas. Yo era copiloto oficial y encargada de las cuentas de la gasolina, que pagábamos a escote. Detrás viajaban Celia Castro y Montse Calvo. Acabado el circuito de las Semanas Grandes del norte, empezamos a zigzaguear por la Península, alternando bucólicos pueblitos con ciudades más o menos importantes. De un pequeño enclave pirenaico, donde un señor con boina participó activamente en la representación gritándole a la protagonista que se hiciera una paja mientras ésta desgranaba su emotivo monólogo final, bajamos a Sevilla.

En Zamora se reincorporó Carmen Rossi. La Navidad nos pilló en Zaragoza. Allí alquilé un apartamento para tres personas en la calle Madre Raffols, en previsión de que a Javier, que seguía conmigo, se unirían pronto Mónica y Carlos para pasar juntos las fiestas. ¿Apartamento para tres y éramos cuatro? Dada mi ignorancia pensé que si averiguaban este pequeño descuadre me cobrarían más, algún suplemento que mi frágil economía no podría soportar. Lo solucioné convirtiendo a Carlitos, ya un mozo de muy buena talla, en el chico de los recados. Con un gorro de lana calado hasta los ojos y una caja de cartón al hombro, entraba y salía del apartamento para entregar pedidos imaginarios. Pasados unos días mis compañeras me explicaron que toda esta comedia era innecesaria, que yo pagaba por el apartamento y no por los ocupantes, así que el chico de los recados se quedó a vivir con nosotros.

Aquella gira fue puro teatro.

67

El año del golpe

Así pues volvimos a Lope de Rueda ya en 1981. Yo estaba de nuevo en el paro porque *María la mosca* terminó su vida en Zaragoza. El panorama que encontré en casa no ayudó a levantarme el ánimo precisamente. Por entonces el zoo familiar se encontraba en su apogeo y Mónica, al marcharse, lo había dejado al cuidado de una amiguita del primero. A nuestro regreso nos topamos con una escena dantesca. Había un gato muerto, la perra estaba famélica y varias de las mascotas asilvestradas, empujadas por el hambre a la ferocidad entre ellas. Puse la televisión con la idea de evadirme un poco de todo aquello y el aparato no hizo nada, estaba más tieso que el gato. Además era enero y hacía un frío de mil demonios en la casa, especialmente cruel después de haber pasado las Navidades semidesnudos en aquel apartamento de Zaragoza, en el que yo ponía la calefacción a tope.

—Mamá, hace un calor que no se puede respirar —se quejaban mis hijos.

—No os quejéis y acordaos del frío que hace en casa. Acordaos de los pingüinos.

El frío que ahora nos hacía moquear en el salón. A las penas, alegrías. Salimos corriendo a comprar un televisor en color, el primero que tuvimos. A todos nos divertía especialmente *Falcon Crest*. Aún me río al recordar del día en que veíamos esta serie, comiendo los sempiternos macarrones con tomate y todos bien apretados por el frío, cuando el protagonista, el tal Chase Gioberti, le decía a su mujer muy compungido que eran pobres, abrazándola en el porche de su mansión victoriana con los viñedos familiares al fondo. Carlos no pudo contenerse y tiró una barra de pan contra la pantalla de nuestro nuevo televisor.

—¿Somos pobres, somos pobres? ¡No te jode! ¡Nosotros sí que somos pobres!

Todos reímos la ocurrencia y aportamos nuestro particular comentario sobre la peculiar pobreza que retrataba la serie.

El 19 de febrero murió Flora, mi suegra. Me llamó Carlos, mi ex marido, llorando y nos fuimos a Chueca. De mis hijos sólo Carlos entró a ver el cuerpo de su abuela. Yo me quedé abrazando y consolando a mi ex marido. Me di cuenta de que Javier nos miraba con una extraña cara de felicidad. Luego tuve que explicarle que aquello no era para nada una reconciliación, sino solamente el cariño de un ser humano por otro que sufre, por un hijo que ha perdido a su madre. Carlos nos pidió a Mónica y a mí que, por favor, volviésemos a Chueca al día siguiente para ayudarle a poner todo en orden, en especial los armarios y las cosas de Flora. Así lo hicimos y a lo largo de aquel día pude ver varias veces con qué nerviosismo, Carlos leía y releía los documentos de su madre. Sin duda buscaba alguno que recogiera lo que mi suegra dijo tantas veces en vida.

—Cuando yo falte este piso será para mi reinita, para Moniquita.

Nunca apareció tal papel y el piso lo heredó su hijo. Luego, con los años y apretado por la miseria lo malvendió a cambio de poder vivir en él el resto de su presumiblemente —estaba ya muy enfermo— corta vida.

Las desgracias nunca vienen solas. El 23 de febrero de 1981 estaba yo en el bingo cuando se me acercó uno de los trabajadores, uno al que conocía.

—Están a tiros en el Congreso —me susurró al oído.

—¿Qué pasa? —contesté yo—. ¿Tan poco les gusta Calvo Sotelo?

—¡No, no, que están a tiros de verdad!

Salí corriendo para mi casa. Mónica y Javier estaban allí, a salvo, y Carlitos me llamó al momento desde la casa de su padre, quien en un gesto un tanto dramático había cargado todos sus rifles de caza.

—Por lo que pueda pasar, hijo.

Llamé a mi hermano y me limité a preguntar generalidades, si estaban bien y todos juntos, por si tenían el teléfono controlado. Hice después varias llamadas similares, a compañeros y gente de Comisiones.

—Sí, sí, estamos bien y sabemos lo que pasa. —Ésa era, más o menos, la respuesta en todos los casos. No hablábamos mucho.

Yo estaba verdaderamente asustada. En aquellas horas de noticias confusas, música sacra y tanques en las calles de Valencia, mi única preocupación y muy real, era cómo huir de España junto a mis hijos. Habían reaparecido de golpe, ¡nunca mejor dicho!, todos los fantasmas del pasado: tricornios, listas negras, armas contra el gobierno legítimamente elegido. Paseos y ejecuciones parecían una perspectiva muy real, plausible en aquel momento. ¿Quién nos iba a salvar? ¿Un rey puesto a dedo por Franco? Era otra vez la media España muerta de la otra mitad. Todos nos pusimos en lo peor. Todos. Sólo recuperamos cierta tranquilidad tras el discurso del rey. Aparición que tardó demasiado en producirse, para mi gusto y el de otros muchos. Bueno, bien está lo que bien acaba.

La manifestación del día siguiente fue a la primera a la que asistí con uno de mis hijos. Fui con Carlos, el más preparado por si había que correr, cogidos de la mano y en un estado de indignación indescriptible contra aquellos que nos querían sepultar en el pasado más negro otra vez.

El país pasó, afortunadamente, aquella crisis de crecimiento. Sin embargo, para mí las cosas podían empeorar y lo hicieron. Me llamaron Zori y Santos para hacer con ellos una función llamada *A la vejez, viruelas*, una cosa absurda. Fue una experiencia inenarrable como actriz. Tengo que reconocer que Tomás Zori, que tenía una vitalidad increíble, fue muy cariñoso conmigo. Me miraba con pena y no dejaba de condolerse.

—Pobrecita, pensarás que esto no es digno de ti como actriz.

—No te preocupes, Tomás. Es trabajo y os lo agradezco.

Luego estaba Santos, un señor simpático y dicharachero que me presentaba a los conocidos como su amiga «la roja». Cómo sería de absurda esta función que Isabel Romero, que era la dama joven, se marchó a vivir a Londres cuando la dejó, definitivamente desencantada del oficio de actriz. Salimos de gira y sucedió una cosa curiosa. Hasta que nos tocó ir al norte, mi nombre siempre apareció tras los suyos y el título, cosa que no discutí ya que no me hubiera importado que no apareciese en absoluto. Esto cambió sin previo aviso cuando nos encaminamos al País Vasco. De pronto mi nombre aparecía mucho más grande en la cartelería, justo tras el de ellos y antes del título. Luego me enteré de que lo hicieron pensando que el Bardem bien visible haría las veces de salvoconducto en aquellas inhóspitas tierras de rojos y separatistas.

En otoño de este 1981 me llamó para trabajar Juanjo Menéndez. Se había peleado con Jesús, cosa que era de prever, y había formado compañía para representar una obra llamada *Nunca es tarde si la dicha es buena*. El título no me gustó pero el texto era bonito. Contaba la historia de unos amigos que le hacían un regalo a un compañero que se tenía que jubilar antes de tiempo, una aventura amorosa en un hotel de lujo. La amante la interpretaba una esplendorosa Yolanda Farr. Yo daba vida a la mujer, con rulos y aspiradora en mano, de este oficinista y con la que él intentaba revivir aquella historia. Mujer no tan tonta como parecía y que al final se mostraba capaz de ser tan bella como la amante de alquiler. Era una obra divertida y tierna. Mi papel, bonito. Me sentí actriz otra vez.

La idea era debutar fuera de Madrid, parar en Navidades y luego estrenar en la capital. Entre los compañeros había un chico llamado Paco Prada, muy joven y simpático, con el que desde los ensayos me llevé de maravilla. Cuando tocó compartir habitación en la minigira previa a Madrid, resultó que Yolanda Farr prefería estar sola, así que le pregunté a Paco si a él le importaría compartir conmigo. Aceptó encantado. Gracias a eso descubrí a un ser humano excepcional, mi mejor amigo. Un alma gemela, si es que tal cosa existe. La persona a quien más quiero después de mis tres hijos. Mi cómplice y mi confidente. Nos conocimos entonces y no nos hemos vuelto a separar. Paco es un regalo que me ha hecho la vida.

Tras la minigira llegaron las fiestas y volvimos a Madrid. Se me planteó un problema. Eran las primeras Navidades de Carlos sin su madre, sin Flora, y estaba muy afectado. Lloraba mucho y no paraba de lamentarse ante los niños, a los que transmitía una imagen de penosa soledad. Los niños me preguntaron si su padre podía pasar la Nochebuena en casa. La simple idea me puso la piel de gallina, me trajo recuerdos terribles de la presencia de Carlos en mi casa. Pero por otra parte yo me sentía muy fuerte, con la fuerza que te da la razón, y capaz de dominar mis nervios. No quería que mis hijos pensaran que yo era responsable de la situación de su padre. Lo convidamos a cenar, lo hice con la mejor disposición del mundo. Sólo tomé una precaución, dada la afición de Carlos a llevarse o pedir prestadas cosas, libros o un cuadro, que luego no devolvía. Con la ayuda de Mónica escondí un libro con autógrafos que había recopilado Flora en los años que fue gobernanta del hotel Palace. Había firmas y dedicatorias de todas las personalidades que por allí pasaron en más de una década: actores de Hollywood y políticos, científicos y artistas. Había incluso un dibujo de Dalí. Lo escondimos tan a conciencia que luego tardamos años en encontrarlo.

La cena fue bastante extraña, tragicómica. Yo, por amor a mis hijos, intenté estar muy simpática pese a tener la sensación de que había metido al enemigo en casa. Hubo una alegría forzada en todos nosotros, extraña, consecuencia de una pretendida normalidad familiar que, por supuesto, no existía. A los postres el padre dio a cada hijo varón un billete de mil pesetas. A Mónica y a mí nos dio uno de dos mil para las dos. Javierito acabó de arreglarlo.

—¡Qué bien, Moni, ahora ya tienes dinero para irte a un hotel con el novio!

Fue una salida de pata de banco porque mi hija no tenía novio ni necesidad de hoteles. Se hizo un silencio absoluto en la mesa.

—Hombre, Carlos, no pensarás que la niña es virgen —añadí yo para culminar el desastre.

A mi ex marido la broma no le hizo ninguna gracia y se creó un mal rollo espantoso que los mayores, ésta fue la puntilla, quisieron arreglar sacando una pipa de agua y un poco de hachís que, dijeron, les había regalado un amigo. Acabamos todos mareadísimos y Carlos se fue por donde vino.

Fue la última cena familiar.

68

Historia de Manuel

Durante los ensayos de *Nunca es tarde si la dicha es buena*, Juanjo no dejó de alabar mis capacidades como actriz, mi habilidad para lo cómico y mi verdad para lo dramático. Tan entusiasmado estaba conmigo que me propuso que formásemos compañía, que nos asociásemos. Yo me sentí muy halagada pero pensé que bastantes responsabilidades tenía ya y rechacé la oferta. Lo curioso es que tras el estreno en Murcia, recibí críticas tan buenas que Juanjo se sintió celoso y estuvo un tiempo sin dirigirme la palabra. ¡Ah, el ego de los cómicos!

Ya en Madrid estrenamos en el teatro Maravillas en el 82. Mientras, intervine en *Los gozos y las sombras*, serie histórica de RTVE sobre la novela de Torrente Ballester. Interpreté a una meiga que hacía un conjuro para que el personaje de Rosalía Dans se quedase preñada. El conjuro que me dieron era un camelo, no quería decir nada. Se lo dije a Rafael Moreno Alba, el director, y éste se puso en contacto con el escritor, que nos mandó uno auténtico. La mujer que me enseñó a decirlo correctamente, mi *coach* dirían ahora, fue Herminia, gallega y panadera del barrio. Sobre todo, mi amiga. En la trastienda de su tahona me lo hizo repetir hasta pronunciarlo correctamente. Recuerdo con satisfacción que mi admirada Berta Riaza, una de las grandes de verdad, me llamó para felicitarme por mi interpretación en la serie.

Volvamos al teatro. Tocaba salir de gira y Juanjo se fue de promoción a las radios. Era el año del Mundial de Fútbol, el del Naranjito y el fervor patriótico futbolero —que, por otra parte y como es habitual y pese a las ayudas arbitrales, se vería prontamente defraudado—, y a mi querido Juanjo no se le ocurrió otra cosa que soltar en una entrevista que a él le encantaría una pronta eliminación de España, que eso del fútbol le hacía mucho daño al teatro. Le llamaron de todo, aunque bien mirado consiguió mucha publicidad, que era de lo que se trataba.

Salimos de gira, coincidiendo con mi explosión —tardía, eso sí— sexual. Mi Paco, con el que hablaba de todo lo divino y lo humano, de nuestros sueños, problemas y esperanzas, me habló del sexo como deporte. Yo era una mujer que hasta entonces necesitaba enamorarse, una relación y un conocimiento para llegar a la cama. Paco me hizo ver que el sexo por el sexo, basado simplemente en la atracción mutua y la búsqueda de placer, podía ser muy gratificante y divertido. Una vez convencida de esta teoría del sexo como deporte me entregué a ella con la misma pasión que pongo en todo. Salimos de gira y yo empecé a colgarme medallas y batir récords personales a lo largo y ancho de España.

Comenzamos en Teruel, en las fiestas del Torito, celebración etílico-folclórica donde las haya. Luego a Pamplona, en San Fermín. Allí me cité en la plaza del Castillo con mi hijo Carlos, que había ido a correr los encierros, pero cuando me planté allí buscándole me sentí Escarlata O'Hara en la estación de Atlanta: el suelo estaba cubierto totalmente de adolescentes durmiendo la borrachera. Al tercero que volteé me empezaron a hacer proposiciones y desistí. No nos vimos.

Llegamos a Bilbao para la Semana Grande, coincidiendo con la entrega de los premios Ercilla. Habían galardonado como actriz a mi amiga Amparo Baró y como ella no estaba por allí, me pidieron a mí que lo recogiera. En aquella fiesta me presentaron a varias personas, entre ellas a un tal Manolo al que yo rebauticé de inmediato como Manuel. Era un chico ocho años más joven que yo con el que congenié enseguida.

Tras unas copas dimos un paseo y acabamos viendo el mar. Nos besamos y ocurrió el milagro de la piel. Era la primera vez, tras Agustín, que yo volvía a sentir ese dulce temblor al acariciar y ser acariciada, que sentía ese algo distinto y especial que es la antesala del enamoramiento. Manuel me contó su vida, que estaba separándose y que él vivía con su familia en Logroño, que se iba y volvería en cuatro o cinco días, antes de que dejásemos Bilbao, porque necesitaba verme otra vez. Yo entré en el hotel gritando de alegría, aullando como una loca que me había enamorado.

—Tranquila, Maripili —me decía Paco, único ser humano autorizado a llamarme con tal diminutivo—. Tranquila, olvídalo ya y no te hagas ilusiones, que luego es peor.

Paco estuvo muy en su papel de consejero y yo en el mío, en el de loca feliz rejuvenecida por el canto del dulce pájaro del amor. Yo insistía en que había algo especial y los hechos parecieron darme la razón porque, sólo una noche después, Manuel llamó para decirme que me quería, que me necesitaba y que se venía a Bilbao. Pasada la alegría de la noticia surgieron los nervios. Se me planteaba un problema logístico, ya que yo compartía habitación con mi Paco. En la compañía había otros dos seres maravillosos. Uno era Salva, el maquinista, gaditano y supersticioso hasta las cachas. El otro era Rafa, el representante. Entre ellos se llamaban hermanas y, en una concesión afectiva, a mí me llamaban prima. Rafa, Salva, Paco y yo éramos inseparables, así que ellos fueron los primeros en conocer al dedillo la historia de Manuel, su ida y la noticia de su vuelta, así como los problemas que ésta suponía. Salva, cuya mujer había estado con él hasta hacía pocos días, tenía una habitación con cama de matrimonio y me la ofreció de inmediato, diciendo que él se bajaría a la mía y dormiría con Paco las noches que fuesen menester. Problema solucionado.

Llegó Manuel y tras la función volvimos al hotel. Llevábamos un rato en la habitación cuando llamaron a la puerta, ya de madrugada. Abrí y aparecieron Rafa y Salva vestidos de camareros. Traían una botella de champán y repetían un diálogo que había en nuestra obra, que encajaba a la perfección en ese momento. Yo me meé de risa. Y no es una metáfora. Y eso que nunca supe que escondidos en el rellano de la escalera estaban la mayoría de los cómicos, alegre tribu, de las distintas compañías que actuaban en esos días en Bilbao. Salva los había convocado como testigos de la broma que iban a gastar a una prima suya que estaba con su novio, sin decirles que se trataba de mí. Los días posteriores se repitió invariablemente la misma escena cuando me encontraba con algún compañero.

—¡La que te perdiste, Pilar! —Y me contaba cada uno su versión, cada vez más exagerada.

Manuel volvió a Logroño y nosotros marchamos a Santander. Paco y yo nos metimos en una pensión patética. En ella estábamos cuando apareció Rafa excitadísimo.

—¡Pilar, ha llamado Manuel al teatro! ¡Que viene, que está enamoradísimo y se viene!

Otra vez el problema de dónde pasar la noche. En aquella pensión infecta desde luego que no. Una vez más mis amigos improvisaron una solución. Rafa llamó al hotel María Isabel, uno muy fino y frente al mar, diciendo que era el representante de la gran actriz doña Pilar Bardem, una dama del teatro nacional que estaba de paso por Santander y necesitaba una suite para esa misma noche. Me la dieron y allí me fui con Manuel, a una habitación nupcial con vistas a la playa. Fue una noche de amor bellísima. A la mañana siguiente miré de reojo la lista de precios que había tras la puerta y me eché a temblar. Le dije a Manuel que lo mejor sería pagar a medias pero él, muy caballeroso, se negó y dijo que correría con los gastos. Yo sabía que no andaba bien de dinero y el gesto me enterneció. Cuando llegamos al mostrador de recepción y pedimos la cuenta, nos indicaron que ésta ya había sido abonada y nos dieron un sobre con una tarjeta dentro.

«Hermana, si tú eres feliz nosotros también.»

Paco, Salva y Rafa habían pagado a escote aquella lujosa suite para que yo, elevada definitivamente a la categoría de hermana, fuese feliz. Aún conservo esa tarjeta.

La relación con Manuel siguió adelante y llegó a convertirse en algo muy importante en mi vida, pese a que nos veíamos de manera esporádica. Acabó la gira y regresé a Madrid. Manuel se presentaba de cuando en cuando, sin avisar.

—Estoy aquí. —Eso significaba que estaba, literalmente en la esquina.

Aquellas visitas sin previo aviso, hijas del arrebato, eran muy románticas pero no dejaban de crear problemas de intendencia. Ni él ni yo teníamos dinero para hoteles, a mi casa, la de mis hijos, ni hablar de ir. Así que todo acababa con ir a casa del pobre Paco, fuera la hora que fuese, y sacarle de allí para meternos nosotros. La pasión es egoísta. El amor no, así que Paco, mi Paco, siempre fue generoso y nunca puso problemas a esos paseos forzados.

Yo era feliz, pero viví aquella relación de una manera que llegó a hacerme muchísimo daño, como el último amor. Me encontré un día, grabando en televisión a Mercedes Lezcano, la mujer de Adolfo Marsillach. Le di un recado para su marido. Desde hacía años Adolfo me hacía la misma pregunta cada vez que nos veíamos.

—Pero ¿tú le sigues amando? —Se refería a Agustín.

—Sí —contestaba yo indefectiblemente.

Como digo, me encontré con la Lezcano.

—Mercedes, cuando llegues a casa le dices a Adolfo que has estado con la Bardem y que ya no.

—¿Qué ya no qué?

—Nada, que ya no. Él lo entenderá.

Así lo hizo y aquella misma noche me telefoneó Adolfo.

—Te has vuelto a enamorar.

—Sí, Adolfo, estoy enamorada.

Le conté todo y Adolfo no tardó nada en llamar a Agustín y repetírselo. Digan lo que digan, los hombres son mucho más cotillas que las mujeres.

Sí, estaba enamorada. Y él de mí. Tanto que removió cielo y tierra en su empresa para que le enviasen un par de veces al mes a Madrid, con dietas y hotel. Pero cuanto más nos veíamos más me desequilibraban las despedidas y sus ausencias, más me dolía la separación. Sufría, tanto que tras una de aquellas partidas suyas me encerré en mi habitación a llorar y pensar durante un día entero. Mi hija se asustó y entraba cada tanto a preguntarme si estaba bien. Le decía siempre que sí, pero no, no lo estaba en absoluto. Me planteé muchas cosas, cuestioné mi vida entera y a qué me conducía tanto dolor. El aferrarme a algo que no tenía razón de ser ni futuro. Vi que estaba confundiendo placer, compañía y cariño —tres cosas en sí terriblemente valiosas— con eso que todos llamamos amor y que es todo eso y algo más. Y no, no era así, no era eso lo mío con Manuel. Al menos para mí el amor es otra cosa, una participación total de la vida y la esencia del otro. Un intento feroz de unión, de sumar dos vidas y dos voluntades. No se puede estar realmente enamorada de alguien que siempre está yendo y viniendo, de alguien con quien no puedes compartir la vida, como era nuestro caso. Él casado y yo con tres hijos, viviendo en ciudades distintas. Además, ¿era tan grande mi amor por él? Empecé a dudarlo y a mirarlo todo desde otro punto de vista, a preguntarme si merecía la pena tanto sufrimiento. Cuando amas de verdad no te haces este tipo de cuestiones. Al salir de mi habitación lo hice con todo bastante más claro. Le quería mucho, sí. Me había dado una nueva ilusión, eso tan difícil de encontrar que es la conmoción de la piel. Hablamos de todo, sí. De los sueños y las angustias de cada uno. Ahí estaba la clave, me dije, siempre eran los problemas y anhelos de cada uno por separado. Nunca existió una ilusión de futuro. Si algo tuve claro desde el principio es que no existía un proyecto en común, una posibilidad de convivencia. Ni yo la quería —¡si no lo había hecho con Agustín!— ni él la pidió.

A partir de estas reflexiones algo cambió en mi interior. Ya no sufría con su marcha. Le quería y disfrutaba mucho con él, pero nos fuimos convirtiendo paulatinamente en más amigos y menos amantes. Quitarnos la presión de un posible futuro nos ayudó a vivir más placenteramente nuestro presente.

En 1983 me llamaron para una serie titulada *El jardín de Venus* y dirigida por José María Forqué, y para una función de teatro: *Juana del amor hermoso*, que protagonizaría mi amiga Lola Herrera. Mi papel lo había estrenado la Penella, a la que tuve que sustituir por problemas familiares. Mi adorada Emma, Piscis como yo, estaba triste por no poder seguir con la obra. Los cómicos somos felices trabajando y Emma más, así que me propuso algo original.

—Mira, Pilar. ¿Por qué no hacemos como las cantantes de ópera? Yo hago la de la tarde, que ésa sí podría, y tú la de la noche.

A mí el arreglo no me venía nada mal. Durante el día rodaba la serie en el castillo de Viñuelas y con esta solución me libraría de estar tan justa de tiempo y de los agobios de llegar tarde a escena. La propuesta era rara pero yo la acepté. La cosa funcionó bien aunque dio pie a algunos equívocos. En el cartel ponía Lola Herrera y Emma Penella. En un caballete puesto al lado se anunciaba que la función de la noche la haría Pilar Bardem. Claro, que este anuncio no lo leía nadie, con lo cual más de una vez y dado que tanto Emma como yo tenemos la voz muy grave, la gente comentó que había que ver cómo había adelgazado la Penella y cosas por el estilo. Yo salí con un breve ensayo, al toro, y todo fue muy bien hasta la escena en que Lola, que era Juana la Loca, se lanzaba al regazo de su madre, la Reina Católica, o sea yo, buscando consuelo. Lola estaba acostumbrada al colchón mullido que era Emma, no a mi delgadez, así que cuando se tiró sobre mí se clavó un hueso y a poco no puede seguir.

Fui muy feliz haciendo esta función. Salimos de gira y en Bilbao me reencontré con Manuel. Fue allí donde decidimos romper como pareja y quedar como amigos. Hablamos y hablamos, siempre hubo un gran cariño entre nosotros, prometiéndonos estar siempre ahí para escuchar al otro, para ayudar. Llovía mucho. «Mira qué bonito —pensé—, el cielo llora por nuestro amor que termina.» Vaya que si lloraba, tanto que aquello terminó en unas terribles inundaciones que aún se recuerdan.

La gira de *Juana del amor hermoso* terminó en Zaragoza. Otra vez pasé las Navidades en el apartamento de Madre Raffols, junto a mis hijos.

Ya no sufría por Manuel. Era feliz.

69

El Club 29

A principios de 1984 me llamó Ángel García Moreno para estrenar una función con Paco Morán en Barcelona, titulada *Punto y coma*. Éste era un texto de Santiago Moncada, originalmente *Dos del derecho y dos del revés*, por el cual se habían peleado los calvos en su día. La trama era parecida a la de *Violines y trompetas*: dos amigos, uno bueno e inocentón y el otro listillo y aprovechado, una chica joven y una mujer madura. Esta última, evidentemente, era yo. Mi personaje se llamaba Encarna, trabajaba en el teléfono de la esperanza y era virgen pasados los cuarenta.

No lo pasé bien haciendo esta función y lo pude sobrellevar, nunca lo olvidaré, gracias al compañerismo, la buena educación y el cariño de Pedro Civera, actor que interpretaba al listo del dúo protagonista. Los dos vivíamos en los mismos apartamentos en la Barceloneta. Recuerdo que solíamos comprar una botella de cava, la dejábamos puesta a enfriar y nos la bebíamos tras regresar del teatro, viendo películas que habíamos alquilado y hablando de todo y de nada.

Aunque ya estaban creciditos, yo seguía llevando bastante mal las separaciones de mis hijos. Ellos lo sabían. Los mayores me llamaron y me dijeron que me iban a mandar un regalo por mi cumpleaños, que no me moviera del apartamento porque no sabían exactamente cuándo entregarían el paquete. Allí esperé haciendo ganchillo. Cuando llamaron a la puerta era ya de madrugada. Abrí, el regalo era mi hijo Javier, que venía muerto de hambre por el larguísimo viaje en autobús de línea. Yo no lo esperaba y no tenía nada de comer allí, así que nos tiramos a la calle y charlando charlando, acabamos en un bar del Barrio Chino, el único que encontramos abierto. Yo me pedí un whisky y Javier un bocadillo y una Coca-Cola. Luego un bollo y un batido. Más que comer, devoraba bajo mi mirada complacida. Los parroquianos también miraban y se sonreían. Al principio pensé que vaya gente tan simpática, que cómo se alegraban con mi alegría. Luego ya vi algún gesto más raro y me di cuenta de lo que estaban imaginándose: que aquel chico, tan guapo y tan fuerte, era un chulazo que yo, una mujer ya madura, me había ligado a las cuatro de la mañana en el Chino. No hice nada por sacarles de su error.

Días más tarde también vendría Mónica. Regresamos todos juntos a Madrid, donde debutamos con la función en el Reina Victoria. Ocurrió por entonces un hecho muy triste. Nuestra perra Laika, la que recogió mi hijo Carlos en el Retiro y que llevaba toda la vida con nosotros, esa perra tan guapa y que miraba como un ser humano, estaba muy enferma. Había que sacrificarla pero ninguno nos sentíamos capaces de llevarla. Se lo pedí a Paco y éste accedió. Fue un momento terrible, la pérdida de un ser querido.

Llegado el verano, Mónica y yo decidimos meterle mano en serio a Lope de Rueda, hacer una limpieza a fondo y rehabilitar la casa ahora que el zoológico parecía disminuir. Y digo Mónica y yo porque Carlos, que era el universitario y el listo de la familia, en cuanto tuvo vacaciones cogió el macuto y a un amigo flautista y se fueron a recorrer el norte de Europa, pasando la gorra mientras el otro tocaba. Llegaron a Finlandia, donde mi hijo tenía una novia, y volvió. Para entonces Mónica y yo ya habíamos picado suelos y paredes, lijado ventanas y puertas. Javier no estaba tampoco porque se había ido a Oviedo, donde rodaba *Segunda enseñanza*, una serie de Pedro Masó. Este trabajo supuso inicialmente un pequeño problema. Cuando ya habíamos firmado el contrato, yo por Javier ya que éste era menor, a mi hijo lo llamaron también pero para una concentración y partido con la selección española, categoría cadete, de rugby. Encuentro que coincidía en fecha y hora con el rodaje de la serie. Javier se puso muy serio y me dijo que, puestos a elegir, prefería el rugby. Yo intenté razonar con él, habitualmente tan responsable, pero aquí topé con su verdadera pasión por este deporte. No había manera de convencerlo. Llegué incluso a decirle que me podían meter en la cárcel ya que yo había firmado el contrato como persona responsable. Le dio igual, ¡lo habían llamado para la selección española de rugby! ¿Cómo era posible que yo no lo entendiera? Afortunadamente, la sangre no llegó al río. El rodaje se retrasó, como pasa siempre, y mi hijo cumplió con su ilusión de debutar con la selección cadete. Jugó de pilier y, gracias a Dios, no le rompieron ningún hueso y trabajó en *Segunda enseñanza*, serie que siempre pensé que debía haberse llamado *Segunda generación*, porque estaban los hijos de todos los cómicos por allí metidos.

Así pues, mi hija yo nos armamos de valor y nos pusimos a picar toda la casa. Lo hicimos tan a conciencia que apareció un friso. El decapante burbujeaba como una especie de alien y levantaba capa tras capa de pintura en las puertas y ventanas, devolviéndome los colores, y con ellos la memoria, de mi niñez. Aquello era arqueología sentimental, y mi vida y la de mis padres se me revelaba en cada uno de aquellos estratos. Tuve una verdadera regresión y vi a mi madre haciendo conservas de tomate, me vi a mí sentada en el suelo, a sus pies, observándola.

Mis hijos, ¡menos mal!, llegaron a tiempo de pintar los techos, que son altísimos, de la casa antigua. Lope de Rueda se mostró una vez más como una casa flexible, como algo vivo y cambiante, que admitía una nueva distribución de cuartos. Esta vez habría ya uno para cada hijo. La casa quedó muy presentable y se convirtió en punto de encuentro para mis hijos y sus parejas, otra vez una especie de comuna, pero ahora bastante menos infantil. Se inauguró con una fiesta de cumpleaños de

Mónica. Como la casa estaba recién pintada, las paredes se forraron de papel de embalaje hasta la altura de la cabeza, se llenó la bañera de hielo y litronas, colgando un abridor en la barra de la cortina. Carlos colgó un cartel en la puerta de su nuevo cuarto. Bajo el dibujo de una calavera y unas tibias cruzadas, avisaba a posibles intrusos de no entrar allí. Vinieron compañeros de la facultad de mi hijo, amigos de Mónica del instituto y de la compañía Cuarta Pared, un saltador de pértiga, varios gays escandalosos con mallas de lycra agujereadas y algunos jugadores de rugby. Tan simpática era la fiesta que los que se iban a tomar el aire, a despejarse el pedo en el cercano Retiro, volvían con gente que se habían cruzado en su paseo. Así apareció también un hippy con guitarra, un pesado que se empeñaba en cantar «No nos moverán» y cosas de Pablo Milanés en una fiesta que había girado sin remisión hacia el punk más destroyer. Tanto que acabó viniendo la policía, llamada por los vecinos. ¡Ay, los hijos de la Pili! La cosa no pasó a mayores y los agentes incluso se tomaron unas cervecitas antes de irse.

Como digo, la casa se convirtió en un espacio de libertad y experimentación para mis hijos, que estaban en plena juventud y adolescencia. Ninguno tuvo que esconderse para tener relaciones con sus parejas, ni recurrir a parques o portales a no ser por un calentón urgente e irreprimible. Siempre tuvieron mi permiso y sus cuartos para hacer el amor con quien gustasen. Con tranquilidad, con pausa o con más gente. La verdad es que la cosa pareció irse de las manos un par de veces, bueno, alguna más. En especial por causa del mayor, sus amigos y un entusiasta acólito que les salió, Javier. Las montaron muy gordas, tanto que llegaron a llamar a mi casa el Club 29, nombre por el que fue conocido por muy diversas señoritas y en distintos ambientes. Pero creo que esta libertad fue, en definitiva, profundamente positiva y aún recuerdo con satisfacción el día que, años más tarde, Carlos me dijo que él no había hecho el amor en un coche hasta los treinta y por curiosidad. No lo había necesitado. Le pareció incómodo, por supuesto. Ninguno de ellos necesitó cosas así y creo que esa libertad determinó una aproximación mucho más sana a la sexualidad.

A estas alturas la relación de mis hijos con su padre había cambiado. Él llamaba contando historias cada vez más inverosímiles, de negocios fantásticos que le volverían rico, y a nosotros con él, de la noche a la mañana. Historias abracadabrantes en las que, por ejemplo, decía andar en tratos con excombatientes del Vietnam para vender el oro que éstos habían robado de las pagodas y que luego (la cosa nunca acababa bien y siempre se iba al garete cuando «iba a cantar la gallina») lo habían tenido secuestrado en un hotel de Disneylandia. Lo peor es que, pese al cada vez mayor escepticismo, aún nos colaba alguna de sus fantasías. Quizá, y esto me lo dijo un día mi hijo el mayor, porque nuestra realidad era tan dura que necesitábamos creer, sobre todo mis hijos, que algo o alguien nos rescataría. La verdad es que mi ex marido podía contar la fábula más descabellada de forma muy verosímil, seguramente porque él sí se creía sus propias mentiras a pies juntillas. De las cosas más curiosas que hizo por entonces fue decirme que, a lo mejor, recibiría una llamada de Berta, su novia, porque él le había sacado 25.000 pesetas diciéndole que eran para mí, que las necesitaba para ¡pedir el divorcio por CC.OO.! Efectivamente, me llamó Berta. Decidí quitarle la venda de los ojos.

—Vamos a ver, Berta. Comisiones Obreras es un sindicato obrero, de clase, y no tramita divorcios. Además, yo no pienso casarme con nadie y, por tanto, no necesito el divorcio. Quiero decirte con esto que no pienso gastarme ni una peseta en conseguirlo. Me parece que te están tomando el pelo.

A finales del 84 me sobrevino otro parón de meses y yo solicité el paro, como hacía a menudo. Esta vez la cosa se complicó por un tema de papeles —extraviaron los que aporté y para un cómico, para alguien que trabaja eventualmente y para empresas distintas, es muy complicado reunirlos otra vez—. Lo pasé muy mal y salí adelante gracias a la ayuda de mi gente, de algunos amigos que tenía en el barrio y que me fiaron lo que hizo falta. Una y otra vez hasta que, por fin, cobré el paro y corrí a pagarles. Mi gente. «Mi gente» le oí siempre decir a mi madre cuando hablaba de los que la ayudaron en los malos tiempos. Ahora era yo la madre y también podía hablar de mi gente del barrio. Estaba doña Miguela, que seguía siendo la dueña de la peluquería de enfrente y que ya había prestado dinero a mi madre en su día. Cuando volví de Canarias hizo lo mismo conmigo. Decía, y esto me emocionó siempre, que por cariño al recuerdo de doña Matilde. En su establecimiento trabajaba como peluquera Paquita, que luego se quedaría con el negocio y que tuvo conmigo los gestos más hermosos que he visto. Ella sabía siempre perfectamente cuál era mi situación económica por el largo de la raíz que me asomaba bajo el tinte. Si veía que llevaba mucha raíz sabía que la cosa no iba bien y me ofrecía fiarme la peluquería. Yo no aceptaba. Un día conseguí lo suficiente para ir a teñirme. Pagué y volví a casa. Cuando llevaba un rato allí apareció Paquita, por entonces ya la encargada. Me devolvió el dinero. Yo la miré sin comprender.

—Toma, que a ti te hace mucha más falta que a la dueña.

Siempre me emocionó esta solidaridad de gente que no es nada tuyo, que nace del cariño más puro y desinteresado.

Mención de honor para Amador y Herminia, un matrimonio gallego que tenía la panadería del barrio. Mis hijos se han criado tan guapos y maravillosos a fuerza de las palmeras de chocolate que les fiaba Amador, el hombre más bueno y dulce del mundo. ¡Pobre Amador, tenía un corazón tan grande que se murió de pena cuando le faltó Herminia!

También estaba Rafael, mi farmacéutico y con el que repetí aquello que tanto critiqué a mi madre y lo convertí en mi médico de cabecera. Y Leo, el hombre que hizo de una tienda pequeñita el emporio comercial del barrio, que convirtió una simple panadería en un cofre de los tesoros donde había de todo y todo mezclado. Pasteles, pan, juguetes, bebidas... Un trabajador incansable. Sabino, el ferretero, un berciano amante del frío y asesor en las chapuzas caseras. Mauricio, pintor y albañil, maestro de obras en las sucesivas reformas de Lope de Rueda. Los chicos de Ricardo's, el bar que sustituyó en la esquina al antro de Fuerza Nueva y devolvió la amabilidad a nuestra calle. Araceli, la de la mercería de abajo. Y por encima de todos Celes y Emilia, los dueños de El Chinguirito. Así, mal escrito. Emilia ha sido todo para mí, la amiga entre las amigas. Me pagaba directamente los recibos cuando yo estaba en las últimas y su bar se convirtió en mi oficina, además de en el ágora ateniense donde nos reuníamos a hablar de lo divino y de lo humano todo un grupo de amigos.

Y Marta, la dueña del establecimiento de loterías donde compro mis décimos y juego a la primitiva. Siempre los mismos números. Ella me los echa cuando estoy de viaje. Hace dos años me puso en la mano el 8103, el Gordo de Navidad y lo rechacé porque llevaba el dinero justo para la compra. Será que he nacido para trabajar. Como ellos. Como mi gente.

70

Vota a Fraga, que me coloco

El año 1984 pasó entre penas y glorias, más penas que otra cosa porque trabajé poco y en cosas de no mucha calidad. Capeé el temporal trabajando en revistas con García de la Vega y haciendo sesiones sueltas en películas de muy diverso pelaje. El rumbo se enderezó cuando me llamó Ángel García Moreno para trabajar en *Sublime decisión*, una obra divertidísima de Miguel Mihura. La protagonista era Verónica Forqué. El único problema, ¡tan mala era la situación económica en casa!, era llegar vivos a los ensayos, momento en el que empezaría a cobrar. Cuando sólo me quedaba un billete de mil pesetas, y tras discutirlo con ella, agarré a Mónica, le rezamos a san Judas Tadeo —era 28 de octubre, su día— y nos fuimos al bingo. El santo nos oyó y obró el milagro. Canté un bingo y ese dinero nos permitió aguantar hasta que empecé a trabajar.

La función fue un éxito de crítica pero, desgraciadamente, no fue bien de público. Pasamos el Fin de Año en el teatro y yo cumplí, como hago siempre, con varios ritos. Llevé algo de oro para echar en una copa y beber de ella, algo rojo encima, una olla de lentejas de la suerte y quemamos papeles donde cada uno escribió tres cosas que no querían que volviesen a pasar en el nuevo año.

Carlos escribió:

«Ser pobre, ser pobre, ser pobre».

Javier escribió:

«No follar, no follar, no follar».

Estos deseos dan una idea bastante exacta del momento personal de cada uno, de que echaban de menos o de más.

El 85 comenzó bien porque me llamó Gustavo Pérez Puig para estrenar una función de Antonio Gala, titulada *El hotelito*. Gala nos la leyó en su chalé y es de justicia decir que nunca he oído a nadie leer mejor un texto. El autor leyó perfectamente los cinco personajes, cinco mujeres que representaban cada una a una autonomía histórica salvo la mía, que venía a ser una representación del resto de España, de las hermanas pequeñas que eran las demás autonomías. Tuve cuatro compañeras fabulosas: María José Alfonso, Julia Martínez, Beatriz Carvajal y Josele Román, que sustituyó a Terele Pávez en el último momento. Figurines y decorados eran de Paco Nieva, bellísimos.

La función tuvo un éxito apabullante, fue todo un acontecimiento social. Durante este montaje tuve un encuentro personal muy hermoso. Fue con Mara Recatero, la mujer de Gustavo, una persona que me pareció a primera vista alguien muy interesante y a quien merecía la pena hacer el esfuerzo de conocer, pese a que ella no lo ponía fácil por ser de una timidez enfermiza. No me equivoqué y puedo decir que es un ser humano maravilloso y a quien quiero mucho. Otro placer fueron mis compañeras. Es curioso, nos llevábamos tan bien que Gustavo pareció decepcionarse un tanto al no ver a cinco actrices y sus respectivos egos despellejándose.

El hotelito, siendo un texto brillante como todos los de Gala, era una obra hija de su tiempo, de un momento político muy concreto, de la coyuntura del país. Así que no pudo sustraerse a los sucesos que sobrevinieron en España. Entramos en el 86 representándola con gran éxito, con el teatro lleno a diario. Llegó entonces la campaña para el referéndum de ingreso en la OTAN, el del famoso «De entrada, no» de los socialistas, y con ella las movilizaciones, los manifiestos y las pancartas de rigor. Los únicos medios, pese a quien pese, que le quedan a la ciudadanía para articular y expresar su voluntad en esta democracia indirecta y de listas cerradas. Yo, evidentemente, llevaba ya tiempo tomando parte en la campaña antiOTAN y en las marchas a Torrejón. Un día apareció en la prensa una foto de Gala junto a Gerardo Iglesias, el secretario general del PCE, en una de esas marchas. El mismo día de su publicación, Gustavo Pérez Puig —que es uno de los hombres más listos de este país— miró la imagen en uno de los periódicos y frunció el ceño.

—Se ha acabado la función —dijo simplemente.

Yo pensé que eso era una tontería, que llenábamos todos los días. Pero no, en un día se pasó de colgar el cartel de NO HAY BILLETES a tener el teatro vacío. Si las autonomías nos trajeron el público, la OTAN nos lo quitó. Yo deduje que las señoras que venían entusiasmadas a ver el teatro de Gala debían ser de derechas y no les gustó nada la foto del autor con un comunista.

Ninguna de las actrices que la estrenamos salimos en la gira posterior. Yo me quedé en Madrid y empecé otra vez a buscarme la vida. Los chicos, Carlos y Javier, estudiaban y trabajaban en lo que les salía, ya fuera descargando camiones de naranjas, montando escenarios o de seguridad en conciertos. Mónica se había convertido en artesana y vendía pequeñas maravillas en un puesto en la plaza de Santa Ana, todo fruto de su imaginación y de sus manos prodigiosas. Gracias a esto la situación era más llevadera. Mis hijos contribuían ya a la economía familiar y, cuando menos, ya no eran una carga.

El padre, mi ex marido, seguía llamando por teléfono y contando historias más o menos inverosímiles. Hubo una que, de puro absurda, he de reconocer que me hizo gracia. Fue justo antes de las elecciones.

—Vota a Fraga, Pilar, que me coloco —me dijo y se quedó tan pancho.

La hermana de su novia era un cargo importante de AP y mi ex marido ponía muchas esperanzas en la llegada de Fraga, ese demócrata de toda la vida, al poder. Yo, evidentemente, voté a la recién creada IU. Desde entonces siempre les he votado, como antes lo hice con el PCE. La verdad es que he sido una militante fiel. Sin carné, porque no creo en ellos ni en aceptar disciplinas de partido o consignas con las que no comulgo, pero seguidora fiel. Soy de izquierdas y no necesito ningún papel o sello que lo certifique. Lo soy porque intento vivir de acuerdo a lo que significa, al menos para mí, ser de izquierdas: ser trabajador, honesto, luchador contra lo injusto y solidario con el que sufre esa injusticia. Mirar más allá del yo, mirar por el nosotros que forman los que son como tú. Y ante todo ser coherente. Eso lo garantiza el compromiso personal, no la posesión de un carné.

Acabé el año trabajando en *El orden cómico*, la primera película de Álvaro Forqué, el hijo de José María. Hice cosas sueltas y en el 87 intervine en *Lorca, la muerte de un poeta*, donde el señor Bardem tuvo la deferencia de darme a elegir entre dos papeles de una sesión. O una mujer del pueblo que daba un mitin o una muy fina que daba una fiesta.

Di el mitin.

71

Mami Pi

1988 empezó de una manera angustiosa. Un desierto frío, seco y helado en el que, y esto era lo peor, nada pasaba. Nada se movía y, por tanto, nada parecía poder cambiar. Una sensación terrible. El porqué en esta profesión puedes estar trabajando de una manera más o menos continuada, haciendo películas buenas o malas, teatro mejor o peor, papeles de un día o protagonistas, y de repente desaparecer es algo tremendo. De pronto nadie te llama, nadie piensa en ti para los repartos y caes en una especie de limbo del que luego es muy difícil escapar. Pronto la precariedad material afecta a tu ser más íntimo y te cuestionas a ti misma, te interrogas cruelmente sobre tu propia valía. Por supuesto las conclusiones nunca te son favorables. Me miré y vi a una mujer de cuarenta y nueve años sin trabajo fijo, sin la más mínima seguridad en sí misma o en un futuro y, lo que es peor, sin fuerzas. Había pasado por mucho y muy duro y siempre había tirado para delante de los míos y de mí pero, de repente, no me quedaba valor. La depresión es un pozo sin fondo y con las paredes muy resbaladizas. Yo me escurría cada vez más y más rápido.

Mis hijos intentaban animarme, me ayudaban como podían. Mónica aportaba lo que le dejaba su puesto de Santa Ana. Javier y Carlos lo que conseguían de sus chapuzas y trabajillos temporales. Y si no podían contribuir con mucho se aseguraban de no ser gravosos en nada. Se portaron muy bien y fueron la luz al final de aquel túnel: cualquier sacrificio anterior había merecido la pena si había servido para ganarme el amor y el respeto que en esos momentos me demostraban. Mi vida no era un fracaso. Ellos eran y son mi gran éxito.

Aquel año hubo olimpiadas. Las vi agarrada de la mano de mi hijo Carlos. Yo, quizá porque soy negada para su práctica, adoro las retrasmisiones deportivas y conozco al dedillo las reglas de muchos de ellos. Es más, puedo discutir con cualquiera de tácticas y alineaciones de fútbol. Mi hijo el mayor, que sí ha hecho y hace deporte, siempre se ríe de mí cuando ve conmigo algún partido o prueba televisada porque, dice él, mis comentarios son siempre mucho más acertados y rápidos que los de los comentaristas, condenados a usar ese lenguaje absurdo y lleno de tópicos que anima el periodismo deportivo. Cosas como «el partido sería otro si fulano hubiera metido ese gol». Claro, y si mi abuela tuviera cojones sería mi abuelo.

Me vi todas las olimpiadas, todo lo que echaban por la tele. Incluso de madrugada. Tenía insomnio. Fueran las pruebas que fuesen, atletismo o vela, gimnasia o tiro con arco. Se convirtió en una especie de droga que me abstraía de mi presente, absolutamente estático y sin visos de que fuera a moverse el marcador. Seguía empatada con la nada, 0 a 0. Me involucraba tanto en la competición que, por ejemplo, cuando jugaba la selección de básquet yo no sólo jaleaba sus tiros, no, sino que colocaba mi mano encima de la pantalla tapando nuestro aro para bloquear los tiros rivales con tapones imaginarios. Llegó la hípica, el concurso de saltos y me puse también a trabajar con el equipo español. Cada vez que iba a saltar nuestro caballo yo, muy concentrada, gritaba una especie de mantra. Una aguada onomatopeya que espolease al animal a saltar más alto, más lejos, más fuerte.

—¡Caballito pi! ¡Caballito pi!

Cómo serían mis voces y a qué horas, que empezaron a asomarse por el salón mis hijos, bostezando y frotándose los ojos.

—Pero ¿te has vuelto loca? —Uno.

—¿Por qué gritas pi? —Otra—. No podemos dormir.

—¡Pero qué pi ni qué cojones! —Otro—. ¿Tú has visto la hora que es?

Al final nos quedamos todos viendo los saltos.

—¡Caballito pi! ¡Caballito pi! —gritaba yo ahora más fuerte, feliz de estar viendo amanecer con mis hijos al lado.

De aquella noche salió mi nuevo nombre, el de Mami Pi que es como desde entonces me llaman mis tres hijos, primero en privado y luego ya en todas partes. Nombre por el que me conocen también sus respectivas parejas y amigos. Se ha convertido en una especie de marca registrada. Lo tengo comprobado, todo aquel que entra en nuestro círculo llega un momento en el que me pide permiso para llamarme Mami Pi.

Pero se acabaron las olimpiadas y yo seguía sin trabajo. Mis hijos se preocuparon de verdad cuando me vieron encerrarme en mi habitación días enteros. A hacer crucigramas y beberme una botella de whisky cada dos días. Los chicos hablaron y Mónica se encargó de ir a sacarme un volante para un psiquiatra de la Seguridad Social. Yo me resistía a ir pero mis hijos me convencieron.

—Debes ir, mamá. Estás atravesando una época muy difícil y estás cambiada. No puedes encerrarte en tu cuarto a beber.

Tenían razón. Intenté explicarle al psiquiatra mi vida, pero eran las nueve de la mañana y ni él parecía muy interesado en oír ni yo lo estaba en contar. Supongo que tenía resaca. O seguía borracha. Así y todo le conté lo que pude.

—Ah, ¿usted bebe? —me preguntó.

—Sí, ahora bebo. Pero ése no es el problema. Lo que tiene asustados a mis hijos es que me encierre en mi cuarto a beber y hacer crucigramas. La borrachera solitaria.

—¿Y usted podría dejar la bebida?

—Yo puedo dejar la bebida mañana. Lo que no puedo es dejar de sentirme inútil por no trabajar.

—Ya, claro. Mire, se va usted a hacer estos análisis.

Me salió el colesterol muy alto, por el alcohol y porque me alimentaba de huevos duros. Ahí acabó el tratamiento y aquel especialista no me pautó nada.

—Deje usted de beber —me dijo a manera de despedida.

Hablé con Mónica y le expresé mi perplejidad.

—Mamá, por favor, deja de beber. Y de comer sólo huevos duros —me pidió mi hija.

Y aquel mismo día —yo soy un poquito radical, a qué negarlo—, me pasé al agua y las acelgas rehogadas.

Yo intentaba estar animada. Javier Laffleur me llamó para protagonizar, gratis evidentemente, un montaje alternativo que estrenaría en un par de centros culturales de barrio. La obra era de nuestro viejo amigo Leopoldo Martínez Fresno, el de *El vampiro* y de la época gloriosa de Los Independientes. La función se titulaba *Las cenizas de un muerto de Vietnam*, un texto precioso y bastante fuerte. Está visto que el que nace trasgresor lo es para siempre y Leopoldo seguía, tantos años después, escribiendo cosas muy atrevidas. Ensayamos y me divertí mucho, cosa que me consoló poco del hecho de no cobrar por hacerlo. Recuperé las sensaciones de una actriz, de pisar un escenario, y con ellas algo de fuerza y optimismo. Mi hijo Javier hacía varios papeles en el montaje.

Acto seguido me llamó Víctor Andrés Catena para hacer unos sainetes de don Ramón de la Cruz. Mientras yo seguía yendo, de cuando en cuando y no con mucha fe, al psiquiatra del Seguro. Le conté la buena nueva.

—Pero mujer, ¿va usted a poder trabajar?

—Doctor, no ha entendido usted nada. Trabajar es lo que me da la vida, ser útil.

Él parecía extrañado de que yo no quisiera seguir de baja laboral o algo así. ¿Para qué? Yo me sentía de baja en la vida.

El 89 no empezó mucho mejor. Seguía sin trabajo. Me llamó un señor con una voz maravillosa ofreciéndome rodar una película de bajo presupuesto. Esto es algo que te dicen siempre, cuando te contratan, para pagarte poco.

—No podemos darte eso, es que andamos mal. Hay muy poco presupuesto.

El de la voz maravillosa era José María Blanco, director, guionista, productor, protagonista y hombre extremadamente sincero porque, en efecto, cuando llegué a Barcelona vi que había muy poco presupuesto. Más bien nada. Rodábamos en su casa. Recuerdo este rodaje porque me pasó algo curioso. A pesar de haber hecho con Ozores todas las putas del mundo, como éstas eran tan decentes yo no había besado a nadie en el cine. En esta película tenía que besar a José María y pasé una vergüenza tremenda. Sobre todo al preguntar si se hacía con algún truco o no. Bueno, lo hicimos y salió muy natural. Fue muy agradable. Lástima que la película fuera horrible. Creo que duró dos semanas en cartel.

72

Tablas no, ¡tablones!

Me llamó Mara Recatero para hacer *Usted tiene ojos de mujer fatal*, obra de Jardiel Poncela que ella iba a dirigir. Yo le tenía un especial cariño a Jardiel y a esta función porque mi tía Mercedes la estrenó en su día. Yo interpretaba a una aristócrata graciosísima y cómo serían mis ganas de trabajar y de hacerlo en algo bueno, que cuando llegué al primer ensayo, que suele ser poco más que una lectura, llevaba el papel completamente aprendido y lo clavé. Lo hice ese primer día exactamente igual que en el día del estreno, donde el público me premió con una larga ovación. Jardiel ha sido siempre mágico para mí, quizá porque entiendo muy bien su humor absurdo.

Usted tiene ojos de mujer fatal significó, además, salir del pozo de la depresión, sentirme de nuevo cómoda en mi propia vida. Nunca dudé de mi capacidad como actriz y puede que por eso se me hizo tan duro que nadie, durante tanto tiempo, pareciera recordarla.

En aquella época Javier comenzó a colaborar en un programa que hacía Pepe Navarro por las mañanas, interpretando al hijo de una familia disparatada en unos pequeños cuadros cómicos titulados *Desayunan los Monzón*. Javier grababa todos los días y me atrevería a decir que fue entonces, obligado por ese ritmo de trabajo, cuando empezó a desarrollar la memoria y disciplina que necesita un actor.

Acabando el año me llamaron para hacer la Rufi en *Maribel*

y la extraña familia, obra descacharrante de Miguel Mihura. Tuve la suerte de trabajar con doña Aurora Redondo y otros compañeros maravillosos. Conocí a Anabel Alonso y me hice muy amiga de Paloma Paso Jardiel, actriz y persona maravillosa, hija de Alfonso Paso y Evangelina Jardiel.

Pero el teatro y el oficio de cómico tienen caras menos amables, aunque sin duda formativas. Por entonces Ricardo Hurtado, un actor muy mayor y no de los mejores, así como muy antiguo, llamó a Javier para trabajar con él en una gira por provincias. Mi hijo necesitaba el dinero pero no estaba muy seguro.

—¿Qué hago?

—Hombre, di que sí —le aconsejé—. Siempre aprenderás lo que no tienes que hacer como actor y cogerás tablas.

Y se fue. No volvimos a vernos hasta que pasó por Madrid tiempo después. Le pregunté cómo le iba, si estaba cogiendo…

—¿Tablas? —me respondió airado—. Tablas no, ¡tablones!

Me contó que estaba consiguiendo una visión bastante completa del mundo del teatro ya que, aparte de actuar, Ricardo Hurtado le hacía ir por las calles de los pueblos tocando un cornetín y anunciando la hora y lugar de la representación. Además montaba y desmontaba el decorado.

La *Maribel* fue un gran éxito y acabamos, una vez más, el año de gira en Zaragoza. En esta ocasión no vinieron mis hijos, que tenían planes propios. Pese a eso fue una ocasión muy especial pues con la llegada de 1990, doña Aurora Redondo cumplió también noventa años de edad. Sobre el escenario, como la cómica de raza que era. Yo siempre he atribuido la extraordinaria longevidad de las cómicas a que se mantienen activas, adecuando los papeles a sus edades no dejan de trabajar, ejercitando constantemente la memoria para aprenderse los textos. No hay mejor gimnasia que sentirse útil.

Durante aquella noche de Fin de Año el alcalde de Zaragoza le entregó una placa y se le hizo un pequeño homenaje. Doña Aurora se me acercó.

—Pero hija, ¿esto de cumplir noventa años es tan grave? —me preguntó un tanto alarmada.

Tengo recuerdos deliciosos de aquella gira, en especial de las risas y confidencias que compartí con Paloma Paso, mi compañera de cuarto. El episodio más o menos trágico, inevitable en estos periplos tan largos en el espacio y en el tiempo, llegó en Valencia. Una mañana me desperté ahogándome, con la sensación de que me moría. Intenté calmarme pero aquella agonía iba a más. Llegó Paloma y le pedí que me llevase a una farmacia. Me acompañó, me tomaron la tensión y estaba tan alta que la farmacéutica se asustó y me dijo que me fuera corriendo a una casa de socorro. No hubo forma de encontrar un taxi y yo cada vez me encontraba peor, tanto que me decidí a parar un coche de la policía y pedirles ayuda. Debí parecerles demasiado mona para socorrerme.

—Menos cuento. Si de verdad estás mal ya te llevaremos cuando te hayas muerto.

Eso me dijo uno de los agentes. El otro nada.

¡Si estaría mal que ni siquiera me pude cagar en sus muertos!

Sólo pude pedirle a Paloma que me llevara al teatro para morir allí. No es broma. Llegué a pensar en esa estupidez. Cuando llegamos todos los compañeros intentaron ayudar. Me tumbaron sobre una tabla muy grande de planchar que usaba la sastra, quien además tenía conocimientos de ATS y empezó a masajearme la cara porque yo la notaba paralizada. María Isbert, qué gran persona, me subió todas sus medicinas por si había algo utilizable. Yo lloraba de miedo y de rabia. No quería morir así, en Valencia, sobre una tabla de planchar y lejos de mis hijos. Paloma volvió corriendo a la pensión, que estaba detrás del teatro Principal, a por mi cartilla de la Seguridad Social. Allí descubrió algo que no me contó cuando regresó, dado el estado en el que me encontraba. Por fin llegó un médico particular. Me diagnosticó un fuerte ataque de ansiedad y me recetó Valium. Recuerdo aquella función como algo mágica, onírica. Salí flotando del escenario.

Regresé a la pensión con Paloma y de inmediato, el desorden era mayor del habitual, me di cuenta de que allí había entrado alguien.

—No te lo quería decir por cómo estabas, Pilar. Nos han robado la nómina.

Llamé a Mónica para tranquilizarla y decirle que la giraría en unos días. Fue ella, curiosamente, la que me tranquilizó.

—Mamá, lo importante es la salud.

En ese momento no lo entendí. Pero cuando llegué a casa me encontré a Carlos y a Mónica en el pasillo.

—No te asustes, que Javier está bien.

No, no estaba bien. Le habían dado una brutal paliza a la salida de una discoteca. Estaba completamente desfigurado, le habían roto la nariz. Todo ocurrió a la misma hora en que yo empecé a ponerme mala a cientos de kilómetros, en Valencia. Llevé al niño a la Seguridad Social.

—Bueno, ¿y qué quiere que le hagamos? —me dijo un cirujano con sorna—. ¿Que le pongamos una naricita respingona?

Yo me moría de pena, me preocupaba cómo le afectaría a Javier, a un chico que estaba iniciando ilusionado una prometedora carrera como actor. Le apuntaron a una lista de espera y le llamaron ¡un año más tarde! Cuando llegó el turno de operar estuvo durmiendo durante tres noches en el Gregorio Marañón para no perder la cama.

En cuanto a mí, ya en Madrid y tras varias placas y electros, nadie supo a qué se debía mi ataque de ansiedad. Sí recuerdo a un especialista de pulmón que, tras ver lo negros que estaban en las radiografías, me preguntó si yo fumaba.

—Sí, tres paquetes diarios. Debería fumar menos, ¿no?

—Teniéndolos así —dijo señalando mis sucios pulmones en las placas—, ya da lo mismo.

Tomé aquello como un serio dictamen médico y seguí fumando como un carretero.

La gira acabó en Canarias y volvimos a Madrid. Al poco tiempo me llamaron para el casting de una película titulada *Las edades de Lulú*, que iba a dirigir Bigas Luna sobre una novela homónima de Almudena Grandes. Me ofrecieron dos papeles. Uno lo rechacé de entrada. Era una tía muy rara que tenía argollas en los pezones. No me veía yo, a mis años, haciendo tales extravagancias. Elegí el segundo, uno de mucho carácter, la dueña de la pensión y prostíbulo donde ocurría todo el desenlace de la película. En ese casting me encontré con un actor joven, con todo por hacer pero con muy buena pinta. Un tal Javier Bardem, al que también contrataron. Una vez reunidos en casa le expliqué lo mucho que lo admiraba por su decisión de interpretar el personaje de Jimmy, uno muy difícil, extremo, un psicópata maricón y violento. Creo que ahí se vio, por primera vez, lo que ha sido el rasgo definitorio de la carrera de Javier y, en mi modesta opinión, una de las razones de su éxito. Su amor por el riesgo, por el papel que exige siempre ir un poco más allá, su incapacidad para acomodarse y repetir una y otra vez el mismo cliché.

Lo que fue una intuición en aquellas primeras charlas entre colegas, se trasformó en certeza el primer día que coincidimos en el rodaje y lo vi actuar, con el torso desnudo y cruzado de correajes de cuero, un tanga, medias negras y tacones de aguja. La escena que teníamos juntos era muy violenta —el tal Jimmy mataba al travesti que interpretaba María Barranco—, nos peleábamos físicamente. A mí me costaba mucho, no podía dejar de ver a mi hijo y eso se convertía en una barrera a la hora de interpretar. Poco a poco fuimos entrando y creo que el resultado final es bueno. Acerca de aquellos días, de las sensaciones que ambos experimentamos, me gustaría citar aquí algo que Javier contestó a Cipriano Torres en una entrevista para su libro sobre mí:

> Cómo hago esto, me decía yo, con la pinta que llevo, delante de mi madre, y sin embargo, los dos, mi madre por su lado y yo por el mío, conseguimos distanciarnos y meternos en nuestros personajes. Lo más bonito vino después, andando hasta

casa desde Princesa. Esa caminata fue maravillosa, mi madre me dio el visto bueno, me dijo que se lo había creído, y fue emocionante. Yo iba vestido ya con mis vaqueros y mi gorra, siempre me ha gustado llevar gorra, y ella con su ropa de calle. Era como si el hombre sudado, con ligueros y tacones, y esa mujer con el pelo graso pegado a la cara, se hubieran quedado allí, en el estudio, y un hijo y una madre charlaban sobre lo que habían creado. Ahí sentí la magia de esta profesión, saber que has creado algo que no te pertenece.

Así fue. Gracias hijo por ese y otros muchos, cada vez más, momentos mágicos.

73

Macao o las tribulaciones de unas cómicas en China

Tras esto me citaron para hablar con un director portugués, Luis Felipe Rocha, quien me propuso participar en una película llamada *Amor y deditos de los pies*. A mí todo me pareció muy bien y entonces él hizo la pregunta del millón.

—¿A usted le importa irse a Macao?

Dada mi consabida falta de nociones geográficas yo dije que no, que por qué me iba a importar y allí quedó cerrado el asunto. Yo me dije que Macao, colonia portuguesa, sería algo así como Madeira. Luego resultó que Macao está en China, pegadito a Hong Kong. Los protagonistas eran Ana Torrent y Joaquim de Almeida. Yo interpretaba a una de las tías solteronas de la Torrent. La otra era María Elena Flores, una de las personas que más amo en la vida. Tengo la convicción de que es una especie de santa, un ser enviado por el cielo porque no se puede ser más buena persona. Curiosamente, nosotras ya habíamos interpretado a dos hermanas en otro trabajo y desde entonces, aún lo hacemos, nos llamamos hermanas entre nosotras.

Así pues mi hermana y yo cogimos un avión para Hong Kong, agarraditas de la mano y cargadas de maletas y bultos. Llevábamos tanto equipaje porque íbamos para bastantes días y porque cada compañero con el que hablábamos nos daba una teoría climática distinta. Al final cargamos con ropa de verano, invierno y entretiempo.

La odisea empezó con un vuelo a Londres, donde teníamos

una escala de varias horas que pasamos charlando, sin movernos un milímetro de nuestra sala de tránsito, horrorizadas ante la idea de perdernos en aquel gigantesco aeropuerto. Ni María Elena ni yo hablamos inglés.

El vuelo a Hong Kong fue interminable y extraño ya que, viajando siempre hacia el este, vimos varios amaneceres. Nada más bajarnos en Hong Kong le dimos nuestra cámara a un señor, sonreímos y nos hicimos una foto para dejar constancia gráfica de que, al menos, hasta allí habíamos llegado.

Cuando se abrieron las puertas de la sala de recogida de equipajes y salimos a uno de los vestíbulos del aeropuerto, nos llevamos un susto terrible. En aquel sitio no cabía un alma y parecía que allí estuvieran todos los chinos del mundo reunidos. Como curiosidad antropológica diré que no, que todos los chinos no son iguales ni se parecen entre sí.

Entre aquella masa vislumbramos, ¡por fin!, a uno que sostenía un papel en el que se leían nuestros nombres y el de un tal Joao Dávila. Nos acercamos a este nuestro chino, dejamos las maletas en el suelo, nos saludamos y el joven señaló con el dedo el nombre del tipo ese y nosotras hicimos gesto de no saber quién era. El chino se encogió de hombros y con otra seña nos dio a entender que habría que esperar. Después de casi un día de viaje estuvimos allí varias horas de pie, esperando al tal João Dávila. Jamás apareció.

El chino, sin previo aviso, dio por concluida la espera, se colocó el portafolios bajo el brazo y, tras indicarnos con la cabeza que le siguiésemos, echó a andar a paso de carga. La hermana María Elena y yo, ya dos señoras mayores, nos fuimos tras él arrastrando como podíamos nuestras maletas. Llevábamos ya casi treinta horas en danza. Llegamos a un coche, el chino abrió el maletero y nosotras tuvimos que meter el equipaje dentro. De ahí nos fuimos al ferry, cuya estación tiene varios pisos a los que subes y bajas por unas escaleras mecánicas que a mí, los chinos son más bien pequeños, me parecieron muy estrechas. En una de ellas María Elena tropezó y a poco no la baja rodando, pero el guía nada, seguía andando como si tal cosa. El viaje interminable, luego la espera y ahora siguiendo a un chino que avanzaba con paso legionario cargadas de maletas.

—*Quickly, quickly!* —nos dijo el joven apretando el delgado portafolio y el paso.

Yo ahí tuve una regresión al inglés del colegio.

—*I am very tired, I am very old* y ¡me cago en tu puta madre! —grité y tiré mis dos maletas. Mi inglés debía ser mejor de lo que yo pensaba porque el chino cambió de actitud y se dignó ayudarnos con el equipaje.

La llegada a Macao fue impresionante. En el hotel, un enorme e iluminado rascacielos, estaban esperándonos los de producción. Intercambiamos los saludos de rigor y yo me quejé de la falta de cortesía de nuestro acompañante.

—Es que aquí las costumbres son otras —argumentó alguien a manera de excusa. Ahí salté.

—Yo soy europea y no entro en las costumbres de estas gentes, así que no me parece bien esto del joven delante y las viejas detrás, cargadas con las maletas. Para la vuelta y dado que hay tantos, espero que tengamos un chino, y amable, para cada una. Como mínimo.

No acabaron aquí los desencuentros culturales. Yo soy muy claustrofóbica y cuando intenté abrir la ventana no pude. Bajé a recepción y con mi inglés de película de indios intenté hacerme comprender por una chinita que no paraba de sonreír.

—*Please, open the window. Please, open the window.*

Ella se reía mucho y me hablaba muy rápido. Se acercó un compañero portugués y me hizo amablemente de traductor. Así me enteré de que todas las ventanas estaban selladas con silicona porque, al parecer, el amor al juego y las apuestas es un rasgo importante de la cultura china y venía mucha gente desde Hong Kong a jugar en la multitud de casinos de Macao, muchos de los cuales perdían hasta la camisa, verdaderas fortunas, y optaban por saltar al vacío causando el consiguiente revuelo y dañando la imagen del hotel. Yo juré y perjuré por la Biblia y por

Confucio que no tenía la menor gana ni de jugar ni de suicidarme, pero no hubo manera de que me abrieran una ventana.

Como no era cosa de abandonar los buenos hábitos de los cómicos en viaje, mi hermana y yo salimos a la búsqueda de una tienda o supermercado donde hacer acopio de nuestras latas y galletitas. Para ahorrar dietas más que nada. Encontramos una abigarrada tienda de ultramarinos, atendida por un chino amabilísimo que también se reía mucho y que nos enseñó, por gestos, a diferenciar las distintas patacas, la moneda local, y sus valores. También aprendí que el té se llama chá, en portugués, cosa que años después me sirvió para ganar en un programa del concurso *Pasapalabra*.

El primer domingo libre nos llevaron a la clásica excursión por la China comunista. Todos nos hicimos las típicas fotos bajo las banderas rojas y los murales con consignas. Fue decepcionante desde el principio. Para empezar no nos sellaron el pasaporte, privándonos así de un exótico sello que certificara nuestra presencia en aquellas latitudes. Luego nos llevaron a un pueblo sin el menor encanto, justo al otro lado de la frontera. Yo me puse de los nervios. Siempre he huido del turismo de la pobreza. No entiendo el encanto de visitar la miseria ajena, ni siquiera para compadecerse. Compré unos sellos de piedra, con los nombres de mis hijos en chino o eso me dijeron, lacre y me volví para el hotel en la decadente pero mucho más atractiva colonia capitalista.

Poco a poco nos fuimos haciendo con el sitio. Al principio no podíamos ni pedir que nos despertaran a una hora determinada los de la recepción. Cuando me decían «monincol» yo pensaba que era un saludo en chino, no entendía que me preguntaban si quería una llamada despertador o *morning call*. Por eso aluciné con el prodigio comunicativo de María Elena que, en un ejercicio de paciencia y virtuosismo por ambas partes, llegó a encargar una llamada despertador por teléfono. Yo no daba crédito.

—Sí —me explicaba ufana—, yo decía uan, tú, tri... Ah, ah, ah...

—¿Cómo? —Yo no entendía nada.

—Sí, mujer. Uan, tú, tri... ah, ah, ah... A la tercera vez la chinita de la recepción me entendió y continuó ella: four, five, six, eigth, nine y cuando llegó a nain, yo dije stop. ¡Y ya ves cómo nos han avisado a las nueve!

Amo a María Elena. Es una persona especial. Ella cree firmemente que siempre se puede establecer una comunicación a través del espíritu con otro ser humano. En Macao me lo demostró varias veces.

Macao era colonia portuguesa. El equipo de producción portugués también. Allí no se comía otra cosa que bacalao, pescado que me resulta imposible siquiera oler. Pasé mucha hambre. La cocina local no era una alternativa. Quiero decir que los restaurantes chinos de aquí, adaptados a nuestros gustos y, sobre todo, a nuestras normas de higiene, son una cosa. Los de allí, principalmente todo tipo de tenderetes callejeros, otra muy distinta. Digamos que eran excesivamente auténticos.

Aquel rodaje fue toda una aventura. Duró más de un mes nuestra estancia allí. Curiosamente se nos quedó una sesión sin hacer y nos hicieron volver desde Madrid, donde yo ya estaba ensayando con Adolfo Marsillach su obra *Feliz aniversario*, para rodar ese día suelto. Antes de marchar tuve que ir un día a urgencias con una taquicardia horrorosa. Creo que me dio por el agobio de pensar en hacerme todo ese viaje otra vez para trabajar un solo día y volver.

China está muy lejos, muy, muy lejos.

74

Actores de cine y de teatro

Hacer *Feliz aniversario* fue una gozada; significó reencontrarme con Adolfo Marsillach y el placer de volver a trabajar con doña Julia Gutiérrez Caba, mi Juliguti, persona a la que admiro como actriz y adoro como ser humano. Ensayábamos en un teatro enorme, abandonado y roto, que había en el Instituto Ramiro de Maeztu, tan desvencijado que pasábamos texto cubiertos con mantas y alrededor de dos estufas de gas que se pusieron en el escenario.

Estrenamos a fines de 1990 en Sevilla, donde conocí a Fran Escaño, un vidente del que ya me habían hablado varios amigos comunes. Congeniamos de inmediato y Fran se ha convertido en alguien muy importante para mí. Conocerle es una de las cosas más bonitas que me han ocurrido.

La función tuvo un gran éxito en Sevilla, donde pasamos el Fin de Año. Vinimos a Madrid, al Marquina, ya en enero del 91. La noche antes de estrenar estalló la primera guerra del Golfo. A mí aquello me causó una conmoción terrible. Me pasé la noche entera llorando, preguntándome por la clase de mundo que legaríamos a nuestros hijos. ¿Por qué cuando hay más medios que nunca para resolver las desigualdades y los conflictos que éstas originan, el odio que causan, el hombre sigue recurriendo a la guerra? Porque la guerra sigue siendo el mayor de los negocios. Es triste, no hay ninguna grandeza de miras en ellas, es mezquino porque tras los grandes discursos, escarbando ligeramente, aparece el dinero. El dinero de unos pocos. Lloré toda la noche pensando que, como en el título de aquella función, *Todos eran mis hijos*. Nuestros hijos.

Mi malestar lo pagó Adolfo, que había hecho campaña a favor de nuestro ingreso en la OTAN, cuando llegué al teatro al día siguiente. Le dije de todo. Él era mi amigo y supo comprender y disculpar mi rabia.

Llegado el momento, tras meses de éxito en Madrid, la función salió de gira. Yo no fui porque me llamó Mara Recatero para hacer *La noche del sábado* en el teatro Español. Javier iba a trabajar también en un pequeño papel, pero le llamó Bigas Luna para su nueva película. Una titulada *Jamón jamón*. Mi hijo no encontró la forma de compaginar teatro y película y se decidió por esta última. Evidentemente no se equivocó.

Acabada *La noche del sábado*, se incendió el teatro Español y a mí me contrataron para hacer, en la Muralla Árabe, *El cianuro solo o con leche*. También hice otras cosas. Trabajé en una serie llamada *Las chicas de hoy en día*. En otra que dirigía Pedro Amalio López. En medio de este batiburrillo de sesiones, mi representante y amigo José Marzilli había firmado otras más. En este caso una película titulada *Todo por la pasta*. Rodé en Bilbao. El papel era corto pero estaba bien, tenía un par de escenas fuertes. En Bilbao conocí al director, Enrique Urbizu, un joven que me recordó a Burt Lancaster en *Apache*. Bueno, quizá un pelín menos guapo pero muy atractivo con su melena y su pañuelo sobre la frente. Me impresionó su juventud pero aún más sus conocimientos de cine. Hablamos y en cinco minutos aquel chico me enseñó más de cine y de cómo analizar un personaje de lo que lo había hecho ningún otro director hasta la fecha. Quedé absolutamente enamorada, fascinada. Pienso que Enrique Urbizu es uno de los mejores directores del país y, sobre todo, de los que mejor dirige a los actores.

Cuando se estrenó *Todo por la pasta*, Ángel Fernández Santos me dedicó un párrafo en su crítica, unas palabras de elogio que guardo como una reliquia. Casi todas las críticas, buenas o menos buenas para la película, coincidían en resaltar mi escena en la cocina como la mejor. Fue el descubrimiento, ¡manda narices!, de Pilar Bardem. Ahí empieza la popularidad y se rompe esa especie de maldición según la cual la gente de cine, los directores, no iban al teatro y no conocían a los actores y actrices que llevaban una vida sobre las tablas. Podías haber hecho todo el teatro del mundo, obras maravillosas como primera actriz, que si no pegabas en algo de cine nadie se daba, gente de la escena aparte, por enterado de tu existencia. Creo que la situación no ha mejorado mucho desde entonces, quizá un poco porque ahora existen los directores de casting y se supone que éstos van más al teatro. También existía una especie de leyenda, yo creo que sin fundamento, según la cual los actores de teatro tendían a sobreactuar y declamar de forma anticuada, poco natural. Esto no tiene ningún sentido, no es verdad, prueba de ello es que durante el cine de posguerra y el franquismo los mejores actores, los que siempre destacaban en las películas, eran los de reparto, los secundarios que precisamente eran todos primeros actores en las compañías teatrales. No hay más que ver *Historias de la radio*, de Sáenz de Heredia, donde aparte de unos jovencísimos Paco Rabal y Juanjo Menéndez desfilaban don José Horjas, doña Guadalupe Muñoz Sampedro, don José Isbert, don Alberto Romea y muchos más. Señores que eran los secundarios, palabra que puede desatar la furia homicida en alguien tan pacífico como Manuel Alexandre, los de reparto que sostenían genialmente aquellas películas españolas. El actor es actor. O no lo es y entonces da igual si hace cine, televisión o teatro. Pero el o la que lo es sabe adaptarse perfectamente al medio, adaptar la voz y el gesto a la necesidad de ser visto y oído desde la última fila de un patio de butacas o ser filmado en un primerísimo plano, en el que un parpadeo parece un vendaval, mientras sostienen un micrófono sobre su cabeza. Ahora, esto es técnica y la técnica se aprende, como se aprende en televisión a hablar sin enfilarte con el compañero porque cada uno tiene su cámara. Se aprende. Lo que nadie te puede enseñar o dar es la intensidad emocional, la verdad. Por eso se es o no se es actor.

Aquel mismo año, rota la maldición por mi Urbizu, me llamó Julio Medem para *Vacas*. El rodaje fue absolutamente angustioso porque, así se lo decía yo al señor Medem, tan guapo y tan estupenda persona, tenía todos los ingredientes que según los manuales de cine hacen una filmación muy complicada: exteriores, niños y animales. Además, la productora le había dado equis días de rodaje y no le concedía ni una hora más, con lo cual y a medida que se acumulaban los retrasos, el pobre Julio se pasaba las noches en vela cambiando los planes de rodaje.

Tuvo sus partes curiosas. Conocí las campas, esas laderas de hierba en las que se sitúan los caseríos. Nadie cayó en que no había sombra en aquel mar de pasto y, al poco rato, el resol nos había quemado a todos la cara. Carmelo Gómez y Kándido Uranga, los protagonistas, tenían además las palmas de las manos en carne viva por lo mucho que habían practicado con el hacha para las escenas de aizkolaris. La película fue el debut en el cine de Karra Elejalde, que tenía la amable costumbre de tomarme el papel de la tía Clotilde que iba a hacer, ya me habían contratado, en *Eloísa está debajo de un almendro*. Una de las grandes escenas de *Vacas* es el desafío, cuando los protagonistas se retan a cortar troncos. El premio es una valiosa vaca. Pese a que dos aizkolaris doblaban a Kándido y a Carmelo, había planos más o menos generales en los que se veía a todo el grupo, vaca incluida, y requerían a los actores manejando el hacha. Ana Torrent y yo, nuestros personajes, observábamos muy serias, secas y sobrias —yo trabajé un poco con el recuerdo de aquella vasca que fue Flora, mi suegra—, el desarrollo de la justa. Ensayaban los aizkolaris cuando la Torrent soltó una frase célebre, muy seria y en personaje.

—Y a mí que este señor me está poniendo cachonda.

Carmelo acabó pegándose un hachazo en un dedo. Se hirió y no se lo llevó entero de milagro. Cosas de la profesión, de quien ha de interpretar con verosimilitud mil oficios, a veces arriesgados o peligrosos.

Acabé mi rodaje y me vine para estrenar *Eloísa está debajo de un almendro*. Sentí una profunda ilusión al hacer la tía Clotilde porque este papel lo estrenó mi tía Guadita. Es más, yo creo que la manera de hablar del personaje la copió Jardiel de la forma en que lo hacía mi tía, que usaba mucho los diminutivos y lo de hijita. Como digo sentí una enorme ilusión, la satisfacción de dar continuidad a las Sampedro en el escenario, de dejar que ellas lo pisaran de nuevo a través de mí, capturando su memoria en cada uno de los gestos de mi tía Clotilde.

La obra la producía y la dirigía José Osuna. Los ensayos presagiaban una catástrofe. El decorado fallaba. Un armario que debía estar trucado para entrar y salir sin ser visto no lo estaba, con lo cual una actriz tenía que pasar encerrada en él gran parte de la obra. Siempre pensé que la pobre moriría asfixiada. Hubo problemas para cobrar, plantes y ultimátum entre actores y productor. «Incierto se presentaba el reinado de Witiza», hubiera dicho mi madre ante tan funestas señales. Sin embargo el estreno fue mágico. Cuando me tocaba salir, mi adorado Fernando Delgado me echó la representación sobre los hombros.

—Esto lo tienes que arreglar tú.

Yo, que siempre invoco a mi madre antes de salir a escena, ese día invoqué también al resto de mis tías. Pensé especialmente en mi tía Guadita, que para algo había estrenado la obra. Y funcionó, salí al escenario como si tirase de mí y me fuera llevando de un extremo a otro. Me sentía trasportada, como en una nube. Es más, fue la primera y única vez que mi hermano Juan fue a un estreno teatral mío y si lo hizo fue por nostalgia, por haber asistido de crío al de la tía. Entró en el camerino entusiasmado.

—¡Qué cosa más curiosa! ¡Parecías la tía Guadita!

Yo creo que fui poseída por ella. Ni más ni menos.

Aquel año lo acabamos en Tony's, en la calle Almirante, cantando alrededor de un piano toda la compañía y allegados. Allí, entre coplas y rancheras, se me acercó un joven desconocido que, bastante pasado de copas, se deshizo en elogios superlativos a mi persona y mi trabajo. Acto seguido se quitó el reloj de la muñeca y me lo regaló. Curiosamente y pese a mi obsesión por la puntualidad, hasta ese día yo no había llevado reloj. Dicen los refranes que quien cambia de reloj cambia de vida. Lo cierto es que a partir del que este muchacho me regaló esa noche, tuve la sensación de que las cosas empezaron a irme mejor. Dado lo supersticiosa que soy y pese a que he tenido que cambiarle la correa varias veces, aún lo llevo en la muñeca. Quiero aclarar que no es ninguna joya. Es un reloj barato que lleva el logotipo del agua Perrier, pero nunca me he desprendido de él. Fue el primero de muchos relojes que irían llegando a mí, todos los cuales llevo encima. Todo tiene su porqué.

75

Que nada ni nadie esclavice tu espíritu

Acabado el año 91 hice una pequeña reflexión sobre mi situación personal. Mónica, mi hija, se había ido de casa ya en el 89. Algo que me pareció bastante lógico, incluso habría entendido que lo hubiera hecho antes porque le había echado sobre los hombros una responsabilidad excesiva, robándole el final de su infancia. Le he pedido disculpas por esto en público y en privado. Aprovecho para hacerlo de nuevo, para fijarlo sobre el papel. Carlos seguía nominalmente en casa pero le veía más bien poco. Terminada la carrera se marchó a vivir a Londres, a trabajar como camarero. A su vuelta había entrado a trabajar en Iberia como auxiliar de vuelo, lo hicieron fijo muy pronto y pidió una excedencia, que aprovechó para irse a Brasil, a Búzios, y montarse allí con un amigo un bar en la playa. Javier seguía conmigo pero en aquellos momentos de análisis estaba fuera, rodando su primer papel de protagonista en *Jamón, jamón*. Me di cuenta de que el nido estaba vacío. Por fin había llegado el momento para el que me había estado preparando mentalmente toda mi vida, el día en que mis hijos se marcharían y me volvería a encontrar sola.

Hay una frase que yo luego diría por boca de doña Julia, mi personaje en *Nadie hablará de nosotras cuando hayamos muerto* y mi álter ego, que resume mi filosofía al respecto y, por extensión, toda una concepción vital. Doña Julia da unos últimos consejos a su nuera mediante una carta, a la vez despedida y testamento. En ella escribe algo que yo ya practicaba desde siempre y que guió mis pasos cuando vi mi casa vacía.

—Que nada ni nadie esclavice tu espíritu.

Esa libertad de elección que defendía doña Julia era la misma que yo siempre he defendido para mí y, mucho más importante, para los demás. Empezando por mis hijos. Nadie debe usar el cariño, el amor o la gratitud para coartar la libertad de otro. La persona que ama no debe anteponer jamás su amor a la libertad del otro porque entonces no es amor, es posesión. Es egoísmo.

Los hijos tienen que aprender a crecer, equivocarse como todos lo hemos hecho. A los padres nos toca comprender que ellos tienen sus vidas, en las que podrás participar si ellos te dejan y eso es algo que debes respetar siempre, aunque no te guste. Yo a mis hijos les di toda la libertad del mundo, quizá en algún momento incluso ellos pensaron que era excesiva. Pero yo pienso que quien da la libertad da la responsabilidad. Habrá errores dolorosos, es inevitable, pero al final se impone la propia responsabilidad. Siempre, desde niños que la llevaban al cuello, tuvieron la llave de casa y libertad para entrar y salir con quien y cuando quisieran. ¿Que a veces utilizaron mal estas libertades? ¡Indudablemente! Pero creo que, finalmente, el balance es tremendamente positivo. Creo que los tres son grandes personas. Mi gran alegría ha sido y sigue siendo el espíritu de unión entre los tres hermanos, el amor que se profesan y que, probablemente, se cimentó en aquellos años en que tuvieron que asumir roles que no les correspondían: Carlos se convirtió en el padre de Javier, Mónica en la madre de ambos y Javier en el pacificador entre los dos anteriores que, dada la escasa diferencia de edad entre ellos —apenas catorce meses— y por ser chico y chica, se peleaban constantemente. Yo siempre hacía un aparte con Javier y le encargaba que hiciera la paz entre sus hermanos, sabiendo que la adoración que los dos mayores tenían —y tienen— por el pequeño les haría superar cualquier diferencia. Las charlas con mis hijos fueron siempre continuas, en grupo y haciendo risas para superar los momentos verdaderamente difíciles que pasamos. O de uno en uno, desmenuzando nuestros sueños y angustias. ¡He visto amanecer tantas veces junto a mi hija, hablando de mujer a mujer toda la noche! Yo partí del principio, al quedarme sola ante la responsabilidad de criar y educar a mis hijos, de que si yo hablaba ellos también lo harían, que si yo contaba ellos contarían. Esa comunicación que siempre hubo y que sigue existiendo con mis hijos la considero el logro más importante de mi vida. Las charlas con Carlos no fueron quizá tan frecuentes, fueron más puntuales pero cuando se producían eran siempre de una intensidad y un calado enorme para ambos. Veía a mi hijo abrirse en canal ante mí, confiarme sus cosas más íntimas y, pese al dolor que hubo en muchas de esas confidencias, yo no podía dejar de sentirme orgullosa de ser algo más que su madre, de ser su amiga. Con Javier he tenido la satisfacción de verle crecer como persona, proceso muchas veces lleno de sufrimiento por su excesiva sensibilidad, de dudas y de tanteos. Quizá más de lo que es normal, pero el resultado final es tan brillante que me maravilla. Y no hablo del actor, eso es lo de menos, sino del ser humano.

Y soy feliz porque sé que ellos han recibido alto y claro mi mensaje, que los amo por encima de todo y que éste, ya que yo creo en el más allá, es un amor eterno. Como sé que, en este mundo o donde sea, mientras ellos me amen yo seguiré existiendo.

Claro que esta concepción familiar también tiene su lado oscuro. Yo no soy la madre Teresa. La verdad es que tenemos, madre e hijos, un sentido un tanto siciliano de la familia. Quien se mete con uno de nosotros lo hace con los demás. Quien ataque a mis hijos siempre me tendrá a mí enfrente.

El año 92 lo empecé en el paro y conseguir el subsidio fue otra vez desesperante. Como desesperante fue verme otra vez sin trabajo tras haber participado en proyectos tan interesantes, con tan buenos papeles. ¡Pero a qué quejarse si ésta es la profesión que elegí y que amo!

Afortunadamente pronto me contrató el señor Seoane para hacer *La viuda es sueño*, una obra de Tono absolutamente disparatada. Volví a trabajar con María Kosty, éramos casi una pareja de hecho laboral, y tuve el placer de reencontrarme con María Jesús Valdés, una de las mejores actrices de este país y que se había retirado en pleno éxito por cuestiones matrimoniales. Conocí también en ese montaje a un joven director teatral, muy brillante y estupenda persona: Juan Carlos Rodríguez de la Fuente. Nos hicimos muy amigos.

La función gustó pero no llegó a ser un éxito rotundo. La hacíamos en el Centro Cultural de la Villa, dependiente del ayuntamiento de Madrid, y, como ya ocurrió con la *Eloísa*, se nos pidió que fuésemos a presentar nuestros respetos al señor alcalde. A mí me parecía un exceso tanta visita a la alcaldía y no pude dejar de sentir cierto malestar ante la presencia de un individuo siniestro que por allí andaba, el nefasto concejal Matanzo, un indeseable que ordenó cargar a la policía municipal contra los artesanos, peligroso colectivo, que se ganaban la vida con sus puestecillos en la plaza de Santa Ana. O sea, cargar contra mi hija. Curiosamente, aquello fue el paso previo y necesario para sacar de allí el mercadillo y llenar la plaza de terrazas de locales que son directamente de este señor o sus amigos. Como ya he dicho, tras cada guerra acaba asomando el triste negociete.

Se estrenó *Jamón, jamón*. Bueno, la mamá y los hermanos no aguantamos hasta ese día y fuimos a la proyección privada que se hace antes para la gente del equipo. Yo estaba mucho más nerviosa que si de una película mía se tratase. Me moría de pánico. Aún recuerdo la impresión que me dio ver a Javier en la pantalla, llevando el peso de la película. Estaba guapo hasta decir basta y muy bien como actor. Su hermano Carlos hizo un curioso comentario al salir; dijo algo que creo que es cierto y que el tiempo ha demostrado en sucesivos trabajos de Javier.

—Felicidades, *brother*, estás muy bien. Tanto que cuando tú no apareces la película baja mucho. Pierde interés.

Y es que aquello que me dijo una vez Roberto Bodegas, que la cámara se enamora de ciertas personas, es totalmente cierto. Bigas Luna vino a decirme lo mismo. Javier, aparte de ser uno de los mejores actores del mundo, tiene ese poder de traspasar la pantalla, de enamorar a la cámara y atrapar la atención del espectador con su simple presencia.

El éxito de *Jamón, jamón* tuvo repercusiones positivas también en lo familiar, sirvió para restablecer el diálogo entre Javier y su padre, roto absolutamente tras la participación de mi hijo en *Las edades de Lulú*. Mi ex marido calificaba aquella película de mariconada detestable y dejó de hablar a Javier por interpretarla. Su homofobia le impidió perdonar a su hijo por hacer de maricón. Y eso que nunca se molestó en ver la película y todo lo que sabía de ella era lo que aparecía en la prensa. Una vez recuperado el macho ibérico, su esencia más pura, con *Jamón, jamón*, las relaciones de Javier con su padre fueron mucho más fluidas.

Las Navidades del 92 las pasé en casa de Fran y Ricardo, en Sevilla. No entraré en cosas que son de difícil explicación, cosas en las que yo creo pero de las que no pretendo convencer a nadie. Sólo diré que viví experiencias importantísimas para mí y muy hermosas. Hablé con mi padre y pude aclarar muchas cosas con él. Recuperé la paz. Mi padre no me guardaba rencor por no haber estado a su lado cuando murió.

Aquellas Navidades reafirmé para siempre mis creencias esotéricas, mis ideas sobre la existencia de una vida eterna.

Nada ni nadie esclavizaba ya mi espíritu.

76

«Te voy a mandar un guión y no te digo nada»

En el 93 me contrataron para hacer *Comisaría especial para mujeres*, obra de Alberto Miralles, al que conocí en su día como ayudante de Adolfo Marsillach en el montaje de *Las arrecogías*. Una estupenda persona. Dirigía Montesinos y el productor era un señor extremeño de quien no recuerdo el nombre. Digo lo de señor por decir algo. Alberto Miralles retuvo parte de la producción hasta que salimos de gira, momento en el que el señor extremeño se quedó con toda ella. La tournée empezó en Cáceres con buen pie. A la gente le gustaba mucho. Según el libreto yo era una policía feminista aunque yo, por respeto a mis amigas feministas militantes, solía decir que no, que hacía de mujer cabreada. Mis compañeras eran la Asquerino, Mari Paz Ballesteros, Charo Soriano —que interpretaba a la jefa de la comisaría—, Blanquita Marsillach y dos chicas de un grupo de teatro que tenía este señor extremeño, muy buenas actrices, por cierto. En Cáceres el tipo este nos pagó con un cheque y salimos para Barcelona, donde íbamos a estar más de un mes. Alquilé un piso y fui a cobrar el cheque que, ¡oh, sorpresa!, no tenía fondos. Esto no creó un gran ambiente en la compañía. El productor se disculpó y nos pagó al contado, pero dado que ya había habido problemas con el primer cheque yo decidí actuar con cierta picardía. En vez de pagar el apartamento semanalmente yo arreglé con el propietario pagarlo de una vez cuando me marchase.

Los cheques sin fondos se repitieron una y otra vez. Llegó el momento de la marcha y yo le dije a este señor que había un problema, que dado que no podía cobrar sus talones tampoco había podido pagar el apartamento y el propietario no me dejaba sacar mis cosas. Y yo sin mis cosas no me iba. Me dijo que no me preocupara, que él lo arreglaría. Y lo hizo: tenía alquilado un microbús —pero que muy micro—, que nos debía llevar a Santander y andaba con prisas por irse. Esta gente que da cheques sin fondos suele tener siempre prisa por irse de los sitios. Así que pagó todo lo que yo debía de apartamento y yo, gracias a mi previsión, me fui incluso con un poco de dinero ahorrado.

La madeja de deudas de este señor con toda la compañía no dejaba de crecer. Los ayuntamientos que contrataban la función solían pagar también con cheques, éstos sí con fondos, a nombre de la empresa. Cheques que este señor cobraba para no pagarnos luego a nosotros lo nuestro. El penúltimo bolo de la gira fue en el teatro Rojas, en Toledo, donde estaba de director Paco Plaza, un buen amigo. Esto nos permitió enterarnos de que allí, en contra de lo normal, el ayuntamiento iba a pagar en efectivo. Vi el cielo abierto y al acabar la función, recordando viejos tiempos, convoqué una asamblea. Nos reunimos todos en un camerino y allí, ante todos los compañeros, expliqué al representante que sabíamos que iban a cobrar en dinero y que ya que se nos debía tanto en concepto de dietas y nóminas, pedía que el dinero fuera entregado a los miembros de la compañía empezando por aquellos que tenían los sueldos más bajos, los que andaban más apretados, y se repartiera hasta donde llegara. Así se hizo y allí mismo dije que nos fuéramos corriendo a hacer la última plaza de la gira, a sabiendas de que no veríamos un duro de lo que se cobrara en ella, para que este señor no nos pudiera acusar a ninguno de dejar la función tirada o de cualquier incumplimiento de contrato. Así lo hicimos y, efectivamente, nos volvimos a Madrid sin cobrar. Acabamos llevándole a juicio, que ganamos al presentar como prueba los cheques sin fondos.

Javier estaba rodando *Huevos de oro* en Benidorm, Mónica y yo fuimos a visitarle. Lo pasamos muy bien y además tuve la satisfacción de encontrarme a don José Tamayo, el grandísimo director teatral, que había ido a ver a Javier. Quería que hiciera el Kowalski de *Un tranvía llamado deseo*. Ni más ni menos. Tamayo había visto a mi hijo en *Jamón, jamón* y estaba seguro de haber encontrado, ¡por fin!, un actor que saldría airoso de la comparación que todo el mundo haría con el joven Brando. Tamayo sabía mucho de teatro y actores. Fue a ver a mi hijo varias veces, a cortejarle como una novia, a intentar persuadirle. Finalmente no pudo ser porque Javier ya había firmado su siguiente película, *El detective y la muerte* de Gonzalo Suárez.

Carlos iba y venía de Brasil. Se lo montó muy bien, quizá en venganza por el frío y los pingüinos de su infancia: decidió vivir siempre en verano. Se iba a Búzios en septiembre o primeros de octubre y volvía para la primavera. Javier vivía conmigo pero como no paraba de rodar lo veía más bien poco. Con los dos en casa, nuestra relación cambió. No es que fueran los niños viviendo en casa de la mamá, no, es que nos habíamos convertido en tres amigos que compartían casa. Nunca más me acerqué a un fogón y me di por jubilada como ama de casa. La verdad es que lo pasamos muy bien en aquellos días, libres de horarios y de costumbres. Nos veíamos menos y, en consecuencia, teníamos mucho divertido que compartir cuando coincidíamos. Fui muy feliz compartiendo piso con ellos.

El 28 de diciembre del 93, día de los Santos Inocentes, sonó el teléfono.

—¡Hola, Pilarcita, guapa! Soy Gustavo Pérez Puig.

Me llamaba para sustituir a Margot Cotens, magnífica actriz y gran amiga, que había enfermado mientras representaba *La muralla*, una obra de Calvo Sotelo y que protagonizaba Javier Escribá. Otra vez en el Centro Cultural de la Villa. Gustavo me daba una noche para aprenderme el papel y salir a escena.

—Pero Gustavo, ¿esto es una inocentada?

—¡No, Pilarcita! Tú, con tu memoria, eres la única capaz de salvarnos. Mira en qué fechas estamos, en plenas fiestas. No podemos parar ahora.

—Bueno, vale.

¿Por qué se dice que sí a algunas cosas? No sé, quizá me estimuló el reto. O quise probarme. O no desmerecer mi fama de memoriosa y decidida, echá pa'lante. Dije que sí y fue terrible. Tuve esa función sobre mi mesilla durante años para recordarme aquel error y que no se me calentara el pico tan pronto.

Estudié toda la noche y al día siguiente estaba en el teatro a las cinco, lista para estrenar tras un breve ensayo con Javier Escribá. Éste tuvo el detalle de decir unas palabras al público antes de la función, explicándoles lo sucedido y pidiendo que fueran indulgentes con cualquier posible error, dado que yo salía al toro con una sola noche de preparación. La gente me recibió con una fuerte ovación pero, aunque todo salió bien, yo lo pasé fatal.

Además, cosas de la vida, pronto pasé de heroína a villana a ojos de Gustavo. Yo ya le había avisado desde el principio de que el 1 de enero me tenía que ir a Bilbao a rodar, cosa que no pareció importarle con tal de salvar las fiestas. Por tanto sólo podía hacerle la función dos noches. Cuando llegó el momento de despedirme él me miró muy sorprendido.

—Pero ¿cómo nos vas a hacer esto?

—Yo te avisé, Gustavo.

Dio igual. Pasé de haberle salvado la taquilla a ser una hija puta que lo dejaba tirado.

Entré pues en el 94 rodando en Bilbao la que era mi primera película como protagonista. Se titulaba *Arruinados* y tenía un guión muy gracioso de Luis Marías. La dirigía Joaquín Trincado, que había sido el productor de *Todo por la pasta*. Yo estaba más contenta que unas pascuas. Salía muy elegante y sofisticada, haciendo de mala malísima. Infelizmente el proyecto no funcionó. Primero por problemas de distribución, se estrenó tarde y con otro título, *Sálvate si puedes*. Luego no obtuvo buenas críticas.

Eso sí, alguien escribió que la película era muy mala pero merecía la pena verla por lo bien que yo decía los tacos. Fue un fiasco y para mí, era mi primer protagonista, una terrible decepción. Gracias a Dios no tuve mucho tiempo para afligirme porque me llamó Urbizu para *Cómo ser infeliz y disfrutarlo*. Volví a hacer de tía de María Barranco, con lo que ésta pasó a llamarme definitivamente tita.

Después empecé *Siete mil días juntos*, película escrita y dirigida por Fernán Gómez y en la que volví a coincidir con la Barranco. Trabajar con el maestro fue volver a sentir esa mezcla de admiración y temor reverencial que siempre me provoca. Al punto que llego a no hablarle a menos que él me interpele. Fue un rodaje accidentado. Para empezar me tuvieron que hacer una mascarilla. Se suponía que era para una escena en la que yo moría con cara de terror, cayendo al suelo despavorida mientras intentaba aferrarme al borde de una mesa. Fuimos a casa del maquillador Ramón de Diego, quien iba a hacer la mascarilla, Fernando dio unas instrucciones y se fue. Ramón y yo nos quedamos solos. Propuse, con la profesionalidad que me caracteriza, hacer la acción para conseguir una expresión más veraz, más realista. Estábamos en la cocina de Ramón, cuando todo estuvo listo yo misma me dije «¡Acción!» Y me tiré al suelo desde un taburete alto mientras me agarraba con rictus desesperado al borde de la mesa. Ya tenía bastante cara de susto simplemente pensando, con lo claustrofóbica que soy, en el suplicio de aguantar el tiempo de secado de la mascarilla respirando por una pajita. El susto del todo me lo di cuando, nada más caer, sentí perfectamente que me había roto algo. Aguanté como pude el dolor, me hizo la máscara y de ahí me fui a urgencias.

—Señora, tiene usted fractura de coxis. Está en un sitio que no se puede escayolar, así que tiene usted que sentarse durante cuarenta días en un flotador, uno de esos redondito. Uno para niño.

La simple idea de tener que sentarme en semejante cosa durante el rodaje de toda la película me pareció absurda. Lo más que hice fue llevarme un almohadón de mi casa. Fernando tardó más de una semana en enterarse de lo sucedido. Se lo expliqué cuando me preguntó muy extrañado por qué iba con un almohadón a todas partes. Pese a todo fue una delicia trabajar de nuevo con él. La película estaba muy bien, con un José Sacristán magnífico, pero se estrenó tarde y mal. Pese a todo tuvo muy buenas críticas. Aquel año 94 fui al Festival de San Sebastián. Ocurrieron dos cosas maravillosas. La primera que se proyectaron *Huevos de oro* y *Días contados*, con dos trabajos muy buenos de Javier. Le premiaron con una Concha de Plata.

La segunda alegría fue que se me acercó María Barranco y me dijo que se había enterado de que iba a ser la tita de otra, de Victoria Abril, y que iba a hacer una película maravillosa. Ahí quedó todo. Marzilli, mi representante, me llamó.

—Te voy a mandar un guión y no te digo nada.

Se titulaba *Nadie hablará de nosotras cuando hayamos muerto*. Lo leí con avidez, de un tirón, y cuando lo terminé estaba llorando. Y lo hacía no tanto por la emoción que había en esa historia, que era mucha, como porque sentí que el destino ponía en mis manos eso que todo actor o actriz sueña: el personaje de su vida. Doña Julia era yo y yo era doña Julia.

Por fin nos habíamos encontrado.

77

Nadie hablará de nosotras cuando hayamos muerto

Me fui a entrevistar con Agustín Díaz Yanes, que ya se convirtió en Tano para mí. Me esperaba en la cafetería de El Espejo, en Recoletos. Luego me confesaría que cuando me vio aparecer con un pantalón de cuero negro y teñida de pelirroja, se preguntó si no se habría equivocado de actriz. Hablar con Tano, ya desde ese primer momento, fue descubrir a un ser humano excepcional, a alguien a quien amaré mientras viva. Desde un principio me sentí tan a gusto que me atreví a sugerir cosas y criticar lo poco que me parecía criticable. Aceptó alguna de mis ideas y cambió un diálogo que tenía Victoria, en el que se insultaba con un hombre, por una mucho más contundente bofetada. Hablamos sobre todo de la escena del final, esa en la que doña Julia decide acabar con su sufrimiento y el de su hijo en coma, abriendo la espita del gas. Decidimos que lo cogería en brazos formando una especie de piedad y yo le propuse cantar una nana. Es más, se la canté allí mismo. Una que me había enseñado Flora, mi suegra.

Señora santa Ana,
¿por qué llora el niño?
Por una manzana,
que se le ha perdido.
Si se le ha perdido
le daremos dos.
Una para el niño
Y otra para vos.

Viví todo el rodaje obsesionada por esta escena. Dado el amor obsesivo, compulsivo, que siento por mis hijos, pensé que sería algo muy difícil. Que no podría dominar la emoción cuando cantara esa nana, que tantas veces canté a mis niños.

La película se empezó a rodar justo por la escena en la que yo me despedía de Victoria, una de las últimas, diciéndole: «Acuérdate de mí». Me encontré con el reto del trabajo del actor en el cine, esa dificultad de conseguir el punto de emoción del personaje y sacarla afuera en el momento que se te exige. Sin más, sin que sea fruto de un estado emocional que has ido desarrollando, por ejemplo, a lo largo de una representación. La dirección de Tano era absolutamente sutil y disfruté mucho de los ensayos en casa de Moncusí, el peluquero, luego tristemente fallecido, porque supusieron la alegría de reencontrarme con Victoria Abril. Diecisiete años después de hacer para el cine *Caperucita y roja*, versión de aquel café teatro que estrené en su día. Ya entonces se le intuía algo especial, un gran futuro, una gran inteligencia y una capacidad como actriz sobresaliente. Es una profesional impresionante. Yo no recuerdo haberle visto ninguna interpretación floja.

Casi todo el resto del rodaje se hizo en orden cronológico. Curiosamente los interiores de la casa de doña Julia, mujer pobre y obrera, se rodaron en la parte de servicio de un piso enorme de la calle Jorge Juan, en pleno barrio de Salamanca. Dado que yo vivo cerca, renuncié al coche de producción y decidí ir todos los días dando un paseo hasta la localización. Hacía mucho frío.

—Bueno, doña Julia. Vamos a trabajar —decía cada mañana ante el espejo antes de salir de casa.

Yo sentía una responsabilidad enorme. Tano me había confiado un papel precioso, único, que no podía hacer mal. Pero aún me había puesto entre las manos algo mucho más precioso, el alma y el recuerdo de su madre. Doña Julia estaba creada a partir de las memorias que Tano tenía de su madre. Una mujer a la que nunca vio en bata ni despeinada. Una mujer pulcra por dentro y por fuera. Yo tenía cierto miedo porque antes de iniciar el rodaje, Tano me presentó a una joven que había sido alumna de su madre, maestra en la vida real como doña Julia en la ficción. Yo todavía conservaba el pelo rojo. La muchacha no pudo ocultar su decepción.

—¿Y esta señora va a hacer de doña Julia?

Lo primero que le pregunté a Tano tras unos pases que hizo de la película, era si esa chica la había visto. Tano sonrió.

—Sí, Pilar. La ha visto y ha visto a doña Julia.

Ésa fue la mayor de mis alegrías. No sólo porque reconocía mis esfuerzos como actriz sino porque disipaba mis temores de no estar a la altura de la madre de Tano, una mujer colosal que se convirtió en una obsesión para mí.

Yo hablaba mucho con mi hijo Javier, le contaba lo mucho que me ilusionaba este trabajo, y con Paco, al que llegué a decir que sólo pedía que se viera luego en pantalla la mitad del amor que ponía en el personaje.

El rodaje fue mágico. Los actores sabemos perfectamente cuándo estás haciendo algo excepcional, o terrible, algo distinto. Cuándo estamos creando algo superior entre todos los compañeros, el director y el equipo. Mi trabajo con Victoria se basó en un cariño y un respeto profundos. Y eso es lo que se ve en la pantalla, el respeto entre dos mujeres.

La escena de la bofetada la preparé a conciencia. Me senté a esperar en una esquina y me dediqué a bombear sangre a las manos. Cuando era maniquí aprendí un truco para que no se nos marcaran las venas, cosa poco elegante por entonces, tiempos de bellezas más mórbidas, que consistía en mantener las manos alzadas durante unos minutos. Para esta escena hice justo lo contrario, las dejé colgando para que las venas se hinchasen y parecieran las manos de una mujer muy mayor. Bombeaba sangre y emociones, cargándome mientras esperaba la llegada de Gloria, el personaje de Victoria, que vendría borracha. Cuando llegó el momento del ensayo le expliqué a Victoria que yo no sabía cómo dar bofetadas de mentira. Todo el mundo empezó a opinar y ella cortó en seco las especulaciones.

—Mira, Pilar, esto es cine. No vamos a hacer más de tres tomas. Tú dámela de verdad.

Así fue Victoria de generosa. Así es de generosa una actriz de raza que cree firmemente en lo que hace, en su papel.

Le pegué tal hostia que, cuando Tano gritó «¡Corten!», Victoria dijo que esa primera toma era buena y tenía que valer porque le había dado vuelta a la cara.

Cuando terminamos la escena todo el equipo estaba emocionado, algunos conteniendo el llanto a duras penas.

El día que Tano por fin me llamó para ver la película encontré lo que esperaba, una película maravillosa. Me encontré también, eso sí, con que en el montaje final se habían caído dos escenas mías. Una la de la famosa nana. La otra una conversación con mi amiga íntima, papel que interpretaba la Asquerino. No me atreví a preguntarle por qué había suprimido la nana, pero dado el maravilloso resultado final tendría sus razones para hacerlo.

Lo que supuso para mí doña Julia fue muy importante, mucho más allá del reconocimiento profesional o la popularidad que me dio. Para mí fue un antes y un después a nivel personal, fue profesar un credo y sacerdocio, ratificarme en que lo que yo había sentido como justo y por lo que venía luchando desde siempre —justicia, coherencia— era lo válido y lo acertado. «Que nada ni nadie esclavice tu espíritu», escribía doña Julia a Gloria en su carta, y ése debía ser el primer mandamiento. El segundo la honestidad con uno mismo y, por ende, con los demás.

Como actriz este papel me lo dio todo. Fue, manda narices, el descubrimiento definitivo de Pilar Bardem. Estando ya representando en el teatro *Martes de carnaval*, dirigida por Mario Gas, pedí permiso para ir al Festival de San Sebastián, donde se iba a presentar la película. Justo antes de irme, mi hijo Carlos me regaló un reloj, argumentando que qué era eso de llevar el reloj de un desconocido. No me quité el que llevaba pero añadí el de mi hijo, de manera que me presenté en el festival ya con dos relojes en la muñeca y consciente de que empezaban para mí otros tiempos, una era de cambios.

La película arrasó en San Sebastián.

Doña Julia y yo fuimos felices y nos dimos un fuerte abrazo.

Gracias, maestra.

78
Las galas del difunto

Rodé varias cosas antes de *Nadie hablará*, entre las que destacaría otra película titulada *Entre rojas* —dirigida por Azucena Hernández, la Rubia, y con Penélope Cruz— y después *Gran slalom*, donde hacía de madre de José María Pou, algo a todas luces imposible. Mientras rodábamos en el valle de Arán, retrasados por un inesperado buen tiempo, recibía varias llamadas diarias, angustiosas, de mi sobrino Miguel, que me esperaba para iniciar su primer corto. Se titulaba *La madre* y yo lo miraba con ciertos reparos porque, ya sobre el guión quedaba claro, esa madre era una auténtica hija de puta. El hijo, para acabar de complicar las cosas, lo interpretaría Javier. Ha sido el trabajo más difícil de mi vida. Yo no podía ni ensayar con Javier, no encontraba la manera de soltarle esas maldades a la cara a mi hijo, real y ficticio. Así que terminamos preparando cada uno nuestro papel por separado. Cuando llegamos a la localización del rodaje nos mantuvimos separados, distantes, hasta que nos colocaban para filmar. Psicológicamente fue muy duro. Cada vez que Miguel gritaba «¡Corten!», yo abrazaba a Javier.

—¡No es verdad, no es verdad! ¡Yo no pienso eso! —me disculpaba y él me decía lo mismo.

Lo fuimos sacando adelante como pudimos y sólo recuerdo un momento en el que pudo más la madre que la actriz. Íbamos a rodar una escena en que mi personaje quitaba el freno a la silla de ruedas de su hijo y éste se precipitaba escaleras abajo. Oí a Miguel y a Javier discutir sobre cómo podría éste hacer la caída. Me puse de los nervios.

—¡Estáis locos los dos! Yo no puedo consentir esto, es peligroso y Javier no es un especialista.

—Tú no tienes por qué meterte en esto —me contestó mi hijo que, evidentemente, primaba su faceta profesional al debido respeto filial.

Me fui a un bar porque no quise verlo.

Me contrataron para representar *Martes de carnaval*, montaje de Mario Gas sobre varios textos de Valle-Inclán y que duraba cuatro horas. Era una belleza. Yo participaba en *Las galas del difunto*, haciendo el papel de doña Terita, la que enviuda del boticario.

Me puse mala de los bronquios, con un principio de pleuresía. Estuve bastante mal, pero no fui yo quien pasó a mejor vida, sino mi ex marido. La relación con Carlos, desde que él apareció con su novia, era más o menos frecuente, aunque siempre telefónica. Llamaba un día sí y otro también, unas veces de buen humor y otras de peor o más triste talante. Seguía contándonos historias inverosímiles pero, lógicamente, cada vez con menor éxito de crítica y público. Sus hijos, triste cosa, acabaron por no creerle una palabra. Cada vez encontraban menos graciosas sus quimeras.

Este hombre se encontró muy, muy solo, al final de sus días. ¿Por qué? Yo creo que el que siembra recoge. Carlos había ido aprovechándose de todos los seres humanos que tuvo a su alrededor, mintiéndoles, engañándoles, así que no podía esperar estar muy arropado de cariño al final del camino. La relación con los hijos era cordial pero, aunque sentían un indudable cariño por él, me atrevería a decir que, poco a poco, pudo más el desengaño. Intentamos alguna reunión familiar, comer o cosas así, pero no funcionó. A mí me resultaba insoportable su presencia. Ya ni siquiera templaba mi ánimo la esperanza de que algún día pudiera actuar como un verdadero padre para sus hijos. Y fuera de eso, ¿qué podía yo querer de él? Gracias a Dios yo me había bastado para criarlos y ante mis ojos se elevaban mis tres hijos como árboles fuertes y sanos, como personas libres.

Carlos entró en un rápido deterioro físico. Telefoneaba y hablaba medio ahogándose. A veces se le caía el aparato de las manos o, supongo, se le olvidaba colgarlo bien y nos dejaba incomunicados durante horas. Cogió la sana costumbre de llamar a los chicos para que le llevaran medicinas y, de paso, otras cosas. Mitad para verles, mitad para darles pequeños sablazos que le permitían ir tirando.

Cada vez estaba peor. Hablé con mi hijo el mayor y decidimos intentar llevarle a un hospital, a que lo viera un médico. Estábamos seguros de que ordenarían su ingreso y algún tipo de tratamiento. Mi ex marido se negó en redondo a salir de su casa. La verdad es que apenas podía moverse un par de metros sin asfixiarse. Finalmente, llamó en medio de una de sus crisis. Carlos y Mónica fueron a su casa y lo vieron tan mal que llamaron a una ambulancia. Tras un breve reconocimiento ordenaron su ingreso inmediato y se lo llevaron al hospital Clínico. Yo fui a verlo con los chicos pero, repito, me resultaba insufrible. Hablé de ello con Javier, que por ser el pequeño sabía menos de mis problemas con su padre.

—Piensa de mí lo que quieras pero me es imposible verlo. Deseo que se recupere, de verdad, que no le pase nada, pero me es imposible estar allí con él.

Carlos, consciente de su gravedad, intentaba recuperar lo bueno que había tenido en su vida: el amor de sus hijos. Buceaba en su memoria buscando los buenos momentos, refrescándolos junto a ellos. Pero yo escuchaba en silencio y sólo era capaz de recordar los malos. El dolor. El miedo. La vergüenza. Decidí no ir a verle nunca más. Él, por el contrario, que nunca había hecho verdadero caso a sus hijos, recibió la visita de éstos todos los días durante el largo tiempo que estuvo allí. Y su amor.

Mi marido podía ser cualquier cosa menos tonto. Sabía perfectamente cuál era la gravedad de su estado. Tenía cuatro o cinco cosas, entre ellas una leucemia muy avanzada, que le estaban matando. En el plazo de unos pocos meses su uno noventa y dos se habían convertido en uno sesenta de sufriente estatura.

No quiso o no pudo luchar más y se dejó ir.

Murió.

Mis hijos se derrumbaron. Nunca había visto al mayor llorar de esa manera. Yo le di a Carlos un beso en la frente helada y le dije que le perdonaba todo el daño que me había hecho, que marchara tranquilo, y me fui a trabajar al teatro.

Acabé el año 1995 como viuda. Esta vez no sentí ninguna necesidad de cambiar mi estado civil en el DNI.

79

¡La noche de los Bardem!

El año 96 empezó de manera insuperable. El 31 de enero se entregaron los premios Goya y hubo titulares de prensa que hablaron de esa gala como «la noche de los Bardem». Hicimos un pleno, ¡tres de tres! Javier se lo llevó como actor protagonista por *Boca a boca*, Miguel como director de cortometraje por *La madre* y yo como actriz de reparto por *Nadie hablará*. Fui la primera en subir al escenario a recoger uno. Estaba feliz, no ya por el premio en sí —que también—, sino por la ovación que recibí según subía por las escaleras. El aplauso de los cómicos, de mi gente. Hice el camino con la mayor dignidad posible, lentamente y tratando de recordar los truquillos que aprendí en mi época de maniquí. Lo hice así, con toda la elegancia que me fue posible por mí, desde luego, pero también como muestra de profundo respeto a la ocasión y a lo que estos premios representan: el cine español. Fui muy dichosa porque sentí el amor de mis compañeros, como diciéndome que ese premio era de todos nosotros y que yo era la esperanza del actor secundario. Que yo representaba a todos esos cómicos y cómicas que después de toda una vida de duro trabajo, recibían por fin el reconocimiento de los demás. Algo no excesivamente frecuente. Mi madre y mis tías eran todas magníficas actrices, de lo mejor que yo he visto, y nunca les dieron ningún premio. Mi Goya era también de ellas.

En mis rezos, por supuesto, anteponía el Goya de Javier a cualquier otro. El segundo subió a recibirlo Miguel y me emocioné muchísimo, viendo que la saga familiar tenía retoños nuevos y fuertes. Por fin llegó el premio al mejor actor y Javier recogió su Goya. Se lo dedicó a su padre, que había fallecido hacía dos meses.

Fue una noche maravillosa. Yo estaba exultante porque, pensé, aquellos tres premios, ¡tres Goyas en categorías distintas! reflejaban el compromiso y el amor de un apellido por un oficio y por un arte. También el sacrificio de generaciones pasadas y la ilusión de las presentes y futuras. Estoy segura de que las habrá. Aquella noche certificó las bodas de los Bardem con el cine.

Pasó la fiesta y volví al trabajo. Me fui a Palma de Mallorca a rodar *Mirada líquida*, en la que me mataban y me pasaba media película con una espada clavada en el pecho y cubierta de sangre. El resto del año lo pasé de viaje en viaje, convertida en embajadora oficiosa de *Nadie hablará* por esos festivales del mundo.

En marzo me enteré de que me habían concedido el premio de la Asociación de los Cronistas de Espectáculos de Nueva York. Se entregaba el día 26 de ese mes de marzo en la ciudad de los rascacielos y allí que me planté con mi buen José Marzilli. Nos alojamos en un hotel en la Quinta Avenida. A mí, la niña de Lope de Rueda, nunca me había llamado la atención ir a Nueva York y todo lo que sabía de ella era lo que había visto en las películas. Es curioso pero allí me di cuenta de lo mucho que conocemos de esa ciudad simplemente por el cine o la tele. Fue echar a andar y todo me resultó extrañamente familiar, tenía una especie de *déjà vu* continuo. Me parecía que me iba a cruzar con Frank Sinatra y Gene Kelly vestidos de marineros en cualquier momento. Me gustó mucho que las calles fueran tan largas y rectas, perfectas para caminar y caminar como a mí me gusta. La única pega es que hacía un frío polar. Me di un gran paseo, volví al apartamento y hablé con mis hijos por teléfono. Inmediatamente me preguntaron muy excitados qué me parecía Nueva York, especialmente Carlos que, por supuesto, ya había estado y era un fanático de la ciudad, la encontraba fascinante.

—Está bien. Me recuerda mucho a la zona de Antón Martín.

A mis hijos tratar de comprender ese símil casi les produce un colapso. No entendían nada.

—¿Cómo?

—Bueno, las casas aquí son mucho más altas. Pero la gente, la mezcla de razas, me recuerda a Antón Martín y esas calles del centro.

No quedaron muy convencidos y aquella salida mía fue motivo de burla durante meses. Yo me ratifico en esa primera impresión, sin duda muy parcial. Yo, desgraciadamente, el Nueva York maravilloso de Woody Allen no lo vi. Me encontré con mucha gente variopinta y no muy guapa andando muy deprisa, como muy cabreados. A otros que, ateridos, se reunían a fumar alrededor de un árbol de la calle. Fui al Empire State Building pero me encontré con una cola tan desmesurada para subir que desistí al momento. Ya que arriba no estaría Cary Grant esperándome no iba a malgastar allí mis pocas horas en la ciudad.

La noche del premio me puse guapísima, con un precioso traje de fiesta que me habían prestado. Obviamente José y yo optamos por coger un taxi que nos llevara al lugar de la ceremonia. Aviso a navegantes, tomar un *yellow cab* en Nueva York puede ser toda una aventura. Te tienes que pegar por ellos y hay cada espécimen al volante, sin duda desquiciados por el agresivo entorno en que desarrollan su trabajo, que te puedes llegar a impresionar de verdad. Una cosa que me gustó desde el principio es que en Nueva York te puedes manejar casi totalmente en castellano: muchísima gente lo habla o lo entiende. Casi todos, pero no el taxista que tomamos esa noche. Nos entendimos como pudimos para indicarle la dirección adonde íbamos y arrancamos. Todo fue bien durante un rato, pero cuando quedamos atrapados en un enorme atasco —allí todo es desmesurado—, el taxista se giró hacia nosotros y empezó a vociferar en inglés. No entendíamos nada de nada, pero gritaba como un poseso. El hombre siguió dando voces y José pudo por fin comprender que quería que nos bajásemos de su coche, allí, en mitad del atasco y del crudo invierno. Me negué y se montó la de Dios es Cristo. Me puse a gritar también y a señalarme a mí y al contador alternativamente.

—¡Que no bajo, yo *pay the money*, yo *the money. Go, go, go!*

Llegamos un tanto alterados a la ceremonia y nos despedimos del conductor intercambiando maldiciones en los dos idiomas. Vamos, todo muy glamuroso. En la gala me sentaron con una magnífica actriz mexicana, Patricia Reyes Spíndola, y por allí andaba también la Dúrcal, mi adorada Marieta. Me impresionó ver que no daban nada de comer y había gente que traía su cena en fiambreras.

La verdad es que no volví muy convencida de las virtudes y atractivos de Nueva York.

Justamente a mi regreso tuve la oportunidad de comparar aquello con otro lugar mucho más cercano. Me invitaron a Nancy, en Francia, porque se proyectaba *Nadie hablará* en su festival. ¡Esto sí! ¡Ah, la vieja Europa! Nancy me pareció un pueblo delicioso, con sus casas antiguas, bajas y pintadas de colores, llenas de flores. Yo me declaro europea. ¡Qué *savoir faire*! Visité Dijon y Toulouse. La gente respiraba civilización y amabilidad. La película también me llevó a Turín, a la bella Italia. Desde allí tuve que hacer malabarismos aéreos para llegar a tiempo al homenaje que daba el Festival de Comedia de Peñíscola a Mariano Ozores. Yo sabía la ilusión que le hacía a mi Mariano, un señor al que adoro porque siempre me ayudó en los momentos difíciles haciéndome un hueco en sus películas, que estuviera su amiga la roja en su homenaje.

A mi vuelta a Madrid me encontré, para pasmo de propios y extraños, con una peculiar noticia. Marzilli me dijo que había recibido una doble invitación de la familia Gil. Me querían dar un premio en Marbella y ponerme una calle en Estepona. Yo no salía de mi asombro y le hice a José jurar y perjurar que no era una broma de cámara oculta. Tanto le pregunté que mi representante y amigo llegó a molestarse. En fin, a Marbella que nos fuimos a recibir el premio y a poner las manos en cemento para una especie de bulevar de las estrellas que estaban haciendo. La primera noche, sin embargo, la pasé en Estepona con Jesús Gil junior, que estaba de alcalde, en una cena de gala. La situación era un tanto chocante y yo no me encontraba muy cómoda. La verdad es que no sabía de qué hablar con ese muchacho. Él debió darse cuenta, pero salvó la situación con mucha elegancia. Me explicó que fue él quien propuso que me pusieran una calle en Estepona.

—Pues muchas gracias, señor alcalde, pero ¿usted me conoce?

—Pues claro que sí, doña Pilar. Es usted una gran actriz.

Yo no salía de mi asombro. Opté por eludir la cuestión política y acabamos hablando de fútbol, ese sucedáneo ritualizado de la política y su extensión por otros medios que es la guerra. Insistió en invitarme al palco del Atleti y yo me vi en la obligación de decirle que me resultaba imposible porque era culé hasta la médula. Una forofa, vamos. Siguió la conversación de manera muy amable y distendida. Le comenté que al día siguiente tendría lugar una cena en Marbella, con su padre como anfitrión, el mismísimo Gil y Gil, o sea el verbo hecho carne —mucho verbo y mucha carne—, ágape en el que me entregarían el dichoso premio. Le pregunté a Jesús junior si él también asistiría. Me dijo que no y yo lo lamenté. Le expliqué que, ya que habíamos congeniado, su presencia me facilitaría las cosas porque con el que no me imaginaba de qué hablar era con su padre.

—No, Pilar, no se preocupe. Si son ustedes muy parecidos.

—¿Cómo? —Un escalofrío me recorrió la espalda—. ¿En qué nos parecemos su padre y yo?

—En que los dos dicen lo que piensan.

Me quedé estupefacta.

Finalmente no tuve ocasión de buscar, como en los pasatiempos, las supuestas similitudes. Don Jesús Gil se excusó y no acudió a la cena. El cotarro lo dirigió un tal señor Román, su segundo en el ayuntamiento. Nada más iniciarse la cena empezó a hacerme propaganda gilista e intentó explicarme la gran labor social que habían hecho en Marbella. Creo que el pobre hombre se encontraba tan incómodo conmigo como yo con él. Como buen populista tiró por el camino de en medio intentando colarme un discurso tan progresista, sin ponerse ni colorado, que dejaría el programa de IU en algo de centroderecha. Lo escuché un rato, hasta que lo que soltaba por su boca me pareció tan surrealista y demagógico que tuve que recordarle que yo estaba allí para recoger el premio que había tenido a bien otorgarme y que, además, yo estaba empadronada y votaba en Madrid.

Cuando por fin subí a recoger el galardón, una reproducción en bronce del arco triunfal que Gil había erigido a la entrada de su feudo, me vi en la obligación de decir unas palabras. Me acordé del comentario que hizo Román Gubern al enterarse de la invitación. Dije que había mucha gente que se preguntaba qué hacía una chica como yo en un sitio como ése. Y que les quedaba muy agradecida por el premio, demostración palpable de la verdadera democracia que allí reinaba, ya que todo el mundo sabía que yo soy roja y del Barça. No todos los asistentes apreciaron el chiste. Los que más aplaudieron fueron los camareros.

Al día siguiente conseguí, alegando que me mareaba mucho en los barcos, eludir una bonita excursión náutica necrológica que habían preparado, con la asistencia de Jesús Gil incluida, para aventar las cenizas de Encarna Sánchez. Me volví corriendo a Madrid dejando como rehén mi promesa de volver para la inauguración de mi calle en Estepona.

Lo hice meses después, acompañada de Mónica y Javier. Nos pasearon en una calesa. La verdad es que fue bonito y emotivo. La calle Pilar Bardem hace esquina con la calle Ibiza. En ella hay un colegio público, cosa que me agrada. Durante el paseo ocurrió lo inevitable, los vecinos se me acercaron y empezaron a trasladarme sus quejas para que yo se las expusiera al alcalde.

A la vuelta rodé *Airbag* con Juanma Bajo Ulloa. Un rodaje duro pero muy divertido. Yo me lo pasé bomba vestida de leopardo y con mi peluca roja fuego, convertida al fin en mujer fatal. Volví a disfrutar el conocer y trabajar con un director joven y con tanto talento como Juanma.

Me sentía una actriz afortunada.

80

Mariachis y bombas

Javier y Carlos se fueron a México, a trabajar en *Perdita Durango*, la película de Álex de la Iglesia. Mi hijo el pequeño la protagonizaba y el mayor tenía un papel secundario. Carlos ya había hecho una cosa pequeña en *Más que amor frenesí*, pero este papel del primo Reggie fue su verdadero debut en el cine, bastante meritorio teniendo en cuenta que rodó en inglés, en una producción tan importante y con un personaje que tenía escenas bastante dramáticas. No sólo lo hizo muy bien sino que aprovechó para escribir su primer libro, *Durango perdido*, un diario del rodaje y libro de viajes entre México y los EE.UU., en el que recogió lo que ocurrió en aquella locura de rodaje. Y es que pasó de todo.

Me fui a visitarles muy ilusionada. El vuelo era muy largo y yo, para entretenerme, me puse a buscar formas en las nubes. Vi cosas que me inquietaron, que me asustaron. Sacudí la cabeza y cerré los ojos con fuerza para borrarlas de mi mente. Luego me dormí.

Cuando salí del aeropuerto, en México D. F., mis hijos me estaban esperando con un mariachi, que tocó varias canciones bien chingonas en mi honor. Todo muy alegre. Nos besamos y nos abrazamos. Todo perfecto y dentro de la efusividad que nos caracteriza. Todo bien, pero me di cuenta de que algo no funcionaba, algo iba mal. Carlos estaba pálido, blanco como la cal. Le pregunté qué le pasaba y me dijo que nada, que estaba bien.

Yo en ese momento lo atribuí a los nervios que estaría pasando en su primer trabajo como actor. En el coche, camino del hotel, vi que mis hijos cuchicheaban entre sí, cosa que siempre me ha molestado mucho porque saben que estoy medio sorda. Se lo recriminé. Me dijeron que no pasaba nada y se hizo un espeso silencio. Fue entonces cuando Carlos me cogió la mano y no la soltó en todo el viaje. Algo iba verdaderamente mal. Me asusté. En el hotel volvieron a cuchichear y ahí ya salté.

—Pero bueno, ¿qué pasa? Contádmelo.

—Vale. Ves que estamos bien, ¿no?

—Sí, ¿pero qué pasa?

—Antes de ir a buscarte hemos estado en un hospital. Ha habido una explosión en el rodaje y nos han herido. Nos hemos quemado. Nosotros y otras doce personas.

Me enfadé pero me emocioné. Mis hijos habían salido de un hospital, con quemaduras de segundo y tercer grado, para ir a buscarme con flores y mariachis y que me enterase por ellos, después de verlos vivos y sanos, de lo ocurrido. Pensaron que si yo llegaba, no les veía y me enteraba del accidente, me podía morir del susto. El accidente ocurrió en una escena bélica en la que se rememoraba el pasado como marines de sus personajes, recreando una espectacular batalla llena de figurantes que corrían entre explosiones y disparos. Se suponía que caía una bomba cerca de ellos, que explotaría de forma controlada y harían ver que Reggie, o sea Carlos, protegía con su cuerpo a Romeo, o sea Javier. El problema es que el tipo de los efectos especiales, un yanqui que se pasaba el día borracho, puso demasiada carga y, además, no la enterró bien porque se rodaba en el patio de cemento de una antigua fábrica en ruinas. A la voz de acción aquello voló por los aires, pero de verdad. Una bola de fuego incontrolada hirió a varias personas, entre ellas a mis hijos. Carlos, como estaba planificado, se echó encima de Javier y quedó peor parado, con quemaduras de tercer grado en el brazo izquierdo.

Las curas diarias eran muy dolorosas y los dos las aguantaron sin rechistar. Carlos había terminado su parte del rodaje en México y no rodaría hasta un mes después en Las Vegas. Pero Javier era el protagonista absoluto de la película y tuve que poner todo mi empeño, rogarle como actriz y como madre que no se dejase convencer y siguiera rodando con esas heridas en el brazo. Se paró el rodaje y luego se cambió el plan para continuar rodando por las secuencias en las que Javier no participaba. Eran muy pocas, así que a las dos semanas Álex se inventó una secuencia en la que la fiera de Perdita mordía al personaje de mi hijo en el brazo hasta arrancarle un trozo de carne, justificando así que éste saliera vendado el resto de la película.

México D. F. fue una experiencia llena de contrastes. Primero, tras el susto, la alegría de ver a Carlos y a Javier heridos pero felices, juntos. Vivos. Vivísimos. Luego la misma ciudad, su exuberancia algunas veces aterradora. Lo primero que me dijeron mis hijos es que en el D. F. me olvidara de mi sana costumbre de dar largas caminatas. Lo más seguro es que me atracaran o me raptaran, como había sucedido ya con varios miembros del equipo. A pesar de todo, tuve tiempo de ir a muchos de sus rincones y disfrutarlos. La gente me pareció encantadora. También fuimos a ver las pirámides aztecas y subí a la del Sol, escalón tras escalón pese a los tres paquetes diarios que me fumaba.

Me pilló allí el Día del Grito, fecha en la que se celebra la independencia de España y todo el mundo bebe tequila, grita «¡Viva México, cabrones!» y se chinga en los muertos de Hernán Cortes, la Malinche y los gachupines. O sea nosotros. Hubo cena en un restaurante típico y fue allí donde oí a miembros del equipo de arte comentar, jocosamente, que se iba a entrar en los Estudios Churubusco a rodar los interiores y que el productor mexicano, a la vista de los múltiples accidentes, había mandado a un santero por delante a hacer una limpia. Les parecía muy divertido.

—Delante de mí, pocas bromas con esto —les corté yo.

Nunca he entendido por qué a Álex de la Iglesia le gusta jugar al límite con este tipo de cosas. Por ejemplo, en *El día de la bestia* el círculo de invocación del demonio era uno de verdad, sacado tal cual de un grimorio o libro de magia negra. A mí me lo explicó alguien muy puesto en esos temas. ¿Qué falta hace tanta verosimilitud? ¿Cuántos espectadores pueden realmente apreciarla? En fin, ya en *El día de la bestia* sucedieron varios accidentes.

Yo me volví porque tenía que empezar a rodar *Kety no para*, una serie de Millán Salcedo. Estando aquí le comenté a mi amigo Fran, el vidente sevillano, todo lo ocurrido y le dije que estaba muy asustada por el mal rollo que había visto por allí. Fran me dijo que, al fin y al cabo, un actor cuando interpreta a alguien real está haciendo una especie de invocación. Romeo Dolorosa estaba basado en un personaje real, un narco satánico que oficiaba ceremonias con un trozo de espina dorsal humana a modo de corbata y del que decían que había practicado el canibalismo ritual. Eso me puso aún más nerviosa. Fran me dio una oración que Javier debía rezar todos los días para protegerse. Pero rodaba tanto y estaba tan cansado, aparte de ser un tanto escéptico, que mientras duró la filmación yo la recé por él. Todos los días a la hora que yo sabía que él se levantaba para iniciar su jornada. Y lo hice así porque yo sí creo en eso que se llama la comunión de los santos, que si yo invoco y rezo a favor de alguien tiene el mismo valor que si él lo hace.

No ocurrió nada más y mis dos hijos volvieron sanos y salvos de México. Con una película y un libro, el primero de Carlos, bajo los brazos heridos de mis hijos.

81

Pelo de tormenta

Aquel año 96 cerré la campaña de Julio Anguita en Córdoba. Allí conocí a Rosa Aguilar, con quien entablé desde ese mismo momento una profunda amistad. Parece ser que quedé tan graciosa que me ofrecieron cerrar la campaña de IU en Madrid. Yo hasta entonces y aunque sin carné, había sido lo que se denomina una militante de base. En los mítines estaba abajo y de pronto me vi arriba, en el estrado. Bien, si ellos pensaban que era útil yo estaba dispuesta a echar una mano. Cerré el acto de Madrid.

Las elecciones las ganó el PP y una de las consecuencias fue que entró mi amigo Juan Carlos Pérez de la Fuente como director del Centro Dramático Nacional. Yo me alegré mucho, me parecía un chico y un director estupendo. Él me pidió que le acompañase durante la presentación de su nueva programación. Acepté por amistad con Juan Carlos pero, como en el caso anterior, me sentí un poco rara. Yo era también una actriz de base y me veía ahora presentando políticas culturales. Tenía la sensación de que mi presencia allí era un toque de exótica y falsa progresía, algo así como «siente un rojo a su mesa». Lo bueno fue que Juan Carlos me comunicó que iba a montar una obra de Paco Nieva, titulada *Pelo de tormenta*, y que contaba conmigo.

Mientras yo seguía con la grabación de *Kety no para*, trabajo muy divertido por las continuas improvisaciones de Millán, una de las personas más ingeniosas que conozco, pero precisamente por ello agotador. Me refugiaba en el aprendizaje del texto de Nieva, siempre tan barrocos y difíciles de memorizar. Pero aun así tan bellos. Una vez que los conoces, los dices y son música celestial. Yo adoro el teatro del maestro Leonardo. Estudiaba y estudiaba rodeada de silencio. Ahora sí que el nido estaba definitivamente vacío. En la casa sólo quedábamos mi gata Priscila y yo, siempre juntas en el sofá como dos hermanas solteronas que ya no se hablan porque ya se han dicho todo. Mi gata Priscila soportó peor que yo aquella soledad. Empezó a enflaquecer a ojos vista. Aunque era muy mayor, llevaba con nosotros más años de los que yo podía recordar, algo le pasaba. Estaba visiblemente enferma. La tuve que llevar al veterinario a que la sacrificaran. Le pusieron la inyección mientras yo la acunaba entre mis brazos. Nos despedimos mirándonos a los ojos, ella los cerró, recostó lentamente la cabeza en mi brazo y murió. Sentí tal pena y tal desvalimiento que me juré no volver a tener otro gato. Prefería estar sola a ver morir.

Comencé el 97 ensayando *Pelo de tormenta*, ensayos en los que todos los compañeros nos dejamos el alma y parte de la salud. Estábamos ilusionadísimos, otra vez atrapados por la excitación de saberte parte de algo grande, de un montaje excepcional y llamado a marcar época. La coreografía, genial, era de Ramón Oller, amigo entrañable que me sigue mandando postales desde todos los rincones del mundo. Postales llenas de palabras que me calientan el alma. La dirección de Juan Carlos era brillante, enérgica.

Trabajo llama a trabajo. Me llamó Almodóvar para hacer un pequeño pero bonito personaje en *Carne trémula*. Me mandó el guión, lo leí y me gustó mucho mi papel. Nos citamos y me recibió en su casa. Tras los saludos de rigor —yo sólo le conocía de que había sido vecino del barrio y, a veces, me lo encontraba en el supermercado—, me preguntó qué me había parecido el guión. Se lo dije.

—Muy bueno. Pero precisamente mi escena está mal escrita.

—¿Cómo dices? —Me miraba alucinado.

—Que la escena del parto no puede ser así. O se ata pronto el cordón umbilical o nos quedamos sin niño en el parto. Habría que cambiar el orden de las acciones de la secuencia. También se podría arreglar si al conductor del autobús donde ella da a luz, le pones zapatos con cordones... Yo se los pido, ¡dame los cordones!, y le ato el cordón umbilical.

—Bueno —me dijo mientras seguía mirándome como si yo estuviera loca—, puede ser. Yo lo que quiero es que Penélope esté tirada en el suelo...

—¡No, no, no! —interrumpí de nuevo—. Las mujeres para parir tienen que hacer fuerza con los riñones, hay que incorporarla.

Seguimos analizando la escena y, al final, yo creo que sin salir de su estupor y con cierta retranca, Pedro me agradeció que le hubiera aclarado tanto los planos que tenía que hacer. Más tarde y con su gran sentido del humor, en la rueda de prensa que hubo antes del estreno Pedro contó que la escena del parto la había escrito yo pero que, por supuesto, no pensaba darme parte de los derechos de autor.

El rodaje fue muy duro por el frío y no exento de peligro, porque yo me tuve que plantar ante el autobús y detenerlo para llevar en él a la parturienta Penélope. Los cómicos somos gente muy rara y, a poco cariño que nos muestren los directores, hacemos cosas que luego al pensarlo ponen los pelos de punta. Gracias a Dios no ocurrió nada y la escena quedó preciosa, dándole un arranque con muchísima fuerza a la película. Penélope Cruz está genial. Pedro es, directamente, un genio.

Volvamos al teatro. El estreno de *Pelo de tormenta* fue un éxito clamoroso de crítica y público. El montaje era una verdadera obra de arte desde el texto a los decorados, de la escenografía —que simulaba una plaza de toros con los espectadores sentados alrededor y en diversas alturas, como en los tendidos, y nosotros representando la obra en el centro del patio de butacas— al último detalle del vestuario. Paramos el mes de agosto.

También se nos paró a todo el país la alegría, se nos murió algo dentro y sentimos rabiosa impotencia aquel verano cuando los asesinos de ETA cumplieron sus amenazas —¡qué valientes gudaris!— y mataron a Miguel Ángel Blanco. Rabia y dolor, indignación y asco, repudio total y sin fisuras ni coartadas al que mata, a los asesinos de ETA. Sentí todo eso, como lo sintió todo el país. Lloré y me manifesté como cualquier otro ciudadano hizo entonces, las manos blancas al cielo y un nudo furioso en la garganta. Siempre, entonces y ahora, contra el que mata, sea ETA, al-Qaida o los ejércitos que diezman a civiles en guerras preventivas. Siempre junto al que muere, al que sufre, al inocente. Aquí o en la otra esquina del planeta porque, triste certeza, siempre matan al más débil: al niño, a la mujer, al pobre, al viejo. Y somos todos los hombres y todas las muertes.

Reanudamos las representaciones en septiembre con igual éxito. Fue un placer compartir camerino con Rosy de Palma, estupenda actriz y mujer inteligente donde las haya. Se empezó a hablar de la futura gira, para después de Reyes del 98. Hubo compañeros que llegaron a firmar precontratos. Yo cerré un acuerdo verbal con el director, mi amigo Juan Carlos Pérez de la Fuente.

Por aquellos tiempos yo andaba leyendo manifiestos a diestro y siniestro. Tantos que llegué a bromear con la necesidad de que me hicieran una tribuna fija junto al oso y el madroño de la Puerta del Sol, punto habitual de aquellas manifestaciones. Leía cosas contra la plena integración de España en la OTAN, dentro de aquella campaña cuyo lema era «Ahora, más que nunca, OTAN no». Para mí fue muy bonito porque lo leí junto a mi hermano Juan. No nos veíamos mucho y, me dije, la familia que protesta unida, permanece unida.

En enero del 98, después de Reyes, acabamos las representaciones en Madrid y todo parecía dispuesto para la gira triunfal de *Pelo de tormenta*, que en principio sería Oviedo, Santander, Málaga y Barcelona. El último día de función nos reunimos todos, actores y técnicos, en el escenario para despedirnos, suponíamos que hasta pronto, y hacer también una pequeña asamblea en la que discutir ciertos rumores que venían circulando desde hacía tiempo. Los técnicos nos hicieron saber que no querían que recayese sobre ellos la posible cancelación de la gira, acusados de un supuesto plante. Nos dijeron que estaban dispuestos a darnos por escrito su compromiso de salir de tournée si ésta se realizaba. ¿Por qué no iba a ser así? Eso fue lo que nos preguntamos todos mientras bebíamos unas copas de cava que ya no resultaron tan alegres.

La gira de *Pelo de tormenta* presentaba dificultades técnicas dada la complejidad de su escenografía. Necesitaba teatros con foso para la tramoya que requería el Mal Rodrigo, monstruo en torno al cual discurría la obra y que vivía en las entrañas de Madrid. El teatro Romea de Barcelona, aquel en el que debutó mi padre, hasta hizo obras para recibirnos allí.

Pasaban los días y no firmábamos los contratos. Nadie nos dio una mísera explicación. Ni siquiera mi amigo Juan Carlos, el director y desde ahora el señor Pérez de la Fuente, tuvo el detalle o la hombría de dar la cara.

Yo atribuyo todo lo que ocurrió después, los problemas, a la cobardía de ese hombre que fue mi amigo, al que tantas veces presté mi apoyo y serví de paño de lágrimas. Ha sido una de las mayores decepciones de mi vida porque, estoy segura, si nos hubiera dado la más mínima explicación todos, con mayor o menor disgusto según su situación personal, lo habríamos entendido. Debió decirnos que el verdadero problema no era otro que el desfase presupuestario en que había caído con su nuevo montaje para el CDN, el *San Juan* de Max Aub, y que no quedaba dinero para una gira tan compleja como la nuestra. Lo que no le perdonamos es que nos dejase tirados sin despedirse siquiera, sin dar la cara ante unos cómicos de su compañía que se habían dejado la piel en la obra.

Nos reunimos y decidimos pedir explicaciones en las oficinas de CDN, en el María Guerrero. Fuimos todos los compañeros, unos treinta. Allí nadie supo decirnos nada y el señor Pérez de la Fuente no se encontraba. Yo saqué a relucir que estaban infringiendo la reglamentación laboral —si no había gira es que estábamos despedidos y nadie nos había dado los quince días preceptivos— y posiblemente la ley porque, nos habíamos enterado, en Oviedo seguían vendiendo entradas para el espectáculo. Inmediatamente tras nuestra visita al CDN recibimos una carta del Ministerio de Cultura en la que, simplemente, se lamentaba el no poder sacar la compañía de gira. Punto y final. Fuimos al Ministerio a pedir explicaciones. No nos las dieron y decidimos llevar a juicio al propio Ministerio, entre otras cosas por el daño que habían hecho a muchos compañeros que habían renunciado a otros trabajos para salir con la función. Paralelamente empezamos con una serie de manifestaciones que marcaron la escena cultural de aquel año por su frecuencia y originalidad. La primera fue en la fiesta de nuestro colectivo, en los premios de la Unión de Actores. En aquella época se realizaba aún en el teatro Albéniz, que regentaba mi querida Teresa Vico. Desde aquí mi homenaje de amor y cariño para ella. Claudio Sierra era nuestro secretario general y nos negó el derecho a manifestarnos dentro del teatro, durante el acto, con el peregrino argumento de que había otros 364 días en el año para hacerlo. Al poder, pequeño o grande, siempre le jode que le estropeen sus fastos con reclamaciones. Por eso mismo hay que hacerlo, porque les jode. Claudio Sierra, en un ejercicio de estulticia insuperable, nos preguntó por qué habíamos elegido ese día para manifestarnos. Le contesté que por ser precisamente el día de nuestro colectivo, el día en que premiamos a aquellos de nosotros que lo merecen por su trabajo ese año. Que dado que era la fiesta de los actores queríamos comunicar a nuestros compañeros lo que estaba ocurriendo con la gira de *Pelo de tormenta* y el despido improcedente del que éramos víctimas.

Nos tuvimos que manifestar en la puta calle. Evidentemente no se puede estar en misa y repicando. Este señor que era entonces nuestro secretario general, estaba también ensayando con Pérez de la Fuente el *San Juan*. Pese al frío aguantamos todos en la calle y luego entramos los que pudimos, entre ellos yo que estaba nominada como mejor actriz de reparto por *Carne trémula*. Mira tú por dónde, el primer premio que se dio fue ése y me lo llevé yo. Subí, agradecí de corazón el honor y les di el mitin, claro. Puse en conocimiento de los presentes nuestros problemas y que nuestro secretario, allí sentado, nos había negado el derecho a manifestarnos dentro de la sala, motivo por el que lo hacíamos en la calle. Se armó la de Dios y los actores y actrices se levantaron indignados por lo que se estaba haciendo con la compañía del Centro Dramático Nacional, con nosotros.

Al poco tiempo me nominaron como mejor actriz protagonista para los premios Max de teatro. Era el primer año que se daban y la entrega se retrasmitía en directo por televisión. La ceremonia la dirigió Lluís Pascual, quien me invitó, quizá curándose en salud, a protagonizar uno de los pequeños diálogos cómicos que se iban a desarrollar en el patio de butacas como parte del espectáculo. Llegó mi turno, dije lo que estaba en el guión y la gente aplaudió. Acto seguido expliqué que faltaba algo más, saqué las gafas y leí un papel con las reclamaciones de los actores de *Pelo de tormenta*, denunciando la manipulación y la falta de rigor del Ministerio de Cultura ante su titular en aquel momento, doña Esperanza Aguirre, y del señor Pérez de la Fuente. Al terminar yo de leer, varios compañeros que estaban repartidos por el público se quitaron los jerséis y chaquetas para mostrar unas camisetas alusivas a nuestra protesta. Se montó un revuelo tremendo.

La última manifestación también fue sonada. Escenificamos nuestra protesta a la entrada del estreno del *San Juan* y digo escenificar porque, cambiando las letras de las canciones por otras alusivas al problema y al Ministerio, representamos *Pelo de tormenta* en plena calle. El elenco casi al completo. Quedó tan bonito que Javier Villán nos dedicó una hermosa columna. Éste sería, digamos, el éxito de crítica que busca todo espectáculo. El de público, la otra mitad, consistió en el apoyo de la gente y de los antidisturbios allí destacados, que no dudaron en felicitarnos y en decir que así daba gusto trabajar.

Finalmente perdimos el juicio contra el Ministerio. Ahí se rompió toda una tradición del Centro Dramático Nacional porque fue la primera vez que un espectáculo suyo no salía de gira. Una verdadera lástima para nuestro teatro y un problema económico para muchos de mis compañeros. Yo salí mejor librada porque en marzo había empezado a grabar *Hermanas*, una serie sobre unas monjas bastante peculiares —tenían muy poco que ver con las del Loreto, desde luego—. Esa serie me dio estabilidad económica y me proporcionó el placer de conocer y trabajar con Ángela y Mónica Molina, dos mujeres excepcionales. También estaba mi querida Anabel Alonso.

Durante el rodaje de esta serie ocurrió una trágica anécdota, muy triste pero reveladora del alma de los cómicos y, yo creo, de nuestra pasión por lo que hacemos. Entre las actrices que daban vida a los diferentes personajes estaba una a la que admiraba muchísimo, Margarita García Ortega. Tote para los compañeros. Era ya una mujer mayor e interpretaba a una de las vecinas que, de cuando en cuando, visitaba el herbolario de las monjas. Nunca coincidimos en la misma escena pero sí en el plató. Un día llegué y me pareció verla triste. Le pregunté cómo estaba.

—Mal, Pilar. Se me ha ido la letra. Me voy a retirar.

—¡Pero bueno, Tote, mujer! No te preocupes. Eso le pasa a cualquiera.

—No, no. He fallado y no sabía lo que tenía que decir. Me retiro.

Y lo hizo. Se retiró y se murió a la semana. Era una mujer maravillosa y una cómica de raza.

Aquel año 98 fue muy movido. Paró la grabación de la serie por unos meses y en ese ínterin me atacó un loco. Salíamos del King, en la calle Mesonero Romanos, la sala donde hice tanto café teatro, de la fiesta de presentación de *Planeta extraño*, un corto que había producido mi hijo Javier. Ya en la calle, de madrugada, estábamos despidiéndonos cuando sin mediar palabra nos atacó un inglés enorme. Un verdadero chalado que me pegó un puñetazo en la sien y que luego agredió a mi hijo y sus amigos. Tuvieron que venir varias dotaciones de policía para poder reducirle. Yo no sé qué se habría tomado, pero estaba fuera de sí y era un verdadero gigante. Al parecer había subido media Gran Vía pegándole a todo el que se cruzaba con él antes de dar con nosotros. Fue terrible. Luego destrozó puertas y ventanas del pabellón psiquiátrico del Clínico, adonde le llevaron. Al parecer, nos contaron luego, este hijo de la Gran Bretaña justificaba su locura por el precio tan barato del alcohol en nuestra ciudad. Con el tiempo hubo un juicio por lesiones pero, claro está, el tipo este ni apareció. A mí, golpes y raspones enormes aparte, del susto me salió un brote fuertísimo de soriasis.

En el lado positivo estuvo la inauguración de *La Bardemcilla*, el restaurante familiar que regenta con amor y talento mi hija Mónica, que ha encontrado su camino en la vida y la felicidad en la cocina y en este hermoso local. Una vez más fui feliz viendo que madre e hijos remábamos en la misma dirección, seguros de que nunca nos fallaremos los unos a los otros. En La Bardemcilla se come muy bien y sus croquetas son famosas en el mundo entero —Julian Schnabel, Boby de Niro y David Beckham las encontraron deliciosas—, o deberían serlo.

Se reanudó la serie, que tenía gran éxito. Pedí unos días de permiso para ir a Francia a rodar con Victoria Abril. Cuando volví me encontré con los dichosos rumores que anuncian el final de algo. La serie no fue renovada por la cadena. Nunca lo entendí, porque tenía una gran audiencia y gustaba muchísimo a todo el mundo. Una anécdota al respecto. Yo presenté la marcha sindical por las treinta y cinco horas. Al bajar del estrado de la plaza Mayor me rodearon muchos de aquellos obreros, rojos como sus banderas y gorras de CC.OO. y UGT, para pedirme un autógrafo por mi papel de madre superiora de un convento. Todos se declaraban seguidores de las monjas.

82

La selva

Aquellas Navidades yendo a la compra se me colgó del pantalón un gatito. Yo andaba y agitaba la pierna mientras repetía muy convencida que no, que no me convencería. La gente, que no debía ver al minúsculo felino, y sí los aspavientos de una mujer que hablaba sola, me miraba como a una loca. Al tercer portal me paré y agarré con mimo al gatito.

—Está bien, ya tienes casa.

Me lo llevé conmigo y le bañé. Resultó que era gata y la llamé Chuchupe, como el personaje que estaba estudiando para mi próxima película, una adaptación de *Pantaleón y las visitadoras*, la novela de Vargas Llosa, que dirigiría el peruano Pancho Lombardi en su país. Rompí mi promesa, la que hice a la muerte de Priscila, y Chuchupe se quedó en casa aunque, claro, pronto surgieron problemas por nuestra diferencia de edades. Yo ya era una mujer mayor y ella era una cachorrita, un animal joven y lleno de inagotable energía. Me pegaba unos sustos de muerte, trepando por los muebles para luego saltarme encima. Teníamos grandes discusiones.

El año 1999 trajo alegrías muy tempranas. Mi hijo Carlos presentó su segundo libro, la novela *Muertes ejemplares* al premio Nadal y fue premiado con una mención especial del jurado y la publicación de la obra. Yo reventaba de orgullo y de felicidad.

Llegó el momento de la partida hacia la selva peruana. Me puse todas las vacunas del mundo y me compré el Lariam, un preparado contra la malaria, y me fui para Iquitos, en el alto Amazonas. Mis hijos no salían de su asombro al verme partir, a mí, una mujer que si algo odia son los insectos, las cosas que vuelan, la laboriosa hormiga y la jodida cucaracha. Pero yo, igual que me fui a la China, me fui a la selva.

Me recibieron en Lima la gente de producción, todos muy amables y estupendos. Quiero decir que no tuve que correr detrás de nadie cargada de maletas. De allí, tras firmar el contrato y hacer las pruebas de vestuario, fuimos en un pequeño avión a Iquitos, capital del Amazonas peruano. Fue aterrizar en una novela del realismo mágico. Iquitos había sido en otro tiempo un lugar riquísimo, prosperidad que estuvo siempre ligada a la extracción del caucho y desapareció bruscamente —lo que viene fácil, fácil se va— cuando éste fue sustituido por compuestos sintéticos. De los buenos viejos tiempos había un teatro y un hotel Palace, ahora casi derruido y convertido en cuartel de policía. Me sorprendió el ruido infernal de sus calles, debido a que el principal y casi único medio de transporte son petardeantes motocarros. Nos alojaron en un hotel con enormes habitaciones, pero todo estaba muy deteriorado. Podías hacer una cronología de la decadencia viendo los diferentes arreglos y parches que había sufrido, cómo los grifos eran cada uno de su padre y de su madre, cómo cada interruptor de la luz era distinto. Aquello no era un hotel, era un sobreviviente.

Ante el panorama de pasar allí dos meses me entró cierta depresión, quizá también favorecida por el consumo del antipalúdico, del Lariam. Al parecer ése era uno de sus efectos secundarios. Afortunadamente me equivoqué. Recuerdo aquel rodaje como uno de los más hermosos de mi vida y mi estancia allí como una auténtica aventura.

Nos levantábamos a las cinco, desayunábamos y cogíamos una pequeña lancha a motor que nos llevaba, río arriba, selva adentro, hasta la localización. La lancha pese a ir muy rápida, yo diría que demasiado, tardaba más de una hora en llevarnos al decorado, brujuleando entre los brazos retorcidos del Amazonas y sus afluentes, saltando sobre las rayas de color que delimitaban perfectamente los encuentros entre dos corrientes distintas y poderosas. El piloto de la lancha a veces daba unos virajes fortísimos, casi siempre porque intuía al ver unas ramitas sobresalir del agua el tronco que nos acechaba bajo ella, listo para destripar el fondo de la barca y hacernos zozobrar. El hombre nos explicó que el río era algo vivo, cambiante y que en verdad nunca pasabas, aunque lo hiciéramos todos los días, por el mismo sitio. Las lluvias y las corrientes cambiaban constantemente las orillas y los bajíos. Escuchando eso no era muy tranquilizador verle ir tan deprisa, pero lo cierto es que nunca tuvimos un percance ni él se perdió en aquel laberinto.

Pantilandia era el decorado que se había levantado en plena selva, junto a un pequeño embarcadero, para que hiciese las veces del burdel militarizado donde Pantaleón acantonaba a sus visitadoras. Alrededor se habían construido varios barracones con tablones para producción, peluquería y maquillaje, un comedor techado con bancos corridos y un par de letrinas. Yo decidí no mirar nunca hacia los lados, caminar muy recta y fijándome siempre dónde ponía el pie en cada paso. También cortaba cualquier amago de conversación sobre las diversas y exóticas criaturas que, un día sí y otro también, se topaban los miembros del equipo.

Tuve unos compañeros maravillosos. Pantaleón lo interpretaba Salvador del Solar, un chico que era guapísimo, buen actor, buen marido, buen padre y, además, abogado. El hombre diez. La niña era Angie Cepeda, que vivía en loor de multitudes porque había hecho la telenovela *Lucecita*, también una magnífica actriz y una de las mujeres más hermosas que he visto nunca. Pancho Lombardi pidió permiso a Vargas Llosa para hacer un pequeño cambio y éste aceptó: el personaje de la Brasileña en la película pasó a ser la Colombiana e interpretarlo Angie. Yo era la vieja prostituta, ahora madame fronteriza, a la que acudía don Panta para reclutar visitadoras. Había un ambiente magnífico y me sorprendió gratamente ver cómo el equipo se reunía en asambleas, casi diarias, para discutir y resolver los problemas que iban surgiendo. Reuniones a las que yo siempre asistía en calidad de vieja de la tribu, depositaria de arcanas sabidurías sindicales. Pronto apareció el problema habitual: la productora dejó de pagar. Hubo asamblea y yo vi cierta indecisión sobre qué hacer. Allí todo el mundo depende de la televisión y sus culebrones para trabajar, para comer, y nadie parecía muy dispuesto a ir contra la productora televisiva que hacía la película. Tras varios circunloquios yo les pregunté si conocían la palabra «huelga». Me dijeron que sí. Yo les expliqué que la única medida de presión en esos casos era hacer huelga, parar el rodaje. O por lo menos amenazar con hacerlo. Salvador del Solar, que como he dicho antes es también abogado, se encargó de redactar la carta con la amenaza de paro si no se pagaban los sueldos. A los pocos días llegó una avioneta de Lima con el dinero que se adeudaba. Los fines de semana organizaban también unas fiestas estupendas, selváticas y salvajes. Yo esto lo sé de oídas, en los rodajes se cotillea todo, porque, aunque siempre me convidaban, nunca fui a ninguna. Cosas de la edad.

Con Lombardi, el director, hablé más bien poco fuera de las instrucciones del rodaje. Es un tímido enfermizo. Rompí un poco el hielo cuando supo que compartíamos una pasión: el fútbol. Sobre él giraban nuestras cortas conversaciones. De todas formas es un señor correctísimo y un estupendo director, del que guardo un gratísimo recuerdo.

En Iquitos yo me dedicaba a pasear la calle Mayor arriba y abajo, contemplando una y otra vez los mismos pequeños comercios y sus edificios pintados de colores, que tanto me recordaban a las casas terreras de Las Palmas. Pronto me convertí en alguien conocido para los habituales de la zona, quienes me saludaban amablemente. En uno de estos paseos estaba cuando el de maquillaje y otro compañero me abordaron.

—¡Acá, acá la tiene usted! —le decían a un joven que venía con ellos.

—¡Pero cómo es posible! —exclamó el joven entusiasmado, en español con acento maño—. ¡Voy y me encuentro a Pilar Bardem en Iquitos! ¡No me lo puedo creer, qué alegría!

Yo fui a decir algo a mis compañeros pero ya no estaban. Se alejaban de allí poco menos que a la carrera y sin volver la cabeza. «Bien —me dije—, hay que ser solidaria con el paisano en tierra extraña.» Le convidé a tomarnos una cervecita en la terraza de un hotel decimonónico, que había conocido tiempos mejores y era obra de Eiffel, el de la torre. Un sitio bonito y absurdo. La conversación discurría por los tópicos propios entre dos personas que no se conocen de nada. Todo muy apacible hasta que, a la segunda cerveza, el mañico empezó a desgranar complejas teóricas místicas y explicarme que había viajado hasta allí buscando al Río Madre, el origen de toda vida y sabiduría, como paso previo a conocerse mejor a sí mismo. Ahí me di cuenta de que estaba chiflado y empecé a mirar en todas direcciones buscando algo, a alguien. No lo encontré, claro, estaba en Iquitos, en plena selva amazónica y a miles de kilómetros del mundo real. Me había convertido en un personaje del realismo mágico, censada en aquel Macondo peruano. El muchacho prosiguió con su historia y me dijo, bajando el tono y como compartiendo un secreto, que había venido a probar la ayahuasca. Yo sabía que se trataba de una cocción de plantas, una bebida alucinógena que se ingería mediante un complicado ritual, en una ceremonia, para provocar un viaje dirigido por alguien experto, como es típico en las prácticas chamánicas. Un viaje en el que se solían producir extrañas visiones, que podían ser aterradoras, y fenómenos de regresión hipnótica. Bien, el joven hablaba de tomarse la ayahuasca como de beberse una cañita y ahí me convencí de que estaba pirado o lo estaría, y sin remisión, muy pronto. Yo le expliqué que un porro, que me dio mucho sueño, o varios whiskys eran las cosas más fuertes que había tomado nunca y que no estaba interesada en alucinógenos indígenas, me libré de él con una excusa y me fui.

A las pocas noches, estando ya dormida, sonó el teléfono de mi cuarto.

—¿Diga?

—¡Pilar, sálvame, sálvame! ¡Me quieren matar!

Claro, yo dormida, despertarme oyendo eso... ni me acordaba del tipo ese y lo primero que pensé es que le pasaba algo a un hijo mío. Me di un susto de muerte. Me despejé de golpe, miré a mi alrededor y recordé que estaba en Iquitos, lejos de casa y de los míos. No se trataba de ellos.

—Pero ¿quién eres? —pregunté.

—¡Soy tu amigo español, el maño! —gritó al otro lado del aparato—. ¡Me quieren matar, llévame a la embajada!

Le expliqué que allí no había embajada y le rogué que se calmara. Que si tanto miedo tenía, se quedara a dormir en la recepción del hotel. Allí estaría seguro hasta que yo me levantase a las cinco y viésemos qué podríamos hacer. Siguió gritando no muy conforme, le dije adiós, colgué, descolgué y llamé a la recepción. Les dije de todo menos guapo por haber permitido que aquel individuo me diese semejante susto, que lo que tenían que hacer era llamar a la policía o a la Cruz Roja. O al cura. Colgué de nuevo y volví a dormirme.

A la mañana siguiente bajé a desayunar y los compañeros me contaron que mi compatriota les había dado la noche. Que tras colgar el teléfono, el pirado se había dedicado a subir a las habitaciones, buscándome como loco. Rompió varias cosas, se peleó y luego tiró un televisor por un ventanal. Cuando se lo llevó la policía estaba cubierto de sangre por los cortes que él mismo se había producido.

Luego estuvo tres días, con el brazo envuelto en una toalla ensangrentada y varias hostias en la cara, de pie ante la puerta del hotel. Decía que quería disculparse. Al parecer quería pedirme perdón. Yo estaba aterrorizada y no hacía sino mandarle gente a que le dijera que se diese por perdonado. Al final pusieron un guardia para vigilarlo. Al cuarto día desapareció. Parece ser, nos enteramos luego por la policía, que un hermano suyo había venido a buscarle. El loco tenía la costumbre de hacer este tipo de viajes, físicos y psíquicos, y su familia la de ir a rescatarle.

Llegó el 14 de marzo y cumplí mis sesenta años en la selva iquiteña. Nunca lo habría imaginado, ¡yo que nunca quise moverme de la calle Lope de Rueda! Di una pequeña fiesta para los compañeros. Encontrar las velitas fue una odisea. En el bar del hotel vi, arrinconada y polvorienta, una botella de Moët Chandon. Le pregunté al camarero, un joven con aspecto de llevar allí mucho menos que la botella.

—¿Y esa botella?

—No sé, señora. Un vino con burbujas, creo.

Pregunté el precio y era tan barata que quise saber si, por casualidad, no tendría por ahí más botellitas de aquel vino con burbujas. Había cinco más y por un precio inferior al de seis refrescos, mis compañeros y yo brindamos repetidas veces con champán francés.

En la selva vi las mayores tormentas de mi vida, una tan grande la noche que volvíamos en canoa de rodar, que sentí miedo real de morir ahogada y celebrar mi sesenta cumpleaños allí en la selva, flotando en el río y alimentando pirañas. También, cuando llegaba la calma, vi los arcos iris más nítidos y bellos del mundo, algunos hasta dobles. Vi a indígenas soñolientos, los únicos que allí se levantaban antes que nosotros, llegar con sus vaqueros y sus camisetas y apostarse en las orillas del río, en tramos ya selváticos, donde cambiaban sus ropas, se quedaban desnudos y se pintarrajeaban para que los turistas los fotografiasen desde las lanchas. Vivían de eso.

A Iquitos llegué ya con seis relojes en los brazos, tres en cada muñeca. Claro, una dama extranjera, sola, contemplando el atardecer con seis relojes debió confundir al paisanaje. Varias veces se me acercaron las indias y me proponían todo tipo de trueques, señalando alternativamente mis relojes y lo que ellas me ofrecían.

Pánico pasamos cuando, tras pedir los permisos correspondientes, llegó el momento de rodar el entierro de la Colombiana en el cementerio de Iquitos. Bueno, la que se armó. Casi nos linchan. La gente, que no podía pasar por estar el camposanto cerrado por el rodaje, se agarraba a las verjas y vociferaba que quería enterrar a sus muertos. Era imposible, me decía yo, que hubiera tanta gente para sepultar el mismo día. Iquitos no es precisamente una gran ciudad. Allí lo que había era mucho exaltado que se unía por amor a la bronca. Normal, en Iquitos no pasaban demasiadas cosas. Llegaron a agredir a varios miembros de nuestro equipo. Luego vimos que gran parte del tumulto lo formaban quienes querían tocar a Angie Cepeda, toda una celebridad en aquellas tierras.

Mi miedo dio paso al asombro cuando una vez en el hotel, sana y salva, conecté el televisor y sintonicé un canal local. La pantalla la ocupaba una señora que, con la bandera municipal tras ella, leía a grito pelado una especie de manifiesto contra nosotros. Calificaba a Lombardi de mal peruano, desgraciado y putero, al propio Vargas Llosa de degenerado que se había liado con su tía y a todas las actrices de la película de zorras redomadas.

Aún recuerdo su cara desfigurada por el odio y una vena que se le hinchaba en el cuello. La buena mujer también anunció que iba a ponerle un pleito a la productora por un millón de dólares, que repartiría entre las decentes mujeres iquiteñas. Lo descacharrante llegó cuando cerró su soflama, utilizando el mismo tono apocalíptico y furioso, aconsejando a la audiencia beber un agua mineral muy conocida en la zona.

¡Toma ya realismo mágico!

83

¡Y luego al desierto!

Volví a Madrid y me reencontré con Chuchupe, mi gata, que estaba aún más enloquecida y asilvestrada. No pude descansar mucho porque, una vez metida en aventuras parecía que se me ofrecían otras, me fui a México de nuevo. Esta vez a rodar la primera película como directora de Laura Mañá, una joven y espléndida actriz que había trabajado en *Nadie hablará*. Rodamos en un pueblo desértico, el infierno de día y el polo de noche, llamado Sanctorum. La gente fue muy agradable con nosotros y vivimos un poco la ilusión y novedad que para ellos era la llegada del cine a su perdida población. La película se tituló *Sexo por compasión* y era una historia, ¡cómo no!, de realismo mágico. La primera mitad del metraje estaba en blanco y negro. Luego, cuando gracias a la caridad sexual de la protagonista, llegaba la felicidad al pueblo, la historia pasaba a ser en color. En unos muy brillantes, como los de las máscaras y piñatas mexicanas. Cine y vida se confundieron porque cuando fue tiempo de filmar en color, los paisanos pintaron sus casas pardas en tonos chillones y alegres, contagiándose del buen humor de sus ficticios conciudadanos. Disfruté mucho de trabajar con Ana Ofelia Murguía, una de las mejores actrices que he conocido y a la que admiraba mucho desde que la vi haciendo de jefa mafiosa en *Nadie hablará*.

El buen ambiente, sin embargo, se acabó pronto porque la producción fue desastrosa. Desde el inicio hubo problemas con los pagos. A diferencia del *Pantaleón* y sus asambleas, aquí todo el mundo iba a lo suyo y murmuraba por lo bajo. Yo me refugié en la compañía de dos estupendos compañeros: Álex Angulo y Mariola Fuentes.

También me aislaba, en los momentos que no rodaba, recostándome con las manos cruzadas sobre el pecho y sin moverme para no estropear el peinado o arrugar la ropa. Vista desde lejos parezco más una muerta que alguien dormido. Simplemente cierro los ojos y veo el mar. Así estaba un día cuando empecé a oír golpes y fuertes portazos, gritos y cosas que caían. Me dije a mí misma, quizá influida por el mal ambiente generalizado, que qué malos compañeros, por qué coño hacían tanto ruido y... ¡saltaban sobre mi cama! Abrí los ojos dispuesta a todo y no vi a nadie. Toda la habitación se movía. No eran los compañeros los culpables, era un terremoto el que abría y cerraba puertas, cajones y armarios.

Cuando fuimos al D.F., a rodar en Churubusco, me alojaron en un hotel de la Zona Rosa. Allí, nos prometieron, todo se arreglaría. Pero no fue así. Cada vez nos debían más dinero. La producción era un desastre absoluto y, por eso mismo, hay que valorar mucho más el esfuerzo titánico de Laura Mañá y la estupenda película que consiguió finalmente. El deterioro de la producción se tradujo en el cambio repetido del operador de cámara, en que de un día para otro cambiaban los extras de una misma escena y, final y trágicamente, en la calidad y propia existencia del catering. Un día la comida no llegó y otro lo hizo pero fría. Me quejé de esto a la encargada de producción y ella me contestó que no, que el pollo y los espaguetis estaban calientes. Perdí los estribos, cosa nada frecuente en mí y creo que estas memorias dan fe de ello.

—¿De verdad te parecen calientes? —pregunté mientras le colocaba uno a uno los largos fideos sobre los hombros—. ¿Sientes ya calor?

Me alteré mucho y me sentí fatal por ello. Pedí disculpas y, eso sí, les di un ultimátum. El rodaje estaba parado porque esperábamos la llegada de una niña, que se encontraba grabando un culebrón de gran éxito y era toda una estrella por aquellas tierras. Yo cacé la ocasión al vuelo. Javier estaba en Cuba, preparando el papel del poeta Reinaldo Arenas para *Antes que anochezca.*

—Bien, no voy a esperar más aquí ni comer espaguetis fríos. Me voy a Cuba con mi hijo. Cuando la niña esté aquí me llamáis, vengo, ruedo lo que me falta y me marcho corriendo. Adiós.

Perder el miedo a viajar te hace libre, desde luego. Me fui a La Habana, donde pasé unos días muy agradables junto a Javier. En menos de una semana me avisaron y regresé.

—Vengo con cuarenta y ocho horas justas de buen humor —advertí nada más llegar.

Dicho y hecho. Rodé y me largué.

Aquel año 99 lo terminé trabajando en dos series. Una era *Condenadas a entenderse*. La cancelaron tras emitir nueve capítulos. Sin una explicación, como siempre. Afortunadamente para mí, también en Antena 3 me propusieron trabajar en otra llamada *Abierto 24 horas*, con Pedro Reyes, Luis Merlo, Beatriz Rico —tan guapa y tan buena actriz—, Santiago Nogués y Kun, un actor español de origen chino. La dirigía Pepe Ganga y los guiones eran descacharrantes. Los dos primeros capítulos son de antología del humor, de lo mejor que he leído en mi vida. Tuvo mucho éxito y fue deliciosa de grabar porque todos mis compañeros eran fabulosos. Acabó siendo víctima de su propia originalidad y de lo radical de su humor, a veces muy absurdo y desvergonzado. No había buenos ni malos, todos éramos unos descerebrados. Una cadena como Antena 3 no acababa, pese a su éxito, de saber muy bien qué hacer con ella o dónde emitirla.

Si el año 99 empezó con las *Muertes ejemplares* de mi hijo Carlos, tuvo también un final muy literario. En diciembre publicó Mónica un delicioso libro de cocina, *Pimientos rojos rellenos*, en el que mezcla de manera soberbia recetas y recuerdos.

Por cariño a la familia, la presentación la hizo Pedro Almodóvar, que estuvo sembrado, como siempre.

Con el año 2000 mis actividades políticas se multiplicaron. Quizá fuera más correcto decir que fue mi visibilidad la que creció. Yo no hacía más que antes, que lo que venía haciendo, pero lo parecía porque ahora era ya un personaje popular. Salía más en la tele y, como es bien sabido, en esta sociedad sólo lo que sale en la tele existe. Una pena pero es así. Puedes hacer el mejor teatro, escribir o pintar como los ángeles, pero sólo la televisión te da el reconocimiento popular. Ahora se me veía más. Antes era una más en la manifestación y ahora me pedían que leyera los manifiestos en la Puerta del Sol. Yo aceptaba porque me parece lícito, y aún recomendable, utilizar la popularidad a favor de tus ideas. El problema es que hay mucho famoso sin ideas de ningún tipo, sin otros ideales que ellos mismos.

En aquellos días mi amiga Gloria, que en los setenta siempre me pedía una ayuda para el Polisario allí donde nos encontrásemos —al punto de que una vez, medio en serio medio en broma, mis hijos me dijeron que ante nuestra escasez de recursos debía elegir entre ellos y la república saharaui—, inició una serie de actividades contra el embargo a Irak. Aquel famoso del petróleo por alimentos. Yo me sumé pensando que ese embargo, como ocurre con todos, con el de Cuba, los que lo sufren de verdad son los civiles. Castro es un dictador, Sadam era otro, pero son los pueblos y no ellos los que sufren las penurias, el hambre y la falta de medicinas. La situación de Irak era angustiosa, con su suelo lleno del uranio empobrecido de las bombas aliadas —Naciones Unidas prohíben su uso pero esto no parecía importarle a nadie y menos aún a Estados Unidos—, contaminación radiactiva que tardará milenios en desaparecer y es absorbida por la tierra, entrando así en la cadena alimenticia. Los efectos ya eran visibles en las fotos de los niños iraquíes con malformaciones monstruosas, debidas al uranio empobrecido. En las escuelas no tenían ni lápices, objeto de embargo porque decían los americanos que las minas de grafito podían servir para fines bélicos. Se empieza prohibiendo usar lápices y se acaba buscando armas de destrucción masiva. Me impresionó mucho el testimonio de un integrante de Médicos Sin Fronteras, que repetía angustiado que él había estudiado para médico y no para Dios. Explicaba el hombre sus problemas de conciencia al tener, siempre condicionado por la falta de recursos producida por el embargo, que decidir a quién destinaba las escasas medicinas, salvándole la vida, y a quién dejaba morir. ¿Por qué tenía él que decidir sobre la vida y la muerte? Él, que había jurado salvar vidas. No soportaba esta carga, ni ver morir a gente que se habría salvado con un simple antibiótico. Hicimos muchas manifestaciones contra el programa *Petróleo por alimentos*. Nadie nos hizo el menor caso, la guerra era entonces algo bien visto. Luego el mundo sabría que este famoso programa no sirvió más que para el enriquecimiento de funcionarios corruptos de la ONU, Kofi Annan y su organización son absolutamente decepcionantes, políticos del Gobierno iraquí y accionistas de las grandes petroleras.

Yo me implicaba de forma visible en todas las protestas, lo que para mí no era sino un ejercicio de coherencia. Siempre he estado, lo he intentado, al lado de los débiles y contra la injusticia. La mayor de las injusticias es la guerra y para mí estaba claro quiénes eran aquí los que sufrían y quiénes los que agredían, o sea los que eran injustos. No he hecho otra cosa en mi vida que intentar ser fiel a mis principios y actuar en consecuencia. Quizá esto es lo que alguna gente puede valorar de mí, que dentro de mis fuerzas siempre haya dado un pasito adelante, ese que separa al teórico del luchador. Al que piensa del que piensa pero, además, hace. Ya en el 97 se puso en contacto conmigo Albino Alaez. Me dijo que era de Guardo, un pueblo minero de Palencia, donde habían decidido darme un premio que me sonó entrañable: «El premio a la coherencia en una vida». Yo lo agradecí y, coherentemente, pregunté por qué me lo daban a mí. Me dijo que todos en el pueblo estaban de acuerdo en que lo que yo declaraba en las entrevistas y apariciones públicas tenía mucho que ver con lo que luego hacía en la práctica. Que eso era ser coherente y que a su entender merecía un premio. Así de simple. Así de bello. Me pareció hermoso y también un poco triste que un grupo de ciudadanos premiaran a una persona por no contradecirse. Acepté encantada el honor y me fui a Guardo. El acto fue pequeño pero lleno de cariño, tanto que éste es uno de los reconocimientos que recuerdo con más amor y emoción de los que he podido recibir. Además, a la alegría espiritual se sumó la física porque degusté la «olla ferroviaria», un cocido que se hacía tradicionalmente en la caldera del trenecito que unía la boca de las minas y recogía el mineral.

Uno sobre otro, estos premios venían a confirmarme que eso, mi compromiso con determinados ideales, era lo que la gente aprobaba de mi persona. Algo que estaba más allá de mi propio trabajo como actriz. Pensé que no debía estar del todo equivocada y me lancé con más fuerza a combatir por lo que creía. Pronto surgió una nueva causa. Una que conocía muy bien. Desgraciadamente nunca faltan las causas. Desde hacía años se veía venir, por su presencia constante en los medios y en el debate social, el terrible problema que existía con la violencia de género. Dos compañeras, Amparo Climent y Maite Blasco, nos hablaron a varias actrices. Nos pedían que nos posicionáramos claramente ante esta sangría de vidas, este verdadero terrorismo doméstico, demostrando una vez más que aparte del mucho o poco glamur que la gente nos exige, el de los estrenos y las fiestas de los premios, las cómicas éramos ciudadanas combativas y usábamos nuestra popularidad para denunciar esta lacra. Así se creó la Plataforma de Actrices Contra la Violencia de Género. La cantante Cristina del Valle había creado otra, Cantantes Contra la Violencia de Género. Para no dispersar esfuerzos acogimos su asociación en la nuestra, por entonces más numerosa y creamos la Plataforma de Artistas Contra la Violencia de Género. Se nos unieron también escritoras como Lucía Etxebarría, Espido Freire y mi gran amiga, tristemente desaparecida, Dulce Chacón. ¡Cuánto te extraño, dulce Dulce!

Una de las primeras acciones en las que la Plataforma se implicó fue en las manifestaciones para pedir la libertad de Tany, la gitana Teresa de Jesús Moreno Maya, que había sido víctima de brutales palizas y a la que se acusaba de haber matado a su maltratador. Iba a ingresar en Alcalá Meco y hasta allí, hasta la puerta, se hizo una marcha para acompañarla hasta que se cerraran las puertas a su espalda. Eso ocurrió el 24 de octubre de 2000, día en que empezaba a cumplir su condena de catorce años por matar a su marido, que la había maltratado bestialmente, a ella y a sus hijos, durante diecisiete. Nosotras y otras muchas asociaciones de mujeres pedimos el indulto para esta mujer, que había cumplido ya parte de su condena, se hallaba plenamente rehabilitada y de ingresar dejaba solos a sus hijos, a los que mantenía fregando.

En noviembre varias leímos un nuevo manifiesto en la Puerta del Sol, contra la violencia de género y pidiendo al entonces Gobierno del PP la aprobación de la llamada Ley Integral. Fuimos con las mismas reivindicaciones al Congreso, de donde, evidentemente, nos echaron. El señor Zaplana se opuso a la ley, después de haber querido pactarla a la baja y no conseguirlo. Aquel día Marisa Castro, diputada de IU, pronunció uno de los discursos más hermosos que recuerdo y, sobre todo, pegó un grito que hizo sentarse en sus escaños a las señorías del PP, a esos que se marchaban cuando hablaba la oposición.

La ley no se aprobó pero, precisamente por eso, la Plataforma redobló sus actividades, dando charlas y coloquios en todo el país, en todo tipo de ámbitos. A mí, en estos periplos, no dejaba de asombrarme la falta de información que hay sobre este problema y lo arraigado de ciertos errores, mentalidades incluso. Se me ponían los pelos de punta oyendo a chicos jóvenes, universitarios del siglo XXI algunos, diciendo socarrones eso de «¡Algo habrán hecho!». Me sigue pasmando.

Este año también presenté el pacto preelectoral entre PSOE e IU, tanto monta monta tanto, acto en el que me acompañaron entre otros las actrices María José Goyanes y Marta Belaustegui y el cantaor José Menese. También leí otro manifiesto contra la Ley de Extranjería. Fue, ¡cómo no!, en la Puerta del Sol, esa ágora donde desde siempre se escenifican las ansias y alegrías de este pueblo, caja de resonancia del país y teatro donde se agitan los héroes y víctimas de nuestra historia, se degüellan mamelucos, se proclaman repúblicas y se da paso al futuro inmediato del Año Nuevo. Insisto en que yo no hacía más que antes, simplemente ahora era conocida y me sacaban en las fotos.

84

Luces y sombras. ¡Y qué negras! (I)

La película de Schnabel sobre el poeta cubano, *Antes que anochezca*, fue seleccionada para la sección oficial del Festival de Venecia de aquel año. Allí nos fuimos todos en peregrinación. Intuíamos que un trabajo tan prodigioso como el de Javier no se iría de vacío y todos queríamos, como hacemos siempre, disfrutar el éxito de uno de los nuestros. Conocí Venecia. La tenía mitificada como cualquier mujer madura que haya visto *La primavera romana de la señora Stone* y aunque yo no iba buscando amores con un gondolero, Venecia me pareció realmente mágica. Como mágico era verme allí con mis tres hijos, juntos y felices disfrutando de la interpretación del señor Bardem. Nos hinchamos a llorar. Yo estuve en el pase de la película, regresé a Madrid para seguir grabando y volví a Venecia para la clausura y la entrega de premios. Yo había hecho una de esas promesas que siempre formulo cuando uno de mis seres queridos tiene algo en juego. Javier ganó la afamada Copa Volpi, el premio al mejor actor. Yo me puse a agua, ya que había prometido dejar de beber durante un año. No fue ninguna penitencia. Además, de Venecia la familia se trajo otra inmejorable noticia. Justo un mes después de volver, acabamos el año 2000 con una gran alegría: Mónica estaba embarazada. Todo era felicidad y luz a mi alrededor.

Empecé el año 2001 agarrando una bronquitis, cosa que me ocurría con frecuencia y que, por tanto, no me alarmó. Me la traté como siempre pero esta vez no remitía. Javier me pidió, en amoroso chantaje que a veces utilizan mis hijos y al que no sé negarme, que fuera a un especialista privado. Que lo hiciera por él. Por complacerle fui a la clínica de Nuestra Señora del Rosario, en la que parí a Carlos y Mónica. El especialista me hizo una espirometría y se quedó asombrado de mi nula capacidad pulmonar.

—Pero señora, ¿cuánto fuma usted? —preguntó espantado.

—Pues doctor, como un carretero siempre que el carretero fume.

El hombre se mostró verdaderamente preocupado y hasta me sugirió que leyera un libro que me ayudaría, según él, a dejar el vicio. La verdad es que mis hijos me lo venían pidiendo desde hacía años y ahora Mónica, con lo del embarazo, me amenazaba con no dejar que me acercara al niño envuelta en la nube permanente de humo que me acompañaba. Yo misma era consciente del problema, de mis ahogos, pero me resistía a dejarlo. A veces caía incluso en un empecinamiento infantil al identificar el fumar con un acto de libertad individual, una reivindicación de un derecho personal cada vez más amenazado. Estas actitudes ponían especialmente nervioso a mi hijo Carlos. La verdad pura y dura es que llevaba demasiados años enganchada a la nicotina y al simple hecho, importante muleta psicológica, de tener un cigarrillo entre los dedos.

Javier se marchó a Estados Unidos para la promoción de *Antes que anochezca*. Le nominaron como mejor actor para los Globos de Oro, antesala oficiosa de los mismísimos Oscar. Todo esto coincidió con un homenaje que me dieron en el Festival de Cine de Carabanchel, que tuvo lugar en el Salón de los Espejos del ayuntamiento. Me acompañaban Carlos y Mónica. Me entrevistaron los de *Madrid Directo*, me preguntaron por la nominación de Javier y sus posibilidades de competir por un Oscar. Y si también esta vez haría alguna promesa como personal acto propiciatorio.

—Si a mi hijo le dan el Oscar yo dejo de fumar un mes.

—Ahora puede parecer algo ridículo pero para una fumadora

compulsiva y nada arrepentida como yo era un enorme sacrificio.

Aquellas palabras se tradujeron en un constante recordatorio cuando iba por la calle. La gente me reprochaba el llevar el cigarrillo encendido, como si aquello pudiera frustrar el premio de mi hijo. Al principio intenté justificarme, explicar a tanta gente que se me acercaba con cariño que había prometido dejarlo si, y sólo si, se lo daban y que ni siquiera estaba nominado. Fue inútil. Sentí tanta presión que opté, por primera vez en mi vida y en contra de mi costumbre de llevarlo en la mano, por ocultar el paquete de tabaco en un bolsito. Mi estupor fue comprobar que podía pasar una o dos horas sin fumar, sin haberme siquiera acordado de que llevaba los cigarrillos al no tenerlos a la vista. Esto me hizo reflexionar sobre mi adicción, me llevó a pensar que había hecho largos viajes en avión y no me había dado ningún ataque por no fumar, meditar seriamente sobre la posibilidad real de abandonar esta práctica. De pronto me sentí capaz de hacerlo si quería. Sonreí y me encendí un pitillito para celebrarlo.

Fui a la gala de los Globos de Oro, que se celebró en un restaurante de Los Ángeles. Por sus mesas se repartirían esa noche los nominados, estrellas varias, presentadores, invitados y familiares. Hubo problemas para acomodarme: los Golden Globes son toda una efeméride, los sitios estaban contados y las invitaciones caras de conseguir. Pero Javier insistió en tenerme a su lado, en hacerme partícipe de su gran momento, a sabiendas de que yo siempre lo vivo todo, lo bueno y lo malo, a través de mis hijos. Al final me consiguió sitio en una mesa que no era la suya. Compartiría mantel con los padres de Björk, la cantante islandesa que también estaba nominada. Durante el viaje yo meditaba horrorizada que vaya cena nos íbamos a dar mutuamente, mirándonos a la cara y sin poder charlar de nada ya que no hablo ni inglés ni esquimal y ellos, seguramente, no hablarían español.

Los Ángeles me pareció un sitio absurdo. ¿Dónde vive la gente? Las grandes estrellas en sus mansiones, cuyas tapias puedes visitar en tours diversos para mitómanos. Pero ¿y la gente normal? No hay casas, sólo hay carreteras y calles sin aceras. No me gustó, me pareció cualquier cosa menos una ciudad civilizada, hecha a la medida del hombre. El hotel no estaba mal, pero cuando pedí una habitación para fumador me miraron con cara de asco y pena y me recluyeron en un apartado cuchitril al que se llegaba por un laberinto de pasillos. No sé si era lo que pretendían, pero cuando llegué a mi habitación, más cerca de ser un cuarto de escobas que una suite, me sentí una apestada. En consecuencia encendí un pitillito. Eso sí, veía desde mi ventana el famoso cartel de Hollywood.

Finalmente el Globo se lo llevó Tom Hanks por aquella peli del náufrago, los padres de Björk y yo nos dedicamos encantadoras miradas, guiños y onomatopeyas varias y, lo que más me gustó, conocí a la fabulosa actriz Frances MacDormand.

A la vuelta fui otra vez al especialista del pulmón. Me encontró unas manchitas en el derecho. Me las mostró en las radiografías. Me dijo que tenía que hacerme una biopsia. Yo oí eso con aprensión pero con cierta indiferencia, hija de la ignorancia de la peor clase, la del que no quiere pensar en algo. Del que no quiere afrontar un problema. De estas noticias sólo estaba al tanto mi Paco. No quería alarmar a mis hijos en tanto no hubiera una razón poderosa. Con que uno lo pasara mal en la familia ya era bastante.

A Javier le nominaron para el Oscar el 13 de febrero. No puedo explicar los alaridos que pegué al verlo en directo por la televisión. Casi mato a la pobre gata del susto. Llamé inmediatamente a mi hijo pero no conseguía decir nada coherente, sólo daba gritos y gritos de alegría. Esa misma noche hubo una fiesta tremenda en casa de Javier, algo impresionante. Baste decir que se quedó gente atrapada en el ascensor y hubo que llamar de madrugada a los bomberos, quienes al saber por Javier que venían a su casa y el porqué de la fiesta que motivaba su intervención, no dudaron en aparecer con unas cervezas en la casa. Hubo una explosión de cariño y admiración hacia Javier en todo el país. Eso fue lo bueno. Lo malo fue cómo la prensa rosa le hizo la vida imposible, le acosaron, a él que nunca ha hablado de nada que no fuera su trabajo. Un trabajo creativo, serio, identificable. Cómo sería la cosa que llegó a recibir la llamada de un desconocido. Se presentó como un paparazzo que se había peleado con su socio.

—Ya, ¿y qué quieres? —preguntó Javier.

—Nada, avisarte. Asómate al balcón. ¿Ves una furgoneta blanca con letras rojas?

—Sí.

—Es la de mi socio. Te está haciendo un barrido de tu teléfono, para saber todo lo que haces. Sólo quería que lo supieras.

Y colgó. No diré cómo, pero sí que pudimos comprobar que, efectivamente, espiaban sus llamadas.

Javier se marchó a Los Ángeles un 5 de marzo, el mismo día en que me hicieron la biopsia. Quedé con Paco pero yo entré por otra puerta y no nos encontramos. Luego el pobre se sentía culpable y no podía dejar de llorar. Así que, sin quererlo, me enfrenté con ello sola. Confieso que fue en ese momento cuando me asusté. Me introdujeron un tubo por la cavidad nasal para llegar con una especie de pinzas a la zona manchada del pulmón, morder y extraer algo para analizar. Me asusté, claro que me asusté.

A los pocos días estaba en casa con Carlos, que había venido a visitarme, cuando me dio un dolor en el bajo vientre. Tan fuerte que me recordó las contracciones del parto porque, además, era escalonado. Empezaba flojo y subía, subía, subía. Carlos se alarmó muchísimo y dijo lo que todos los hombres en esa situación.

—¡A urgencias, a urgencias!

Yo reaccioné como cualquier mujer. Con entereza e intentando calmarme, diciéndome que ya se pasaría. Ahora que lo pienso, quizá los hombres no estén tan equivocados. Bueno. Me tumbé, respiré hondo y aquello se pasó. Seguimos charlando un buen rato como si tal cosa y en ésas estábamos cuando me acometió de nuevo el dolor. Más fuerte, lacerante. Mi hijo se puso definitivamente blanco.

—¡A urgencias, a urgencias! ¡Vámonos a urgencias!

—Nada de ir a urgencias. Esto se pasa. No debe de ser importante. Gases. Siéntate y sigamos hablando.

Lo que no le dije a mi hijo era lo mucho que me dolía y que no era la primera vez. Lo que no le dije es que estaba demasiado asustada como para querer saber nada. Tampoco le dije que había sangrado por el ano, porque entonces Carlos me hubiera llevado de los pelos al médico, a urgencias, y yo no quería ir y reconocer que algo iba mal en mi interior. Algo aparte de los pulmones. ¿Sangraba? Bien, me dije, sería una hemorroide interna.

Al día siguiente me iba al Festival de Cine de Palencia. Previamente le había contado todo a mi único y más valioso confidente, a mi Paco.

—¿Y cómo te vas a ir así a Palencia? Eres una pedazo de animal.

—¡Que no será nada, Paco, que yo padezco de hemorroides desde siempre!

—Hagamos una cosa, como tenemos mucho de que charlar, mañana cuando vuelvas yo te estoy esperando en la estación y nos vamos tranquilamente a urgencias. Y allí le explicas al doctor que hace tres días que sangras, pero que no has ido por no molestar, por ese carácter tuyo.

—Vale.

Así lo hicimos y me acompañó, en agradable conversación, a la clínica de la Moncloa. Me hicieron un tacto rectal y me facilitaron un volante para una colonoscopia. A todo esto me dieron los resultados de la biopsia. La apertura de este sobre no tiene nada que ver con la de un premio, un Goya o un Max. Yo temblaba y miraba en silencio al doctor mientras leía los resultados. Miedo, yo tenía mucho miedo... Y resoplé aliviada cuando dijo que la biopsia era negativa. Resoplé tanto que me tuvo que interrumpir.

—Un momento, señora. Es negativa pero esto es como la prueba de la rana. Cuando dice que sí es que sí. Pero cuando dice que no, puede ser que sí. Sólo hemos extraído parte del círculo exterior de la mancha pulmonar. Necesito llegar al núcleo y para eso hay que hacer un PAF.

—¿Y eso qué es, doctor?

—Pues como su propio nombre indica, punción con aguja fina.

—¡Vaya por Dios!

Así que pedí hora para hacerme el PAF y me marché a hacerme la colonoscopia. A los dos minutos de examen el médico paró la prueba.

—Señora, ¿usted tiene un cirujano?

—No. —Algo se desmoronaba en mi interior.

—Espere aquí un momento, por favor.

Volvió con otro médico, que se presentó como el doctor Perea. Me dijo que era cirujano y que me iban a ingresar en ese mismo instante. Era martes y 13 de marzo. El día antes de mi 62 cumpleaños y una semana justa antes de que me vistiera de lentejuelas para ver, posiblemente, a mi hijo Javier recoger un Oscar en Hollywood. Así se lo hice ver. Le dije que estaba muy agradecida por su preocupación y celo profesional, pero que no me interesaba nada de lo que me pudiera contar hasta después de mi vuelta. Salí de allí con la promesa hecha, que me libró del ingreso, de ir inmediatamente a su consulta llevando el sobre, cerrado, con los resultados de la colonoscopia. Ese célebre sobre que el paciente, se supone, debe entregar sin abrir al especialista, cosa absurda porque todos acabamos abriéndolo en el camino. Y, como todos, lo hice y no entendí nada de aquella jerigonza. Nada hasta que llegué a «células cancerígenas». Eso lo entiende todo dios. Al día siguiente, mi cumpleaños, estaba en la consulta del doctor Perea. Le di los resultados.

—¿Esto es lo de la bolsa? —Ésa fue mi primera pregunta. Estaba aterrorizada por el recuerdo de una amiga que había sido operada, años atrás, de cáncer de colon. Le habían tenido que poner uno artificial, una especie de bolsa a la que iban a parar sus heces y que debía llevar siempre a cuestas.

El doctor Perea es un hombre agradabilísimo, de sonrisa fácil y carácter afable, algo muy de agradecer dada la gravedad de las cosas que trata. Sonrió y me tranquilizó, explicándome que no, que no habría bolsa y que sólo se trataba de cortar por un lado y coser por el otro. Me hizo un croquis que aún conservo. Yo me mantuve en mis trece y le dije que no ingresaría hasta mi vuelta de los Oscar. Le pregunté qué me podía pasar.

—Pues no sé, señora. Varias cosas y ninguna buena. Quizá una oclusión intestinal…

—Bueno, doctor, me da igual. Yo vuelvo el 28 de marzo.

De mutuo acuerdo fijamos el ingreso y operación para el 2 de abril. Ante esta situación, el cáncer de colon, decidí no ocultárselo más a mis hijos. Reuní a Carlos y a Mónica, los que estaban en Madrid, y les conté todo. Fue dramático pero, pese al lógico susto, comprendieron mi intención de posponer la operación al viaje y respetaron la única cosa que les pedí: que no dijeran nada a Javier. Bastante tenía con lo suyo. No quería distraerle ni, por supuesto, enturbiar su ilusión con un problema que él no podía ayudar a resolver. Como digo, Carlos y Mónica, que estaba ya embarazadísima, lo entendieron y aceptaron, con la generosidad que les honra, ser los depositarios de esa carga, de ese secreto que los hería.

Lo que sí me hice antes de partir fue el famoso PAF. Tuvieron que hacerme la punción varias veces, traspasándome la pleura. Esta prueba entraña un riesgo y te hacen firmar una autorización y aceptación de responsabilidades por lo que pueda pasar. El caso es que pinchaban y no conseguían lo que buscaban, sólo extraían líquido. Me planté, les dije que no podría soportar una punción más. También les expliqué que me acababan de diagnosticar un cáncer de colon y que, pese a eso, me iba a los Oscar. Así que bien podríamos, les dije, dejar esto del PAF para la vuelta.

—Sí, sí, señora. —Me miraban un tanto asombrados por mi apretada agenda oncológico-festiva—. Lo comprendemos perfectamente.

Me fui a los Oscar. ¡A Hollywood!

85

Luces y sombras. ¡Y qué negras! (II)

El viaje a Holllywood fue, esta vez sí, muy hermoso. La alegría que sentíamos por lo que nos llevaba allí, el triunfo —pasara lo que pasase— de Javier en la Meca del cine, hizo que para mí todo fuera bello y luminoso en aquella ciudad que tan poco me había gustado antes. No es que Los Ángeles fuera más bonita, es que a mí me desbordaba la felicidad por los ojos y pintaba con ella todo lo que miraba. Estaba enferma, sí, pero había conseguido calmarme y posponer cualquier angustia hasta mi vuelta.

Mónica no pudo venir en aquella ocasión por lo avanzado de su embarazo. Le prohibieron volar, así que me fui con Carlos que por aquel entonces hacía reportajes para un programa de cine en Telecinco y viajaba mitad por trabajo, mitad por placer, para entrevistar a su hermano. Yo me fui con un maravilloso traje de lentejuelas que me había regalado mi amigo Manu Fernández, maravilloso diseñador. El tabaco desaparecía de mi vida a marchas forzadas. Ayudaba el que allí lo prohibieran en todas partes, cosa que me vino muy bien, y mi conciencia sobre el problema que tenía. Había pasado de casi tres paquetes diarios a cuatro pitillos y, la verdad, el orgullo que esto me producía contribuía no poco a mi permanente buen humor. Sólo una noche en la que los demás expedicionarios —hijos, amigos, parejas— salieron, yo me quedé en el hotel. Aduje cierto malestar y no le dije nada a Carlos de los fuertes dolores y las hemorragias.

¿Para qué? Dentro de unos días debería enfrentarme a todo eso y a mucho más. Ahora tocaba disfrutar.

De la gala de los Oscar diré que no me impresionó el circo, que lo es y muy espectacular, sino el cariño y la admiración que la gente —público, estrellas y gente de la industria— mostraba a mi hijo Javier. Yo le había pedido acompañarle por la alfombra roja, larguísimo paseo jalonado por sucesivas paradas ante los micrófonos de las diferentes televisiones. Oír al público, gente que llega allí un día antes y hace noche para conseguir sitio, jalear su nombre me emocionó. Estaban jaleando también el mío, el de mi padre, aquel actor del Romea... Ver el respeto de sus colegas y de los periodistas que le entrevistaban en aquella autopista roja por la que no paraban, miraras por donde mirases, de circular estrellas de cine. Eso fue lo que me estremeció de orgullo como madre y como actriz. Inicié un particular diálogo interior con mi padre, con don Rafael Bardem. Le recordé que mi hermano Juan había estado allí, nominada *La venganza* como mejor película extranjera, mediados los años cincuenta, y que nadie de la familia había podido ir entonces. ¡Pues estaba buena la cosa! Mi padre rió socarrón. «Ya ves —le dije—, otro Bardem nominado a los Oscar y esta vez sí, con los suyos al lado. ¡Las cosas han mejorado tanto, papá!» Vi humedecerse sus ojos azules y casi rompí allí mismo a llorar.

La ceremonia me pareció un tostón, el no hablar una palabra de inglés no me ayudaba a disfrutarla. Pese a eso me di perfecta cuenta de que había constantes referencias al trabajo de Javier por parte de otros actores, de los que presentaban la gala o los diversos apartados. Desde Steve Martin a Wynona Ryder, que parecía directamente fascinada por el actor y la persona. Tantos guiños cariñosos empezaron a ponerme realmente nerviosa. ¿Y si se lo dan? Se lo dieron a Russell Crowe por *Gladiator*, un magnífico actor pero que en esa película no hace precisamente su mejor papel. Los Oscar, francamente, suponen un montón de millones de dólares de más o de menos, en ventas y taquilla, para una película y, digan lo que digan, los ganan las que están apoyadas por grandes estudios y distribuidoras, que recuperan así parte de su inversión.

No hubo ninguna decepción entre nosotros. Evidentemente hubiera sido maravilloso que lo ganara, pero el verdadero premio era haber llegado allí, ser el primer actor español nominado para un Oscar. Bueno, eso y las llamadas de apoyo de gente como Al Pacino y Jack Nicholson, alabando su trabajo y diciendo que habían votado por él. La admiración de quienes admiras. Ése es el mayor de los premios. Y como no había ninguna decepción, acabada la gala nos fuimos todos a la fiesta de la película mexicana *Amores perros*. ¡Menos mal que habíamos perdido porque si ganamos alguno palma! Fue memorable, homérico festejo. Tuve el placer de conocer a Sean Penn, al que sin hablar yo inglés y simplemente mirándole a sus hermosos ojos azules le entendía perfectamente todo lo que me quería decir. Un hombre simpatiquísimo.

Tras un día que utilizamos para recuperarnos de semejante cogorza, emprendimos la vuelta. En el avión tuve una fuerte pelea con mi hijo Carlos. Todo empezó por un comentario mío.

—Pobre Javier, cuando ahora en Madrid se entere de mi enfermedad... ¡Vaya noticia!

—Ya lo sabe, mamá —me contestó Carlos.

Le dije de todo, me puse verdaderamente furiosa porque me sentí traicionada. Carlos, sin embargo, mantuvo la calma y me lo razonó bastante bien.

—Vamos a ver, mamá. Javier me dijo en Los Ángeles que cuando todo este circo acabara se iría un mes por ahí, a perderse en algún lugar lejano y descansar, porque está agotado. Ante semejante noticia yo le tenía que decir que no se podía ir a ningún lado porque a ti te tienen que operar. No le he dicho que es cáncer, simplemente que te tienen que operar y que yo no puedo dejarle ir sin saberlo. ¿Y si pasa algo? Mi hermano me parte la cara con toda la razón del mundo. Me culparía toda la vida de habérselo ocultado.

Comprendí perfectamente su razonamiento porque, pasados los fastos, la realidad se impuso y eso siempre te pone en lo peor. ¿Y si pasaba algo? Bien, yo no había estado junto a mis padres cuando murieron y nunca me lo perdoné. Ni se lo perdoné a mi hermano.

Ingresé el día 2 de abril. El doctor Perea, hombre al que terminé llamando cariñosamente mi novio, se las vio y se las deseó para extirpar el tumor. Fue una operación complicadísima porque el cáncer no estaba donde se le suponía, sino mucho más abajo, más adentro, en un lugar de difícil acceso. La intervención duró mucho más de lo calculado y, más tarde, el doctor confesó a mis hijos que unos años antes no hubiera podido salvarme o me habría visto condenada a acarrear mis heces en una bolsa durante el resto de mi vida. Inicié la recuperación y ésta fue sorprendentemente rápida. Perea estaba maravillado y yo se lo expliqué recurriendo al ejemplo de mi tía Guadita, que se puso buena porque tenía que trabajar. A mí me esperaba el rodaje de *Piedras*, película de Ramón Salazar. Me había escrito un papel precioso, el de la taxista. Así que con ese estímulo y con una cicatriz que más parecía de un cornalón de un miura, 35 puntos de arriba abajo, a los cinco días estaba fuera de la clínica y con el ánimo alto. Durante mi hospitalización mis hijos varones se turnaban para dormir allí. Mónica no se quedaba porque estaba al final del embarazo, pero venía todos los días. Al salir y pese a mi insistencia tampoco me dejaron estar sola, me llevaron a casa de Javier. Yo acepté a regañadientes pero una vez que me vi allí, con mi bolsa de viaje a cuestas, decidí que no, que tenía que volver a Lope de Rueda para demostrarme a mí misma que estaba perfectamente, que podía estar sola. Yo, que nunca quise estar sola. Comprendo que a mis hijos les jodió. A Mónica y a Carlos porque ellos se quedaban más tranquilos sabiéndome en casa de su hermano y a éste porque yo parecía rechazar sus mimos. A los tres les asustaba la idea de que me ocurriera algo y estuviese sola. Para que se quedaran más tranquilos, Paco se vino a mi casa a velar mis sueños y a hacerme ricos desayunos a base de frutas.

A todo esto, a los pocos días de estar en casa me fui a repetir las pruebas del dichoso PAF. Por fin consiguieron extraer una muestra satisfactoria. Cuando fui a recoger los resultados me estaba esperando el doctor Perea. Aquello no podía ser bueno.

—¿Qué tal, doctor?

— De lo malo, lo mejor —me contestó.

—¿Y eso qué quiere decir?

—Que es cáncer. Pero que no tiene nada que ver con el de abajo. El cáncer de pulmón y el de colon no tienen conexión, son de padres distintos. Lo que quiere decir que no hay una metástasis imparable…

El buen doctor Perea siguió desgranando explicaciones pero yo ya no lo oía. Todo me parecía irreal. Le veía mover los labios pero no lo oía. Aquella segunda hostia me había movido demasiado la cabeza, estaba grogui. Y aterrorizada.

—¿Qué hay que hacer, doctor?

—Si hay que operar yo te recomiendo al doctor Pérez Antón. No es tan simpático como yo, a decir verdad es muy cascarrabias, pero es el mejor del mundo en su especialidad.

Antes pasé por otro doctor, Pérez Manga, un oncólogo que trabajaba en equipo con Pérez Antón, otro profesional y ser humano admirable. Pérez Antón es verdaderamente un hombre poco dado a la broma, mayor y menudo, con el típico carácter recio de los castellanos, pero con el que he llegado a desarrollar la más entrañable amistad. Algo que desde luego no pude intuir en aquella primera visita a su consulta, a la que me acompañó mi embarazadísima hija. Le hice el siguiente razonamiento.

—Vamos a ver, doctor. Mi hija sale de cuentas el 20 de mayo. Yo he hecho mis cálculos. Me recuperé muy bien de la otra operación y a los cinco días estaba fuera de la clínica. Ya sé, me lo han avisado, que ésta será más dolorosa porque usted tiene que romperme una costilla para poder intervenir el tumor, ¿no? Total que si usted me opera el 7 de mayo, el 17 ya he salido. A tiempo para el parto de mi hija.

—Bueno —Pérez Antón me miró muy serio—, ya ha hecho su exposición. ¿Me deja ahora hablar a mí? Porque yo puedo opinar de esto, ¿no? Verá, aparte de usted hay más personas, igual o más graves, que esperan operarse. Quiero decir que yo tengo otros pacientes pero no un número indefinido de quirófanos. Consuélese pensando que su hija parirá esté o no esté usted.

Al final decidió no variar demasiado mis planes. Me operaría el 14. Me advirtió, eso sí, que la recuperación sería mucho más dolorosa porque efectivamente tenía que romperme una costilla. O dos.

Así pues, dos meses más tarde volvía a un hospital para operarme un cáncer. Para entonces yo ya había dejado de fumar. Ayudó mucho que mi hijo Javier me acusara de querer dejar su casa para fumar a escondidas en Lope de Rueda. Yo se lo rebatí, pero había dejado una duda en mi interior. Una vez sola en mi casa vi el montón de cartones de negro que solía almacenar, me armé de valor y justa ira contra mi propia debilidad y los tiré a la basura. Al momento llamé a mis hijos muy orgullosa para decirles que había dejado de fumar. No se lo creían, me preguntaron cómo lo había hecho y si me había puesto parches de nicotina.

—No, me he puesto los santos huevos y he dejado de fumar.

Y así fue. Nunca más he fumado un cigarrillo. Ni ganas.

Me ingresaron al 14 de mayo de 2001. Al poco rato de estar en la habitación Mónica empezó a cuchichear con Javier, cosa que ya he dicho me molesta muchísimo. Javier entró en un ataque de risa nerviosa.

—Pero bueno, ¿qué pasa? ¿Qué murmuráis? Contádmelo para que nos riamos todos.

Mónica, con lágrimas en los ojos de nervios y de felicidad, me lo explicó al instante.

—¡Estoy de parto!

Se le había adelantado justo una semana. «Claro —me dije— es lo mínimo que le puede pasar a la criatura con todas estas noticias». Mi hija se fue corriendo a la clínica donde iba a dar a luz.

A mí me bajaron al quirófano por la tarde. Carlos y Javier se pasaron el día yendo y viniendo entre las dos clínicas, mostrando un temple excepcional en aquel disparate emocional: pasaban de la gravedad de su madre, de la tensión de la espera, a la alegría desbordada de su hermana. Del miedo a perder una vida a la ilusión de ver nacer otra, la del primer bebé de la familia. No sé cómo no se volvieron locos en aquel sube baja constante. Carlos me contó tiempo más tarde que le rondaron, a él que no cree en religiones ni esoterismos, extraños pensamientos de compensación cósmica, de un posible intercambio de vidas entre su madre y su sobrino. Tuvo miedo.

Afortunadamente no fue así. Pablo nació a las doce y dos minutos del día 15, San Isidro. Cuando volví del quirófano, cuando salí de la anestesia tenía toda la habitación llena de polaroids de mi nieto y de su madre. Así que mi nieto y yo hemos decidido cumplir años el mismo día.

Soy una mujer muy joven. Tengo tres años de edad y todo por hacer.

86

Camina o revienta

Ciertamente esta vez la recuperación fue más larga y, sobre todo, más dolorosa. Me habían roto una costilla, abierto y extirpado un buen trozo de pulmón. Una enorme cicatriz me cruzaba el costado derecho, desde el pecho hasta la mitad de la espalda. Herida que según Pérez Antón no era nada comparada con la del propio pulmón, ésa en mi interior. Un suplicio de goteros y drenajes. Tuve que aprender a respirar de nuevo, hacer ejercicios diarios para expandir la capacidad del pulmón hasta que supliera el trozo cortado. Tenía que soplar e inspirar en un artilugio que consistía en varios tubos y hacer subir las bolitas que había en el interior de cada uno. A más potencia más bolitas. No era nada fácil. Mis hijos, robustos mozarrones ambos, se empeñaron en hacerlas subir todas y casi reventaron. Al principio yo apenas hacía moverse un poco la primera. No habría apagado ni una velita de cumpleaños con mis soplidos. Sin embargo la fisioterapeuta comprobó con sorpresa que a mí nada me costaba lo que tan difícil le resultaba al común de la gente, respirar con el estómago. Yo hacía respiración abdominal desde siempre. Es un recurso básico para la interpretación teatral, pues te permite sacar más voz y proyectarla más lejos. Por eso los cómicos, aunque seamos fumadores empedernidos, podemos soltar párrafos larguísimos sin ahogarnos. Porque tomamos el aire del estómago. Así pues eso que tenía ganado. Y entre esto y mi conocida testarudez, cuando Pérez Antón me hizo unas placas se asombró de lo mucho que había expandido el pulmón en pocos días. Bueno, se asombró de eso y de lo bestia que yo era porque conseguirlo me había tenido que doler un horror, con la herida que aún tenía allí. «A mí —le contesté— me ha dicho que hay que expandir y yo he expandido». Me pasaba doce horas diarias soplando las dichosas bolitas. Tomando aire con toda mi alma y volviendo a soplar. Doce horas diarias.

Pérez Antón tenía una teoría que seguí a rajatabla: «Mejor sentada que tumbada, mejor de pie que sentada». A los pocos días de la intervención arrastraba mi gotero de una esquina a otra de la habitación. «Camina o revienta», me decía, como el Lute. Camina o revienta porque fuera está la vida, porque fuera están tus hijos y lo que amas. Camina porque se te hinchan las piernas por la retención de líquidos y tú, Bardem, eres coqueta y quieres salir con las mismas buenas piernas con las que entraste. Camina, aprieta los dientes y camina, porque ahí fuera está Pablo, tu nieto. Así día tras día, tragándome los gemidos y las lágrimas, sintiéndome muy débil pero con unas ganas irrefrenables de estar sana.

En ésas estábamos cuando un día, estaba Javier conmigo, entró en la habitación un joven médico. Empezó a hablar de la importancia de empezar cuanto antes con la quimioterapia para evitar una posible recaída y otra metástasis. A la tercera vez que mencionó lo de la recaída exploté:

—¡Un momento, un momento! Eso de recaída se le dice a uno que no se ha curado bien un catarro. ¿Recaída? ¿Metástasis?

Rompí a llorar, se me quebraron los nervios. ¿Para qué tanto dolor si todo podía volver a empezar? Me sentí condenada. Justo en ese momento entró Pérez Antón, que viendo la escena y mi derrumbe se dirigió furioso al joven.

—¿Qué está usted haciendo con mi paciente?

El otro balbuceó algo y salió de allí a la carrera. Pérez Antón me preguntó por lo ocurrido. Le hablé de la posible recaída y la metástasis. Pérez Antón montó en cólera, me dijo que eso no era verdad y que aunque esa posibilidad existiera no se podía hablar así a un paciente en recuperación. Llamó al doctor Perea y juntos decidieron hacer venir al joven. Éste se disculpó y me dijo que quizá no había sabido expresarse correctamente. Que era conveniente comenzar cuanto antes con la quimio pero que no había por qué pensar en una recaída.

Seguí internada varios días. Mis hijos entraban y salían de la clínica por el garaje, aun si venían en taxi, por miedo a la presencia de periodistas. No tanto por el rechazo a la intromisión en nuestra intimidad, al posible espectáculo asociado a la popularidad, como por un miedo mucho más tangible. Mi profesión es muy jodida para estas cosas, somos eventuales de por vida y si se corre el rumor o la noticia de tu enfermedad, la gente deja de llamarte para trabajar. Ya no te contratan y puede ser un golpe muy fuerte para tu carrera, en algunos casos definitivo. A mí me atacó ese miedo que tenemos los cómicos a que nos maten antes de tiempo. Afortunadamente no fue así.

Una vez fuera, mi primera parada fue en casa de Mónica. Quería ver a Pablo. Y digo verlo porque no me atrevía, pese a la insistencia de su madre, a tomarlo en brazos. Me daba pánico estar tan débil que no pudiera sostenerlo. Sentía también una irracional aprensión a tocarlo, un miedo absurdo a rozarlo con mi cuerpo tan enfermo. Estuve semanas sin atreverme a cogerlo, mirándolo y hablándole como a través de un cristal. Reflexioné sobre los extraños sentimientos que me recorrían, que iban más allá de acariciar o no a mi nieto. Era algo más profundo. Luego he hablado con amigos y compañeros que también han tenido cáncer y todos hemos llegado a la misma conclusión, a una pregunta: ¿por qué te sientes culpable por tener cáncer? No lo sé, pero es así. Sientes culpa y vergüenza.

Lo primero que hice al llegar a mi casa fue coger las memorias de mi querido Adolfo Marsillach, abrirlas y releer los últimos capítulos. Aquellos en los que habla del día en que confesó en voz alta que tenía cáncer, en su caso fatal, y de cómo este acto de valor lo liberó de un gran peso. Lloré por Adolfo y lloré por mí, por no tener su coraje, por no atreverme a tocar a mi nieto. Caí entonces, justo antes de iniciar la quimio, en una gran depresión, profunda, sin fisuras. Horrorosa. Era como si toda la fuerza que había sacado para afrontar dos cánceres en cuarenta días ahora me pasara factura. Me sentía débil y asustada. Muy triste, como vacía. Hablaba conmigo misma, me decía que tenía que estar feliz, que ya —como no se cansaban de repetir Perea y Pérez Antón— no tenía cáncer, que era abuela de un niño precioso, ¡que había sobrevivido para verlo! Me lo decía una y otra vez, pero la depresión iba a más. Mi corazón estaba frío, temeroso de todo. Mis hijos se preocuparon mucho y eso me entristeció aún más.

—Señora —me explicó Pérez Manga, el oncólogo—, está usted pasando la lógica depresión tras la intensidad de lo que ha vivido. Aquí tiene, son las señas de un psicólogo.

Fui a ver a este nuevo especialista, que me recetó unos antidepresivos. Poco a poco fui identificando y aislando mis miedos. Ahora puede parecer ridículo, pero lo que más me asustaba era la posibilidad de perder el pelo por una radio o quimioterapia fuertes. Mis hijos, que tantas veces me habían visto poniéndome pelucas de críos, quitaban importancia al asunto.

—¡Has vuelto a nacer y ahora te vienes abajo por miedo a que se te caiga el pelo! Esto es absurdo, mamá.

—Puede ser, pero no puedo evitarlo.

Carlos me acompañó a la consulta de Pérez Mangas, para que me dijera el tratamiento que me iba a poner y mi evolución.

—Mira, Pilar. Hemos estudiado todo, en equipo, Perea, Pérez Antón y yo. Del cáncer de arriba, del pulmón, olvídese por completo. Como si este incidente no hubiera ocurrido. Ha desaparecido por completo. Sólo hay que dar una pequeña quimioterapia para el de abajo, el de colon... ¡No te asustes, mujer, escucha! Va a ser tan leve, tan suave, que no se te va a caer un pelo de la cabeza.

Empecé a llorar como una niña. De allí me fui a casa con Carlos y brindamos con vino. Algo se liberó en mi interior. Me sentía limpia y feliz otra vez. Quizá todavía no lo bastante como para tomar a Pablo en brazos, pero sí para caminar todos los días desde mi casa, cruzando el Retiro y subiendo Atocha, a la de mi hija y visitarlo.

Recuperé mi sana costumbre de caminar, único deporte que he hecho en mi vida. Y caminaba feliz, consciente de que, esta vez al menos, no había reventado.

87

¡Otro mundo es posible!

Poco a poco reinicié mi vida normal. Al principio sólo salía de casa para visitar a Pablo, no quería ver a nadie más. No había superado del todo la vergüenza por mi cáncer. Además, tenía verdadero miedo al abrazo del amigo o el conocido, a recibir cualquier golpe o apretón en aquel costado abierto y recosido. Me costó soltarme y he de decir aquí que me ayudó mucho ver a mi querido Sancho Gracia, calvo por la quimio, hablando de su cáncer en la televisión. Me lo encontré unos meses después en Granada, en un recital para la Casa del Actor, y le conté el valor que me había infundido su aparición televisiva.

—Pilar, salí porque un amigo me dijo que ya me daban por muerto, así que de trabajar nada de nada. Salí para que vieran que estaba calvo pero no muerto.

Hermosa pero terrible profesión la nuestra.

A fines de este año 2001 me contactó Juanjo Puigcorbé para contarme con detalle algo sobre lo que se discutía hacía tiempo en la Unión de Actores. Habían detectado irregularidades en AISGE, la asociación que gestiona nuestros derechos de imagen y propiedad intelectual. Los repartos del dinero que nos correspondía por estos derechos, determinados por el número e importancia de nuestras apariciones en las televisiones y otros medios, eran cada vez menores. Todos percibíamos menos pese a la multiplicación de cadenas televisivas, programas y series, a las reposiciones y a los acuerdos con quienes emitían nuestro trabajo.

Juanjo me dijo que él venía con Paco Rabal en el vuelo desde Canadá en el que éste murió, a la altura de Burdeos, y que el propio Paco le había comentado que cada vez percibía menos y que le parecía muy extraño llegar a recibir más de ADAMI, la entidad homóloga de AISGE en Francia. Juanjo había hablado de todo esto con Jorge Bosso, el secretario de la Unión de Actores, quería movilizarnos y me pidió que colaborase con él y con Assumpta Serna para intentar esclarecer lo que estaba pasando en AISGE. Tuvimos una primera reunión, en la que participamos José Sacristán, Kity Manver, Carlos Iglesias y yo. Después de lo allí expuesto, decidí involucrarme en lo que, para mí era evidente, podía ser una nueva batalla a favor de los cómicos. De los míos.

El 2002 empezó con una gran alegría. Carlos había presentado su segunda novela —y tercer libro—, *Buziana o el peso del alma* al Nadal de ese año y consiguió el premio Destino Guión. Otra vez uno de mis hijos me daba razones para estar orgullosa y pensar que no había hecho tan mal el principal de mis oficios, el de madre.

Seguía sin salir demasiado, más bien nada, porque yo soy profundamente cariñosa, tocona, y mis compañeros lo saben y son en su mayoría también muy efusivos. Seguía temiendo que me abrazaran y me hicieran daño. Cuando iba a ver a mi hija Mónica evitaba pasar ante el teatro Español o el de la Comedia. Me verían, pensaba, me abrazarían y me harían polvo. Pero alguna vez tendría que hacerlo y qué mejor ocasión para una reaparición pública que en la gala de los Goya de ese año, en la que entregarían uno honorífico a mi hermano Juan. La organización me pidió que yo se lo diera y les contesté que me parecía más lógico que lo hiciera uno de sus hijos, en concreto Miguel, que había seguido sus pasos como director. Al final se lo entregamos entre los dos. Sybilla, la magnífica diseñadora, me prestó para la ocasión un precioso traje rojo, color que venía que ni pintado si de homenajear a Juan se trataba. Fue muy emotivo y, para variar, lloré. Sentí un especial placer al anunciar a mi hermano como don Juan Antonio Bardem Muñoz, añadiendo el apellido de doña Matilde a la que, a veces, dejamos demasiado de lado. Mi hermano estuvo sembrado, especialmente cuando preguntó si había algún productor en la sala y se anunció como director en busca de uno.

Si los Goya fueron mi primera salida pública, digamos que presentar la Gala de la Unión de Actores, algo que sentí como un inmerecido honor que me hacían mis compañeros, fue mi *rentrée* profesional. Tenía que aguantar allí, dándole la réplica a un desmadrado Florentino Fernández. Llevar entre los dos el peso de la gala. Lo hice y me ilusionó muchísimo. Aguanté sobre el escenario.

—Aquí estamos otra vez —me dije.

Poco después recibí un hermoso homenaje en la Primavera Cinematográfica de Lorca, en Murcia. Lo recuerdo con especial cariño por varios motivos. Primero porque decidieron publicar un pequeño libro biográfico sobre mí, *Pilar Bardem. El compromiso de la coherencia*. Para redactarlo me reuní varias veces con Cipriano Torres, su autor y un hombre encantador que sufrió con paciencia mi rapidez al hablar y, a veces, mi verborrea. En ese libro y luego en el homenaje colaboraron mis seres más queridos: mis tres hijos, Juan, Marzilli, Tano y mi Paco, que estuvo genial e hizo reír a todo el teatro con sus anécdotas sobre mí. ¡Hasta me compusieron una canción que a mí me pareció preciosa!

Fue a la vuelta cuando empecé con las *5mujeres.com*, un trabajo que me dio muchas satisfacciones. La primera y más importante, trabajar con cinco compañeras, amigas ya para siempre, como Beatriz Carvajal, Nuria González, Llum Barrera y Tony Acosta. Nos llevábamos tan bien que llegamos a formar una pequeña familia, algo que Beatriz y yo ya habíamos vivido años antes cuando representábamos *El hotelito*. Hay una premisa que tengo comprobada y es que cuando las mujeres nos llevamos bien, nos llevamos bien de verdad, con un grado de implicación distinto, creo, al de los hombres. Éramos como mosqueteros, una para todas y todas para una. De verdad.

Como actriz este espectáculo me devolvió la vida, pues mi vida es estar sobre un escenario. O ante una cámara. Mi vida es actuar, hacer reír o llorar. Emocionar y emocionarme. Oír el aplauso, la risa o el llanto. Con las *5mujeres*, un juguete cómico sin más pretensión que la de divertir con ingenio, volví a sentir las tablas bajo mis pies y las luces sobre mis ojos. Volví a ser actriz y, después de lo que había pasado, confieso que el día del estreno me emocioné como una niña. Bueno, al fin y al cabo hacía poco que había vuelto a nacer un día de San Isidro. Sentí que la vida me daba, ahora sí, una segunda oportunidad y que yo estaba lista para aprovecharla. Dispuesta a ser útil a los que me rodeaban. Decidida a hacer lo único por lo que merece la pena estar aquí: amar. Amar a los míos, a los míos de los míos. ¡Otro mundo es posible! Estaba feliz, llena de energía otra vez, esa que los cómicos vampirizamos del público. Es cierto lo de la Cuarta Pared, en un teatro al público no se le ve. Pero se le siente, ¡se le siente! ¡Se le siente! ¡Y cómo! Contigo o contra ti, sabes que está ahí y te alimentas de él. El estreno fue en Bilbao en un auditorio con capacidad para dos mil personas. Estaba lleno. Nos dimos un festín de energía porque fue un éxito arrollador. Y lo siguió siendo durante todas y cada una de sus cientos de representaciones en el teatro Alcázar de Madrid. Quizá ayudaba nuestro pequeño rito propiciatorio, nuestro conjuro.

—1, 2, 3... ¡coños! —gritábamos siempre entre cajas, haciendo una piña antes de salir a escena. Nunca dejamos de hacerlo. Al punto que cuando alguna tuvo que faltar, por enfermedad o causa mayor, lo gritaba por el teléfono móvil que otra sostenía para que las demás lo escuchásemos.

Así pues todo iba bien. La salud mejoraba, estaba trabajando y viendo a mi nieto crecer. Entonces me llamó mi sobrino Miguel para decirme que Juan estaba malo y lo habían ingresado. Fui a verle. Allí me enteré de que sufría una especie de envenenamiento en la sangre porque el hígado no le funcionaba. Él estuvo brillante y cariñoso en el rato que pasamos juntos. Me fui de allí diciéndome que qué curioso, que en esa media hora me había hecho más mimos que en toda su vida antes. Juan parecía incluso alegre, quizá por efecto de la medicación. Al día siguiente recuperó su carácter hosco y protestón, cosa que nos tranquilizó mucho a todos y nos hizo pensar que se había repuesto.

El 31 de octubre del 2002, cuando subí a mi camerino después de hacer la función me encontré allí a Carlos y a Mónica. Me dieron la noticia de la muerte de mi hermano. De allí fuimos a la clínica. Los hijos de Juan hicieron un aparte y decidieron hacer lo que, pensaron, habría complacido a su padre. Pidieron una bandera comunista a gente del PCE y cubrieron con ella el féretro.

Chema Prado, amabilísimo, nos ofreció la sede de la Filmoteca Nacional, el cine Doré, para poner el túmulo de mi hermano y hacer el velatorio. Fue espectacular, por allí pasó gran parte del cine y la cultura de este país. Políticos de izquierda, incluyendo al entonces secretario general del PSOE, el señor Rodríguez Zapatero. María, la mujer de Juan, estaba muy afectada y me tocó convertirme durante unas horas en algo que no era, que no quería ser, en la viuda de mi hermano. Lo hice lo mejor que pude. Como anfitriona me correspondió cerrar el acto con unas palabras. Pedí que aquellos que supieran y quisieran despidieran a Juan como a éste le habría gustado: con el puño en alto y cantando «La Internacional». Hubo mucha gente que lo hizo, la mayoría. Otros la tararearon. Manolo Gutiérrez Aragón señaló que habrían hecho falta unas hojas con la letra, al menos el estribillo.

—Si es que ya ninguno nos acordamos, Pilar.

Esta actitud de los asistentes fue luego muy criticada. Los medios cercanos al PP fueron feroces con Marisa Paredes, censurando que una presidenta de la Academia cantara puño en alto. Quizá no supieron ver que lo que allí ocurrió no fue más que el respeto por los ritos. Había muerto un comunista, uno de verdad, y sólo se trataba de despedirle como a él le habría complacido. Yo siempre respeto los ritos y por ello, por ejemplo, en el funeral de Juanjo Menéndez comulgué y escuché misa con todo el respeto y el amor del mundo.

Lo más bonito fue la despedida del féretro, con la calle Santa Isabel llena de gente del pueblo cantando, ahora sí con voz firme y la letra bien aprendida, «La Internacional» puño en alto. Juan se hubiera estremecido de gozo. Todo esto me lo contaron luego mis hijos, verdaderamente impresionados. Yo no lo vi porque tuve que irme antes a cumplir con mi obligación, a trabajar. A hacer mi función. Fue pisar el escenario y el teatro se vino abajo por la ovación. El público apreciaba el que yo estuviera allí, sin darse cuenta de que sólo allí, sobre las tablas, quería y podía estar. Trabajando, que es lo único que sé hacer y lo único que me podía hacer feliz en momentos ciertamente tristes. Los aplausos no cesaban, al punto que no podíamos continuar con la representación. Mis compañeras, mis hermanas, me miraban nerviosas y emocionadas, pensando que yo no podría seguir. Les hice un gesto para tranquilizarlas y avancé para dirigirme directamente al público, que poco a poco dejó de aplaudir.

—Les agradezco enormemente esta muestra de cariño. Pero la mayor muestra de cariño y respeto hacia alguien que se dedica a esta profesión es que yo trate de hacerlo lo mejor posible y ustedes de pasarlo también lo mejor que puedan, así que vamos a empezar otra vez. Gracias, muchas gracias.

Volvimos todas a entre cajas y comenzamos de nuevo la función. Yo se la dediqué a mi hermano.

Antes de cerrar este año tengo que referirme otra vez al tema de AISGE. Detectamos irregularidades en la gestión, sobre todo por parte del director general —a día de hoy encausado judicialmente— y los órganos políticos de la entidad. Efectivamente los repartos de dinero que se derivaban de nuestros derechos de imagen o del uso de nuestra voz —pues AISGE gestionaba esos derechos tanto para actores como dobladores o directores de escena— eran cada vez más escasos. Algo especialmente grave en un colectivo como el nuestro, de empleo precario por definición y con un régimen en la Seguridad Social que sólo garantiza paupérrimas pensiones de jubilación. ¿Dónde iba el dinero? Pues a los sueldos y dietas, fabulosos y desproporcionados, que se habían autoadjudicado estos tipos. Se consiguió convocar elecciones a los cargos de gestión y presentar una candidatura alternativa. Los compañeros dijeron que debía encabezarla alguien honesto, luchador y respetado por el colectivo. Yo dije que sí, que me parecía muy bien y que en quién habían pensado. Todos me miraron y yo tardé algo en comprender que me estaban invitando, cariñosamente, a encabezarla. Así lo hice. El primer punto de nuestro programa era quitar cualquier tipo de sueldo para los cargos elegidos. La idea es que todo actor debía, mejor o peor, sustentarse de su propio trabajo y no del de sus compañeros. Ganamos y a día de hoy creo poder decir que hemos saneado la entidad y le hemos devuelto su razón de existir: ser un pilar básico para nuestro colectivo.

88

Había que hacer algo… ¡Y lo hicimos!

El año 2002 acabó con negros nubarrones: el entierro de Juan y una gran inquietud política. Estaba claro que se tramaba una guerra. Periódicos y telediarios hablaban todos los días de inspectores que buscaban armas de destrucción masiva, de plazos y amenazas más o menos claras, de posibles alianzas. Unas noticias eran confusas. Otras directamente aterradoras. El Gobierno de Aznar parecía decidido a lo peor. Ante todo esto unos cuantos pensamos que había que hacer algo… ¡Y lo hicimos!

Ante la preocupación de un grupo de compañeros, y de muchos ciudadanos con los que hablábamos, de que nos metieran en una guerra que todos pensábamos no era más que la invasión de un país soberano, se convocó una asamblea interprofesional. La celebramos el 27 de enero del 2003 en el Círculo de Bellas Artes. Allí había gente de todos los sectores: cómicos, directores, músicos, artistas plásticos, escritores… Toda gente de la cultura. Allí se creó la Plataforma Cultura Contra la Guerra, «para luchar por la paz y unir así su voz al clamor de la opinión pública mundial contra la amenaza, injustificada e injustificable, y por tanto ilegítima, de una guerra preventiva contra Irak». Éste era el principio del manifiesto que se acordó. A la asamblea yo fui vestida de fiesta y ante la extrañeza de mis compañeros expliqué el porqué. A Javier le había dado un premio una revista y como él no estaba, fui yo a recogerlo. Cosa que no me gusta hacer y que si acepté esta vez fue porque sabía que en el Teatriz, lugar de la entrega, estaría también la ministra de Cultura, la señora Pilar del Castillo, y mucha prensa. Yo quería hacer una prueba. En el traje yo llevaba prendido un cipol, no una pegatina. Quiero recalcar esto para todos aquellos plumíferos y fascistillas que nos estuvieron llamando despectivamente durante meses «los de la pegatina». Llevábamos un cipol, o sea una funda de plástico con una tarjeta dentro y que se sujetaba a la ropa con una pinza o imperdible. Lo pones donde quieres, no se despega con la lluvia y no te estropea la ropa. El diseño del famoso «No a la guerra» que iba dentro era de Pilar Ordóñez, integrante de la Plataforma de Mujeres Artistas Contra la Violencia de Género, y se había hecho para sacarla en un reportaje de *El Mundo* en el que varias compañeras anunciaban su marcha a Bagdad. Viaje, por cierto, del que yo estaba en contra y así lo dije, porque sabía que Bagdad estaba poblado con retratos de Sadam y, por lo tanto, pusieran donde las pusiesen, las compañeras saldrían debajo de uno y la intención del viaje sería manipulada, se convertiría en una muestra de apoyo a un dictador y no al pueblo iraquí como pretendían. Así ocurrió con una foto de Marina Rossell, que aparecía cantando bajo un retrato de Sadam Husein.

Bien, volvamos al cipol. En él ponía, en letras rojas sobre fondo negro, «No a la guerra». Fui a la fiesta para ver cómo daba en foto y en televisión. Una vez en la fiesta la señora ministra me saludó muy afectuosa y, por testimonios de terceras personas, sé que le pareció muy gracioso lo del cipol. Hay imágenes del momento en que, las dos sonrientes y yo con el «No a la guerra» prendido, nos saludamos. Al recoger el premio dije unas breves palabras, simplemente que yo no era Javier, que gracias en su nombre y que sólo les pedía que leyeran bien lo que llevaba puesto aquí, señalando el cipol.

Más tarde subió Leonor Watling, que también recibió un premio. Dio las gracias y pidió, por favor, que todos leyeran bien lo que llevaba Pilar. El cipol causó sensación entre los presentes. Algunos, como Beatriz de Orleáns, lo consideraron muy elegante y preguntaron dónde podrían conseguirlo.

—No se preocupe —contesté—, que va usted a ver muchos más.

Al día siguiente comprobé en varios programas de cotilleo que nuestro cipol con el «No a la guerra» daba muy bien. La cámara lo quería. Ese mismo día celebramos una reunión y le conté a mis compañeros la historia. Como teníamos las planchas decidimos hacer muchos más, dejándole «No a la guerra» en rojo y retirando los de Plataforma de Mujeres Artistas Contra la Violencia de Género que ocupaba el ángulo superior izquierdo. Dado que Pilar Ordóñez seguía en Bagdad, se ocupó de ello otro compañero que, además, registró la patente.

El primer acto relevante que había tras la asamblea del 27, donde se creó la Plataforma Cultura Contra la Guerra, eran los premios Goya que se entregarían el 1 de febrero. Allí podríamos pulsar la respuesta de todo el colectivo a nuestra iniciativa. Se habló con los nominados para comunicarles los acuerdos de la asamblea, que se había creado la Plataforma y que estaría bien que los que quisieran opinar sobre la oposición a la guerra, opinasen. Yo hablé con mi querido Manolito Alexandre, al que iban a dar un Goya de honor por toda una vida de trabajo. Manolito es conocido en la profesión por no haber firmado, jamás de los jamases, ningún manifiesto o haberse adherido a nada. Cuando hablé con él le dije cuál era nuestra posición y le pregunté si él diría algo.

—Hombre, Pilar, sí me gustaría oponerme a la guerra, decir algo. Pero con toda la emoción del acto no sé si me acordaré.

Y sí que lo hizo. Dijo algo maravilloso, pidió que de todos los diccionarios del mundo se borrase la palabra «guerra». Todos los compañeros dijeron algo.

Yo no asistí a la gala porque tenía que trabajar, pero las compañeras y yo la seguimos por televisión. Justo cuando tenía que salir a saludar le dieron el Goya al mejor actor, por *Los lunes al sol*, a Javier. Pedí permiso a mis compañeras para quedarme a verlo. Éstas lo comprendieron y se lo explicaron al público.

—Pilar no sale a saludar porque está viendo cómo le dan el Goya a su hijo Javier y está pegando saltos.

El público se rió y lo entendió perfectamente también.

Al día siguiente la prensa, toda la prensa, hablaba de que los del cine le habían metido un gol a Aznar. Fue el tema central de portadas, columnas y chistes en todos los periódicos, en los telediarios y en los debates radiofónicos. Hizo daño, claro que sí, así que de inmediato se desató la caza de brujas. El necesario correctivo a esos cómicos lenguaraces. El martes 4 de febrero, en *El Mundo*, Borja Hermoso cuenta cómo Eduardo Campoy, presidente por entonces de la Federación de Productores Audiovisuales de España (FAPAE), pedía la cabeza de la presidenta Marisa Paredes y de todos sus colaboradores. En la SER hubo un momento muy tenso entre la ministra de Cultura y Guillermo Toledo. Ella nos llamó «el brazo armado de la oposición» y Guillermo le contestó que sólo estábamos «armados con la palabra».

El día que se debatía en el Congreso la postura de España, sería más exacto decir la del Gobierno del PP, en el posible conflicto contra Irak, PSOE e IU nos invitaron a treinta actores a asistir como público. Se había dado tanta importancia, por unos y otros, a lo de los Goya que allí estaban esperándonos todas las cámaras del mundo. Como no querían que llegásemos a tiempo de presenciar la primera intervención de Aznar, en vez de entrar con la normalidad habitual —yo ya había asistido a algún pleno— nos pararon con un dispositivo de seguridad desmedido, merecedor de gente más feroz que un grupo de actores. El cacheo absolutamente minucioso al que se nos sometió fue humillante. Querían retrasar nuestra entrada y como tardamos más de hora y media en cruzar la puerta, lo consiguieron. ¿Qué podían buscar entre mi ropa, armas de destrucción masiva? ¿Pistolas y Goma 2?

—Lo siento, me lo han ordenado —se disculpó la mujer policía que me registraba con morosidad, subiendo lentamente sus manos por entre mis piernas. Incluso a ella le daba pudor lo que estaba haciendo con una señora mayor. Una señora indignada pero nunca agresiva o peligrosa.

A María Barranco, en un operativo especialmente brillante, le desactivaron un tampax. Se lo desarmaron por completo.

Al fin entramos y asistimos a las diferentes intervenciones. Todos salvo los del PP se oponían a la guerra. No sólo quienes era de esperar, los partidos de izquierda, sino también los socios de Gobierno de Aznar. Aquello se eternizaba y algunos compañeros empezaron a marchar, a trabajar en diferentes teatros. Lo curioso es que en cuanto se levantaba uno, inmediatamente su asiento lo ocupaban chicos muy jovencitos y repeinados. Así nos fueron rodeando los miembros de las juventudes del PP. Volvió a hablar Aznar y soltó aquello de que no se es más patriota por llevar una pegatina. En un momento los que quedábamos nos quitamos jerséis y chaquetas y nos quedamos en unas camisetas blancas, con el «No a la guerra» en grande sobre el pecho. No hicimos nada más que eso. Acto seguido nos desalojaron como se hacen siempre estas cosas, con muy malas maneras. Salimos y bajamos hasta Neptuno, a reunirnos con multitud de compañeros, entre ellos mi hijo Javier, que allí se manifestaban. Fue entonces cuando le hicieron la foto a Javier, gritando con toda su alma «No a la guerra». La instantánea que fue portada de *La Razón*, ese panfleto para franquistas nostálgicos. La primera vez que la vi fue en el repaso de las portadas de la prensa del día siguiente que hacían en el informativo de Telecinco, el más ecuánime e interesante en aquellos momentos. Mostraron la de *La Razón*. Estupor. Era Javier. Le preguntaban, acusándole, por qué no gritaba con igual gana contra ETA, contra sus atentados. Sentí un dolor profundo. Lloré. ¿Por qué? ¿Por qué entre todos los que allí estaban habían elegido a mi hijo, criminalizándole? Lloré mucho. Hablaba con mi madre, recordaba la detención de mi hermano. Aquella noche de lágrimas en Lope de Rueda.

Bajé a primera hora de la mañana a por el periódico. Entre los comentarios que había, insultantes y despectivos todos contra personas que, no lo olvidemos, a nadie insultaban y simplemente decían no al crimen que es la guerra, el que más me dolió fue el de Antonio del Real, el Nono. Un director, un compañero.

El 7 de febrero fuimos el Gran Wyoming, Guillermo Toledo y yo al programa *La noche con Fuentes*, a contar todo lo que había pasado en el Congreso y comentar lo que venía sucediendo. Wyoming, con ese ingenio y gracia que tiene, dijo que por qué *La Razón* no sacaba otras portadas de Javier, preguntándose por qué no usaba falda escocesa y otras cosas igual de absurdas. Yo tenía tal disgusto y preocupación que pedí a Fuentes y al público que me perdonaran porque me era imposible no ya bromear, sino seguir hablando de eso. De cómo habían elegido a mi hijo como cabeza de turco por pedir la paz. Me ayudó mucho ver que la gente estaba de nuestro lado, sentir que el público del programa apoyaba mayoritariamente lo que decíamos. Ya se estaba generando opinión.

Ante los continuos insultos y descalificaciones de que éramos víctimas por los plumillas al servicio de la derecha, insisto en que por el único crimen de decir que no estábamos de acuerdo en atacar a otro país, decidimos hacer algo. Se organizó un acto de la Plataforma Cultura Contra la Guerra para dar respuesta a todo esto. Conseguí que nos dejaran un lunes, día de descanso de la *5mujeres.com*, el teatro Alcázar. Se celebró el 10 de febrero. Entramos todos por la puerta de atrás, la de artistas. Almodóvar y Fernando León me pidieron que preguntara al chico del teatro si tenía una tabla larga y unas borriquetas para improvisar una mesa donde sentar a los que iban a leer el manifiesto, colocando al resto de compañeros detrás. No a todos porque el escenario no podría soportar el peso de toda la gente que allí nos habíamos reunido. De repente vi cómo Almodóvar y Fernando miraban y remiraban desde arriba, cambiando impresiones. Decidieron montarlo todo de otra manera. Los genios son así, son genios porque ven al instante lo que los demás no veríamos nunca. Éramos ya más de mil personas y el teatro sólo tenía aforo para setecientas. Se dio entrada a la prensa, fotógrafos y cámaras de televisión. Lo hicieron por la puerta principal. Se les pidió, por favor, que fueran ellos los que subieran al escenario. Creo que fue la primera vez, para su sorpresa, que ellos ocupaban nuestro espacio natural y los actores y artistas el patio de butacas, que abarrotábamos por completo. Les dijimos que no teníamos prisa, que nos avisaran cuando estuvieran preparados. Unos minutos más tarde se hizo un silencio total y ellos nos dijeron que estaban listos, empezaron a surgir las cabezas de los que leyeron el *Manifiesto por la libertad de expresión*. Nueve puntos leídos por nueve compañeros. El primero Javier Bardem, que dijo que «consideramos que se atenta contra nuestra libertad de expresión no sólo cuando se nos prohíbe decir aquello que pensamos, también cuando se nos dice lo que tenemos que decir». También leyeron Asunción Balaguer, Marisa Paredes, Pedro Almodóvar, Ana Belén, Alejandro Amenábar, Benito Zambrano y Fernando León. Leyeron puntos que hablaban del delito de opinión, de la palabra al servicio de la paz y, especialmente importante, de nuestra condena explícita a ETA: «Porque estamos en contra del terrorismo, en contra de cualquiera de sus manifestaciones, estamos en contra de la guerra. A nuestro entender otras de sus formas de expresión. En consecuencia manifestamos nuestra repulsa por el asesinato de Joseba Pagazaurtundua, cometido el pasado sábado, como parte de esta lógica del terror de la que somos, hoy como otras veces, testigos horrorizados».

El que algunos no se quieran dar por enterados o quieran obviar lo que no les conviene, atacando a unos señores que piden la paz con el retorcido argumento de que no piden lo mismo a ETA, no cambia la realidad. ¡Qué más quisieran ellos que cambiar realidades y resultados electorales! Esto sólo desnuda su mezquindad y su servilismo, su desvergüenza al defender lo indefendible.

Nosotros, nuestro colectivo, siempre ha estado contra ETA y sus asesinatos. Sin medias tintas ni contemplaciones. Contra cualquier asesinato. ¿O es que los niños iraquíes valen menos? Éstos que tanto reprochaban ahora a Marisa Paredes no recordaban, porque no les venía bien, a otro presidente de la Academia, José Luis Borau, en otros Goyas, mostrando las manos blancas, las manos pintadas de blanco con las que todos protestamos contra ETA. Se nos quiso criminalizar a los actores simplemente por llevar a un espacio público, la televisión, el mensaje de otros muchos ciudadanos anónimos que no tenían acceso a esa posibilidad. Se nos despellejaba en articulitos que rozaban el libelo fascista por servir de caja de resonancia a la voluntad popular. Y no me visto con galas ajenas, la voluntad popular porque casi el 90 por ciento de la ciudadanía estaba en contra de nuestra participación en la guerra. ¿No decían que RTVE era la televisión de todos? Bien, nos limitamos a usarla.

La Plataforma redactó luego otro manifiesto, uno para que se leyese en los teatros. Yo llegué con él al mío y se lo comuniqué a mis compañeras. Ese día, tras el último saludo salí con el manifiesto y las gafas, me adelanté hasta las candilejas y lo leí. Allí hubo tirios y troyanos, gritos a favor y en contra. Al día siguiente las compañeras me hicieron ver que, si así se había decidido en asamblea, ellas estaban dispuestas a que se leyera, pero habría que buscar la fórmula para que no se montara el guirigay del día anterior. Yo dije que seguiría leyendo el manifiesto, en el escenario o fuera de él, en la puerta de la calle si era preciso.

Encontramos una solución satisfactoria para todas. Una vez que se había acabado el espectáculo se daba la luz de sala, la que indica a la gente que todo ha terminado, y yo avanzaba hasta las candilejas, les daba las gracias por el buen rato que habíamos pasado juntos y les explicaba que lo que venía a continuación era un manifiesto contra la guerra. Que no tenía nada que ver con la función y que leerlo era una decisión personal de los trabajadores del teatro. Que, por supuesto, estaban en su perfecto derecho de quedarse y escuchar o marcharse. Así se hizo durante todos aquellos días. Sólo una vez vi a una viejecita intentar llegar hasta mí armada con un paraguas. Por lo general, de los setecientos espectadores del aforo se quedaban 698 gritando «No a la guerra».

La manifestación mundial, y recalco lo de mundial —no eran sólo los cuatro millones que salimos aquí, era el mundo mundial—, convocada para detener la invasión de Irak fue el 15 de febrero. Por primera vez en la historia de nuestra democracia la pancarta la llevaban los ciudadanos y detrás iban los partidos políticos y los sindicatos. Era la expresión verdadera, pura, de un movimiento ciudadano contra la guerra. Me emocionó especialmente ver a Fernando Fernán Gómez, delicado como estaba, subir al estrado de la Puerta del Sol. Me eché a llorar. Era la prueba fehaciente de que toda la gente de la cultura estábamos unidos por una buena causa: parar una guerra.

Tras otra multitudinaria asamblea, la Plataforma dio una rueda de prensa el 25 de marzo par explicar que el 27, día Mundial de Teatro, se leería un texto alternativo al oficial: «Por el especial compromiso que nuestro colectivo ha asumido en defensa de la paz y la legalidad a través de la no intervención de nuestro país».

Llegaron los premios Max de teatro. El 31 de marzo se celebraba en la sede de la Comunidad de Madrid —en la Casa de Correos y antigua DGS, donde mi hermano Juan estuvo detenido—, en Sol, la fiesta de los Nominados. Una recepción que el señor Gallardón daba a los que concurríamos a las diferentes categorías. Yo estaba nominada por *5mujeres.com*. A mí la idea de ir a ese edificio, por mucha obra que hayan hecho, me sigue dando muy mal fario. Aparte de cuando fui con mis padres a ver a Juan, a un calabozo, no había vuelto a entrar, pese a las muchas invitaciones, más que cuando fui a que Adolfo Marsillach me firmara sus memorias. Bajé a los lavabos, que están donde se ubicaban las antiguas celdas, y no me sentí nada bien. El problema de ser mayor es que te acuerdas de lo que las cosas eran antes. Volvamos a la fiesta de los Nominados. Antes de ir nos reunimos todos en un hotel cercano para acordar, como hacíamos siempre, el manifiesto que teníamos previsto leer en la recepción. Es importante recalcar esto. Lo que leíamos estaba pactado de la primera a la última palabra para recoger, cosa nada fácil, los distintos pareceres de los muy variados y numerosos grupos y asociaciones que se englobaban en la Plataforma Cultura Contra la Guerra. A los actores y artistas se fueron sumando los abogados, teólogos, cristianos de base... Colectivos y colectivos, todos los cuales aportaban matices e ideas a lo que luego nosotros leíamos.

Queríamos dar a Gallardón, que nos parecía un político del PP con el que se podía hablar, la oportunidad de hacer un pequeño debate y que nos explicase por qué habían apoyado, él y su partido, la invasión de Irak. En la sede de la Comunidad nos recibió de nuevo un espectacular e inmerecido despliegue policial. Anabel Alonso era la encargada de presentar el acto. Los periodistas nos preguntaban una y otra vez cuáles eran las consignas. Ninguna, les decíamos, aquí venimos simplemente a manifestarnos, cada uno a su manera. Cuando Anabel nombró al primer nominado y éste subió al estrado, también lo hicimos los demás. Todos juntos. Lo primero que se hizo fue pedir un minuto de silencio por la muerte de Úrculo. A continuación Roberto Enríquez leyó el manifiesto. Se refirió a la negativa de Fraga a celebrar, como estaba inicialmente previsto, los Max de ese año en Galicia. Dijo que él no iba a prestar un teatro a los actores para que lo insultaran. Vamos, otro rapto de demócrata de toda la vida. Agradecimos, en consecuencia, al señor Gallardón su hospitalidad, él no quiso debatir nada y simplemente nos largamos por donde habíamos venido.

89

«¡Roja, vete a Bosnia!»

Los Bardem. Nos habíamos convertido, personalizados en Javier y en mí, en un tema monográfico para ciertos columnistas, que llevaron a cabo un verdadero linchamiento moral de mi apellido. Escribieron joyas como: «Pido a los militantes del PP que vayan al teatro donde trabaja para que se retracte de su apoyo a Sadam y pida públicamente perdón a Aznar y si no lo hace que le revienten la función». Otra. «Pilar Bardem lo tiene [a Sadam] escondido bajo las alfombras del salón de su casa». Nunca me he molestado en contestar a estos individuos, ni citaré aquí sus nombres, por no darles ese gusto y ni la más mínima publicidad a ellos y a los periodiquillos en los que trabajan. No son sino juntaletras, más o menos habilidosos, pero sin la menor alma en lo que escriben al dictado de la voz de su amo. Mezquinos que recurrieron a la descalificación personal porque no tenían argumentos sólidos, racionales, para atacarnos por hacer lo que debe hacer toda persona de bien, oponerse a la guerra. Mezquinos que a falta de esos argumentos centraron sus columnas en el insulto y en derivar la atención con ese silogismo penoso según el cual si los actores no salíamos todos los días a gritar ¡ETA no! es que estábamos a favor de ETA. Mezquinos y malintencionados. En el fondo son dignos de lástima. ¿De dónde sacaron toda esa rabia contra nosotros? Lo que sí consiguieron, allá ellos y sus conciencias, es que algunas personas pensaran que el insulto a los Bardem era un deporte nacional. En mi barrio, tirando del carro de la compra y a la espera en un semáforo, se me acercaron dos señoras.

—¡Roja, vete a Bosnia! —me gritó una de ellas al pasar junto a mí.

Yo no entendí en absoluto el significado de la frase, así que di la vuelta al carro y las seguí.

—Por favor, señoras. Paren un momento, mírenme a la cara y explíquenme el mensaje que están ustedes dando.

Las señoras aligeraron el paso y yo, tirando de mi carrito, hice lo propio. Llegamos a otro semáforo.

—¡Por favor, deténganse, mírenme y díganme qué significa esa tontería!

Entonces la acompañante de la que me había gritado se volvió.

—¡No queremos hacer declaraciones! —me dijo muy nerviosa. Como si yo fuera un periodista y aquello un programa del corazón.

Ésta es una de las situaciones absurdas que provocó aquella campaña de insultos, ese levantarse la veda contra los Bardem por parte de los turiferarios de la derecha. Otras fueron, por desgracia, situaciones mucho más tristes, desagradables e incluso peligrosas.

Empecé a recibir mensajes SMS en el móvil, amenazándome a mí y a los míos. Me asusté muchísimo. A mí, a mis compañeros de la Plataforma y a las del teatro. Tanto que los primeros contactaron con Gaspar Llamazares, secretario general de IU, para que éste lo hiciera a su vez con el ministro del Interior. Las compañeras de *5mujeres.com* tuvieron que censurar las cartas que me llegaban al teatro. Normalmente son de gente que quiere una foto dedicada o un autógrafo, pero un día recibí una que nos puso a todas muy nerviosas. «De un admirador» ponía en el remite. La abrí y me encontré con una foto mía cubierta de esvásticas e insultos de la peor especie, muy agresivos. Así que mis compañeras decidieron revisar las cartas para que yo pudiera salir al escenario sin esos sobresaltos y disgustos.

Recibí una llamada del ministro del Interior comunicándome que me había preparado una entrevista con un inspector de policía. La misma mañana era la manifestación contra Fidel Castro, en protesta por las ejecuciones de disidentes y las detenciones de los poetas. Se iba a celebrar, cómo no, en la Puerta del Sol. La Plataforma hizo un manifiesto de condena y llamó a los organizadores para adherirse a la manifestación. Se suponía que nuestro manifiesto lo iba a leer yo. Nos asombró que nos contestaran que «el cupo de participación estaba lleno». Extraña excusa dado que en cualquier manifestación lo que interesa es el mayor número posible de participantes, particulares y organizaciones. No conseguimos que nos dejaran intervenir. Ante todo este absurdo yo llamé al programa de María Teresa Campos. Me dieron entrada en los últimos minutos de la mesa de debate político. Como pude y sin perder los nervios, expliqué que quería que supiese todo el mundo, sobre todo los compañeros, que la Plataforma había querido leer un manifiesto de condena a Castro y que los organizadores de la manifestación no nos habían dejado intervenir, por lo que nos íbamos a leerlo, esa misma mañana a las 12, en Atocha frente al Reina Sofía. Fue en esos días cuando Zoé Valdés, escritora cubana a la que no tengo el gusto de conocer, en una editorial en *El Mundo* nos pidió a Javier y a mí «actitudes». Yo me pregunto cómo esta señora puede saber lo que pensamos mi hijo y yo o las actitudes que tenemos ante la vida. Y, sobre todo, quién carajo es ella para exigirlas. Otro ejemplo de la prepotencia del columnista, del que tiene espacio en la prensa para lanzar acusaciones a personas que ni conoce y en las que personalizan determinadas posturas políticas.

Como digo esa misma mañana tuve, en un hotel de la Gran Vía, mi encuentro con el inspector de policía. Me acompañó a ella mi gran amigo Vicente Gisbert. El inspector estaba a su vez acompañado de otro señor más mayor, con uno de esos bigotitos de barra. Le enseñé los SMS que tenía guardados en el móvil. He aquí una muestra.

—tu nene amenaza, . «somos. muchos. y pacificos» dice. nosotros. no. lo. seremos. hasta. q. os. hayamos. destruido. rojos. y. la. patria. vuelva. a. ser. ¡una. grande. y libre,. ¡quitanos. el. cartel. de. la. ventana. estamos. muy. cerca. ya. no. habra. mas. comunicación. pasaremos. a . la. accion.

—ni. olvidamos. ni. perdonamos. el. final. esta. cerca. habra. sorpresas. comunicaselo. a. los. tuyos.

El inspector leyó los mensajes con atención.

—Éste es un gilipollas —me dijo a manera de conclusión.

—Es posible, pero es que a mí los que me dan miedo son los gilipollas. Con alguien inteligente se puede hablar, dialogar e incluso discutir, pero estos gilipollas son cobardes que atacan de noche. Además debe de ser alguien de mi barrio porque habla del cartel de «No a la guerra» que tengo en mi balcón.

—Eso, señora —me contestó el inspector—, es la teoría del cincuenta por ciento. Si yo le digo a una mujer: «Te he visto con las bragas blancas»; tengo el cincuenta por ciento de posibilidades de acertar porque las mujeres llevan las bragas blancas o negras.

Ante mi cara de estupor el policía lo acabó de arreglar.

—Bueno, el Fin de Año las llevan rojas. Mire, yo he servido en el País Vasco. Tengo orden de que si veo peligro le ponga a usted dos escoltas.

—Yo no quiero ir al mercado o al teatro con dos escoltas.

Entonces intervino el del bigotito.

—Es que usted se ha significado mucho.

—Perdóneme. Yo me he manifestado. Eso de significarse era con Franco.

—¡En fin! —prosiguió el del bigotito—. Las mujeres ya se sabe, enseguida les pierden los nervios. Pillan un catarro y piensan que tienen un cáncer.

Le clavé la mirada y respiré hondo. Luego hablé.

—Patético el concepto que tiene usted de las mujeres. Y referente a confundir un catarro con un cáncer a mí no me pasa porque he tenido dos. Yo soy una mujer a la que diagnosticaron uno y, en vez de ponerme histérica como usted dice, me puse un traje de lentejuelas y me fui a los Oscar con mis hijos. Creo que ya no tenemos más que hablar.

Entonces Vicente Gisbert preguntó inquieto algo importante, más que nada por saber en manos de quién estábamos.

—Oigan, ¿de ustedes dos cuál es el que manda?

—Yo —dijo el de la teoría de las bragas.

—Bueno, pues dentro de lo malo es un alivio —concluyó Vicente.

De allí, en amor y compaña, nos fuimos los cuatro a la manifestación de Atocha. Allí leí el manifiesto condenando las penas de muerte y los encarcelamientos, pero también el embargo de cuarenta años a Cuba. A su pueblo. Quizá fue por eso por lo que no nos dejaron ir a la Puerta del Sol. Estando allí vino Caldera, diputado del PSOE, quien nos contó que a poco lo linchan en Sol y que había visto varias pancartas que preguntaban: «¿Dónde está Javier Bardem? ¿Dónde está Pilar Bardem?». Al llegar a casa me llamó Fernando Trueba, que había ido a Sol con Tano, Martínez Lázaro y Moncho Armendáriz para que hubiera una presencia de gente del cine. Me dijo que ante la sorpresa que le causaron esas pancartas se acercó a uno de los que las llevaban, un chico joven, y le preguntó a qué venía eso. Le contestó que porque Javier era el hijo del rojo que hizo la película sobre Dimitrov. Trueba le aclaró que no era el hijo sino el sobrino y le preguntó de qué película le estaba hablando. A eso el chico ya no le contestó. Bien mirado hay que ser todo un cinéfilo para saber de qué película se trata, la producción búlgara *Advertencia*, así que aquel chico estaba aleccionado para contestar. Mal, pero aleccionado. Eso y el lenguaje de los SMS que recibía tenían todo el tufo de los antiguos Guerrilleros de Cristo Rey. O de sus hijos.

No pude ir a los premios Max porque ese mismo día me daban a mí otro en el Festival de Cine de Vitoria. Cuando llegué saludé y fui saludada muy cordialmente por todo el mundo, incluido un chico muy joven que resultó ser el alcalde y del PP. Por eso no entendí por qué, cuando subí a recoger el premio y a decir unas palabras, él se salió de la sala. ¿Qué pensaba que iba a hacer? Simplemente di las gracias y declaré mi oposición a la guerra y a toda clase de terrorismo, incluido naturalmente el de ETA.

Al día siguiente, nada más llegar a Madrid, fui con Tano, Emilio Martínez Lázaro y otros compañeros a un acto de «Basta ya» en la Casa de América. A nuestra llegada fuimos muy fotografiados. No salió ninguna instantánea publicada. ¿Por qué? Por lo visto a nadie le interesaba nuestra presencia en un acto de «Basta ya», inequívocamente antietarra, y como lo que no se ve no existe pues no hay ese testimonio de nuestra oposición al terrorismo de ETA y de mi respeto a sus víctimas.

Se organizó una recogida de firmas contra la guerra. Firmas de ciudadanos que cada uno recogíamos en nuestro barrio, en la calle y en los centros de trabajo. Yo me fui de comercio en comercio, como cuando era joven y pedía para las misiones, con mucho respeto, preguntando si estaban dispuestos a firmar. Entré en un supermercado y hubo gente que al verme con las hojas vino a preguntarme qué quería y firmaba. Algunos volvían a entrar desde la calle. Hubo quien me dijo: «Yo soy del PP pero esto lo firmo». Porque hay que recordar que no todos los millones de ciudadanos que salieron a manifestarse eran de izquierdas, ¡qué más quisiera yo!, que había muchos votantes del PP entre ellos, muchos católicos obedientes a la llamada del Papa en contra de la guerra. También puse hojas en una mesa en el vestíbulo del teatro y todos los días, después de leer el manifiesto, invitaba al público a firmarlas. Las hojas se agotaban y había que salir cada día a hacer fotocopias. Quiero resaltar esto, que la Plataforma no estaba vinculada ni patrocinada por ninguna formación política. No recibíamos ayudas económicas de ningún tipo. Nos financiábamos, pagábamos todos los que la componíamos —aparte del dinerillo que se sacaba de la venta de camisetas en un puestito en Sol— y no era nada barato colocar aquellos manifiestos a página entera en los periódicos. Yo me dejé una pasta en fotocopias porque la gente firmaba y firmaba.

Llegó el día de entregar todos aquellos paquetes de hojas firmadas en el Congreso, de trasladar otra vez al Parlamento lo que no era sino el voto directo de la mayoría ciudadana. Fuimos andando desde la sede de CC.OO. en la calle Lope de Vega hasta la Carrera de San Jerónimo para hacer su entrega. Íbamos con los brazos en alto, levantando aquellos paquetes sobre nuestras cabezas a manera de salvoconducto. El recibimiento de la policía fue de todo menos cordial. A mí me agarraron de las muñecas y me tiraron al suelo. Supongo que se sentirían satisfechos por reducir a tan peligrosa alborotadora. Conseguimos leer un manifiesto en las escaleras del Congreso y ya que nosotros no podíamos entrar, salieron a acompañarnos todos los diputados de PSOE e IU. Fueron ellos quienes recogieron los paquetes. Entonces, una vez cumplido lo que nos había llevado allí, me dirigí al joven y fornido agente que me había tirado al suelo. Le dije que no entendía lo que había hecho, que yo era una mujer mayor.

—Las quejas, a mi jefe.

Así lo hice. El jefe era un hombre también joven.

—Mire —me dijo—, seguro que muchos de los que estamos aquí hemos firmado también esos papeles y siento muchísimo lo del empujón.

A todo esto sobrevinieron hechos tan graves como la muerte de Julio Anguita Parrado. Fui a Córdoba, a estar al lado de sus padres. Más tarde vino la muerte de José Couso, un verdadero crimen de guerra, uno de muchos, cometido por el ejército norteamericano en Irak. Hicimos una nueva manifestación, portando velas y lazos negros. El primero lo colocamos en la Tumba del Soldado Desconocido, en el paseo del Prado, y de allí marchamos con una pancarta que era una simple tela negra, sin consignas ni siglas, a intentar poner las velas en las escaleras del Congreso. En Neptuno avistamos un fuerte cordón policial. Según nosotros subíamos Carrera de San Jerónimo con la tela negra, ellos bajaban la calle hombro con hombro hacia nosotros. Llegamos a quedar frente a frente, con escasos centímetros entre nosotros. Yo me temía lo peor. La policía no hacía nada y en nuestra parte reinaba un tenso silencio. Nadie gritaba. Me recordó el funeral por los abogados de Atocha y aquella voz que dijo: «Aquí lo que queremos es un silencio de muerte». Alguien tenía que dar el siguiente paso. Gracias a Dios salieron parte de los diputados del PSOE e IU, hablaron con los mandos policiales y nos abrieron paso. Acompañados por ellos pudimos poner las velas y el crespón negro en las escaleras del Congreso.

Fueron días muy intensos para mí. Demasiado. Yo seguía haciendo mi función con el mejor humor del mundo y presidiendo el consejo de AISGE. Además llegaron las elecciones municipales y autonómicas y, por supuesto, me impliqué en la campaña. La Plataforma sacó un manifiesto el 12 de mayo, donde invitaba a los ciudadanos a votar a cualquier partido que no apoyase la guerra. O sea a todos menos al PP. También viajaba a Córdoba para apoyar a mi amiga Rosa Aguilar. Su ayuntamiento es el único que sale todos los días 25 en pleno a la calle a guardar un minuto de silencio por las víctimas de la violencia de género. Demasiadas cosas. El cuerpo falló. Tuve un principio de neumonía y me tuvieron que sustituir en el teatro.

Enero de 2004 me trajo una cosa muy bonita. Los vecinos de Rivas Vaciamadrid, por votación popular, decidieron bautizar su nuevo auditorio con mi nombre, pese a estar propuestos también Daniel Baremboin, genial director de orquesta y tan comprometido con la paz entre israelíes y palestinos, y Pedro Almodóvar. Me emocionó mucho esta prueba de afecto.

Acto seguido llegaron los Goya. Marisa Paredes había dejado su puesto a Mercedes Sampietro, que recién llegada a la presidencia se tuvo que enfrentar a la tremenda polémica surgida —y alentada por aquellos pregoneros afines a Aznar, los mismos que nos acusaban sin razón de no posicionarnos en contra de ETA— en torno a *La pelota vasca*, la estupenda película documental de Julio Medem. El problema venía ya del último Festival de San Sebastián donde, evidenciando cuán a favor de la libertad de expresión estaban, la ministra de Cultura trató de impedir su proyección aun sin haberla visto. Afortunadamente no lo consiguieron.

En los Goya me pidieron que entregase uno de los premios, el correspondiente a la mejor música. Tuve la satisfacción de dárselo a mi sobrino Juan, otro Bardem artista y comprometido con el cine. Ante la campaña de difamaciones de que veníamos siendo objeto, encabezada por *La Razón* —nunca hubo periódico peor bautizado— y sectores afines dentro del colectivo de «Víctimas del Terrorismo», en el teatro me diseñé mi propia pegatina, la mía, la que yo pensaba. Siempre me ha gustado ir por libre. Esta pegatina, que fue la más fotografiada, decía «Medem Sí. ETA No». Más claro, agua. Estaba en contra del linchamiento moral a Medem, continuación del que otros veníamos sufriendo. No creo además que *La pelota vasca* sea apología etarra o independentista, sino una llamada al diálogo y a no creerse ni unos ni otros en posesión de verdades monolíticas y excluyentes. Es el fanatismo el que mata, nunca el diálogo.

Bien, pese a mi pegatina y a que he estado, estoy y estaré contra los asesinos de ETA, cuando llegué al auditorio no me libré de los feroces insultos de un grupo de Víctimas del Terrorismo. Mis respetos para su dolor.

El 11 de marzo me despertó muy temprano mi hijo Carlos.

—Mamá, pon la tele. Ha habido un atentado terrible. Si vas a ir a donar sangre llámame para ir contigo. No quiero que vayas sola, que está todo muy raro.

Puse la televisión y me quedé clavada en el sillón. No podía decir nada, no podía moverme. Sólo respirar y tratar de no ahogarme con mis lágrimas. No recuerdo cuándo empecé a llorar, sin duda pronto. Sí que no dejé de hacerlo durante todo el día. De rabia, de pena, de impotencia, de dolor —todos íbamos en esos trenes— y, finalmente, de orgullo. Nunca como ese día amé a mi ciudad y a mis conciudadanos. Nunca como ese día me sentí tan orgullosa de ser madrileña. Y española, porque también lloré de emoción viendo a la gente de Barcelona, de Bilbao, de Sevilla, de Santiago y Zaragoza, de Valencia, de todas las ciudades y pueblos del país ofreciendo sus venas a Madrid que se desangraba. Uniéndose a Madrid, en el llanto y en el grito. Si asombroso fue el dolor, ¿cómo seres humanos pueden hacer esto a otros seres humanos?, asombroso fue el orgullo que sentí viendo al pueblo actuar a una, solidario con las víctimas, ayudando hasta más allá de lo exigible. Ciudadanos y profesionales como médicos, miembros del SAMUR, policías, bomberos y muchos otros servicios municipales, prestándose una y otra vez voluntarios para cuidar, trasladar, calmar, curar y apoyar a esas víctimas que todos teníamos cerca. ¿Quién no conoce en Madrid a alguien que murió o que fue herido? Nadie. Y por eso es hermoso el temple que demostró este pueblo, la falta de ira y de incidentes. Rabia toda pero violencia ninguna. Rabia toda, pero, sobre todo, necesidad de conocer la verdad. Recordé otro Madrid herido y resistente, aquel que nos dejó Antonio Machado.

¡Madrid! ¡Madrid! Qué bien tu nombre suena,
rompeolas de todas las Españas!
La tierra se desgarra, el cielo truena,
Tú sonríes con plomo en las entrañas.

Al día siguiente tuvo lugar la Manifestación, con mayúsculas. La promovió el mismo Gobierno, convocándonos a todos bajo un lema único que fue aceptado por partidos, asociaciones y sindicatos. Era el momento de estar unidos frente al golpe brutal que habíamos recibido. Yo fui en representación de la Unión de Actores y me encuadraron junto a los demás representantes sindicales y algunos políticos madrileños. Me acompañaron mis dos hijos, Carlos y Javier.

Ver aquella multitud impresionaba. Yo creo que ha sido la mayor de las muchas grandes manifestaciones a las que he acudido. Aún me emociono recordándonos a todos, unidos, caminando bajo un diluvio y gritando: «No está lloviendo, Madrid está llorando». Por eso me extrañó y me dolieron especialmente los insultos que tanto Javier como yo recibimos de un grupo de gente de Víctimas del Terrorismo.

—Pero ¿qué es lo que queréis de mí? —le preguntó Javier.

—¡Que te pongas esta camiseta! —le gritaron desafiante, considerando que su dolor les autoriza a todo, les da impunidad para insultar y para exigir.

Javier se quitó el abrigo y se la puso. Supongo que esto les decepcionó porque les privó de la oportunidad de ensañarse con nosotros. Madre e hijo, unos conocidos pro etarras. Lo único que sentí fue pena por ellos, que convierten su dolor en arma y en coartada, por mi hijo que se vio obligado a hacer algo así y porque no hubiera ningún fotógrafo de *La Razón* para, entonces sí, hacerle una instantánea.

«¿Quién ha sido?» Ésa fue la pregunta que gritaron miles, millones de voces en Madrid y en España. Pronto, pese al empecinamiento de Aznar en derivar la responsabilidad al terrorismo de ETA, supimos la verdad. Eran integristas islámicos, inspirados o directamente dirigidos por al-Qaida. ¿Quién ha sido? Preguntábamos todos, heridos porque todos íbamos en esos trenes. Y Aznar seguía señalando en la dirección equivocada. O en la correcta según sus propios intereses electorales. No creo que las elecciones del 14 de marzo, tres días después de las bombas, las ganara el PSOE únicamente por los atentados. Ya antes de éstos, las encuestas sugerían una pérdida de la mayoría absoluta del PP, justo galardón a los desastres del *Prestige*, el Yak-42 y la guerra. Lo que hizo que el PSOE ganara de calle fue el voto de los abstencionistas, de esos cientos de miles que normalmente no van a votar y que suelen hacerlo a la izquierda. Y esa gente, indignada, la empujó a las urnas el propio Aznar, con su soberbia y empecinamiento en ocultar la verdad. «¿Quién ha sido?» Preguntábamos todos y cuando lo supimos fuimos a votar y con nuestro voto decir bien alto quién había sido el responsable político: el Gobierno de Aznar. Simple y llanamente pagó su mala gestión de la crisis y salió de la historia de España, él, que llegó a compararse con Carlos V y planearse un retiro en la cumbre de su poder como el emperador, por donde menos esperaba: por la puerta de atrás.

Ganó el PSOE y el señor Zapatero tuvo el detalle, maravilloso, de guardar un minuto de silencio por las víctimas del atentado en su primera aparición como ganador. La gente que lo llevó al poder con sus votos, lo cual no es mi caso, lo hizo ilusionada. Tanto que sólo le pidió una cosa: «No nos falles».

Algo que él debería grabarse bien adentro y no olvidar.

Personalmente y aunque mi voto fue otro, me alegré del cambio de gobierno y, por el momento, no me ha decepcionado. Por lo pronto cumplió con su promesa y se trajo a las tropas españolas de aquella, según el anterior ministro de Defensa, el señor Trillo, bucólica «zona hortofrutícola» del Irak donde las envió el Gobierno de Aznar. En esos huertos, desgraciadamente, sólo florecen los muertos y las granadas, no los frutos. El Gobierno socialista también ha impulsado de manera definitiva la Ley Integral Contra la Violencia de Género, la misma que Aznar y los suyos tuvieron bloqueada una y otra vez. Una ley imperfecta, como todas, francamente mejorable, pero al menos una norma que ataca el problema desde la base y en sus múltiples formas. Que intenta dotar de medios a la sociedad para que no asesinen a una mujer todos los días, que quiere empezar por educar a los niños y las niñas en la igualdad.

Estoy también ilusionada. Por lo menos hay una sonrisa y menos crispación, que nos han regañado mucho en los últimos años. Como se regaña a los hijos tontos, olvidando que somos ciudadanos y que votamos.

Luchemos por la ilusión, por mantenerla. Cerrando estas memorias y mi vida creo en lo que pensaba al principio de ambas, que esto de vivir es un ejercicio diario. Encontrar todos los días la ilusión y el porqué, ser coherente o intentarlo. No solamente hablar sino hacer. No ponerse grandes metas para futuros lejanos, sino pequeñas metas cotidianas.

Sigo pensando que lo más importante de mi vida son mis

hijos, y ahora también mi nieto Pablo, y que merece la pena este invento de vivir. Mis hijos ya no me necesitan como antes pero saben que yo sigo ahí, como sigo a mano para todo el que me necesita porque cuando se defiende a un ser humano se está defendiendo a todos. Porque cada vez que una mujer puede levantarse porque otra la ha ayudado, muchas mujeres se alzan detrás. Porque siempre que se lucha para que un niño no sea explotado, hay muchos otros que se pueden salvar detrás.

Hay muchas cosas por hacer y yo tengo aún muchas ganas de hacerlas.

Al fin y al cabo, sólo tengo tres años.

Índice

ESTE LIBRO HA SIDO IMPRESO
EN LOS TALLERES DE
A&M GRÀFIC, S. L.
SANTA PERPÈTUA DE MOGODA (BARCELONA)